U0361590

[英]　戴夫·查菲 (Dave Chaffey)
菲奥纳·埃利斯-查德威克　著
(Fiona Ellis-Chadwick)

# 数字营销

## 战略、实施与实践

### 第　版

Digital Marketing Strategy, Implementation and Practice (Seventh Edition)

王峰　韩晓敏　译

清华大学出版社

北　京

北京市版权局著作权合同登记号　图字：01-2021-5985

Authorized translation adaptation from the English language edition,entitled DIGITAL MARKET-ING,7$^{TH}$ ed.,978-1-292-24157-9 by DAVE CHAFFEY,FIONA ELLIS-CHADWICK,published by Pearson Education Limited,copyright ⓒ 2019 Pearson Education Limited.

All Rights Reserved. No part of this book may be reproduced or transmitted in any form or by any means,electronic or mechanical,including photocopying,recording or by any information storage retrieval system,without permission from Pearson Education Limited. CHINESE SIMPLIFIED language edition published by TSINGHUA UNIVERSITY PRESS LIMITED,Copyright ⓒ 2022.

本书中文简体翻译改编版由培生教育出版集团授权给清华大学出版社出版发行。未经许可，不得以任何方式复制或传播本书的任何部分。

**图书在版编目（CIP）数据**

数字营销：战略、实施与实践：第 7 版/（英）戴夫・查菲（Dave Chaffey），（英）菲奥纳・埃利斯-查德威克（Fiona Ellis-Chadwick）著；王峰，韩晓敏译．—北京：清华大学出版社，2022.2
（工商管理优秀教材译丛. 营销学系列）
书名原文：Digital Marketing：Strategy，Implementation and Practice，7th Edition
ISBN 978-7-302-60082-4

Ⅰ．①数…　Ⅱ．①戴…　②菲…　③王…　④韩…　Ⅲ．①网络营销－高等学校－教材　Ⅳ．①F713.365.2

中国版本图书馆 CIP 数据核字（2022）第 023991 号

责任编辑：王　青
封面设计：何风霞
责任校对：宋玉莲
责任印制：宋　林

出版发行：清华大学出版社
　　　　　网　　　址：http://www.tup.com.cn，http://www.wqbook.com
　　　　　地　　　址：北京清华大学学研大厦 A 座　　　邮　　　编：100084
　　　　　社　总　机：010-83470000　　　　　　　　　邮　　　购：010-62786544
　　　　　投稿与读者服务：010-62776969，c-service@tup.tsinghua.edu.cn
　　　　　质量反馈：010-62772015，zhiliang@tup.tsinghua.edu.cn
印　刷　者：北京富博印刷有限公司
装　订　者：北京市密云县京文制本装订厂
经　　　销：全国新华书店
开　　　本：185mm×260mm　　印　张：27.75　　插　页：2　　字　　　数：638 千字
版　　　次：2022 年 4 月第 1 版　　　　　　　　　　印　　　次：2022 年 4 月第 1 次印刷
定　　　价：79.00 元

产品编号：090006-01

## 数字媒体和技术：既是机遇也是挑战

数字营销已经改变了企业及其他组织与受众沟通的方式。我们将在第1章介绍的数字营销5D（数字设备、数字平台、数字媒体、数字数据和数字技术）可以与传统营销技术配合使用，从而比以往任何时候都更接近受众。如今，消费者在娱乐、产品、服务和价格方面有了更广泛的选择，可以更加方便地选择和购买产品与服务。企业有机会扩展到新的市场，提供新的服务，以新的方式与受众互动，并在更平等的基础上与大企业竞争。在这些企业工作的营销人员有机会开发新的技能，并利用这些技能提高企业的竞争力。

与此同时，互联网及相关的数字技术平台也使企业面临很多威胁。例如，ASOS.com和Zalando（服装）、Amazon.com（图书和零售）、iTunes和Spotify（音乐）、Booking.com和Expedia（旅游）等互联网公司已经占据了很大的市场份额，令传统企业感到恐惧。如今，很多消费者在日常生活中经常使用脸书（Facebook）、Ins（Instagram）、领英（LinkedIn）、Snapchat和推特（Twitter）等社交网络，其中大部分是通过智能手机访问的。持续地吸引这些消费者是一个挑战，但正如我们将看到的，上述公司利用这些机会与消费者互动，发展成全球品牌。

## 数字营销管理

有关各家企业利用越来越多的消费者和企业买家使用互联网这一机遇成功地获取市场份额的佳话说明，有效的在线业务是所有企业繁荣甚至生存的前提条件。迈克尔·波特（Michael Porter）2001年说的话今天仍然适用：关键不是要不要部署互联网技术——企业如果想保持竞争力就别无选择——而是如何部署它。

为了有效地利用数字营销，企业需要掌握哪些营销传播技术？新媒体渠道、数字技术和互动选项的激增给理解、区分与管理这些数字传播技术提出了挑战。为了在顾客生命周期或经典营销渠道的顶部概括这些内容，查菲（2010）定义了如表0.1所示的RACE规划框架。RACE规划给出了一个由5×5＝25种关键数字营销技术组成的结构，大多数企业要充分发挥数字营销的作用都需要利用这些技术，以在整个顾客生命周期（从产生意识到转化、到线上和线下销售，再到顾客的保留和增长）中接触在线受众、与其互动、转化并留住他们。RACE还强调需要创建一种协调且整合的数字营销方法，并将其与其他传播活动相集成。

| 表 0.1    用于管理整个顾客生命周期中的整合数字营销关键活动的 RACE 计划框架 | | | | |
|---|---|---|---|---|
| 计　划 | 触　达 | 行　动 | 转　化 | 参　与 |
| 创建数字营销战略或转型计划 | 提高知名度，增加网站、移动网站和社交媒体的访问量 | 生成互动和销售线索 | 实现线上或线下销售 | 鼓励顾客保持忠诚度和对企业的支持 |
| 1.1　情景回顾（第 2 章和第 3 章） | 2.1　媒体有效性审视（第 8 章和第 10 章） | 3.1　顾客旅程效率（第 7 章） | 4.1　重新定位（第 9 章） | 5.1　顾客引导（第 6 章和第 7 章） |
| 1.2　设定愿景和目标，评估（第 4 章和第 10 章） | 2.2　搜索引擎营销（第 9 章） | 3.2　数据分析（第 6 章） | 4.2　个性化（第 7 章） | 5.2　顾客体验（第 7 章） |
| 1.3　战略（第 4～8 章） | 2.3　免费媒体和自有媒体（第 6～9 章） | 3.3　内容营销（第 8 章） | 4.3　移动体验（第 7 章） | 5.3　顾客服务（第 7 章） |
| 1.4　市场细分（第 4 章和第 6 章） | 2.4　付费媒体（第 9 章） | 3.4　登录页面（第 9 章） | 4.4　多渠道销售（第 4 章） | 5.4　电子邮件营销（第 6 章和第 9 章） |
| 1.5　价值主张与品牌（第 4～5 章） | 2.5　行动计划（第 8～9 章） | 3.5　内容策略与活动计划（第 8 章） | 4.5　转化率优化（第 7 章和第 10 章） | 5.5　社交媒体营销（第 6 章和第 9 章） |

资料来源：Smart Insights (2010) Introducing RACE：a practical framework to improve your digital marketing. Blog post by Dave Chaffe, 15 July 2010, smartinsights. com/digital-marketing-strategy/race-a-practical-framework-to-improve-your-digital-marketing.

　　表 0.1 显示了支持获取新顾客所需的各种营销活动或运营流程，包括从在第三方网站和社交媒体上与其交流，吸引他们访问公司网站、移动应用或社交网络，以及将有兴趣的消费者转化为潜在顾客，然后利用在线媒体鼓励其进一步购买及为企业做宣传。可以看到，应用社交媒体和内容营销是可以支持多项活动的 RACE 的一部分，从而是数字营销中的重要管理挑战之一，因此管理社交媒体营销的方法贯穿全书。将数字平台作为多渠道营销的一部分来整合传统媒体与"新"媒体之间的顾客旅程也是本书讨论的一个重要问题。与数字营销相关的管理流程包括如何规划才能使数字营销成为企业的最佳资源并与其他营销活动整合。数字营销的日益普及也意味着需要对重大变革计划进行管理。需要设定新的目标、制定新的沟通策略，并通过新的职责和技能培养员工。

# 数字营销——需要新技能吗

　　本书的目的是为读者提供数字营销的概念、技术和最佳实践的全面指南，以支持表 0.1 中给出的所有数字营销流程。本书（其结构如图 0.1 所示）依据最新的学术模型及数字媒体采用者的最佳实践进行编撰。通过回顾这些概念和最佳实践可以帮助学生掌握实践知识，在其步入职场，成为营销专业人士时利用数字营销发现机会，最大限度地降低风险。

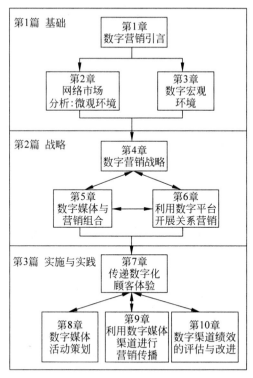

图 0.1　本书的结构

具体来说,本书旨在满足以下需求:

(1) 需要了解数字技术和媒体在多大程度上改变了现有的营销模式,以及是否可以应用新的模式和策略来有效地利用媒体。

(2) 市场营销从业人员需要实用的数字营销技能来有效地营销其产品。需要了解新的术语(如营销自动化、点击率、cookie、唯一性和页面浏览量),以及有效的网站设计和促销方法(如搜索引擎营销),或是用来直接开发网站,或是与其他员工或正在建设和维护网站的机构沟通。

(3) 鉴于快速变化的市场特征和数字营销的最佳实践,需要基于网站的信息源来定期更新知识。本书及为本书提供支持的配套网站提供了丰富的网站链接。

本书假定读者已经通过经验或此前学习的营销基础知识(如营销传播或消费者行为)具备了一些营销知识。尽管如此,书中还是给出了营销、传播理论、消费者行为和营销组合等基本概念。

 **本书的结构和内容**

本书分为三篇,每一篇都涵盖了企业如何使用互联网开展营销以获得竞争优势的不同方面。表 0.2 给出了本书与已有营销主题的关系。

表 0.2　在不同章节中涵盖的营销主题

| 主　　题 | 第1章 | 第2章 | 第3章 | 第4章 | 第5章 | 第6章 | 第7章 | 第8章 | 第9章 | 第10章 |
|---|---|---|---|---|---|---|---|---|---|---|
| 广告 |  |  |  |  |  |  |  | √ |  | √ |
| 品牌建设 |  |  |  | √ | √ | √ |  |  |  | √ |
| 消费者行为 | √ | √ |  |  |  |  | √ | √ | √ | √ |
| 渠道与市场结构 | √ | √ |  | √ |  |  |  |  |  | √ |
| 沟通组合 |  |  |  | √ |  |  |  | √ | √ |  |
| 沟通理论 | √ |  |  |  |  |  |  | √ | √ |  |
| 顾客服务质量 |  |  |  |  |  | √ | √ |  |  |  |
| 直销 |  |  |  |  |  |  | √ |  |  |  |
| 国际市场营销 |  | √ | √ | √ |  |  | √ |  |  |  |
| 营销组合 |  | √ |  | √ |  | √ |  |  |  |  |
| 营销研究 | √ | √ | √ |  |  |  |  |  |  | √ |
| 评估和测量 | √ |  |  |  |  |  | √ |  |  |  |
| 定价策略 |  | √ |  | √ | √ |  |  |  |  |  |
| 促销 | √ | √ |  |  |  |  |  |  |  |  |
| 公共关系 |  |  |  |  |  |  |  |  |  |  |
| 关系营销 |  |  |  |  |  | √ | √ |  |  |  |
| 市场细分 |  | √ |  | √ | √ |  |  |  |  | √ |
| 服务营销 |  |  |  |  |  |  |  |  |  |  |
| 战略和规划 | √ | √ | √ | √ |  | √ | √ | √ |  |  |
| 技术背景 | √ |  | √ |  |  |  |  |  | √ | √ |

**第1篇　数字营销基础**(第1~3章)

第1篇将互联网的使用与传统的营销理论和概念相关联,并基于互联网与其他媒体之间的差异,质疑现有模型的有效性。

第1章"数字营销引言"探讨了将互联网作为以顾客为中心的多渠道营销的一部分,同时回顾了互联网营销、数字营销与电子商务之间的关系,以及互联网可以为使用者带来的好处,概述了与其他媒体的区别,并简要介绍了数字营销技术。

第2章"网络市场分析：微观环境"回顾了数字媒体和技术如何改变企业的直接环境,包括市场和渠道结构。该章通过介绍顾客、竞争对手和中介及其之间的相互作用来描述支持数字战略所需的情境分析。

第3章"数字宏观环境"介绍了社会、技术、经济、政治和法律环境对数字战略及其实施的影响,重点是数据保护和隐私法以及管理技术创新。

**第2篇　数字营销战略开发**(第4~6章)

第2篇描述了开发战略的新模式,并提供了一些企业可以用于将互联网整合进企业营销战略的方法示例。

第4章"数字营销战略"考虑了如何将数字战略与业务和营销战略相结合,并描述了一种通用的战略方法,包括情境分析、目标设定、战略制定、资源配置和监控等阶段。

第5章"数字媒体与营销组合"评估营销组合的不同元素是如何作为战略制定的一部

分在网络环境中进行调整的。

第6章"利用数字平台开展关系营销"详细介绍了利用互联网与顾客建立和维持"一对一"关系的战略和战术。

**第3篇　数字营销的实施与实践（第7～10章）**

第3篇解释了实施数字营销战略的具体方法，如与顾客沟通的技巧、建立关系和促进电子商务等。这些实用技巧知识对于刚开始在网站工作的大学毕业生及与供应商（如设计机构）打交道的营销经理来说都是至关重要的。

第7章"传递数字化顾客体验"解释了如何开发在线展示以支持品牌建设和实现顾客服务质量目标，包括顾客需求分析、网站结构和布局设计、网站创建等阶段，以及以用户为中心的设计、可用性和易访问性设计等关键技术。该章还介绍了用于评估体验的各种服务质量模型。

第8章"数字媒体活动策划"描述了数字媒体的新特征及营销传播的各个方面，这些对于成功地开展在线活动是很重要的。

第9章"利用数字媒体渠道进行营销传播"介绍了横幅广告、联盟网络、搜索引擎推广、联合品牌和赞助、电子邮件、在线公关、病毒传播和口碑营销等方法，特别是与社交网络相关的方法。

第10章"数字渠道绩效的评估与改进"介绍了评估和改进网站有效性的方法，以及传递商业和营销利益的沟通方法。该章还简单介绍了更新网站的过程和工具。

 # 本书的读者对象

**学生**

本书主要是为学习电子营销、网络营销、数字营销、电子商务等专业课程的本科生和研究生编写的基础教材。主要适用于下列学生：

（1）网络营销、电子商务、市场营销、旅游管理、会计学、企业研究、企业管理等专业的本科生，他们可以学到有关互联网和电子商务应用的内容。

（2）选择相关主题作为期末论文或毕业论文的本科生，他们可以将本书作为一本很好的参考书。

（3）在公司实习，需要通过网络推广产品的本科生。

（4）电子商务、网络营销等专业的研究生或MBA学生，以及其他涉及电子商务和数字营销内容的相关专业的研究生。

**从业人员**

本书之前的版本已被数字营销从业人员广泛使用，包括：

（1）营销经理或专家，如负责定义数字营销战略及维护公司网站的电子商务经理或数字营销经理。

（2）高级经理和董事，他们希望了解企业在数字营销方面的潜力，并需要有关如何利用这种潜力的实用指南。

（3）技术总监或网站管理员，他们可能了解构建网站的技术细节，但缺乏营销基础知识及制定互联网营销战略的相关知识。

 # 本书提供的资源

我们旨在将本书打造成利用互联网及其他数字媒体开展营销的百科全书。本书以现有的营销理论和概念为基础，并根据互联网与其他媒体的差异来验证模型的有效性。本书参考了大量有关网络营销的最新文献资料。书中有大量的案例研究、活动和练习题，可以为教学提供帮助。在正文中以及每章的结尾部分还给出了网站链接，以提供有关特定主题的重要信息来源。

任课教师还可以申请与本书配套的教辅资源，包括教学课件、带有答案的试题库和教师手册。

本书的读者均可从戴夫·查菲的网站 www.smartinsights.com/book-support 获得免费的辅助材料。这个定期更新的网站上有与本书相关的建议、评论、支持材料及参考网站的超链接。

**参考文献**

Smart Insights (2010) Introducing RACE：a practical framework to improve your digital marketing. Blog post by Dave Chaffey, 15 July 2010, smartinsights.com/digital-marketingstrategy/race-a-practical-framework-to-improve-your-digital-marketing.

Porter, M. (2001) 'Strategy and the Internet', *Harvard Business Review* (March), 62-78.

# 作者简介

**戴夫·查菲（Dave Chaffey）,BSc,PhD,FCIM,FIDM**

戴夫是 Smart Insights 的联合创始人。Smart Insights 是一家在线出版和咨询公司，为营销人员、数字营销人员和电子商务经理提供最佳实践和行业发展方面的建议与预警，其中的一些建议也是为了帮助读者阅读他撰写的书籍。相关的重要信息在 www.smart-insights.com / book-support 上有特别标注。

戴夫还是一名独立的数字营销培训师和顾问，为各种规模的公司提供数字营销和电子商务战略咨询服务，其中既包括 3M、巴克莱卡、汇丰银行、梅赛德斯-奔驰、诺基亚和乐斯菲斯等大公司，也包括 Arco、Confused.com、Euroffice、Hornbill 和 i-to-i 等小公司。

戴夫热衷于将最新、最佳的实践信息传授给学生和市场营销人员，从而使企业能够通过从网络分析和市场洞察中获取最大价值来提高在线绩效。换句话说，要充分利用在线机会并避免浪费。

由于过去 10 年间对英国电子商务与互联网发展的贡献和影响，戴夫被英国贸易与工业部评为先进个人。戴夫还被英国特许营销协会评为全球最有影响力的 50 位营销大师之一。他还是英国特许营销学院与数字营销学院的名誉院士。

戴夫还曾在伯明翰大学、克兰菲尔德大学、德比大学、曼彻斯特城市大学和华威大学等学校担任电子商务课程的客座讲师。

戴夫是多本畅销商业书籍的作者，包括《数字业务与电子商务管理》《数字营销：战略、实施与实践》《卓越电子营销》（与史密斯合著）和《全面电子邮件营销》。这些书籍在 2000 年以来大多推出了新版本，而且被翻译成中文、荷兰语、德语、意大利语和塞尔维亚语。

生活中，戴夫喜欢慢跑、听音乐和与家人一起旅行。

**菲奥娜·埃利斯-查德威克（Fiona Ellis-Chadwick）,PhD,BSc,PGCE**

菲奥娜的商业和学术经历非常丰富。在 1998 年成为学者并于 2000 年获得博士学位之前，她在零售管理方面有着成功的商业经验。从那时起，她一直在从事旨在推动数字营销领域研究的项目。

在菲奥娜的学术生涯中，她是一位非常活跃的研究者和创新者，经常领导发人深省的多媒体教材的开发。菲奥娜的作品广泛发表在英国国内外的期刊上，包括《商业研究期刊》《欧洲营销期刊》《国际零售与管理期刊》《互联网研究》《零售与消费者服务期刊》。

菲奥娜热衷于商业研究和教育。她认为将管理研究带入生活是非常重要的，尤其是在她目前担任的拉夫堡大学商业与经济学院影响力主任的职位上。

# 目录

## 第1篇　数字营销基础

**第1章　数字营销引言** ............................................................ 2

1.1　引言：数字营销是如何改变市场营销的 ............................ 2

1.2　数字营销和多渠道营销的定义 ...................................... 5

1.3　数字营销战略概述 ...................................................... 8

1.4　数字营销传播概述 ...................................................... 19

**第2章　网络市场分析：微观环境** ........................................ 36

2.1　引言 ......................................................................... 36

2.2　数字营销的情境分析 .................................................. 37

2.3　数字营销环境 ............................................................ 38

2.4　了解顾客在数字市场上的行为 ...................................... 39

2.5　消费者的选择和数字化的影响 ...................................... 47

2.6　消费者的特征 ............................................................ 49

2.7　竞争对手 ................................................................... 55

2.8　供应商 ...................................................................... 58

2.9　新渠道结构 ................................................................ 59

2.10　电子商务的数字商业模式 ........................................... 61

**第3章　数字宏观环境** ....................................................... 74

3.1　引言 ......................................................................... 74

3.2　环境变化的速度 ......................................................... 75

3.3　技术力量 ................................................................... 76

3.4　经济力量 ................................................................... 89

3.5　政治力量 ................................................................... 91

3.6　法律力量 ................................................................... 94

3.7　社会力量 ................................................................... 103

# 第 2 篇　数字营销战略开发

**第 4 章　数字营销战略** ································································· 112

4.1　引言 ·············································································· 112

4.2　了解数字颠覆的影响 ······················································· 113

4.3　作为一种渠道营销战略的数字营销战略 ································· 114

4.4　数字营销战略的范围 ······················································· 116

4.5　整合数字营销战略和数字化转型的重要性 ····························· 118

4.6　如何制定数字营销战略 ···················································· 120

4.7　情境分析 ········································································ 122

4.8　竞争对手分析 ·································································· 126

4.9　数字营销的目标设定 ······················································· 127

4.10　数字营销的战略制定 ······················································ 132

4.11　战略实施 ······································································ 148

4.12　评估包括营销技术在内的不同数字项目 ······························ 149

**第 5 章　数字媒体与营销组合** ··················································· 159

5.1　引言 ·············································································· 159

5.2　产品 ·············································································· 161

5.3　价格 ·············································································· 171

5.4　渠道 ·············································································· 179

5.5　促销 ·············································································· 185

5.6　人员、过程和有形展示 ····················································· 186

**第 6 章　利用数字平台开展关系营销** ·········································· 197

6.1　引言 ·············································································· 197

6.2　利用社交媒体提高顾客忠诚度和改进宣传 ····························· 200

6.3　顾客参与的挑战 ······························································ 204

6.4　顾客生命周期管理战略 ···················································· 211

# 第 3 篇　数字营销：实施与实践

**第 7 章　传递数字化顾客体验** ··················································· 239

7.1　引言 ·············································································· 239

7.2　网站规划、应用程序设计与重新设计项目 ····························· 243

7.3　启动数字体验项目 ··························································· 250

7.4　定义网站或应用程序需求 ·················································· 254

7.5　设计用户体验 ·················································· 268

7.6　管理和测试内容 ·············································· 282

7.7　网上零售 ······················································ 283

7.8　网站推广或"流量建设" ···································· 285

7.9　服务质量对线上忠诚度的影响 ······························ 285

**第8章　数字媒体活动策划** ········································· 297

8.1　引言 ···························································· 297

8.2　数字媒体的特征 ·············································· 299

8.3　步骤1：互动营销传播目标的设定和跟踪 ·················· 304

8.4　步骤2：活动洞察 ············································ 311

8.5　步骤3：市场细分和定位 ····································· 312

8.6　步骤4：报价、信息开发和创意 ······························ 316

8.7　步骤5：预算和数字媒体组合的选择 ························· 317

8.8　步骤6：整体媒体时间表及计划整合 ························· 325

**第9章　利用数字媒体渠道进行营销传播** ························· 335

9.1　引言 ···························································· 335

9.2　搜索引擎营销 ················································· 338

9.3　在线公关和影响者关系管理 ·································· 354

9.4　包括联盟营销在内的在线合作伙伴关系 ···················· 360

9.5　互动展示广告 ················································· 365

9.6　许可式电子邮件营销和移动通信 ····························· 371

9.7　社交媒体和病毒营销 ·········································· 377

9.8　线下推广技巧 ················································· 382

**第10章　数字渠道绩效的评估与改进** ····························· 392

10.1　引言 ·························································· 392

10.2　数字渠道的绩效管理 ········································ 393

10.3　内容管理流程 ··············································· 410

10.4　顾客体验和网站维护责任 ··································· 412

# 第1篇

# 数字营销基础

第1章　数字营销引言

第2章　网络市场分析：微观环境

第3章　数字宏观环境

数字营销：战略、实施与实践（第7版）

Digital Marketing: Strategy,Implementation and Practice

# 数字营销引言

**学习目标**

- 区分不同类型的数字平台和数字媒体与营销的关系
- 评估数字媒体的优势与面临的挑战
- 识别数字营销与传统营销在顾客沟通方面的关键区别

**营销人员要回答的问题**

- 如何利用数字营销促进业务增长？
- 数字营销的优势是什么？
- 数字媒体与现有的营销传播模式相比存在哪些差异？

##  1.1 引言：数字营销是如何改变市场营销的

蒂姆·伯纳斯·李(Tim Berners Lee)创建万维网(World Wide Web)已有30余年，数字媒体的研究也屡见不鲜。随着时间的推移，数字媒体与营销技术为企业提供了跨顾客生命周期的新的沟通方式。目前全球有30多亿消费者借助网络来寻找产品、娱乐项目、朋友和伴侣。消费者行为和企业的营销方式都发生了巨大变化。

为了理解数字营销对未来市场的重要性，我们需要思考哪些消费者互动应该被管理。当前数字营销涉及很多类型的网站，以及不同类型的消费者互动。除了管理数字营销互动5D(数字设备、数字平台、数字媒体、数字数据和数字技术)，我们还需要评估消费者的接受程度，以及企业如何支持营销目标。

(1) **数字设备**(digital devices)。消费者借助由智能手机、平板电脑、笔记本电脑、台式机、电视机、游戏设备、虚拟助理(如 Amazon Echo)构成的**物联网**(IoT)(参见第 7 章)与商家互动。

(2) **数字平台**(digital platforms)。设备的多数交互行为是通过浏览器或主要平台与网络服务商的应用程序实现的，如脸书、Ins、谷歌(Google)、YouTube、推特、领英、苹果(Apple)、亚马逊(Amazon)、微软(Microsoft)。

(3) **数字媒体**(digital media)。不同的传播渠道通过广告、邮件、信息、搜索引擎、社交网络等发现和吸引消费者。

（4）**数字数据**（digital data）。在大多数国家，企业收集的消费者资料及与消费者互动的数据如今需要受到法律的保护。

（5）**数字技术**（digital technology）。企业通过网站、移动应用程序、店内信息栏、电子邮件打造互动体验的营销技术。

图 1.1 展示了管理数字营销的实际机遇与挑战，概述了顾客生命周期，介绍了在顾客生命周期的不同接触点，与顾客进行沟通的各种方法，反映了整合网页、移动设备、邮件、店内体验的免费媒体、自有媒体、付费媒体的整合沟通方式的重要性。

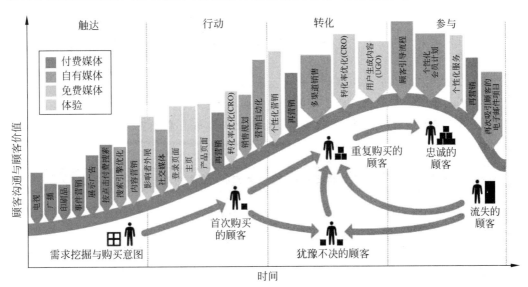

图 1.1　零售商的顾客生命周期营销接触点概要

资料来源：Smart Insights（2017）.

有很多方法可以通过这些活动定位受众，达到营销目的。以社交媒体为例，7 大主要社交网络（脸书、Ins、领英、Snapchat、Pinterest、推特、YouTube）都提供付费及选择性付费服务。

思科（Cisco，2017）将数字通信的增长趋势融入研究背景，发现早期的全球互联网每天的流量不到 100 千兆字节（GB），但在今天，这或许只是一台智能手机的存储量。

## 1.1.1　本书可以提供的帮助

企业为了取得成功，通过营销人员、战略人员和机构，运用新知识将"数字 5D"整合到对消费者的营销传播中，制定新的竞争战略，并缓解消费者对社交文化及隐私的担忧（活动 1.1 专栏将探讨这一问题）。

本书的目的是帮助学生与专业人员获取和拓展这类营销知识。我们将展示如何应用传统营销模式和概念，制订数字营销策略和计划，并有效地使用新模式。我们还会提供一些有效地运用互联网及其他数字媒体推广企业的产品和服务的 5D 案例与最佳实践方法。

哪些创新或数字颠覆与企业最相关,如何利用它们获得优势,以及如何有效地整合数字营销技术与传统营销传播是营销人员面临的挑战。

### 1.1.2　数字颠覆者

数字颠覆者是数字媒体、数据和营销技术方面的创新,改变了市场及跨市场的竞争基础。

**活动 1.1　针对消费者关注的社会文化问题,分析数字平台的增长**

**目的:** 简述目前用于数字营销的关键平台,说明在线商业模式和传播方法的创新,以减轻消费者的担忧。如表 1.1 所示,美国和欧洲的数字商业模式对在线品牌存在巨大影响。

**问题:**

(1) 回顾数字平台带来的创新。哪些主要的网站改变了你的上网方式?

(2) 在线品牌有哪些相同的成功因素和商业模式?

(3) 鉴于某些平台的主导地位,哪些社会文化问题与消费者密切相关,需要政府立法规范?

**表 1.1　商业模式或营销传播方法创新带来数字颠覆性在线服务的时间线**

| 时间 | 公司/服务 | 创新的类别 |
| --- | --- | --- |
| 1994 年 | 亚马逊 | 零售商 |
| 1995 年(3 月) | 雅虎(Yahoo!) | 目录与门户网站 |
| 1995 年(9 月) | eBay | 在线拍卖 |
| 1995 年(12 月) | AltaVista | 搜索引擎 |
| 1996 年 | Hotmail | 基于电子邮件的网络病毒式营销(通过电子邮件签名推广服务),1997 年被微软收购 |
| 1998 年 | GoTo. Com Overture | 首个按点击付费的搜索营销提供商,2003 年被雅虎收购 |
| 1998 年 | 谷歌 | 搜索引擎 |
| 1999 年 | Blogger | 博客发布平台,2003 年被谷歌收购 |
| 1999 年 | 阿里巴巴(Alibaba) | B2B 市场,2007 年在香港证券交易所首次公开募股(IPO)17 亿美元 |
| 1999 年 | MySpace | 社交网络,2005 年被新闻集团(News Corp)收购 |
| 2001 年 | 维基百科(Wikipedia) | 开放式的百科全书 |
| 2003 年 | Skype | 点对点的网络电话(VOIP),先被 eBay 收购,后被微软收购 |
| 2003 年 | Second Life | 身临其境的虚拟世界 |
| 2003 年 | 领英 | 专业的社交网络,被微软收购 |
| 2004 年 | 脸书 | 社交网络,旗下还有其他社交网络与即时通信应用程序(Ins 和 WhatsApp) |
| 2005 年 | YouTube | 视频分享和排行榜 |

续表

| 时间 | 公司/服务 | 创新的类别 |
| --- | --- | --- |
| 2006 年 | PayPal | 最早提供移动支付服务 |
| 2007 年 | iPhone iOS 和安卓（Android） | 苹果公司开发了安装有 iOS 操作系统的 iPhone，同年谷歌推出了安卓移动操作系统 |
| 2009 年 | 爱彼迎（Airbnb） | 业主通过在线市场出租房屋 |
| 2010 年 | 优步（Uber） | 以出租车服务闻名的运输和物流公司，在全球多个大城市开展经营 |
| 2011 年 | Snapchat | 分享的内容可以设置"阅后即焚"秒数的移动应用程序 |
| 2013 年 | Apple iBeacon 和 CloudTags | iBeacon 通过低耗蓝牙向购物者推送其感兴趣的商品；CloudTags 通过平板电脑向购物者推送相关产品的深度信息 |
| 2017 年 | 新的联网设备 | 谷歌继 Amazon Echo、Apple HomeKit 设备和微软家庭设备控制中枢之后，也推出了家庭语音控制设备 |
| 未来 | 数字创新与商业建议 | 创新驱动着数字经济，并将持续到未来。尽管数字已成为主流，但是完全取代全球现有平台的可能性较小 |

## 1.2　数字营销和多渠道营销的定义

数字媒体、数据和技术带来了很多新的标签和术语，如数字营销、互联网营销、电子营销和网络营销。营销活动需要根据企业与业务的相关性进行排序，对于企业来说，重要的是数字营销活动而不是专业术语。因此，本章的重点是介绍各种数字营销活动。

**数字营销**（digital marketing）可以简单地定义为：通过数字媒体、数据和技术实现营销目标。

这一定义提醒我们，技术的采用无法决定数字营销的投资，但技术带来的结果却可以决定数字营销的投资。

在实践中，数字营销包括管理不同的**在线公司形象**（online company presence），如公司网站、移动应用程序和企业的社交媒体页面，需要与本章后面介绍的网络传播技术，如搜索引擎营销、社交媒体营销、网络广告、邮件营销及与其他网站协作等方式进行整合。这些技术以获取新用户为目标，通过**顾客关系管理**（customer relationship management，CRM）为现有顾客提供服务，帮助企业发展与顾客的关系。数字营销要想取得成功，也不能脱离传统媒体（如印刷品、电视、直接邮寄及销售人员），要将其作为多渠道营销传播的一部分。微型案例研究 1.1 给出了一个移动应用程序与传统媒体整合的案例。

数字平台支持**多渠道营销**（multichannel/omnichannel marketing）的整合在本书中

将被反复提及。第2章阐述了数字平台如何利用多样的沟通方式与分销渠道来支持不同的**顾客旅程**(customer journeys)。还可以对网络渠道加以管理来支持从售前到售后的整个购买流程，以及顾客关系的长远发展。

## 1.2.1　付费媒体、自有媒体与免费媒体

　　如今，要想制定卓越的数字战略，需要对所处的比以往更复杂、竞争更激烈的购买环境，以及顾客旅程的各种网络形式有一个清晰的认识。为了帮助制定接触并影响潜在的网络顾客的战略，我们列举了营销人员应考虑的三类主要媒体渠道(如图1.2所示)。

　　(1) **付费媒体**(paid media)。这类媒体是通过购买获得的，需要对访客的访问付费，通过搜索、展示广告网络及联盟营销等方式吸引消费者或是将其转化为顾客。线下的传统媒体，如平面广告、电视广告和直邮广告，对某些品牌(如消费品品牌)仍然很重要。

　　(2) **自有媒体**(owned media)是品牌自己的媒体。线上自有媒体包括公司网站、博客、电子邮件列表、手机App，或是在脸书、领英、推特上的社交账号。线下自有媒体包括零售商店或宣传册。公司可以利用自己的媒体通过相似的广告或编辑格式向其他媒体推广产品，这也凸显了组织成为多渠道发布者的必要性。

　　(3) **免费媒体**(earned media)。传统意义上，免费媒体是通过开展公关活动及投资有影响力的消费者来提高公众对品牌的认知，达到宣传效果。免费媒体还包括可通过病毒式传播和社交媒体营销、社交网络、博客及其他社区激发的口碑传播。将免费媒体看作不同类型的合作伙伴(如出版商、博客的博主及类似于顾客代言人这样的具有影响力的人)分享内容。免费媒体还可以是消费者与企业在线上与线下的各种形式的对话。

　　图1.2展示了三类媒体之间的重叠。要实现重叠需要整合营销活动、资源和基础设施。内容中心或网站上的内容可以被分解(有人称之为微内容)，然后通过由程序和数据交换**应用程序编程接口**(application programming interfaces，API)驱动的插件与其他类型的媒体共享内容。

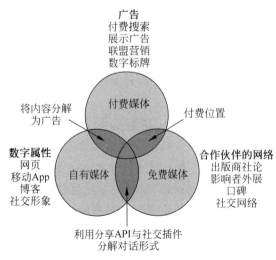

图1.2　三类网络媒体的重叠

## 活动 1.2　最新的营销技术领域

**目的**：说明可以为营销人员提供支持的各种系统，并解释主要的服务类别。

**活动**：

（1）收集斯科特·布林克尔（Scott Brinker）在 ChiefMartec.com 网站上给出的最新研究的技术路线图。图 1.3 中总结了 6 种服务类型，描述了最受欢迎的服务网站是如何支持数字营销活动的（按照服务类型的受欢迎程度排序）。

（2）定义并记录不同的服务类型。

（3）选择并访问一个或多个供应商系统，了解其营销主张并向小组中的其他成员解释，确定每个类型最受欢迎的服务。

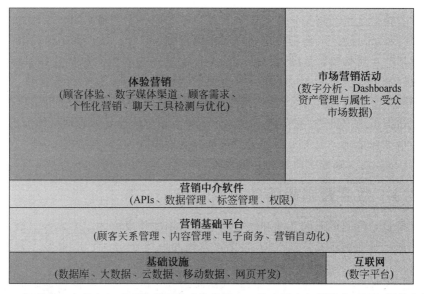

图 1.3　斯科特·布林克尔对现代营销技术的分类——数字平台包括脸书、谷歌、领英和推特

资料来源：Chiefmartec.com.

## 数字技能基础：与数字同步

本书每章的起始部分都会给出数字技能的基础框架，它会提供实用的想法，有助于提高你对该领域的认识。它还提供了一些有助于增加你的数字实践技能的建议。

本章我们将向营销人员介绍几种可以有效利用数字营销的最新发展，以深入了解竞争对手的营销技术。我们建议你重点关注以下技能：定期关注数字营销技术的最新趋势；评估脸书和谷歌等主要数字平台的新功能与业务的相关性。

下面是戴夫·查菲使用的新技术：

（1）使用推特列表获取最佳网站或最有影响力的人的最新动态。通过 Hootsuite.com 进行监控，也可以设置竞争对手的数据流。

（2）使用 Feed 阅读器 App(如 Feedly)订阅各种数字营销新闻网站。关注最受欢迎的文章有助你了解营销技术的最新发展动态。安装 Feedly 后，你可以获取市场营销网站的最佳建议。

（3）Zest 可以向你推送网上最受欢迎的市场营销文章。

你可以根据本章末尾给出的网络资源充实你的推特列表或订阅推荐。要利用 RACE 框架评估数字营销技能，可以使用 http://bit.ly/smartdigiskills 提供的 Smart Insights 技能评估工具。

# 1.3　数字营销战略概述

数字营销的关键战略与传统商业和营销决策相同。本书将在第 4 章详细介绍制定数字战略的过程，市场细分、**目标市场选择**和**市场定位**(positioning)都是提高数字营销有效性的关键环节。**目标营销战略**(target marketing strategy)方法包括选择目标客户群，以及说明如何通过提供产品和服务建议将价值传递给客户群。第 7 章将指出，在确定了核心产品或品牌主张后，延伸性产品或网络价值主张(OVP)的网络开发也很重要。它定义了品牌是如何借助内容、视觉设计、交互、分享和富媒体传递品牌的网络体验的，以及线上与线下展示如何整合。表 1.1 提到的公司都拥有清晰的、有说服力的 OVP。提供战略决策的 OVP 是公司未来数字营销的关键部分。

## 1.3.1　数字营销战略的主要特征

数字渠道与传统渠道的互动和整合是数字营销战略发展的主要内容。数字营销战略本质上整合了其他渠道的营销战略，是渠道营销的一部分。因此，提高数字营销战略的有效性需要：

（1）配合商业营销战略(例如，许多公司使用以 3 年为周期的计划和愿景)，制订每年的工作重点和计划；

（2）针对互联网或其他数字渠道使用明确的商业目标、品牌开发、潜在顾客与销售的网络贡献——应基于渠道的多种模型。

（3）与目标顾客使用的渠道保持一致，从而更方便接触顾客；

（4）定义有吸引力且具有差异化的**价值主张**(value proposition)，并传递给顾客；

（5）使用线上与线下混合的传播工具吸引公司网站的访问者或者通过电子邮件、手机等与品牌互动；

（6）在顾客通过数字渠道与其他渠道相结合的方式选择和购买产品的购物全过程中提供顾客旅程支持服务；

（7）通过吸引用户访问网站、将其转化为顾客，留住顾客并促进其购买的整个流程，对网络用户的生命周期进行管理。

## 1.3.2　数字营销的应用

对于已经建立了多渠道的企业，数字媒体提供了销售产品和服务的大量机会。以廉

价航空为例,数字媒体和技术可以在如下方面发挥作用:

(1) 广告媒体。门户网站或社交媒体的展示型广告,用于培养品牌意识及对产品或服务的需求。

(2) 直效广告。定向广告可以帮助公司在消费者显示出购买意图(如搜索到目的地的航班)时,吸引其访问公司网站。

(3) 销售交易平台。无论是普通旅客还是商务旅客,在网上预订机票都是目前最常见的订票方法。

(4) 识别潜在顾客的方法。提供有助于识别和追踪企业采购机票的工具,预订商务航班。

(5) 分销渠道,如分布式数字产品。当前,航空公司会销售比以前更多的保险服务。

(6) 顾客服务机制。顾客通过查看常见问题,可以更顺畅地完成自助服务。

(7) 建立关系的媒介。公司通过与顾客互动,了解顾客需求,向顾客宣传相关产品和价格。例如,易捷航空(easyJet)通过发送电子邮件,鼓励顾客再次预订机票。

## 1.3.3　数字营销的优势

英国特许市场营销协会(Chartered Institute of Marketing)给出的市场营销定义,反映了数字营销对市场营销的支持:市场营销是识别、预测和满足顾客需求,从而获得利润的管理过程。

上述定义强调市场营销的重点是顾客,同时指出为实现公司的盈利目标,还需要结合其他商业运营模式。查菲和史密斯(Chaffey & Smith,2017)指出,数字营销可以支持下列目标:

(1) 识别。互联网可用于市场调查,以发现顾客的心理需求与物质需求。

(2) 预测。互联网为消费者获取信息和购买商品提供了一种新的渠道,对这一需求进行评估是管理网络营销资源分配的关键。

(3) 满足。网络营销的一个关键成功要素是通过电子渠道满足顾客需求,通常包括网站是否方便使用、产品的展示是否充分、向顾客提供服务的标准是什么,以及产品如何配送等。这些都属于客户关系管理的范畴,将在第 6 章和第 7 章介绍。

第 4 章将介绍如何量化不同的目标,以帮助企业制定数字战略。表 1.2 列出了数字营销的几个基本目标,是基于查菲和史密斯提出的五大优势(5S)来制定并评估不同类型的数字营销目标和战略发展。

| 表 1.2　数字营销的 5S | | |
| --- | --- | --- |
| 数字营销的优势 | 如何实现收益 | 典型目标的例子 |
| 销售——增加销量 | 包括直接在线销售和受线上影响的线下渠道的销售。通过更广泛的分销渠道接触线下接触不到的消费者,也通过比店内更广泛的产品范围或比其他渠道更低的价格增加销量 | 产品销量的 10% 源于线上;使产品每年增加 20% 的销量 |

续表

| 数字营销的优势 | 如何实现收益 | 典型目标的例子 |
|---|---|---|
| 服务——增加价值 | 通过在线的方式为顾客提供额外利益，或通过在线对话和反馈将产品开发状况告知顾客 | 增加网站上不同内容的互动；将在网站停留的时间延长10%（"黏性"）；将使用在线服务的活跃用户（每月至少登录一次）数量增加30% |
| 交流——与顾客更亲近 | 通过论坛和问卷调查等网络互动实现双向对话，通过正式调研或非正式地监控顾客对话来了解顾客需求 | 将电子邮件覆盖率扩大到现有顾客数据库的50%；每月在线调查1 000位顾客；使访问网站社区栏目的访客增加5% |
| 节约——节约成本 | 通过电子邮件沟通进行销售或服务交易能够减少员工、印制和邮递成本。顾客通过网络自助服务在线查询回复内容可以节省成本 | 沟通预算相同的前提下，销量提高10%；通过电子邮件将直接营销成本降低15%；将网络自助服务增加到所有服务查询的40%，并将总体服务成本降低10% |
| 活跃——在线推广品牌 | 通过网络或建立在线社区提出新的想法、新的建议和新的在线体验实现品牌推广 | 提高品牌优势，如品牌知名度、覆盖率、品牌喜好度、购买意向 |

资料来源：Chaffey and Smith (2017).

衡量互联网带来的营销战略机会的一个强大的工具是安索夫（Ansoff，1957）提出的战略营销网格，该内容将在第4章讨论。战略营销网格说明如何将互联网应用于四个战略方向。

（1）市场渗透。互联网可以被用于向现有市场销售更多的现有产品。

（2）市场开发。利用互联网开发新的地域市场，其优势在于仅在目标市场利用成本较低的国际广告进行宣传，而无须在目标客户所在国建立配套的销售基础设施。

（3）产品开发。通过互联网开发新产品或服务。产品通常是数字产品。

（4）多元化。在这方面，互联网的意义就在于为那些根据目标市场需求开发出来的新产品提供销售支持。

赫斯肯斯等（Geyskens et al.，2002）提出了另一种观点，他们认为对于现有企业来说，通过直接的网络营销渠道进行需求扩张主要有下面三种形式：

（1）市场扩张。吸引未购买过相关类别的细分顾客。以雅诗兰黛（Estée Lauder）为例，其旗下的Clinique.com网站希望吸引那些在化妆品柜台有过不愉快经历而不愿在柜台购买的顾客。

（2）品牌转化。从竞争对手那里赢得顾客。

（3）关系深化。向现有顾客销售更多的产品。

对于已经拥有忠实顾客群的品牌来说，相对其他渠道的降价并非必要的，或者说在网络渠道中之所以采用降价手段，是因为同业间的竞争压力。赫斯肯斯等还指出，因为利用了直接网络渠道,交易成本和分销成本大幅降低,由此形成的潜在收益足以覆盖企业开发直接网络渠道的初始启动成本。然而,对于制造商品牌,则需慎重考虑在线打造品牌后,让产品可以通过供应链配送出去所需的广告支出(Pei et al.,2014)。在考虑在线打造品牌时,企业必须规划如何管理潜在的渠道冲突。

　　数字媒体不仅能够帮助大企业开发市场,其更为激动人心的潜力或许还在于可以帮助中小企业(SEMs)开拓现有市场。请阅读微型案例研究 1.2,了解制造商是如何利用数字媒体和技术打造品牌的。本章末尾将进一步探讨数字传播的机遇。

## 微型案例研究 1.2　　Zalando 在不到 5 年的时间里利用数字媒体和分销能力开发了数十亿欧元的业务

　　受 Zappos.com 成功的商业模式启发,大卫·施耐德(David Schneider)、鲁宾·里特(Rubin Ritter)和罗伯特·金斯(Robert Gentz)2008 年从德国风险投资公司 Rocket Internet SE 贷款 7.5 万欧元创立了 Zalando。现在 Zalando 的市值达 60 亿欧元,成为欧洲知名的时尚零售平台。2008 年,Zalando 仅在德国开展业务,而 5 年后,其服务对象遍布欧洲 15 个国家。

　　当前,Zalando 经销 1 500 多个国际品牌,包括国际高端品牌和不同国家的本地化品牌。Zalando 针对 15 个国家推出的 15 个网站,都有针对特定国家文化的发货、支付、时尚、营销等战略。2018 年年初,这些网站访问量的 70% 来自移动设备。

　　Zalando 的成功有很多因素,包括适合不同国家的媒体、内容、销售规划、本地化战略,出色的顾客满意度计划,以及移动体验。由于搜索引擎优化(搜索引擎在竞争激烈的市场中,无法快速吸引受众)和社交媒体(对网络销售能力的影响有限)等其他网络媒体技术在帮助企业获得市场吸引力方面表现不佳,Google Ads 规划对于 Zalando 在不同国家快速获取知名度发挥了重要作用。Google Ads 和线下广告,以及分销基础设施都需要大量的投资。因此,国际电子商务需要巨额初始资金的支持。Zalando 在德国、奥地利、瑞士等电子商务的核心地区花了 4 年左右的时间才实现收支平衡就是最好的证明。

### 1.3.4　不同的数字商业模式

作为战略规划的一部分,企业需要对所选择的业务类型有清晰的认识。

**商业模式还是消费者模式**

对网络商业模式进行分类的一个基本标准是该模式对消费者还是企业具有吸引力。根据这一标准,数字营销机会通常可以划分为**企业对消费者**(B2C)交易和**企业对企业**(B2B)交易。

　　表 1.1 中列出的知名网络公司主要专注于 B2C 市场。不过,B2B 的沟通对很多企业也很重要,因为它们可能会与 eBay 这样的企业打交道,而且很多 B2C 的服务需要通过

B2B 交易提供的广告来维持，如谷歌的收入主要来自由搜索引擎广告、展示广告和 YouTube 广告组成的 B2B 广告计划。广告服务和基于广告服务的收入对于 YouTube、脸书和推特等社交网站同样重要。

数字媒体和技术为直接与消费者沟通的**直面消费者**(**direct-to-customer**)战略提供了新的机会。例如，通过网站或社交媒体，出版商和作者可以与读者互动，食品品牌可以直接与购买者互动。

图 1.4 展示了不同公司在 B2C 与 B2B 领域经营的案例。易捷航空和英国石油(BP)等企业的产品同时面向消费者与企业销售，因此其网站要针对不同的受众设置不同的栏目。图 1.4 中还展示了另外两种交易类型，即**消费者对消费者的交易**(**C2C**)和**消费者对企业的交易**(**C2B**)。常见的 C2C 交易包括物品交换(如 eBay)、金融服务(如 Zopa)和拍卖(如 Betfair)。网络开发的早期阶段，霍夫曼和诺瓦克(Hoffman & Novak，1996)强调了 C2C 交互的重要性。他们的观点被社交网络的发展所证实。Adjei 等(2010)验证了品牌社区在影响销售与顾客维系，以及培养新顾客的信心方面的作用。

活动 1.3 指出了 C2C 互动的重要性。

图 1.4 中还包括提供网络或**电子政务**(**e-government**)的政府或公益活动组织。如图所示，企业应将员工视为使用局域网的特别顾客，可将该模式称为员工对员工的交易(E2E)。

从：内容/服务的提供者

| | 消费者或居民 | 企业(组织) | 政府 |
|---|---|---|---|
| 消费者或居民 | **消费者对消费者(C2C)**<br>• eBay<br>• Skype<br>• 博客与社区<br>• 产品推荐<br>• 社交网络(脸书、Google+、Bebo) | **企业对消费者(B2C)**<br>• 交易：亚马逊<br>• 关系建立：英国石油<br>• 品牌建立：联合利华(Unilever)<br>• 自有媒体：新闻集团<br>• 购物比较：Kelkoo、Pricerunner | **政府对消费者(G2C)**<br>• 国家政府交易：英国税务海关总署<br>• 国家政府信息<br>• 地方政府信息<br>• 地方政府服务 |
| 企业(组织) | **消费者对企业(C2B)**<br>• 价格线<br>• 顾客反馈、社区或活动 | **企业对企业(B2B)**<br>• 交易：Euroffice<br>• 关系建立：英国石油<br>• 自有媒体：Emap<br>• B2B市场：EC21<br>• 社交网络(领英、Plaxo) | **政府对企业(G2B)**<br>• 政府服务与商业交易：税收<br>• 法律制度 |
| 政府 | **消费者对政府(C2G)**<br>• 通过施压团队或个人网站向政府提供反馈 | **企业对政府(B2G)**<br>• 向政府部门与非政府组织提供反馈 | **政府对政府(G2G)**<br>• 政府内部服务<br>• 信息交换 |

*(左侧纵向标题：到：内容/服务的消费者 — 消费者或居民 / 企业(组织) / 政府)*

图 1.4　企业、消费者、政府组织之间可选择的交易模式小结

### 1.3.5 电子商务与数字商务的区别

**电子商务**(e-commerce)是指组织与第三方之间的财务和电子信息交易。电子商务的管理不仅包括在线的销售交易,还包括消费者主动发起的服务查询与企业针对消费者的电子邮件群发等非财务交易。因此,电子商务可以说是面向所有在线企业的。

**活动 1.3 为什么 C2C 互动很重要?**

**目的**:强调 C2C 交易与 B2C 公司的相关性。

**活动**:与同学讨论并分享 C2C 在线互动的经验。分别从独立网站和企业网站的角度考虑 C2C 模式。C2C 沟通是如何帮助这些企业的?

如图 1.5 所示,电子商务被细分为卖方电子商务和买方电子商务。**卖方电子商务**(sell-side e-commerce)是指将商品销售给组织顾客的交易活动。**买方电子商务**(buy-side e-commerce)是指企业与企业之间的交易,即从供应商处获取组织所需的资源。

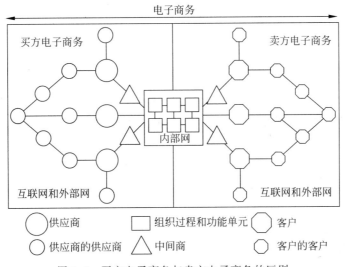

图 1.5 买方电子商务与卖方电子商务的区别

**社交商务**(social commerce)对于网站所有者的重要性与日俱增,它能够将所有的评论和评分纳入一个网站,并将其链接到社交网站,以了解顾客的需求,提高销售转化率。社交商务还包括使用优惠券服务的团购,如高朋(Groupon)。关于消费者如何通过社交媒体直接影响销售的讨论并不少。数字营销洞察 1.1 概述了这方面的研究。我们将在本章后面介绍社交媒体营销。

**电子商务**(e-business)如今更多地被称为**数字商务**(digital business),是指使用数字技术管理一系列的业务流程,涵盖如图 1.5 中所示的卖方电子商务和买方电子商务,以及研发、营销、生产、采购和销售物流等其他关键的支持性业务流程。

## 数字营销洞察 1.1　社交商务：社交网络对购买行为的影响

哈佛商学院发表的研究引用了艾扬格等（Iyengar et al.，2009）的研究发现：在像韩国这样的社交网络与商业都较为发达的国家，社交网络确实会影响购买行为，具体的影响程度主要取决于用户的使用水平和好友数量。研究表明：

- 仅拥有较少好友的社交网络的轻度使用者（大致占48%），其购买行为不受社交网络活动的影响。
- 拥有平均数量好友的社交网络的中度使用者（大致占40%），其购买行为会受社交网络互动的影响，可使卖家销售额增加5%。
- 拥有大量好友的社交网络的重度使用者（大致占12%），其购买行为会受社交网络互动的影响，不过是负相关。他们会避免购买其好友已经购买或正在谈论的商品，可使卖家销售额下降14%。

Smart Insights（2015b）中的一篇文章发出质疑："这是社交媒体的后坐力吗？"我们将探讨不同类型的数字媒体的有效性，第9章将继续讨论这些问题。

### 1.3.6　数字活动的不同形式

企业制定什么形式的数字战略取决于企业目前的业务领域和规模。查菲（2015）给出了数字活动的各种形式，并指出不同形式的数字活动具有不同的目标和功能，适用于不同的市场或产业部门。需要注意的是，网站或移动App的类型区分并不是绝对的，因为任何企业都可以将其组合使用，并且会针对所服务的市场强调不同的重点。越来越多的企业使用特定的移动App以及脸书、推特和领英等社交网络上的公司主页，都是出于类似的目的。在评论企业的网站与社会形象时，要注意观察企业如何将网站的不同栏目聚焦不同的重点，如销售交易、服务、关系建立、品牌打造、信息提供和娱乐等功能。网站和手机App功能主要有如下五种类型。

**1. 交易型电子商务网站/App**

促进消费者通过网络购买产品或服务，常见于零售、旅游和金融服务业。网站的主要作用是销售产品，同时为偏好线下购物的消费者提供客户服务和商品信息。

可访问网站：产品制造商（Kia）（www.kia.com/uk）；网络零售商（Zalando）（www.Zalando.com）。

**2. 服务导向型的服务主导关系构建网站/App**

这类网站/App提供刺激购买行为和建立关系的信息。很多商品和服务通常无法在网上购买，主要经营项目是B2B和高端或复杂的消费品。通过网站和新闻订阅提供信息，帮助消费者决定是否购买。这类网站/App主要的商业贡献是通过回答潜在顾客的咨询或了解相关线索鼓励其线下购买。这类网站/App也会通过为现有顾客提供信息，帮助顾客在工作或家庭生活中获得支持，以增加顾客价值。

可访问网站：B2B咨询公司Accenture（www.accenture.com）；B2C激光治疗眼科公司Optimax（www.optimax.co.uk）。

**3. 品牌建设网站/App**

这类网站/App 提供体验,对品牌形成支持。有些产品无法在网上购买。这类网站/App 主要通过开发品牌的网络服务来支持品牌建设,通常适用于价值低、产量高的快消品(FMCG)。

可访问网站:Durex(www.durex.com)和 Guinness(www.guinness.com)。

**4. 门户网站或媒体网站**

门户网站或媒体网站提供主题新闻、娱乐或信息,以及其他具有广告或合作盈利模式的新闻。门户网站是信息的关口,上面不仅提供信息,而且提供其他网站的链接。门户网站有多种创收来源,包括广告收入、销售提成及消费者数据的销售收入等。

可访问网站:HuffPost(www.huffingtonpost.com,B2C)和 Smart Insights(www.smartinsights.com,B2B)。

不同类型的网站都在组织开展数字营销的过程中不断成熟,也变得越来越复杂。第 2 章和第 4 章将介绍数字营销服务和能力发展的**阶段模型**(stage models),即从静态的**电子目录网站**(brochureware site)到支持与顾客互动的动态的**电子商务交易网站**(transactional e-commerce sites)。

**5. 社交网络或社区网站**

这类网站/App 侧重促进消费者在社区的互动(C2C 模式)。典型的互动行为包括发布评论、回复评论、发送消息,以及对特定类别的内容进行评级和标注标签。

比较经典的例子包括脸书、Ins、领英、Snapchat 和推特。社交网络还可以整合到其他网站中。

## 1.3.7 开发与管理数字营销战略所面临的挑战

企业管理数字营销战略时面临的挑战大多类似,主要包括:

(1)不同的数字营销活动职责不明确(如前言中的图 0.1 所示)。

(2)数字营销没有具体目标。

(3)分配给数字营销的预算不足,要么是低估了顾客对网络服务的需求,要么是竞争对手通过更为积极的网络活动获取了更多的市场份额。

(4)由于组织中不同的部门使用不同的技术,或者是供应商没有实现规模效应造成的预算浪费。

(5)由于仅将互联网视为"另一种市场渠道",而没有将其作为改进和实现差异化的在线服务途径,因此没有提出针对顾客的新的网络价值主张。

(6)未充分衡量或评估数字营销的结果,从而无法采取提高数字营销有效性的措施。

(7)采用实验性而非计划性的网络沟通方式,很难将线上与线下沟通整合起来。

Smart Insights(2017)对数字营销管理中面临的挑战进行了研究,发现很多企业面临下列挑战:

(1)规划。44%的受访企业虽然活跃于数字营销领域,但没有清晰的数字营销计划或战略。49%的受访企业没有针对数字营销计划调整战略。

(2)组织能力。30%的受访企业正在或已经进行了数字营销策划,33%的受访企业推出了数字营销的转型规划。但仍然有 37％ 的受访企业认为数字营销与自己无关。

（3）整合数字渠道与市场营销。仅有 20％ 的受访企业对数字营销和传统营销的整合程度感到满意。整合的主要障碍表现为：缺乏综合战略与规划；孤岛团队；缺乏综合的沟通技巧。

（4）评估 ROI。39％ 的受访企业意识到了数字营销带来的机遇，但是认为很难对管理者需要掌握的重要指标 ROI 作出评估。

鉴于数字营销在未来的重要性，大企业通过**数字化转型**(digital transformation)应对数字营销的挑战。很多咨询管理公司探讨过这一方法，如麻省理工学院数字商务中心和 Capgemini 咨询公司(2011)、Altimeter 咨询公司(2014)等。

Altimeter 咨询公司通过可视化信息指出了数字化转型的驱动因素和障碍(见图 1.6)，展示了如何利用社交媒体、移动平台、即时营销等颠覆性数字技术创造有效的数字客户体验。

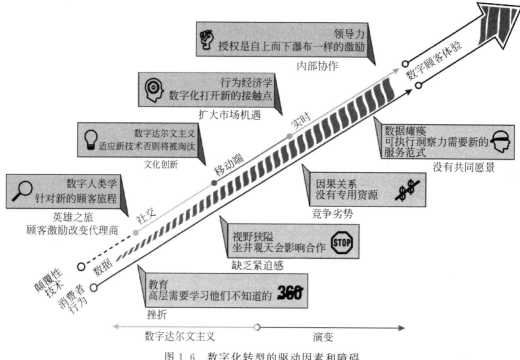

图 1.6 数字化转型的驱动因素和障碍

资料来源：Altimeter Consulting (2014).

### 7S 的应用

7S 是用于评估组织有效应对新的数字渠道带来的挑战的现有和潜在能力的框架，最初由沃特曼等(Waterman et al.，1980)整理，麦肯锡咨询公司在 20 世纪 80 年代进行了发展和完善。7S 在企业管理研究中常被引用。Econsultancy(2005)总结了战略资源管理中的一些问题，如表 1.3 所示。由于很多企业还在实施数字化转型计划，因此仍需评估 7S 框架中的要素。

| 表 1.3　组织在 7S 框架下需要管理的来自数字营销的一些挑战 | | |
|---|---|---|
| 7S 模型中的要素 | 在数字营销战略中的应用 | 实践与文献研究中的关键问题 |
| 战略 | 数字营销在影响和支持组织战略方面的重要性 | • 获得适当的预算与展示，从预算中提供价值和投资回报；年度计划方法<br>• 通过数字营销影响组织战略的技术<br>• 将数字战略与组织和营销战略相结合的技术 |
| 结构 | 调整组织结构以支持数字营销 | • 与其他管理、营销团队（企业传播、品牌营销、直销）及 IT 工作人员一起整合数字营销和电子商务团队<br>• 使用跨职能小组和指导小组<br>• 内包与外包的对比 |
| 制度 | 开发具体的流程、程序或信息系统来支持数字营销 | • 活动策划方法——整合<br>• 管理/共享客户信息<br>• 管理内容质量<br>• 数字营销效果的统一报告<br>• 内部与外部；同类最佳与外部集成技术解决方案 |
| 员工 | 按背景及特点（如 IT、营销、是否使用承包商/顾问、年龄和性别）对工作人员进行分类 | • 内包与外包<br>• 促进高级管理层对数字营销的接受/参与<br>• 招聘与留住员工<br>• 虚拟工作环境<br>• 员工的发展与培训 |
| 风格 | 包括关键管理者在实现组织目标中的行为方式，以及整个组织的文化风格 | • 涉及数字营销团队在影响力中的战略作用：是动态的、有影响力的还是保守的、寻求话语权的？ |
| 技能 | 关键员工的独特能力，也可以理解为团队成员的特殊技能 | • 员工在特定领域的技能：供应商选择；项目管理；内容管理；具体的电子营销方法（搜索引擎优化、产品点击付费、联合营销、电子邮件营销、在线广告） |
| 超级目标 | 数字营销组织的指导理念，也是共同价值观和文化的一部分。组织内部和外部对这些目标的看法可能有所不同 | • 提高最高管理层和工作人员对数字营销团队的重要性和有效性的认识（营销通才和 IT 人才） |

资料来源：Econsultancy（2005）.

## 1.3.8　数字营销的战略框架

为了实现数字营销的优势，避免失误，企业需要制定有计划的结构化方法。本书定义了数字营销的战略方法，旨在管理风险，并提供网络渠道机会。如图 1.7 所示，我们根据众多企业的战略经验，提出了开发与实施数字营销计划的过程。该图展示了关键活动与创建典型的数字营销战略之间的依赖关系，以及与本书不同章节的联系。

### A：机遇：识别网络机遇

设定目标来定义潜力是该阶段战略发展的核心。关键措施包括：

1. 设定数字营销目标(第4章和第8章)。企业需要为网络渠道设定具体的数字目标,利用资源实现目标。目标将影响业务目标及以下两个活动。

1a. 评估数字营销的绩效(第4章和第10章)。通过网站分析工具衡量在线传播方式(与网站相结合的搜索引擎营销、在线广告和电子邮件营销)对引导潜在顾客、销售、品牌发展的贡献。

1b. 评估在线市场(第2~4章)。使用情境分析来评估微观环境(顾客、竞争对手、中间媒体、供应商、内部能力和资源)及影响战略实施的宏观环境,如法律要求和技术创新。

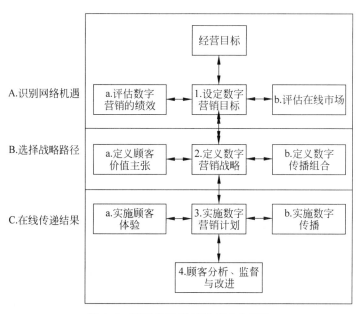

图 1.7   通用数字营销战略开发流程

### B. 战略：选择战略路径

2. 定义数字营销战略(第4章)。选择适当的战略以实现A1阶段设定的目标。

2a. 定义顾客价值主张(第4章和第7章)。通过网络渠道定义价值主张,及其与企业提出的核心主张的关联。评估市场细分和目标定位的选择,同时评估营销组合与品牌价值,以及如何通过网络进一步改进。

2b. 定义数字传播组合(第4章、第8章和第9章)。选择线上和线下传播工具来鼓励组织使用网络服务促进销售。开发新的外部沟通与事件触发战略,通过顾客与公司的关系为顾客提供支持。

### C. 行动：在线传递结果

3. 实施数字营销计划(第3部分)。详细说明战略如何实施。

3a. 实施顾客体验(第7章)。企业通过建立网站,使用移动应用程序、电子邮件等营销传播方式,与顾客进行有效的在线互动。通过培养在线顾客关系管理能力来了解顾客特征、需求和行为,为顾客提供有针对性的个性化服务(第6章)。

3b. 实施数字传播(第 8 章和第 9 章)。管理网络营销传播(如搜索引擎营销、社交媒体营销、赞助广告、联盟营销广告),以及基于广告的市场营销传播活动(如网络广告、电子邮件营销、微网站),鼓励顾客使用在线服务,通过微网站获取与维系顾客。有效的数字传播将数字媒体渠道与传统营销整合在一起。

4. 顾客分析(第 6 章)、监督与改进,维护在线活动(第 9 章)。收集顾客与企业互动的资料和行为数据,总结并发布绩效报告及预警,与目标绩效进行比较以提升企业绩效。

在图 1.7 中有许多双向箭头,这是由于营销活动通常不是按顺序进行的,而是相互影响。活动 1 设定数字营销目标既会吸取营销活动提供的信息,也会对营销活动产生影响。同样,活动 4 顾客分析、监督与改进既会接收在线活动实施过程中提供的信息,也要有反馈机制来更新战略与决策。

# 1.4　数字营销传播概述

多年来,营销活动都是基于由公共关系提供支持的电视、印刷品、广播广告及直邮等传统媒体的。但是,1980 年蒂姆·伯纳斯·李提出网络概念以后,营销传播发生了巨大的变化。下面介绍几种与传统媒体具有同等作用的数字媒体。**数字媒体渠道**(digital media channels)已经成为大多数营销活动的重要组成部分。例如,营销人员在网络营销活动中,可以利用社交媒体中的广告和内容吸引受众。在很多门户网站上,出现了类似横幅广告和摩天大楼上张贴的广告的**展示广告**(display ads)。**按点击付费**(pay-per-click)广告是在谷歌等网站上推出的赞助商广告。通过搜索引擎优化(SEO),可以在谷歌的搜索排名中获得更靠前的位置。**联盟营销**(affiliate marketing)是从商家获取佣金的销售网站。**电子邮件营销**(email marketing)最适合将信息发送给表示同意接收企业推广信息的现有顾客群。很多数字沟通方法与传统的方法很相似,如展示广告与印刷品广告或平面广告,电子邮件营销与直邮。

但真正应用于目标网络受众的方法还是有很大差异的。应根据顾客的具体情况及之前的沟通方式有针对性地选择最佳方式,以更为及时地传递相关信息。个性化沟通在网站中也很适用,因为**登录页面**(landing pages)通常会根据顾客的搜索目标进行调整。好的网站还会借助深入的文本内容、视频和音频等**富媒体**(rich media),以及参与社区活动等方式吸引访问者。

## 1.4.1　利用数字媒体渠道支持业务目标

在解释不同的数字媒体渠道前,需要先考虑它们是如何支持业务目标的。RACE(见图 1.8)是由 Smart Insights(2010)提出的一个实用框架,旨在帮助营销人员管理和提高数字营销给组织带来的商业价值。RACE 是 REAN (reach-engage-activate-nurture)框架的改进,后者是由泽维尔·布兰科(Xavier Blanc)最先提出的,斯蒂芬·杰克森(Steve Jackson)在其著作 *Cult of Analytics*(Jackson,2009)中做了更广泛的传播。REAN 的目的是用简化的方法评估网络营销的绩效,并采取行动来提升绩效。图 1.8 中所列的方法将在第 4 章和第 10 章探讨通过**网络或数据分析**(web or digital analytic)提升营销绩效时进行更深入的介绍。

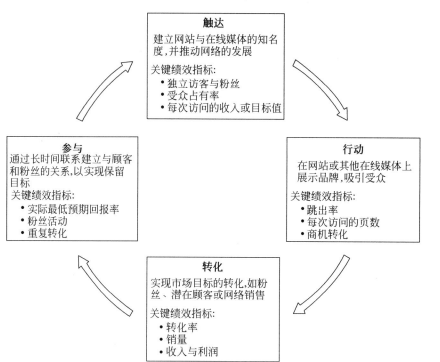

图 1.8　RACE：触达—行动(互动)—转化—参与

资料来源：Smart Insights (2010).

RACE 包括四个步骤，用于在顾客生命周期中促进潜在顾客、顾客和粉丝与品牌互动。

第 1 步：触达——在其他网站和在线媒体中培养消费者对品牌、产品和服务的知晓度，通过吸引消费者访问企业网站和社交媒体获取流量。

第 2 步：行动——通过企业网站或其他在线媒体动吸引受众关注品牌，鼓励受众与企业或其他顾客互动。在许多领域，行动阶段的目标是开发潜在顾客，即让潜在顾客允许企业通过电子邮件、短信或手机 App 给其推送广告。

第 3 步：转化——实现线上与线下的销售。

第 4 步：参与——不断拉近与顾客的关系，达到留住顾客的目的。

通常与其他渠道进行整合后，数字渠道的效果才最好，因此数字渠道需要与传统的线下媒体渠道配合使用。整合的关键在于：①触达和行动阶段，用传统媒体提高消费者对在线展示价值的认知；②转化和参与阶段，消费者可能更希望与客服人员互动。

## 1.4.2　数字媒体渠道的主要类型

在线沟通工具繁多，因此营销人员需要根据企业的沟通战略或是正在规划的在线营销活动进行认真评估和选择。查菲和史密斯(2017)建议将在线营销工具分为六大类，如图 1.9 所示。

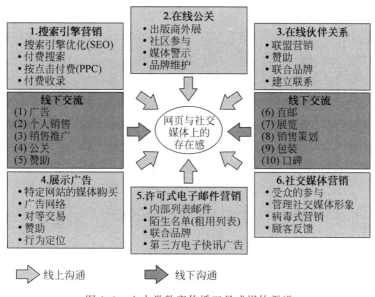

图 1.9  六大类数字传播工具或媒体渠道

资料来源：Chaffey and Smith（2017）.

（1）搜索引擎营销。在搜索引擎上放置信息，用户输入特定关键词后，即可鼓励其点击进入网站。这涉及两个关键的搜索营销技术：付费排名或按点击付费的赞助链接；通过搜索引擎优化生成自然列表或有机列表，这种情况下点击搜索引擎是不付费的。

（2）在线公关。在目标受众最有可能访问的社交网络、博客、播客或订阅源等第三方网站上，最大限度地提及并美化企业、品牌、产品或网站。在线公关还包括回应负面评论，如企业通过社交媒体的新闻中心或博客开展公关活动。

（3）在线伙伴关系。在第三方网站上或通过电子邮件沟通来创建和管理长期的在线服务活动。伙伴关系的形式有很多种，包括创建链接、联盟营销、聚合器（如比价网站Moneysupermarket）、在线赞助和联合营销等。

（4）展示广告。使用横幅广告和富媒体广告等网络广告形式提升品牌的认知度，带动目标网站的点击率。

（5）许可式电子邮件营销。在第三方的电子新闻邮件中放置广告或是使用订阅电子邮件列表群发广告来激活和保留顾客。第 4 章将介绍的隐私法规定，不允许购买或租用电子邮件地址，这些做法属于发送垃圾邮件。

（6）社交媒体营销。企业通过参与社交网络和社区活动发送广告来接触与吸引受众。病毒式营销及在线口碑也是与社交媒体营销密切相关的形式。借助这些方法，相关内容或消息被分享、转发，这有助于提高品牌的认知度，甚至可以获得回应。

**社交媒体营销**（social media marketing）是数字营销很重要的形式，既可以鼓励用户在公司网站、脸书或推特等社交网站以及专业的门户网站、博客、论坛上进行沟通，还可用作传统的广播媒体，如企业可以通过脸书或推特向顾客或合作伙伴发送消息。不过，社交媒体的优势主要在于开始和参与顾客的转化。这可以是与产品、促销或顾客服务有关的活动,旨在更好地了解顾客并提供支持,从而改善企业的形象。

博伊德和埃里森(Boyd and Ellison,2007)记录了社交网络的发展,将社交网络(SNS)描述为：基于网络的服务,允许用户：①在封闭的系统中构建公共或半公共的文档；②清楚地创建一个可以与其分享并建立联系的其他用户的列表；③查看自己及系统内其他人的联系列表。

然而,该定义并未涉及与过去的评论及其他内容进行互动,以及对内容进行排序的功能。

### 1.4.3　社交媒体工具的不同类型

很多网站和工具组成了社交媒体。要了解到底有多少网站和工具,请完成活动1.4。

社交媒体网站远比普通网站复杂。从技术的角度来看,大多数社交媒体网站都可以被视为软件应用程序或是为用户提供不同访问权限的网络服务,可以管理和存储用户生成的各种形式的内容。消息传递也是这些社交网站的重要特征,尤其是有与用户内容或联系人相关的新内容发布时,主要的社交网络都会提醒用户。用于与其他网络服务界面交换数据的应用程序接口(API)也是社交网络的关键特征,它可以增强社交网络的实用性,通过将社交评论整合到其他网站中来扩大社交媒体的影响和范围。

温伯格和埃金(Weinberg and Ekin,2011)认为,社交媒体既不是传统营销的完美替代品,也不是万能的。营销人员可以充分发挥社交媒体的作用,利用其直接向消费者传递信息,从而专注于传统的营销目标。我们将在第6章和第9章详细介绍各种社交媒体营销方法。

### 活动1.4　评估社交媒体的营销平台

**目的**：了解社交媒体网站和工具的范围,对其进行分类,并评估其商业应用价值。

**活动**：访问Conversation Prism(www.conversationprism.com),该网站给出了社交媒体的视觉地图。识别你和你的同学所使用的社交媒体网站的类型。你认为不同类型的B2B和B2C社交媒体网站的受欢迎程度有何不同？讨论为了实现目标,企业应该如何决定最重要的投资。

### 1.4.4　数字媒体的优势

在有关数字营销战略的章节,我们描述了在整个购买周期为顾客沟通提供支持的数字营销应用,包括提升知名度、实现对潜在顾客的挖掘或销售的直接响应、为顾客服务和关系营销提供支持。本节我们将探讨优秀的营销人员可以如何利用数字媒体与传统媒体的差异。

数字营销传播与传统营销传播存在很大的差异。数字媒体为信息交流提供了新的互动形式和新的模式。麦克唐纳和威尔森(McDonald and Wilson,1999)总结了新媒体与传统媒体之间的差异,描述了营销人员可以有效利用数字营销优势的"电子营销组合的6I",即交互性(interactivity)、智能(intelligence)、个性化(individualisation)、整合

(integration)、行业重组（industry restructuring）和独立的位置（independence of location）。

### 1. 交互性

约翰·戴顿（John Deighton）是最先总结数字媒体的特征的作者之一，他列出了以下特征（Deighton，1996）：消费者主动发起联系；消费者主动寻求信息或体验（拉动）；高度集中的媒介，消费者在浏览网站时会集中 100% 的注意力；企业可以收集并存储个人的反馈信息；消费者的个人需求在未来的对话中可以得到满足或考量。

如图 1.10(a) 所示，传统媒体以推式媒体为主，企业将营销信息传播给消费者。虽然企业可以通过直接回复电话、网站或社交媒体页面来促进互动，但在网络上通常是由消费者发起联系，通过网页查找想要的信息。换句话说，这是一种"拉动"机制。当消费者输入与企业产品或服务相关的词汇时，搜索词获得较高的曝光率就显得尤为重要。专业的营销人员将这种强大的营销新方式称为集客营销（Shah and Halligan，2009）。**集客营销（inbound marketing）** 的功能很强大，可以减少无的放矢的广告造成的浪费。内容营销和搜索引擎营销可用于定位具有明确需求的潜在顾客（主动选择与自我选择）。但集客营销也有缺点，即与传统营销方式相比，营销人员的控制力较弱。在传统的营销方式下，信息会被传递给特定的受众，从而有助于培养消费意识和需求。

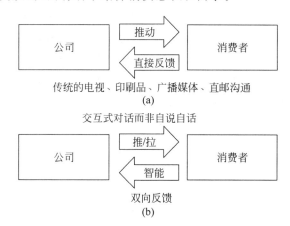

图 1.10　(a)传统媒体与(b)新媒体的沟通方式

图 1.10(b) 展示了应该如何利用数字媒体来鼓励双向沟通，这是直接响应方法的拓展。例如，快速消费品（FMCG）供应商利用官网或脸书主页与消费者互动，通过竞赛和促销等手段鼓励消费者提供个人信息（姓名、地址、年龄和性别）以进行回应。

### 2. 智能

数字媒体和技术可被用作收集营销调研信息的低成本方法，特别是顾客对产品和服务的看法方面的信息。图 1.1 中所有接触点上与消费者的各种交互，可以存储在**数据湖**（data lake）或**数据仓库**（data warehouse）中来帮助理解大数据。

### 3. 个性化

互动营销传播的另一个重要特征是能够以相对较低的成本根据个体定制信息，如图 1.11(b) 所示。而传统媒体则倾向于向所有人传播相同的信息，如图 1.11(a) 所示。**个**

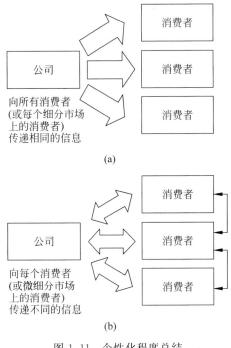

图 1.11　个性化程度总结

性化(personalization)是通过收集网站访问者的信息并将其存储在数据库中,在所有媒体上实现与消费者的个性化沟通,形成联系。个性化的一个众所周知的例子是亚马逊。消费者登录亚马逊时会收到问候,亚马逊还会根据其之前的购买行为在网站上及通过电子邮件推荐产品。这种**传递感知和响应沟通**(sense and respond communications)的能力是数字营销的另一个关键特征,将在第 6 章深入探讨。

**4. 整合**

互联网为整合营销传播提供了拓展空间。图 1.12 展示了互联网在多渠道营销中的作用。评估网站的营销效果时,可以从两个方面考虑互联网在与顾客及其他合作伙伴沟通中的作用:① 从组织到顾客的**推式数字传播**(outbound digital communications)。互联网是如何与其他渠道互补? 如何向新/老顾客传递企业的产品和服务信息,以吸引新的潜在顾客,维系现有顾客? ②从顾客到组织的**集客式数字传播**(inbound digital communications)。互联网是如何在客户服务方面对其他渠道进行补充的? 很多企业已经将电子邮件回复和网页电话回拨整合到现有的呼叫中心或客户服务运营中。

互联网作为整合沟通工具来支持多渠道顾客体验的一些实际案例如下所示(见图 1.13):

(1)互联网可以作为直接回应的工具,使顾客能够对其他媒体公布的报价和促销活动作出回应。

(2)可以在网站上设置直接回应或反馈的机制。英国汽车协会(Automobile Association)的特色服务是:顾客填写姓名、电话号码及方便接听电话的时间,客服会适时

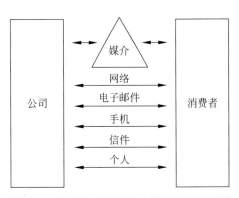

图 1.12　整合数字营销战略所需的整合渠道

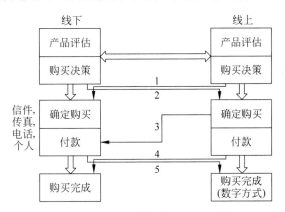

图 1.13　组合购买模式在数字营销中的作用

通过电话与顾客联系。

（3）可以用互联网来支持购买决策。即使购买不通过网站实现，也可以通过在线聊天或电话促进销售。例如，戴尔公司的网站在醒目的位置给出了网站的专用电话号码，鼓励顾客致电服务中心寻求帮助。

**5. 行业重组**

**去中介化**（disintermediation）与**再中介化**（reintermediation）是行业重组中的关键概念。企业要制定数字营销战略就必须考虑这些概念。

营销人员在阐释企业的沟通战略时需要通过回答"我们应该出现在哪些中介媒体上？"和"我们的产品在功能、效益和价格方面与竞争对手相比如何？"等问题来思考企业在中介媒体网站上的形象。

## 活动 1.5　整合线上与线下的沟通方式

**目的**：通过将互联网作为渠道以及将这些沟通方式与现有渠道进行整合的必要性，来强调营销沟通中的差异。

**活动**：列出产品（如个人计算机）生命周期内计算机供应商与家庭顾客的沟通方式，包括使用互联网和传统媒体。根据如图 1.13 所示的购买决策中可供选择的交易渠道给出答案。

**6. 独立的位置**

电子媒体增加了企业与全球市场沟通的可能性，并提供了向国际市场销售产品的机会，而这在以前是不可能的。即使是在其他国家没有当地销售人员或客户服务团队，也能通过互联网销售产品（不过某些产品仍然需要借助当地销售人员或客户服务团队）。

在部署营销活动方面，数字沟通还具有下列优势：

（1）可以问责。因为使用统称网络分析的衡量系统，可以对数字媒体问责。谷歌提供免费工具 Google Analytic，让在其网站上做广告的客户能够衡量广告产生的价值。

（2）测试。测试在数字沟通方式下有可能更加简单、成本更低，因为可以尝试各种形式的创新、消息传递或报价。谷歌提供的另一个免费工具 Website Optimizer，可用于测试不同登录页面的效果。

（3）灵活性。营销活动可能更具灵活性，因为在活动期间可以更改文案或报价。可以在谷歌内部提供替代性广告，以评估哪种广告效果最好。Google AdWords 还提供分时段功能，在一天内的不同时段展示广告。

（4）微目标定位。根据消费者搜索内容的不同，向其提供不同的信息。企业可以在 Google AdWords 上针对不同的搜索词展示不同的广告。

（5）控制成本。可以控制消费者通过搜索引擎输入的每组搜索项的成本，集中管理，借助软件来提高或降低出价。

### 微型案例研究 1.3　Travel Republic 利用数字营销的优势实现经济增长

Travel Republic 是英国排名最高的在线旅行社，每年有超过 200 万名游客预订，通过搜索引擎、社交媒体和邮件营销等数字营销技术，在英国乃至全球的业务都在增长。

Travel Republic 公司成立于 2003 年，位于泰晤士河畔的金斯顿，由大学时代就结为好友的总经理保罗·费那(Paul Furner)、IT 总监克里斯·韦德(Chris Waite IT)和财务及运营总监凯恩·皮列(Kane Pirie)创立。4 年后，公司就荣登《星期日泰晤士报》"维珍快速发展企业 100 强"榜单。

如今 Travel Republic 已被阿联酋航空集团收购，2014 年营收增长 14.5％至 6 750 万英镑，营业利润率为 20％，并在西班牙、意大利和爱尔兰面向当地消费者设立了网站。

Travel Republic 拥有 150 多名员工，其网站 TravelRepublic.co.uk 被收入 IMRG-Hitwise 英国最受欢迎的 50 家互联网零售商排行榜（根据网络访问量排名）中。在线上旅行代理行业，TravelRepublic.co.uk 比 Opodo 和 ebookers.com 更受欢迎，排名仅次于Expedia 和 lastminute.com。

Travel Republic 实现增长的主要原因是利用了网络传播的"拉动效应"。通过使用Google Ads 等搜索引擎中的赞助商链接，精准地向目标受众推广旅行产品，如更优惠的度假游或飞往特定目的地的航班机票。当然，这也需要一系列因素的支持，如好的点子、方便使用、出色的网站，以及来自用户的好评和假期保证带来的对品牌的信任等（见图 1.14）。TravelRepublic.co.uk 为家庭、情侣及团队等广泛的顾客提供服务。其网站提供包机、廉价航空和定期航班服务，可以对酒店客房与公寓进行性价比排名查询的强大技术，以及由顾客撰写的度假指南和酒店评价。

顾客在该网站购买与其他网站或线下门店类似的度假套餐，价格最多可以打五折。TravelRepublic.co.uk 与 100 多家航空运营商合作，提供飞往 200 多个目的地的航班订票业务。在该网站可以预订 3 万多家打折酒店、公寓和别墅的房间，还可以享受其他各种服务，如出租车接送、机场停车和租车。Travel Republic 为顾客提供了完全的灵活性，无论是航班、酒店还是逗留时间。

## 1.4.5　数字沟通的主要挑战

一些数字媒体供应商认为数字沟通"快速、廉价和便利"。这是对数字沟通的误解，因为在数字活动的管理中需要克服很多挑战。我们再次以 Google Ads 为例，这些挑战包括：

（1）复杂性。尽管搜索引擎提供了启用最简单的数字沟通的默认设置，但为了实现上面提到的优势（如个性化、测试、广告时间的动态变化），必须花大量时间配置数字活动，而这需要企业内部或代理机构的专家们运用专业知识来管理数字沟通活动。

（2）竞争对手的反应。由于竞争对手很可能也会改变战略方法，企业需要利用更多的资源监控竞争对手的活动。例如，像竞价管理工具这样的自动化工具可以自动计算出竞争对手所支付的金额，然后依据企业预定的规则进行调整。

（3）应对技术和营销平台的变化。谷歌与其他广告服务公司都在通过不断创新来帮助顾客提高数字沟通能力。这意味着负责管理营销活动的员工需要接受培训才能紧跟创新趋势。谷歌提供"Adwords 合格专业人士"标准，来保证员工达到最低技能要求。

（4）成本。虽然数字沟通的成本很容易控制，但是在竞争激烈的领域，成本还是会比较高，每次点击可能超过 10 欧元。

（5）注意力。虽然在线付费搜索广告具有很强的针对性，而且几乎没有资源浪费，但并不是所有人都会观看付费广告。事实上，网站浏览者对网络广告会视而不见，即存在"广告盲点"。因此，在社交网络及其他网站上用广告吸引受众也可能导致广告的点击率非常低。

## 1.4.6　数字营销的主要沟通概念

本节我们将介绍许可营销、内容营销和顾客参与三个关键概念，它们对本章介绍的各种数字媒体中的数字沟通和集客营销有重要的支持作用。

**1. 许可营销**

**许可营销**（permission marketing）是在线营销中由来已久的方法，至今仍然是顾客关系管理和顾客参与的重要的实践基础。许可营销这一术语是由赛斯·高丁（Seth Godin）提出的。高丁（Godin，1999）指出，以往的研究表明，我们每天都会收到 500 条营销信息的轰炸，而随着网络和数字电视的出现导致数字媒体碎片化，当前这一数字已增加到每天3 000 多条。从企业的角度来看，这或许会降低信息的有效性。那么企业怎样才能让自己的沟通脱颖而出呢？从消费者的角度来看，时间越来越有限，他们逐渐失去了耐心，期待自己的关注点、投入时间与信息能有所回报。高丁认为传统的营销方法是**干扰式营销**（interruption marketing）。许可营销是公司与顾客建立关系并在交易前先征得顾客的许可。传统的传播方式基于信息或娱乐。例如，如果顾客愿意分享其电子邮件地址或是为某个品牌点赞，则可以获得 B2B 网站免费提供的报告，或者是 B2C 网站提供的简讯或有价值的内容和优惠价格。

**2. 内容营销**

许可营销的成功离不开特殊的、引人注目的内容。为了强调内容在获得许可、鼓励分享、促进用户在网站和社交媒体上持续参与的重要性，**内容营销**（content marketing）和内容战略的概念被提了出来，用来描述通过内容吸引受众并获得商业结果的最佳实践方法。如今，我们所说的内容不仅包括形成网页的静态内容，还包括有助于促进互动活动的动态富媒体内容。视频、播客、用户生成的内容及交互式产品的选择与测试也应被视为内容，应该对其加以提炼。

如今，由于不同类型的内容正在通过不同的形式借助不同的平台传递到不同的地方，内容营销面临挑战，然而它在通过社交媒体吸引顾客参与方面的作用却越来越重要。

从内容营销的定义可以看出，内容营销战略中的如下要素需要规划和管理：

（1）内容参与价值的目标。哪些类型的内容吸引消费者，从而在如图 1.1 所示的顾客生命周期的不同接触点将消费者转化为潜在顾客或实现销售？是简单的产品或服务信息，还是产品或服务的购买或使用说明？

（2）内容媒体。纯文本、富媒体（如动画或丰富的网络应用程序或移动应用程序）、音频（播客）和流媒体视频。即使是纯文本也有不同的格式，如 HTML 文本、电子书格式和 PDF 等。

（3）内容分发。作为内容营销的关键部分，内容分发主要是通过广告进行的付费推广，如通过脸书、谷歌或领英进行内容推广，通过搜索引擎和社交媒体进行免费推广。利用名人的影响扩大知名度的公关活动也很重要。内容还可以通过信息流、应用程序接口、微格式自动整合进各种类型的网站，或者通过传递的信息的插件嵌入网站。

（4）内容互动与参与。目前，有效的内容不仅是为了支持静态消费，同时也会支持互动、评论、评级，只不过对这些内容还需要在其初始发布位置及被提及和讨论之处进行必要的监管。

（5）内容管理平台。内容需要由团队管理，并在不同的数字设备上提供给用户。我们将在第 7 章探讨作为数字体验一部分的内容审核。

Smart Insights(2015a)使用被其称为内容营销机制的图 1.14 来解释内容中心的关键元素：

（1）创建适当的内容分享形式，满足顾客的兴趣和企业的商业目标。内容的质量和范围必须足够全面，才能具有持续的竞争力。

（2）定义品牌的用于访问所有内容营销相关资产的**内容营销中心**（content marketing hub）或仓库。

（3）投资种子内容，与合作伙伴的网站及名人合作，提高对内容的关注和分享。

（4）内容营销应当链接入特定的搜索引擎营销，因为当用户用谷歌检索信息时，谷歌会优先推送高质量的信息或产品内容。

（5）需要安排合适的人员、流程和工具来监控社交媒体的内容和分享效果。这应该包括跟进社交媒体上的正面和负面评论。

**3. 顾客参与**

在目前分散的媒体环境下，企业难以获得并保持消费者的关注，由此催发了**顾客参与**（customer engagement）这一概念的出现，而顾客参与正是数字营销人员日益关注的一大挑战。

在定义顾客参与时我们需要谨慎，因为该术语通常被简单地描述为短期受众参与的单次沟通，如潜在顾客偶然登录页面、接收电子邮件或社交媒体推送。虽然短期互动对提高数字传播的回应也很重要，但不容置疑的是，如今企业要取得经营上的成功，更重要、更具挑战性的是与潜在顾客、现有顾客及订阅者的长期互动。大量的相互竞争的付费、自有和免费沟通充斥网站、博客、社交媒体和电子邮件中，因此内容营销对于在图 1.1 中所示的生命周期中获得初始的接触并维持持续的互动至关重要。

阿达斯特拉（Adestra，2017）将顾客参与定义为：通过线上与线下的沟通方式，推动顾客在生命周期内的重复性互动行为，增强顾客在情感上、心理上和实际上对品牌的长期投资。

黑文（Haven，2007）给出的顾客参与定义是：随着时间的推移，个体对品牌的参与、互动、亲密和影响程度。

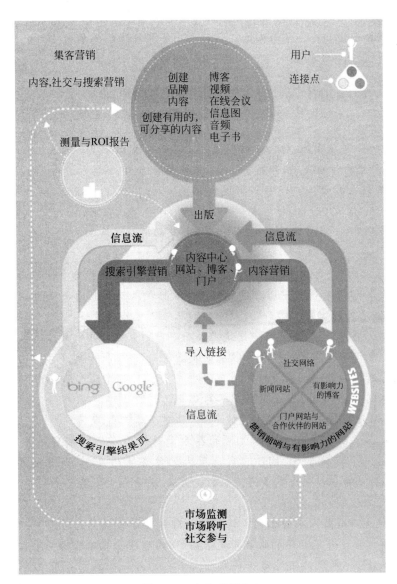

图 1.14　内容营销中心

　　根据阿达斯特拉(2017)提供的数据,实现顾客参与的最大障碍依次是只能获得单一的数据视图(31%的受访者同意该选项)和缺乏完整的顾客生命周期参与计划(25%的受访者同意该选项)。

　　可以说,数字媒体和网络的发展给沟通带来的最大不同,就是要具备将顾客对话作为整体沟通一部分的能力或者必要性。如今,企业可以借助脸书、推特、领英、YouTube上发布的视频和评论,以及大量的博客和论坛等社交媒体主动对顾客参与进行管理,而由独立于企业的真实个体所表达的积极情绪可以提升企业的可信度。

　　同样,对于顾客在网络上发表的负面情绪或评论也需要进行管理。例如,在网站(www.haveyoursay.com)上,一名购车者对某品牌的汽车给出了差评,当有人搜索该品牌时,其评论就会出现在谷歌搜索结果页面的顶部。多年来该汽车制造商对此没有采取任何措施。第6章我们将介绍可以增加顾客参与的几种建立关系的技巧。

本章最后,请阅读案例研究1以了解eBay的成功因素和背景。

## 案例研究1　eBay在全球市场的蓬勃发展

### 背景

1995年9月,居住在加州的28岁的软件工程师皮埃尔·奥米迪亚(Pierre Omidyar)编写了eBay网站的初始代码,开通了网站,并将其取名为拍卖网。据说网站成立之初的24小时没有任何人访问。1997年该网站更名为eBay。2017年年底,eBay的12个月内的活跃买家达1.68亿,而2010年这一数字仅为9 000万。目前,eBay近2/3的交易是国际性的。这说明eBay是随着互联网在全球的普及而持续发展的。

### 任务

eBay的目标是"以商业为基础、以信任为支持、以机遇为灵感在世界各地开拓新社区"。eBay在2016年的报告中阐述了对利用大数据和人工智能的现有营销方式的看法:"为了提供最能满足顾客需求的购物体验,我们将继续更好地了解、组织和利用eBay的库存。凭借结构化数据计划,我们得以围绕产品而不是列表组织庞大的库存体系,更好地掌握供求关系。凭借不断扩大的结构化数据的覆盖范围,我们得以创建并推出现代、简单和差异化的顾客新体验。我们的目标之一是解决向顾客呈现什么产品、如何提供更个性化的购物体验等问题,并突出eBay的价格和跨类别选择的优势。"

eBay以eBay市场而著称,其核心使命是"创建全球在线市场"。在最近的年度报告中,希望eBay出现在人们日常网络生活的各方面并成为人们日常在线体验的一部分。eBay拥有的另一个市场是StubHub,它是最大的票务市场之一,业务遍布48个国家。PayPal也是eBay的一部分。本案例关注的是eBay最著名的业务——eBay市场。

### 盈利模式

eBay的绝大部分收入来自已完成销售的挂牌费和销售提成。对于PayPal支付也会收取额外的手续费。每笔交易的收益率是很高的,因为网站基础架构完毕后,每笔交易的边际成本很低,eBay所做的不过是在买家与卖家之间传输比特和字节。为了增加收入,eBay收购并开发了比价网站Shopping.com和销售活动门票的StubHub等网站。eBay还创建了垂直模式,如分类广告、每日交易、时尚、汽车(车辆、零部件和配件)和电子产品。

2011年,eBay收购了GSI,将业务扩展到为其他零售商搭建基础架构。GSI是一家电子商务和互动营销服务供应商,为企业客户提供网站和运营中心,其客户中包括一些涵盖服装、体育用品、玩具和婴儿用品、健康和美容、家居用品等商品类别的世界领先品牌和零售商。

广告及其他非交易净收入占总收入的比重相对较低,符合eBay的商业战略。

### 对策

eBay市场以其核心服务而闻名,该服务使卖家能够在拍卖或固定价格的基础上列出待售物品,让买家有机会竞拍和购买感兴趣的物品。现在有许多为自动交易特别是自动频繁交易开发的软件,如Turbo Lister、Seller's Assistant,Selling Manager等。如今,60%以上的挂牌交易都是通过软件实现的,这表明了自动挂牌交易对于频繁交易的价值。

eBay 在 Facebook Messenger 上使用的 OVP ShopBot 自动交易机器人就是一个很好的例子。它借助人工智能提供个性化的购物助手,帮助人们从 eBay 的列表中找到最划算的交易项目。

欺诈是 eBay 的一个重要风险因素。对此,eBay 发起了"信任和安全计划"。因为在线服务很容易出现欺诈行为,因此让消费者感到放心尤为重要。例如,eBay 反馈论坛可以帮助建立卖家和买家的信用。每一位注册用户都有一个反馈设置文件,其中可能包含与该用户有业务往来的用户给出的好评、差评和/或其他评论。反馈论坛要求反馈与具体交易相关。2010 年,eBay 还推出了最佳卖家徽章,以增加用户对服务的信心。此外,eBay 还采取了安全港数据保护方法及一套标准购买保护系统。

随着消费者习惯的改变,eBay 从 2009 年开始增加使用移动商务服务。2014 年移动端客户占比 20%。2017 年年底,eBay 宣布超过 50% 的销售至少通过一个移动客户端完成。

在向美国证券交易委员会(SEC)提交的文件中,eBay 总结了其核心对策:对于买家来说,是信任、价值、选择和便利;对于卖家来说,是进入更广泛的市场、具有成本效益的营销和分销、接触到更庞大的买家群体,以及良好的转化率。

2007 年 eBay 推出了 Neighbourhoods 讨论区,供人们谈论自己高度参与的品牌和产品。不过这一社交商务实验目前已经下线。

2008 年 1 月,eBay 宣布了 eBay 市场在收费结构、卖家激励和标准、反馈服务三大领域的重大调整。虽然这些调整引起了一些卖家的争议,但其目的是提高服务质量。详细的卖家排名(DSRs)可以使卖家在四个方面获得评价:①对商品的描述;②沟通;③交货时间;④运费和包装费。这是通过积极的购物体验(如借助更好的图片对商品进行更准确的描述或是避免过高的运费)来提高转化率的举措之一。获得更多好评的卖家将在搜索结果页面中得到更靠前的位置,并将获得更大的折扣。

### 竞争

虽然目前很多国家在线拍卖服务的直接竞争者很少,但仍存在很多间接竞争者。eBay 在提交美国证券交易委员会的备案文件中提到,竞争渠道包括线上线下零售商、分销商、公司资产清理人、进出口公司、拍卖行、商品目录及邮购公司、分类广告、目录、搜索引擎,几乎涵盖了所有的线上线下商业参与者和线上线下购物渠道及网络。亚马逊是 eBay 最大的竞争者之一,因为它也将市场上的卖家整合到产品列表中。eBay 在提交美国证券交易委员会的最新备案文件中指出:"可能使用我们网站销售商品的消费者和商家也有其他很多选择,如亚马逊和阿里巴巴(Alibaba)等大众电商网站,以及 Etsy 等更专业化的网站。"

竞争因素包括:吸引、留住买家和卖家的能力;交易量、价格及商品的丰富程度;对卖家和交易的信任;客户服务;品牌认知;社区凝聚力、社区互动和社区规模;网站、移动平台及应用程序的便利性和无障碍性;系统可靠性和安全性;交货和支付的可靠性,包括顾客对快递、免费送货和退货的偏好;服务收费水平;搜索工具是否好用。

### 目标与战略

eBay 的总体目标是增加 eBay 市场的商品交易总量和净收入。为了实现这一目标,

eBay 制定了更详细的目标,其战略集中在下面几个领域。

(1) 获取：增加 eBay 市场新注册的用户数量。

(2) 激活：增加 eBay 市场注册用户转化为活跃的竞拍者、买家或卖家的数量。

(3) 行动：增加 eBay 市场每个活跃用户的交易量和价值。

上述三个领域的重点将根据当地市场的战略重点而有所不同。

eBay 市场的增长也是由各领域提高业绩的方法所驱动的。首先,品类的增长是通过增加市场中品类的数量和规模来实现的,如古董、艺术品、书籍、商业和工业。其次,互动方式：拍卖虽然是传统方式,但制定拍卖价格的形式得到改进,其中包括"立刻购买",而且通过固定价格列表成交的交易占所有交易的一半以上。

### eBay 的增长战略

eBay 认为使其在市场竞争中获胜的重要因素包括：吸引买家和卖家的能力；交易量、价格,以及商品的多样性；客户服务；品牌认知。

在 2010 年提交美国证券交易委员会的文件中,eBay 指出：我们的成长战略侧重对客户的再投资,通过加强产品和服务来改善买家的购买体验和实现卖家的收益,提高信任、安全感和客户支持,通过新的形式、类别和区域提高产品的多样性,并实施创新的定价政策和买家保留战略。

搜索引擎营销是 eBay 实现商业目标的关键技术,它是客户网络体验的一部分。在谷歌搜索框键入"便宜的卷发器"或类似产品,你将看到 eBay 会同时出现在赞助商搜索结果(带图片的谷歌购物广告)和自然搜索结果中。

相对于竞争对手,eBay 认为还有其他一些重要因素,包括：社区凝聚力、社区互动和社区规模；系统可靠性；交货和支付的可靠性；网站的便利性和无障碍性；服务收费水平；搜索工具是否好用。

这意味着 eBay 认为尽管已经优化了这些因素,但其竞争对手仍有机会在这些领域提高业绩,从而使市场竞争更为激烈。

### 利用传统媒体更新品牌定位

eBay 的英国营销总监加雷思·琼斯(Gareth Jones)2016 年在接受《营销周刊》(*Marketing Week*)采访时说："我们不想再被称为'网上旧货市场'。我们需要让人们以一种完全不同的眼光来看待 eBay。英国是在全球范围内测试重塑品牌新方法的培养皿。这一切都是为了从市场转向终极商店。"

他坦率地说,过去优先考虑数字渠道,对改变 eBay 产生了"微小的影响"。根据夏季的地区测试,证明电视广告能够让消费者重新评估 eBay 品牌。他指出,尽管我们正处于数字营销时代,但电视依然是品牌建设的最佳渠道。

电视作为媒介依然很火,为了激活消费者的感知,有必要让品牌重新融入消费者的神经元。如果你问某人黑色星期五要去哪里购物,那么电视广告是让 eBay 成为人们优先考虑的对象的最佳传播媒介。

资料来源：BBC (2005) eBay's 10-year rise to world fame. Robert Plummer story from BBC News, 2 September, http://news. bbc. co. uk/go/pr/fr/-/1/ hi/business/4207510. stm (accessed May 2018); SEC (2008) United States Securities and Exchange Commission submission Form 10-K; eBay submission for the fiscal year ended

31 December 2007.

**问题**

讨论 eBay 是如何不断完善其网络品牌方案并通过宣传该方案实现持续增长的。

## 小结

1. 数字营销是指使用数字媒体、技术和数据,结合传统媒体,通过各种数字设备和平台与消费者互动,实现营销目标。

2. 以顾客为中心的数字营销通过人物角色与顾客场景(参见第 2 章)等技术了解顾客需求,理解多渠道购买过程中的顾客需求。使用个性化技术为顾客提供实用的定制服务。

3. 电子商务是通过电子媒介进行的金融交易和信息交易。

4. 数字商务是一个广义的概念,是指技术如何促进所有内部商务流程及与第三方的互动,包括买方和卖方电子商务及内部价值链。

5. 电子商务交易包括企业对企业(B2B)、企业对消费者(B2C)、消费者对消费者(C2C)、消费者对企业(C2B)的交易。

6. 六大主要的数字媒体渠道是:搜索引擎营销(免费和付费);在线公关;在线伙伴关系(联盟)营销;展示广告;电子邮件;社交媒体营销。这些沟通技术可以通过应用内容营销、集客营销和许可营销等概念得到最佳的使用。

7. 数字传播通过与潜在顾客建立额外的沟通和/或销售渠道开发现有市场,也可以在销售部门和代理商较缺乏的情况下开拓新的国际市场。通过网络,企业可以提供新的服务甚至是产品。

8. 数字营销支持各种营销功能,有助于降低成本,促进组织内部及组织间的沟通,以及改善顾客服务。

9. 通过网络,可以与顾客、供应商和分销商互动。如果网站和电子邮件能促进相关的个性化沟通,其影响力将更大。

10. 互联网所带来的营销价值对大企业和中小企业都很有利。包括:广告和公关的新媒体;新的产品分销渠道;拓展新市场的机会;通过新途径提升顾客服务水平;通过减少完成订单的员工数量来降低成本的新方法。

## 练习

**自我评估练习**

1. 解释什么是数字营销。
2. 说明在顾客生命周期内整合数字与传统传播渠道的重要性。
3. 概述帮助实现商业目标的数字营销的不同应用程序有哪些。
4. 解释什么是电子商务、社交商务和数字商务,其与营销功能有何关系。

5. 本章介绍了六个数字媒体渠道，它们分别是什么？它们如何联系、契合、转化消费者？

6. 总结数字媒体与传统媒体有哪些重要的传播差异。

7. 如何区分社交媒体营销、集客营销和内容营销？

8. 如何利用数字营销开发新市场和渗透现有市场？互联网可以交付哪些类型的新产品？

**讨论题**

1. 数字媒体主要是广告和销售产品的手段，数字营销存在哪些机会？

2. 讨论"数字营销和集客营销是营销的拉动媒体，而不是推动媒体"这一观点。

3. 你是某公司新上任的 B2B 部门销售产品的市场经理。目前，该公司只有一个含有电子宣传册的简陋的网站。你想让公司董事们相信斥资改造网站能给公司带来好处。你会如何说服他们？

4. 解释销售快消品的公司应该如何从网站和整合数字活动中获取优势。

**测试题**

1. 说明数字营销的范围。

2. 哪些数字营销技术能够提高品牌知名度并鼓励消费者与品牌互动？

3. 描述数字营销经理需主动管理消费者访问公司网站的所有主要形式，以及相应的沟通方法。

4. 你会如何向营销经理解释数字营销与电子商务的区别？

5. 集客营销与数字营销有什么关系？

6. 说明如何利用数字平台增加市场渗透率和开拓新市场。

## 参考文献

Adestra（2017）Improving Engagement 2018. https://www. adestra. com/resources/improving-engagement-2018/（accessed May 2018）.

Adjei, M. T. ，Noble, S. M. and Noble, C. H. （2010）The influence of C2C communications in online brand communities on customer purchase behaviour, *Journal of the Academy of Marketing Science*, 38(5), 634-653.

Altimeter（2014）Digital transformation: why and how companies are investing in the new business models to lead digital customer experiences. Author: Brian Solis.

Ansoff, H. （1957）Strategies for diversification, *Harvard Business Review*（September-October），113-124.

Boyd, D. and Ellison, N. （2007）Social network sites: definition, history and scholarship, *Journal of Computer-Mediated Communication*, 13(1), 210-230.

Chaffey, D . （2015）*Digital Business and E-commerce Management*, 6th ed, Financial Times/Prentice Hall, Harlow.

Chaffey, D. and Smith, P. R. （2017）*Digital Marketing Excellence*：*Planning*, *Optimising and Integrating Digital Marketing*, 5th ed, T aylor& Francis, Abingdon, UK.

Cisco（2017）Cisco Visual Networking Index：Global Mobile Data T raffic Forecast Update, 2016-2021 White Paper. 28 March 2017. https://www. cisco. com/c/en/us/solutions/collateral/service-provider/visual-networking-index-vni/mobile-white-paper-c11-520862. html（accessed May 2018）.

cScape（2008）Second Annual Online Customer Engagement Report 2008. Produced by EConsultancy in association with cScape, www. econsultancy. com .

Deighton, J. （1996）The future of interactive marketing, *Harvard Business Review*（November-December），151-162.

EConsultancy（2005）Managing an e-commerce team: integrating digital marketing into your organisation. Author: Dave Chaffey, www. econsultancy. com .

Geyskens, I. ，Gielens, K. and Dekimpe, M. （2002）The market valuation of internet channel additions, *Journal of*

*Marketing*，66（April），102-119.

Godin，S.（1999）*Permission Marketing*，Simon and Schuster，New York.

Haven，B.（2007）*Marketing's new key metric：engagement*，8 August，Forrester.

Hoffman，D. L. and Novak，T. P.（1996）Marketing in hypermedia computer-mediated environments：conceptual foundations，*Journal of Marketing*，60（July），50-68.

Iyengar，R.，Han，S. and Gupta，S.（2009）Do friends influence purchases in a social network?，*Harvard Business School* working paper 09-123.

Jackson，S.（2009）*Cult of Analytics*，*Driving Online Marketing Strategies using Web Analytics*，Elsevier，Oxford.

Marketing Week（2016）Ebay wants to be 'all over TV like a rash' as it looks to rebuild the brand，Thomas Hobbs，16 Nov 2016，https://www. marketingweek. com/2016/11/16/ebay-wants-tv-like-rash-looks-rebuild-brand/.

McDonald，M. and Wilson，H.（1999）*E-Marketing：Improving Marketing Effectiveness in a Digital World*，Financial Times/Prentice Hall，Harlow .

MIT Center for Digital Business and Capgemini Consulting（2011）Digital Transformation：A Roadmap for Billion-Dollar Organisations，White paper，www. uk. capgeminiconsulting. com/digital-transformation（accessed May 2018）.

Pei，Z.，Toombs，L. and Yan，R.（2014）How does the added new online channel impact the supporting advertising expenditure?，*Journal of Retailing and Consumer Services*，21（3），229-238.

Shah，D. and Halligan，B.（2009）*Inbound Marketing：Get Found Using Google*，Social Media，and Blogs，Wiley，NJ.

Smart Insights（2010）Introducing RACE：*a practical framework to improve your digital marketing*. Blog post by Dave Chaffey，15 July，smartinsights. com/digital-marketingstrategy/race-a-practical-framework-to-improve-your-digital-marketing（accessed May 2018）.

Smart Insights（2015a）*Content Marketing Strategy 7 Steps Guide*，www. smartinsights. com/ .

Smart Insights（2015b）Is this the social media backlash? Blog post by Dave Chaffey，21 January 2015，www. smartinsights. com/social-media-marketing/social-media-strategy/social-media-backlash/（accessed May 2018）.

Smart Insights（2017）*What is customer lifecycle marketing*? Blog post by Dave Chaffey，8 November，https://www. smartinsights. com/ecommerce/web-personalisation/what-is-lifecycle-marketing/（accessed May 2018）.

Waterman，R. H.，Peters，T. J. and Phillips，J. R.（1980）Structure is not organisation，*McKinsey Quarterly In-house Journal*，McKinsey&. Co.，New York.

Weinberg，B. and Ekin，P.（2011）Social spending：managing the social media mix，*Business Horizons*，54（3），275-282.

## 网址链接

报道数字营销发展的领先门户网站和博客：

- Prophet（https://www. prophet. com /thinking）。免费报道美国的数字化转型与社会企业。
- Direct Marketing Association UK（www. dma. org. uk）。最新数据来源的保护建议和网络直销指南。
- Econsultancy. com（www. econsultancy. com）。以英国为中心的门户网站，提供广泛的供应商目录、实践白皮书和论坛。
- eMarketer（www. emarketer. com）。基于其他分析师汇编的媒体支出报告，付费服务。
- iMediaConnection（www. imediaconnection. com）。涵盖数字媒体渠道最佳实践的文章。
- Interactive Advertising Bureau（www. iab. net）。互动广告的最佳实践案例。也可以参见英国的 www. iabuk. com。
- The Interactive Media in Retail（www. imrg. org）。英国与欧洲电子商务的增长和实践报告，电子零售商的贸易机构。
- Mary Meeker（www. kpcb. com/internet-trends）。Kleiner Perkins Caufield Byers 的分析师每年都会发布数字技术趋势和预测，重点关注移动渠道。
- Marketing Sherpa（www. marketingsherpa. com）。网络营销案例研究和新闻。
- Ofcom（www. ofcom. org. uk/research-and-data）。通信办公室每年都会发布通信市场报告，包括通信和互联网（宽带服务）、数字电视及无线服务的使用情况。
- Smart Insights（www. smartinsights. com）。由戴夫·查菲编写，涵盖数字营销发展。每章的推荐资源可参见 www. smartinsights. com/book-support/。

# 网络市场分析：微观环境

**学习目标**

- 识别组织所处的数字营销环境中影响数字营销战略制定的要素；
- 评估微观环境中不同参与者（如顾客、出版商、中间媒体、供应商和竞争对手等）在制定数字营销战略方面的重要性的方法；
- 回顾数字市场给商业模式和盈利模式带来的变化。

**营销人员要回答的问题**

- 我们了解网络市场的能力如何？
- 如何更好地理解微观环境中相关者的行为对我们未来业务的潜在意义？
- 如何完成市场分析？这对我们的数字营销策划有何指导作用？
- 随着数字平台的发展，顾客的需求是如何变化的？这些变化意味着什么？
- 如何比较我们与竞争对手的数字营销？
- 在数字营销战略的规划阶段，我们如何找到合适的中间媒体？

 ## 2.1 引言

对于有能力制定数字营销战略的营销人员的需求正在显著增长，他们要负责应对商业贡献管理、竞争市场的复杂性、数字社区和创新技术。数字媒体和技术的发展引致了新的**购买路径**（paths-to-purchase），使营销变得更为复杂，因为购买决定可能受到许多接触点的影响（参见图 1.1）。在**网络市场**（online marketplace）上，购买决定受许多信息来源的影响（如搜索结果、顾客评论、在线口碑、社交媒体对话和公司网站）。此外，潜在顾客正在使用多种设备（有时是同时使用）收集信息，为他们的购买决策提供参考。例如，在看电视时使用智能手机或平板电脑。这个过程被称为**多屏筛选**（multi-screening）。数字的影响还通过电视、印刷品或广播广告等传统传播方式得到补充。

**电子口碑**（electronic word of mouth，eWOM）是用于研究消费者市场中的数字评论和数字对话的术语。数字营销人员经常使用社交媒体网络和博客，邀请目标受众参与数字对话。

# 2.2　数字营销的情境分析

组织参与竞争的数字营销环境或网络市场是复杂且动态的。组织应仔细分析所处的市场环境，找出机会，然后规划如何展开竞争。了解组织的环境是**情境分析**（situation analysis）的关键部分，它为所有类型的营销计划奠定了坚实的基础，尤其是在设计数字营销战略时，如图 1.8 所示。

在情境分析中应该了解什么？从企业制订数字营销计划的角度来看，情境分析应考虑以下因素：

（1）顾客。数字营销主张和沟通应该基于顾客的特征、技术运用、行为和需求。

（2）市场分析。包括分析中间媒体、影响者和潜在合作伙伴，也包括识别和审查影响在线购买行为的主要因素。有许多影响因素需要考虑，包括搜索引擎、出版商媒体网站、博客、点评网站和社交网络。市场分析还包括审查新的业务和盈利模式等来自数字媒体与数字媒体技术的机遇和威胁。

（3）竞争对手。理解组织如何在特定市场中竞争是至关重要的。通过对比直接和间接竞争对手及行业外业务，对顾客提案和沟通活动进行基准测试，可以发现改进数字营销活动的新方法。

（4）宏观环境。这些将在第 3 章具体介绍，包括社会、法律、环境、政治和技术方面的影响。

（5）内部审查。这部分主要涉及对现有数字营销方法的有效性进行内部审查，包括通过审查关键绩效指标（KPI）、仪表板以及用于管理数字营销的组织能力和流程来评估当前数字营销的结果，进而将其归为优势或劣势。

## 数字技能基础：市场分析

有很多网站可以帮助你了解关于顾客、竞争对手和潜在合作伙伴的更多信息。在完成数字营销策划中的案例研究和市场分析时，可以借助这些网站。

我们建议你培养以下技能：

（1）进行顾客分析，了解顾客概况、行为、技术使用及其对购买途径的影响；

（2）进行竞争对手和合作伙伴分析，衡量他们的受欢迎程度，尝试应用他们的技术并加以改进。

通过展示你的兴趣和经验来提升应用能力的实用想法：

（1）通过研究企业使用人物角色概念的案例，了解如何在实践中应用人物角色概念进行更有的放矢的交流。

（2）使用谷歌关键词规划器（Google Keyword Planner）说明你知道如何了解消费者的搜索意图。

（3）使用反向链接分析工具（如 Moz、Majestic、Buzzsumo）了解竞争对手的内容营销及其掌握的搜索引擎优化技术和营销机会。

借助 http://bit.ly/smartdigiskills 提供的 Smart Insights 技能评估工具，评估你在

RACE 规划框架中的数字营销技能。

# 2.3  数字营销环境

在探索相关因素如何塑造数字营销环境之前，有必要了解企业如何在不同的环境中运作。虽然数字化已经成为主流，线上和线下的区别已经变得模糊，但必须明白，并非所有组织都完全接受数字化，而且数字渠道的重要性在不同行业也不同。因此，每个组织在线上和线下都有自己独特的空间，在分析其营销环境和规划数字营销策略时必须考虑这一点。理解这个空间的细微差别，有助于确定在自己的业务中，如何与竞争企业和塑造营销环境的更为广泛的力量进行互动。

（数字）营销环境包括两大要素：**微观环境**（micro-environment）和**宏观环境**（macro-environment）（见图 2.1）。微观环境又称操作环境，它关注的是塑造即时交易环境的参与者。这些参与者包括需要且想要得到满足的顾客，以及竞争对手、中间媒体和供应商。这些参与者共同构成了网络市场，数字营销人员需要了解他们的行为，并给出正确的解释，以便制定高效的数字营销战略并针对变化作出调整。宏观环境又称远程环境，由能够决定组织成功与否的外部力量组成。这些力量来自市场，而且在很大程度上超出了组织的直接控制，如经济条件、国际贸易立法的变化、技术发展和创新、社会变革和政治干预。值得注意的是，社交媒体网络的影响逐渐增强，增加了数字渠道在全球范围内提供信息和影响舆论的能力。

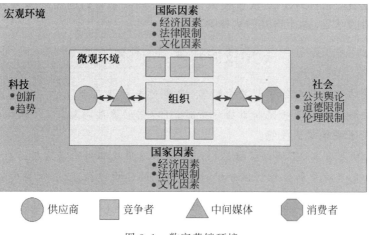

图 2.1  数字营销环境

营销环境会对绩效产生深远的影响，因此组织应该持续监控微观环境和宏观环境的影响。这一过程在传统营销和在线营销中被称为**环境扫描**（environmental scanning）。市场分析有助于定义数字竞争市场或**点击生态系统**（click ecosystem）的本质。脸书、谷歌、苹果和亚马逊等知名在线公司都开发了自己的基础设施或**在线市场生态系统**（online market ecosystem），通过数据交换将网站连接起来，提供了提升顾客体验和扩大公司影响的机会。例如,脸书使用应用程序接口(如 Graph and Marketing)来创建观众档案和开展数字营销活动。这些应用程序接口的各种功能有助于促进脸书用户的新闻源和个人资料页面之间更高级别的自动化交互。谷歌开发了与搜索营销和移动相关的生态系统,并充分利用个人和公司拥有的不断增加的新数字设备(生态系统):谷歌的语音激活助手和谷歌家庭设备可以让用户对各种智能家庭设备进行免提操作。多年来,苹果一直在提供设备的垂直整合。亚马逊也有自己的产品(Alexa 生态系统),将语音激活计算引入许多家庭(见微型案例研究 2.1)。作为市场分析的一部分,公司应该评估这些生态系统的相对重要性、所需资源及其在线服务的集成。数字营销洞察 2.1 推荐了市场分析的数据源,活动 2.1 给出了如何应用它们的示例。

## 微型案例研究 2.1　Alexa,今天天气怎么样?

亚马逊 Alexa 应用程序最初是一款联网音箱,如今已经发展成为扩展亚马逊生态系统的智能个人助理(IPA)。它通过 Amazon Echo 等产品得到普及。Amazon Echo 可以播放音乐和广播节目、播报当地天气预报和新闻,还可以连接到家中的智能设备,或者远程点外卖、搜索航班和旅行信息、网络约车等。

Alexa 应用程序使亚马逊能够将数以千计的第三方供应商整合到 Alexa 技能套件中,使生态系统快速增长。IPA 的新目标市场不断出现,然而要想成功,数字营销人员永远不能忘记营销环境的重要性,以及终端消费者的需求。

例如,玩具制造商美泰(Mattel)开发了一款复杂的多功能一体声控婴儿监视器 Aristotle。美泰公司计划建立一个以儿童为中心的智能中枢,使用人工智能可以调暗房间的灯光来安抚哭泣的婴儿,还可以帮助孩子完成作业,并应对多种学习需求。不过美泰在 2017 年秋天将 Aristotle 下线,因为有人提出 Aristotle 可能侵犯隐私而且家长担心它会影响孩子们的自然成长。

Alexa 的 IPA 极大地刺激了与新兴市场的互动。目前 Alexa 可以理解英语和德语口语。其他语言(如印地语和日语)功能正在开发中。

 ## 2.4　了解顾客在数字市场上的行为

在现实世界中,"去商店"是一个易于理解的概念,但对于什么能够影响购物者的购买旅程、什么是购买决定的最终触发因素人们却知之甚少。在数字世界中,同样的基本原则仍然适用,只不过线上的顾客会遇到更多的"接触点"(数字触发和影响),这些接触点(如网站、社交媒体内容和博客)会影响他们的决策。随着数字技术的日益广泛使用,数字接触点超越了数字渠道,可以影响购物前、购物中和购物后的购买决策。现代营销人员的工作是进行最佳的投资以突出自己的品牌,并在顾客旅程的每个阶段提供相关内容来支持这一决策过程,尤其是当顾客在商业和社会环境中同时经过多个接触点与品牌互动时(Lemon and Verhoef,2016;Edelman and Singer,2015)。为了理解顾客与物理和数字接触点的互动、触发因素和影响,旅程图越来越多地被用来模拟不同类型目标受众的行为。

有关顾客旅程图的示例，请见图 2.2。

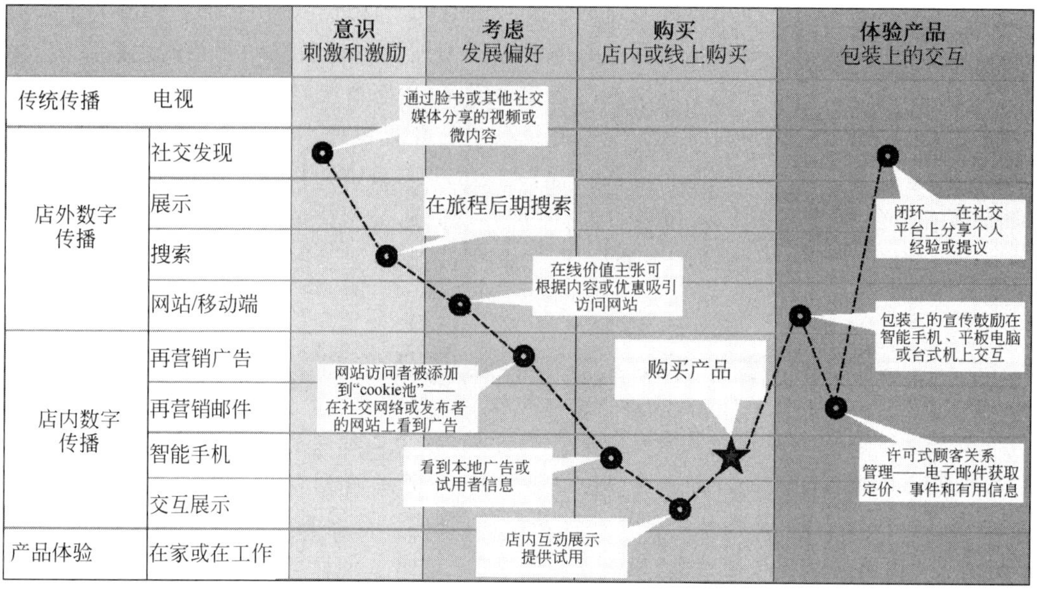

| | | 意识<br>刺激和激励 | 考虑<br>发展偏好 | 购买<br>店内或线上购买 | 体验产品<br>包装上的交互 |
|---|---|---|---|---|---|
| 传统传播 | 电视 | | | | |
| 店外数字<br>传播 | 社交发现 | | | | |
| | 展示 | | | | |
| | 搜索 | | | | |
| | 网站/移动端 | | | | |
| 店内数字<br>传播 | 再营销广告 | | | | |
| | 再营销邮件 | | | | |
| | 智能手机 | | | | |
| | 交互展示 | | | | |
| 产品体验 | 在家或在工作 | | | | |

图 2.2　顾客旅程图示例

制作如图 2.3 所示的在线市场地图有助于理解在线顾客旅程所受到的影响。在线市场地图总结了不同类型的数字网站可能对目标顾客群产生的影响，其主要元素如下。

**1. 顾客群**

市场分析有助于识别和概述不同的目标细分市场，这些细分市场会影响数字营销，并有助于了解目标群体的在线媒体消费、行为及相关类型的数字内容。在数字活动或网站设计项目中，人物角色可以用来帮助理解不同目标市场的偏好、特征和在线行为。

**2. 搜索中介**

美国人常用的搜索引擎通常是谷歌、雅虎、必应(Bing)和 Ask，而在中国和俄罗斯，主流的搜索引擎则分别是百度和 Yandex。有些公司提供专业的数据，帮助数字营销人员了解不同国家的搜索引擎及其他类型的网站的相对重要性(如 ComScore、Hitwise、SimilarWeb 和 Nielsen)。搜索引擎变得如此重要，以至于其搜索热点被用来预测未来的销量。绍伊和瓦里安(Choi and Varian，2012)发现，谷歌按时间对搜索量的数据进行趋势分析，这对于预测支出水平非常有用。他们指出，"这些指数(如谷歌趋势指数)通常与各种经济指标相关，可以用于短期经济预测。"他们并不是说谷歌数据可以用来预测未来，而是说它可以用来预测现在——即时预测。与数字营销人员相关的是理解和识别特定购买触发因素的能力，这可能会影响经济表现。

根据阿斯瓦尼等(Aswani et al.，2018)的观点，公司应使用可靠的搜索分析来源，如用户搜索数据、排名和网站间的链接。公司应该知道哪些网站在利用搜索流量方面是有效的，要么与它们合作，要么尝试使用第 9 章中介绍的搜索引擎营销技术和联盟营销技术来获得搜索流量的份额。已经具备顾客忠诚度的、知名的、可信的品牌在网上很有可能成功，因为一个常见的消费者行为是通过输入网址、点击书签或电子邮件直接进入网站，或者是搜索品牌或网址。通过评估特定市场中搜索的产品的类型和数量，可以计算出公司的总潜在机会和搜索项的当前份额。**搜索份额**（share of search）可以从公司网站的网络分析报告中确定，该报告指出了访问者从不同的搜索引擎实际访问网站时所使用的精确关键词。

**3. 中间媒体、影响者和门户网站**

门户网站及其他中介机构，如个人影响者、社交网络、**聚合器**（aggregators）和**联盟**（affiliates），通常通过用户搜索或直接访问其网站来吸引访问者。公司需要评估潜在的在线媒体和分销合作伙伴，如图 2.3 所示。

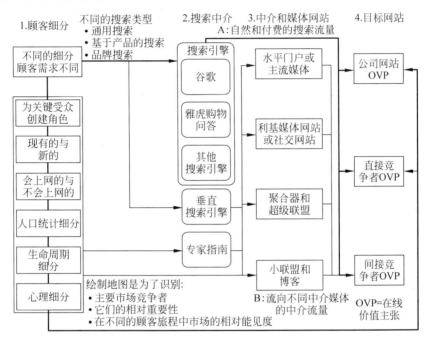

图 2.3　在线市场地图

（1）主流新闻媒体网站或门户网站。包括传统媒体（如金融时报、泰晤士报和英国卫报）和单一业务媒体（如谷歌新闻）。

（2）利基/垂直媒体网站。例如，Econsultancy、ClickZ.com 和 Marketing Land 就是 B2B 市场营销方面的利基媒体。

（3）社交网络。例如，脸书、Ins、推特和领英。

（4）比价网站（又称聚合器）。例如，Google Shopping、Pricegrabber 等。

（5）超级联盟。关联公司从其推荐的商家按照销售额的一定比例或固定金额收取佣金。这种模式在电子零售市场上非常重要，占销售额的比例高达 10% 左右。

（6）利基联盟或博客。通常是个人，但其影响力可能非常大。例如，英国财经记者马丁·路易斯（Martin Lewis）的 Moneysavingexpert.com 网站每个月都有数百万的访问量。小的联盟和博客作者汇聚起来的影响也很惊人。随着博客读者群和社交互动的增长，识别市场中的**关键在线影响者**（key online influencers）对于接触和吸引目标受众大有帮助。

**4. 目标网站和平台**

目标网站是营销人员试图吸引人们去访问的网站，包括零售、金融服务、旅游、制造商及其他公司的交易或非交易网站。目标网站还包括在其他社交网站(如脸书和推特)或移动应用上的页面。例如,图2.3中提到的在线价值主张(OVP)是品牌在其在线服务中提供的独特功能的总结。OVP是制订计划时需要考虑的一个重要方面,营销人员应根据竞争对手的情况评估本公司的在线体验,并考虑如何进行改进,以营造独特的在线体验。

## 数字营销洞察 2.1：分析在线市场的资源

对于任何在线营销者来说,理解可用的数据是一个巨大的挑战。在规划数字营销活动时,应根据实际市场特征抓住机会进行规划而不是凭直觉贸然行事。而为了做到这一点,数字营销人员需要知道在哪里可以找到关于当前互联网使用及未来趋势的大量研究以及应该如何加以利用。企业通常使用不同的工具来分析在线市场和顾客行为,因为访问不同的网站是顾客旅程的一部分。有免费的和付费的分析服务可以提供帮助。表2.1给出了可用来评估搜索信息的人数的若干资源及依据**独立访客**(unique visitor)数衡量的各类网站的受欢迎程度。

通过扫描搜索信息提供者的详细结果,数字营销策划人员可以就任何给定时间发生的事情勾勒出一幅有指导性的画面,并对战略规划作出预测。

**表 2.1　评估数字市场的研究工具**

| 搜索工具提供商和信息来源 | 焦点和服务 |
|---|---|
| 谷歌和脸书工具 | 这是吸引广告商投资的两个最大的平台,它们为市场分析提供了免费的、准确的工具。推荐的 Google 工具包括:<br>• Display planner tool——谷歌广告工具,显示了谷歌计划中出版商的相对规模和受众构成<br>• Google Trends——按国家划分的搜索量趋势,无须登录<br>• Keyword Planner——需要在 Google AdWords 上注册,给出了每月搜索次数的详细信息<br>• Google AdWords——按国家和设备分列的网购行为的高质量数据<br>脸书 IQ 中推荐的工具是:<br>• Audience Insights——提供脸书中按照受众所在国家分开列出的用户性别、年龄、兴趣、职务及首页点赞的信息 |
| SimilarWeb(www.similarweb.com) | 免费增值工具,能够比较网站的访问者,以及哪些渠道可以促进访问。获取的数据样本取决于用户。付费的选择有 Alexa、Compete.com 和 Experian.com |
| Socialbakers (www.socialbakers.com) | 免费增值工具,包含一些免费工具,可以用来衡量品牌在社交媒体上的受欢迎程度,如脸书 |
| Nielsen(www.nielsen.com) | 付费工具,但可从新闻稿免费获得部分关于消费者购买什么的研究数据。面板服务基于家庭和工作用户,这些用户同意通过软件跟踪他们的网络使用。网站排行榜给出了几个国家最受欢迎的网站的例子 |

续表

| 搜索工具提供商和信息来源 | 焦点和服务 |
|---|---|
| comScore(www. comscore. com) | 付费工具，但可从搜索引擎和新闻稿免费获得部分消费者在手机端和电脑端上的行为数据 |
| Google Analytics（www. google. com/analytics） | 包含免费和付费服务，提供对网站流量的洞察。包括竞争者标杆管理测试 |

## 活动 2.1　使用数字研究工具评估行业在线需求的变化

IMRG Capgemini 销售指数显示，销售额持续增长，总体增长率为正。但是在线购买的需求偏好因行业而异。

**目的**：探讨数字研究工具在评估消费者在线购买偏好变化中的价值。

**活动**：使用表 2.1 中列出的资源：

（1）分享不同搜索引擎的使用方法，并使用 Google Trends 或 Keyword Planner 了解不同产品类别的长期趋势和季节性。

（2）服装和鞋类行业呈现正增长，分析为什么会这样，这种趋势是否会在未来五年持续下去。

（3）根据你对所选研究工具的使用，列出你所能获得的数据和信息的局限性。

到目前为止，我们已经考虑了微观环境的背景和设置；在本章接下来的部分，我们将考察塑造微观环境的参与者（顾客、供应商和中间媒体、竞争者）的潜在角色及行为。

本章最后，我们将探讨与数字营销策划相关的业务和盈利模式。

### 2.4.1　通过顾客分析了解数字消费者

我们已经解释过，数字营销领域的情境分析应该关注顾客，关注他们接触的数字内容和渠道、他们的旅程及遇到的接触点。但这只是开始。在营销中，了解交易情况对于设定现实的业务和营销目标非常重要，不仅要考虑顾客的行为，还要知道如何分析其反应和回应。在数字世界中，顾客行为是高度可跟踪和可量化的，因此数字营销人员应该知道如何以高度精确的方式衡量顾客行为与营销目标的关系。这些理念同样适用于消费者、企业和非营利性的市场环境，只不过具体的测量和分析工具会因营销预期而有所不同。完成活动 2.2，了解商业网络如何改变了我们建立成功联系的方式。

## 活动 2.2　领英：建立职业联系

**目的**：考虑在线网络的商业潜力。

**活动**：企业依靠与其他企业和关键个人的联系来发展业务。2002年，雷德·霍夫曼(Reid Hoffman)有了一个想法，他想把领英建成全球最大的专业网络。如今，全球200个国家超过5亿名专业人士注册了领英，而领英提供的语言版本多达24种。

访问 https://business.linkedin.com/marketing-solutions/marketing-case-studies #all，回答下面的问题：

(1) 找到企业使用领英进入目标市场的三个例子。

(2) 针对你选择的每一个企业，介绍其各自的数字市场战略。

(3) 对于你选择的每一个企业，说明在你看来其数字市场战略的效果如何。

从微观环境的角度来看，顾客是公司直接交易环境中的重要参与者，分析其行为对理解交易情况从而制定数字规划至关重要。**顾客行为分析**(customer behaviour analysis)可以从下面两个角度考虑：

(1) 需求和差距分析。包括了解在线访问者的潜在数量和实际数量，以及通过开发潜在顾客和促进销售使潜在顾客转化为营销收入的程度。

(2) 数字消费者行为。在这方面，营销人员希望了解目标消费者的需求、特征和数字体验或行为。这些变量通常统称为**顾客洞察**(customer insight)。基于这一分析，可以进行**顾客细分**(customer segments)和目标定位。

## 2.4.2 需求分析和转化营销

数字营销经理应该了解互联网中不同在线服务的使用趋势和使用水平，以及顾客希望组织提供的在线服务和产品。营销人员需要了解影响顾客使用所提供的数字服务的积极性的因素。这一评估过程称为**需求分析**(demand analysis)。这种分析形式的好处是，公司可以根据个人在公司目标市场上对数字媒体的实际使用情况，确定影响和交付在线销售的机会。对数字服务需求的评估是通过查看通用因素完成的，这些因素使营销人员能够为每个目标细分市场设定现实的战略目标。为了做到这一点，数字营销人员还需要评估满足以下条件的顾客的数量和市场份额：

(1) 能够访问数字渠道；

(2) 使用可能影响购买决策的特定在线服务，如比价网站、社交网络和专业博客；

(3) 进行多渠道购买，使用数字渠道时产生购买欲望而实际购买时使用的是另一个渠道；

(4) 通过数字渠道购买或使用其他服务。

凭借表2.2中提到的信息来源和工具，再加上公司所做的初步研究，数字营销人员应该能够理解目标市场中个人和/或公司的特征、需求及参与数字渠道的倾向。一旦有了这种基本的理解，就可以考虑使用数字沟通来实现营销目标了。

| 表 2.2　　互联网五种竞争力的影响 | | | | |
| --- | --- | --- | --- | --- |
| 购买者的<br>议价能力 | 供应商的<br>议价能力 | 替代产品和<br>服务的威胁 | 新进入者<br>的威胁 | 现有竞争对手<br>之间的竞争 |
| 网上购买者的议价能力增加了，因为他们有更广泛的选择，价格可能会因顾客知识和价格透明度的增加而下降。对于 B2B 组织来说，与顾客建立电子联系可能会加深关系，并可能增加转化成本，导致"软锁定" | 组织在采购时，其供应商的议价能力会降低，因为由于电子采购和电子市场，选择范围更大、商品化程度更高 | 替代产品是一个重大威胁，因为新的数字产品或智能产品可能随时推出；应仔细监控新的替代产品和服务的引入，以避免侵蚀市场份额；互联网技术能够更快地引入产品和服务；这种威胁与新的商业模式有关，本章稍后将对此进行介绍 | 进入壁垒降低，带来了新的竞争对手，这对于高端市场和开展移动销售的零售商或服务机构尤其重要；新进入者必须受到仔细的监控，以避免市场份额被侵蚀；互联网服务比传统服务更容易被模仿，从而使"快速追随者"更容易被模仿 | 互联网鼓励商品化，从而使产品差异化不那么明显；随着产品生命周期的缩短和新产品开发周期的缩短，竞争变得更加激烈；互联网促进了向全球市场的转移，增加了竞争对手的数量 |

## 2.4.3　对营销策划的启示：转化模型

在情境分析和目标设定过程中，有经验的数字营销人员为其网络营销效率建立转化或瀑布模型。使用这种方法，可以估计特定市场中某项服务的潜在需求，然后确定公司可以成功获得的市场份额。**转化营销**（conversion marketing）策略可用于将尽可能多的潜在网站访问者转化为实际访问者，然后将其转化为潜在顾客、顾客和回头客。

**多渠道转化模型**

实际上，因为需要同时考虑线上行为和线下行为，转化模型非常复杂。例如，某个广告商可能会使用 Google Ads 推广其产品，但一些购物者会在网上购买，而其他人则更喜欢通过其他渠道购买，如打电话订购或到店购买。

因此，有必要在购买过程的不同阶段设置监控跨渠道转化的方法，它可以帮助企业了解如何通过提高营销支出的效率来提高线上和线下渠道的绩效。

图 2.4 展示了多渠道转化模型的工作原理。例如，网站专有电话号码的呼叫数量可以用来度量受到网站影响的访问者数量。由此可以确定，在一段时间内的 10 万个独立访客中，有 5 000 个（5%）实际上可能成为线下潜在顾客。微型案例研究 2.2 介绍了如何打造出色的跨渠道体验。

图 2.4 显示购买过程中数字渠道与传统渠道之间的转化的模型

# 微型案例研究 2.2：打造出色的跨渠道顾客体验

不管你的想法有多好，只要你的受众的需求没有得到满足，你就无法将他们作为顾客留下来（Mulcahy and Salmon，2017）。

为了在数字世界中取得成功，在尝试创建高度相关的内容之前，应该先考虑所处的情境。数字营销人员面临的一个重大挑战是，在一个高度复杂的环境（例如，英国的一个普通家庭拥有超过 8 台联网设备，通过这些设备与品牌进行互动）中，理解接触点与品牌的相关性。这意味着顾客旅程和接触点可能是分散的，通常跨越多个渠道。图 2.5 显示了按设备划分的销售份额每天的波动。因此，解决方案可能是着眼于个人而非设备，采取以受众为中心的营销方式。

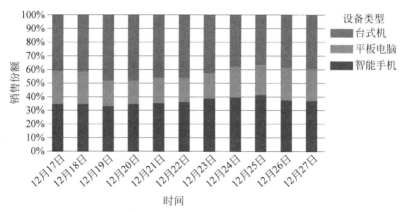

图 2.5 按设备划分的销售份额（总市场），2017 年 12 月 17 日至 27 日

Epiphany 是一家位于伦敦的基于搜索的专业营销机构，其客户之一 Topps Tiles 希望利用数字营销鼓励消费者去其当地的商店（在英国有 360 家）购物。Epiphany 使用本地点击付费广告做了推广，结果显示，使用手机浏览了该广告的消费者光顾本地商店的可能性是其他消费者的 3.3 倍。分析结果证明了手机在 Topps Tiles 的顾客旅程中的重要性。

但是,在理解跨渠道使用和顾客旅程时,搜索并不是唯一的影响因素。

(1)一天中的不同时段也会影响购买行为和设备的选择。手机在早上的使用量很大,因为人们往往处于上班途中;台式机的使用在工作时间逐渐增加,而到了晚上手机和平板电脑的使用量占了上风。一周中的不同日子也存在很大差异,因为对于 Epiphany 的顾客来说,转化流量的高峰通常出现在周末(如图 2.6 所示)。

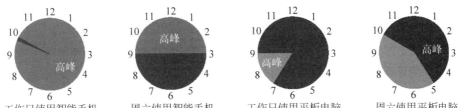

工作日使用智能手机
流量分散更长的时间内
10:00—22:00是流量高峰期

周六使用智能手机
9:00—15:00是流量高峰期

工作日使用平板电脑
19:00—21:00是流量高峰期

周六使用平板电脑
10:00—17:00是流量高峰期

图 2.6　各个设备的峰值转化时间：智能手机和平板电脑

(2)网站速度——如果消费者觉得目标网站的速度较慢,则数字营销活动可能表现不佳,大多数在线用户会转而浏览其他网站。

总之,了解顾客旅程时不要只关注渠道;虽然渠道很重要,但时间和下载速度也会影响在线用户向购买者的转化。此外,由于英国消费者使用智能手机的时间比使用其他任何设备的时间都多,线上购物和线下购物的区别变得越来越模糊了。因此,越明白个人用户,数字营销活动成功的可能性就越高。

本节讨论了顾客转化策略,下一节将深入探讨消费者的选择和数字化的影响。

## 2.5　消费者的选择和数字化的影响

消费者的选择及随后的决策对购买过程(线上和线下)至关重要,而数字媒体(尤其是移动数字媒体)在购买决策中扮演着越来越重要的角色。很多消费者在购物之前都会先上网查询信息,因此网络和社交媒体：①是研究过程的重要一环,因为互联网用户会花大量的时间在网上研究产品;②在研究过程的每一个阶段都会用到,从最初的筛选到购买前更详细的比较及最终的规格检查。

这种行为改变的结果意味着消费者掌握的信息更多了,参考品牌网站、社交媒体、评论网站、传统印刷媒体和个人推荐等多种来源为最终购买决策提供信息。数字信息源在影响购买决策方面发挥着越来越重要的作用。因此,公司必须仔细考虑如何通过产品质量和线下服务体验,得到最多的好评以强化消费者的感知。

在选择过程中,来自数字渠道的信息使用量的增长说明,要确保产品和服务在目标顾客使用的数字渠道中得到很好的体现。随着移动及社交网络渠道重要性的增加,对信息的需求会更加强烈。

## 数字营销洞察 2.2：手机购物者可能是深思熟虑的、积极的或不情愿的

随着智能手机和平板电脑的普及率大幅提高，手机购物迅速发展。手机普及率已经超过了固定电话，在一些国家，手机普及率超过90%。数字营销人员需要了解消费者使用手机购物的障碍和动机，这样才能有效地进入目标市场。圣马丁（San-Martine）、洛佩兹-卡塔兰（Lopez-Catalan）和拉蒙-杰罗尼莫（Ramon-Jeronimo）2013年指出，手机购物者群体分为下面三种：

（1）深思熟虑的手机购物者。这一群体反思了手机购物的价值，但对其价值并不完全确定。他们既担心依赖手机会缺乏人际交往，又舍不得手机带来的好处。要吸引这类购物者，营销人员需要通过移动渠道开发额外的激励性优惠。

（2）积极的手机购物者。这个群体并不认为使用手机购物会有什么障碍，他们对手机购物很有信心。这一群体也可能受到特别优惠的激励，但程度要比深思熟虑的群体小得多。

（3）不情愿的手机购物者。这个群体看不到手机购物的好处。他们担心缺乏人际互动，觉得采用手机购物很困难。营销人员会发现通过手机购物很难接触到这个群体。

如图2.7所示，消费者第一次使用网络时，倾向于将其使用限制在搜索产品信息上，但是随着自信心的增加，他们不仅可能在购买过程中更多地使用互联网，而且可能增加购买产品的价值和购买的频率。

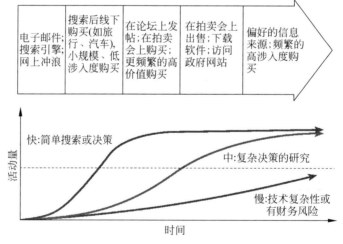

图2.7　互联网使用体验的发展

理解顾客选择的过程，有助于营销人员确定如何有针对性地改变服务以满足顾客的需求，从而使他们最终完成购买。

互联网用户在消费者的特征、人口统计概况、购买产品的类别和购物经历方面有很大差异。对于网上零售的发展及其将如何刺激网上交易的需求，也有很多预测。便利仍然是网上购物者的最大驱动力。图2.8显示了各因素对英国消费者购买的影响。

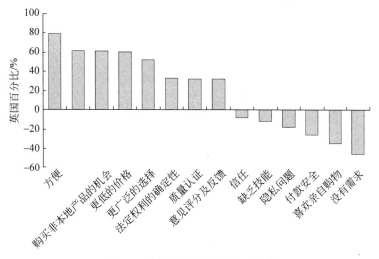

图 2.8　英国在线购物的影响因素

通过理解影响消费者与在线交易环境互动方式的维度，数字营销人员可以找出对转化过程进行管理的关键点。

在评估 B2B 产品与服务的在线顾客需求和特征时，还需要考虑其他一些因素。B2B 市场不同于 B2C 市场，其在线需求或购买过程将随着组织类型和组织中的人员的变化而变化。我们需要根据以下内容描述业务需求。

**组织特征变量：**

- 公司规模——员工数量或营业额；
- 行业部门和产品；
- 组织类型——私人、公共、政府、非营利；
- 服务应用——购买的产品和服务支持哪些业务活动；
- 国家和地区。

**目标个人在组织中的角色：**

- 角色和责任——职务、职能或管理的员工人数；
- 在购买决策中的角色——购买影响；
- 部门；
- 产品偏好；
- 人口统计特征——年龄、性别及可能隶属的社会群体。

到目前为止，我们考虑的是顾客选择和转化模型的影响因素。下一节，我们将从特征入手，探索理解消费者行为的方法，揭示不同类型的消费者行为如何影响对数字市场的参与。

## 2.6　消费者的特征

了解消费者的特征是开展营销实践和制订营销计划的基础。第 4 章将介绍市场细分的方法,以及它们是如何作为整合营销策略的一部分被成功使用的。本节我们将探讨有助于构建细分市场的实际消费者行为变量。

研究发现,有很多因素会影响消费者的在线行为,随着时间的推移,使用互联网和数字服务的细分市场已经发生了巨大的变化(Kannan and Hongshuang,2017),因此数字营销人员必须了解重要的行为变量并知道如何模拟在线消费者行为。

根据多尔蒂和埃利斯-查德威克(Doherty and Ellis-Chadwick,2010)的研究,1995 年以来,使用网络的消费者类型发生了显著变化。在早期,在线购物者往往只限于年轻男性,他们的受教育程度通常高于同龄人,也更富有。如今数字市场已经覆盖全球,并渗透到每一个细分市场。然而,准确识别目标市场变得越来越重要。研究表明,确定消费者目标市场需要考虑:

(1) 人口统计变量。多尔蒂和埃利斯-查德威克(2010)认为,任何倾向于在人一生中保持不变或随着时间的推移而缓慢演变的个人特征,如年龄、性别、种族等,可以定义为人口统计变量。已经被证明会影响消费者在线行为的人口统计特征包括:收入、教育、种族、年龄(Hoffman et al.,2000);性别(Slyke,2002);生活方式(Brengman et al.,2005);文化和社会构成(Shiu and Dawson,2004)。

(2) 心理学和行为变量。消费者感知、信念和态度中可能影响在线行为尤其是消费者购物意愿的任何一个方面,都可以被定义为心理学和行为变量。事实上,目前有大量的最新研究是在探索消费者的性格或个性如何影响其在线行为(George,2004)。张等(Cheung et al.,2005)发现,许多消费者行为特征,如知识、态度、创新性和风险规避意识,可能对消费者的购物意愿产生重大影响。例如,具有便利动机的消费者更有可能在线购物,而那些重视社交互动的消费者则好像对在线购物不太感兴趣(Swaminathan et al.,1999)。

通过研究在线环境中影响消费者体验的变量,有可能分析出他们未来继续使用数字服务和在线购物的意愿(Wolfinbarger and Gilly,2003)。例如,网站的便利性、设计和安全性会影响消费者的个人体验,进而可能影响消费者对特定网站的总体满意度。另一个重要的观点是,通过研究与消费者体验相关的变量,数字营销人员开始了解如何通过网站和在线服务来增加忠诚度和信任感。随着在线环境使用的增多,进一步的研究已经展开,这让我们对在线消费者体验有了更深入的了解。

罗斯等(Rose,2011)认为顾客与组织网站的互动创造了积极体验的机会,可以建立长期关系。

在线消费者体验的概念已经在各种背景下(如服务交付、零售和旅游)得到了广泛研究(Arnold et al.,2005;Tsai,2005)。图 2.9 展示了理解激励和影响在线消费者的概念的框架。需要考虑的一个重要因素是,过去的经验将为未来的评估提供基础。根据阿诺德等(Arnold,2005)的观点,在线体验的前因或背景由一系列重要的概念组成,这些概念会对消费者是否使用数字产品产生重要影响。

(1) 信息处理。该概念之所以非常重要,是因为它会决定消费者如何处理可用数据和信息,进而影响消费者的未来行为。信息处理涉及一个人用来解释其所居住的世界的心理过程和感觉(Wang and Benbasat,2013)。

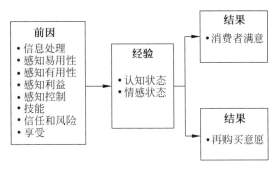

图 2.9  了解在线消费者体验的框架

（2）感知易用性。数字营销人员也需要考虑这一概念，因为网站或移动网站越容易使用，消费者就越有可能获得积极的在线体验（Cheung，Chan and Limayem，2005）。

（3）感知有用性。这个概念是指数字产品在多大程度上匹配消费者的日常生活，如购物、在线预订火车票、网上银行业务（Arnold et al.，2005）。数字营销者可以通过数字产品创造消费者价值。

（4）感知利益。消费者如果认为使用数字产品将会获得回报，就会支持在线品牌（Arnold et al.，2005）。

（5）感知控制。如果消费者是数字技术的熟练用户，他们会觉得自己能够成功地驾驭在线环境。在本章的前面，我们提到过一些手机购物者是自信的购物者，而另一些则不是。

（6）技能。技能在这里是指消费者使用该技术实现预期目标的能力（Klein and Ford，2002）。研究发现，消费者在互联网环境中通过实践来学习，从而随着时间的推移建立自己的技能组合。例如，消费者访问网站的频率越高，他们接触和参与的数字内容也就越多。

（7）信任和风险。信任和风险在消费者的在线行为中都扮演着重要的角色。没有经验的互联网用户会感到脆弱，害怕未知，认为自己面临一定的风险（如财务风险、社会风险、个人风险），营销人员应该帮助消费者实现他们的购买目标，控制消费者参与在线活动的风险，并通过发展在线关系来建立信任（Vize et al.，2013）。

（8）享受。这是积极的在线体验的结果。

数字营销人员应考虑上述概念对消费者参与数字产品的动机的影响，并通过克服潜在障碍寻找创造竞争优势的机会。上述八个概念可能影响消费者对其在线体验的想法（认知状态）和感受（情感状态），并影响任何后续行为的结果。有了积极的体验，消费者的满意度和再购买意愿将会增加。数字营销人员需要意识到，重要的是不仅要开发在线服务的功能，还要考虑消费者的情绪状态和过去的经历如何影响其参与度。

## 2.6.1  社交媒体和情感

社交媒体在捕捉和分享消费者体验方面的影响越来越大，是消费者分享、推荐和反馈产品和服务、选择和体验的主要渠道（Zhang，2018）。社交媒体网络根据个人经历实时提供个性化的推荐,这可能会产生很大的影响(根据推荐的性质,既有正面的,也有负面的)。自 2008 年以来,脸书、Ins、推特和领英等社交媒体网络的使用大幅增加。社交媒体已经成为一种重要的在线交流和互动的工具,它也是同行推荐的来源。大量消费者在社交媒体上展示个人情感。请参阅数字营销洞察 2.3,了解消费者对其购买的产品的真实感受。

## 2.6.2　消费者的人物角色

**人物角色**(personas)是代表特定目标受众的虚拟画像。人物角色是一种工具,可以帮助理解在线消费者的特征和行为,然后创建与你的受众更密切相关的交流。创建角色是开发以消费者为中心的在线策略、塑造公司形象和策划推广活动的强大技术,也是市场分析的一部分。

人物角色本质上是一种人的"缩略图"描述,很早以前就开始在细分市场和广告研究中得到应用,近年来实践证明研究人物角色可以极大地提升网站设计效果。

有关人物角色应用的示例,请参见微型案例研究 2.3。

### 数字营销洞察 2.3：你的顾客的真实感受是什么?

拉夫堡大学的研究人员开发了一个被称为 Emotive(在情绪可视化中提取情绪信息)的软件系统,每秒可以分析数千条推文并从中提取情绪。该系统从社交媒体中检索八种基本的人类情绪:愤怒、厌恶、恐惧、快乐、悲伤、惊讶、羞耻和困惑。根据该分析可以描绘和跟踪情绪。

社交媒体通常是新闻的第一发布地,也是个人和公司分享自己听到这些新闻后的反应的地方。理解一个群体的情绪可以帮助预测其行为。情绪已被成功用于预测 2017 年英国大选和 2016 年美国总统大选的结果。

该系统对数字营销人员的潜在好处是,它可以确定各种目标受众的情绪,如观看重大体育赛事的电视观众。有了对观众情绪的实时洞察,投放广告的效果将得到极大提升,并且可以收集和分析观众对于产品和服务的反馈,为今后制订数字营销计划提供参考。情感可以整合到应用程序和网站中,捕捉数字访问者的情感视角,并收集他们对各种产品和服务的反应。

### 微型案例研究 2.3："带翅膀的"人物角色

AMP 是一家营销机构,为希望在数字市场上与消费者交流的品牌提供全套服务。它使用消费者角色来了解客户的目标受众,用人口统计特征和心理图等人物角色来创建目标受众的形象。在构建这一形象的过程中,AMP 还着眼于社交媒体和技术的使用,以了解目标受众可能会遇到的接触点。

斯托克斯(Stokes,2015)描述了喝红牛(Red Bull)的顾客的形象:"寻求刺激的人。他 24 岁,大学毕业,两年前获得了英语学位。他现在是一家滑雪板店的助理经理,年薪 3

万英镑。无论是踏着滑雪板跃过悬崖摔入雪堆中，还是骑着山地车沿着危险的小路疾驰，他之所以参与这些运动，是因为他是一个不怕死的人。他追求新的体验，并喜欢跳伞和帆板运动等极限挑战。他喜欢快节奏的生活，总是停不下脚步。无论面临怎样危险的挑战，他都始终手持一罐红牛饮料，精力充沛，随时准备奋起一搏。"

使用来自多个变量的数据开发一个人物角色，可以让正在设计数字营销活动的营销人员与特定的目标受众产生共鸣，使其设计的数字营销活动不仅能吸引受众，还能满足受众的需求，从而为公司及其顾客创造双赢的结果。

**购买过程**

科特勒等(Kotler et al., 2008)认为，购买过程有不同的阶段，(从购买者和供应商的角度来看)每个阶段都有特定的结果：意识、兴趣、评估；试用和采用。

这组结果已经在数字市场中得到应用，查菲和史密斯(2017)将其描述为：①问题识别；②信息搜索；③评价；④决定；⑤行动(销售或使用在线服务)；⑥购买后。

图 2.10 给出了如何利用互联网支持购买过程中不同阶段的概要。社交媒体支持消费者向他人寻求推荐或阅读评论、评级。左边的方框显示了如罗宾逊等(Robinson, 1967)所述的一个新前景所经历的典型阶段。伯顿等(Berthon, 1998)也进行了类似的分析，他们推测在这个过程中使用网站的相对沟通效率从 1 逐渐增加到 6。

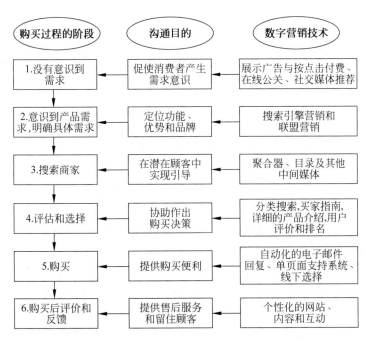

图 2.10　数字媒体影响新购买者的购买过程的摘要

分析图 2.10 中购买过程的每一个阶段，不同阶段支持不同的营销目标，体会在不同阶段使用互联网的有效性。当然，购买决定的确切阶段因不同的产品和不同类型的消费者而有所不同。一般来说，数字媒体在消费者的购买过程中提供的支持如下所示。

**1. 消费者：没有意识到需求；商家：促使消费者产生需求意识（产生对产品或服务的需求）**

产生需求意识主要是通过线下广告中使用的大众媒体实现的。互联网在这方面相对无效，因为其影响力和覆盖面往往比不上电视、广播或印刷媒体。然而，展示广告或付费搜索营销可以用来补充线下意识建设。消费者受到病毒式营销活动、网络口碑、朋友或同事推荐的影响，也能产生需求意识。一些公司利用公关和媒体成功地提高了品牌知名度，这样即使消费者当前不需要某种产品，今后一旦有需求就会想到该品牌。

**2. 消费者：意识到需求，明确具体要求；商家：定位功能、优势和品牌**

消费者一旦意识到自己的需求，并且开始考虑需要从产品或在线服务中获得什么好处，就会使用谷歌和雅虎等搜索引擎，在特定类型的产品中查找自己心仪的产品。因此，在这一阶段可以借助搜索引擎营销和联盟营销来影响消费者。在线检索可以更深入地评估更多的供应商，从而让消费者在检索供应商的同时能够明确自己对产品的具体需求。

**3. 消费者：搜索商家；商家：实现引导（创造并抓住机会）**

网络提供了一个很好的媒介来帮助消费者积极寻找产品。它也为商家提供了描述其网站优势并引导消费者的机会。网络营销人员必须考虑消费者所选择的搜索方法，然后确保商家及其产品在这些网站上占据显著位置，无论它们是搜索引擎、聚合器还是关联中间媒体。

**4. 消费者：评估和选择；商家：协助作出购买决策**

网站最强大的一个功能是以相对较低的成本提供大量内容。在消费者寻找最佳产品的过程中，这可以转化为优势。商家可以利用自己的网站，提供易于查找和理解的相关信息，从而说服消费者购买。数字渠道使这一阶段能够与早期阶段重叠。品牌的作用在这一阶段很重要，因为新的购买者倾向于从一个熟悉的且声誉良好的商家那里购买。如果商家不为人知，并且网站速度很慢、设计不佳或质量低劣，那么它将很难展现自己。

**5. 消费者：购买；商家：提供购买便利**

一旦消费者决定购买，商家肯定不希望错失良机。商家的网站应建立标准的信用卡支付机制，并提供通过电话或电子邮件下单的选择。在线零售商非常重视能够促使顾客在购物车中添加产品后提交订单的措施。例如，提供安全保障、多种送货选择和免费送货等服务有助于提高转化率。

**6. 消费者：购买后评价和反馈；商家：为产品提供售后服务和留住顾客**

互联网为留住顾客提供了巨大的潜力，因为：

（1）可以在网站上提供增值服务（如免费的顾客支持），从而鼓励消费者再次访问；

（2）可以为顾客提供产品反馈，提供这类信息可以向顾客表明商家正在努力提高自己的服务质量；

（3）可以通过电子邮件定期发送新产品和促销信息，鼓励顾客再次访问商家的网站；

（4）基于顾客以往的购买行为进行个性化促销，促使其重复访问网站，从而提供交叉销售和重复销售的机会。

本节回顾了在线购买过程的简单模型，这些模型可以帮助互联网营销人员将更多的网站访问者转化为潜在顾客进而实现销售；然而，现实中的很多情况并不像模型那样简单。

社区与社交网络的成员在与他人联系的范围上会有所不同。有影响力的网络成员可以比关系网小的人接触更广泛的人群,并与更多的人讨论其感兴趣的问题。

下一节将探讨塑造微观环境的其他参与者：竞争对手和供应商。

 ## 2.7　竞争对手

对于任何营销人员来说,要考虑的一个关键因素是如何比竞争对手更好地满足消费者的需求。第 4 章将深入探讨如何开发竞争优势和价值链,本章关注的是竞争市场的结构和竞争对手的行为方式。

### 2.7.1　在线竞争市场的形态和性质

乔布和埃利斯·查德威克(Jobber and Ellis-Chadwick,2016)认为,"行业由众多公司组成,它们销售的是彼此能够替代的产品。"不过,有些行业比其他行业更有利可图,有些行业相当稳定,而另一些行业则高度波动。产业部门及特定市场之间的差异并不完全归因于企业生产令消费者满意的产品的能力。塑造竞争规则的力量是多种多样的。波特的五力模型(Porter,1980)已被广泛地用于市场竞争分析。波特指出,五种力量的性质及其结合方式,决定了企业的竞争战略(Porter,2008)。波特和赫佩尔曼(Porter and Heppelmann,2014)讨论了信息技术正在变革产品的方式,并由此创造了一个新的技术驱动的竞争浪潮。智能产品有三个核心要素：物理组件、智能组件和连接性。例如,特斯拉(Tesla)汽车等电动汽车可以连接到诊断设备,持续监控车辆性能并对汽车进行远程升级。他们还指出,智能连接产品具有新的能力,这种能力在影响竞争市场方面有巨大的潜力——监控、控制、优化和自主。例如,iRobot Roomba 真空吸尘器装有传感器和软件,可以自动清洁多个房间。随着这些产品的升级,它们能够学习和自我诊断产品使用者的服务需求,最终可以在很少的人工干预下运行。无人驾驶汽车正在开发中,最终将取代人类驾驶员独立上路。

波特和赫佩尔曼(2014)指出,"智能互联产品将对产业结构产生变革性的影响。"但他们也认为,成熟的五力模型仍然是理解技术如何重塑竞争和产业结构的坚实基础。五种竞争力为：购买者的议价能力；供应商的议价能力；替代产品和服务的威胁；新进入者的威胁；竞争的激烈程度。

**购买者的议价能力**

这种力量在 B2C 和 B2B 交易中都很重要。从 B2C 的角度来看,零售购买者通过互联网等数字渠道购物时,因为能够评估产品和比较价格,其议价能力大为增强。对于标准化产品尤其如此。对于标准化产品,不同供应商的报价可以通过在线中介(如搜索引擎和比价网站)进行比较。互联网为消费者(B2C 和 B2B 行业)提供了对更大范围的产品进行比价的机会。此外,智能连接产品正在增加差异化的机会。通过产品连接提供的信息使制造商能够更好地了解消费者实际上是如何使用其产品和服务的,这方面的知识有助于创造更有价值的产品和服务,从而提高效率、调整分销渠道,对市场需求的变化更加敏感。企业可以为顾客提供更加个性化的产品和服务,最终创造更多的利润。

### 供应商的议价能力

供应商在传统贸易关系中的议价能力在数字市场上受到挑战。谷歌、苹果和 AT&T 等领先的技术品牌开发了特定的功能和资源，尤其是当对互联产品和服务的需求增加时，它们可以部署这些功能和资源。这些公司具有较高的议价能力，尤其是在智能产品的功能越来越常见的情况下。例如，通用汽车、奥迪等知名汽车制造商在新生产的汽车中使用了谷歌安卓操作系统（Porter and Heppelmann，2014）。正在发生的根本变化是，竞争的基础从单一公司、单一产品转向多家公司、多个产品体系。

### 替代产品和服务的威胁

这种威胁可能来自老牌公司也可能来自新公司。智能数字产品和服务正在创造新的替代机会，因为它们可以提供更多的产品功能。例如，可穿戴健身设备 Fitbit 不仅能够监控运动表现（跑步、计步器），还能捕捉睡眠模式数据及其他健康相关数据（Porter and Heppelmann，2014），使用户可以根据自己的生活方式目标改变自己的行为。

### 新进入者的威胁

过去，人们认为新进入者可以从低运营成本中获益，因此能够很容易地进入市场。这一观点背后的逻辑是，这些新进入者能够迅速进入市场，因为他们没有开发和维护分销网络的成本，而且这些产品不需要生产基地。

然而，要想成功，新进入者需要在开展营销和客户服务方面成为市场领导者。这些有时被描述为成功的障碍，而不是进入的障碍。然而，数字互联世界的新进入者正面临开发复杂互联和集成产品及服务的高成本挑战。波特和赫佩尔曼（2014）认为，当高度敏捷的技术公司能够利用先发优势（基于其卓越的能力和资源）时，进入壁垒会增加。不过，当全新的数字产品和服务绕过市场中现有的竞争者时，障碍就会消失。

### 竞争的激烈程度

在线公司之间竞争的激烈程度在很大程度上取决于市场参与者的数量及其相对规模、成本和定价结构、顾客转化成本、战略目标和退出壁垒。智能数字产品的灵活性和范围为企业创造了从竞争中脱颖而出的机会，并提供了更大范围的增值服务，这加剧了竞争的激烈程度。零售与专业产品和服务也能增加取悦目标顾客的机会，并导致提供类似产品的企业之间产生摩擦。智能连接产品通常会跨越传统的产品边界，让企业在全新的市场中竞争。例如，家庭连接应用程序将家用电器、供暖、照明及其他设备连接在一起。Amazon Alexa、Tielsa、Nest 等都是 Home Connect 生态系统中的合作伙伴，争相努力成为家庭互联中的方案提供商。

通过使用五力模型分析竞争的结构和性质，数字营销人员可以深入了解企业在特定市场上的竞争情况。然而，应意识到行动会产生后果。例如，引入新功能或服务可能会激起竞争对手的反击。因此，数字营销人员下一步要做的是了解竞争对手及它们可能如何应对。随着产品、服务和企业之间的界限日益模糊，这项工作越来越不好做。波特和赫佩尔曼（2014）认为，竞争边界正在扩大到包括一系列相关产品，因此竞争的基础从离散产品的功能转移到更广泛的产品系统的性能。

但波特和赫佩尔曼也提醒我们，千万不要忽视最终用户。例如，增加买家不愿为之掏腰包的产品功能并不会增加产品价值。

接下来我们将探讨如何分析竞争对手并评估其潜力。

## 2.7.2　竞争对手分析和基准

**竞争对手分析**(competitor analysis)和学习竞争对手如何使用数字营销获取并留住顾客非常重要，因为数字产品具有动态性。正如波特和赫佩尔曼(2014)所建议的那样，这种动态性使新服务得以推出，营销组合的要素(如价格和促销)在数字时代的改变更为频繁。行业内概念和方法的抄袭很普遍，但有时可以通过专利来控制。例如，亚马逊申请了"一键式"购买方法的专利，所以这个功能在其他网站上是看不到的。这种动态性的含义是，在制定战略时，**竞争者标杆管理**(competitor benchmarking)不是一次性的活动，而是需要持续进行。

竞争者标杆管理是一个术语，用于对市场中组织提供的服务和数字营销方法进行结构化比较。其目的是识别竞争对手产品变化带来的威胁，同时通过观察非竞争公司的创新方法来识别增强公司自身网络服务的机会。竞争者标杆管理测试与开发顾客定位和品牌体验密切相关，还能借此了解不同顾客的需求。

竞争者标杆管理可以从不同的视角服务于不同的目的。

(1) 内部能力。例如，资源配置、结构和流程与外部顾客对网站功能的要求。

(2) 顾客生命周期的不同方面：从顾客获取、转化到保留。在如前言图1所示的每一个活动中，能力都是基准化的。例如，在搜索引擎营销中，通过观察竞争对手在付费和自然搜索引擎列表中的表现可以了解它们有什么能力。

(3) 从定性到定量。从借助问卷调查和焦点小组对顾客进行定性评估，到独立审计师对获取的顾客数据进行定量分析(如网站访问者的数量、获取成本、顾客数量、销量、收入及市场份额)；转化率(平均转化率)和保留率，如重复转化率和活跃顾客数量。

(4) 行业内和行业外。对照行业内的类似网站进行基准测试，并对行业外更先进的行业进行审查，如在线出版商、社交网络和品牌网站。Bowen-Craggs指数可以为分析师提供这类比较的基准服务。图2.11给出了一个基准报告示例。这份报告首先对网站是否适合不同受众进行了专家评估，然后考虑了网站整体建设(包括可用性和可访问性)、提供信息的能力(包括关键品牌信息和是否适合国际受众)、接触消费者的能力(显示不同受众之间的整合)。尽管对网站类型的一些研究是基于某个功能是否存在，不过图2.11是基于一项耗时10小时的专家评审。该方法指出："这不是'打钩框'，每项指标都是根据其存在、质量及对消费者的效用来判断的，而不是'它存在还是不存在'。"

| | 公司 | 架构 | 消息 | 接触 | 服务社会 | 服务投资者 | 服务媒体 | 服务求职者 | 服务消费者 | 总计 | 网址 | 国家 |
|---|---|---|---|---|---|---|---|---|---|---|---|---|
| | 最大值 | 60 | 48 | 12 | 32 | 32 | 32 | 32 | 32 | 280 | | |
| 1 | 葛兰素史克 | 44 | 40 | 11 | 26 | 24 | 22 | 27 | 22 | 216 | www.gsk.com | 英国 |
| 2 | 拜耳 | 48 | 39 | 9 | 26 | 25 | 25 | 22 | 19 | 213 | www.bayer.com | 德国 |
| 3 | 英国石油 | 49 | 38 | 8 | 26 | 27 | 19 | 22 | 24 | 213 | www.bp.com | 英国 |
| 4 | 雀巢 | 45 | 41 | 11 | 28 | 23 | 25 | 20 | 20 | 213 | www.nestle.com | 瑞士 |
| 5 | 埃尼 | 45 | 39 | 11 | 27 | 24 | 22 | 20 | 20 | 212 | www.eni.com | 意大利 |
| 6 | 联合利华 | 47 | 39 | 9 | 25 | 25 | 19 | 21 | 23 | 209 | www.unilever.com | 英国 |
| 7 | 西门子 | 37 | 39 | 9 | 25 | 24 | 25 | 23 | 24 | 206 | www.siemens.com | 德国 |
| 8 | 罗氏 | 42 | 39 | 7 | 26 | 21 | 20 | 25 | 24 | 205 | www.roche.com | 瑞士 |
| 9 | 壳牌 | 40 | 36 | 8 | 24 | 29 | 19 | 23 | 26 | 205 | www.shell.com | 英国 |
| 10 | 巴斯夫 | 40 | 37 | 8 | 22 | 25 | 26 | 26 | 22 | 202 | www.basf.com | 德国 |

图 2.11　公司网站的基准比较

（5）从财务指标到非财务指标：通过审查竞争性情报来源，如公司报告或税务申报，可能会得到有关数字渠道产生的营业额及利润的其他信息。但是也应该考虑公司能力的其他前瞻性方面，如资源配置、创新和学习，这些都包含在平衡计分卡衡量框架中。

（6）从用户体验到专家评估：基准研究应该采取两种视角，从内容和可用性的实际顾客评论到专家评估。

在现实世界中，一些竞争对手在特定的市场中明显活跃，因此非常出名。然而，在数字环境中，可能会有新进入者，他们有潜力获得巨大的市场份额，但在他们发展到相当大的规模之前，这种市场份额是不太明显的。零售市场尤其如此，例如，成功地在网上创办的销售书籍、音乐、光盘和电子元件的新公司。因此，公司需要评估已有的竞争对手和新的竞争对手基于网络的绩效。公司应该评估：知名的当地竞争对手；知名的国际竞争对手；新的互联网公司——本地的和全球的（行业内和行业外）。

除了根据绩效标准评估竞争对手之外，也可以根据竞争对手的反应能力对其进行评估。戴斯等（Deise et al.，2000）提出了一个公式，用来归纳竞争对手的应对能力：竞争能力＝（灵敏度×接触能力）/进入市场的时间。

灵敏度是指公司改变战略方向和响应新的顾客需求的速度。接触能力是指公司联系顾客、推销产品及在新市场上获得商机的能力。进入市场的时间是指产品从概念提出到创造收益的生命周期，或者更一般地说，是实施新的数字营销服务（如社交网络整合）需要多长时间。在市场上具有高度竞争力的公司是最值得关注的。

总之，对于数字营销人员来说，重要的是能够识别和了解自己的竞争对手，并在此过程中推断出竞争对手的战略和未来活动。

 # 2.8　供应商

传统上，供应商提供企业在供应链下游开展经营活动所需的产品和服务。在数字市场上，供应链可以采取多种形式，这取决于涉及的是实物产品还是数字产品。在数字营销的背景下，监控供应商最重要的方面是供应商对交付最终用户的产品或服务的质量价值的影响。关键问题包括供应商对产品价格、产品可获得性和产品特性的影响。数字渠道在一些商业活动领域产生了重大影响，为供应链和新型供应商带来了新的渠道结构，为整个数字行业提供专业服务。新供应商充当中介，提供广泛的专业服务，如网站开发、技术管理和集成。

## 2.8.1　数字营销中介

**营销中介**（marketing intermediaries）是能够帮助企业推广、销售和分销其产品或服务的公司。不要将其与开发网站和提供托管服务的互联网服务提供商相混淆。在互联网环境中，在线营销中介与目标网站不同。**目标网站**（destination sites）通常是由提供信息和产品的制造商或零售商拥有的商业网站（实际上任何类型的网站都可以是目标，但该术语通常指销售商和品牌的网站）。

**在线中介网站**(online intermediary sites)提供关于目标网站的信息，并为互联网用户提供关于产品的信息。知名的在线中介网站包括提供新闻和娱乐内容的出版商或媒体网站。很多在线出版商同时提供实体出版物和在线出版物，不过只提供在线出版物的出版商也形成了一定的气候，如 Huffington Post、Mashable 和 BuzzFeed。很多专业在线出版商和博客开发了迎合特定消费者和商业利益的产品。如前所述，Kelkoo(www.kelkoo.com)和 Bizrate(www.bizrate.com)等其他消费者中介机构提供产品的比价功能。微型案例研究 2.4 给出了一个最成功的在线中介的例子。

## 微型案例研究 2.4：阿里巴巴为所有人提供了一个全球市场

阿里巴巴是中国电子商务交易的领导者之一。它提供了一个连接中国和世界各地中小型买家和供应商的市场。它的网站有两个界面：一个针对国际市场(www.alibaba.com)，面向全球进出口商；另一个针对中国市场(www.alibaba.com.cn)，面向在中国国内交易的供应商和买家。

自 1999 年推出以来，阿里巴巴的市场发展迅速，其 C2C 网站淘宝网拥有数百万种产品，是全球访问量最大的网站之一。

2007 年 11 月，阿里巴巴在香港证券交易所上市，筹资 131 亿港元(17 亿美元)，这是亚洲规模最大、全球第二大的互联网公司首次公开募股。2017 年 9 月，阿里巴巴的市值按美国知识产权价格计算为 4 000 亿美元。

马云的愿景是建立一个电子商务生态系统，让消费者和企业可以在网上开展各种各样的业务。2006 年，马云的巨大成功导致其主要竞争对手 eBay 关闭了在中国的业务。阿里巴巴集团的旗舰公司是世界领先的 B2B 电子商务公司，而淘宝网则是中国最大的在线零售网站，是购物、社交和共享信息的门户。阿里巴巴现在还提供云计算及其他一系列计算服务，并已成为中国领先的互联网门户之一。阿里巴巴最近还推出了直播娱乐业务。

资料来源：Ali Baba Press releases，Alibaba.com Limited Trading Debut，7 November 2007，http://resources.alibaba.com/article/225276/Alibaba_com_Limited_Debut.htm (accessed May 2018)；Riding the Blind Tiger：The Unlikely Rise of Alibaba CEO，Jack Ma，8 January 2008，http://resources.alibaba.com/article/246718/Riding_the_Blind_Tiger_The_Unlikely_Rise_of_Alibaba_CEO_Jack_Ma.htmhttp://resources.alibaba.com/article/225276/Alibaba_com_Limited_Debut.htm(accessed May 2018).

在线中介为企业和消费者提供支持，可以同时服务于 B2B 和 B2C 的信息交换。拍卖网站是另一种在线中介，支持第 1 章中介绍的 B2B 和 C2C 交易。

如第 8 章所述，为了在网上扩大公司的知名度或影响力，营销人员需要采取赞助、在线广告、公共关系、外部影响者、内容营销和搜索营销等方式，在一系列中介和出版商面前展示自己的良好形象。

## 2.9　新渠道结构

**渠道结构**(channel structure)描述了制造商或销售组织向顾客交付产品和服务的方

式。传统上,分销渠道由一个或多个中间商组成,如批发商和零售商。例如,传统上,图书出版商不太可能直接将图书分发给最终消费者,而是会分发给拥有可容纳大量图书的仓库的批发商,然后由其根据需求将图书分发给各个小书店。销售商业产品的公司的分销渠道可能更长,涉及更多的中介。

网络、移动和社交媒体网络等数字渠道提供的机遇可以极大地改变公司与其渠道合作伙伴之间的关系。这是因为互联网提供了一种绕过某些渠道合作伙伴的手段。这一过程被称为**去中介化**(disintermediation),或者用更通俗的语言来说,是"去掉中间人"。例如,像培生(Pearson)这样的出版商现在可以直接向学生销售电子书,而不需要向批发商或零售商支付分销费。

图 2.12 说明了简化零售渠道的去中介化。B2B 市场上的中介可能更多,如额外的分销商。图 2.13(a)展示了最初的情形,即一家公司通过销售渠道"推动"其产品进行营销和销售;图 2.13 还展示了两种不同类型的去中介化,其中绕过批发商(b)或批发商和零售商(c),允许生产商直接向消费者销售和开展促销。对生产商来说,去中介化的好处是显而易见的,可以消除通过渠道销售的销售支出和基础设施成本,其中一些成本节约可以通过降价的方式传递给顾客。

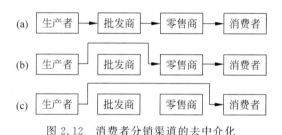

图 2.12　消费者分销渠道的去中介化

(a)最初的情形;(b)取消批发商的去中介化;(c)取消批发商和零售商的去中介化

此外,产品的购买者在选择产品时仍然需要帮助,这导致了新的中介的产生,这一过程被称为**再中介化**(reintermediation)。

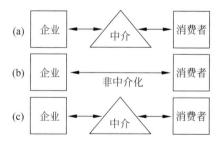

图 2.13　从(a)初始情形到(b)去中介化或(c)再中介化

在去中介化之后,消费者需要直接通过不同的供应商选择产品,这对消费者来说效率很低。我们以购买保险为例。要确定最佳价格和要约,人们需要拜访五家保险公司,然后再返回选中的那家保险公司。通过在买方和卖方之间设置中介,再中介化消除了这种效率低下的弊端。新设置的中介可以起到评估价格的作用,因为它的数据库与各供应商的数据库建立了链接,可以不断对价格进行更新。

对网络营销人员来说,再中介化意味着什么? 首先,有必要确保在你选择的市场领域内有一家公司作为中介机构,也就是供应商。公司需要利用互联网,对不同中介机构的包含价格信息的数据库进行整合。例如,谷歌通过 Google Shopping Product Listing Ads (PLAs)成为访问零售商库存的一个主要中介机构。这是众所周知的,并在欧洲引发了反竞争指控,导致谷歌被迫调整其服务。谷歌正在努力提升自己在旅游和金融服务等其他领域的影响力,在这些领域,它可以比较航班和信用卡交易信息。其次,重要的是要监控行业内其他供应商的价格(可以通过中介网站实现这一目的)。再次,需要考虑赞助等长期合作安排。最后,可以创建适合自己的中介机构来与现有中介机构竞争。例如,Thomson Travel Group 成立了 Latedeals.com,直接与 www.lastminute.com 竞争。

# 2.10　电子商务的数字商业模式

定义一个清晰的商业模式对于企业,特别是在数字世界中交易的初创企业来说至关重要。对于将部分或全部业务转移到网上的现有企业来说,还要考虑如何利用互联网带来的新机遇完善当前的商业模式或增加新的服务。奥斯特瓦尔德和皮尼厄(Osterwald and Pigneur,2010)开发的商业模式画布(Business Model Canvas)是一个有价值的框架,可用于总结在线企业,特别是需要向投资者陈述自己的商业模式的初创企业的战略。它可以在商业模式生成网站(http://www.businessmodelgeneration.com)上作为应用程序和模板下载使用。

商业模式画布的主要部分,按思考的逻辑顺序排列如下:

(1) 价值主张。这是企业向受众提供的核心内容,可以说是成功的最重要因素。奥斯特沃德等(Osterwald et al.,2014)的后续著作提供了更多细节。

(2) 顾客群。价值主张将吸引不同的目标受众。在商业模式画布中,推荐选择大众市场、利基市场、细分市场(进一步细分)或一系列不同的细分市场。

(3) 顾客关系。将会形成的关系类型,如自助服务、自动服务、社区或更多个人帮助,其中可能包括共同创建内容。

(4) 渠道。组织提供服务和接触受众的方法。

(5) 主要合作伙伴。为了利用线上和线下的价值网络,可以通过建立合作伙伴关系扩大影响范围,并利用已经培养了受众的现有组织和在线影响者。

(6) 活动。实现价值主张以增加收入所需完成的主要活动。

(7) 资源。完成创造和交付价值主张的活动所需的不同类型的流程和人员。

(8) 成本结构。不同的成本要素,应对照活动和资源进行检查。成本通常分为固定成本和可变成本,应利用规模经济效应。

(9) 收入来源。这是企业获得收入的方法。常见的在线选项有广告收入、订阅费、实物或虚拟商品销售或附属佣金安排。也可以选择许可和租赁。

图 2.14 展示了应用商业模式的这九个元素的例子。

这是一个很棒的框架,只是其中缺失了某些元素。可以说,它缺少了用来评估商业模

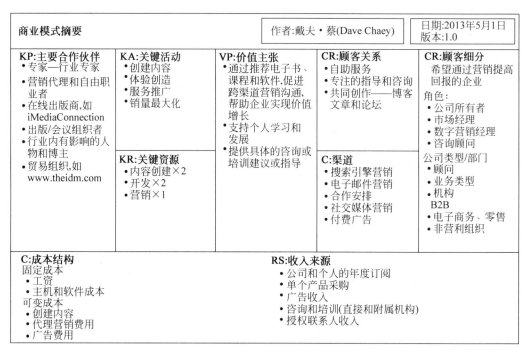

| 商业模式摘要 | | | 作者:戴夫·蔡(Dave Chaey) | 日期:2013年5月1日 版本:1.0 |
|---|---|---|---|---|

图 2.14　商业模式画布摘要示例

资料来源：SmartInsights.com.

式绩效的**关键绩效指标**（key performance indicators，KPIs）。我们建议将这些指标添加到相关部分，特别是收入来源、成本结构和关键活动中。该框架也没有直接考虑不同竞争对手的影响。除此之外，还有必要思考如何寻找市场上现有的成功公司。

我们将在第 5 章和第 8 章进一步研究如何定义商业模式的元素，如价值主张和目标。

对通过电子商务提供的各种**在线商业模式**（online business model）的审查是现有公司要考虑的，但对于新成立的公司和在线中介，其重要性却更为明显。文卡特拉姆（Venkatram，2000）指出，现有的企业需要在现有的商业模式上利用互联网，同时尝试新的商业模式。新的商业模式可能有助于获得超过现有竞争对手的竞争优势，并阻止新进入者创建类似的商业模式。更为常见的是，这些模式可能只是提供了通过广告或新的服务收费方式来获取收入流的另一种方法。对于新创的数字公司来说，商业模式的可行性，尤其是其收入来源，将在很大程度上决定能否获得风险投资家的青睐。但什么是商业模式呢？

图 2.15 展示了审视各种商业模式的不同视角。可以从三个角度来看待商业模式。正如下面所举的例子所示，任何组织都可以按照不同的模式运作，但大多数组织会关注某一个视角下的某一种模式。对于商业模式的这种分类可以作为制定电子商务战略的工具。下面举例说明这三个视角。

（1）市场定位视角。这里的图书出版商是制造商，亚马逊是零售商，雅虎既是零售商又是市场中介。

（2）盈利模式视角。图书出版商可以利用网络直接销售，而雅虎、亚马逊可以接受佣金销售。雅虎把广告也作为了一种盈利模式。

（3）商业安排视角。这三家公司都提供固定价格销售，但作为市场中介，雅虎也提供其他可选择的方式。

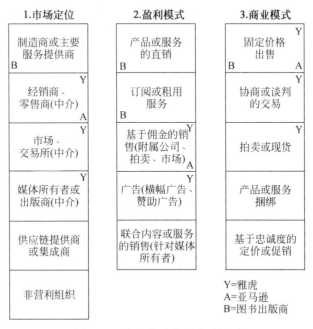

图 2.15    商业模式的可选透视图

**数字盈利模式**

**数字盈利模式**（revenue models）用于描述各种能够带来收入的方法。对于现有的公司来说，盈利模式主要是基于产品或服务的销售收入。可以是制造商或服务提供商的直接销售，也可以通过中间商销售，后者要从销售价格中提成。这些盈利模式在线上交易中虽然也很重要，但可能有新的数字化方法可以带来收入。制造商可以销售广告空间或是数字服务，而这在以前是无法实现的。

**数字出版商和中间媒体的盈利模式**

对于出版商来说，有许多基于广告和在线服务使用费的在线创收选择。这些选择，尤其是下面列出的前四种，在其他类型的业务中也是可以考虑的，如比价网站、聚合器、社交网络和目标网站，它们也可以通过做广告来增加收入。在线盈利模式的主要类型如下。

（1）网站展示广告 CPM。CPM（cost per thousand）代表"千人成本"。这是网站所有者收取广告费的传统方法。网站所有者根据向网站访问者投放广告的次数向广告客户按价目表（如 50 英镑 CPM）收费。广告可能由网站所有者的广告服务器提供，更常见的做法是由谷歌旗下的 DoubleClick 等第三方广告网络服务器提供。

（2）网站广告 CPC。CPC（cost per click）代表"每次点击成本"。广告商的收费不是简单地以广告被展示的次数而是以被点击的次数来计算。脸书的广告商可以在 CPC 和 CPM 中进行选择。谷歌的 AdWord 主要用于向搜索者展示赞助式广告，不过它还在被称为 Google Display Network（GDN）的出版商的内容网络上提供广告词管理。谷歌针对出版商推出的 AdSense（http://adsense.google.com）计划，为其提供基于文本或图像的广告，通常是基于 CPC，不过也可以选择基于 CPM。搜索广告的每次点击成本可能高得惊人，一般为 0.10～4 英镑。对于某些类别的广告（如人寿保险），有可能高达 20 英镑。搜索引擎和出版商从这些来源获得的收入非常可观：谷歌的年报（http://investor.google.com）显示，这部分收入大约占谷歌广告收入的 1/5。

（3）网站版面或内容类型的赞助（通常在一段时间内收取固定费用）。公司可以付费为网站频道或版面做广告。例如，医疗保健公司 Bupa 是英国卫报网站医疗保健建议版面的赞助商。这种类型的广告通常是按年固定收费的，也可以作为互惠协议的一部分，双方都不必付费。

（4）代销商收入（CPA，也可以是 CPC）。代销商收入是以佣金收入为基础的，例如，我在我的网站 DaveChaffey.com 上展示亚马逊的书籍，并向亚马逊收取图书定价的约 5% 作为费用。这种安排有时也被称为**按数付费**（cost per acquisition，CPA）。这种方法越来越多地取代 CPM 或 CPC，因为使用这种方法，广告商有更多的谈判能力。例如，联合利华作为制造商与在线出版商协商 CPA 交易，它将基于某个活动所获得的电子邮件地址而付费，这与传统的 CPM 交易是不一样的。出版商通常能够从 CPM 交易中获得更多的收入。毕竟，出版商不能影响广告创意的质量也不能影响人们点击的意愿，而这些会影响点击率和广告收入。

（5）交易费收入。公司因促成交易而收取费用。这方面的例子包括 eBay 和 PayPal，它们向买卖双方收取一定比例的交易费用。

（6）内容或服务的订阅访问。出版商可以在固定的一段时间内访问一系列文档。这通常是网站提供的溢价服务。

（7）按次付费访问文档。对可以下载的文档、视频或音乐片段的单次访问进行支付。它可能受密码保护，也可能不受**数字版权管理**（digital rights management，DRM）保护。比如说，我付费从 Marketing Sherpa 网站获取了详细的网络营销最佳实践指南。

（8）电子邮件营销的用户数据访问。网站所有者拥有的关于其用户的数据也具有潜在的价值，因为如果用户表示愿意接收来自出版商或第三方的电子邮件，那么网站所有者就可以向其发送各种形式的电子邮件。网站所有者可以对其时事资讯中的广告收费，也可以代表广告商发布单独的信息（有时称为"列表出租"）。一个相关的方法是在网站用户中开展市场调查。

**预测在线业务的收入**

网站所有者可以在对前面介绍的四种主要收入选择进行整合的基础上，找出潜在的盈利模式。

考虑网站所有者实现收入最大化或网站"货币化"的能力，哪些因素是重要的？其选择的模式将基于对流量水平和浏览页数，以及与不同类型广告单元的互动的假设。他们实现收入最大化的能力将基于这些因素，而这些因素可以在如图 2.16 所示的电子表格中建模。

**广告单元的数量和规模**。每个网站版面或页面中的广告单元数量之间要有微妙平衡——过多的侵扰性广告单元可能会给网站用户带来不好的体验，过少又会降低收入。

图 2.16 给出了每个广告收入类别中广告单元的参数。广告商之间存在一种竞争关系，他们知道，如果不断推出广告且都放在显眼的位置，那么消费者从广告中产生的意识和反应是最大化的。更为准确的盈利模式可以为不同的页面类型（不同主页的不同模块）创造收入。

**销售广告的能力**。图 2.16 还提供了每个类别中广告剩余空间销售百分比的参数。例如，CPM 方法下，展示广告收入只占可能销售的剩余空间的 40%。这就是为什么你可能会在出版商的网站上看到他们自己网站的广告，这意味着他们无法售出所有的广告空间。使用 Google AdSense 的好处是，剩余的空间通常都能被销售出去。

| 广告收入选项 | 度量标准 | 网站 |
| --- | --- | --- |
| 展示广告(CPM) | 页面数量 | 100 000 |
| | CMP(千人成本) | £2 |
| | 已投放广告空间占比/% | 40% |
| | 平均点击率(CTR %) | 0.10% |
| | 每页的广告单位 | 2 |
| | 点击量——CPM广告 | 80 |
| | 收入——展示广告 | £160 |
| | 每100次点击收入(EPC) | £200 |
| | eCPM——展示广告 | £1.60 |
| 整个网站的固定赞助 | 已投放广告空间占比/% | 100% |
| | 平均点击率(CTR %) | 0.30% |
| | 投放的广告单元1 | 1 |
| | 点击量——固定 | 300 |
| | 收入——固定赞助 | £3 000 |
| | 每100次点击收入(EPC) | £1 000 |
| | eCPM——固定 | £30 |
| 文字广告(CPC) | 已投放广告空间占比/% | 100% |
| | 平均点击率(CTR %) | 1% |
| | 平均每次点击费用 | £0.30 |
| | 每页投放的广告单元 | 1 |
| | 点击次数——CPC广告 | 1 000 |
| | 收入——CPC广告 | £300 |
| | 每100次点击收入(EPC) | £30 |
| | eCPM——CPC广告 | £3 |
| 联盟机构佣金 | 已投放广告空间占比/% | 100% |
| | 平均点击率(CTR %) | 0.50% |
| | 每次投放的广告单元 | 1 |
| | 点击次数——联盟机构 | 500 |
| | 目标转化率(%) | 3% |
| | 平均订单价值 | £100 |
| | 佣金/% | 10% |
| | 收入——联盟机构 | £150 |
| | 每100次点击收入(EPC) | £30 |
| | eCPM——联盟机构 | £1.50 |
| 网站总体指标 | 点击次数——总计 | 1 880 |
| | 收入——总计 | £3 610 |
| | 每100次点击收入(EPC)——总计 | £192.02 |
| | eCPM——总计 | £36.10 |

浅灰色单元格=输入变量——进行"假设分析"时需改变这些变量
深灰色单元格=输出变量(已计算——请勿改动)

图 2.16  收入模型电子表格

资料来源：SmartInsights.com.

**针对不同广告模式协商而来的费用水平**。最终确定的费用水平取决于市场竞争或对广告空间的需求。"按业绩付费"的广告选项，如 CPC 和 CPA 模式，费用水平取决于点击次数。在 CPC 模式下，网站所有者仅在广告被点击时获得收入；而在 CPA 模式下，网站所有者仅在广告被点击且产品在目标购物网站上被购买后才能获得收入。

**访问量**。更多的访问者意味着有更多的机会通过提供更多的页面或促使访问者点击第三方网站来创造收入。

**访问者参与度**。访问者在一个网站停留的时间越长（网站的"黏性"越大），积累的页面浏览量就越多，这会给广告收入带来更多的机会。对于目标网站，每次访问时浏览的页面数量通常为 5～10，但是对于社交网络、媒体网站或社区，这个数字可能超过 30。

综合考虑上述所有能够带来收入的方法，网站所有者总能找到可以实现收入最大化的最佳组合。图 2.16 就展示了这方面的一个例子。

为了评估利用这些技术所选取的不同网页或网站在创造收入方面的效率，网站所有者可以使用两种方法。第一种方法是 eCPM，即千人有效成本。这要看广告客户可以为每个页面或网站支付的总费用。随着每个页面上广告单元数量的增加，eCPM 也会增加。另一种方法是每次点击收入。此外，收入也可以按每 1 000 个网站访问者的广告收入来计算。这对于联盟营销人员来说尤其重要，因为他们只有在访问者通过点击进入第三方零售网站并完成购买后才能赚取佣金。

活动 2.3 探讨了一些可能的盈利模式。

## 活动 2.3：营销会员网站的盈利模式

**目的**：说明在线出版商面临的创收机会。该网站在推出时有三种方案可供选择，分别对应三个不同类型的门户网站。

**活动**：访问国际电信联盟（International Telecoms Union）的免费统计版面，找出下列问题的答案：

（1）世界上哪些地区的互联网用户占总人口的比例最高？哪些地区最低？

（2）世界上哪些地区的移动用户数量占总人口的比例最高？哪些地区最低？

（3）对于大型组织中负责制定数字战略的人来说，这些意味着什么？

在结束本章前，请阅读一个关于 Boo.com 的失败的案例。我们可以从研究他人的错误中学习。选择这个例子是因为它能够说明当一家公司不了解市场且没有明确的目标时会发生什么。

## 案例研究 2　欧洲最大的网络公司的失败留给我们的教训

**背景**：2000 年 5 月 18 日，Boo.com 公司首席执行官恩斯特·马尔姆斯滕（Ernst Malmsten）说："除非我们在午夜前筹集到 2 000 万美元，否则 Boo.com 会倒闭。"截至当天午夜，公司筹集到了一半的投资，但是太少也太迟了。成立不足一年的 Boo.com 公司倒闭了。次日，《金融时报》的头条新闻称："由于投资者拒绝投资，Boo.com 公司倒闭了。

这家在线体育零售商成为欧洲的首个网络受害者。"

Boo.com 的案例对于所有类型的企业都具有指导意义,因为它不仅说明了服装零售商在电子商务管理方面面临的挑战,还强调了任何类型的企业都可能在电子商务战略和管理方面存在的缺陷。

**公司背景**:Boo.com 于 1998 年由三位瑞典企业家创立,他们是恩斯特·马尔姆斯滕、卡萨·利安德(Kajsa Leander)和帕特里克·赫德林(Patrik Hedelin)。恩斯特·马尔姆斯滕和卡萨·利安德以前有过出版方面的从业经验,他们创建了一个专业出版企业,还创建了一家在线书店——bokus.com 书店,该书店在 1997 年成为仅次于亚马逊和巴诺书店(Barnes & Noble)的全球第三大图书电子零售商。马尔姆斯滕和利安德在 1998 年卖掉公司后成为百万富翁。bokus 的财务总监帕特里克·赫德林与他们二人一起创立了 Boo.com。当时为他们的新项目提供资金支持的投资者将他们视为经验丰富的欧洲互联网企业家。

**公司愿景**:Boo.com 的愿景是成为世界上第一个全球体育用品零售网站。Boo.com 将成为欧洲品牌,并拥有全球吸引力。可以将其想象成亚马逊的运动和时尚零售版。网站在推出时,将向欧洲和美国打开虚拟大门,以期成为该领域的亚马逊。然而,亚马逊并没有在所有市场上同时推出,它在欧洲开始分销之前在美国早已家喻户晓。

**Boo.com 的品牌名称**:根据马尔姆斯滕等(2001)的说法,"Boo"这个品牌源于电影明星 Bo Derek,她在电影《10》中扮演的角色最为著名。域名"bo.com"不可用,但他们以 2 500 美元从域名经销商处获得了域名"boo.com"。Boo.com 市场总监罗伯·塔尔伯特(Rob Talbot)说,Boo.com 寻找的是一个也许没有特殊意义,但在所有国家都容易拼写、容易记忆的名字。

**目标市场**:Boo.com 的目标受众可以被描述为 18～24 岁的"年轻、富有、有时尚意识"的人群。其理念是,在目标市场全球化的过程中,使 Boo.com 经销的体育和时尚品牌成为人们关注的焦点。

服装市场的前景非常广阔,因此 Boo.com 要想取得成功,只需要占领这个市场的一小部分。新媒体时代(New Media Age,1999)表达了对服装市场的规模和成功基础的看法:600 亿美元的行业由 X 世代出生的人所主导,这些人喜欢上网,并且根据有关什么是流行的什么是过时的市场调研来快速地接受时尚产品。如果 Boo.com 能够将自己定位成紧跟时尚潮流并提供时尚产品的知名网站,那么它将毫无疑问地成为一个具有高额利润的市场。

零售分析师也一致认为市场将会不断增长。Verdict 的一项预测指出,英国的网上购物将从 1999 年的 6 亿英镑增长到 2005 年的 125 亿英镑。

然而,新媒体时代(2005)也注意到了服装市场的一些问题:在邮购、家庭购物细分市场上,服装和运动鞋的退货率很高。20 岁的人也许可以上网并有可支配的收入,但他们不是邮购的主要目标市场。迄今为止,还没有任何一家公司采取与 Boo.com 类似的做法。

**Boo.com 的主张**:在给投资者的报告中,Boo.com 公司称"公司的商业理念是成为世界领先的网络休闲和运动服装品牌零售商",并列出了 Polo、Ralph Lauren、Tommy

Hilfiger、Nike 和 Adidas 等品牌。这一主张涉及体育和时尚产品。在其看来,运动服装比设计师设计的服装有更标准化的尺码,对精确合身的要求更低。

Boo.com 的所有者希望开发一种易用的体验,尽可能地重现线下购物体验。作为品牌战略的一部分,创造一个虚拟销售员的想法被提出。这名虚拟销售员最初的名字是詹妮,后来改名为 Boo 小姐。她会引导用户浏览网站,并适时给出提示。例如,在选择产品时,用户可以将自己放到产品模型中,放大并旋转产品,从不同的角度以三维的方式仔细观察。实现这一目标的技术是从零开始构建的,必须与库存控制和配送软件进行整合。这在技术上需要大量投资,并且有几个供应商在推出前被替换,这比向投资者承诺的时间晚了 6 个月,主要就是因为技术实现方面的问题。

给人体模特穿衣服和填充目录的成本也非常高。2000 年,在春夏时装上大约花了600 万美元,仅为每件产品拍照就要花 200 美元,相当于每月 50 多万美元。

尽管 Boo.com 的用户体验经常因速度过慢而受到批评,但它似乎确实拥有影响投资者的令人赞叹的因素。分析师尼克·马戈利斯(Nik Margolis)在新媒体时代(1999)上发表了看法:访问 Boo.com 是我相当长一段时间以来最好的网络体验。产品和内容的展示既富有想象力,又能提供一种体验。当然,办公室的网速很快,不过 Boo.com 的人向我保证,其网页的加载时间不超过 8 秒钟。8 秒钟时间并不很短,但问题是它是否值得等待?

如今,大多数欧洲用户通过移动网络和高速宽带进行连接,但在 20 世纪 90 年代,缓慢的拨号连接让下载软件查看产品显得很困难,甚至无法实现。

**宣传 Boo.com 的主张**:Boo.com 的早期计划是在电视和报纸上做广告来实现"高度的影响力"。公关营销在利用概念的新颖性和业务中的人际关系方面不可或缺。利安德以前是一名专业模特,而且曾经是马尔姆斯滕的合作伙伴。其公关活动最初局限在时尚和运动服装业,随后扩展到目标受众可能阅读的出版物上。公司共收到 35 万封表示希望接收网站上线通知的预注册电子邮件,这足以说明公关活动的成功。针对网站的上线,马尔姆斯滕等(2001)称:"仅用 2 240 万美元的营销和公关开支,我们就成功打造了一个全球品牌。"

为了创造 Boo.com 品牌的价值,他们推出了内容丰富的在线时尚杂志 Boom,该杂志因为提供不同语言的版本,所以需要大量的员工。该杂志不是用来支持销售的产品目录,而是为了与知名时尚杂志竞争。此外,他们还针对现有顾客制作了 44 页的印刷手册来展示每月的新品。

**在几个月内打造全球品牌的挑战**:马尔姆斯滕等(2001)很好地说明了在几个月内打造全球品牌所面临的挑战。经过最初一轮融资,来自摩根大通(JP Morgan)、LMVH 投资和斑尼顿家族(Benetton)等的投资约为 900 万美元。在此之后,创始人计划推出数千个项目,其中许多项目的负责人还有待招聘。这些项目被划分为许多组织都熟悉的 27 个责任领域,如办公基础设施、物流、产品信息、定价、前端应用、呼叫中心、包装、供应商、设计标识、广告、公关、法律问题和招聘。在鼎盛时期,Boo.com 有 350 名员工,在伦敦的员工就超过 100 名,在慕尼黑、纽约、巴黎和斯德哥尔摩都有新的办公室。最开始,Boo.com 有英国英语、美国英语、德语、瑞典语、丹麦语和芬兰语版本,网站上线后又增加了法语、西班牙语和意大利语版本。Boo.com 的网站专门针对每个国家打造，使用当地的语言、货币和价格。顾客下单后，根据情况从位于肯塔基州路易斯维尔和德国科隆的两个仓库中的一个发货。这方面的业务相对成功，准时交货率接近 100%。

Boo.com 同样面临渠道冲突问题。起初，很难让时尚和运动品牌通过 Boo.com 销售其产品。因为服装生产商已经建立了完善的分销网络，通过大型商业街上的运动和时尚零售商以及众多小型零售商来销售产品。如果服装品牌允许 Boo.com 以折扣价在网上销售服装，就会与零售商的利益相冲突，而且如果将自己的品牌变成网上的"便宜货"，也会给品牌带来负面影响。更进一步的问题是定价，因为在不同的地方产品的价格存在差异，美国的价格通常低于欧洲，而且欧洲不同国家的价格也有差异。

**让投资者了解商业模式**：投资者有足够的信心在公司的最高市值为 3.9 亿美元时给其投资 1.3 亿美元，这在今天看来是不可思议的。这些投资主要是基于创始人的愿景，即成为一个全球品牌，实现"先发优势"。尽管有一个关于未来收益的预测，但这些预测并未严格基于对市场潜力的准确和详细的分析。就在网站上线前，马尔姆斯滕等（2001）与潜在投资者 Pequot Capital 的代表拉里·勒尼汉（Larry Lenihan）会面。勒尼汉曾成功投资了美国在线（AOL）和雅虎。Boo.com 的管理团队能够提供收入预测，但无法回答模拟商业潜力的基本问题，如"网站的目标访客是多少？你们设定的目标转化率是多少？每位顾客要花多少钱？你的顾客获取成本是多少？你在顾客获取成本上的投资回收期是多长？"获得了相关数据后，勒尼汉觉得这些数据很"牵强"，于是以这样一句话结束了会面："我不感兴趣。请原谅我直言不讳，但我认为你们坚持不到圣诞节。"

当 Boo.com 网站于 1999 年 11 月 3 日上线时，第一天就吸引了大约 5 万名独立访客，但只有 4/1 000 的人下了订单（0.25% 的转化率）。这说明了精确地模拟转化率的重要性。转化率如此低不仅说明存在技术问题，也导致了负面的公关。一位买家给出了这样的评价："我花 81 分钟买一双价格很贵的鞋，然后还要等一周才能收到鞋？"随着问题逐渐得到解决，转化率确实有所提高，截至当周的周末，228 848 次访问最终实现了 609 份订单，价值 64 000 美元。在上线后的 6 周内，销售额为 35.3 万美元，转化率达 0.98%，比圣诞节前提高了两倍多。然而，Boo.com 需要在 6 个月内推出新的版本，不仅要减少下载时间，还要为使用拨号连接的用户引入"低带宽版本"。这将使促销转化率提高到近 3%。一些地区的销售业绩令人失望，例如美国的销售收入占比为 20%，而预期值是 40%。

管理团队认为，要将业务从 11 月的 18 个国家和 22 个品牌发展到次年春天的 31 个国家和 40 个品牌，还需要进一步大量融资。凭借 2003—2004 年的 1.023 亿美元的市场推广，预计营业额将从 2000—2001 年的 1 亿美元增加到 2003—2004 年的 13.5 亿美元。2003—2004 年，预计利润将达到 5 190 万美元。

**Boo.com 的终结**。由于无法筹集足够的资金来满足营销、技术和工资方面不断攀升的资金需求，2000 年 5 月 18 日，Boo.com 宣布破产。

**问题**

1. 哪些战略营销假设和决策导致了 Boo.com 的失败？
2. 比较 Boo.com 与成功的在线旅游和休闲零售商 lastminute.com（也成立于 1998

年)的营销策略,并指出是什么导致了两家公司不同的命运。

3. 使用营销组合的框架评估 Boo.com 在产品、定价、渠道、促销、过程、人员和有形展示方面的营销策略。

4. 在许多方面,Boo.com 的创始人的愿景过于超前。举一个 Boo.com 所采用的现在已经很流行的创造顾客在线体验的电子零售技术的例子。

## 小结

1. 本章探讨了微观环境与数字营销环境是如何不断演变的。所有组织都应及时监控所处的环境,以便应对微观环境或直接市场的变化。管理微观环境是一个组织力所能及的事情,数字营销人员应该意识到由此产生的管理含义。要想取得成功,必须了解消费者和竞争对手的行为,以及哪些供应商和中介提供的服务有助于公司实现数字营销目标。

2. 本章分析了微观环境中的各种参与者。从消费者的角度来看,我们已经识别了很可能是制定目标策略的最有效基础的变量。

3. 竞争对手是微观环境中一个重要的参与群体,互联网给竞争环境带来了重大变化。

4. 本章研究了竞争者标杆管理及分析竞争对手行为的方法,这些都强调了理解一家可能在网上与自己竞争的公司的潜在优势和劣势的重要性。

5. 供应商和中间媒体在数字营销中同样发挥着重要作用。本章探讨了供应商和中间媒体提供的服务及其所带来的机会。

6. 最后,我们探讨了数字渠道对营销活动的影响。

## 练习

**自我评估练习**

1. 解释数字市场环境的组成部分。

2. 说明为什么环境扫描是必要的。

3. 总结各微观环境因素是如何直接影响网站提供的内容和服务的。

4. 解释你将如何分析数字营销服务的需求。

5. 人口统计变量和行为变量之间有什么区别?

6. 管理者应该关注顾客应用互联网的哪些重要方面?

7. 通过互联网促进的渠道结构的主要变化是什么?

8. 营销经理应该根据什么判断竞争对手的在线表现?

**讨论题**

1. 讨论营销环境在决定数字营销成败方面的重要性。

2. 互联网接入因国家而异,请给出原因。

3. 讨论数字营销创业者应如何识别市场机会。

4．评价用于评估数字市场的研究工具的效果。回答你选择的两种工具的局限性。

5．对你们公司的在线服务执行竞争者标杆管理测试。

**测试题**

1．识别并讨论数字时代供应链关系的潜在变化。

2．网上交易包括开发多渠道策略。举三个使用互联网可能引起的潜在渠道冲突的例子，并结合实例给出解释。

3．选择一个业务活动部门，然后回答该部门的企业开展在线交易的重要性。

4．波特的五力模型作为线下市场竞争结构的分析框架已经确立。讨论该模型用于评估在线竞争的效果。

5．假设你（在你选择的一家公司）负责管理顾客体验。讨论你将如何整合现实世界与数字世界的接触点。

6．想象你将要成立一个在线企业。制订调查微观环境的计划，作为情境分析的一部分。

7．假设你是一名数字营销顾问。你会给一家希望提高在线曝光率的企业提供什么建议？

# 参考文献

Arnold, M., Rynolds, K., Ponder, N. and Lueg, J. (2005). Customer delight in a retail context: investigating delightful and terrible shopping experiences, *Journal of Business Research*, 58, 1, 132-145.

Aswani, R., Kar, A. K., Ilawarasan, P. V. and Dwivedi, Y. K. (2018) Search engine marketing is not all gold: insights from Twitter and SEO Clerks, *International Journal of Information Management* 38, 107-116, http://dx. doi. org/10. 1016/j. ijinfomgt. 2017. 07. 005.

Berthon, P., Lane, N., Pitt, L. and Watson, R. (1998) The World Wide Web as an industrial marketing communications tool: models for the identification and assessment of opportunities, *Journal of Marketing Management*, 14, 691-704.

Bowen Craggs & Co, www. bowencraggs. com .

Brengman, M., Geuensb, M., Weijtersc, C., Smith, S. and Swinyardd, W. (2005) Segmenting Internet shoppers based on their web-usage-related lifestyle: a cross-cultural validation, *Journal of Business Research*, 58(1), 79-88.

Chaffey, D. and Smith, P. R. (2017) *Digital Marketing Excellence*, *Planning*, *Optimising and Integrating Digital Marketing*, 5th ed, Taylor & Francis, Abingdon, UK.

Chamberlin, G. (2010) Googling the present, *Economic & Labour Review*, December 2010, Office for National Statistics.

Cheung, C. M. K., Chan G. W. W. and Limayem, M. (2005) A critical review of online consumer behaviour: empirical research, *Journal of Electronic Commerce in Organizations*, 3(4), 1-19.

Choi H. and Varian H. (2012) Predicting the present with Google Trends, *The Economic Record*, 88, 2-9.

Deise, M., Nowikow, C., King, P. and Wright, A. (2000) *Executive's Guide to e-Business: From Tactics to Strategy*, John Wiley and Sons, New York, NY.

Doherty N. F and Ellis-Chadwick F. E (2010) Internet retailing: the past the present and the future, International *Journal of Retail & Distribution Management*, 38(11/12), 943-965.

Edelman, D. C. and Singer, M. (2015) Competing on customer journeys, *Harvard Business Review*, 88-100.

eMarketer. (2014) Smartphone users worldwide will total 1. 75 billion in 2014, eMarketer, http://www. emarketer. com/Article/Smartphone-Users-Worldwide-Will-Total-175-Billion-2014/1010536 (accessed January 2015).

George, J. (2004) The theory of planned behaviour and Internet purchasing, *Internet Research*, 14(3), 198-211.

Hoffman,D. ,Novak,T. and Schlosser,A. (2000) The evolution of the digital divide：how gaps in Internet access may impact electronic commerce,*Journal of Computer-Mediated Communications*,5(3).

Jobber,D. and Ellis-Chadwick,F. E (2016) *Principles and Practice of Marketing*,McGraw Hill,Maidenhead.

Kannan,P. K. ,Hongshuang,A. L. (2017) Digital marketing：a framework,review and research agenda,*International Journal of Research in Marketing*,34(1),22-45,https：//doi. org/10. 1016/j. ijresmar. 2016. 11. 006

Klein,L. and Ford,G. (2002) Consumer research for information in the digital age：an empirical study of pre-purchase search for automobiles,*Advances in Consumer Research*,29,100-101.

Kotler,P. ,Armstrong,G. ,Saunders,J. and Wong,V. (2008)*Principles of Marketing*,3rd European ed. ,Financial Times/Prentice Hall,Harlow.

Lemon,K. N. and Verhoef,P. C. (2016),Understanding customer experiences through the customer journey,*Journal of Marketing*：*AMA Special Issue*,80,69-96.

Malmsten,E. ,Portanger,E. and Drazin,C. (2001)*Boo Hoo：A Dot. com Story from Concept to Catastrophe*,Random House,London.

Mulcahy,A. and Salmon,T. (2017) Moving towards audience-focused marketing,a report researched and compiled by IMRG,London,Monmouth Street.

*New Media Age* (1999) Will Boo. com scare off the competition,by Budd Margolis,22 July.

*New Media Age* (2005) Personal lender,by Dominic Dudley,18 August.

Osterwald,A. and Pigneur,Y. (2010)*Business Model Generation Site：A Handbook for Visionaries,Game Changers and Challengers*,Wiley,London,UK(http：//www. businessmodelgeneration. com).

Osterwalder,A. ,Pigneur,Y. Bernarda,G. Smith,A. ,Papadakos,T. (2014) Value proposition design：how to create products and services customers want (Strategyzer). Available at：https：//strategyzer. com/value-proposition-design.

Porter,M. (1980)*Competitive Strategy*,Free Press,New York.

Porter,M. (2008) What is strategy?,*Harvard Business Review*,November-December.

Porter,M. and Heppelmann,J. E. (2014) How smart,connected products are transforming competition,*Harvard Business Review*, November, 2-23. https：//hbr. org/2014/11/howsmart-connected-products-are-transforming-competition (accessed May 2018).

PricewaterhouseCoopers (2017) Total Retail Survey：a survey of 24,000 shoppers across 29 countries：https：//www. pwc. com/gx/en/industries/retail-consumer/total-retail. html (accessed May 2018).

Robinson,P. ,Faris,C. and Wind,Y. (1967) *Industrial Buying and Creative Marketing*,Allyn and Bacon,Boston.

Rose,S. and Hair,N. C. (2011). Online customer experience：a reveiw of the business-toconsumer online purchase context,*International Journal of Management Reviews*,13 (1),24-39. https：//onlinelibrary. wiley. com/doi/full/10. 1111/j. 1468-2370. 2010. 00280. x.

San-Martine,S. ,Lopez-Catalan,B. and Ramon-Jeronimo,M. (2013) Mobile shoppers：types,drivers and impediments,*Journal of Organizational Computing and Electronic Commerce*,23 (4),350-371,https：//www. tandfonline. com/doi/abs/10. 1080/10919392. 2013. 837793.

Shiu,E. and Dawson,J. (2004) Comparing the impacts of technology and national culture on online usage and purchase from a four-country perspective, *Journal of Retailing and Consumer Services*,11(6),385-394.

Slyke,C. V. (2002) Gender differences in perceptions of web-based shopping,*Communications of the ACM*,47,82-86.

Stokes,K. (2015) What's a brand's consumer persona? *AMP Blog*. Retrieved 16 January,http：//www. ampagency. com/blog/insights-lab-incubator-consumer-persona/ (accessed May 2018).

Swaminathan,V. ,Lepkowska-White,E. and Rao,B. P. (1999) Browsers or buyers in cyberspace? An investigation of factors influencing electronic exchange,*Journal of Computer-Mediated Communication*,5(2),1-19.

Tsai,S. -P. (2005) Integrated marketing as managmenet if holistic customer experience, *Business Horizons*, 8, 431-441.

Venkatraman,N. (2000) Five steps to a dot. com strategy：how to find your footing on the web,*Sloan Management Review*,Spring,15-28.

Vize,R. ,Coughlan,J. ,Kennedy,A. ,Ellis-Chadwick,F. (2013) Technology readiness in an online retail context：an examination of antecedents and consequences,*Industrial Marketing Management*,42 (6),909-918 (ABS3),http：//dx. doi. org/10. 1016/j. indmarman. 2013. 05. 020 .

Wang,W.,and Benbasat,I.(2013) A contingency approach to investigating the effects of user-system interaction modes of online decision aids,*Information Systems Research*,24(3),861-876.

Wolfinbarger,M. and Gilly,M(2003) etailQ：dimensionalizing,measuring and predicting etail quality,*Journal of Retailing*,79(3),183-193.

Zhang,H.,Ling,Z.,Sumeet,G.(2018) The role of online product recommendations on customer decision making and loyalty in social shopping communities,*International Journal of Information Management*,38,150-166.

## 网址链接

戴夫·查菲维护着一个在线营销链接目录(http://www.smartinsights.com)，其中包括在线统计数据资源。

### 可用的在线统计数据的来源

#### 在线聚合器和出版商

Econsultancy(www.econsultancy.com)。关于企业和消费者采用数字营销情况的研究报告。

eMarketer(www.emarketer.com)。包括基于其他分析师汇编的媒体支出报告。服务收费，也提供一些免费数据。

#### 可用的在线政府数据的来源

European government：Digital Economy and Society(http://EC.Europa.eu/Eurostat/statistics-explained/index.PHP/Digital_Economy_and_Society)。

OECD(www.oecd.org)。经合组织研究(http://www.oecd.org/sti/broadband/broadband-statistics/)

UK government(www.ons.gov.uk 和 https://visual.ons.gov.uk/)。个人和家庭在购买过程中使用互联网情况的统计数据。

Ofcom(www.ofcom.org.uk)。Ofcom 是英国通信行业的独立监管机构和竞争管理机构，负责电视、广播、电信和无线通信服务。每年都会发布关于通信市场的深度报告。

#### 在线观众的媒体消费和使用数据

这些是收费数据，但在新闻稿部分包含有用的免费数据。

Comscore 数字观众分析(www.comscore.com)。各个国家电脑和手机的使用数据。

Nielsen 数字观众洞察(www.nielsen.com)。数字媒体对消费者影响的二手数据来源。

#### 其他主要在线数据提供商

The European Interactive Digital Advertising Alliance(http://www.edaa.eu/)。一个强大的泛欧贸易组织，对媒体消费进行调查。

Interactive Media in Retail Group(IMRG)(https://www.imrg.org)。提供关于电子零售和交付渠道的分析。

# 数字宏观环境

## 学习目标

读完本章后,你应该能够:

- 理解宏观环境如何影响组织的数字营销战略、规划、实施和绩效。
- 认识数字营销的法律、道德和伦理约束。
- 认识宏观环境力量的各个方面,特别是与数字营销相关的内容。
- 了解社交媒体在宏观环境中的重要性。

## 营销人员要回答的问题

- 宏观环境变化对企业的数字营销战略有多重要?
- 如何确保在线营销活动符合不断发展的在线社区文化和道德标准?
- 了解技术创新对我有多重要?
- 在进行线上营销时要遵守哪些法律?
- 社交媒体营销对业务有何影响? 为了应对线上市场的社交变化,需要做出哪些改变? 可能影响数字营销计划的政治力量是什么?
- 如何在不断变化的营销环境中与时俱进?

 ## 3.1 引言

第 2 章介绍了形成目前交易环境的参与者。本章将介绍宏观经济环境如何影响数字营销。这些影响交易环境的因素对公司的直接影响是有限的。

我们在探讨宏观环境力量的时候,主要关注每种力量与数字营销策略的潜在相关性。在市场营销领域会大量用到缩略语来帮助大家记忆各种宏观环境力量(如 PEST、SLEPT 和 PESTLE),以下每个字母代表的宏观力量的排列略有不同:政治力量(Political forces)、经济力量(Economic forces)、社会力量(Social forces)、技术力量(Technological forces)、法律力量(Legal forces)、环境力量(Environmental forces)。

对于专业的数字营销人员而言,最重要的是全面评估影响在线营销环境的有关力量,并确定哪些力量会影响自己的营销计划和战略计划。本章将按如下顺序探讨每一种宏观环境力量：

(1) 技术力量。科技的变化会影响营销机会、创造新产品开发机会，产生通过渠道集成来访问目标市场的新方法，并创建新的访问平台和应用程序。

(2) 经济力量。经济力量会引起经济状况的变化，同时会影响贸易机会、消费者支出和企业绩效，并对数字营销规划产生重大影响。

(3) 政治力量。各国政府和跨国组织在决定未来对互联网的使用和控制方面具有重要作用，并制定治理的规则。

(4) 法律力量。法律决定了在线推广和销售产品的方法。法律和道德准则旨在维护个人隐私权和企业自由贸易权。

(5) 社会力量。数字社区之间的文化多样性会影响互联网的使用以及企业在线提供的服务。

跟踪宏观环境变化的主要原因是要意识到社会行为的变化、新的法律和技术创新是如何制造机会或威胁的。对宏观环境进行有效监控和响应的企业可以创造差异化和竞争优势，从而得以生存和繁荣发展。

## 基本数字技能：互联网宏观环境

审查宏观环境最重要的专业技能是能够及时了解市场营销的最新发展，尤其是了解不同国家对营销传播的最新法律要求。

我们建议你提高如下技能：

(1) 理解影响数字营销的法律类型。

(2) 了解关键活动披露的具体要求，包括数据采集隐私、个人身份识别、广告服务以及利用社交媒体影响力的相关法律。

通过展示你的兴趣和经验来提高工作能力的实用建议：

(1) 加入你所在国家的贸易协会，以了解最新的相关法律。例如，美国和英国的直销协会，以及欧洲的数据和营销联合会(FEDMA)。

(2) 找到提供营销隐私法指导的政府门户网站，如英国的信息委员会办公室(ico.gov.uk)。

(3) 使用 Builtwith.com、SimilarTech、谷歌浏览器插件 Wapalyzer 和 Ghostery 的服务，了解整合到网站中的不同类型的营销技术或云服务。

请使用 http://bit.ly/smartdigiskills 上提供的 Smart Insights 技能评估工具在 RACE 计划框架内对你的数字营销技能进行评分和审核。

## 3.2　环境变化的速度

在数字世界里，社会文化，特别是流行文化(什么是"热门"的，什么不是)的变化往往非常迅速。新技术的出现和流行的频率逐渐增加，而且从概念到商业化的速度越来越快。政府和法律的改变却通常要经过较长的时间才会发生。因此，数字营销人员需要对自身交易环境中的重要力量保持警觉以确保企业的竞争力。他们应该通过提高**战略灵活性**(strategic agility)来增强应对环境变化及新出现的机遇与威胁的能力。战略灵活性是知识管理理论中的一个概念，需要发明新的商业模式和新的类别，而不是重新安排旧的产品和类别(Weber and Tarba,2014)，基于制定一个合理的流程来审查市场机会和威胁，然后选择适当的战略选项。

战略灵活性包括：

(1) 从微观和宏观环境中收集、传播和评估不同的信息源；

(2) 在为顾客创造新价值的基础上，开发新战略的制定和审核流程；

(3) 基于潜在顾客价值而不是业务价值生成来开展研究；

(4) 实施能够传递顾客价值的新功能的原型；

(5) 测量和评估原型的结果，提出改进建议或结束试验。

# 3.3　技术力量

营销人员需要了解数字技术和互联网技术及其术语，因为一旦理解错误会造成严重的后果。本节将介绍数字技术、互联网、网络和移动技术，包括数字安全和新兴技术。这些都是目前对数字营销规划有重大影响的关键因素。

## 3.3.1　互联网技术简介

互联网(Internet)出现于 20 世纪 60 年代后期，当时美国出于军事和研究目的连接了有限数量的计算机，形成了 ARPAnet 计算机网络。最近互联网使用的急剧增长是由于**万维网**(World Wide Web)的发展。1989 年在瑞士 CERN 工作的英国科学家蒂姆·伯纳斯-李(Tim Berners-Lee)提出了最初的概念之后，1993 年万维网成为一项商业提议。如今，网络技术的主要原则仍然是适用的。网络信息储存在**网络服务器**(web server)上，用户可以通过微软浏览器、苹果 Safari 或 Mozila Firefox 等**网络浏览器**(web browser)访问网站，网络服务器展示信息，并允许使用者选择链接访问其他网站。Flash 应用程序、音频或视频内容等多媒体，也能存储在网络服务器或专业的**流媒体服务器**(streaming media server)上。

推广网址对于营销传播很重要。网址的技术名称是**统一(通用)资源定位符**[uniform (universal) resource locator (URL)]。

网址的标准结构为：http://www. domain-name. extension/filename. html。

**域名**(domain-name)是网络服务器的名称，通常与公司名称相同。**扩展名**(extension)则用来指示其类型，俗称通用顶级域名(gTLD)。

常用的通用顶级域名如下。

(1) .com 代表一家国际性的公司或美国公司(如 www. travelocity.com)；

(2) .org 代表非营利组织(如 www. greenpeace. org)；

(3) .mobi 是 2006 年推出的为手机配置的网站；

(4) .net 是网络提供商(如 www. amakai. net)。

还有一些由互联网名称与数字地址分配机构(ICANN)维护的国家代码顶级域名(ccTLD):

(1). co. uk 代表英国的公司(如 www. thomascook. co. uk);

(2). au,. ca,. de,. es,. fi,. fr,. it,. nl 等代表其他国家/地区(co. uk 这样的语法是特例);

(3). ac. uk 是位于英国的大学或其他高等教育机构(如 www. cranfield. ac. uk);

(4). org. uk 代表专注于单个国家/地区的组织(如 www. mencap. org. uk)。

2011 年,致力于注册、维护和协调网络寻址系统的非营利性组织 ICANN 开始了 gTLD 名称扩展计划。其目的是给互联网用户提供更多的选择并创造商机。截至 2016 年,ICANN 已经发布了 1 000 多个新的 gTLD,这为品牌创造了机会,使其可以更好地掌控在线公司的形象,并提高创新性、选择机会和安全性。

域名是公司品牌资产的一部分,数字商标管理者应保护好自己的域名,防止那些喜欢抢注与竞争对手品牌域名相似的域名的公司滥用自己的域名。

### 3.3.2　URL 战略

如今营销人员在描述其广告活动内容的地址时通常需要考虑各种选项。例如,是否在子域或子文件夹中引用了国家或博客?如何在文件夹层次结构中组织不同类型的内容或产品?对于企业来说,使用的定义方法称为 **URL 战略**(URL strategy)。现在完成活动 3.1:URL 中包含什么?描述寻找域名时可能遇到的一些术语。

http://www. domain. com/folder-name/document-name 是一个符合这些要求的干净网址。由于 Linux 服务器对大写字母与小写字母的解析是不同的,因此必须注意字母的大小写。

### 活动 3.1　URL 中包含什么?

http://www. hrsalons. co. uk/、https://www. nissan. co. uk 和 https://www. nominet. uk/whois 是 URL 的几个示例。

上述 URL 的组成部分为:

(1) http 是 Web 基础上的协议,https 是安全版本。

(2) 域名是 hrsalons. co. uk,或 nissan. co. uk。

(3) 顶级域名或 TLD 是 uk(又称 gTLD)。uk 域名也称为国家/地区代码顶级域名或者 ccTLD。子域名是网址 nominet. uk/whois 中的 whois。

(4) 网址提供的信息让我们能够了解我们进入网站的深度。

Nominet UK 是管理 TDL 的组织,并且注册了. uk 域名,访问 https://www. nominet. uk/about,了解该组织是如何管理和保护英国域名的。

然后使用 https://www. nominet. uk/whois/上的 WHOIS 目录查找 tomatosoup. co. uk、netaporter. co. uk 和 yeovalley. co. uk 这三个域名,了解每个域名由谁拥有、何时注册、谁是注册商、域名的状态等。

### 3.3.3　网络如何运作

本节将简要介绍网络技术的一些基本内容。营销人员应该了解数字营销的技术基础，这有助于他们与系统供应商和技术人员讨论技术选择，并就采用哪种技术作出正确的决策。许多数字营销人员是活跃的博主或者会积极参与社交网络活动，因为这让他们能够获得关于最新发展动态的一手数据。

互联网是一个大型的**客户端-服务器**（cilent-server）系统，这一系统的内容是从客户端发送的，用户向服务器请求服务，服务器拥有内容，多媒体和响应请求可以提供服务的主机业务应用程序。家庭和企业中的客户端通过**本地网络服务提供商**（Internet service providers，ISPs）连接到网络，后者通过主要的国家或国际基础设施或**骨干网**（backbones）与更大的 ISPs 相连。

### 3.3.4　网络的基本组成部分

图 3.1 显示了网络浏览器与网络服务提供商沟通的过程。当用户输入网址并点击超链接或填写在线表格（如进行搜索）时，来自客户端发出的要求就会被执行。这个要求被传送到 ISP，并通过网络上的固定线路到达终端服务器。如果用户访问的是**静态网页**〔static（fixed）webpage〕，服务器直接返回所要求的网页；如果用户要求查询数据库（如产品信息），服务器就会将询问传送到数据库服务器，然后将结果以**动态网页**（dynamic web page）的形式传递给顾客。所有页面要求的信息都将储存在**交易日志文件**（transaction log file）或是**网站分析**（web analytics）系统中，如 Google Analytics 或 Adobe Analytics，这些文件记录了访问的网页、询问的时间、要求的来源等信息。如今，市场营销人员的大部分分析是基于网络分析系统，而不是日志文件。

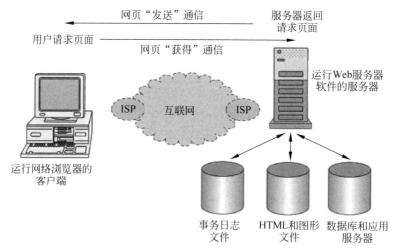

图 3.1　网络浏览器与网络服务器之间的信息交换

### 3.3.5 网页标准

构成网站网页的信息、图形和交互元素统称为**内容**（content）。文本、图形和多媒体有不同的标准。本书以前版本中介绍过的 GIFs 和 MP4s 已不再需要介绍了，本版新增了 Javascript 和 API 等对实践中的营销人员很重要的一些概念。

#### 数字营销洞察 3.1　W3C

万维网联盟（W3C）是一个国际社区，通过建立开放的网络平台支持和促进网络的创新和可持续发展。W3C 由支撑网络技术的 HTTP 协议的发明者蒂姆·伯纳斯-李创建，是一个致力于维护网络国际标准的组织。W3C 提供了一个论坛，用来讨论网络的发展和成长，促进软件的开发，并充当教育平台。W3C 旨在确保其成员与全球组织之间的协议和标准得到维护。例如，2018 年 W3C 发布了移动 Web 应用的路线图，以总结各种现有的网络技术如何应用于移动设备。

公司网站的管理者必须熟悉最新的标准，以评估对标准的遵守情况并作出未来的规划。

资料来源：https://www.w3.org/；https://www.w3.org/2018/01/web-roadmaps/mobile/（accessed May 2018）.

### 3.3.6 文本信息：HTML（超文本标记语言）

浏览器软件使用 **HTML（或 XHTML）**超文本标记语言（hypertext markup language）对网页内容进行格式化和呈现。HTML 是万维网联盟建立的国际标准，旨在确保根据标准定义编写的任何网页在任何网页浏览器中显示的内容相同。

大多数网站现在都使用级联样式表（CSS）来启用整个站点的标准样式和交互功能。访问 CSS Zen Garden（www.csszengarden.com）或参考图 7.13，查看反映 CSS 如何有效地将样式与内容分离的示例。

### 3.3.7 文本信息和数据——XML（可扩展标记语言）

蒂姆·伯纳斯-李在欧洲核子研究组织（CERN）设计 HTML 的早期版本时，是以描述文档现有标准为基础的。尽管 HTML 是一种展示信息的标准方法，而且学起来也很简单，但它是单纯的描述，缺乏在网页上描述信息的能力。**元数据**（metadata）语言能够为网页内包含的信息提供数据，因而功能更加强大，它是由 1998 年 2 月推出的**可扩展标记语言**（eXtensible Markup Language，XML）提供的。XML 同样基于标准通用标记语言（SGML），其关键描述语言是"扩展名"，这意味着可以创造新的标记标签，以方便信息的搜索和交换。例如，网页上的产品信息可以使用 XML 标签< NAME >< DESCRIPTION >< COLOUR >和< PRIZE >等。这些标签可以被有效地用作一套标准的数据库描述组，方便数据通过比价网站进行交换。

我们将在第 9 章看到，网站的每个页面可以使用的基本元数据对于搜索引擎优化

(SEO)很重要。越来越多的数字营销人员使用 SEO 来确保其网站受到目标受众的关注。

### 3.3.8 Javascript

Javascript 是营销人员应该了解的技术,因为与传统 HTML 相比,Javascript 对创造更多的交互体验至关重要。由于大多数营销技术或云计算(Cloud Computing)/营销云服务都使用 Javascript 标签来提供交互并从 Web 用户那里获取洞察力,因此这一点也很重要。

让我们看一个大多数网站上使用的 Javascript 的示例。Google Analytics 建议在网站每个页面的< head > HTML 标记之后粘贴以下代码段,用你自己的 Google Analytics 跟踪 ID 替换 GA_TRACKING_ID:

```
<!-- Global Site Tag(gtag.js) – Google Analytics -->
< script async
src = "https://www.googletagmanager.com/gtag/js?id = GA_TRACKING_ID"></script >
< script >
  window.dataLayer = window.dataLayer||[]
  function gtag(){dataLayer.push(arguments);}
  gtag{'js',new Date()};
  gtag{'config','GA_TRACKING_ID'}
</script >
```

这个推荐的示例使用 Google Tag Manager(GTM)管理 Google Analytics 标记。GTM 及其他标签管理器用于管理某些网站上使用的数十到数百个标签。网站用来收集洞察力和管理广告服务的 Javascript 标签的另一个常见示例是 Facebook Pixel 标签,该标签使广告商可以向访问过网站的人投放广告。

### 3.3.9 应用程序编程接口(API)

对于营销人员来说,熟悉 API 的概念也很重要。以下是零售、出版和软件公司的一些例子,这些公司使用 API(有时称为可编程网络)来帮助获得竞争优势:

(1)亚马逊网络服务(Amazon Web Services,AWS)(http://aws.amazon.com)。允许附属机构、开发者和网络发布者使用亚马逊产品发现(Amazon Product Discovery)功能,从而使其他网站能够集成亚马逊的产品和定价数据。

(2)脸书和推特使用 API 帮助其他网站将社交内容嵌入其网站中。

(3)英国卫报开放平台(www.guardian.co.uk/open-platform)允许共享来自英国卫报的内容和统计数据。在一个最初作为学生项目开发的应用程序中,WhatCouldICook.com 网站使用《英国卫报》的食谱作为分享广告收入的一部分。

(4)谷歌的很多服务都有 API,其中最著名的是谷歌地图,据称是通过 API 创建的最热门的混搭站点之一。Google Analytics API 让很多企业和第三方应用程序的开发人员可以定制可视化网站性能数据。

(5)Kayak 是一个聚合器,允许第三方网站将 kayak.com 网页的搜索和结果集成到自己的网页、桌面应用程序及手机应用程序中。

### 3.3.10　网络安全

安全性是营销人员需要考虑的一个关键技术因素,因为它是世界各地的网络用户关注的主要问题。数字营销人员需要了解自己可能遇到的安全问题和风险,以便有效地管理在线运营。从消费者或商家的角度来看,电子商务交易涉及的主要安全风险如下:

(1) 通过键盘记录软件或恶意软件获取用户计算机中的机密信息或密码;

(2) 通过"数据包嗅探"软件窃取传输过程中的交易或信用卡信息;

(3) 通过黑客攻击从商家的服务器上窃取其顾客的信用卡信息;

(4) 公司员工(或是位于公司办公楼里使用"社交工程"技术查找信息的黑客)访问顾客的详细信息;

(5) 商家或消费者与所声称的不符,使无辜的一方陷入欺诈交易的境地。

随着互联网衍生的商业和沟通在经济增长中发挥越来越重要的作用,保证互联网可靠和安全的责任也越来越重。鲁达·萨巴特和德罗斯比(Rueda Sabater and Derosby,2011)认为,互联网的发展中需要考虑五个会增加风险的特征,他们称之为不确定性轴线:

(1) 全球经济和互联网市场的增长将主要发生在"新兴"的国家。

(2) 对结构松散的互联网进行治理,偶尔会出现网络中断,包括恶意破坏的情况。

(3) 数字原生代(20 世纪 90 年代后期在网络中成长的一代人)在与网络的联系中,相比较目前大多数的成年人,呈现出了明显不同的形式。这些精通网络的"网络一代"将网络视为其自身认知能力的延伸,以及虚拟体验的门户。

(4) 如今语音识别、生物传感、手势界面、触摸屏多功能性及其他技术的整合使我们不用键盘也可以输入数据和指令。

(5) 与如今常见的固定上网费相比,消费者将以更广泛的方式直接或间接为互联网连接买单。随着高速宽带应用的大量推出,跨越时间和用户高效地分配可用的网络容量将是一个主要问题。无线连接的普及也将为网络接入开辟许多新的定价模式,如将连接与服务轻松地捆绑在一起。

安全风险的潜在增长加强了每个人而不仅仅是数字营销人员对于了解及评估安全风险的需求。本节将评估降低违反电子商务安全风险的措施。首先回顾一些网络安全方面的理论,然后评论其所使用的技术。

数字营销洞察 3.2 总结了网站所有者在设计中就必须管理的主要安全风险。最后请完成活动 3.2。

### 数字营销洞察 3.2　主要的网站安全风险

**1. 输入和输出数据的验证**

网站使用的(来自用户、其他服务器、其他网站和内部系统的)所有数据必须验证类型(如数字、日期、字符串)、长度(如最多 200 个字符,或正整数)、语法(如产品代码以两个字母开头,后接五位数字)和业务规则(如电视机的售价只能是 100~2 000 英镑,一个订单最多只能包括 20 种产品,不得超过每日信用额度)。如果这一级别的控制失效,网络攻击者就有机会触发未经授权的执行,甚至获得对敏感数据的访问权限。

### 2. 敏感数据暴露

只要数据存在,它们就有可能被查看或提取,因此必须使用加密技术存储敏感数据以防止其被随意及未经授权地访问。例如,与银行卡相关的数据一定不能存储在网站上。

### 3. 身份验证和会话管理

网站依靠识别用户提供对数据和功能的访问权限。如果身份验证(注册和登录)、授权(授予访问权限)和会话管理(在浏览网站时跟踪登录用户的身份)可以被规避或更改,那么用户就可以访问被禁止的资源。尤其要注意密码提醒、记住我、更改密码、注销和升级账户详细信息是如何处理的,会话令牌是如何使用的,并且应确保始终在专用和加密(SSL)页面上提供登录表单。

### 4. 网络钓鱼

**网络钓鱼**(phishing)会让用户被误导后将其他实体认作自己想要访问的组织(电子邮件和网站是最常见的组合)。对用户进行教育是规避这一风险的最佳方式,而网站的设计方式、架构及与用户的沟通也可以降低这一风险。

### 5. 拒绝服务

当恶意用户试图通过提出大量的请求或产生大量的行动来堵塞网络服务器(填满日志、上传庞大的文件、进行一些需要大量重复记忆的任务)时,就会出现拒绝服务风险。**拒绝服务攻击**(denial of service attacks)包括使有效的用户无法登录或者制造编码问题(如内存泄漏、资源没有被释放)。

### 6. 系统信息泄露

网络服务器、员工、合作伙伴组织、搜索引擎都可能是有关你的网站的重要信息的来源(技术、业务逻辑和安全方法)。攻击者可以充分利用这些信息,因此必须尽力避免系统信息泄露。

### 7. 错误处理

异常情况(如用户数据验证消息、缺少页面和服务器错误)应该用代码来解决,以确保用户页面正常显示的同时不会向其提供任何系统信息。应启用异常情况的日志记录和警报,并允许进行后续审计。

## 活动 3.2 　 云安全漏洞

**目的**:反思安全风险对数字交易环境的重要性。

**活动**:网络攻击变得日益普遍,越来越多的消费者意识到潜在的威胁。公司的数字业务得不到充分保护的风险更加突出,而且随着通过云连接到互联网的不同设备的数量的增加,安全性成为数字营销人员关注的问题。

普华永道评估了数字设备增长的风险及其是如何推动风险管理的。访问 https://www.pwc.com 并阅读如何规避云计算安全的一些最常见的陷阱。在示例中列出安全风险对企业造成的一些威胁,如贸易损失、服务中断、业务关闭。

### 3.3.11　开发安全系统的方法

面对越来越大的安全风险,有各种各样的措施可以用于降低风险。

**数字证书**

使用**数字证书**(digital certificates)或**密钥**(keys)进行加密的主要方法有下面两种。

(1) 私钥或**对称加密**(symmetric encryption)。这种方式涉及交易双方所共享的并且只有他们自己知道的密钥,该密钥被用于加密和解密信息。在交易之前,密钥由一方当事人传递给另一方当事人。这种方法不适合一般的电子商务,因为消费者将私钥交给商家会失去对它的控制,是不安全的。而且如果这么做商家必须管理许多顾客的密钥。

(2) 公钥或**非对称加密**(asymmetric encryption)。由于信息的发送者和接收者使用的密钥不同,所以称之为非对称加密。这两个密钥通过一个数字代码相关联,因此只有这对密钥才能组合使用来加密和解密信息。图 3.2 显示了公钥加密在电子商务环境中的工作原理。消费者可以通过自动查找获得商家的公钥,然后使用该密钥加密包含其订单的消息,向商家下订单。加密后的信息通过互联网发送,商家收到后使用私钥读取。这样一来,只有拥有私钥唯一副本的商家才能读取订单。反过来,商家可以通过使用公钥读取身份信息(如使用消费者的私钥加密的数字签名)来确认消费者的身份。

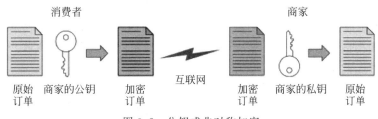

消费者　　　　　　　　　　　　　　　　　　　商家

原始　商家的公钥　加密　　互联网　　加密　商家的私钥　原始
订单　　　　　　订单　　　　　　　订单　　　　　　订单

图 3.2　公钥或非对称加密

**数字签名**

**数字签名**(digital signatures)通过使用公钥加密进行认证来创建商业系统,并且商家和消费者能够证明自己的身份是真实的。消费者使用自己的私钥对数字签名进行加密后再发送,对方接到该信息后使用公钥解密数字签名,以验证消费者的真实性。

**公钥基础设施(PKI)和认证机构**

为了使数字签名和公钥加密有效,有必要确保用于解密文档的公钥实际上属于给你发送文档的一方。可信第三方(TTP)认证系统被用来担保所有者身份信息和用于解锁信息的公钥副本。TTP 通常被称为**认证机构**(certificate authorities,CA),VeriSign(verisign.com)就是其中之一。这种信息称为认证,通常包括用户和发行机构的认证数据、用户、公钥、日期和证书类别。

**安全套接层协议(SSL)**

SSL 是交易型网站中使用的与 CA 相配合的一种最常见的安全机制,就像 VeriSign发行的 SSL 证书,可以验证证书所有者的身份。在在线交易的过程中,SSL 方法允许在联机交易期间使用 PKI 和数字证书加密敏感信息,以保护隐私和进行身份验证。在进行加密时,用户会看到浏览器中的网址前缀从"http://"变为"https://",并且会出现挂锁标记。

归根结底,数字营销者必须为用户提供一个安全的数字环境。只有安全措施到位,商家网站上的内容才能让顾客安心。

### 3.3.12　手机、短信和应用程序

**短消息服务**(Short Message Service,SMS)通常被称为发短信,是一种人与人之间的简单的通信形式,可以在手机之间传递消息。随着消费者转向通过社交网络、微信等被称为短信替代品的新的移动消息应用程序发送消息,其使用量正在下降。

短信作为企业与消费者沟通的一种手段,变得越来越流行。商业银行会在客户的透支额度殆尽时发短信提醒其存款账户余额不足,零售商会给顾客发短信通知送货,航空公司则会用短信发送登机和航班详情信息。企业可以使用短信推销产品,也可以在供应链管理应用程序中通过短信通知管理人员注意某些问题或是交货情况。

**短消息应用程序**

对于那些尊重选择权和隐私法的充满创意的营销人员来说,短信已经被证明是一种用来接近消费者的好方法,尤其是那些很难用其他方式联系到的年轻消费者。下面介绍几种应用。

(1) 建立数据库/直接响应广告/直邮或分送。这是最重要的应用之一。

(2) 定点服务。发送短消息给最近的酒吧、俱乐部、商店或出租车。在伦敦,你可以发送短消息给离你最近的空闲出租车,如果你已经通过网络建立了个人账户,还可以通过短消息支付堵车的费用。

(3) 取样/试用。用于通过促销鼓励消费者试用新产品。

(4) 促销活动。可以发送定时电子优惠券,鼓励人们在实体店或虚拟店购物。

(5) 提供品牌参与度奖励。可以通过短消息提供手机上有价值的内容,如免费铃声、壁纸、手机小游戏。

(6) 短代码。**短代码**(short codes)是广告商或广播公司用来鼓励消费者注册其喜好的容易记住的与短消息内容相关的 5 位数字。

(7) 提供付费服务和内容。任何服务,如铃声都可以从短消息中调用。

**移动应用程序**

**移动应用程序**(mobile apps)是移动通信(实际上是全数字通信)的一个非常重要的发展,因为它们突出了通过手机提供交互式服务和内容的方式上的转变。弗鲁里(Flurry,2018)的研究显示,人们在使用手机时 90% 的时间都用在移动应用程序上。或许这并不奇怪,因为大部分使用应用程序的时间都花费在社交媒体应用程序上。若非移动应用程序出现并通过苹果 App Store 和安卓手机应用商店开始普及,网页浏览器还会被大多数人看作手机传递内容的主要模式。

通过研究热门的应用程序类型,企业可以了解这些应用程序的潜在特征,有的放矢地开发新的应用程序。

需要研究的关键问题如下:

(1) 应用程序是我们的战略重点吗? 对于大多数组织来说,运营应用程序的目标是

提高知名度和销量,或者提高出版商从广告或订阅中获得的收入。对于那些有能力获得增量收入的企业来说,应用程序才有可能是要优先考虑的,因为应用程序在提高顾客忠诚度方面比其他很多渠道更加出色。对很多企业来说,很难证明应用程序相比其他移动交互(如移动响应网站)所实现的增量收入。此时,应用程序不会成为优先考虑的对象,因为企业必须将预算投入更高优先级的领域,如改善传统网站和移动网站的体验,或是加大媒体投资。由于通过其他平台访问的用户量很大,对这些平台的增量改进可能会带来更高的回报。

(2)我们是构建自己的应用还是利用现有的应用,抑或二者同时进行?创建应用程序只是营销选项之一。广告和赞助选项可能是打造品牌影响力和知名度的更具成本效益的方法。

(3)免费还是付费应用?零售商通常会提供免费的应用程序来换取忠诚度。提供娱乐的公司也可能走免费路线,以提高顾客参与度。但对于出版商或软件公司,常规的做法是用免费版本的应用来展示可提供的服务,同时在应用内嵌入购买更多的功能和内容的升级服务。

(4)针对哪一类应用?通过应用程序访问社交网络和音乐很受欢迎。

(5)如何最好地推广移动应用?尼尔森(Nielsen,2010)研究了营销应用的选项,发现人们在寻找应用程序时使用最多的方法包括:在应用商店内搜索;朋友和家人的推荐;在设备或网络运营商页面上提及;电子邮件促销;在电视和印刷品等线下媒体中提及。

(6)如何根据反馈改进应用程序?应用程序的成功很大程度上取决于应用程序商店中的反馈,需要不断修复错误并添加增强功能,这表明需要一个不断更新的持续开发周期。仔细审查正在使用该应用程序或其不同功能的用户群的最低回报率,这将是一个关键绩效指标。

请参阅数字营销洞察 3.3,了解创新型无现金支付应用程序是如何改变停车费支付规则的。

### 借助移动设备的社交定位营销

在社交定位营销中,社交营销和移动营销融合在一起。Foursquare、TripAdvisor 及 YELP 都是消费者可以选择的,脸书和谷歌也提供了分享与公司相关的互动和评论的选项。如果公司可以鼓励顾客留下好评和推荐,就有可能通过"社交认同"来发展新顾客,并可以提高在搜索引擎结果等本地列表上的排名。

## 数字营销洞察 3.3　JustPark 改变了停车游戏的规则

JustPark 是一家创新科技公司,旨在通过其应用程序提供积极的停车体验。传统上,停车是由控制和惩罚的精神来管理的。地方政府管理公共停车场和路边停车场,并通过罚款和执法人员对场地使用与司机行为进行控制。私人停车场经营者也采取了类似的做法。这会让到镇中心、市中心或购物中心的司机感到压力很大,因为他们必须寻找停车位,通常需要付费,还要记住必须驶离的时间以免要交罚款。

JustPark 的应用程序是一种以客户为中心的解决方案,可以减轻停车压力。它可以帮助司机找到一个区域内最好的可用空间;通过该应用程序启用无现金支付,不再需要随身携带零钱；而且司机无须担心停车超时，因为快到续费时间时应用程序会提示是返回车辆还是续费以延长停车时间。

减少停车压力只是 JustPark 的目标之一。JustPark 目前正在开发应用人工智能来实时预测哪些停车位会空出来，同时还在与本地企业开发协作解决方案，以改善客户关系。

### 3.3.13　QR 码

**快速响应代码**(Quick Response codes)，简称 QR 码，是印在报纸或广告牌上的条形码，可以用手机摄像头扫描，然后直接链接到网站。QR 码可用于促销活动，帮助目标顾客快速访问各种信息，如即时获取电子邮件地址、电话号码或名片。

### 3.3.14　Wi-Fi

**无线局域网**(wireless fidelity，Wi-Fi)通常用来描述高速无线局域网。Wi-Fi 可以部署在办公室或家庭环境中，因为不需要布线而增加了灵活性。不过，它备受关注的原因是无须固定连接即可在机场、购物中心和城镇提供无线访问的潜力。活动 3.3 探讨了 5G 的营销潜力。

### 3.3.15　蓝牙无线应用

**蓝牙技术**(bluetooth technology)可用于各种形式的本地营销活动，如**邻近营销**(proximity marketing)：①病毒式传播；②社区活动(约会或游戏活动)；③基于位置的服务——你在经过某个店面时可能获得该店的电子优惠券。

> ### 活动 3.3　5G 评估新技术选择
>
> **目的**：说明评估新技术选项相关性的过程。
>
> **活动**：你在一家快速消费品(FMCG)公司工作，正在参加一个行业贸易展会。会上你看到了关于一款将于一年后在你所在国家上市的 5G 手机的推介。你需要决定你所在的公司是否要采用这款新手机，如果是的话，何时采用。完成以下内容：
>
> (1) 你如何评价这项新技术的意义？
>
> (2) 从消费者和企业的角度总结你就使用这款新手机提出的建议。
>
> (3) 关于何时采用及提供哪些服务，你有什么建议？

### 3.3.16　新兴技术

除了移动网络和 Wi-Fi 接入，电视和广播的互联网接入技术也可以数字化。互联网电视(IPTV)日益普及，随着带宽、下载速度和接入设备的改进，用户的数量和范围也在不断增加。这项技术给数字营销人员带来了挑战，因为他们需要知道目标受众使用哪种技术访问哪种类型的内容、信息和数字服务。

### 3.3.17　技术创新的市场价值评估

数字营销人员面临的一个挑战是如何正确地评估可以应用哪些技术创新获取竞争优势。例如,个性化技术(将在第 6 章详细介绍)致力于改善顾客的在线体验并提高其忠诚度,但可能需要先在专有软件和硬件技术上投入大量资金。管理者如何决定是否进行投资,以及采用哪些技术解决方案?数字营销不仅是建立和管理网站,第 4 章将介绍战略决策,而第 8 章将介绍如何决策以实现最佳的媒体组合。

管理者可能在行业媒体和大众媒体上阅读过强调新技术所带来的营销技术潜力的文章或就此与同事交流过。接下来,他们将面临以下困难的决定:

(1) 完全不考虑使用该技术,或许是认为过于昂贵或未经试用,或者是因为根本不相信其收益会超过成本。

(2) 暂时忽略该技术,但会关注已经开始使用该技术的其他公司的结果;

(3) 以结构化的方式评估该技术,然后根据评估结果决定是否采用;

(4) 未经认真评估就迅速地采用了该技术,因为管理者受到宣传的影响,相信应该采用该技术。

根据管理者的态度,这些行为可以被概括为:

(1) 谨慎,采取“等待与观察”的方法。

(2) 中立,有时也称为“快速跟随”法。让其他人承担大部分风险,如果其他人获得了成功,则迅速采用该技术,立即复制其他人的做法。

(3) 承担风险,充当早期采用者。

随着时间的推移,不同的人的不同行为会导致不同的结果。罗杰斯(Rogers,1983)注意到了这种扩散-采用过程(如图 3.3 中的钟形曲线所示),将试验新产品的人分为创新者、意见领袖、早期大众、晚期大众,直至落后者。

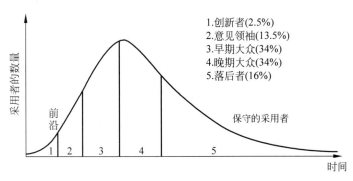

图 3.3　扩散-采用曲线

扩散-采用曲线作为分析工具,可以通过下面两种方式帮助管理者:

(1) 了解顾客位于采用技术或使用产品的哪一阶段。例如,互联网如今已经是一个成熟的工具,很多发达国家已经进入了晚期大众阶段,服务大量的用户。这表明,将这种媒介用于营销是必要的。而 WAP 技术尚处于创新阶段,因此现在进行投资可能会毫无收获,因为还不清楚有多少人会采用这种产品。

（2）从企业的角度观察其他企业采用新技术的情况。例如，一家在线超市可以观察有多少电子零售商采用了个性化技术，以评估采用这种技术是否值得。

技术分析师加特纳（Gartner，2011）开发了创新的扩散曲线的商业应用，并自 1995 年起将其应用于不同的技术。他们将**技术成熟度曲线**（hype cycle）描述为特定技术的成熟度、采用率和业务应用的图示。

加特纳（2011）将炒作周期分为以下阶段（见图 3.4）：

（1）技术萌芽期。炒作周期的第一个阶段是技术萌芽期或技术突破期，主要由产品发布或其他引起重大新闻和兴趣的事件构成。

（2）期望膨胀期。在下一阶段，疯狂的宣传通常会产生过度的热情和不切实际的期望。一项技术可能有一些成功的应用，但通常更多的是失败的案例。

（3）幻灭低谷期。技术进入幻灭低谷期是因为它们无法达到预期，并很快变得过时，而媒体通常也不会再关注这一话题和技术。

（4）复苏期。尽管媒体可能已经停止了对这项技术的报道，但一些企业仍会继续经历复苏期，感受到这项技术的好处和实际应用。

（5）生产成熟期。当技术的好处被广泛证明和接受时，一项技术就达到了生产成熟期。这项技术变得越来越稳定，并发展到第二代、第三代。最终发展的程度取决于该技术是广泛适用还是只会让利基市场受益。

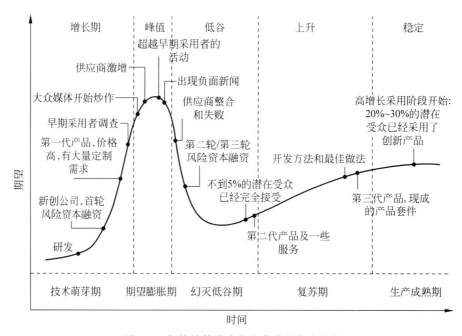

图 3.4  加特纳技术成熟度曲线的各个阶段

作为早期采用者（对于组织而言）的问题是，由于存在失败的风险，处于使用新技术的前沿通常也被称为"流血边缘"。新技术可能存在缺陷，或者可能无法与现有系统很好地集成，或者市场效益根本达不到其承诺的水平。当然，承担风险的原因是高回报，如果你使用的是竞争对手没有的技术，那么你将获得相对于竞争对手的优势。例如，RS 组件公司(https://uk.rs-online.com/web)是英国最早采用个性化技术作为电子商务系统一部分的工业零部件供应商之一。该公司已经了解了产品的优缺点,并且知道如何进行定位以吸引顾客。该系统提供了很多便利,如定制页面、访问订单历史记录、重复订购或修改订购计划等。这使该公司能够建立一个熟悉并使用 RS 组件公司的在线服务的顾客群,从而降低顾客转而使用竞争对手的服务的可能性。

那么,面对新技术和新工艺时,营销和电子商务管理者应该采取什么行动呢?这方面没有直接的经验法则,只能采取稳妥权衡的方法。管理者很容易将新技术视为时尚,或者将它们归类为"与我的市场无关"。然而,竞争对手很可能正在考察新技术并决定应用,因此需要认真考察新技术。这表明,作为环境扫描的一部分,对一个部门内或不同部门的"最佳"场所进行基准测试是必不可少的。然而,等待其他人去创新,然后从其网站上了解创新结果,企业很可能已经耽搁了 6～12 个月的时间。图 3.5 总结了可供选择的方案。阶梯曲线展示了技术随时间的变化。有些变化比较慢,如新的操作系统;另一些变化,如引入个性化技术,在为顾客提供价值和改善业务绩效方面的表现则更为明显。线 A 代表一家正在使用创新商业技术的公司,它在早期采用技术,甚至在该技术可以顺利使用前就已经采用了。线 C 代表保守的采用者,它对技术的使用落后于该技术的潜力。位于中间的线 B 可能是一个理想的情况,其代表的公司作为早期采用者监控新的想法,对其进行尝试,然后采用那些对公司业务有积极影响的想法。

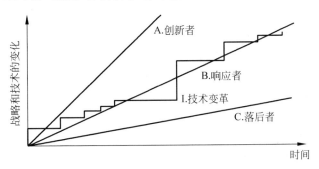

图 3.5　对技术变革的各种应对方案

技术力量是重要的,可以显著影响数字营销的成败。本节我们介绍了可能影响数字营销人员的力量的主要构成因素。下一节我们将介绍经济力量。

# 3.4　经济力量

在全球范围内,经济影响着企业的成功程度。经济力量影响供给和需求,因此数字营销人员需要确定应该监控哪些经济力量。传统的经济力量(如增长和失业、利率和汇率)可以影响商业活动的方方面面,并且与实体业务和线上业务同样相关。国际市场的发展和新兴经济体(如中欧和东欧市场、印度和亚洲经济体),也有可能影响数字营销活动。本节我们将探讨经济力量对数字市场增长与就业、利率和汇率以及全球化的影响。

### 3.4.1　市场增长与就业

经济环境通过影响供给和需求决定企业的成败。企业必须搞清楚与其业务相关的经济影响并密切予以关注。

需求变化可能对数字营销计划产生深远影响，因为它将影响市场增长的强度。先进的技术有助于企业分析采购模式并预测未来的需求。但这只是推动现代全球经济的消费图景的一部分。为了对消费者及企业的未来行为作出现实的预测，监控（影响市场增长的）趋势的变化也很重要。

**经济增长**

纵观历史，强劲的经济增长之后往往是经济低迷和衰退。21 世纪初互联网公司的繁荣与萧条凸显了高科技市场的脆弱，很多拥有高价值股票市场估值的新兴互联网公司纷纷破产，不复存在。然而，在一片混乱中，出现了推动经济增长的网络经济。面对经济繁荣时期的经济增长，企业应准备好应对产品和服务的需求增加。在经济低迷时期，随着消费者重新评估其需求和支出，销售额可能会下降。对于数字营销人员来说，困难的是（从经济角度）预测下一轮繁荣或衰退，因为他们需要考虑投资和研发。如果不能正确预测经济状况的变化，他们很可能会遇到困难或错失良机。乔伯和埃利斯·查德威克（Jobber and Ellis Chadwick，2016）认为，零售商往往是最先受到影响的企业，如家乐福、亚马逊和沃尔玛等大企业必须制订国内和国际业务的管理计划，以应对消费者需求的变化。虽然零售商首先经历需求的涨跌，但这些变化很快就会波及供应链中的供应商和制造商。消费者也会因应经济变化而改变购买行为。折扣食品零售商 Aldi 和 Lidl 在 2008—2013 年的经济衰退中受益匪浅，很多消费者不再光顾 Sainsbury 和 Waitrose，而是去折扣店购物，因为折扣店的价格更低，在服务方面却"不打折扣"。

**利率和汇率**

利率是政府与银行和金融机构共同管理一国经济的关键货币工具。利率代表借款人在特定时间段内为使用贷款人资金而向其支付的价格（Jobber and Ellis Chadwick，2016）。西方经济体往往在困难时期降低利率，以刺激经济活动，鼓励借贷，希望能够避免经济衰退。

汇率是一种货币兑换另一种货币的价格。汇率的波动意味着一个国家的消费者为某一产品支付的价格或某个海外国家的供应商销售该产品所获得的资金可能会发生变化。例如，如果英镑和欧元之间的汇率发生变化，英镑可能会贬值。国际供应商和制造商经常改变在特定货币区的价格，以确保价格保持在所需水平。数字营销人员应仔细考虑市场与货币波动的关系。

**全球化**

近年来，世界各地的联系更加紧密，全球扩张和全球出口已经成为可能，而互联网一直是贸易增长的影响因素。

在数字世界中，**全球化**（globalisation）反映了在单一的全球市场中开展国际贸易的趋势，以及国家间社会和文化差异日趋模糊。第 2 章曾经提到，在不同的大陆和国家，互联网的使用水平有很大差异，特别是从消费者的角度来看。此外，多赫蒂等（Doherty et al.，2003)认为，商业组织采用互联网的一个主要驱动力是在国内和国际市场上扩张的机会。然而，数字营销人员需要认识到全球市场交易的影响，从而决定是否开展定制品牌和营销活动，或是否采用标准化方法，同时也不能忽视当地市场的需求。

## 数字营销洞察 3.4　E2E 经济

根据戈雷尔(Gorrell，2014)的研究，下一个数字化转型已经开始。这一变革的主旨是从以客户为中心转向人人经济(E2E 经济)。这一根本转变的核心是技术和社会变革：云计算正在促进应用程序和服务的普及；移动技术正在改变数字营销格局；高级智能分析正在提供关于消费者行为的高度具体且详细的见解；数字化生态系统正在创造一个交易环境，使多个买家可以与多元化的供应商和服务提供商接触；社交媒体也出现了爆炸式增长。在这一高度连接的环境中，新的连接可以通过开放的数字通信渠道实现。

戈雷尔(2014)指出，E2E 经济的重点是如何"提高对无缝连接体验的期望"，为了在这个数字化的新世界中大展宏图，企业必须找到提供最佳体验的方法，响应永不满足的需求，并以开放的标准工作。请注意，对顾客的关注并没有消失，只是重新配置，因为企业应该通过重组和创建更加自由流动的业务结构来取悦顾客，这种结构可以随着市场变化更快、更灵活地作出反应。

### 3.4.2　经济动荡

上一节指出了关键的经济力量，并考虑了它们对数字营销人员和在线交易环境的潜在影响。利率、通货膨胀等经济力量对政治的影响是密切相关的。下一节，我们将探讨与数字贸易环境相关的政治力量。

## 3.5　政治力量

政治力量可能会对数字营销战略和规划产生影响。政治环境是通过政府机构、公众舆论、消费者压力团体及行业支持的组织(如 TRUSTArc)的相互影响而形成的。这些组织之间的互动有助于在既有的规则和隐私控制下创造一个交易环境。政治环境包含很多影响贸易环境的因素，如税收、投资、商业和公共事务管理。政治力量与经济力量紧密交织在一起。例如，英国政府为英格兰银行设定了财务目标，而英格兰银行又制定了利率来控制通货膨胀。政府对经济的影响反映在整体经济表现和企业投资上。

数字营销人员必须意识到，政府机构制定的控制互联网使用的政治行为包括：

(1) 突出消费者和企业利用互联网的好处，以促进国家的经济繁荣；

(2) 支持相关研究，使最好的实践方式能够在企业间传播；

(3) 制定政策来规制环境，如保护隐私或管理税收；

(4) 制定战略，为数字经济的增长和发展创造机会。

2017 年 11 月英国商业、能源和工业战略部(BEIS)发布了英国工业战略，提出了将在理念、人员、基础设施、商业环境和场所五个基本面上改造英国经济的愿景。技术创新、全球商品和服务贸易是该战略的关键要素,这对数字营销人员具有重要意义。例如,关键政策集中在利用创新价值、新技能培训、数字基础设施开发和业务增长方面的重大投资(英国政府,2017)。

英国数字、文化、媒体和体育部(DCMS)还制定了英国数字战略(DCMS,2017)。该战略侧重为工业战略提供支持的商业技能及其他活动。为了实现英国政府提出的成为世界领先的数字经济体的目标,英国数字战略包括七个方面:连通性;技能和包容性;数字部门;更广泛的经济;网络空间;数字政府;数据经济。

政策将向使数字战略取得成功方面倾斜。对于数字营销人员来说,意识到政府的力量是很重要的。接下来请完成活动 3.4。

## 活动 3.4：让英国成为世界领先的数字经济体

**目的**:提高对数字经济增长的政治力量的认识。

**活动**:回顾英国数字、文化、媒体和体育部提出的数字战略及其七个组成部分,也可以回顾你所在国家的类似战略。我们的任务是发现每一个方面对参与数字营销的公司和营销人员意味着什么。请访问 https://www. gov. uk/government/publications/uk-digital-strategy,研究英国数字战略的每一份文件,回答下列问题:

(1) 该计划打算如何改善连通性?

(2) 提高数字化能力的障碍是什么?

(3) 增加研发投入将如何帮助发展数字业务?

(4) 所有企业为了保持竞争力而必须努力实现的四项核心数字化活动是什么?

(5) 政府将如何确保高水平的网络安全?

(6) 英国政府推广电子钱包的目的是什么? 其潜在收益和风险是什么?

(7) 城市地图如何通过大数据创造价值?

### 3.5.1 政治控制与民主

能够对在线市场产生重要影响的政府行为是对中介的控制。这取决于特定国家和个别市场的监管力度。

- 英国金融行为管理局。旨在确保金融市场有效和公平地管理银行产品(如经常账户、储蓄和贷款)的提供者(https://www. fca. org. uk/about)。
- 英国通信管理局(Ofcom)。管理移动电话和宽带服务提供商(https://www. ofcom。 org. uk)。
- 英国天然气和电力市场办公室(OfGE)。管理能源消耗(https://www. ofgem. gov. uk)。

在金融服务市场上,比价中介没有必要展示所有的供应商。例如,英国的一家大保险公司 Direct Line 就决定不再向比价中介提供相关信息。然而,在能源行业,由于行业监管机构的要求,所有供应商都必须包括在内,尽管中介与供应商之间可能并没有联系。

### 3.5.2 网络治理

**网络治理**(Internet governance)是指为管理互联网的发展及其使用而实施的控制措施。治理传统上由政府承担,但互联网的全球性使政府管理网络变得不太现实。没有人管理互联网,虽然有很多个人、企业和组织对确保互联网的稳定有着既得利益,但并没有一个负责进行网络治理的中央管理机构。互联网名称与数字地址分配机构(ICANN)监督域名和互联网协议的分配,美国商务部对与 ICANN 有关的 DNS 根区域(顶级域系统)的决策具有一定的影响力。一些学者认为,美国终将对决策享有最终决定权(Woltag,2012)。国际互联网工程技术任务组(IETF)负责技术标准的维护和开发。

**网络中立原则**(net or network neutrality)规定平等使用互联网,电信供应商不得根据不同用户的内容和平台的类型或数量而区别对待他们对数据的访问或连接。例如,限制无法支付更高费用的人访问流媒体服务就违反了网络中立原则。之所以强调网络中立原则是因为一些电信公司和 ISP 希望提供对特定互联网服务的分层访问。不同国家对网络中立原则的应用是不同的。

### 3.5.3 税收

如何通过互联网改变税法以反映全球化,是许多国家的政府正在努力解决的问题,因为它们担心,如果现行法律没有涵盖购买模式的变化,互联网可能会导致国家或地方政府的税收大幅减少。英国政府正致力于出台新的税法,打击在英国合法避税的大型互联网公司。谷歌和亚马逊都曾被指责通过低税收管辖区经济体处理税务事务,而古德利(Goodley,2017)却认为,亚马逊在英国缴纳的公司税是其他书店的 11 倍。英国税务与海关总署(HMRC)一直都很重视对数字业务的监管,据称自 2010 年以来,已获得 1 600 亿英镑的额外税收收入。

### 活动 3.5 数字公司在操纵我们的行为吗?

**目的**:评估大型数字公司对消费者行为的影响。

**任务**:点击 https://www.youtube.com/watch? v=xRL2vVAa47I,观看纽约州立大学斯科特·加洛韦(Scott Galloway)的演讲"亚马逊、苹果、脸书和谷歌如何操纵我们的情绪"。加洛韦在演讲中讨论了一些大公司日益增长的主导地位。

(1) 就全球 GDP 而言,谷歌、苹果、亚马逊和脸书的综合影响力如何?

(2) 根据加洛韦的说法,我们对四大公司的影响力上升的主要担忧是什么?

(3) 讨论这些公司的行为在多大程度上是反竞争的。

### 3.5.4 税收管辖权

税收管辖权决定了在交易中哪个国家将获得税收收入。根据现行的国际税收条约体系,税收管辖权在获得收入的企业的母国(居住国)和企业获得收入的国家(来源国)之间进行划分。有关税收的法律正在迅速发展,各国之间差别很大。

# 3.6　法律力量

　　法律的发展是为了提供一个控制和管理的框架，使个人和企业能够以合法和道德的方式开展业务。然而，法律的解释是开放的，而且在网上交易环境中有很多法律和伦理考虑。很多法律旨在防止不道德的营销行为，营销人员必须理解并在这个监管框架内工作。本节将介绍数字营销人员应了解的最重要的六个法律问题（见表 3.1）。

| 表 3.1　控制数字营销的重要法律 | |
| --- | --- |
| 法律问题 | 受影响的数字营销活动 |
| 1. 数据保护和隐私法 | • 通过论坛中的数据抓取直接收集、储存、使用和删除个人信息，或者通过行为跟踪并借助网络分析间接收集、储存、使用和删除个人信息<br>• 电子邮件营销和短信移动营销<br>• 基于收集的数据，在网站上或通过广告、电子邮件提供更有针对性的产品报价<br>• 利用**病毒式营销**（viral marketing）促进营销信息在消费者之间的传播<br>• 使用 cookies 及其他技术在网站上提供个性化内容并进行跟踪<br>• 使用 cookies 跟踪网站之间（如广告网络）的行为<br>• 将安装在用户个人计算机上的数字资产用于营销目的，如工具栏或其他可下载的实用程序，有时也被称为"恶意软件" |
| 2. 残疾人保护法和反歧视法 | • 内容的可访问性，如在不同的数字环境（网站、电子邮件、移动电话、社交媒体、IPTV）中为视障人士提供的图像<br>• 可访问性对于其他形式的残疾（包括听力障碍和运动障碍）的影响 |
| 3. 品牌和商标保护 | 在以下范围内使用商标和品牌名称：<br>• 域名<br>• 网站上的内容（用于搜索引擎优化）<br>• 自然搜索结果<br>• 付费搜索广告活动（如 Google Ads）<br>• 品牌在第三方网站上的形象，包括合作伙伴、发布者和社交网络<br>• 员工的诽谤 |
| 4. 知识产权 | 通过数字版权管理（DRM）保护文本内容、图像、音频等数字资产 |
| 5. 合同法 | 与以下内容有关的电子合同的有效性：<br>• 取消<br>• 退货<br>• 价格错误<br>• 远程销售法律<br>• 当电子商务服务提供商与购买者处于不同的税收管辖区时产生的国际税收问题 |

续表

| 法律问题 | 受影响的数字营销活动 |
| --- | --- |
| 6. 在线广告法 | 与传统媒体类似的问题：<br>• 关于要约的声明<br>• 使用代言人，如社交媒体和视频博客上的名人<br>• 引起冒犯（如病毒式营销） |

### 3.6.1　法律活动可能被认为是不道德的

数字营销人员应该遵守法律和**道德标准**（ethical standards），但技术创新的速度很快，因此法律往往不那么明确。在这种情况下，营销人员需要谨慎行事，因为不道德的行为会严重损害公司的声誉，负面情绪会导致在线受众或销售额的减少。

### 3.6.2　数据保护和隐私法

**隐私权**（privacy）是个人避免第三方对其个人事务的侵犯的道德权利。身份、喜好等个人隐私数据是消费者最担心的问题，尤其是在**身份盗用**（identity theft）日益增多的背景下。

数字营销人员可以通过使用这类非常有价值的信息更好地了解顾客的需求。收集这类个人信息有助于营销人员与顾客进行有针对性的沟通，并开发更符合用户需求的产品。那么营销人员应该如何应对这一困境？一项明显的举措是确保营销活动符合最新的数据保护和隐私法。虽然遵守法律听起来很简单，但在实践中由于这些新的法律没有经过法庭的实践检验，对其的解释存在很多版本。因此，公司必须基于应用特定营销实践的商业利益，针对合规性较低的财务和声誉风险，作出自己的业务决策。

高效的电子商务需要在个人客户通过提供个人信息从在线体验中获得的利益与让企业持有自己的信息量和类型之间建立一种平衡。

数字营销人员使用的主要信息中受道德和法律约束的有下面几种：

（1）联系方式。包括姓名、邮寄地址、电子邮件地址，对于 B2B 公司还包括公司网址。

（2）描述信息。关于顾客特征的信息，可用于市场细分，包括消费者的年龄、性别和社会群体，以及企业客户的公司特征和个人角色。

（3）平台使用信息。通过网络分析系统，可以收集网站用户使用的计算机类型、浏览器和屏幕分辨率等信息。

（4）在单个网站上的行为信息。购买行为的历史数据，包括整个购买过程。网络分析可用于评估个人访问的网络和电子邮件内容。

（5）在多个网站上的行为信息。能够显示用户如何访问多个网站并跨网站响应广告。这些数据通常是通过基于 cookies 或 IP 地址的匿名配置文件收集和使用的，这些地址与个人无关。

表 3.2 总结了如何通过技术收集和使用不同类型的客户信息。营销人员要考虑的主要问题是披露所使用的信息收集和跟踪数据的类型。表中的前两类信息在数据收集中通

过隐私声明可以很容易地解释,正如我们将看到的,这通常是一项法律要求。然而,对于其他类型的信息,用户只有在安装了 cookies 监控软件或查找提供广告的出版商的隐私声明时才知道自己被跟踪了。

| 表 3.2 网上收集的信息类型及相关技术 | |
| --- | --- |
| 信息类型 | 获取并使用信息的方法和技术 |
| 1. 联系方式 | • 在线表单：链接到顾客数据库的在线表单<br>• cookies：用于在后续访问中记住特定的人 |
| 2. 包括个人信息在内的描述信息 | • 在线登记表,收集社交网络和公司网站上的数据<br>• cookies 可用于通过将 cookies 链接到顾户数据库记录,然后提供与其细分市场一致的内容,将个人分配到特定的细分市场 |
| 3. 访问平台使用的信息 | 网络分析系统：基于访问者的 http 属性来识别计算机类型、操作系统和屏幕特征 |
| 4. 在单个网站上的行为信息 | • 销售订单数据库中存储了购买历史记录<br>• 网络分析根据访问的网页序列的点击流来存储 IP 地址的详细信息<br>• 电子邮件营销中的网络信标：单像素 GIF 用于评估用户是否打开了电子邮件<br>• 第一手的 cookies 还可用于监控访问者在访问期间和后续访问期间的行为<br>• **恶意软件**(malware)可以收集密码等附加信息 |
| 5. 在多个网站上的行为信息 | • 第三方 cookies 用于评估来自不同渠道的访问,如在线广告网络或附属网络<br>• 谷歌等搜索引擎使用 cookies 跟踪广告,例如,谷歌借助 Google Ads 点击付费计划对广告进行追踪<br>• Hitwise(www.hitwise.com)等服务对知识产权流量进行监控,以评估一个产品类别中顾客群的网站使用情况 |

### 数据保护法

颁布数据保护法是为了保护个人及个人隐私,防止**个人数据**(personal data)被滥用。

英国相关方面的法律是 1984 年、1998 年《数据保护法》。信息专员办公室是英国的独立机构,它"维护公共利益中的信息权利,促进公共机构的开放和个人的数据隐私"(ICO,2018)。可访问 https://ico.org.uk,了解 ICO 提供的详细信息。所有在计算机或文件中保存顾客或员工个人数据的公司都必须向数据保护注册机构注册。这个过程被称为**公告**(notification)。

《一般数据保护条例》(GDPR,2018)规定了数据保护法准则。GDPR 适用于数据控制器和数据处理器。控制器确定处理个人数据的目的和方式,处理器代表控制器负责执行处理。GDPR 适用于个人及敏感数据的收集和使用,并要求个人数据应：

(1) 以合法、公平和透明的方式进行处理。

(2) 为特定的、明确的和合法的目的收集,并且以符合这些目的的方式进一步处理；

出于公共利益、科学或历史研究、统计目的而存档所做的进一步处理不应被视为与最初目的不符。

（3）充分、相关且仅限于与加工目的相关的必要内容。

（4）准确，必要时保持最新；采取一切合理的步骤，确保不准确的个人数据（考虑到处理这些数据的目的）立即被删除或更正。

（5）以允许识别数据主体的形式保存，保存时间不超过处理个人数据所需的时间；只要个人数据的处理完全是出于公共利益、科学或历史研究、统计目的而存档，个人数据可以储存更长的时间，但须执行 GDPR 为保障个人权利和自由而要求的适当的技术和组织措施。

（6）使用适当的技术或组织措施，确保个人数据以适当安全的方式进行处理，包括防止未经授权、非法处理以及意外丢失、破坏或损坏（ICO，2018）。

**反垃圾邮件法**

很多国家已经颁布了保护个人隐私的法律，旨在减少垃圾邮件或未经请求的商业电子邮件（UCE）。垃圾邮件发送者发送数以百万计的电子邮件，即使只有 0.01% 的回复率，他们也能赚钱。

反垃圾邮件法并不意味着电子邮件不能被用作营销工具，而是需要取得收件人的允许。这种方法被称为**许可营销**（permission marketing）。允许的电子邮件营销是建立在消费者同意或**选择性加入**（opt-in）的基础上的，而允许其取消订阅或**选择性退出**（opt-out）是成功电子邮件营销的关键。如果消费者选择接收电子邮件，也可以租用电子邮件列表。这就是所谓的**冷名单**（cold list），之所以这么称呼，是因为从第三方购买数据的企业并不认识你。你的名字也可能被储存在一个默认的**内部顾客名单**（house list）中，出售你的信息的企业已经获得了你的同意，或者你还同意与其合作伙伴建立联系。

## 数字营销洞察 3.5　了解 cookies

cookie 是放置在计算机中的数据文件，用于标识该计算机。cookies 一词源于 Unix 操作系统术语 magic cookie，它表示在例程或程序之间传递的内容，使接收方能够执行某些操作。

**1. cookies 的类型**

- **持久的 cookies**。这些信息会停留在用户计算机的多个会话上，可以帮助营销人员识别重复访问网站的行为。
- **临时或会话 cookies**（单个会话）。用于追踪某个会话的页面，如某个电子商务网站。
- **第一手 cookies**。消费者正在浏览的网站。通常是持久的或会话 cookies。
- **第三方 cookies**。由第三方网站向正在被浏览的网站提供的服务，通常是为需要对广告网络进行远程跟踪的发布者提供的，或者是在网页分析软件中放置 cookies。这些都是典型的持久的 cookies。

cookies 作为单独的文本文件存储在个人计算机的目录中。通常每个网站有一个文件。例如，dave_chaffey@british-airvays.txt 这个文件包含以下编码信息：FLT_VIS|K：

bapzRnGdxBYUU|D：Jul-25-1999|british-airways.com/0425259904 29357426 117074793629284034*

尽管很多网络用户可能认为个人身份信息被存储了，但cookies文件中的信息本质上只是一个标识码，可以链接到顾客数据库和最后一次访问的日期，当然其他信息也是可以存储的。

cookies对于不同的浏览器和计算机是不一样的，因此如果用户在工作中使用不同的计算机上网或使用不同的浏览器，则网站不会将其识别为同一个用户。

### 2. cookies 的用途

cookies的常见营销应用包括：

- 在网站中标记用户的个人信息。cookies用于识别单个用户，并根据cookies中存储的标识符从数据库中检索他们的偏好。例如，我在www.econsultancy.com网站订阅了Econsultancy服务，因为它记录了我以前的访问信息，所以我再访问该网站时可以省却登录的麻烦。许多网站都有"记住我"选项，这意味着它们会使用cookies来识别再次访问者。亚马逊等零售商可以使用cookies识别回头客，并向其推荐其他读者购买的相关书籍。

- 在线订购系统。这让网站(如Tesco.com)可以在你订购不同商品时，对你购物车内的物品进行跟踪记录。

- 在网站内的跟踪记录。Google Analytics、Adobe Analytics和Webtrends等网站分析软件分析网站访问者的统计数据，并依据持久的cookies推断网站的重复访问者所占比例。Webtrends等工具越来越多地使用第一手cookies，因为它们更准确而且很少被阻止。营销人员应检查自己的网站上是否可以使用第一手cookies。

- 在网站间的跟踪记录。广告网络使用cookies来跟踪特定计算机用户浏览某个横幅广告的次数，而且可以跟踪广告网络中不同网站上的广告。自从Doubleclick利用这一手段对客户进行分析以来，在20世纪90年代末出现了捍卫个人权利的呼声。Doubleclick不再运营广告网络也有这方面的原因。

联盟网络和按点击付费广告网络(如Google Ads)也可以使用cookies来追踪通过点击第三方网站跳转到目标网站或商家网站而产生的销售或潜在客户。这些方法倾向于使用第三方cookies。例如，如果Google Ads中启用了转化跟踪，当用户点击广告时，谷歌会设置一个cookies。如果这个用户购买了广告产品，那么购买确认页面将包含谷歌提供的脚本代码，以检查谷歌放置的cookies。如果存在匹配，则销售归因于广告。另一种使用第三方跟踪的方法是，不同的在线活动在指向目标网站的链接中含有不同的跟踪参数或代码，当用户从特定来源(如Google Ads)跳转到某个网站时，这将被识别并生成cookies。当购买确认发生时，这可以归因于原始来源，如Google Ads和特定的推荐人。

由于很多公司在按点击付费营销和联盟营销上投入了大量资金，cookies隐私法和删除是营销人员关注的一个领域，因为追踪可能变得不准确。然而，即使cookies被屏蔽或删除，仍然会带来销售，因此主要后果是在线广告或按点击付费营销的投资回报率(ROI)可能低于预期。在联盟营销中，这种现象可能有利于营销人员，因为如果在原始点击与销售之间的cookie被删除(或阻止)，则可能不需要向第三方付费。

**3. cookies使用带来的隐私问题**

数字营销人员面临的问题是，尽管cookies有这些重要的应用，但被浏览器或安全软件屏蔽和用户删除的情况却急剧增加。全球网络指数（2014年）的研究表明，近一半的网购者会删除cookies，而1/5的人表示，他们正在使用DoNotTrackMe等工具阻止公司监控自己的上网情况。

很多人似乎不信任cookies，因为它们表明有"人"在监视自己的行动。其他人则担心自己的个人信息或信用卡信息会被其他网站获取。

**4. cookies的法律约束**

《隐私与电子通信条例（PECR）》，特别是2012年5月的修订版，为公司提供了使用cookies的指导。2003年颁布的原始条例规定：除非符合下列要求，否则任何人不得使用电子通信网络来获取或存储用户或用户的终端设备中存储的信息：①向用户提供关于存储或访问该信息的目的的清晰且全面的信息；②让用户有机会拒绝存储或访问该信息。

要求①表明必须有一个明确的**隐私声明**（privacy statement）；要求②则表明必须明确cookies可以选择加入。很多评论者认为这是一条奇怪的规定，因为删除cookies的功能在网络浏览器上就有。另一条规定对此作了澄清："为提供订阅者或用户要求的信息社会服务，这种储存或存取是绝对必要的。"这表明对于电子商务服务会话来说，cookies是合法的，不需要选择加入。对回头客的识别是否"严格必要"是有争议的，这就是为什么有些网站在登录旁边有一个"记住我"的勾选框，这么做可以避免触犯相关法律。单纯出于追踪回访目的而使用cookies似乎是违法的，但未来几年判例法究竟会如何发展，我们还需拭目以待。

我们以一份清单总结审查公司遵守数据保护和隐私立法的情况所需的实际步骤。公司应：

（1）遵循并使用所有当地市场的隐私与消费者保护指南和法律。使用本地隐私和安全认证。

（2）在询问以下信息之前告知或通知访问者：公司是谁；收集、处理和存储哪些个人数据；收集的目的；网站访问者如何选择退出（从电子邮件列表或cookies中取消订阅）；网站访问者如何获取有关他们的信息。

（3）收集敏感的个人数据时，征求用户同意，在收集任何类型的数据之前，最好先征求用户同意。

（4）通过提供清晰有效的隐私声明和解释数据收集的目的来安抚用户。

（5）让用户知道何时使用cookies或其他秘密软件收集有关他们的信息。

（6）不得收集或保留个人资料，除非为本组织的目的而绝对需要。例如，在线报价时不得要求用户提供其姓名和完整地址。如果出于营销目的需要额外的信息，则应明确说明，且这类信息的提供应是可选的。

（7）在接到通知后修改不正确的数据，并告诉其他人。启用现场更正。

（8）只有当用户被告知这种情况并同意（称为"选择加入"）时，才能将数据用于营销（由公司或第三方提供）。

（9）为用户提供停止接收信息的选项（称为"选择退出"）。

（10）使用适当的安全技术保护网站上的用户信息。

### 3.6.3 残疾人保护法和反歧视法

针对歧视因视听或运动障碍而难以使用网站的残疾用户的法律被称为无障碍立法。这通常包含在《残疾人保护法和反歧视法》中。在英国，相关法案是《2010年残疾人歧视法》。

网站的无障碍性是指使网站的所有用户都能与其进行交互，而不管他们是否有残疾，也不管他们使用何种网页浏览器或平台访问网站。视觉障碍者或盲人是无障碍网站设计可以帮助的主要受众。第7章介绍了网站设计中需要关注的无障碍要求。

### 3.6.4 品牌和商标保护

在线的品牌和商标保护涵盖多个领域，包括在域名中使用品牌名称，在其他网站和在线广告中使用商标。

#### 1. 域名注册

针对不同的产品线、国家或特定的营销活动，很多公司拥有多个域名。当一个人或一家公司注册了另一家公司声称其有权使用的域名时，就会产生域名纠纷。这有时被称为"抢注"。

最著名的一个案例是1998年由玛莎百货(Marks and Spencer)及其他高端零售商提起的，因为另一家公司One In a Million Limited抢注了marks&spencer.com、britishtelecom.net和sainsbury.com，并试图出售这些域名来获利。虽然玛莎百货等公司拥有与品牌名称更相近的域名，如marksandspencer.co.uk，但没有采取预防措施，没有注册拼写形式类似及使用不同的顶级域名(如.net)的所有域名。英国政府针对One In a Million的域名发布了禁令，要求其停止使用这些域名。

公司名称被盗用的问题在20世纪90年代很常见，公司需要确保为每个品牌注册所有相关的域名，因为新的顶级域名是随着时间的推移而创建的，如.biz和.eu。

如果你负责管理网站，你需要检查域名是否由你的托管公司自动更新(就像今天的大多数公司一样)。例如，必须每两年更新一次.co.uk域名。公司如果对此不加管理，就会面临失去域名的风险，因为其他公司可能在域名过期后予以抢注。域名注册的另一个选择是购买在搜索引擎中表现良好的已有网站的通用域名。

#### 数字营销洞察3.6 一个域名值多少钱？

欧洲域名附加值最高的一次支付是在2008年，cruise.co.uk网站向德国旅游公司Nees Reisen支付了56万英镑购买竞争性的域名cruises.co.uk。瑞(Wray,2008)报道称，cruises.co.uk的新主人希望用不同的方式使用这个新的域名——把该网站变成一个面向邮轮爱好者的在线中介或社区，而cruise.co.uk将专注于提供最优惠的航行服务。对于这一举措的价值，cruises.co.uk的总经理西姆斯·康隆(Seamus Conlon)表示：cruises在谷歌上一直排名第一，而cruise紧随其后。我们希望获得头把交椅，以便当互联网用户搜索邮轮优惠、评论或新闻时,我们会是第一个出现的。邮轮市场是旅游业中发展最快的行业之一。

随着网站的商业化,域名会通过高价易手。例如,business.com 1999 年 12 月以 750 万美元的价格成交,AsSeenOnTv.com 2000 年 1 月以 510 万美元的价格成交,Credcards.com 2004 年 7 月以 270 万美元的价格成交,Insure.com 2009 年以 1 600 万美元的价格成交,sex.com 2010 年 10 月以 1 400 万美元的价格成交,casino.tt 2011 年 5 月以 200 万美元的价格成交,360.com 2015 年以 1 700 万美元的价格成交(Young,2016)。

然而,ICANN 发布了大量新的 gTLD,这意味着域名的相对价值一直在下降。前不久,1996 年注册并以 30 万美元公开拍卖价成交的 DVDs.com 在拍卖会上以 5 万美元的起拍价挂牌。即使价格已经降到如此之低,这个域名也没能卖出去。

**2. 广告中的名誉损害**

公司担心在社交网络或广告网络上做广告会使名誉受损,因为它们并不清楚自己的广告将与哪些内容放在一起。例如,当沃达丰(Vodafone)的广告出现在英国国家党(British National Party)的群组资料中后,沃达丰就撤下了脸书上的所有广告。很多其他的广告商也因此撤下了广告。

**3. 监控社交网络和博客中有关品牌的对话**

在线品牌声誉管理和预警软件能够对不同的地点(包括博客和社交网络)在线发布的关于品牌的评论或提及提供实时预警。一些常用的基本工具包括:

- Talkwalker Alerts (www.talkwalker.com)和 Google Alerts (www.google.com/alerts),当出现任何包含搜索短语(如你的公司或品牌名称)的新页面时,它将向公司发出警报。
- Buzzsumo (www.buzzsumo.com)显示广泛共享的内容。
- Social Bakers (www.socialbakers.com)提供哪些品牌在社交媒体中被分享的次数最多。

此外,还有更为复杂的在线声誉管理服务(如 Brand24、Radian6 和 Brandwatch 等)可以更深入地分析这种情绪是积极的还是消极的,而且可以警示未经授权使用标识和商标等问题。

## 3.6.5 知识产权

**知识产权**(intellectual property rights,IPRs)用于保护包括为电子商务网站开发的内容与服务在内的设计、创意和发明。与此密切相关的是著作权法,该法旨在保护作者、制作人、广播公司和表演者,确保其作品在被使用时他们都能得到一些回报。于 2003 年起在很多国家开始施行的《欧洲版权指令》(2001/29/EC),是对现有法律的重要更新,涵盖了新技术和新方法,如利用互联网作为传播手段。

组织自身的知识产权可能被盗用,需要加以防范。例如,复制网页内容并在另一个网站上重新发布相对容易,这种做法在小企业中并不少见。声誉管理服务可以用来评估组织的内容、徽标和**商标**(trademarks)在其他网站上的使用情况。

互联网和内容的数字化使内容易于被(以合法或非法的方式)共享。2002 年,哈尔·普罗特金(Hal Plotkin)发表了第一篇使用**知识共享**(Creative Commons,CC)的文章。到2018 年,估计有 12 亿件使用各种知识共享选项的许可作品(维基百科,2018)。图 3.6 描述了知识共享提供的选项。知识共享运动的目的是建立更好、更丰富的作品体系,以替代"保留所有权利"的标准版权。

图 3.6　知识共享许可选项

资料来源：Creative Commons(2018).

第一行：署名(BY)。只要在使用时署名,任何人都可以使用、转载、改编作品并进行二次创作。

第二行署名-相同方式共享(BY-SA)。只要在使用时署名,任何人都可以使用、转载、改编作品并进行二次创作,可以将其用于商业目的。基于该作品创作的所有新作品都要适用相同类型的许可协议。

第三行：署名-非商业性使用(BY-NC)。只要在使用时署名,任何人都可以使用、转载、改编作品并进行二次创作,但不可以将其用于商业目的。

第四行：署名-非商业性使用-相同方式共享(BY-NC-SA)。只要在使用时署名,任何人都可以使用、转载、改编作品并进行二次创作,但不得将作品及其衍生的作品用于商业目的,且基于该作品创作的所有新作品都要适用相同类型的许可协议。

第五行：署名-禁止演绎(BY-ND)。只要在使用时署名,并且对作品不加任何改动,任何人都可以基于商业或非商业目的使用和转载作品。

第六行：署名-非商业性使用-禁止演绎(BY-NC-ND)。这是最严格的协议文本,只要在使用时署名,任何人都可以下载并与其他人分享作品,但不可以对作品进行修改,也不可以将其用于商业目的。

## 3.6.6　网络广告法

由独立机构执行的广告标准,如英国广告标准管理局准则(Advertising Standards Authority Code)等,也适用于互联网环境(尽管这些标准在网上的监管力度较小,导致网上执行更"尖锐的"创新行为,意在产生病毒式的效果)。英国广告标准管理局会公布一份

"违规广告商"名单,直到违规网站更新(http://www.asa.org.uk/Rulings/Noncompliant-online-advertiers.aspx)。

对于消费者来说,在线广告的一个特殊挑战是营销传播必须具有明显的可识别性。指导涵盖以下情况:

- 未经请求的电子邮件营销通信必须被明显地标注为营销通信,即消费者无须阅读。
- 营销传播不得虚假声称或暗示营销人员是消费者,即营销人员不应就其公司或竞争对手发表评论。
- 营销人员和发布者必须明确广告是营销传播,如在标题上加注"广告"字样。这种指导是必要的,因为原生广告的增加意味着很多伪装成广告的内容没有被披露。

美国联邦贸易委员会(FTC)将**原生广告**(native advertising)定义为"在数字媒体中将广告与新闻、娱乐及其他编辑内容相结合",即与"赞助内容"同义。

英国广告标准管理局(ASA)给出了有关明星代言的指南和示例(https://www.asa.org.uk/advice-online/celebrities.html),尤其适用于社交媒体,摘录如下:代言人必须是真实的;所声称的内容必须准确;避免社交媒体陷阱;记住年龄要求(在酒精饮料和赌博广告中);注意部门限制;要负责任;征求许可。

以下是违反广告准则的本地广告和名人代言的示例:

- 2012 年,英国足球运动员韦恩·鲁尼(Wayne Rooney)在推文中提到了赞助商耐克(Nike),他将一条推广信息作为个人评论发了出去,但并未明确表明这是一则广告。
- 2013 年,拥有 157 年历史的杂志《大西洋》(*The Atlantic*)在网站上刊登了一篇关于山达基教会的报道,庆祝该教会过去一年在全球的壮大。
- 2014 年,BuzzFeed 发布了一个由哈珀柯林斯出版集团(HarperCollins)赞助的信息图表——每个毕业生都需要阅读的 10 条引语。
- 2014 年,包括菲尔·莱斯特(Phil Lester)和丹·豪厄尔(Dan Howell)在内的英国视频博主在推送奥利奥的扭舔泡手机游戏后受到非议。

# 3.7 社会力量

社会力量与文化密切相关,对数字营销具有重要的影响。从广义上说,构成这些力量的关键因素是基于人口统计特征、社会排斥和文化因素的社交圈。

我们关注的是人口统计特征更为广泛的影响:人口的变化。这一点之所以重要,是因为人口的规模和增长率会影响数字营销战略与规划。人口趋势的一个非常重要的转变是,历史上第一次有超过 50% 的人口生活在城市中。

据估计,世界人口有 76 亿,14 岁及以下占 25.4%,15~64 岁占 65.88%,65 岁及以上占 8.68%。人口增长率据估计为 1.06。世界人口预计将继续增长,但人口老龄化的同时,生育率却在下降,因此总体增长速度正在放缓。人口的增长意味着对有限资源的需求越来越大。人口的变化对市场营销人员很重要,因为这会创造新的市场机会。目前,俄罗斯、印度、巴西和中国等新兴市场代表了市场的增长,但在对发展中国家和新兴市场进行重大投资之前,还需要考虑其他人口因素。例如,全世界的文盲中有相当一部分生活在孟加拉国、埃及、埃塞俄比亚、印度、印度尼西亚、尼日利亚、巴基斯坦等国(CIA,2018)。

对人口趋势的分析可以揭示一些重要的问题。例如,每个国家都有一个重要的群体是不会上网的,这些人至少占成年人口的 1/4。显然,在预测未来需求时,需要考虑这一群体对互联网服务需求的缺乏。而且,这也引发了社会孤立的问题。牛津互联网研究所在其对互联网使用的研究中称之为"互联网脱离"。也有学者认为这是"社会排斥"的一个方面。

## 3.7.1　社会排斥

互联网的社会影响也引起了很多评论员的关注,因为互联网的潜在影响是,无论是在一个国家的社会内部,还是在不同的国家之间,互联网都会加剧生活质量的差异,从而造成"信息富有者"和"信息贫困者"。这可能会加剧**社会排斥**(social exclusion),即社会上的一部分人被排除在其他人可利用的设施之外,从而变得孤立。

发达国家正在通过社会计划促进信息技术和互联网的使用,如英国政府的数字包容战略。阅读活动 3.6,了解 Doteveryone 是如何帮助更多人上网的。

### 活动 3.6　Doteveryone 衡量基本的数字技能

**目的**：学会评估基本数字技能。

**活动**：Doteveryone.org.uk 正在努力使英国成为一个人人都能上网的地方。该组织是一个总部设在伦敦的智库,由互联网企业家玛莎·莱恩·福克斯(Martha Lane Fox)创立。

Doteveryone 使用一个基本技能框架来评估英国拥有数字技能的人口的状况。访问 https://www.thetechpartnership.com/basic-digitalskills/basic-digital-skills-framework/,阅读基本的数字技能框架。

请你的三位朋友或家人填写下面的基本技能调查表,了解他们的数字技能。

最后,说明你会如何鼓励那些得分较低的人提高基础技能。

| 基本技能调查表 | | | | | |
|---|---|---|---|---|---|
| 基本数字技能类别 | 活动 | 你能做到吗? | | | 在过去 3 个月里你有没有这样做过? | |
| | | 我不知道你在说什么 | 如果有人要求,我可以做到 | 即使有人要求,我也做不到 | 在过去 3 个月里,我这样做过 | 在过去 3 个月里,我没有这样做过 |
| 管理信息 | 使用搜索引擎查找信息 | | | | | |
| | 下载/保存在网上找到的照片 | | | | | |

续表

| 基本数字技能类别 | 活动 | 你能做到吗？ | | | 在过去 3 个月里你有没有这样做过？ | |
|---|---|---|---|---|---|---|
| | | 我不知道你在说什么 | 如果有人要求，我可以做到 | 即使有人要求，我也做不到 | 在过去 3 个月里，我这样做过 | 在过去 3 个月里，我没有这样做过 |
| 交流 | 使用电子邮件向另一个人发送个人消息 | | | | | |
| | 在线发表评论和分享信息 | | | | | |
| 购物 | 网购商品或服务 | | | | | |
| | 购买并在移动设备上安装应用程序 | | | | | |
| 解决问题 | 使用在线帮助解决你的设备问题 | | | | | |
| | 验证你在网上找到的信息来源 | | | | | |
| 创造 | 完成包含个人详细信息的在线申请 | | | | | |
| | 根据现有的在线图片、音乐或视频创造新的作品 | | | | | |

作为本章的结论，阅读下面的案例研究，其中突出了社交媒体改变营销格局的例子。

## 案例研究 3　社交媒体——名人们说了算吗

我们对他人私生活的迷恋，使社交媒体对人类活动的方方面面产生着越来越大的影响（Alalwan，2017）。但在商业上，这类数字通信媒体的管理往往处于无政府状态（Felix，2016）。尽管如此，研究表明，数字营销经理可以努力使组织对社交媒体的使用变得连贯、一致和强大，而不是以非结构化的方式使用社交媒体。我们从一些备受关注的社交媒体案例中寻找证据，并应用了战略性社交媒体营销框架（Felix，2016），目的是调查这一颠覆性数字通信渠道的复杂性。

### 社交媒体营销框架(SMMF)

该框架提供了一个考虑社交媒体的战略应用的整体方法。费利克斯等(Felix et al.，2016)认为社交媒体营销有四个维度：

(1) 范围。这一维度关注社交媒体平台在多大程度上被用作单向交流工具，提供娱乐和告知最终用户的内容，或作为一个真实的协作环境，促进最终用户与公司的互动。

(2) 文化。这一维度区分了是将社交媒体作为传统大众营销渠道，还是将其作为一种更为现代的开放且灵活的方式，并且采用社交媒体平台的风格。

(3) 结构。这一维度着眼于组织和社交媒体的部署：它的应用是受到集中控制及对指定员工的明确定义的协议的约束，还是分散并由所有员工负责，从而不需要市场总监的角色？

(4) 治理。这一维度涉及公司规则，以及员工被告知他们在社交媒体平台上能说什么和不能说什么的程度。

该框架旨在强调社交媒体使用背后的复杂性，以及对其应用和管理采取多层面方法的重要性。

现在让我们通过最近一些备受关注的社交媒体活动，看看社交媒体营销框架是否有助于阐明我们每一项证据的影响力和成功程度。

### 证据1：名人订婚——凯莉化妆品

脸书、推特和领英等社交媒体平台都在鼓励人们分享各种格式的个人和商业信息，包括文本、照片、视频、音频、博客和消息。据报道，美国真人秀明星、社交媒体名人凯莉·詹纳(Kylie Jenner)发推文称，她不再看Snapchat上的消息，从而使Snapchat的市值缩水15亿美元。凯莉试图不断吸引她的粉丝，发布了一张刚出生的女儿的模糊照片，在短短几个小时内就获得了1 100万人的点赞(BBC，Newswound，2018)。凯莉与金·卡戴珊(Kim Kardashian)有亲戚关系，金·卡戴珊因真人秀节目《与卡戴珊一家同行》而风靡美国。金与卡戴珊和詹纳家族的其他成员发展了强大的社交媒体，也获得了巨大的经济利益(Gajanan，2017)。凯莉利用数字社交媒体的影响力，在不到两年的时间里建立了一家价值4亿美元的化妆品公司。凯丽化妆品网站鼓励顾客分享自己使用凯莉化妆品后的照片。

### 证据2：政治运动——"捂紧我们的钱包"

在唐纳德·特朗普(Donald Trump)嘲笑女性之后，香农·库尔特(Shannon Coulter)发起了一项活动，呼吁人们不要购买伊万卡·特朗普(Ivanka Trump)的时装。她的竞选活动"捂紧我们的钱包"呼吁采取行动，抵制经销这一时尚品牌的零售商。随着社交媒体活动的扩大，越来越多的美国大零售商，如内尔曼·马库斯(Nelman Marcus)、贝尔克(Belk)和诺德斯特龙(Nordstrom)重新考虑是否经销伊万卡·特朗普的时装。这些零售商中没有一家报告过这次抵制活动对其销售的影响。不过，据称，库尔特的这一社交媒体活动开展以后，伊万卡品牌的销售额增长了21%，这归因于品类和市场扩张。对库尔特来说，这场运动已经演变成更广泛的"反特朗普情绪"的表达，以及对与唐纳德·特朗普有关系的公司的经济抵制(Halzack，2017)。她认为这是让消费者主动跟志同道合者共同参与活动的一种方式。

**证据 3：财务合规**

金融服务行业通常是风险厌恶型行业，因此最初社交媒体被其视为一个重要威胁，很多银行、房屋互助协会及其他金融机构避免在社交媒体平台上出现。但这些金融机构的客户却有不同的想法，越来越多的客户要求服务商提供实时响应。因此，金融机构开始投入资金研发不仅能提供更快、更好的服务，而且广泛使用社交媒体的金融技术（FinTech）。金融机构对脸书、推特及其他平台的使用是有控制的：作为促进客户互动的渠道；改善目标定位和利基市场扩张的营销渠道；新产品的交付渠道；探索新的商业模式（Eldridge，2017）。但这也许是最大的威胁：由于接受社交媒体，金融服务业已经将"客户意识"让给了谷歌、苹果、脸书、亚马逊和微软，并为非银行取代长期存在的传统金融服务公司铺平了道路（Birch，2018）。

**证据 4：本地和个人社交媒体**

Ins 于 2010 年推出，第一年就吸引了 1 000 万会员，目前其会员已超过 8 亿（活跃用户），扩张速度越来越快。这种增长的部分原因可能是脸书（Ins 的所有者）与 Snapchat 之间的竞争，后者创造了使用个人图像进行交流的新方式。Ins 增加了一些功能，使照片库可以更加个性化，也更像脸书了（Manjoo，2017）。

**问题**

1. 使用社交媒体营销框架分析以下内容：

(1) 凯莉·詹纳的化妆品；

(2) 香农·库尔特"捂紧我们的钱包"活动。

2. 说明使用社交媒体营销框架可以如何帮助：

(1) 解释金融服务业中与社交媒体的使用相关的情况；

(2) 为社交媒体的使用提供战略解决方案，从而保护银行和房屋互助协会免受谷歌、苹果、脸书、亚马逊和微软的威胁。

3. 讨论使用案例中的证据 1～4 对社交媒体进行战略管理的可能性。

## 小结

1. 应利用环境扫描和宏观环境分析帮助公司应对环境变化，并针对影响贸易环境的因素采取行动。

2. 数字营销人员在观察和评估时，技术力量是最有潜力、最重要的一种力量。技术的快速变化要求持续监控客户和竞争对手采用技术的情况，并作出适当的反应。

3. 本章考虑的经济力量包括传统的经济因素，即就业、利率、市场增长及数字营销人员的新兴市场。

4. 政治力量涉及政府在促进电子商务方面的作用，但政府也会试图限制电子商务，这就提出了民主和互联网的问题。

5. 电子商务管理者需要考虑的法律力量包括隐私和数据保护、远程销售规则、税收，以及包括域名注册和版权保护在内的品牌声誉保护。

6. 社会力量包括互联网使用的变化，以及出于保护消费者隐私和细节安全的需要的道德问题。隐私问题包括顾客信息的收集和传播、cookies 和直接电子邮件的使用。营销人员必须在现行法律范围内采取行动，确保顾客的隐私，并解释收集其个人信息对他们的好处。

## 练习

**自我评估练习**

1. 总结数字营销和电子商务经理应分析的宏观环境的关键要素。

2. 给出一个例子，说明每个宏观环境力量如何直接推动网络、移动和社交媒体等多种渠道在线提供的内容和服务。

3. 数字营销经理应该采取什么行动来保护消费者的隐私和安全？

4. 举出三种可以用来保护用户隐私的数字信道技术。

5. 各国政府是如何试图控制互联网的使用的？这在多大程度上对信息民主产生了影响？

6. 给出一些可用于管理技术创新的快速变化的方法。

**讨论题**

1. 你刚出任一家大型零售商的数字营销经理。制作一份清单，列出你需要注意的零售商数字渠道合规性的各种法律问题。

2. 讨论英国政府对数字经济增长的影响。

3. 讨论营销人员在为制造商品牌管理社交媒体渠道时应考虑的法律约束。

4. 思考版权立法和管理，解释如何进行在线出版。

5. 讨论数字技术对我们的生活、工作和享受方式的影响，请将重点放在自由和限制上。

6. 从宏观环境的角度，考虑数字频道在多大程度上取代了实体频道。

**测试题**

1. 总结公司在运营下列网站时需要监控的宏观环境变量：①仅提供信息的网站；②交易型电子商务网站；③社交媒体网站。

2. 讨论经济力量对数字营销计划发展的潜在意义。

3. 讨论在推出新品牌时不进行环境分析的可能结果。

4. 假设你是一个服务行业品牌的博主。解释如何使用知识共享许可来确保自己合法地共享内容。

5. 社交媒体是一个强大的沟通渠道。讨论这些平台提供的机会和隐含的陷阱。

6. 为在线业务制订行动计划，以确保遵守所在电子商务网站的道德和法律标准。

## 参考文献

Alalwan，A. A.，Ranan，N. P.，Dwivedia，Y. K. and Algharabat（2017）Social media in marketing：A review and analysis of the existing literature, *T elematics and Informatics*, 34, 1, 177-190.

Birch, D . (2018), Forget banks, in 2018 you'll pay through Amazon and Facebook, Wired, 2 February, http://www. wired. co. uk/article/banks-data-tech-giants (accessed May 2018).

BBC Newsround (2018) Kylie Jenner 'sooo over' Snapchat - wiping £ 1 billion off its value, http://www. bbc. co. uk/ newsround/43167084 ; Kylie Jenner baby photo causes social media Stormi, http://www. bbc. co. uk/newsround/ 42972664 (accessed May 2018).

*CIA The World Facts Book* (2018) World Populations, https://www. cia. gov/library/publications/ resources/the-world-factbook/geos/xx. html (accessed May 2018).

Creative Commons (2018) https://creativecommons. org/licenses/ (accessed May 2018).

DCMS (2017) UK Digital Strategy, https://www. gov. uk/government/publications/uk-digitalstrategy (accessed May 2018).

Doherty, N. F . , Ellis-Chadwick, F . and Hart, C. A. (2003) An analysis of the factors affecting the adoption of the Internet in the UK retail sector, *Journal of Business Research*, 56(11), 887-897.

Eldridge, R. (2017) How social media is shaping financial services, https://www. huffington post. com/richard-eldridge/how-social-media-is-shapi_b_9043918. html (accessed May 2018).

Felix, R. , Rauschnabel, A. and Hinch, C. (2016) Elements of strategic social media marketing: A holistic framework, *Journal of business Research*, 70, 118-126.

Flurry (2018) Flurry state of mobile 2017: with captive mobile audiences, new app growth stagnates, ChrisKlotzbach, 10 January, http://flurrymobile. tumblr. com/post/169545749110/ state-of-mobile-2017-mobile-stagnates (accessed May 2018).

Gajanan, M. (2017) The most valuable lessons we can all learn from the Kardashians, *Fortune*, 18 October, http:// fortune. com/2017/10/18/kardashian-family-business-lessonskim-kylie-kris/ (accessed May 2018).

Gartner (2011) Hype Cycle Special Report for 2011. Report published 2 August.

General Data Protection Regulation (2018)*Guide to the General Data Protection Regulation*, https://ico. org. uk/for-organisations/guide-to-the-general-data-protection-regulationgdpr/ (accessed May 2018).

Global Web Index (2014) Almost half of online shoppers are deleting cookies, blog article posted by JasonMander, 11 November 2014, http://blog. globalwebindex. net/online- shoppers-privacy-measures (accessed May 2018).

Goodley, S. (2017) 'Google tax' to crack down on avoidance by internet firms in UK, *The Guardian*, 23 November, https://www. theguardian. com/uk-news/2017/nov/23/google-taxcrack-down-avoidance-internet-firms-uk-amazon (accessed Jan 2018).

Gorrell, C. (2014) Interview: Robert Sutton. The new excellence: spreading constructive beliefs and practices from the few to the many, *Strategy & Leadership*, 42(5).

Halzack, S. (2017) Grab your wallet: The woman who began boycott of T rump products in US retailers, *Independent*, 14 February, http://www. independent. co. uk/news/world/americas/grab-your-wallet-trump-boycott-products-us-retailers-shannon-coulter-nordstromdonald-jr-ivanka-eric-a7579776. html (accessed May 2018).

HM Government (2017) Industrial Strategy: Building a Britain fit for the future; White Paper published 27 November, https://www. gov. uk/government/publications/industrial-strategybuilding-a-britain-fit-for-the-future (accessed May 2018).

ICO (2018)*Principles of the GDPR*, Information Commissioners Office, https://ico. org. uk/ for-organisations/guide-to-the-general-data-protection-regulation-gdpr/principles/ (accessed Jan 2018).

Jobber, D. and Ellis-Chadwick, F. (2016)*Principles and Practice of Marketing*, McGrawHill, Maidenhead.

Manjoo, F. (2017) Why Instagram is becoming Facebook's next Facebook, *The New York Times*, 26 April, https:// www. nytimes. com/2017/04/26/technology/why-instagram-isbecoming-facebooks-next-facebook. html (accessed May 2018).

Markham, T . (2016) Social media, politics and protest, Media, *Culture & Society*, 38(6), 946-957.

Nielsen (2010) Homes add even more TV sets in 2010, blog post, 28 April: http://blog-nielsen/ nom/nielsenwire.

Rogers, E. (1983)*Diffusion of Innovations*, 3rd ed. Free Press, New York.

Rueda-Sabater, E. and Derosby, D. (2011) The evolving Internet in 2025: four scenarios, *Strategy & Leadership*, 39 (1), 32-38.

Smart Insights (2011) New privacy law on cookies - do we need to takeaction?, blog post by Dave Chaffey, 1 March, http://www. smartinsights. com/marketplace-analysis/digitalmarketing-laws/cookie-privacy-law （accessed May 2018）.

Weber,Y. andTarba,S. Y . (2014) Strategic agility：a state of the art,*Californian Management Review*,56(3),5-12.

*Wired*（2007）The Great Firewall：China's misguided - and futile - attempt to control what happens online,*Wired* 15. 11,by Oliver August,10. 23. 07.

Woltag,J. -C. (2012)（ed. R. Wolfrum）Internet,*Max Planck Encyclopedia of Public International Law*,Oxford University Press.

Wray,R. (2008) Porn? Sex? Britons value cruises much more,*Guardian*,6 February 2008.

Young,D. (2016) Qihoo eyes 360brand with record domain buy,*Forbes*,6 February,https:// www. forbes. com/sites/ dougyoung/2015/02/06/qihoo-eyes-360-brand-with-record-domainbuy/＃669756544016 (accessed May 2018).

W3C （2018） Roadmap of web applications on mobile,https://www. w3. org/2018/01/ web-roadmaps/mobile/ （accessed February 2018）.

## 网址链接

- 牛津互联网调查(OxIS)(http://oxis. oii. ox. ac. uk/)。牛津互联网研究所的研究和数据,旨在为人们提供关于互联网对英国社会影响的详细见解,其中就包括"互联网脱离"。
- 皮尤互联网和美国生活项目(www. pewinternet. org)。资助并发表研究互联网对社会影响的原创学术研究。它还强调了社交网络、在线视频和聊天等应用趋势。
- 智能洞察数字营销统计来源(www. smartinsights. com/digital- Marketing-Statistics)。给出了十大统计源汇编和一个定制的搜索引擎。

### 数字法律、数据保护、隐私链接和资源

- 市场营销和广告：法律(https://www. gov. uk/marketing-advertising-law)。英国政府广告和直销法规指南。
- 联合王国信息专员(https://ico. org. uk)。
- OUT-LAW (www. out-law. com)。提供了多达8 000 页的免费法律新闻和指导,主要是由英国律师事务所 Pinsent Masons 汇编的信息技术和电子商务问题。
- 隐私国际(www. privacyinternational. org)。争取隐私权益的团体活动,包括各国法律发展方面的信息。
- 维基百科：隐私法摘要(https://en. wikipedia. org/wiki/Privacy_law)。
- 欧洲委员会数据保护和隐私法律资源(https://ec. europa. eu/ info/law/law-topic/Data-protection_en)。
- 欧洲委员会数字经济和法律(http://eur-lex. europa. eu/summary/ chapter/information_society. html? root_ default = SUM_1_CODED = 31)。
- 美国（CAN-SPAM Act）(www. ftc. gov/tips-advice/business-center/guidance/CAN-SPAM-Act-compliance-guide-business)。
- 各国垃圾邮件法律摘要(www. spamlaws. com)。

# 第 2 篇

# 数字营销战略开发

第 4 章　数字营销战略

第 5 章　数字媒体与营销组合

第 6 章　利用数字平台开展关系营销

数字营销：战略、实施与实践（第 7 版）

Digital Marketing: Strategy, Implementation and Practice

# 数字营销战略

## 学习目标

读完本章后,你应该能够:

- 将数字营销战略运用到传统营销和企业战略中
- 识别数字媒体和技术平台带来的机遇与威胁
- 编制数字营销计划框架
- 评估不同市场的数字战略方法

## 营销人员要回答的问题

- 可以使用哪些方法制定数字营销战略?
- 数字营销战略与其他营销战略的制定有什么关系?
- 数字营销的关键战略选择有哪些?

## 4.1 引言

本章首先考虑制定数字营销战略的过程,然后介绍数字营销战略的环境分析、目标制定和战略设定。

图 4.1 给出了影响数字营销战略的因素。内部影响因素包括高层业务目标,这些目标会影响营销战略并最终为数字营销战略提供指导。外部影响因素包括市场结构和需求、竞争对手的战略、机遇和威胁,特别是那些由新的数字技术(如移动营销和社交媒体、虚拟现实、人工智能)和营销战略(如搜索的使用、广告、个性化和消息传递)所引发的。识别外部环境以预测外部机遇和威胁以及竞争对手行为的方法在第 2 章和第 3 章已经介绍过了。

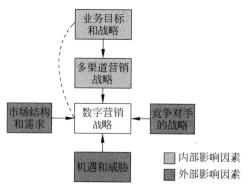

图 4.1　影响数字营销战略的内部和外部因素

## 基本数字技能：数字化战略发展

本书的所有主题中，在缺少不同领域的直接经验的情况下，战略技能是最难培养的。但是，考察不同行业中不同规模的单一经营企业和现有企业制定战略的案例，可以了解其他组织已经使用的可应用于你所在行业的数字化颠覆的构思。我们建议你培养以下技能：

（1）了解数字盈利和商业模式；

（2）了解如何评估一个行业的受众对服务的需求，以及企业以可接受的单位获取成本吸引新顾客的潜力。

通过展示自己的兴趣和经验来提高就业能力的实用想法包括：

（1）使用商业模式画布框架（businessmodelgeneration.com）总结本章中的案例或者你从工作经验中了解的商业模式。

（2）使用表 2.1 中介绍的评估消费者对数字服务的需求的工具。例如，使用谷歌 Ads Keyword Planner 评估使用成本及通过付费搜索或脸书 IQ 吸引的广告量，来提高脸书广告的知名度。

（3）通过访问谷歌 Demo 账户了解本章介绍的 VQVC 目标。

使用 Smart Insights 技能评估工具（网址为：http://bit.ly/smartdigiskills），检查你在整个 RACE 计划框架中的数字营销技能。

此外，我们还介绍了组织可以通过数字媒体、数据和技术来颠覆各种传统的选择，数字营销战略通常需要一个长期的路线图。在很多规模较大的组织中，这是作为数字化转型计划的一部分而制订的，因为在中小企业中，在更典型的营销年度计划周期内实施所需的变革是不现实的。

从根本上讲，**数字营销战略**（digital marketing strategy）应该保证组织的线上营销活动与渠道整合的方向一致。其目的是将数字化与其他营销活动结合起来，最终支持其整体业务目标。数字营销战略的目标与传统营销战略的目标相似，即通过获取和留住顾客来发展企业，或实现非营利组织的沟通目标。我们对数字战略发展的定义强调，需要部署与传统渠道相结合的数字媒体、数据和技术，来实现受众参与，从而支持营销目标。

# 4.2　了解数字颠覆的影响

数字战略最终由数字媒体、数据管理和技术的创新驱动。这种**数字颠覆**（digital disruption）使新进入者（参见表 1.1）和敏捷的现有企业能够部署基于数字媒体、数据和技术的新商业模式与收入模式。最著名的颠覆者的例子包括亚马逊（零售）、Airbnb（住宿）、TripAdvisor（旅行）和优步（网约车）。

在 CES 等消费品交易会上定期推出的大量新的数字技术、消费设备，以及 CeBIT 等电子商务活动都显示出数字颠覆方兴未艾。苹果、亚马逊、谷歌、脸书和推特等消费者用于互动和选择产品的数字平台的创新也让数字颠覆有了更多的选择。例如，亚马逊

（Amazon Web Services 的机器学习）和谷歌（Google Cloud Machine Learning at Scale）最近推出了低成本人工智能解决方案，企业可以跨部门部署这些解决方案，实现数字颠覆。

# 4.3　作为一种渠道营销战略的数字营销战略

数字营销战略是一种**渠道营销战略**（channel marketing strategy），它明确了企业在制定渠道具体目标、发展差异化优势的同时，也要考虑渠道的整合。其主要目的是利用数字渠道，使公司和组织在与相关目标受众沟通时能够脱颖而出。数字渠道战略有两个组成部分，很多人可能将其简单地视为数字通信战略，但它还应定义数字渠道所能实现的主张的变化，包括产品、定价、地点、促销和顾客服务的变化。

该战略决定了数字渠道相对于其他用于在不同顾客接触点与顾客直接沟通的沟通渠道的战略重要性。有关**顾客接触点**（customer touchpoints）的进一步讨论，请参阅图 1.1 和数字营销洞察 4.1。

总体而言，由于数字技术和社交媒体的干预，人们的购物方式正在发生变化。消费者的决策变得更加复杂，因此购物者的购买路径意味着他们不仅会遇到所有传统（互联网出现前）的购买线索，而且会与一系列新的数字增强线索（如社交媒体提及和比较网站）相结合。企业不能再忽视数字渠道，很多零售商正在寻找增加其影响范围和顾客接触点数量的方法。例如，2014 年 11 月，美国的梅西百货（Macy's）拥有 850 多家实体店，推出了一款智能手机应用程序，购物者可以通过该应用程序进行搜索，查找当地梅西百货商店中某种商品是否有存货。梅西百货声称，它在搜索营销上投入的每 1 美元都会为商店带来 6 美元的收入（Rodriguez，2014）。

## 数字营销洞察 4.1　零售数字渠道和接触点

电子商务带来的可能性引发了人们对计算机网络如何促进消费市场贸易的新一轮思考。零售商设计了新的运营战略，将运营和数字技术结合起来开发不同的方法，这导致了接触点的激增，以吸引消费者在线参与。下面是一些例子。

（1）实体店加网店零售商（以实体店经营为主，兼办网店）。数字渠道作为一种营销工具或销售渠道，在策略或战略上融入其业务。在英国，大多数主要的高端品牌都采用这种方式，如 Next. co. uk、Sainsburys. co. uk、topman. co. uk 和 specsavers. co. uk。

（2）网店加实体店零售商（以网店为主，兼办实体店）。例如，奥克兰家具从一家易趣网店开始做起，如今成功地开始通过实体店销售，已成为英国领先的零售商之一（Found，2016）。一些线上的零售商目前正与亚马逊和 Zalando 进行线下创业，追随苹果、三星等制造商的潮流在商业街开设实体店。

（3）纯线上零售商（仅有网店，完全在线运营）。虽然这些零售商没有实体店，但有实际的运营支持系统（如配送仓库），Zalando 和 ASOS 就是很好的例子（阅读本章末尾的 ASOS 案例研究）。因此，零售商利用互联网及相关的数字技术满足顾客需求的方法越来越有创意。如今很多消费者在作出购买决策时使用多个渠道，并将在线调研与光顾实体店相结合（Hart et al.，2017 年）。

　　研究(Hart et al. ,2017；Stocchi et al. ,016)发现,在典型的实体店购物过程中,消费者在购物之前和购物期间会参考多个线上平台(见图 4.2 和图 4.3)。数字营销人员应了解其目标市场对线上平台的影响会作何反应,确保在购物旅程的每个阶段都能最大限度地吸引消费者。

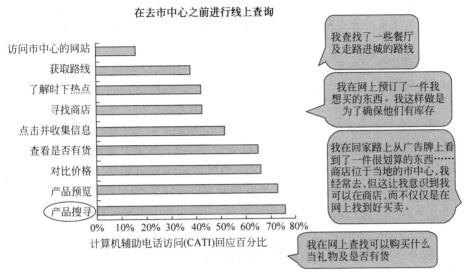

图 4.2　消费者在去市中心购物前的典型行为

资料来源：Hart et al.(2017).

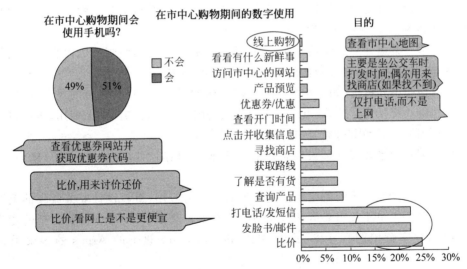

图 4.3　在市中心购物期间的数字访问

资料来源：Hart et al.(2017).

　　根据富尔戈尼(Fulgoni,2014)的研究,为了充分利用数字渠道,零售业务应优先考虑以下三个方面：

（1）消除孤岛，并在购买过程中为消费者创造无缝体验。寻找将线上和线下融合在一起的方法，并避免孤立的、没有整合的营销活动。如果在购物过程中遇到任何麻烦，购物者可能会转而另寻卖家（例如，零售商在实体店和网店的定价不同）。

（2）通过更多地了解消费者的购买途径来增加进行数字互动的机会（例如，通过数字广告和移动促销提供激励措施）。

（3）分析和衡量所有接触点上的消费者行为，以深入了解影响消费者选择和购买决策的因素。

不仅零售商利用多种渠道吸引顾客，航空公司（英国航空）、铁路公司（维珍铁路）、酒吧和餐馆（JD Wetherspoons）都使用线上渠道（应用程序、网站、电子邮件营销），将实际的顾客体验与数字技术相集成，以提供服务并与顾客沟通。

因此，数字营销战略的重点是决定如何使用数字渠道支持现有的营销战略、如何利用其优势和管理其劣势，并将其与其他渠道结合应用，作为**多渠道营销战略**（multichannel marketing strategy）的一部分。同时，多渠道营销战略应该定义传统营销渠道如何与数字整合并相互支持，来满足企业及营销的愿景和目标。正如联合利华的沟通主管基思·威德（Keith Weed）所说，"我们不再做数字营销，而是在数字世界中营销。"（Weed, 2017）

# 4.4　数字营销战略的范围

虽然增强移动用户和桌面用户的网站体验是数字营销战略的核心部分，但数字营销人员还应研究如何：

（1）使用营销自动化工具培养顾客关系（参见第6章），包括基于顾客关系管理数据库的电子邮件和基于网络的个性化；

（2）跨多个渠道开发总体顾客体验（见第7章有关顾客体验管理的内容），包括使用结构化测试，如使用martech范围的AB测试（见第10章）；

（3）与在线中介机构（如出版商）和有影响力的人合作，使广告宣传的效果最大化；

（4）利用社交媒体营销，既可以将用户生成的内容在自己的网站上使用，也可以通过社交网络（如脸书、领英和推特）的付费广告进行营销。

战略开发还可能需要重新设计业务流程，以便与合作伙伴（如供应商和分销商）进行整合。

随着互联网和数字增强的交易环境得到更广泛的应用，重新设计业务流程的范围进一步扩大。营销人员不仅需要寻找机会利用技术来提高报价，还必须保护自己的竞争地位。请参阅数字营销洞察4.2，了解DHL和Sainsbury旗下的Argos的多渠道营销方法。

**数字营销洞察4.2　DHL和Sainsbury旗下的Argos支持多渠道**

线上销售中，大宗消费品（如家具、厨房用具、洗衣机、跑步机）面临挑战。但是Sainsbury旗下的Argos与DHL公司将挑战变成了机会。过去，只有一个人驾驶送货车，很难送货上门，对于住在高层的顾客更是如此。在线销售的增长意味着需要一个解决方案。答案是：由两人提供送货上门服务，在整个供应链中完全集成。由于有两个人参与送货上门，DHL 快递的年需求增长率为 6.5%，高于零售行业 2% 的平均水平（Harthorne,2017）。此外，这种新方法提高了顾客满意度和服务水平，并提高了送货速度，英国 95% 的地区可以实现次日交货。这种送货服务是由一个移动应用程序和 Argos 网站的实时聊天软件提供支持的。

数字营销活动必须作为数字营销战略的一部分进行管理，围绕定义为 RACE 计划的四个步骤的顾客生命周期进行组织（Smart Insights,2015）。作为战略的一部分，需要实施和管理的运营活动可以有效地分为：①顾客获取；②顾客转化、建议和经验开发；③顾客保留和增长。提高执行这些活动的能力将通过创建数字营销战略的审查过程来决定。数字战略包括在顾客获取、转化或保留方面的一系列战略性数字营销举措，如表 4.1 所示。这些举措通常会被列为优先事项，并作为长期电子商务"路线图"的一部分，定义较长时期（如 1~3 年）所需的发展。

**表 4.1　主要类型的战略数字营销举措的关注点总结**

| 数字营销战略举措的类型 | 说　　明 | 举　　例 |
|---|---|---|
| 新的顾客主张（产品和价格） | 创新的网站具有与新产品或服务相关的数字通信功能，可带来收益 | 汇丰银行（HSBC Bank PLC）推出了新的金融计算器，以推广贷款、信用卡和储蓄账户 |
| 顾客获取 | 创新营销旨在增强数字化能力，并吸引新顾客 | HubSpot 部署的内容和集客营销在美国成功上市，包括搜索引擎优化（SEO）、按点击付费（PPC）、联盟营销和影响者营销、关联营销及与交易业务相关的聚合器 |
| 顾客转化和顾客体验举措 | 增加功能、提高转化率和平均订单值的创新功能。旨在改善顾客品牌体验的战略举措 | JD Wetherspoons Order&Pay 应用程序的用户可以在手机上找座位、点餐和付款；食物和饮料将直接送到餐桌上。不必在柜台前排队或等待付款。减少障碍以推动销售 |
| 顾客发展和增长战略举措 | 投资以改善体验并向现有顾客提供服务 | 大众汽车正在通过其数字生态系统提高销售额和顾客转化率。车主在 MyVolkswagen 应用程序上绑定汽车，可获取服务更新和交付信息；Car-Net 将智能手机和智能手表与导航和车内安保系统连接起来；Volkswagen Connect 提供驾驶信息、充电更新和汽车定位功能 |
| 社交媒体和内容营销 | 社交媒体在获取、转化和留住顾客方面的广泛应用 | Airbnb 利用 Ins 与玛丽亚·凯莉（Mariah Carey）和 Lady GaGa 等名人推广住宿平台 |

续表

| 数字营销战略举措的类型 | 说　　明 | 举　　例 |
| --- | --- | --- |
| 通过改善网站基础架构增强营销能力 | 通常涉及"后端或后台功能"，这些功能对网站的用户并不重要，但是有助于网站的管理 | 顾客关系管理或个性化内容管理系统性能改进——改进管理信息，网络分析系统，包括用于多变量和 AB 测试的系统改进顾客反馈工具 |
| 资源分配和治理战略 | 鉴于数字媒体和技术越来越重要，营销管理需要有所改变 | 流程变更；技能开发；团队结构 |

## 4.5　整合数字营销战略和数字化转型的重要性

数字营销在组织活动的各个方面都越来越普及，但是在寻求整合整个组织的数字营销时，需要考虑很多管理数字媒体和技术的因素，例如：

(1) 获得与受众媒体消费及产生的价值相符的购买力和预算；

(2) 数字团队与其他团队(如传统营销、信息系统、财务和高级管理层)之间的冲突和紧张关系；

(3) 与不同渠道协调，并与其他业务部门管理营销计划的团队合作；

(4) 管理并整合在线收集的有关特征和行为的顾客信息；

(5) 在整个业务范围内实现数字营销结果的一致报告、审查、分析和后续行动；

(6) 组建专业的数字团队，并通过更改组织中其他部门的职责将其整合到组织中；

(7) 网站新功能的"上市时间"；

(8) 内购或外包在线营销战略，即搜索、会员、电子邮件营销、公关和员工招聘要求。

正如第 1 章所述，鉴于数字营销的范围及对许多组织的重要性，很多大型组织正在实施**数字化转型**(digital transformation)计划。数字化转型计划具有以下特征：

(1) 在组织的相关部门之间达成长期数字营销战略和投资水平的协议，即高级管理团队、市场营销、企业传播、品牌、电子商务/交易、信息系统和数据管理。

(2) 范围广泛，涵盖了数字媒体、数据管理和营销技术的资源投资。

(3) 考虑实施变更并同意跨传统和数字渠道进行通信整合所需的流程、结构和技能(内部和资源)的变更。

(4) 审查洞察力、测量和改进的方法，如同意采用相关的绩效管理进行审查，并使用结构化实验进行改进。

(5) 定义实施变更的路线图和变更计划。

最终，转型计划应将其所有战略计划整合到组织的整体长期业务计划中。图 4.4 展示了一个组织的计划层次结构，并显示了数字营销计划如何支持其他战略和战术计划。我们将特定的数字营销计划视为一种临时的工具，通过定义流程、资源、结构、媒体投资和提案开发所需的重大变革来支持数字化转型。一旦这些问题得到解决，数字渠道活动即可纳入更广泛的营销和传播计划。数字营销专家或顾问可以创建数字营销计划，这不仅有助于告知和影响高级经理或董事及其他非营销职能部门,还可以获得其他营销人员的认同。数字渠道缺乏管理和规划有可能导致表 4.2 中所列的问题,因此应制定数字营销战略和转型计划来管理这些问题。活动 4.1 探讨了有计划的方法的好处。

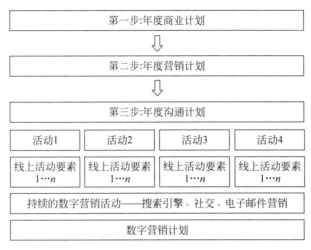

图 4.4　包括数字营销计划的组织计划的层次结构

| 表 4.2　数字营销计划的潜在问题与解决方案 | |
| --- | --- |
| 潜 在 问 题 | 潜 在 的 解 决 方 案 |
| 低估了顾客对在线服务的需求 | 研究需求,设定目标,分配足够的资源 |
| 来自现有和新的市场进入者的激烈竞争,他们可能会通过新的业务或收入模式引发行业数字颠覆 | 分析市场,尤其是竞争的激烈程度,预测竞争对手的反应,计划一个明确的市场进入战略或潜在的商业和收入模式的变化 |
| 资源重复 | 改善内部沟通,避免营销组织的不同部门购买不同的工具或机构来执行类似的在线营销任务 |
| 资源和能力不足 | 确保预算和特定的专业数字技能可用于支持战略计划,包括通过搜索引擎、社交和电子邮件营销持续吸引受众的"始终在线"活动 |
| 未收集或使用相关顾客数据 | 研究以确保尽可能了解目标顾客;将顾客数据整合到现有系统中 |
| 缺乏控制 | 定期进行测量和分析以采取纠正措施,确保实现目标 |
| 缺乏高级管理人员的支持 | 确保支持长期的数字化转型计划,因为这有助于推动重大战略计划 |

## 活动 4.1　数字营销计划的优点

商业评论员认为,要生存,拥有"强大的数字足迹"至关重要(Forbes,2014)。此外,如果没有数字营销战略,新业务、品牌知名度和收入都会受到很大影响,特别是因为新进入者可能会导致行业的数字颠覆。

**目的**：考虑采用数字化营销计划的好处和障碍。

**任务**：假设你是一名营销经理，负责制定组织的数字营销战略。以你熟悉的一个组织为例，概述数字营销规划的障碍和潜在好处。

# 4.6　如何制定数字营销战略

迈克尔·波特（Michael Porter，2001）认为互联网提高了战略的重要性，但他建议企业谨慎行事，并提出了企业在制定战略时的重点。他提出了有助于保持独特战略地位的六项原则：

（1）从正确的目标开始，该目标基于实际的经济价值。

（2）定义一个独特但重要且可交付的价值主张。

（3）以不同的方式做事，创造独特的价值链。

（4）准备权衡取舍，调整企业的业务以超越竞争对手。

（5）在企业的工作、目标和可用资源之间找到一个契合点。

（6）建立连续性。遵循最初目标所设定的独特位置规划决策。

这些原则也是通过数字营销战略定义价值的基础。波特还指出，随着数据处理能力和普遍连通性的增强，竞争加剧，创新技术正促使越来越多的企业提出这样一个问题："我从事什么行业？"（Porter and Heppelmann，2014）。波特没有考虑数字营销战略的另一个方面，因为它更具战术性，那就是如何提高数字营销传播能力。这需要对活动进行优先级排序，以改善顾客体验，提高覆盖率、转化率和保留率。

营销计划和战略包括一组复杂且资源密集的流程，如果完全接受这些流程可以带来丰厚的回报（Jobber and Ellis-Chadwick，2016）。**战略过程模型**（strategy process model）提供了一个框架，该框架给出了应遵循的逻辑顺序，以确保包括战略制定和实施的所有关键活动。在营销环境中，这些战略制定和实施活动通过营销计划进行协调，而创建这一过程就是所谓的**营销策划**（marketing planning）。麦克唐纳（McDonald，2003）将营销策划定义为：计划运用营销资源以实现营销目标……营销策划仅仅是一个逻辑顺序，是一系列活动的结果，这些活动会推动制定营销目标及实现目标的计划。

麦克唐纳（McDonald，2003）区分了涵盖下一个财政年度（通常为3～5年）的战略营销计划和涵盖了较短的一年或更短时间内的详细行动的战术营销计划，这同样适用于数字营销计划。以类似的方式，我们建议战略性数字营销计划（通常在大公司中被称为数字化转型计划）应重点关注下面四个领域：

（1）识别微观环境和宏观环境中竞争力量的变化，这些变化将影响消费者对在线体验和产品的需求。

（2）为使用在线服务作为购买流程一部分的消费者制定价值主张。

（3）定义技术基础架构和信息体系结构，将这些价值主张作为顾客体验来提供。

（4）对影响组织结构、技能、系统或流程的营销活动管理的变更。

考虑到如图4.1所示的结构、技能和技术的变化规模，可能需要绘制一个长期路线图来指导 18 个月至 3 年的数字化转型活动。同样,考虑到数字环境是高度变化的,并且运营计划应该以提高战略敏捷性为目标,需要在流程中建立更短期的灵活性。奥克兰姆(Outram,2015)主张采用 90 天规划方法,对沟通战略的效果进行评估。

图 4.5 给出了查菲和史密斯(2012)推荐的数字营销战略的总体战略过程模型。史密斯(PR Smith)的 SOSTAC 规划框架中的各个字母依次代表情境、目标、战略、战术、行动和控制。查菲和史密斯(2012)注意到,每个阶段都不是离散的,而是都有一些重叠(如图 4.5 中的反向箭头所示),可以重新审视和完善以前的阶段。SOSTAC 规划的要素与数字营销战略相关的描述包括:

(1) 情境分析意味着"我们现在在哪里?"。这一阶段所涉及的规划活动包括开展基于互联网的 SWOT 分析,以及审查微观环境的不同方面(见第 2 章),包括顾客、竞争对手和中介机构。情境分析还包括对宏观环境的考察(见第 3 章)。

(2) 目标意味着"我们想要在哪里?"。这可能包括对数字渠道的愿景,也可能包括数字渠道的具体数字目标,如销量和成本节省的预测(见第 9 章)。

(3) 战略意味着"我们如何实现目标?"。战略总结了如何实现本章所述不同决策点的目标,包括细分、目标定位、提案开发,以及营销组合(详见第 5 章)和顾客关系管理(见第 6 章)中的要素。

(4) 战术定义了战术数字通信工具的使用。包括营销组合(见第 5 章)、顾客关系管理(见第 6 章)、体验(见第 7 章)和数字通信(见第 8 章和第 9 章)的具体细节。

(5) 行动是指行动计划、变更管理和项目管理技能。我们将在本章后面探讨一些有

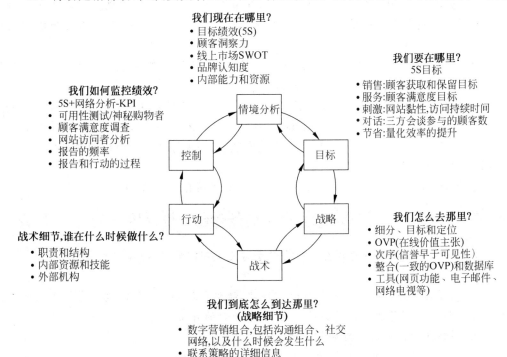

图 4.5　应用于数字营销战略开发的 SOSTAC 规划框架

关组织角色和结构修改的问题。

（6）控制着眼于管理信息（包括网络分析）的使用，用来评估战略和战术目标是否实现，以及如何改进以进一步改善结果。这与本章（和第 8 章）中描述的目标设定密切相关，也与网页分析和跟踪（见第 10 章）的覆盖范围密切相关。

接下来我们会介绍战略制定中涉及的每一个步骤。

可以说，由于数字技术的发展速度，需要对战略规划采取反应更灵敏、更敏捷的方法（如第 3 章开头所讨论的那样）。与图 4.1、图 4.4 和图 4.5 所示的自上而下、**说明性战略**（prescriptive strategy）开发方法不同，此时需要更灵活的**紧急战略**（emergent strategy）方法，其中战略分析、战略发展和战略实施相互关联。实际上，大多数组织的战略制定和规划过程都包含规定性和应急战略的要素，反映不同的规划和战略审查时间表。规定要素是结构化的年度或 6 个月预算流程或一个长期的 3 年滚动营销规划过程。但是在较短的时间内，组织同样需要一个紧急过程来确保实现战略敏捷性和快速响应市场动态的能力。

 # 4.7    情境分析

典型营销策划中的**情境分析**（situation analysis）是对企业活动当前有效性的审计。我们在第 2 章回顾了数字营销审计中需要考虑的问题，分析涉及对战略发展有影响的内部和外部因素（如营销环境）。

更具体地说，情境分析包括：

- 评估企业的内部能力、资源和流程，并审查其在市场上的活动。考虑直接竞争环境（微观环境），包括顾客需求和行为、竞争对手活动、市场结构，以及与供应商和合作伙伴的关系。
- 调查企业经营所处的大环境，包括经济发展、政策法规、法律问题和税收、社会和道德问题，如数据保护和消费者隐私。

戴夫·查菲为 Smart Insights 撰文时，受到卡内基梅隆软件工程研究所（Carnegie Mellon Software Engineering Institute）设计的用于帮助组织改进其软件开发实践能力的成熟度模型的启发，开发了一个现代阶段模型框架，用来评估大型组织的内部数字营销能力（如图 4.6 所示）。

接下来完成活动 4.2，了解数字营销情境分析所需的分析类型。

## 活动 4.2    电子商务运营情境分析

**目的**：思考情境分析的哪些部分有助于避免数字战略失败（参见表 4.2）。

**活动**：

1. 假设你是一位新上任的数字营销经理，被要求就公司如何改进数字渠道的使用提出看法。选择一家你将关注的公司，并提供本活动的背景。

2. 详细介绍该公司目前如何使用数字渠道。

3. 就该公司如何增加和扩展数字渠道的使用提出建议。

4. 回顾表 4.2 中的潜在问题，确保你针对上一题的回答不会使公司面临失败的风险。

| 数字能力 | 一、最初 | 二、管理 | 三、明确 | 四、量化 | 五、最优化 |
|---|---|---|---|---|---|
| | | 优先安排营销活动 | 确定的愿景和战略 | 与业务相关的战略和路线图 | 敏捷战略方法 |
| A. 战略方针 | 没有战略 | 优先安排营销活动 | 确定的愿景和战略 | 与业务相关的战略和路线图 | 敏捷战略方法 |
| B. 绩效改善流程 | 没有关键绩效指标 | 没有基于数量的关键绩效指标 | 基于质量的关键绩效指标:"最后点击"属性;业务仪表板 | 基于价值的KPI;加权归因;专门的转化率优化(CRO) | 终身价值;关键绩效指标;连续的CRO |
| C. 管理层的认同 | 有限的 | 口头支持,但资源不足 | 赞助和增加投资 | 积极倡导和适当投资 | 战略发展的组成部分 |
| D. 资源配置和结构 | 没有特殊技能 | 核心技能集中或代理 | 集中式中心和专用资源 | 分散化和再培训 | 营销技巧的均衡融合 |
| E. 数据和基础设施 | 有限的/没有顾客数据库 | 单独的数据、工具和IT服务 | 部分集成的系统和数据 | 集成的顾客关系管理系统和360°数据源 | 灵活优化资源配置 |
| F. 整合顾客沟通 | 没有整合 | 核心推送活动已同步 | 综合入站方法 | 集成的个性化付费媒体 | 针对ROI和CLV最大化而优化的媒体 |
| G. 综合顾客体验 | 网站未集成 | 支持桌面和移动端非个性化 | 部分个性化的桌面和移动体验 | 集成、个性化、网络、移动、电子邮件和社交媒体 | 完整情景下的个性化体验和建议 |
| | 落后的 | 发展能力 | 合格的平均能力 | 高于行业平均水平 | 市场领先 |

图 4.6　数字营销能力模型

资料来源：Smart Insights(http://bit.ly/smartbenchmarking).

## 4.7.1　数字营销的内部审查

内部审查是审查组织内部数字营销活动的当前贡献,具体包括评估有效性、性能度量和审查网页分析。需要考虑下列层次：

(1)业务效率。来自数字渠道的财务或商业贡献,包括线上潜在顾客、销售额和利润以及受线上影响的线下潜在顾客和销售额及其对业务目标的支持程度。此外,在进行成本效益分析时还要评估开发与维护数字体验和沟通的相对成本。

(2)营销效果。审查潜在顾客(符合条件的问询)、销售额、顾客维系、满意度和忠诚度,包括终身价值、在线市场(或受众份额)、品牌提升、顾客服务。对于大型企业,这些措施可以用来评估企业经营所在的不同市场或网站上的产品线。

(3)数字营销效果。具体措施是针对访问网站、移动和社交平台的数量、质量、价值和成本的数字媒体。还包括对受众概况、体验和顾客满意度的评估。

根据查菲和史密斯(2012)的研究,在线形象的关键绩效指标(KPI)包括：

(1)独立访客：网站的独立访问者数量;

(2)总人数：会话的总人数或访问网站的总次数;

(3)重复访问量：每个人的平均访问次数;

(4)持续时间：访问者在网站上停留的平均时间;

(5)转化率：访问者转化为订阅者(或成为顾客)的百分比;

(6)损耗率：在线购买过程中损耗的比率;

(7)流失率：订阅者流失或退订的百分比。

## 4.7.2 顾客研究

对顾客的研究不应局限于定量的需求分析。瓦里尼尼和瓦图里（Varianini and Vaturi, 2000）指出，关于现有顾客的定性研究的结论可以为战略的制定提供思路。研究表明，使用用户特征分析来捕捉目标顾客的核心特征不仅依靠人口统计学，还要依靠顾客需求、态度、体验及使用数字技术和互联网的能力（Doherty, Ellis Chadwick, 2010）。顾客的个人资料会极大地影响他们在何时何地与数字渠道接触，并具有重要的数字营销含义。请阅读数字营销洞察 4.3 来了解消费者资料和数字目标选择。

### 数字营销洞察 4.3 消费者资料

我们可以将消费者的配置文件数据分为两个子类别：分类变量和特征变量。

分类变量是那些倾向于在人的一生中保持不变或随时间缓慢演变的个人属性。这些变量对营销人员特别有用，因为它们可以帮助识别特定的消费者和目标群体。根据乔伯和埃利斯·查德威克（Jobber and Ellis Chadwick, 2016）的研究，个人资料分类变量可用以有意义的方式对消费者进行分组，以便可以通过适当的媒介传播接触到他们。表 4.3 列出了一些分类变量及其可能对在线目标营销产生的影响。

**表 4.3 消费者资料：分类变量**

| 分类变量 | 在线营销影响 |
|---|---|
| 年龄 | 年龄会影响获得技术、计算机知识和使用数字渠道的程度。脸书提供了按年龄划分的功能 |
| 受教育程度 | 影响数字渠道的使用方式，如大学生发现它不仅可以购物，而且对学业也大有帮助。脸书也提供了按受教育程度划分的功能 |
| 就业状况 | 就业状况是对网购行为的时间约束，即一个人何时何地可以进入网购渠道 |
| 性别 | 最初，男性比女性在网上购买更多的商品。如今网购人群中的男性与女性比例更均衡 |
| 地理位置 | 地理位置是一个重要的考虑因素：人们居住的地方会影响在线市场的潜在规模。农村和偏远地区的人越来越多地进行网购。所有社交网络和广告网络均可使用地理位置定位 |
| 家庭规模 | 家庭规模有可能影响参与购买决策的人数和影响方向。例如，研究表明，欧洲的青少年因为计算能力较高而可以对购买产生影响 |
| 家庭类型 | 家庭类型有可能影响产品和服务要求；越来越多的单身家庭导致了购买模式和购买时间的转变。网购时，单身家庭对于大宗商品和生鲜的送货时间要求比较高 |
| 收入 | 收入影响购买力，也影响个人能否上网。收入与网购的趋势呈正相关 |
| | 零售商根据历史消费和未来的消费预测，使用基于价值的目标 |
| 移动性 | 移动性影响渠道的选择；可能会鼓励比较宅的人通过网购。这也适用于因为公共和私人交通状况不佳而较少出门的很多人群 |
| 种族与民族 | 种族与民族会影响人们获取技术和改善经济状况的机会。在美国，可以上网的非洲裔美国人数量已增加到 50% 以上，但仍落后于白种人 |

在营销领域,特征变量不太容易理解和识别,因为它们包含了可能影响在线行为的消费者感知、信仰和态度的任何属性,如创新性、享受、技能、经验和情感。与分类变量相比,随着时间的推移,特征变量更容易因网购经历而发展、变化和显著改变。例如,如果消费者由于不太会用电脑而对网上交易的隐私和安全没有信心,则很可能会对互联网持有消极态度,并降低网购的意向。相反,如果消费者认为互联网是易于使用的,则更有可能对网购持积极态度,并最终增加网购意向。积极或消极的网购经历可能会不断强化其立场。图 4.7 给出了一个有关性格变量如何交互的模型。

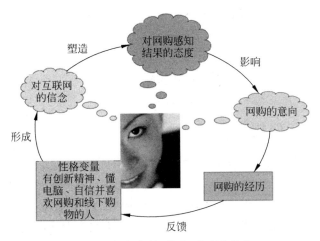

图 4.7　性格变量、信念、态度和购物

通过数字渠道还可以很好地了解消费者的行为,如他们消费的内容,这些内容可用于在网站和电子邮件中传递个性化消息。

## 4.7.3　资源分析

**资源分析**(resource analysis)涉及评估组织提供数字服务的能力。资源分析应包括:

(1) 财务资源。运营网站的成本,包括网站开发、推广和维护。应使用评估在线市场份额的 Hitwise 和 Netratings 等工具对当前支出与实现在线市场可见性所需支出之间的不匹配进行审查。

(2) 技术基础设施资源。网站的可用性和性能(速度),以及与 ISP 签订的服务层协议。可以评估不同应用程序对提升顾客体验或提高转化率的需求(如在线搜索、顾客评价或定制设施)。还应考虑管理网站的基础设施,如内容管理、顾客关系管理和网页分析。

(3) 数据和洞察资源。用于分析数字渠道的性能、消费者的特征与行为的数据和工具的质量,包括多渠道归因,以决定不同数字媒体渠道与接触点的影响和有效性。

(4) 人力资源。电子零售商的可用性包括回答顾客查询和发货的服务与履行资源。所有的企业都面临一个挑战:招聘新员工或重新培训营销人员来管理在线营销活动,如商品营销、搜索引擎营销、联盟营销和电子邮件营销。

(5) 结构。在不同部门与业务单位之间协调互联网营销的责任和控制机制是什么?

(6)优势和劣势。下一节将介绍 SWOT 分析。图 4.8 总结了一般优势和劣势。企业还会评估自己独特的能力。

 # 4.8 竞争对手分析

如第 2 章所述,竞争对手分析或监控竞争对手使用数字营销和电子商务来获取与留住顾客在动态的在线市场中尤其重要。这使新的服务得以推出,媒体投资发生变化,价格和促销活动的变化比通过印刷品传播快得多。基准测试旨在:

(1)回顾当前的数字营销方法,以确定需要改进的地方;

(2)与同一市场部门或行业及不同行业的竞争对手进行比较;

(3)从更先进的采用者那里了解最佳实践;

(4)设定目标并制定提高能力的战略。

## 4.8.1 中介分析

情境分析还包括确定特定市场的相关中介机构,并研究组织及其竞争对手是如何利用这些中介机构建立流量和提供服务的。例如,在线零售商应评估目标顾客可能在何处遇到竞争对手,或了解竞争对手是否有任何特殊的赞助安排或与中介机构建立的微网站。另一个需要考虑的方面是市场的运作方式:竞争对手在多大程度上使用去中介化或再中介化?如何改变现有的渠道安排?

## 4.8.2 评估机会和威胁

SWOT 分析是总结外部机会和威胁的有效方法,是情境分析的核心活动。通过专门的数字渠道 SWOT 分析(内部优势和劣势以及外部机遇和威胁)得到的结论需明确说明应采取的行动(包括短期和长期)。数字化战略应计划应对威胁并利用机遇。图 4.8 显示了 SWOT 的一般应用过程。SWOT 应审查数字营销活动的主要领域:顾客获取、转化、保留和增长。

| 某个组织 | 优势(S)<br>1.现有品牌<br>2.现有顾客群<br>3.现有分销渠道 | 劣势(W)<br>1.品牌认知度<br>2.中介的使用<br>3.技术/技能<br>4.跨渠道支持 |
|---|---|---|
| 机会(O)<br>1.交叉销售<br>2.新市场<br>3.新服务<br>4.联盟/联合品牌 | SO战略<br>利用优势使机会最大化<br>=进攻战略 | WO战略<br>通过抓住机会来克服劣势<br>=为进攻战略建立优势 |
| 威胁(T)<br>1.顾客选择<br>2.新进入者<br>3.新的竞争性产品<br>4.渠道冲突 | ST战略<br>利用优势使威胁最小化<br>=防御战略 | WT战略<br>规避劣势和威胁<br>=为防御战略建立优势 |

图 4.8 显示了数字媒体带来的典型机会和威胁的基于数字渠道的 SWOT 分析

图 4.8 所展示的专门的数字渠道 SWOT 分析法是一个强大的工具,因为它不仅表示当前的 SWOT,而且可以用于制定相关的未来战略。回报最高的战略往往是将优势与机会结合起来,或者通过优势对抗威胁。图 4.9 则给出了一个多渠道品牌的典型数字 SWOT 分析示例。

| 组织 | 优势(S)<br>1. 现有品牌<br>2. 现有顾客群<br>3. 现有分销渠道 | 弱势(W)<br>1. 品牌认知度<br>2. 媒介的使用<br>3. 技术/技能<br>4. 跨渠道支持<br>5. 顾客流失率 |
| --- | --- | --- |
| 机会(O)<br>1. 交叉销售<br>2. 新市场<br>3. 新服务<br>4. 联盟/联合品牌 | SO 战略<br>利用优势使机会最大化＝进攻战略<br>举例:<br>1. 将顾客纳入网络战略<br>2. 跨顾客生命周期或承诺细分(电子邮件、网络)改进顾客接触战略<br>3. 合作伙伴战略(联合品牌、链接)<br>4. 推出新的基于网络的产品或增值体验,如视频流 | WO 战略<br>通过抓住机会来克服劣势＝为进攻战略建立优势<br>举例:<br>1. 反中介化战略(创建或收购)<br>2. 搜索引擎营销的收购战略<br>3. 基于联盟的收购战略<br>4. 完善顾客接触战略(电子邮件、网页) |
| 威胁(T)<br>1. 顾客选择(价格)<br>2. 新进入者<br>3. 新的竞争性产品<br>4. 渠道冲突<br>5. 社交网络 | ST 战略<br>利用优势使威胁最小化＝防御战略<br>1. 推出新的网络专有产品<br>2. 为网页服务增值——优化的网络视频平台(OVP)<br>3. 与互补品牌合作<br>4. 创建自己的社交网络/顾客评价 | WT 战略<br>应对弱点和威胁＝为防御战略建立优势<br>1. 差异化的在线定价战略<br>2. 收购或创建低成本的单一经营企业<br>3. 顾客参与战略以提高转化率、平均订单价值和终身价值<br>4. 在线声誉管理战略/在线公关 |

图 4.9 一个针对多渠道品牌的数字渠道 SWOT 的例子,展示了 SWOT 的
要素是如何与战略制定相关联的

# 4.9 数字营销的目标设定

任何营销战略都应基于明确的公司目标,而数字营销应是一种综合要素,不能与其他业务和营销目标分开考虑。波特(Porter,2001)批评很多组织在制定互联网战略时缺乏目标设定。他指出,很多公司为了应对扭曲的市场信号,采用了"激烈的试验",这种做法

在经济上是不可持续的。他认为，公司的经济价值或持续盈利能力是商业成功的最终仲裁者。我们发现，在不同的公司或业务部门中，目标的定义和使用方式不同，这可能导致在创建跟踪和改进营销绩效的流程时出现混乱。你会看到公司的目标是特定的，它们涵盖了 SMART 标准，以确保特定时间段内的特定目标，并使用销售或分析系统进行衡量。目标是由愿景所决定的更广泛的目的。

在定义目标时，应使用明确的定义。对于数字营销，可以定义不同类型的绩效目标和度量，如图 4.10 所示。

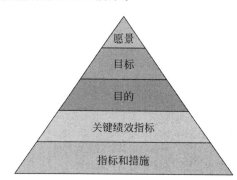

图 4.10　愿景、目标、目的与关键绩效之间的关系

（1）愿景。一份关于数字营销如何为组织做出贡献的高层声明。

（2）目标。这些都是旨在展示企业如何从数字渠道中获益的广泛目标。它们描述了数字营销将如何在销售增长、与受众沟通和节省资金的关键领域推动业务的发展。

（3）目的。提供明确方向和商业目标的具体 SMART 目标。数字营销的 SMART 目标可用于跟踪目标绩效。

（4）关键绩效指标。关键绩效指标（KPI）用于检查进度。关键绩效指标是用于跟踪性能以确保按计划实现特定目标的具体指标。因此，它们有时被称为性能推动力或成功的关键因素。

（5）指标和措施。其他可能被引用但通常不会在高级报告中使用的度量。

作为设定具体目标的起点，思考使用数字渠道的好处以及如何将其转化为具体目标是很有必要的。同时，还要确定有形利益（如货币储蓄或收入），这种利益很容易确定；也可以确定无形利益（如顾客服务质量），这种利益可能很难确定，但却是整个顾客体验的基础。表 4.4 总结了数字营销的典型好处。

**表 4.4　数字营销的有形利益和无形利益**

| 有 形 利 益 | 无 形 利 益 |
| --- | --- |
| 通过新的销售渠道增加销售量，从而带来：<br>• 新顾客，新市场<br>• 现有顾客（重复销售）<br>• 现有顾客（交叉销售） | 由于以下方面的收入增加，企业形象交流得以提高：<br>• 品牌增强<br>• 包括公关在内的更快、响应性更强的营销传播 |
| 降低成本的原因：<br>• 减少了顾客服务时间（在线顾客自助服务）<br>• 在线销售<br>• 降低营销传播的印刷和发行成本 | • 改善了顾客服务<br>• 为了将来而学习<br>• 满足了顾客对拥有网站的期望<br>• 识别新的合作伙伴，更好地支持现有合作伙伴<br>• 更好地管理营销信息和顾客信息<br>• 获得顾客对产品的反馈 |

### 4.9.1 在线收入贡献

数字营销的一个关键目标是获得**在线收入贡献**(online revenue contribution),这是衡量不同产品类别所实现的在线销售比例的一个简单指标,可以衡量公司的在线业务对销售收入(或利润)的直接影响程度。通过对这一贡献的理解,计划人员可以确定未来对在线渠道的资源分配。在线收入贡献目标可以针对不同类型的产品、顾客群体和地理市场而定。例如,传统的时尚零售商玛莎百货每周在线访问量超过 800 万,通用搜索引擎的在线收入仅略低于 30%(M&S,2017)。然而,在线时尚零售商 ASOS 正在蚕食玛莎百货的市场份额,因此该品牌应考虑增加对资源的投资,以提高其在线收入贡献。

企业必须为在线渠道设定销售和收入目标,通过**每行动成本范围**(allowable cost per acquisition)来控制成本。如第 8 章中的预算模型所述,这考虑到了通过联属营销、付费搜索广告或展示广告等技术吸引访问者的成本。

对于一些公司(如有多个品牌的快速消费品制造商联合利华),期望在线直接收入的高贡献是不现实的。在这种情况下,可以说明一个间接的在线贡献,即将互联网视为促销组合的一部分,说明它在吸引和影响一定比例的消费者购买产品、产生试用或在 B2B 公司的情况下,产生潜在顾客的作用。企业可以设定**在线促销贡献**(online promotion contribution)或间接在线收入贡献,如 5% 的目标受众会访问网站或社交媒体并与品牌互动(参见数字营销洞察 4.4)。

### 4.9.2 设定 SMART 目标

SMART 用于评估目标的适用性。组成 SMART 的各个字母依次代表:

- 具体(Specific)。目标对于衡量现实问题和机遇来说是否足够具体?
- 可衡量(Measurable)。是否可以应用定量或定性属性来建立测评标准?
- 可操作(Actionable)。信息可以用来提高绩效吗?如果目标不能帮助员工改变行为从而提高绩效,那么就是没有意义的。
- 相关(Relevant)。信息能否应用于管理者面临的具体问题?
- 与时间相关(Time-related)。信息受时间的约束吗?

### 数字营销洞察 4.4 黑色星期五促销

"黑色星期五"是 20 世纪 50 年代费城警察局在感恩节后的第二天取的名字,原因是大甩卖期间购物者的疯狂抢购引发了混乱。传闻证据表明,之所以使用"黑色星期五"一词是因为当年零售商因为销售额增加,首次实现收支平衡(用黑色记录),并实现盈利。直到 2010 年,英国的网络购物者才通过亚马逊注意到了"黑色星期五"。从那时起,这个促销打折日的势头越来越猛,并在英国各地的商店里引起了疯狂的抢购场景,购物者为了买到最好的便宜货而你抢我夺。人们对这一促销活动的认识始于网上,但它很快就传遍了实体店。这一事件最初被认为对英国圣诞节的销量造成了负面影响。英国国家统计局报告称,黑色星期五促销活动将圣诞节采购提前到了 11 月。

资料来源:Based on Butler(2015);Rees(2018);ONS(2017).

有了 SMART 目标，每个人都会更清楚目标是什么并朝着目标前进，如有必要，可以采取行动将公司带回目标路径。对于网站或移动应用程序等的 SMART 数字营销目标，衡量流量、价值和成本非常重要。应用 VQVC 助记符是一种用于测试企业是否使用了正确类型的目标和度量的技术。组成 VQVC 的各个字母依次代表：

**1. 流量度量**

诸如谷歌分析之类的数字分析系统对流量有特定的衡量标准：

（1）独立的访问。在指定时间段内访问网站的人数。

（2）访问次数。不同的人访问该网站的总次数。

（3）页面浏览量。人们浏览的总页数。

这些措施可用于制定目标，并根据规划模型监控绩效。

**2. 质量度量**

为了了解在线体验的效果，使用转化措施来评估访问者及其体验的质量。这些措施可以表明访问者如何与网站互动，包括：

（1）跳出率。仅浏览一页后立即离开的访问者所占百分比。高跳出率表示流量质量或体验差。

（2）驻留时间。停留时间，用停留在页面上的平均时间或在网站上的停留时间来度量。

（3）每次访问的页面数。该指标比驻留时间更有用，因为它显示了访问者平均浏览的页面数。潜在顾客和销售的转化率可以说是最重要的质量指标，因为它们显示了访问转化为商机的比例。

**3. 价值度量**

价值展示了沟通的有效性及数字营销对企业的商业贡献。这方面的指标是购买意图或购买本身。对于电子商务网站来说，这很简单，我们可以查看销售交易和平均订单价值等指标。但是，对于许多非交易型网站（如 B2B 网站）来说，这种情况就不太明显。此时有必要使用谷歌分析为业务量身定制目标，以完成针对合格潜在顾客的用户操作。

（1）每次访问的目标价值。如果是为诸如下载之类的目标分配价值，则可以比较不同访问者来源如何为网站贡献价值。例如，社交媒体营销与电子邮件相比如何，领英的价值比推特高还是低？这对于了解营销投资的效果非常有用。

（2）每次访问的收入。对于有电子商务跟踪的网站，谷歌将报告每次访问的收入，这种分析与目标价值类似。

（3）页面值。市场营销人员通过审查页面的这一衡量标准，可以确定哪些页面能够促进价值的创造，从而有助于为消费者提供更好的购物体验。

**4. 成本度量**

成本包括内容、体验创建和推广的成本，即付费媒体、自有媒体和免费媒体的成本。通常使用每行动成本（CPA）来评估媒体的效果。

数字营销战略的顾客获取、转化和保留类别中支持目标设定的 VQVC 的 SMART 目标示例如下：

（1）数字渠道贡献目标。两年内实现 10% 的在线收入（或利润）贡献。

（2）行动目标。本财政年度，以平均每行动成本（CPA）30 英镑发展 5 万名新的在线顾客,平均盈利能力为 5 英镑。

(3) 行动或转化目标。在 3 年内使 40％的现有顾客转而使用在线"无纸化"账单支付服务(如银行或公用事业公司)。

(4) 行动目标。在一年内使某个目标市场(如 18～25 岁的人)的销售额增加 20％。

(5) 转化目标。将在线销售的平均订单价值提高到每位顾客 42 英镑。

(6) 转化目标。将网站转化率提高到 3.2％(基于不同类别的新顾客和现有顾客的模式)。

(7) 转化目标。将利用"网上自助服务"完成网上服务查询的比例由 85％增至 90％。

(8) 保留目标。将每年的回头客转化率提高 20％。

(9) 保留目标(现有顾客)。在 180 天内将服务(购买或使用其他电子服务)的活跃用户百分比从 20％提高到 25％。

(10) 保留目标。将渠道的顾客满意度从 70％提高到 80％。

(11) 增长目标。每年增加 1 万个由朋友推荐的潜在顾客(病毒式营销或"会员带会员")。

(12) 成本目标。两年内使营销传播成本降低 10％。

## 4.9.3　目标设定框架

不同的衡量标准(如上面列出的指标)对营销目标设定提出了重大挑战。为了明确这些指标的意义,需要将指标分组,并展示在绩效仪表板上。本章我们介绍了两种划分目标的方法:第一种是在业务有效性、市场营销有效性和网络营销有效性的层面上设定目标,正如情境分析中关于内部审计的部分所述;第二种是以销售、交谈、服务、节约和刺激的 5S 框架为目标设定提供一个简单的框架。

一些大公司会设定与现有业务衡量框架(如平衡计分卡)一致的数字营销计划目标,但研究发现,在绩效衡量指标的使用和采用水平方面存在广泛差异(Gunawa et al.,2008)。然而,平衡计分卡是一个众所周知且广泛使用的框架,它可以作为指导。该框架已应用于信息技术(Der Zee and De Jong,1999)、电子商务(Hasan and Tibbits,2000)和多渠道营销(Bazett et al.,2005)。

表 4.5 说明了通过平衡计分卡管理的组织绩效的主要领域内的具体网络营销措施。我们将目标放在**效率**(efficiency)("正确地做事情")和**有效性**(effectiveness)("做正确的事情")两个方面。例如,效率包括提高转化率和降低引导成本。有效性包括支持更广泛的营销目标,通常表明在线渠道的贡献。

**表 4.5　交易型电子商务网站平衡计分卡框架内网络营销目标的分配**

| 平衡计分卡指标 | 效　率 | 有　效　性 |
| --- | --- | --- |
| 财务结果(业务价值) | 渠道成本,渠道盈利能力 | 在线贡献(直接);在线贡献(间接);利润贡献 |
| 顾客价值 | 在线访问(独立访客占潜在访客的百分比);每行动成本或每销售成本(CPA/CPS);顾客倾向 | 销售额和每位顾客的销售额;新顾客;在线市场份额;顾客满意度等级;顾客忠诚度指数 |
| 运营过程 | 转化率;平均订单值;列表大小和质量;电子邮件活跃率(％) | 满足次数;支持响应时间 |

### 业绩推动力

特定的**绩效指标**（performance metrics）用于评估与改进流程的效率和有效性。**关键绩效指标**（key performance indicators，KPIs）是一种特殊的绩效指标，用于反映流程或其子流程的总体绩效。我们以在线电子产品零售商的 KPI 为例。改进电子商务网站涉及使用表 4.6 左侧的技术来改进性能驱动因素，从而提高 KPI。KPI 是在线销售总额。对于传统零售商来说，可以与其他零售渠道（如邮购或零售商店）相比。可以看出，KPI 取决于绩效驱动因素，如网站访问次数或平均订单值，这些因素结合起来可以影响 KPI。

### 领先和滞后的绩效指标

在制定用于审查与改善数字渠道性能的目标和衡量系统时，考虑哪些是领先和滞后的绩效指标也很有帮助。应在这些数据中确定趋势，例如，它们是同比增加还是减少（通常用作同类比较），还是与前一周、前一个月或最近一段时间的平均值进行比较？

**领先绩效指标**（leading performance indicator）是一种暗示未来绩效的指标。领先绩效指标的优点是，它们使管理者能够积极主动地塑造未来的业绩。领先绩效指标并不多，但这些指标都可应用于电子商务。

（1）重复销售指标。如果重复转化率下降或两次销售之间的平均时间（销售等待时间）缩短，则预示未来销量可能下降，应采取积极行动，如实施顾客电子邮件营销计划。

（2）顾客满意度或拥护等级，如净推荐值。如果这些指标下降了或退货率上升了，则可能预示更多的顾客不满意，重复购买会减少。

（3）销售趋势与市场受众趋势的比较。例如，如果在线销售的增长率相对于某个产品类别的总体在线受众来说较低（可以通过面板数据或搜索来了解），则预示企业应采取行动。

**滞后绩效指标**（lagging performance indicator）是衡量过去绩效的指标。滞后绩效指标可以保证采取的措施是正确的。还有人提出了一个更能反映当前业绩的一致的绩效指标。交易型零售网站的滞后绩效指标包括：

（1）销量、收入和盈利能力。通常被用于与目标值或前期值进行比较。

（2）每行动成本（CPA）。获得每一个新顾客的成本也可以与目标值进行比较。不同推荐者（流量来源）和不同产品类别之间 CPA 趋势的变化可被用作潜在的领先指标。

（3）转化效率指标。对于电子商务网站来说，这些指标包括流程效率指标，如转化率、平均订单价值和登录页面跳出率。

这些滞后绩效指标通常以日或周为基础用在业务上，以便对绩效进行诊断和审查。

# 4.10 数字营销的战略制定

**战略制定**（strategy formulation）包括确定各种可选择战略，了解每一种战略的优点，然后选择最适合企业贸易环境、内部资源和能力的战略。企业应该知道自己的战略能够实现什么目标，数字化战略必须在合理的逻辑和深入分析的基础上制定。

当战略能够支持特定的业务目标（如增加在线收入贡献或增加在线销售查询的数量）时，这些战略被认为是最有效的。有助于调整战略和目标的一种方法是将它们放在一个表格中,再加上可能为战略提供信息的情境分析中得到的洞察力。表 4.6 显示了如何将目标、战略和绩效指标映射为产生这种逻辑的相互关联的活动流程。

表 4.6 中是根据不同的数字营销战略是否支持顾客获取、转化或保留进行分组的。

数字营销的关键决策与传统营销的战略决策相同,均涉及选择目标顾客群体并明确如何为这些群体交付价值。细分市场、寻找目标顾客、差异化和定位都是有效数字营销的关键因素。

表 4.6　目标、战略与绩效指标之间关系的例子

| 目　　标 | 证实(通过情境分析或洞察,例子) | 实现目标的战略 | 关键绩效指标(关键成功因素) |
|---|---|---|---|
| 1. 行动目标<br>本财年以 30 英镑的平均每行动成本(CPA)发展 5 万个新的在线顾客(基于当前销售额),平均获利 5% | 根据增长预测,每年新增 4 万顾客,但都是源于联盟营销计划和搜索引擎优化(SEO)开发 | 启动联盟营销计划并改善 SEO。现有媒体组合是基于按点击付费和线下媒体支持的展示广告。利用社交媒体参与产生潜在顾客 | • 在线销售的整体 CPA,通过联盟营销计划所实现的销售增量和销售百分比的增量<br>• 在自然搜索结果页上排名靠前的战略关键词的数量 |
| 2. 行动(或转化)目标<br>3 年内使 40% 的现有顾客转而使用在线"无纸化"账单支付服务和电子邮件通信 | 对当前自然迁移的推断,以及线下直销活动的采用率增加 | 通过直邮、电话推广和在线劝说来鼓励采用的直销活动。使用激励措施鼓励变革 | • 最初注册后使用在线服务的现有顾客数量和百分比<br>• 最初注册后在不同地点积极使用在线服务的顾客数量和百分比 |
| 3. 转化目标<br>将在线销售的平均订单价值(AOV)提高到每位顾客 42 英镑 | 基于当前 35 英镑的 AOV 及依据模型得出的 AOV 的 20% 的增长率 | 使用新的产品推销系统向用户显示针对不同产品类别的"下一个最佳产品" | 响应产品/交叉销售消息的网站访问者的百分比 |
| 4. 转化目标<br>将网站转化率提高到 3.2% | 模型显示新顾客和现有顾客的转化都有所增加,这主要是基于右侧的战略 | 战略组合:<br>• 对在结账时放弃的新顾客,需要发送激励性的电子邮件予以跟进<br>• 介绍关于畅销品的更具竞争性的定价战略<br>• 改善登录页面上的多元消息传递方式<br>• 通过按点击付费计划提高流量质量 | 不同产品类别中新老顾客的转化率差异 |

续表

| 目　　标 | 证实（通过情境分析<br>或洞察，例子） | 实现目标的战略 | 关键绩效指标<br>（关键成功因素） |
|---|---|---|---|
| 5. 保留目标<br>每年增加 20% 的回头<br>客转化率 | 基于有限的个性化的业<br>务提供鼓励重复购买，<br>主要借助电子邮件开展 | • 通过电子邮件宣传<br>　个性化的产品优惠<br>• 第二次购买可使用<br>　95 折的优惠券 | • 保留电子邮件联系<br>　计划的转化率的<br>　提高<br>• 第二次购买折扣活<br>　动带来的销售转化 |
| 6. 增长目标<br>每年增加 1 万名朋友推<br>荐的新顾客（病毒式营<br>销或"会员带会员"） | 模型是基于每年有 2%<br>的顾客向朋友推荐（基<br>于试用方案） | 由直邮和电子邮件评价<br>程序支持 | 直邮广告活动的回应率 |

数字营销战略开发的主旨是在有选择地针对顾客群体和在线渠道的不同价值交付形式方面作出正确的决策。数字营销战略是一种渠道营销战略，应该：

（1）基于该渠道的在线潜在顾客贡献和销售目标；

（2）与使用并且可通过渠道有效联系的顾客类型保持一致；

（3）支持顾客结合其他渠道选择和购买产品；

（4）为渠道定义一个独特的、差异化的主张；

（5）指定如何传达这一主张以说服顾客结合其他渠道一起使用在线服务；

（6）通过吸引网站访问者，将其转化为顾客并予以保留和发展来管理在线顾客生命周期；

（7）与使用的顾客类型保持一致，可以通过数字通信渠道有效地联系到顾客，并使用**在线战术营销细分**（online tactical marketing segmentation）来确定目标。

此外，数字营销战略的制定包括根据市场营销战略的熟知要素重新评估企业的战略方法。我们认为，需要考虑九个重要决策：前四个决策涉及企业如何在线为顾客提供价值以及向哪些市场提供哪些产品等基本问题；接下来的四个决策更关注用于通过多种渠道与顾客进行沟通的营销沟通组合；最后一个决策涉及组织和治理。

## 4.10.1　决策 1：市场和产品开发战略

基本上，市场和产品开发矩阵（见图 4.11）有助于确定通过改变卖什么（图 4.11 横轴上的产品维度）和卖给谁（纵轴上的市场维度）来增加销量的战略。需要针对这些战略实现的销量设定具体的目标，因此该决策与目标设定密切相关。

### 1. 市场渗透

这一战略涉及利用数字渠道向现有市场销售更多的现有产品。通过市场渗透战略，数字渠道在实现销售增长或保持销量方面具有巨大潜力。最初，很多公司使用数字渠道帮助将现有产品销售到现有市场上，尽管它们可能会错过矩阵中其他部分的战略所显示的机会。图 4.11 展示了一些主要的市场渗透方法。

（1）市场份额增加。企业如果拥有能够有效地将访问者转化为销售者的网站并精通在线营销沟通技术，如搜索引擎营销，则能够更有效地参与线上竞争。

（2）顾客忠诚度提高。企业可以通过开发在线价值主张增加现有产品、服务和品牌的价值，使顾客接受在线服务，提高顾客的忠诚度。

（3）顾客价值提升。通过降低服务成本（及价格），同时增加购买或使用频率和数量，如使用营销自动化和个性化技术，提高顾客为企业提供的价值。这些综合效应将推动销售。许多公司会提供有竞争力的在线价格或折扣，以帮助增加市场份额。

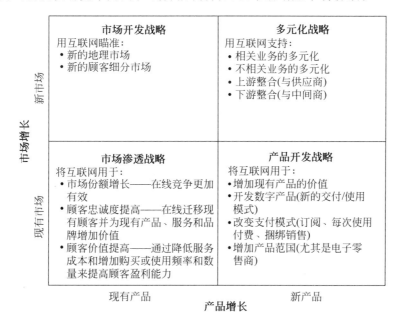

图 4.11 使用数字渠道支持不同的组织成长战略

## 2. 市场开发

借助在线渠道，可以利用国际上的低成本广告来开拓新市场，而无须在顾客所在国或地区建立销售基础设施。互联网帮助易捷航空（easyJet）和瑞安航空（Ryanair）等低成本航空公司以经济高效的方式进入了新市场。这是对互联网的相对保守的使用，但是对于中小企业而言却是以低成本增加出口的大好机会，尽管还需要克服出口障碍。第 1 章曾经介绍过一家德国时装零售商如何利用搜索引擎营销、展示广告和社交媒体营销等技术进入很多欧洲市场，提高人们对服务的认识和需求。使用新技术获得市场份额的新进入者有时被称为"数字颠覆者"。

现有产品也可以销售给新的细分市场或不同类型的顾客。虚拟库存使新产品能够提供给较小的细分市场，这种方法称为微目标定位。这可能只是拥有一个网站的副产品。例如，RS 组件公司这家经销 MRO（维护、维修和运营）产品的供应商发现，10%的网络销售对象是个人消费者，而不是传统的企业顾客。它还利用网站为在线大宗订货的顾客提供额外的服务。易捷航空在网站上开设了一个专区，为企业顾客提供服务。互联网可能会提供更多的机会，在新的细分市场上销售。例如，销售给大企业的产品也可能会吸引中小企业，而因为通过专业销售队伍的销售成本太高，之前并没有能力给这些企业供货。

**3. 产品开发**

很多公司都可以利用网络增加价值或延伸现有产品。例如，汽车制造商可以通过网站提供有关汽车性能和服务的信息，以及下载定制小册子、预订试驾或定制某个汽车型号的功能。不过，真正只能通过互联网提供的新的产品或服务通常是数字媒体或信息产品，如 Elephant Wifi 发现其覆盖全镇的 Wi-Fi 系统可以由名为 Geo-Sense 的新产品提供支持，从而开辟了新的收入来源。

类似地，音乐发行公司和图书出版公司也找到了通过新的开发和使用模型交付产品的新方法，如订阅和按使用付费。企业可以扩展产品范围，也可以在线提供新的捆绑选项。

**4. 多元化**

在该领域，新产品被开发并销往新市场。单靠互联网无法实施这些高风险的商业战略，但它能够实现较以前更低的成本。可以选择的方案包括：

（1）相关业务多元化。低成本航空公司可以利用网站和向顾客发送电子邮件，以相对较低的成本通过自有品牌或合作公司推广酒店预订、汽车租赁或旅游保险等旅游相关服务。例如，如果乘客预订赫兹租车服务，瑞安航空将提供相应的折扣。

（2）无关业务多元化。网站也可用于向顾客推广不相关的产品。这是维珍品牌所采用的方法，该品牌不断地多样化，以避免过时。

（3）与供应商的前向一体化。这是通过制造商或零售商与其供应商之间的数据交换实现的，可以使企业更好地控制供应链。

（4）与中介机构的后向一体化。这是通过与分销商(如在线中介机构)的数据交换实现的。

## 4.10.2 决策2：业务和收入模式战略

制定战略时通常需要对新的模式进行评估，因为要在数字时代生存，企业需要不断创新，以抵御竞争对手和新进入者对市场份额的争夺。通过收购其他企业和内部研发，处于技术领先地位的企业(如脸书和谷歌)不断创新。本章末尾关于 ASOS 的案例研究 4 中介绍了该公司通过在线渠道促进的**商业模式**(business model)创新。

通过持续的研发支持战略敏捷性的方法有时被称为大企业中的**松散组织**(Skunkworks)、数字实验室或数字创新中心。它可以作为组织的一个分支机构运作，不受阻碍进步的文化和流程的影响，而且可以创造、开发新的机会、产品和服务，并进行概念测试。

开发新方法的另一种方法是鼓励所在行业的其他公司。这是 John Lewis 与 JLabs 采取的方法。

### 微型案例研究4.1 戴尔的商业模式创新

戴尔计算机公司(以下简称戴尔)提供了一个公司如何审查和修改其商业模式的例子。20世纪90年代中期戴尔成为首批由制造商直接在线向消费者销售计算机的公司，获得了先发优势。戴尔的个人计算机和外设的日销售额从 20 世纪 90 年代中期的 100 万美元迅速增长到 2000 年的 5 000 万美元。基于这一成功,戴尔将新的商业模式与其强大的品牌进行整合,为现有顾客群提供新的服务,并通过新顾客创造收入。2000 年,戴尔宣布将通过与软件供应商、系统集成商和商业咨询公司等企业资源规划专家建立联系,成为 IT 咨询服务供应商。2007 年戴尔网站成为第四大电子商务网站。戴尔在 2016 年宣称是最大的商业技术产品制造商。2017 年,戴尔在全球的市场份额扩大,这一持续增长是通过专注于利用电子商务和社交媒体战略来接触和留住忠实顾客实现的。戴尔的创始人迈克尔·戴尔(Michael Dell)称,公司利用求知欲和以新的方式看待机遇来规划自己的发展道路,并得出结论:总有机会有所作为。他早期的领导在戴尔内部建立了一种文化,即为未来的增长和发展寻找创新。

戴尔推出了鼓励用户参与的 IdeaStorm 网站(见图 4.12),任何人都可以在该网站提出新的产品和功能,并可以投票表决。重要的是,戴尔通过一个单独的"创意行动"栏目向消费者介绍公司采取的行动。例如,除了改进顾客服务外,戴尔解释了自己是如何根据 IdeaStorm 的建议引入新系统的,如非 Windows Linux 操作系统。它还解释了自己没有实现的想法,以及原因。

图 4.12　戴尔 IdeaStorm(www. ideastorm. com)

最后,尽管所有数字战略都应考虑所有可选项(包括不采取任何措施),但我们注意到,企业可以通过互联网对**收入模式**(revenue model)进行较为温和的改变,虽然影响范围不大,但仍然是值得的。例如,交易型电子商务网站(如 Tesco. com 和 Lastminute. com)可以在网站上或通过电子邮件或列表出售广告空间或进行联合品牌促销,将接触到访问者的权限出售给第三方。

公司可以通过销售(与自己的产品没有竞争关系的)互补产品来获得佣金。例如,出版商可以通过与电子零售商签订加盟协议销售图书。

### 4.10.3 决策3：目标营销战略

在考虑数字营销战略时，确定要针对的市场是一个重要的考虑因素。**目标营销战略**（target marketing strategy）涉及如图 4.13 所示的四个步骤。市场营销战略师要做下面两个重要决定：

（1）细分/目标定位战略。公司的在线顾客通常与线下顾客具有不同的人口统计特征、需求和行为。因此，采用不同的在线方法进行**战略性市场细分**（strategic market segmentation）可能是一个机会，而特定细分市场可能需要通过在线媒体渠道、公司网站或电子邮件通信选择性地锁定目标。正如我们将看到的，个人发展和生命周期目标是确定在线目标的常用方法。

（2）定位/差异化战略。竞争对手的产品和服务在网络环境中往往有所不同。制定适当的在线价值主张是这一战略的重要方面。

图 4.13 中的第一步是细分。细分是一种管理技术，它允许企业将精力集中在其能提供最好服务的顾客身上。在制订数字营销计划时，有必要区分战略市场细分和在线战术细分，后者用于在线定位。

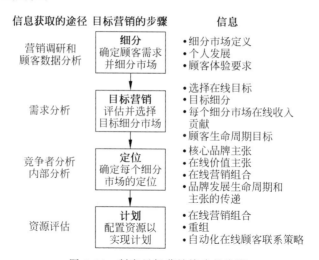

图 4.13　制定目标营销战略的步骤

战略性市场细分可定义为：识别具有相似特征的个人或组织，这些特征对确定营销战略具有重要意义（Jobber and Ellis-Chadwick，2016）。

制定数字营销规划时，应对细分市场进行分析以评估：

（1）当前的市场规模或价值，未来规模的预测；

（2）企业在细分市场中的当前和未来市场份额；

（3）目标群体在购买过程的各个方面参与企业报价的成本效益和可能性，例如，产生潜在顾客需求和使用基于内容营销或付费媒体进行销售是否具有成本效益（如程序化展示、按点击付费广告、付费社交广告或联盟营销）；

（4）每个细分市场的需求，特别是未满足的需求；

（5）该细分市场中竞争对手的市场份额；

（6）企业与竞争对手所能提供的产品和服务以及主张；

（7）网站的使用及通过网页分析转化为行动。

图 4.13 中的第二步是目标营销。在这一步，可以选择在增长和盈利方面最具吸引力的在线细分市场。这些与线下的目标群体可能是不同的也可能是相似的。在线目标顾客群包括：

（1）最有利可图的顾客。利用互联网为利润最高的 20％ 的顾客提供定制化的产品或服务，可能会带来更多的重复购买和交叉销售。

（2）大公司（B2B）。可以建一个外联网来服务这些顾客并提高其忠诚度。

（3）小公司（B2B）。传统上是通过销售代表和顾客经理为大公司提供服务的，而小公司带来的收入可能不足以负担顾客经理的开支。通过互联网可以更经济有效地与小公司联系。通过这种方式可以接触到的小公司数量可能很大，因此尽管每家公司带来的收入相对较少，但通过互联网服务获得的总收入却是可观的。

（4）采购部门（B2B）的特定成员。网站应为不同利益群体提供支持购买决策的详细信息，如产品用户的技术文档、信息系统经理或采购经理通过电子采购可以节省资金的信息，以及为决策者树立公司信誉的信息。

（5）通过其他媒体难以联系到的顾客。一家将年轻驾驶员作为目标顾客群的保险公司可以将网络作为一种工具。

（6）对品牌忠诚的顾客。可以提供吸引品牌忠诚者的服务，以支持他们扮演品牌宣传者的角色。

（7）对品牌不忠诚的顾客。网站可以提供奖励、促销和高水平的服务质量，努力留住这些顾客。

通过对不同的内容分组使用导航选项，使访问者能够自我识别，可以在线定位一些细分市场。这正是戴尔网站（见图 4.14）的主要导航依据，并有可能在其他网站上进行辅助导航。戴尔按地理位置设定目标，然后根据国家或地区划分消费者或企业类型，美国戴尔网站拥有最多的选择。其他的选择是为不同的受众建立不同的网站，如戴尔卓越（Dell Premier）针对的是大企业采购和 IT 部门的员工。一旦顾客在网站上注册，该网站即可使用数据库中的分析信息向不同的细分市场发送有针对性的电子邮件。

所使用的选项的数量或细分的层次，以及方法的复杂程度取决于下面列出的可用资源、技术能力和机会。

**1. 确定基于顾客资料的人口统计特征**

这是基于顾客类型的传统细分。对于 B2C 公司，包括年龄、性别和地理位置；对于 B2B 公司，则包括公司的规模及所在的行业。

**2. 确定顾客生命周期组**

图 4.15 说明了这种方法。访问者在使用在线服务时，可能经历七个或更多的阶段。公司一旦以这种方式明确了这些顾客组，并建立了顾客关系管理基础设施对顾客进行分类，即可通过个性化的私人在线信息或通过由不同规则自动触发的电子邮件来传递目标信息。第一次访问的人可以通过其数字设备上是否有 cookies 或其他与移动或社交媒体

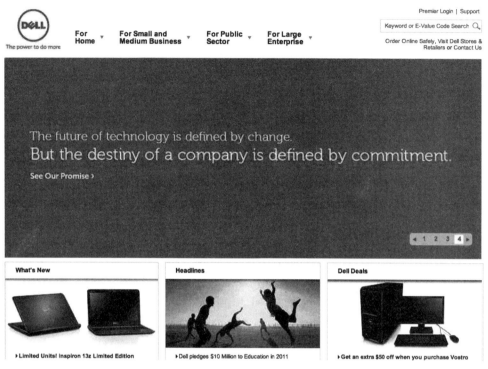

图 4.14 戴尔新加坡网站的细分

使用相关的"数字指纹"来识别。一旦访问者注册，就可以在其余的阶段对其进行追踪。一个特别重要的群体是那些购买过一次或多次的顾客。对于很多电子零售商来说，鼓励顾客从第一次购买到第二次购买，再到第三次购买是一个很大的挑战。专门的促销可以用来鼓励再次购买。类似地，一旦顾客变得不活跃（他们不再定期采购，如 3 个月没有购买产品了），企业就需要跟进。

**3. 识别响应和购买价值的行为**

随着顾客在如图 4.15 所示的生命周期中不断向前，营销人员可以使用数据库分析来建立详细的响应和购买的历史记录，包括最近购买的产品、购买频率、货币价值和产品类

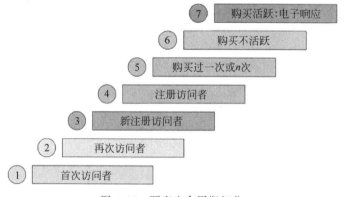

图 4.15 顾客生命周期细分

别等详细信息。根据顾客当前和未来的价值进行分组,利用技术制定战略,以保留有价值的顾客,并在将来将低价值的顾客转化为高价值的顾客。

**4．识别多渠道行为(渠道偏好)**

不管公司对在线渠道是否热衷,都会有一些顾客偏好在线渠道,而另一些顾客则偏好传统渠道。为不同的顾客绘制渠道链有助于理解这一点。可以在数据库中设定识别顾客的渠道偏好的标签,从而为其选定最佳渠道。对于偏好在线渠道的顾客,可以通过电子邮件等在线沟通方式来锁定目标;对于偏好传统渠道的顾客,则可以通过直邮或电话等传统沟通方式锁定目标。

**5．语气和风格偏好**

与渠道偏好类似,顾客对不同类型的消息的响应也不同。有些人可能喜欢更加理性的呼吁,在这种情况下,企业用一封详细的电子邮件来解释所提供产品和服务的优势可能最有效。其他人则更喜欢以图像为基础的情感诉求,配以更温暖、不太正式的文字。需要根据顾客的个人特征和反应行为进行测试,然后提出各种有创意的解决方案。

## 4.10.4　决策 4：定位和差异化战略(包括营销组合)

图 4.13 中的第三步是定位。定位最终决定企业想要如何竞争,这取决于所选的细分市场、实际目标市场及产品或服务的差异优势(Jobber and Ellishadwick,2016)。决策的关键是关注所选目标市场中顾客的想法(Reis,2017)。在他们的心目中,大多数消费者要么在产品类别上附加了一个品牌,要么没有;或许是因为这是一个开发不够深入的类别(如电动汽车),或许是他们还没有形成偏好。如果是新的类别,则品牌有机会利用先发优势(Yang et al.,2017),如特斯拉电动汽车。不管怎样,要想与潜在顾客的想法合拍,最好是推广潜在顾客已知的品牌的小特征,而不是其不知道的主要特征(Reis,2017)。采用这种方法可以与目标潜在顾客建立联系并打下差异化市场定位的基础,然后从这一点开始进行构建。

在线上,同样的原则也适用,但线上市场是高度复杂和动态的。关键决策是如何走入潜在顾客的内心,这是品牌希望的定位(如图 4.16 所示)。请参阅数字营销洞察 4.5,了解会歌唱的纸箱是如何吸引英国数百万购物者的。

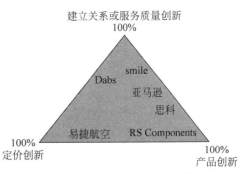

图 4.16　在线服务的各种定位

### 数字营销洞察 4.5　唱着"献出我的爱"的纸箱是如何走入数百万购物者的心的?

亚马逊 2017 年圣诞节所做的广告中,一个个纸箱从仓库出发,搭乘货车和飞机送到年轻顾客的手中。而且,在旅途中,微笑的纸箱经过动画处理,看起来好像在欢唱"献出我的爱"。坎塔尔·米尔沃德·布朗(Kantar Millward Brown,2017)的研究显示,看到广告的人认为其影响力巨大。消费者之所以这么说，是因为广告与众不同。亚马逊的品牌宣传很明确，因此很容易识别，而且广告中的故事令人信服。换句话说，它凭借强大的定位深入目标受众的心坎。这是因为在亚马逊购物的人都对送到家门口的快递箱很熟悉，即使他们不知道纸箱是如何送过来的。因此，一旦建立了初始连接，就可以讲故事了。

### 差异化优势

定位的目的是开发超越竞争对手的**差异化优势**(differential advantage)。乔波和埃利斯·查德威克(Jobber and Ellis-Chadwick，2016)认为，市场细分是制定差异化营销战略的核心。营销战略师使用营销组合中的要素来确定企业与竞争对手的差异。很多企业通过价格形成了在线产品的差异化，下面举几个例子。

(1) 零售商在线提供产品的价格更低。例如，特易购(Tesco.com)对某些产品打折促销，Comet 的某些产品相比实体店的价格有折扣。

(2) 航空公司为线上预订提供低票价，如易捷航空、瑞安航空和英国航空。

(3) 英国房屋抵押贷款协会、英国联合莱斯特银行等金融服务公司线上提供的储蓄产品利率更高，信用卡和贷款等信用产品的利率更低。

(4) O2 电信公司、英国天然气公司等电信运营商或公共事业单位对不需要纸质账单的在线管理用户收取较低的费用或为其提供折扣。

值得注意的是，价格并不是在线上脱颖而出的唯一方法，品牌体验质量和服务质量对于创造差异化优势同样重要。

在数字营销环境中，差异化优势和定位可以通过开发**在线价值主张**(online value proposition，OVP)来阐明和传达。开发在线价值主张涉及以下几个方面。

(1) 开发在线内容和服务，并通过以下信息进行解释：强化核心品牌主张和可信度；就访问者可以从在线品牌获得哪些无法从线下品牌、竞争对手或中间商处获得的好处与其进行沟通。

(2) 通过不同层次的接触点将这些信息传达给所有适当的线上和线下顾客，沟通的内容可以很宽泛也可以很具体，沟通可以是在网站上也可以利用印刷品。

在网站上就在线价值主张与顾客沟通有助于创建以顾客为中心的网站。维珍葡萄酒(Virgin Wines)使用在线价值主张来传递其服务承诺，如下所示：

(1) 您白天不在家？我们承诺：我们的司机会找到一个安全的地方存放您的酒；如果酒被偷了，我们会重新发货。

(2) 您觉得其他地方更便宜？如果您有幸在别处找到更便宜的葡萄酒，我们将退还差额。

(3) 您住在偏僻的地方？我们会送货到英国的任何地方，包括北爱尔兰、苏格兰高地和岛屿以及锡利群岛，运费仅 5.99 英镑。

(4) 您着急用？我们将在 7 天内交货，超时免收运费。

很多战略规划决策都基于在线价值主张及企业的在线顾客体验质量。交互功能对于交易型网站尤其重要，因为它们可以增强用户体验，从而鼓励销售转化和重复购买。公司通过交互功能开发在线价值主张的实例包括顾客评价和排名、播客产品评论、开通顾客评论的博客、购买者指南和视频评价(示例见活动 4.3)。

拥有清晰的在线价值主张有下列好处：

(1) 有助于将电子商务网站与竞争对手区分开来(这应该是网站设计的目标)。

(2) 有助于聚焦市场营销活动,使员工清楚地了解网站的目的。

(3) 如果提议明确,可用于公关活动,并对公司进行口碑推荐。

(4) 可以与公司或其产品的正常产品主张相联系。

## 活动 4.3　在线价值主张

**目的**：探索在线价值主张的概念。

**活动**：访问以下网站并总结其在线价值主张。你还应该解释它们如何使用网站的内容向顾客表明其价值主张。

- Netflix (https://www.netflix.com)
- BBC (https://www.bbc.co.uk)
- Apple iPhone X (https://www.apple.com/uk/iphone-x)

决策 5 和决策 6 涉及**多渠道优先级**(multichannel prioritisation),对互联网相对于其他沟通渠道的战略意义进行评估。在确定优先级时,区分**顾客沟通渠道**(customer communications channels)和分销渠道是很有帮助的。

## 4.10.5　决策 5：顾客参与和社交媒体战略

每天都有数以百万计的社交网络状态更新,包括新的博客帖子、视频和新闻等。随着消费者花更多时间在线阅读这些内容并与之互动,吸引他们的难度也越来越大。因此,我们认为每家公司都必须制定**顾客参与战略**(customer engagement strategy),作为其数字营销战略的一个关键部分。顾客参与战略考察创建具有吸引力的内容和体验的方法,形成公司的在线价值主张。

越来越多的情况是,最直接的在线互动不是在公司网站上,而是通过各大社交网络(如脸书、领英、推特等)进行的。鉴于这些社交网络的普及,很多公司都会致力于制定整体的**社交媒体战略**(social media strategy)。

在开发一种利用社交网络建立参与度和社区的方法时,网络上存在一些共同的决策,这些决策着眼于内容的类型及其发布方式。虽然每个社交网络的答案会有所不同,但是一些共同的主题应该成为整体参与和内容营销战略的一部分。以下是一些需要考虑的关键问题：

问题 1：我们的目标受众是谁？对于一家公司而言,每个社交网络的典型受众群体在人口统计特征方面都会有所不同。查看你自己的追随者或竞争对手的个人资料样本,即可了解典型的受众,并可以发展目标顾客。

问题 2：受众的内容偏好是什么？受众喜欢分享或评价的内容显示了他在每个网络上喜欢看的内容类型。例如,在脸书上视频效果很好、在推特上信息图表效果很好。

问题 3：哪些内容类型应该具有优先级？根据对顾客需求和竞争对手基准的分析,你可以设定在你的内容流中最有效的主题。例如，美国运通开放论坛（www. openforum. com）这个独立于社交网络的社区的内容侧重创新、营销和金融，但也涵盖健康和生活方式。

问题 4：我们如何区分社交渠道和其他沟通渠道？每个网络的受众都有所不同，对适合该渠道的内容类型有不同的偏好。如果你能为社交渠道定义一个强大的服务，那么即使用户已经在使用其他渠道，他们也会订阅。例如，如果有人"点赞"它的脸书主页，零售商阿斯达（Asda）就会提供"预览、竞争和独家优惠"。它还有一些更为具体的活动来鼓励用户注册，这样一来阿斯达就可以收集电子邮件地址。

问题 5：我们应该考虑内容频率和编辑日历吗？吸引受众需要定期的内容，但是定期是什么意思？一天更新几次还是一周才更新几次？如何将这些链接到博客等其他内容上？将会有很多不同类型的内容，一些将会很快创建，其他的则会花费更长的时间并且需要计划或资源，这就是编辑日历的重要性。

问题 8：我们如何管理发布和交互？每个社交平台都需要有人更新内容，还需要有人在其他社交网络上作出回应和互动。必须决定这些工作是在内部完成，还是外包给第三方。

问题 7：我们应该使用软件来管理发布过程吗？软件不能为你创造内容，但可以精简流程。Hootsuite 或 Tweetburner 等工具可以将更新的结果在脸书、领英或推特等不同的网络上进行分享。不过，仍建议采用个性化的方法。

问题 8：我们应该跟踪社交网络活动的业务影响吗？每个平台都提供工具来帮助营销人员评估活动效果。例如，Facebook Insights 是一项面向脸书主页所有者的服务。Hootsuite 等工具中还提供了分析功能，通过分享和点击率判断哪些消息更受欢迎。

问题 9：我们如何优化社交网络？除非经过深思熟虑并采取行动，否则不值得进行跟踪。洞察力可以帮助你测试、学习和改进营销活动。这就是所谓的**社交媒体优化**（social media optimisation，SMO）。

## 4.10.6　决策 6：多渠道分销战略

**分销渠道**（distribution channels）是指产品从制造商或服务提供商到最终顾客的流程。任何分销渠道的核心都是不同组织之间的产品的流动和信息流，这些组织参与将产品从生产点转移到消费点。由于组成供应链的参与者不同，供应链的结构可能也有所不同，而结构将决定货物是否在正确的时间到达正确的地点。供应链的参与者可能包括零售商、供应商、中间媒介、第三方物流解决方案提供商及提供相关服务（如为顾客提供仓储和配送管理）的运输公司。线上线下组合的一般选项如图 4.17 所示。在线收入贡献评估是通过对顾客购买特定类型产品的偏好进行需求分析得到的。如果目标是实现超过70% 的高在线收入贡献，那么公司需要进行根本性的变革，转型为**线上线下结合的公司**（clicks and mortar）或**纯线上的公司**[clicks-only（Internet pureplay）]。

库玛（Kumar，1999）建议公司应该决定互联网是对公司其他渠道的补充还是取代。显然，如果认为互联网将取代其他渠道，那么必须为实现这一目标进行促销和基础设施投资。这是一项关键决策，因为公司必须决定互联网是否仅仅是"另一个沟通或销售渠道"，

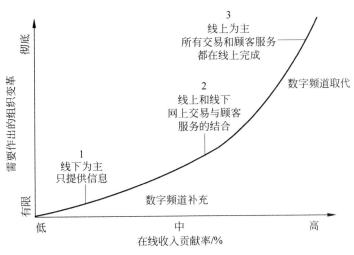

图 4.17　多渠道决策对顾客的影响

资料来源：adapted from Dholakia et al.(2010).

或者互联网是否将从根本上改变与顾客沟通的方式和销售方式。

库玛(Kumar,1999)认为在以下情况下最有可能更换渠道：

(1) 顾客上网率高；

(2) 互联网可以提供比其他媒体更好的价值主张；

(3) 产品可以通过互联网交付(这种情况对于取代并非必要条件,因此图中未显示)；

(4) 产品可以标准化(用户购买前通常无须调研)。

只有当所有四个条件都满足时,才会产生取代效应。满足的条件越少,就越有可能产生补充效应。

如图 4.18 所示的分析可以说明公司战略应该作为补充还是取代方案。正如前面提

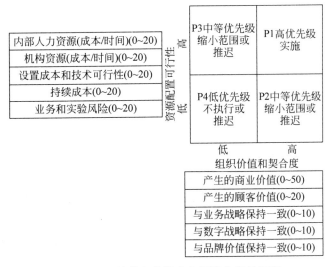

图 4.18　评估数字营销业务投资方案的矩阵

到的互联网对业务的贡献问题,公司应针对不同的产品细分和不同的市场重复进行分析,从而可以说明公司对互联网的整体承诺。如果互联网的未来战略重要性很高,有可能取代其他渠道,那么就需要对互联网进行大量投资,并相应地修改公司的使命。即使互联网的未来战略重要性较低,公司仍然需要对其予以认可并进行适当的投资。

**技术整合**

为了实现战略性数字营销目标,企业必须规划与顾客和供应商系统的整合。查菲(2014)描述了(B2B市场中的)供应商是怎样为顾客的电子采购提供技术集成支持的:

(1)与单个顾客建立链接。企业将决定单个顾客是否具有足够大的规模以建立这种链接(例如,超市经常坚持要求供应商以电子方式进行交易)。不过,供应商可能要面对与不同的超市建立不同类型链接的成本。

(2)与中间媒介建立链接。企业必须评估哪些是主要的中间媒介(如B2B市场或交易所),然后评估由中间媒介产生的贸易是否足以与之建立链接。

## 4.10.7　决策7:多渠道沟通战略

顾客沟通渠道是指企业如何通过入站和出站沟通,在购买过程的不同阶段影响顾客对产品和供应商的选择。作为创建数字营销战略的一部分,定义数字如何与用于处理顾客查询和订单的其他入站沟通渠道以及通过直销来鼓励保留和增长或传递顾客服务信息的出站渠道相集成至关重要。对零售商来说,这些渠道包括店内、联络中心、网站及用于与潜在顾客和顾客沟通的出站直接消息传递。其中一些渠道可能进一步细分为不同的媒体(例如,联络中心可能涉及呼入电话查询、电子邮件查询或实时聊天)。出站直接消息传递可能涉及直邮、电子邮件或基于网站的个性化。

多渠道沟通战略必须分析与企业不同类型的顾客的联系,然后确定在线渠道如何能够最大限度地支持这些渠道。顾客联系的主要类型和相应的战略通常为:与销售相关的对内查询(顾客获取或转化战略);入站顾客支持查询(顾客服务战略);对外联系战略(顾客维系和发展战略)。

对于每一项战略,必须确定支持业务目标的最有效的媒体组合和顺序。短期目标通常是在尽可能短的时间内以最低的成本转化为销售或满意解决的服务查询等。然而,还需要考虑顾客忠诚度和增长的长期目标。如果最初的体验是有效的,但是顾客不满意,那么他们可能就会流失。

多渠道沟通战略必须权衡顾客渠道偏好与企业渠道偏好。一些顾客更喜欢通过在线渠道挑选产品或查询,而另一些顾客更喜欢传统渠道。对企业来说,传统渠道往往比数字渠道服务更昂贵;但是,评估渠道的有效性和将消费者转化为顾客(例如,响应汽车保险的电视广告的消费者,如果通过电话而不是网络咨询,更有可能购买),或者评估顾客忠诚度(通过面对面或电话联系获得的个人接触可能会为一些顾客带来更好的体验,从而产生忠诚度)的能力很重要。

近年来,渠道和媒体变得日益复杂和多样化,这些发展导致消费者行为模式日益复杂。对于企业来说,要了解在线顾客行为,就需要确定目标细分市场,建立顾客档案,并选择适合与所选细分市场沟通的渠道和媒体。由于"消费者细分是有效的多渠道战略设计的关键"(Neslin et al.,2006),企业面临作出困难决策的挑战。

图 4.19 基于多拉基亚等(Dholakia et al.,2010)的研究,展示了他们认为在选择渠道时要考虑的 8 个维度,并提出了影响顾客决策的因素。渠道维度会影响规划,并指向正在开发渠道和沟通战略的企业的关键决策领域。例如,随着无线技术和手机的普及,维度 3 (可访问性)变得越来越重要;至于维度 5(界面的灵活性),一些渠道提供有限的灵活性,而其他渠道可以即时定制(例如,借助情感识别软件,当顾客经过户外广告牌时,广告商可以为其提供个性化的信息)。基于其个人特征,顾客影响确实会对渠道的选择产生影响,主要是影响他们如何与技术互动。渠道维度和顾客都将影响营销人员作出的战略决策,但是对营销战略(如目标等)的考虑也会影响最终的渠道选择。

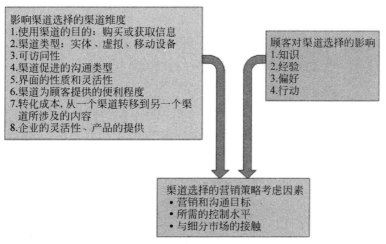

图 4.19 多渠道决策中的顾客影响

资料来源:adapted from Dholakia et al.(2010).

多渠道沟通战略需要明确顾客可以选择的沟通范围,以及企业使用不同渠道与特定顾客群沟通的程度(见图 4.20)。对于企业来说,决定渠道的最佳组合是一个困难的工作。在购买手机时,你可以通过在店内、网站上或打电话给客服中心来决定选择哪款手机和哪个网络供应商。任何一种沟通方式都可能受到网络供应商或零售中间商的影响。购买后,如果遇到关于计费、手机升级或新费率方面的问题,你可以再次使用这些沟通方式来解决问题。管理这种多渠道挑战对手机公司

图 4.20 显示了公司与具有价值的不同顾客群沟通的首选战略的渠道覆盖图

至关重要,原因有两个,都与顾客维系有关。其一,通过这些渠道提供的体验对于顾客在合约到期时决定是否继续与网络供应商合作至关重要——价格不是唯一的考虑因素。其二,在网站、电子邮件、直邮和电话等沟通方式下,通过推荐最合适的价格和手机及适当的

促销活动，对让顾客与企业保持联系至关重要，但哪种渠道对企业（每个渠道对企业的成本效益水平不同）和顾客（每个顾客对其用于不同决策的渠道组合有偏好）来说是最合适的渠道组合？

### 4.10.8　决策8：在线沟通组合与预算

关于在线沟通支出金额和不同沟通技术（如搜索引擎营销、联盟营销、电子邮件营销和在线广告）组合的决策与决策6密切相关。第2章讨论了不同渠道和媒体采用水平的变化，这些变化对规划沟通组合具有瀑布效应。

为此，数字营销人员需要确定沟通重点，以及主要目的是获取顾客、留住顾客还是建立关系。

关于电子商务运营，阿格拉瓦尔等（Agrawal et al.，2001）认为，成功可以基于顾客关系管理的顾客生命周期来建模和控制。他们建议使用基于**绩效驱动因素**（performance drivers）或关键成功因素（如获取和保留成本、将访问者转化为重复购买者的转化率及流失率）的计分卡。其计分卡主要有下面三个组成部分。

（1）吸引。访问者数量、访问者获取成本和访问者广告收入（如媒体网站）。

（2）转化。顾客群、顾客获取成本、顾客转化率、每个顾客交易次数、每次交易收入、每个顾客带来的收入、顾客带来的毛利、顾客维系成本、顾客运营收入、顾客流失率、营销支出前的顾客运营收入。

（3）保留。使用与转化顾客相似的度量标准。

我们将在第8章继续讨论这一话题，并权衡**基于活动的电子沟通**（campaign-based e-communications），该方法通常与特定事件相关，如网站的创立或重建、产品的发布或重新推出。例如，互动（横幅）广告活动可以在网站重建后持续2个月，也可以在新产品发布后持续5个月。

希望利用数字渠道做广告的公司也在作出改变。它们需要招聘能够理解新媒体所需技能的新员工，而且很多已建立的品牌形象需要有所改变才能在网络上取得成功。

### 4.10.9　决策9：支持数字化转型的组织能力（7S框架）和治理

除了我们审查的与数字业务、收入模型及数字沟通使用有关的8个决策外，还有与企业如何管理数字媒体部署所需变更有关的决定。这些与表1.3中概述的数字化转换更改有关，如管理营销技术、数据和洞察力、结构和技能的更改。

## 4.11　战略实施

战略实施构成了本书后续章节的主题：

第5章——在数字环境中改变营销组合的选项。

第6章——实施顾客关系管理。

第7章——通过网站和移动应用提供在线服务和开发数字体验。

第 8 章和第 9 章——交互式营销传播。

第 10 章——监控和维护在线形象。

在每一个方面，如顾客关系管理或网站功能开发，不同的计划通常会争夺预算。下一节将介绍对这些项目进行优先级排序的方法，并确定电子商务应用程序的最佳组合。

# 4.12　评估包括营销技术在内的不同数字项目

与组织能力相关的更深入的话题是如何用不同的系统实施营销应用。通常会有多种方案争夺预算，有限的资源决定了只能实施其中一些应用，从而需要制定一个长期的路线图来区分其优先级。

**组合分析**（portfolio analysis）可以用来选择最合适的项目。例如，丹尼尔等（Daniel et al.，2001）指出，应该根据企业的交付能力来评估潜在的电子商务机会对企业的价值。对于拥有宣传网站的企业来说，数字营销战略的典型机会可能包括：

（1）内容管理系统或在线目录装置；

（2）顾客关系管理系统——发展潜在顾客和集客营销系统；

（3）顾客关系管理系统——顾客服务管理；

（4）顾客关系管理系统——为用户提供个性化的内容和促销建议；

（5）面向分销商或代理商的合作伙伴关系管理外部网；

（6）交易型电子商务设施。

第 10 章涵盖了所有营销技术选项。这种选择可以根据它们的风险和回报来评估。

麦克法兰模型（1984）被广泛用于评估信息系统投资组合中未来战略在业务中的重要应用。丹尼尔等（2008）和查菲等（2014）将该模型应用于电子商务中。对于潜在的电子商务应用可以有如下评估。

（1）关键运营：保持竞争力的关键。例如，分销商或代理商的合作伙伴关系管理外部网。

（2）支持：提供改进的性能，但对战略并非至关重要。例如，电子顾客关系管理系统为用户提供个性化内容。

（3）高潜力：对未来取得成功可能很重要。例如，电子顾客关系管理系统提供客服管理。

（4）战略：对未来业务战略至关重要。例如，电子顾客关系管理系统中的销售线索生成系统对开发新业务至关重要。

由麦克唐纳（McDonald）和威尔森（Wilson）进一步提出的投资组合分析是对顾客和公司的吸引力所组成的矩阵，与风险回报矩阵得出的结果相似。最后，詹（Tjan,2001）基于很多组织遵循的决策过程，提出了一种针对数字应用的可行性（投资回报）与适用性（组织能力）的矩阵方案。他提出了五个衡量生存能力和适应性的标准。可行性是在理想情况下，基于对能够提高转化率和保留率的新应用的价值的定量商业案例的评估得到的。适应性是一种更为主观的衡量标准，基于应用程序与组织现有流程、能力、文化相适应的前提下，易于实施。其他标准都是围绕可行性和适应性制定的。就可行性而言，用于评估投资潜在价值的标准在以下每个方面的评分介于100（积极的）和0（不利的）之间：市场价值潜力；实现盈利的时间；人员需求；资金需求。

就适应性而言，评估潜在投资价值的标准是从低至中至高：与核心能力相适应；与其他公司的举措相适应；与组织结构相适应；与公司的文化和价值观相适应；技术易于实施。

我们对投资组合分析形式的建议如图4.18所示，作为对当前电子商务能力进行基准测试和确定战略优先级的基础。用于组织价值和契合度的五个标准（以及对其相对有效性的评分或评级）如下。

（1）产生的商业价值（0～50）。这些应该基于项目的增量财务效益。可以基于转化模型，显示吸引的访问者数量（新顾客和回头客）、转化率和产生的结果的估计变化。这里应该考虑生命周期价值。

（2）产生的顾客价值（0～20）。这是一种"较软"的衡量标准，用于评估交付的项目对顾客情绪的影响。例如，他们是否会或多或少地推荐一个网站？这是否会增加他们再次访问或购买的可能性？

（3）与业务战略保持一致（0～10）。直接支持当前业务目标的项目应该被赋予额外的权重。

（4）与数字战略保持一致（0～10）。

（5）与品牌价值保持一致（0～10）。

潜在电子商务项目的成本要素基于对内部人力资源（成本或时间）、机构资源（成本或时间）、生产准备成本和技术可行性、持续成本、业务和实施风险的要求。

### 4.12.1　在线生命周期管理网格

本章的目标设定部分回顾了用于确定目标和指标以评估它们是否得到实现的不同框架。下面具体介绍在线生命周期管理网格，表4.7很好地总结了目标、战略和战术。

| 表 4.7　电子零售商的在线绩效管理网格 | | | | |
|---|---|---|---|---|
| 指标和增长 | 获　取 | 机会转化 | 销售转化 | 顾客参与 |
| 追踪指标 | 独立访问者<br>新的访问者<br>转化量 | 机会数量 | 销量 | 电子邮件列表质量<br>电子邮件响应质量 |
| 绩效驱动因素（诊断） | 跳出率<br>转化率<br>新访问者开始报价<br>品牌/直接访问 | 潜在顾客的宏观转化率和微观转化效率 | 销售转化率<br>电子邮件转化率 | 活跃顾客（百分比）（网站和电子邮件是活跃的）<br>不同采购的重复转化率 |

续表

| 指标和增长 | 获 取 | 机会转化 | 销售转化 | 顾客参与 |
|---|---|---|---|---|
| 以顾客为中心的KPI | 每次点击和销售的成本<br>品牌认知度<br>转化极性 | 每名潜在顾客成本<br>顾客满意度 | 单位销售成本<br>顾客满意度<br>平均订单价值 | 终身价值<br>顾客忠诚度指数<br>每名顾客购买的产品 |
| 以商业价值为中心的KPI | 受众分享<br>广告占有率 | 在线产品需求(占总数的百分比) | 在线产生的销量(占总销量的百分比) | 保持销量增长和销量 |
| 战略 | 线上目标顾客接触战略<br>线下目标顾客接触战略 | 潜在顾客生成战略 | 产生在线销售<br>线下销售影响战略 | 保留率和顾客增长战略 |
| 战术 | 持续沟通组合<br>活动沟通组合<br>在线价值主张 | 可用性<br>个性化<br>入站联系战略(顾客服务) | 可用性<br>个性化入站联系战略(顾客服务)<br>商品触发电子邮件 | 数据库/列表质量<br>定位<br>出站联系战略(电子邮件)<br>个性化 |

资料来源: Adapted from Neil Mason's Insights acquisition, conversion, retention approach to the Smart Insights Reach, Act, Convert, Engage framework introduced in Chapter 1.

表中各列分别为网站访问者获取、机会转化、销售转化和顾客参与等关键绩效领域。各行则分别给出了更详细的指标(如追踪指标和绩效驱动因素)与更高级别的指标(如以顾客为中心的 KPI 和以商业价值为中心的 KPI)。最后两行是用于实现目标的典型战略和战术,这些战略和战术显示了目标与战略之间的关系。需要注意的是,这个框架主要关注转化的效率,不过也有一些有效性度量。

下面是实现网格目标的一些常见的数字营销战略,适用于一系列组织:

(1) 在线价值主张战略。明确获取和保留在线顾客的价值主张。包括用于鼓励试用的信息和促销激励。还要明确通过时间创造价值的计划,如在合作伙伴网站上发布的商业白皮书。

(2) 线上目标顾客接触战略。目的是与相关受众在线沟通,以实现沟通目标。沟通通常包括活动沟通,如在线广告、公关、电子邮件、病毒式活动和持续沟通,如搜索引擎营销、赞助或合作安排。该战略可能涉及:①将新的潜在顾客吸引到公司网站;②将现有顾客转移到线上渠道;③通过第三方网站上的广告和赞助,达到提高品牌知名度、喜好度和购买意向的目的。在第三方网站上建立品牌知名度、喜好度和购买意向可能是低参与度快速消费品品牌更有效的战略,因为很难促使访问者访问网站。

(3) 线下目标顾客接触战略。目标是促使潜在顾客使用在线渠道,即访问网站并进行相关交易。其战略是通过直邮、媒体购买、公关和赞助与选定的顾客细分群进行线下沟通。

(4) 线上销售效率战略。目标是让网站访问者参与并成为潜在顾客(如通过注册电子快讯或将第一件产品放入购物车),从而让他们购买产品并使购买交易价值最大化。

（5）线下销售影响战略。目标是实现新顾客或现有顾客的线下销售。战略定义了通过网站和电子邮件进行的在线沟通如何影响线下销售，即通过电话、邮购或店内销售。

本章的案例研究考察了一个零售战略发展的例子。

## 案例研究4　ASOS转移了高端零售的重心

ASOS(as seen on screen 的简写，可译为跟着明星来穿戴)开创了在线社交购物，是英国最成功的在线时尚零售商之一。ASOS 为全球数百万的年轻人提供数万种时尚产品。本案例研究将探讨这一标志性的在线零售时尚品牌的增长和竞争战略。

ASOS 的创始人尼克·罗伯逊（Nick Robertson）和昆汀·格里菲思（Quinten Griffths）受美剧《老友记》的启发，建了一个网站，出售剧中的商品。ASOS 一开始出售名人穿过的服装，但很快开始打造自己的品牌。ASOS 的经营风格使其吸引了大量年轻时尚的购物者。

尽管业内评论家对在网上销售服装持怀疑态度，但到 2004 年，ASOS 推出了自己的品牌女装，并取得了以下里程碑式的成就：

2006 年，成为英国第一家推出在线时装秀的公司；

2007 年，推出 ASOS 男士自有品牌；

2010 年，开始向欧洲、俄罗斯和美国进行国际扩张，并建立了服务这些市场的网站，推出了 ASOS 市场；

2011 年，推出应用程序，建立了澳大利亚、意大利和西班牙网站；

2012 年，开始巩固在线扩张，在悉尼和纽约开设国际办事处；

2015 年，与 PayPal 合作直接与学生市场联系；

2016 年，投资人工智能和语音识别以改善社交媒体应用；

2017 年，市场估值使 ASOS 比英国最大的服装销售商 M&S 更有价值。

通过实施竞争战略，ASOS 已经成长为英国最大的在线时尚零售商，并确立了独特的市场地位：销售具有"设计师时尚外观"的专业系列产品。公司创始人尼克·罗伯逊开始销售电影和电视中的品牌服装。这不仅使该公司有机会创造一个市场，而且受益于公关和促销活动中的名人代言。ASOS 现在销售 5 万多种品牌和自有品牌的服装产品，产品范围比它在商业街上的竞争对手要广得多。ASOS 是一家快速时尚零售商，这意味着要克服许多挑战，将商品及时送到顾客手中，同时还要实现高回报率。ASOS 建立了能够快速更换生产线的系统。为了实现富有设计感的快时尚的承诺，并不断更新产品系列，ASOS 在欧洲组建了一个内部设计团队。该团队在顾客附近生产时装秀的仿品，这不仅能够缩短送货时间，而且有助于提高在线运营的回报率。ASOS 在时尚网站中的访问量排名仅次于 HM.com 和 Zara.com。

### 在线价值主张

产品选择是 ASOS 价值主张的核心：数万种品牌和自有品牌产品可供选择，每周推出数百种。在定价方面，ASOS 的价格承诺具有竞争力：如果你看到其他网站上某个品牌产品的价格更低，则 ASOS 将按该价格给你退差价。ASOS 称其网站"随着我们找到展示产品的更好方式而不断发展"。ASOS 的年报中传达的品牌精髓是"为我们的顾客不断创新"。ASOS 渴望的主要元素是"激发并推动你发现时尚"。

如图 4.21 所示,ASOS 品牌轮的其他要素包括:

外部:世界上最好的时尚、最好的时尚体验、我想要的服务、激励并吸引着我。

内部:对人充满热情,持续改进,诚信时尚。

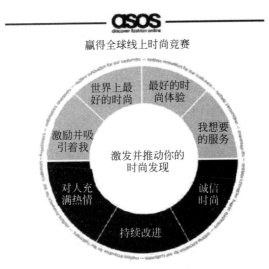

图 4.21　ASOS 品牌轮

2010 年,ASOS.com 推出了自己的市场平台,让精品店、古董收藏家、个人以及(知名或不知名的)设计师可以通过虚拟市场摊位与全球客户交易。ASOS 与易趣和亚马逊等其他在线市场的不同之处在于,每个供应商都可以定制自己的店面,每月花 50 英镑即可在 ASOS 及市场上的一些高级促销点享受客户经理提供的服务。

**ASOS 服务**

对 ASOS 来说,送货速度和准确性是一个关键的成功因素。通过提供当日交货,ASOS 在英国的销售额增加了 23%,在欧盟的增幅更大。

支撑销售方面的这些改进的是充斥整个公司的创新精神。ASOS 斥资打造了一个顾客关系管理系统,使员工能够更快、更有效地回复顾客邮件。ASOS 与克利伯物流公司(Clipper Logistics)合作,推出了一种被称为"回旋镖"的创新的逆向物流系统,在发生退货时可以快速周转库存。ASOS 的一个主要的战略目标是不断创新,为"购物者增加便利和选择"。

**伙伴关系**

ASOS 聚焦目标市场,寻找能够加强其定位的战略机遇和举措。推广合作对 ASOS 非常重要。2008 年 6 月,ASOS 与伦敦时装学院发起了一项 100 款限量版设计合作,在 ASOS 网站上出售。这次促销活动得到了媒体的大量报道,包括英国全国媒体的两个整版专题报道。这些限量版在几分钟内就被抢购一空。2016 年推出的 ASOS 时尚发现项目继续为年轻设计师和学生创造机会,让他们打造属于自己的品牌,ASOS 至少在两个时装季内将其设计的时装保持上架。

### 营销传播

ASOS 品牌杂志的发行量接近 50 万份，据说是"读者最广泛的时尚季刊"。如果加上法国、德国和美国，该杂志的发行量超过 70 万份。这种传播工具被用来通过扩大读者群来拓展新的市场。

充分利用 ASOS 内部社区与名人和时尚的链接的口碑是 ASOS 的一个强大工具。ASOS 内部社区是一个利用个人及其时尚见解来构建数字内容的营销计划。内部人士生成的内容的"真实性"使其成为一种非常强大的数字沟通方法。这些内容还链接到名人自己的社交媒体账户，以扩大沟通网络的覆盖范围和影响。这些数字影响者不仅分享他们最喜欢的时尚，还每天推出一套"今日装扮"，以推动相关产品的销售。

ASOS 基金会是 ASOS 企业社会责任战略的核心，同样有助于品牌的市场定位。该基金会致力于支持英国、印度和非洲部分地区的弱势年轻人群体。项目包括寻找在这些领域实现可持续改进的方法：肯尼亚的一家经营生态工厂的公益企业，生产受非洲启发而设计的时装；非洲偏远地区工匠技能教育；与英国王子信托基金会合作，培养年轻人的就业技能。

### 搜索营销

从主页上的<标题>和描述标签可以明显看出 ASOS 搜索的目标术语范围，这些标签也用于传达关键的品牌信息：

<标题> ASOS｜购买女装和男装｜免费送货和退货><元名称="描述" 内容="在网上发现最新的女装和男装。超过 40 000 种款式，包括来自 ASOS 和 800 多个品牌的连衣裙、牛仔裤、鞋子和配饰。ASOS 为你带来网上最好的时装"/>

### 社交媒体营销

ASOS 近年来的增长很大程度上是由社交媒体推动的。ASOS 为数字商业街做出了巨大贡献。除了展示在网上销售时尚产品盈利的可能性之外，ASOS 还开创了社交购物，顾客在购买之前可以通过社交网站分享产品创意。ASOS 成功地利用社交媒体建立了一个时尚达人社区。这些时尚达人在脸书、推特和谷歌 Plus 上分享自己的观点和意见，并分享穿着打扮方面的想法，给年轻的购物者带来时尚灵感。ASOS 在社交媒体上拥有近 1 200 万粉丝，积极打造网址为 https://marketplace.asos.com/community 的 ASOS 博客和超过 130 万个粉丝的脸书账户。ASOS 定期在社交网站上举办推广活动，但专注于故事，其 Ins 战略是直接与影响者联系，从而扩大了品牌的影响力。

### 购物车分析

ASOS 的营销和运营总监哈什·拉达（Hash Ladha）在接受采访时描述了 ASOS 的购物车分析方法：我们发现的最有趣的一件事是，男人们倾向于给伴侣也给自己买东西。我们之前认为情况可能是反过来的。利用这些数据，公司内部编辑团队生成了电子邮件内容。一般性内容包括当前时尚趋势和"最佳购买"推荐的综述。个性化内容考虑了最受欢迎的品牌和预算，推荐某个价格范围内的商品。电子邮件每周发送两次。其他战略，如鼓励顾客将 ASOS 推荐给亲朋好友，以及发送病毒式活动信息，也在此时使用。我们的最佳顾客每天都会访问 ASOS 网站。购物习惯确实各不相同，但大多数顾客喜欢在消费中间浏览网站。每周两次的电子邮件给他们一个直达网站的链接，让顾客不会淡忘。

　　ASOS 还努力吸引流失的顾客回到网站,针对这些人发送有针对性的内容,提醒他们曾经在 ASOS 网站购买设计师和高档服装的原因。

　　ASOS 利用数字媒体为产品发展了大量目标受众,并非常有效地传播新产品理念,以保持顾客的兴趣。ASOS 对社交媒体的创新使用使其能够影响年轻消费者与在线时尚零售商互动的方式。此外,这可能是一个巨大的增长领域,在可预见的未来,社交购物可能会继续重塑我们的购物方式。ASOS 团队始终渴望领先于竞争对手,他们最关心的是顾客在哪里,并使其参与对话。

　　**问题**

　　1. 将 SOSTAC 模式应用于 ASOS,重点说明 ASOS 为何能够成为如此成功的在线时尚品牌。

　　2. 描述 ASOS 如何将营销组合的元素作为其数字战略的一部分。

　　3. 讨论 ASOS 如何利用数字技术发展其差异化的市场地位。

## 小结

　　1. 在线形象的发展遵循阶段模型,从基本的静态宣传网站,到带有查询功能的简单交互网站,再到为顾客提供个性化服务的动态网站。

　　2. 数字营销战略应遵循与传统战略营销规划流程类似的形式,并应包括目标设定、情境分析、战略制定、资源分配和监测。

　　应建立一个反馈回路,以确保对现场进行监控,并将修改反馈到战略开发中。

　　3. 战略目标设定应包括:

　　(1) 设定互联网能够帮助实现的业务目标;

　　(2) 评估并说明数字媒体对未来业务的贡献,包括占收入的比例和数字媒体是会补充还是取代其他媒体;

　　(3) 说明所获得的全部业务优势,如改善企业形象、降低成本、增加潜在顾客和销售额以及改善顾客服务。

　　4. 情境分析包括评估内部资源和资产,包括通过现有网站提供的服务。

　　5. 战略制定包括确定企业对数字的承诺,为顾客设定适当的价值主张,并确定数字渠道在开拓新市场和分销渠道以及交付新产品和服务中的作用。具体包括:

　　决策 1:市场和产品开发战略。

　　决策 2:业务和收入模式战略。

　　决策 3:目标营销战略。

　　决策 4:定位和差异化战略(包括营销组合)。

　　决策 5:顾客参与和社交媒体战略。

　　决策 6:多渠道分销战略。

　　决策 7:多渠道沟通战略。

　　决策 8:在线沟通组合与预算。

决策 9：支持数字化转型的组织能力(7S 框架)。

## 练习

**自我评估练习**

1. 数字市场战略如何与企业和营销战略进行整合？

2. 监控在战略规划过程中的作用是什么？

3. 总结数字渠道带给公司的主要的有形和无形的商业利益。

4. 数字营销审计的目的是什么？应该包括哪些方面？

5. 企业怎样才能在使命陈述中清楚地陈述其相对于互联网的战略地位？

6. 数字渠道提供了哪些市场和产品的定位机会？

**讨论题**

1. 讨论企业要保持竞争力应该多久更新一次数字营销战略。

2. "为网站设定长期战略目标是不现实的，因为市场的变化太快了。"请对这一说法进行讨论。

3. 解释数字营销战略的基本要素。

4. 讨论九个关键战略决策对新的在线零售业务的重要程度。

**测试题**

1. 数字环境具有破坏性、易变性，极易发生变化。战略涉及长期规划和未来资源分配。针对正在规划未来的数字战略的企业，讨论这两种说法引起的冲突。

2. 讨论波特的五种力量在数字时代的适应性。

3. 简要说明作为数字营销战略开发的一部分而进行的外部审计的目的和活动。

4. 解释在线价值主张的含义，并给出两个你所熟悉的在线业务价值主张的例子。

5. 想象你是一家商业街时尚零售商的营销总监：

(1) 你如何评价网上零售商带来的威胁；

(2) 简要说明并证明你将为旨在应对这些威胁的数字战略设定的目标。

6. 为你选择的公司设计数字营销战略。

## 参考文献

Agrawal, V., Arjona, V. and Lemmens, R. (2001) E-performance: the path to rational exuberance, *McKinsey Quarterly*, 1, 31-43.

Armstrong, A. (2016) Asos experiments with artificial intelligence as sales climb, *The Telegraph*, 12 July, http://www.telegraph.co.uk/business/2016/07/12/asos-clothing-sales-climb-aftershutting-door-on-china/ (accessed May 2018).

ASOS(2011)*Annual Report*, 12 months to 31 March, http://www.asosplc.com/investors/ financials/annual-interim-results.

ASOS(2013)*What we do*, http://www.asosplc.com/the-basics.aspx♯section1 (accessed May 2018).

Bazett, M., Bowden, I., Love, J., Street, R. and Wilson, H. (2005) *Measuring multichannel effectiveness using the balanced scorecard*, *Interactive Marketing*, 6(3)(January-March), 224-231.

BBC(2013) Robert Peston goes shopping, episode 3, BBC Production, Broadcasting House, London.

Butler, S. (2015) Dixons Carphone positive over Black Friday performance, *The Guardian*, 18 January, www. theguardian. com/business/2015/jan/18/dixons-carphone-black-fridayretailer-shares-argos-john-lewis-electrical-goods (accessed May 2018).

Chaffey, D. (2014) *Digital Business and E-Commerce Management*, 6th ed, Financial Times/Prentice Hall, Harlow .

Chaffey, D. and Smith, P. R. (2012) *EMarketing Excellence*: *Planning and Optimising Your Digital Marketing*, 4th ed, Butterworth-Heinemann, Oxford.

Daniel, E. , Wilson, H. , McDonald, M. and Ward, J. (2001) *Marketing Strategy in the Digital Age*, Financial Times/Prentice Hall, Harlow .

Daniel, E. , Wilson, H. , Ward, J. and McDonald, M. (2008) *Innovation and integration*: *developing an integrated e-enabled business strategy. Preliminary findings from an industry-sponsored research project for the Information Systems Research Centre and the Centre for E-marketing*, Cranfield University School of Management, January.

Der Zee, J. and De Jong, B. (1999) Alignment is not enough: integrating business and information technology management with the balanced business scorecard, *Journal of Management Information Systems*, 16(2), 137-157.

Dholakia, U. , Kahn, B. , Reeves, R. , Rindfleisch, A. , Stewart, D . and Taylor, E. (2010) Consumer behaviour in a multichannel, multimedia retailing environment, *Journal of Interactive Marketing*, 24, 86-95.

Doherty, N. F. and Ellis-Chadwick, F. (2010) Internet retailing: the past, the present and the future, *International Journal of Retail and Distribution Management*, 38(11-12), 943-965.

Farfan, B. (2017) Learn the mission and history of Dell Computers, https://www. thebalance. com/dell-computer-company-profile-2892813 (accessed May 2018).

Forbes(2014) Five important digital marketing elements to consider, *Forbes*, 13 October, www. forbes. com/sites/thesba/2014/10/13/five-important-digital-marketing-elements-toconsider/ (accessed May 2018).

Found, N. (2016), The top 30 retailers by the proportion of online sales, *Retail Week*, 8 November.

Friedlein, A. (2002) *Maintaining and Evolving Successful Commercial Websites*: *Managing Change, Content, Customer Relationships, and Site Measurement*, Morgan Kaufmann, London.

Fulgoni, G. M. (2014), Omni channel retail insights and the path to purchase, *Journal of Advertising Research*, December, 377-380.

Gunawan, G. , Ellis-Chadwick, F. and King, M. (2008) An empirical study of the uptake of performance measurement by internet retailers, *Internet Research*, 18(4), 361-381.

Hart C. , Ellis-Chadwick F. , Haji I. (2017) The role of digital town-centre experience, EAER CD 2017, Dublin, 4 Jul 2017-6 Jul 2017, *19th European Association for Education and Research in Commercial Distribution Conference*, 21 pages, 01 Jul 2017, https:// dspace. lboro. ac. uk/2134/26124 (accessed 30 July 2018).

Harthorne, J. (2017) Why two-man delivery is a game changer, *Retail Week*, 29 September, https://www. retail-week. com/retail-voice/why-two-man-delivery-is-a-gamechanger/7026208. article? authent = 1 ( accessed May 2018).

Hasan, H. and Tibbits, H. (2000) Strategic management of electronic commerce: an adaptation of the balanced scorecard, *Internet Research*, 10(5), 439-450.

Jobber, D. and Ellis-Chadwick(2016) *Principles and Practice of Marketing*, 8th ed, McGraw-Hill, New York.

Kakar, A. (2018) The UK's most widely-read quarterly fashion magazine ASOS celebrates 100th issue by going on sale for first time, *PressGazette*, 23 February, http://www. pressgazette. co. uk/the-uks-most-widely-read-quarterly-fashion-magazine-asos-celebrates-100th-issue-by-going-on-sale-for-first-time/ (accessed May 2018).

Kantar MillwardBrown(2017) *Amazon's Give Christmas ad is most impactful, finds Kantar Millward Brown's annual consumer research*, http://www. millwardbrown. com/global- navigation/news/press-releases/full-release/2017/12/05/Amazons-Give-is-this-years-mostimpactful-Christmas-ad (accessed May 2018).

Kollewe, J. (2014) Asos timeline: from tiny startup to dressing Michelle Obama, *The Guardian*, 5 June, https://www. theguardian. com/business/2014/jun/05/asos-timeline-startupmichelle-obama (accessed May 2018).

Kumar, N. (1999) Internet distribution strategies: dilemmas for the incumbent, *Financial Times*, special issue on mastering information management, no. 7, Electronic Commerce.

Logistics Manager(2018) Same day delivery boosts sales at ASOS, 25 January https://www. logisticsmanager. com/day-delivery-boosts-sales-asos/ (accessed May 2018).

M&S(2017) *Annual Report & Financial Statement* 2017, http://annualreport. marksandspencer . com/M&S_AR2017. pdf (accessed May 2018).

McDonald, M. (2003) *Marketing Plans*: *How To Prepare Them, How To Use Them*, 5th edn, Butterworth-

Heinemann，Oxford.

McDonald，M. and Wilson，H.（2002）*New Marketing：Transforming the Corporate Future*. Butterworth-Heinemann，Oxford.

McFarlan，F. W.（1984）Information technology changes the way you compete，*Harvard Business Review*（May-June），54-61.

Neslin，S.，Grewal，D.，Leghorn，R.，Venkatesh，S.，Teerling，L. and Thomas，J.（2006）Challenges and opportunities in multichannel customer management，*Journal of Science Research*，9（2），95-112.

ONS（2018）Retail sales，Great Britain：December 2017 https://www. ons. gov. uk/business industryandtrade/retailindustry/bulletins/retailsales/december2017（accessed May 2018）.

Outram，C.（2015）*Digital Stractics：How Strategy Met Tactics and Killed the Strategic Plan*. Palgrave Macmillan，London.

Porter，M.（2001）Strategy and the Internet，*Harvard Business Review*（March），62-78.

Porter，M. E. and Heppelmann，J. E.（2014）How smart，connected products are transforming competition，*Harvard Business Review*，92（11），64-88.

Rees，T.（2018）High street suffers worst Christmas sales growth in five years as shoppers tighten their belts，*The Telegraph*，19 January http://www. telegraph. co. uk/business/ 2018/01/19/profit-warning-hitretailers-plunge-official-figures-expected/（accessed May 2018）.

Reis，A.（2017）A few words about Jack Trout and positioning，*AdAge*，9 June，http://adage. com/article/al-ries/a-words-jack-trout-positioning/309341/（accessed May 2018）.

Rodriguez，A.（2014）Macy's links with Google to show mobile users what's in stock nearby，*AdAge*，http://adage. com/article/cmo-strategy/macy-s-google-show-mobile-usersstock-nearby/295517/（accessed May 2018）.

Smart Insights（2015）*Introducing RACE：a practical framework to improve your digital marketing*. By Dave Chaffey，originally in July 2010，updated 20 January 2015，www. smartinsights. com/digital-marketing-strategy/race-a-practical-framework-to-improve-yourdigital-marketing/（accessed May 2018）.

Stocchi，L.，Hart，C.，Haji，I.（2016）Understanding the town centre customer experience（TCCE），*Journal of Marketing Management*，32（17-18）.

Tjan，A.（2001）Finally，a way to put your Internet portfolio in order，*Harvard Business Review*（February），78-85.

Varianini，V. and Vaturi，D.（2000）Marketing lessons from e-failures，*McKinsey Quarterly*，4，86-97.

Weed，K.（2017）Marketers must follow the '5Cs' to connect with today's consumers，*Marketing Week*，25 September，https://www. marketingweek. com/2017/09/25/keith-weedfive-cs-connect-todays-consumers/（accessed May 2018）.

Wood，Z.（2017）Asos overtakes M&S - is this the UK high street's Tesla moment?，*The Guardian*，18 November，https://www. theguardian. com/business/2017/nov/18/asos-overtakes-m-and-s-marks-spencer-uk-high-street-tesla-moment（accessed May 2018）.

X. Yang，G. G. Cai，Y. J. Cheng，S. J. S.，Yang（2017）Competitive retailer strategies for new market research，entry and positioning decisions，*Journal of Retailing*，93（2），172-186.

## 网址链接

- SmartInsights. com（www. smartinsights. com）。包含关于数字营销的所有方面的最新内容，由戴夫·查菲编辑。
- PR Smith 的 SOST AC（http://prsmith. org/sostac/）。
- Econsultancy. com（www. Econsultancy. com）。由数字转换相关的报告和白皮书汇编而成。
- Forrester 营销博客（https://go. forrester. com/blogs/）。Forrester 的分析师撰写的关于技术发展的内容。
- 高德纳公司（https://www. gartner. com/marketing/research-areas/digital-commerce. html/）。关于数字商业计划的一些研究和建议。
- 麦肯锡季刊（https://www. mckinsey. com/quarterly/overview）。定期刊登有关数字营销策略的文章。
- 普华永道数字 IQ（https://www. pwc. com/us/en/advisory-services/digital-iq. html）。大企业数字化转型的年度调查。

# 数字媒体与营销组合

**学习目标**

读完本章后,你应该能够:

- 在网络环境中应用营销组合的要素
- 评估互联网、数字媒体和技术所带来的改变营销组合的机会
- 评估在线品牌建设的机会

**营销人员要回答的问题**

- 营销组合的要素在网络上有何变化?
- 互联网对品牌发展有何影响?
- 营销组合中的产品成分在网络上能否变化?
- 公司如何制定线上定价策略?
- "渠道"在网络上是否仍然具有重要意义?

 ## 5.1　引言

本章展示了如何将传统的**市场营销组合**(marketing mix)应用于数字营销,并比第 4 章更深入地探讨了与构建数字营销战略相关的重要问题。作为产品讨论的一部分,我们将介绍数字媒体、数据和技术如何支持品牌的发展。本章将依次探讨营销组合的每个元素,并回顾数字技术的含义,其中"产品"一词也涵盖**网络品牌**(online branding)。

营销组合,即产品、价格、渠道和促销(4P),最初是由杰罗姆·麦卡锡(Jerome McCarthy,1960)提出的,至今仍被很多从业者视为制定和实施营销战略的重要组成部分。因为其框架比较简单,营销组合作为营销技术的应用指南广泛流行。然而,20 世纪 80 年代,4P 因为没有提及顾客服务的重要性而受到质疑。最终,营销组合被扩展到 7P,加入了三个能够更好地反映服务交付的元素(服务组合):人员、过程和有形展示(Booms and Bitner,1981)。一些学者认为服务组合应该包含在 4P 中。图 5.1 总结了 7P 的各个子元素。20 世纪 90 年代以来,市场营销的思维和研究发生了很多变化,市场营销组合的应用重点转向了关系建设的发展。一些学者甚至认为这是一种范式转变,改变了指导营

销工具和概念应用的潜在营销哲学（Berry,2008）。另一些学者则认为,转向更以关系为导向的营销是为了应对不断增长的顾客需求和日益复杂的技术驱动的交易环境（Singh et al.,2011）。

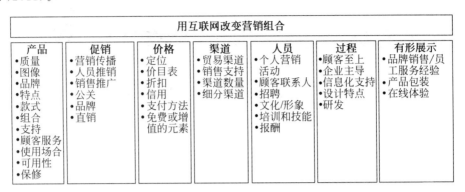

图 5.1　营销组合的七个要素

值得一提的是,市场营销组合的概念因为没有以顾客为中心而受到批评。劳滕伯恩（Lautenborn,1990）提出了 4C 框架,从顾客的角度考虑 4P。简言之,4C 包括：顾客的需求（产品）；顾客的成本（价格）；便利性（相对于渠道）；沟通（促销）。

我们的目的不是讨论当前对营销哲学的思考,但有必要承认关系建设逐渐凸显的重要性,因为这是数字营销策略和营销组合应用的关键,如活动 5.1 所示。

数字媒体和技术为营销人员提供了很多新的机会：改变营销组合的应用；开发新路线以提供竞争优势；创造新的市场地位；以不断创新的方式建立和服务关系；突破时间和空间的障碍,提供持续、即时的产品与服务。

在完成活动 5.1 时要考虑这些机会。

## 活动 5.1　如何用数字媒体和技术来改变营销组合？

**目的**：突出数字技术作为战略营销工具的应用范围。

**活动**：回顾图 5.1,选择两个有可能改变营销组合的机会。针对每个机会就如何组合每个元素提出建议：提供改变营销组合的新机会；每个机会都可能产生负面影响（威胁）；创造机会,利用营销组合来发展关系。

数字营销会影响传统营销和服务营销组合的各个方面,本章将探讨下列要素：

（1）产品。为核心产品或延伸产品适应数字环境寻找机会。

（2）价格。关注数字市场中定价的作用、新的定价模式和策略。

（3）渠道。考虑分销对数字营销的影响。

（4）促销。在第 8 章和第 9 章更详细地介绍新技术之前探索促销技术。

（5）人员、过程和有形展示。在第 6、7、10 章进行更详细的讨论之前,先介绍主要观点,重点在于这些要素如何与顾客关系管理和组织数字管理相关联。

## 基本数字技能：将营销组合应用于数字营销

企业应用于营销组合的技术取决于部门，了解这些技术的最佳途径是在相关部门工作以获取经验。为了方便理解，我们建议你考虑与你有互动的不同类型的企业，并思考这些企业可以如何应用市场营销来改变价值主张，并为品牌增加价值。如第 1 章所述，你可以考虑将下列领域作为未来的从业方向：

(1) 交易型电子商务(零售、旅游、金融服务)；

(2) 不进行在线交易的关系构建业务(如 B2B 发现潜在顾客)和高价值消费品(如激光眼科治疗)；

(3) 消费者品牌，其中一些可能不会通过自己的电子商务网站(如食品和饮料)进行在线交易，或那些可能通过电子商务网站(如服装、硬件制造商)或在线市场(如亚马逊或ebay)进行直接销售的品牌；

(4) 出版商和社交网络——提供流媒体和下载等数字产品的公司已经被数字渠道改变。

可以像下面这样展示你的兴趣和经验，以提高就业机会：

(1) 在任务中包括基于品牌价值主张和在线营销组合的差异与竞争对手所做的比较；

(2) 探索不同的框架，以评估品牌认同和数字品牌体验(如 WebQUAL)；

(3) 提升文案写作技巧，创造引人注目的产品描述，并用适当的语气描述品牌。例如，可以参考 Mailchimp(https://styleguide.mailchimp.com/voice-and-tone/)和 Macmillan品牌指南(http://be.macmillan.org.uk/AboutOurBrand/Home.aspx)。

可以使用 Smart Insights Skills Assessment 工具(http://bit.ly/smartdigiskills)，在RACE 规划框架内评估你的数字营销技能。

# 5.2　产品

营销组合中的**产品变量**(product variable)是指产品的特性，并对服务和品牌有影响。制定产品决策时应基于市场调研得到的信息，评估顾客的需求，再将反馈用于完善现有产品或开发新产品。对于正在制定数字营销战略的公司来说，在线环境中有很多改变产品的选择。产品决策可分为影响**核心产品**(core product)和**延伸产品**(extended product)的决策。核心产品是指消费者购买的满足其需求的主要产品，延伸产品或扩展产品是指围绕核心产品提供的附加服务和利益。

数字技术对营销组合中产品要素的影响主要包括：改变核心产品的选择；提供数字产品的选择；改变延伸产品的选择；进行在线研究；新产品的开发速度；新产品的扩散速度。

## 5.2.1　改变核心产品的选择

对于一些公司来说，可能会有新的数字产品的选择，这些产品通常是可以通过网络传递的信息产品。高希（Ghosh,1998）曾谈到是开发新产品还是为顾客增加"数字价值"。他提出的问题在今天仍然很有意义：

（1）我能为现有的顾客群提供额外的信息或交易服务吗？例如，时装零售商可以提供顾客评价、时装预览和个人数字购物助理，如 shoptagr（www.shoptagr.com）。旅行社可以提供度假胜地的视频导览及住宿和设施点评。

（2）我能通过重新包装我现有的信息资产或利用互联网创建新的业务主张来满足新的细分市场上顾客的需求吗？例如，很多产品可以附带电子书、视频和教程来帮助顾客了解使用方法。时尚品牌 Rebecca Minkoff 提供"联网包"，为每件产品提供一个数字云身份，访问该身份后，将解锁独家优惠、电子商务服务、Rebecca 的私人造型教程、风格推荐、视频内容、参加时装秀的邀请，以及与志同道合者一起享受的精英体验。顾客还可以自动获得会员身份（Forbes,2017）。

（3）我能利用我的能力来吸引顾客，以产生新的收入来源，如广告或互补产品的销售吗？Lastminute.com、Booking.com 和 trivago.com 这几家销售旅游相关服务的网络公司都获得了可观的广告收入。

（4）我目前的业务是否会因为其他公司提供同样的价值而受到严重冲击？即考虑如果竞争对手为了提高市场份额而对其产品进行数字化改造的后果。英国最大的书商水石书店（Waterstones）不得不与亚马逊竞争，即使开展在线交易，其全球影响力和产品目录也比不上亚马逊。

被互联网改变最多的市场是那些产品可以转化为数字服务的市场，如音乐（下载或流媒体数字专辑）、书籍（电子书）、报纸和杂志出版（在线访问的文章）、软件、视频和电影（数字下载和在线订阅服务，见数字营销洞察 5.1）。关于订阅服务的进一步讨论，请参阅本章末尾的案例研究。

## 数字营销洞察 5.1　数字播放器进入好莱坞？

数字媒体和技术从根本上改变了我们看电影的方式。直到最近，电影行业才像音乐和报纸行业那样受到数字化转变的显著影响。虽然互联网几乎完全消除了电影制作人的发行成本，但由于电影制作的高成本，电影行业的门槛依然很高（Levine,2014）。不过，亚马逊工作室邀请人们提交剧本、视频或喜剧集的创意（Amazon Studios,2015），入选作品将被制作出来，你也可以就现有作品发表评论。亚马逊积极扩大了在电影制作领域的业务，但程度仍然不及其主要竞争对手网飞。网飞被称为全球最大的在线电视网络，不仅花费数十亿美元制作电影（只在网上播放），而且为这些大片进行宣传。

传统上，由于发行和制作成本及其他合约方面的限制，电影业的进入壁垒相对较高。亚马逊和网飞等数字公司，以及其他相对较新的进入者，一直在寻求改变这些规则，其他公司也将效仿。

网飞取得了巨大成功，吸引了好莱坞的顶尖编剧、制片人和演员，并开始赢得行业奖项。在接下来的一年里，这家新进入电影行业的数字公司计划发行 80 多部电影，其中很多是低制作成本的喜剧和戏剧（Shaw,2017）。

数字技术也提供了产品的**大规模定制**（mass customisation）选择，特别是数字产品或可以在网上介绍产品。互联网提供了一个渠道，借助该渠道，制造商不仅可以销售个性化产品，还可以利用互联网作为信息来源，开发具有高度针对性的产品。例如，ASOS 彻底改变了英国（以及全球）时尚达人的购物方式。ASOS 推出了"T 台观景"，在这里，渴望时尚的网购者可以在购买前观看商品的 T 台走秀效果。该品牌经销一系列由设计师和内部团队设计的时尚服装。其商业模式依靠向中低档服装市场快速销售"基于流行趋势"的时尚产品。

大规模定制（Davis，1997；Pine，1993）已被视为一种商业策略，它从产品的个性化中获益，其中顾客在产品设计中扮演更积极的角色（Kamail and Loker，2002）。

企业还可以考虑如何利用互联网来改变所提供产品的范围或组合。有些公司，如时装零售商，可能只提供在线产品的一个子集，而家具零售商可能通过网站扩大产品范围和顾客的选择。**捆绑销售**（bundling）是另一种选择，将一系列产品组合在一起。库科娃等（Koukova et al.，2008）发现，互联网促进了以物理和数字格式捆绑信息为基础的产品（如报纸、书籍和音乐视频）的发展。迪士尼公司收购了福克斯的电影和电视资产，推出了新的流媒体服务，与网飞竞争（Barnes，2017），并可能将数字服务捆绑在一起。对卖家来说，数字产品提供了潜在的优势，因为提供数字版本的边际成本很低，如果顾客转而购买数字产品，可以节省相当大的成本。因此，实体和数字产品捆绑的引入为产品交付和定价策略的新方法提供了很大的空间（Koukova et al.，2008）。

最后，网站和移动应用程序是一个提供产品核心功能信息的平台。不过，信息的可得性会影响价格，因为价格会变得更加透明。比价网站，如 Comparethemarket.com 让网购者能够一站式评估多家供应商提供的汽车保险的价格。

## 5.2.2　提供数字产品的选择

出版商、电视公司、媒体所有者及其他可以提供数字产品（如出版内容、音乐或视频）的公司具有很大的灵活性，可以在不同的价格点上提供一系列产品的购买选择，包括：

（1）订阅。这是一种传统的出版商收入模式，但订阅可以针对不同的时段（如 3 个月、12 个月或 2 年）以不同的价格提供。

（2）按次计费。一次下载或观看的费用，其相对价格高于订阅服务，如 iTunes 的音乐产品。用户可以通过类似通信公司后付费的模式享受即时下载。旅游出版商"孤独星球"（Lonely Planet）为游客提供了抵达目的地后下载游览概要的服务，费用只是完整印刷版指南的零头。

（3）捆绑销售。不同的频道或内容可以作为单独的产品提供，也可以按低于按次付费的价格分组提供。

（4）广告支持的内容。不设定直接的价格，发行者的主要收入来源是网站上广告的赞助协议或 CPC（按点击付费），更典型的是使用搜索广告，如谷歌 Adsens，这也是谷歌收入的一大来源。

其他选择包括从第三方网站销售或提供订阅服务的收入。

产品的数字化给一些行业带来了机遇，也给另一些行业带来了威胁。报纸行业是受互联网深远影响的一个例子。目前,大多数受欢迎的高质量报纸都在成功地使用基于订阅的商业模式来维持其读者群。事实上,《卫报》《每日电讯》和《独立报》拥有比印刷版更大的在线读者群(Reid,2014)。然而,虚假新闻文章的增加重新激起了人们对传统媒体品牌的青睐,部分原因是这些媒体品牌大多拥有悠久的历史,比近些年才出现的数字品牌更受信任(Moody,2017)。

### 5.2.3 更改延伸产品的选项

顾客购买的一台新电脑或手机不仅包括有形产品和外设,还包括销售人员提供的信息、说明书、包装、质保及后续技术服务。这些都是延伸产品的元素。查菲和史密斯(2012)提出了利用互联网改变延伸产品的例子:认证书;获奖证书;检测书;顾客名单;顾客反馈;保修单;品质保证书;退款;顾客服务;在用户选择和使用产品的过程中提供帮助的工具。

一旦顾客被网站吸引,开始了解品牌,公司就可以提供免费增值内容、样品内容或试用产品。通过提供免费增值内容,鼓励更多的顾客与公司建立付费关系。在其他情况下,创新的服务可能会收取额外费用,例如,亚马逊网络服务为新的(合格的)顾客提供的服务包括对软件、数据迁移、流媒体和云计算服务的无限支持能力。

### 5.2.4 进行在线研究

数字渠道为了解产品偏好提供了大量选择,可以作为一种成本相对较低的市场调研方法,特别是当试图了解顾客对产品和服务的看法时。萨维尼等(Sawhney et al.,2005)回顾了使用数字媒体进行新产品创新的选择,对比了传统的新产品研究过程与数字增强的共同创造过程。他们建议在线研究工具应根据使用方式来评估:构想和概念的前端开发与涉及产品设计和测试的后端开发的权衡;协作的性质,范围广与有深度的权衡。

在线进行新产品开发研究的选择包括:

(1)在线焦点小组。可以用一个适度的焦点小组来比较顾客的产品使用体验。很多公司都有长期的顾客小组,可以利用这些小组来询问新的想法。

(2)在线问卷调查。主要关注网站访问者的体验,但也可以包括与产品相关的问题。

(3)社交媒体倾听。在社交媒体中提到的产品评论可以添加到顾客反馈和支持论坛中。

(4)顾客反馈或支持论坛。在网站或独立网站(如社交网络)上发布的评论可能会对未来的产品创新提出建议。Freshworks是一款新产品,帮助企业通过实时聊天来改善目标营销和引导企业转化(freshworks.com)。该平台使公司能够在内部和外部进行交流与协作。该平台还具有与顾客关系管理、电子商务和分析系统集成的能力。

(5)网络分析。电子邮件、搜索活动和网站本身的响应数据也提供了丰富的营销研究信息,因为顾客每点击一次特定产品的链接,就表明了其对产品和相关产品的偏好。这些信息可以间接地用来评估顾客的产品偏好。

## 5.2.5　新产品开发的速度

数字渠道提供了快速进入目标市场的机会,并提供了平台,使新产品能够更快地开发出来,因为通过在线市场调查,可以测试新的想法和概念,探索不同的产品选择。与传统的市场调研相比,公司可以利用自己的消费者小组更快地对一些想法进行测试,而且成本通常更低。新产品开发速度的另一个影响因素是,互联网的网络效应使企业更容易形成伙伴关系,以共同推出新产品。

## 5.2.6　新产品扩散的速度

在互联网发展的早期,奎尔奇和克莱因(Quelch and Klein,1996)指出,为了保持竞争力,企业必须更快地向国际市场推出新产品。此外,马尔科姆·格拉德威尔(Malcolm Gladwell)在其 2000 年出版的《引爆点》(*Tipping Point*)一书中强调了口碑传播对新产品使用率的重要影响,尤其是通过互联网。我们将在第 9 章介绍营销人员如何通过病毒式营销来影响这种效果。

马斯登(Marsden,2004)为市场营销人员很好地总结了**引爆点**(tipping point)的含义。他说:"根据社会流行潮理论,《引爆点》解释了思想、产品和行为在人群中快速传播的三个简单原则。"他指导营销人员在多米诺效应被触发,需求像高传染性病毒一样席卷人群的时候为一种新产品或服务创造一个"引爆点"。

《引爆点》一书提到了下面三个主要的定律。

**1. 少数人法则**

这一法则表明,任何新产品或服务的传播都取决于连接者的初始采用,这些连接者具有社会联系,且通过口口相传和模仿行为鼓励采用。在在线环境中,连接者可以利用个人博客、电子邮件和播客来传播自己的观点。

**2. 黏性因子**

通常,这一法则是指我们对电视频道或网站等媒体的"黏着"度,但在这种情况下,它指的是对产品或品牌特征和属性的依恋。马斯登强调了测试和市场研究对产品有效性的重要性。马斯登认为,某些跨类别的属性是产品成功的关键驱动因素,例如:

- 卓越:被认为是同类产品中最好的;
- 独特:明确的独一无二的差别;
- 参与:促进情感投入;
- 成本:可感知的货币价值。

**3. 语境的力量**

格拉德威尔(2000)认为,产品和行为像传染病一样,只有在符合其启动时所处的生理、社会和心理环境时才能广泛传播。他举了一个例子,纽约地铁的犯罪潮仅仅通过清除列车上的涂鸦和打击逃票行为就被立即遏制了。由此得出结论,产品的设计和测试应符合其环境、情境或使用场合。

### 5.2.7　长尾理论

**长尾理论**（long tail concept）有助于分析产品和市场机会。这种被称为"长尾"的现象，最早是在安德森（Anderson，2004）的一篇文章中提出的。哈佛大学语言学教授齐普夫（George Kingsley Zipf）在词语用法中观察到了这一现象，并首次将其应用于人类行为。齐普夫指出，如果考虑一种语言中不同单词的受欢迎程度的变化，可以发现在使用频率或受欢迎程度上存在一个系统的模式。齐普夫法则表明，如果一组物品是根据受欢迎程度排序的，那么排在第二位的物品的受欢迎程度大约是排在第一位的物品的 1/2，排在第三位的物品的受欢迎程度大约是排在第一位的物品的 1/3，以此类推（Newitz，2013）。一般来说，排在第 $k$ 位的物品的受欢迎程度是排在第一位的物品的 $1/k$。

图 5.2 显示了根据齐普夫法则，物品的"相对受欢迎度"从最受欢迎的物品的 1 000 下降到排在第 50 位的物品的 20。

在网络环境下，由于安德森（2004）的贡献，这一法则的应用现在被称为"长尾"。它可用于衡量一组网站或单个网站上一组网页或产品的相对流行度，因为它们往往显示出相似的流行模式。有一小部分网站（或网页）非常流行（称为"头部"，可能占总容量的 80%），而有大量的网站或网页单独来看并不流行，但合起来的访问量却很高。在产品方面，安德森（2004）认为，亚马逊等公司可以用长尾理论（或齐普夫法则）描述选择或购买书籍、CD、电子产品、旅游或金融服务等多种产品时偏好的变化。布莱恩杰尔夫森等（Brynjolfsson et al.，2003，2010 年）也发现了这一模式，并提出了一个框架，来量化通过电子市场可获得的产品种类增加带来的经济影响。他们认为长尾方法也适用于近似估算市场销售关系。他们说："互联网上产品种类增加的一个原因是在线零售商能够编目、推荐并提供大量的产品。例如，亚马逊的在销图书超过 9 万种，是巴诺书店的书架上的书及一家大型实体书店存量的很多倍。"

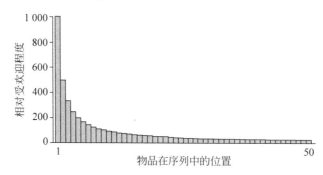

图 5.2　齐普夫法则：物品受欢迎程度按顺序下降

布莱恩杰尔夫森等还从另一个角度研究了这个问题，测算出 40% 的销售额来自那些排名靠后的相对晦涩难懂的书。这表明了长尾理论对亚马逊等在线零售商的重要性，因为 40% 的销售来自传统书店无法存放的这些受众面较窄的图书。在定价方面，在线零售商的另一个优势是：受众面较窄的图书很难在实体店买到，所以亚马逊可以将这些书定高价。布莱恩杰尔夫森等（2003）估计，亚马逊排名前 10 万的商品的平均价格为 29.26 美元,而非畅销商品的平均价格为 41.6 美元。

## 5.2.8　数字环境下的品牌建设

**品牌建设**(branding)在线上和线下都很重要,因为它可以帮助顾客区分不同制造商与生产商的产品和服务。此外,品牌是企业将自己与竞争对手区分开来的方式。或许最重要的是,"品牌会影响感知,因为众所周知,在产品盲测中,消费者是无法区分品牌的"(Jobber and Ellis-Chadwick,2016)。因此,如何树立品牌并在网上进行开发和展示是非常重要的,因为网站访问者在形成对一家公司及其服务的看法时,只有有限的有形线索,如与销售代表的交谈或实体店的氛围。品牌可以增加整个供应链的价值,充当竞争壁垒,提升顾客的信任度,并带来更高的利润。

在研究网络品牌之前,让我们先来看看品牌的基本原理。品牌不仅仅是一个公司或产品的名字或标志。传统上,制造商和生产商将其产品与服务发展成品牌,以在顾客心目中创造独特的市场地位(Jobber and Ellis-Chadwick,2016)。从制造商的角度来看,在基本层面上,有洗衣机、显影液、汽车和电脑等产品类别。为了在这些基本类别中确定独特的位置,制造商围绕基本核心产品建立品牌,以区别于竞争对手。例如,全球制造商联合利华(Unilever)拥有宝莹(Persil)品牌,其竞争对手宝洁(Procter & Gamble)拥有碧浪(Ariel)品牌。而每个品牌下又有细分,使顾客在品牌内有所选择。除了制造商品牌,还有自有品牌(如 Sainsbury's basics),这些品牌是由分销商(英国 Sainsbury 超市)开发的。自有品牌通常为消费者提供价格较低的替代品,而领先品牌的价格往往很高。

对于实体产品,品牌生产者以产品为核心,通过服务、保证、设计质量、包装、配送等环节,塑造品牌名称和形象,对产品进行强化。这样一来,消费者就可以选择最适合自己需求的品牌。然而,不仅制造商和产品需要关注网络品牌,所有的企业都被视为品牌,管理品牌认知时越来越需要关注在线展示。公司的网站、移动应用程序和社交媒体都影响消费者对品牌的感知,是品牌体验的一部分。社交媒体为品牌互动提供了一个新的平台。

约伯和埃利斯·查德威克(Jobber and Ellis-Chadwick,2016)认为,创建一个品牌的核心概念是定位,"在市场中创建一个独特的位置涉及对目标市场的仔细选择,并在人们的头脑中形成明显的差异"。品牌组织能够进入顾客的头脑,定位自己的品牌,使用下列有助于增加**品牌资产**(brand equity)的品牌元素:

品牌领域——品牌参与竞争的主要目标市场;

品牌传承——品牌的背景和文化;

品牌价值——核心特征,如价格、质量、性能;

品牌资产——独特的名称、符号、形象;

品牌个性——品牌的个性;

品牌反思——顾客在购买品牌后对品牌的看法。

这些品牌化的原则在线上和线下都适用,但是线上品牌越来越需要确保其在数字和实体环境中提供的感知之间的整合。例如,超市品牌特易购创建了 Tesco.com 网站,并利用长期建立的线下品牌的一些优势打造在线声誉。1995 年以来,特易购已经发展成为世界上最大的在线杂货零售商之一(Dunning,2017)。特易购品牌的成功可以归因于通过使用所有传统的品牌建设元素来定位特易购,从而保持了线上和线下的服务质量。将一个品牌从线上转移到线下则不那么简单。接下来请阅读微型案例研究 5.1 来了解更多。

## 微型案例研究5.1　线上品牌线下扩张

布拉沃等(Bravo et al. ,2011)指出,"近年来,战略品牌管理的线下和线上领域正越来越密切地联系在一起。"这样做的部分原因是,线下公司决定在网上销售产品后,还需要建立后勤和技术网络来支持运营。然而,随着企业试图通过数字渠道将产品商业化,从线下到线上的跨界可能会催生新的在线产品,并将品牌的影响力扩大到更广泛的目标受众。通过线下运营,品牌可以在两种环境下都建立价值,扩展现有品牌。对于一个线下品牌来说,拓展线上业务的一个核心原因是通过使用多渠道进入新的市场、提升顾客价值和增加灵活性。伯特(Burt,2010)认为,知名品牌正"变得越来越重要,而不是越来越不重要"。然而,对于一个从线上转移到线下的品牌来说,关注点和机会略有不同。在线品牌可以为其提供的产品和服务创造知名度,这可能会增强消费者对在线品牌的信任(Delgado and Hernandez,2008)。但是,如果在线品牌想要转为线下来加强自己的品牌定位,就必须做到这一点。亚马逊一直在尝试采用一种创新的模式开设实体店——名为 AmazonGo 的全自动化商店。第一家概念店位于西雅图,店里没有收银员和自助扫描器,取而代之的是能够记录购物者从货架上拿下来并放进包里的每一件商品的隐藏的技术设备。这些商品在购物者完成购买前被放在一个虚拟购物车中,当购物者离开商店时,其亚马逊账户会被自动扣款(Wingfield,2018)。可以说,亚马逊在尝试让线下购物者享受线上的便利。

对于初创和已建立的网络品牌,建设品牌的工作更为复杂。互联网和数字技术改变了全球品牌格局。1998 年以来,网络品牌开始出现并在不到 15 年的时间里成为家喻户晓的名字,如谷歌、亚马逊、eBay 和脸书(Interbrand,2014)。数字技术也赋予在线**品牌体验**(brand experience)鲜明的特色(Morgan-Thomas and Veloutsou,2013)。线上品牌与线下品牌非常相似,因为它包含了一个名称、一组符号和产品/服务组件。但是,摩根-托马斯和维洛特苏(Morgan-Thomas and Veloutsou)(2013)认为,主要的区别在于顾客体验品牌的环境。在线环境往往信息丰富、动态、具有自由的信息流、技术创新。

摩根-托马斯和维洛特苏(2013)进一步扩展了在线品牌体验的含义。从消极的方面来说,数字市场的虚拟性质意味着缺乏有形线索,由于环境的无形性,以及在线体验带来的不确定性增加,挑战加剧。然而,从积极的方面来说,数字环境为增加交互性和实时品牌体验创造了机会,这可以增强顾客的能力。因此,一个在线品牌应该通过提供积极的在线体验与顾客建立联系,从而带来满意度及未来与品牌互动的积极意愿。

因此,定位网络品牌需要营销人员创造性地思考一个品牌的传统元素,同时也要考虑新的元素:

(1)在线品牌领域。即品牌竞争的地方。谷歌通过遵循公司"组织全球信息并使其可被普遍地访问"的使命,在搜索引擎市场建立并保持市场领先地位。

(2)在线品牌传承。吉尼斯是一个拥有 200 多年历史的品牌,而互联网 1989 年才开始大规模使用,所以网络品牌必须寻找其他途径来传承其传统。一种方法是提供真正的价值。网络品牌可以通过数字技术接近顾客,因此应该寻求发展真正有价值的关系。

(3) 在线品牌价值。核心特征是用户的品牌价值。例如,AltaVista(发布于 1995 年)是一个早期的免费搜索引擎,它一开始提供了一个类似于谷歌的干净的用户界面。但 AltaVista 很快失去了市场份额,因为它的搜索体验评级低于刚出现的竞争对手谷歌,而且谷歌还提供新的服务,而不是专注核心可交付产品。对于在线品牌来说,既要强调与品牌互动的好处,也要培养一种独特的个性,一种吸引人的、可分享的个性(Brown,2014)。

(4) 在线品牌资产。独特的名称、符号和图像。推特是一个与众不同的在线品牌名称,其鸟的图案标志这一品牌资产有助于用户迅速融入该品牌。要确保公司在与在线品牌互动的任何接触点上展示标准化的信息(Brown,2014)。

(5) 在线品牌特性。消费者利用品牌特性确定品牌所提供的附加值,并通过与品牌的联系来表达自己的个性(Valett-Florence et al. ,2011)。网络品牌需要从消费者的角度理解自己的品牌。

(6) 在线品牌反思。消费者在购买品牌后如何看待自己。如果一个网络品牌想要建立积极的品牌联想,那么品牌所代表的内容的真实性和透明度是非常重要的。

## 5.2.9　品牌网站的成功因素

在第 1 章中,我们将品牌网站定义为支持不同组织目标的五类网站的一部分。其他类型的网站包括交易型网站、建立关系的网站、门户网站和社交网站,它们都寻求提供良好的品牌体验。制造商品牌网站的管理者需要认真思考在缺乏与低介入产品自然关联的内容的情况下,品牌与消费者互动的最佳方式。

对于网站本身来说,重要的不是访问量,而是访问者的质量,因为品牌网站最有可能吸引**品牌倡导者**(brand advocates),这些人可以影响其他人让其注意到该品牌或尝试该品牌。里斯等(Ries and Ries,2000)认为品牌网站能为品牌忠实者和倡导者提供一个家。因此,品牌所有者应该决定品牌网站上的内容类型,以鼓励品牌忠实者(以及品牌中立的消费者)访问和重复访问品牌网站。弗洛里斯(Flores,2004)认为鼓励访问者重复访问是关键,并提出了实现这一目标的高质量网站体验的几种方法,包括:

(1) 创建包括使用反映品牌的富媒体的引人注目的互动体验。弗洛里斯(2004)的研究表明,提供不愉快体验的网站会对品牌感知产生负面影响。

(2) 考虑网站如何通过激励试用来影响销售周期。试用往往会在线下完成,所以可以采用样品、优惠券或抽奖等方式。这些激励方式应该在网站中进行整合。例如,汽车品牌提供的激励方式有试驾、获取产品手册、赢得一辆车或是参观赛道等。

(3) 在网站上开发一个交流(许可营销)项目,开启与最有价值的顾客群体进行“对话”的历程。可以使用基于许可的电子邮件或短消息向消费者发送新产品或促销信息。

此外,我们将强调让顾客与品牌网站进行互动的重要性,以鼓励参与或共同创建内容。例如,品牌可以鼓励用户分享和提交他们的评论、故事、照片或视频。一旦参与,访问者更有可能再次访问网站来查看其他人的评论。

品牌所使用的成功因素应该与其身份紧密相连。

### 5.2.10　品牌标识

艾克和乔基姆塞勒（Aaker and Joachimsthaler，2000）还强调了通过制订计划来传播**品牌标识**（brand identity）的关键特征及提高品牌知名度的重要性。品牌标识远不仅仅是名字。艾克和乔基姆塞勒将其称为一组品牌联想，揭示了企业对顾客的承诺。

### 5.2.11　网络品牌的品牌名称

里斯等（2000）提出了网络品牌命名的两条原则：

（1）大众名称原则。他们指出，"给网络品牌起一个大众化的名称无异于自取灭亡。"也就是说，像 Art. com 或 Advertising. com 这样的大众化名称很糟糕，因为它们没有特色。

（2）专有名称原则。他们指出，"你的名字在网络上是独一无二的，所以最好起一个好名字。"这表明，专有名称要比大众化的名称更受欢迎，如 PinkMoods. com 就比 Woman. com 吸引人。

研究发现，用来代表一个品牌的词的特征可以影响消费者的行为（Vitevitch and Donoso，2011），并与消费者对该品牌的倾向性有关。这项研究表明，为了增加消费者参与一个新的品牌的可能性，品牌名称应该朗朗上口，容易记忆但不应与其他品牌过于相似（以免产生混淆）。

从本质上说，好的品牌名称（见活动 5.2）是那些容易记忆和发音，并且有可能引起消费者关注的品牌名称（Brand Name Generator，2015）。

## 活动 5.2　如何开发一个新的品牌名称

**目的**：说明日常用语以外的假词如何用作品牌名称。

**活动**：访问品牌名称生成器（http://businessnamegenerators. com/），创造你认为有潜力成为网络品牌的新品牌。用以下标准评估你的选择：

1. 是否容易发音？是／否

2. 是否容易记住？是／否

3. 是否有有趣的单词模式（音节和辅音）？是／否

4. 是否有可能引起别人的注意？是／否

5. 是否与现有的已知单词不相近？是／否

6. 是否能创造一种信任感？是／否

7. 是否显得很专业？是／否

如果你找到了一个你觉得有成功潜力的名称（超过五个是），列举一些可以使用这个名称的产品。

## 5.3　价格

营销组合中的**价格变量**（price variable）是指企业的定价政策，用来定义**定价模型**（pricing models），为产品和服务定价，最终使品牌与众不同。互联网对许多行业的定价都有影响。早期的研究提出了网上定价经常采用的两种方法：①初创公司倾向于通过低价来获得顾客群；②现有公司只是将现有价格转移到网络上（Baker et al.，2000；Xing et al.，2006）。然而，随着企业越来越多地制定多渠道策略，让顾客有更多的机会与品牌互动，要证明线上和线下的定价政策是合理的变得越来越困难，尤其是在消费者市场上。例如，Dixons Carphone Warehouse 不仅在品牌中统一定价，而且有一个比价应用程序，使用户输入关键词或条形码搜索产品时可以立即得到与销售相同产品的其他零售商的价格比较（PC World，2015）。航空公司利用收入管理系统和动态定价模型来实现盈利最大化，如数字营销洞察 5.2 所示。然而，对于销售商品和服务的公司来说，将网上差异定价合法化正变得越来越困难，因为这可能会降低买家的信心和信任。在线品牌 Trivago 利用旅游行业的价格差异开展业务，不仅向消费者展示住宿价格比较，还为酒店经营者就定价提供建议（http://hotelmanager-blog.trivago.com/rate-insights/）。

## 数字营销洞察 5.2　价格的起起落落

格兰特等（Grandos et al.，2012）指出，如今有更多的信息可以帮助想购买机票的消费者作出购买决策，这将导致"……需求的价格弹性增加，因为消费者能够更好地比较来自多个供应商的产品"。

这意味着有更多的信息可以用来评估可用性、航线和价格，但这并不仅仅针对消费者。航空公司和在线旅行社也可以获得数据，帮助它们确定需求的高点和低点，并将这些模式与特定的顾客类型紧密结合起来。航空公司知道哪些是高价值航线、哪些是高价值顾客，而数字技术正在通过顾客分析实现更好的价格匹配。在一条常规商务航线上，如从伦敦到法兰克福，航空公司可能会以较低的价格吸引乘客以确保最低载客量，然后对那些"在最后一刻订票"的商务旅客收取极高的价格（CNNTravel，2017）。因此，虽然信息在一定程度上使价格更加具有弹性和透明度，但机票代理商对票价的制定也存在一定程度的不透明性（Grandos et al.，2012）。事实上，现在已经不再只有三个票价区间（经济舱、商务舱和头等舱），而是有几十个机票等级，航空公司能够将不同的航班销售数据集与乘客信息结合在一起。

营销组合的定价元素总是与产品元素相关（即使提供的是一项服务），因为在线定价取决于所提供产品的范围及产品在其生命周期中的位置。扩大产品范围可以让这些产品在网上打折销售。一些企业在网上推出了价格较低的新产品。例如，银行推出了"eSavings"产品，为网上顾客提供更高的存款利率，以吸引新顾客。有些银行会对保险产品提供 10% 的在线折扣，以鼓励顾客转向数字渠道。这些协议的前提是顾客在线维护自己的账户，这有助于降低银行的成本。这与营销组合中的服务要素有关，因为服务必须在线交付。关于在线服务的折扣选项,请参阅数字营销洞察5.3。

互联网对价格的主要影响,我们在本节中会讲到,包括:

(1) 提高价格透明度及其对差别定价的影响;

(2) 价格下行压力(包括商品化);

(3) 新的定价方法(包括动态定价、价格测试和拍卖);

(4) 替代性定价结构或政策。

## 5.3.1　提高价格透明度

奎尔奇和克莱因(1996)描述了与**价格透明度**(price transparency)相关的互联网对价格的两种相互矛盾的影响。首先,供应商可以使用该技术针对不同国家的顾客进行**差别定价**(differential pricing)。但是,如果不采取价格防范措施,顾客可能很快就会通过比价发现价格歧视(如数字营销洞察5.3中所述),并拒绝购买。

---

### 数字营销洞察5.3　在线服务的折扣选项

由于产品的性质,一些服务行业的供应商在定价时面临挑战:它们的库存(如剧院座位、酒店房间甚至理发)不能像产品那样储存起来供未来使用。因此,服务供应商经常遇到一个难题,即要使时令服务的销售额最高何时该打折及折扣幅度该是多少。在酒店业,淡季时由于需求低,有很多房间预订不出去,但这些房间都不能储存到旺季。每一间出租的酒店客房的利润率都相对较高,因此如何增加时令房间的利用率就是个亟须解决的难题(Guo et al.,2013)。Guo等认为,"通过市场细分提供的适当定价策略",酒店业的利润可以显著提高。互联网和在线预订系统(ORS)使这种方法成为可能,已在全球广泛使用。ORS越来越精妙,可以进行基于目标细分和交货期的动态定价。酒店经营者可以通过ORS采用复杂的定价策略,实现销售额最大化。万豪国际酒店、希尔顿酒店等针对提前预订提供可变折扣,而另一些酒店则提供固定折扣。定价方法可能因目标细分、使用频率、忠诚度及其他很多相关变量而不同。与ORS结合使用的动态定价策略使酒店业受益,如果应用得当,可以提高盈利能力。然而,支撑这种新的预订方式的"随时随地预订"的模式也有其局限性。酒店业时常会遇到预订者临时取消甚至不打招呼就不到店的情况,所以酒店有时会在ORS中增加超额预订的能力(Ling et al.,2014)或采用更创新的"自己定价格"的方法。

---

在线定价必须考虑**需求的价格弹性**(price elasticity of demand)。这是一种基于经济理论对消费者行为进行衡量的概念,即对产品或服务的需求随价格的变化而变化。需求的价格弹性是由产品的价格、从替代供应商处获得替代品的可行性和消费者的收入水平决定的。如果某种产品的价格的一个很小的变化会使需求大幅增加或减少,那么这种产品就是"富有弹性的";如果产品的价格的大幅变化只引起需求的较小变化,那么这种产品就是"缺乏弹性的"。

虽然从直觉上说,我们认为可以通过像(eBay旗下的)Shopping.com这样的数字比价服务使价格透明化,它们搜索的是产品而不是店铺,消费者可以通过比价选择最便宜的产品,但实际情况似乎并非如此。网上定价相对没有弹性。这主要有两个原因:①价格只是其中的一个变量,消费者还会根据品牌的其他方面(如熟悉程度、信任感和感知的服务水平)来决定供应商;②消费者经常表现出**满足行为**(satisficing behaviour)。"满足感"一词是由赫伯特·西蒙(Herbert Simon)于 1957 年提出的。他认为人们只是"足够理性",如果他们觉得不再需要理性,就会减少甚至是放弃理性。这被认知心理学家称为"有限理性"。换句话说,尽管消费者在选择产品或供应商时可能会尽量减少一些可变因素(如价格),但大多数人并不会竭尽全力。这是有研究支持的(Johnson et al.,2004;Allan,2012)。约翰逊等的研究表明,购物者在作出购买决定之前会访问很多网店。在网购的早期,选择有限,消费者对数字市场的信心相对较低。随着网购的选择越来越多及人们对网购兴趣的增长,以及在线业务的激增,咨询网站的数量在过去 10 年间显著增长。旅游业的专家建议人们在选定酒店房间前应访问多达 38 个网站。然而,消费者平均仅访问 4～5 个网站,但他们在作出最终购买决定前也可能会查阅社交媒体和顾客评价(DiMiao,2017)。中介机构(如 booking.com、laterooms.com、trivago.com)数量的增加可以解释消费者访问的网站数量减少的现象。这些中介机构是数万家度假酒店和目的地的门户网站。网站和数字信息源的数量也可能因所寻求的产品或服务而异。

产品很可能会被在线评价的零售商或其他交易型电子商务公司需要对战略进行审视,以应对比价的影响。面对价格透明度的上升,企业可以采取的一个战略是,突出品牌的其他特征(如零售体验、完成度或顾客服务的质量)来减少对成本的关注,形成差异化。另一个策略是让市场了解**聚合网站**(aggregators)的局限性,如覆盖范围不全、关于交付或服务水平的信息有限。

可以说,这种冲突显示了那些拥有强大品牌、能够在顾客服务或信任方面提供额外价值的供应商的重要性。这也显示了线下广告在塑造消费者对品牌的认知和推动消费者直接访问目标网站方面的持续重要性。

对于商品,B2B 的交易也能产生类似的压低价格的效果。一些传统上不被视为大宗商品的产品的购买,可能会对价格更加敏感。这个过程被称为**商品化**(commoditisation)。商品化的例子包括电子产品、汽车和鲜切花(Lu et al.,2016)。

## 5.3.2　价格下行压力

价格透明化带来的竞争和竞争对手增多是造成价格下行压力的主要原因。很多聚合和比价网站都从这种方法中受益(如 mysupermarket.com)。例如,活动 5.3 和图 5.3 展示了一个比价网站的例子,该网站比较了特易购、ASDA、Sainsbury 和 Ocado 四家超市之间的价格差异。不过,在比价时,你看到的并不总是同类比较,产品会有变化,特别是当购物篮中包括超市的自有品牌时。

### 活动 5.3　评估互联网上的价格区间

**目的**:举例说明价格透明度的概念。

**活动**:访问比价网站,如 www.pricerunner.com、www.confused.com、www.moneysupermarket.com 或 www.gocompare.com,找出保险、个人贷款和储蓄产品等产

品，并给出最高价和最低价的例子。

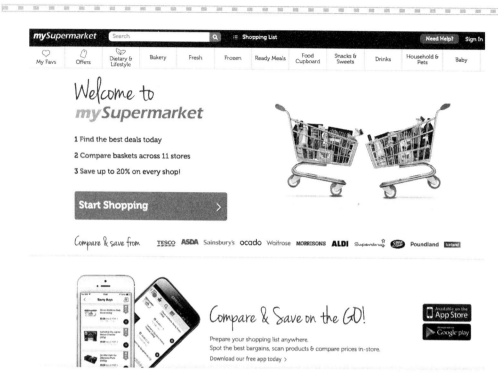

图 5.3　mySupermarket 比价网站

互联网也倾向于压低价格，因为只经营网上生意而没有实体店的零售商没有经营店面和零售商分销网络的日常开支。这意味着，理论上，在线公司的**价格水平**（pricing level）会低于线下竞争对手。这种现象在银行业很普遍，很多银行都成立了网上公司或开设了网上账户，提供利率更高的储蓄产品。网上购物打折是很多企业的常见做法。

需求的价格弹性（见数字营销洞察 5.4）评估价格变化对产品需求的影响程度。它的计算方法是需求量的变化量（以百分比表示）除以价格的变化量（以百分比表示）。不同的产品自然会有不同的需求价格弹性系数，这取决于它们在消费者品位连续体上的位置，即从相对无差异的商品到品牌感知极其重要的高度差异化的奢侈品。

## 数字营销洞察 5.4　需求的价格弹性

需求的价格弹性公式为

$$需求的价格弹性系数 = \frac{需求量变化的百分比}{价格变化的百分比}$$

产品的价格弹性一般描述为：

（1）具有弹性的需求（价格弹性系数 > 1），需求量变化的百分比大于价格变化的百分比。弹性需求下，需求曲线相对平缓，价格的小幅上涨会导致收入的减少。总的来说，当价格提高时，生产者或零售商的总收入会下降，因为收入的增加并不能弥补需求的下降；而当价格下降时，总收入会增加，因为额外顾客所带来的收入弥补了价格下降造成的收入减少。图 5.4 给出了一种具有相对弹性的产品(价格弹性＝1.67)的需求曲线。

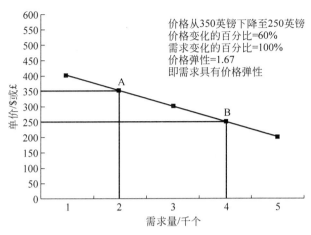

价格从350英镑下降至250英镑
价格变化的百分比=60%
需求变化的百分比=100%
价格弹性=1.67
即需求具有价格弹性

图 5.4　具有相对弹性的产品的需求价格弹性

（2）不具有弹性的需求(价格弹性系数＜1)，需求量变化的百分比小于价格变化的百分比。不具有弹性的需求下，需求曲线相对陡峭，价格的小幅上涨仅会导致需求的小幅下降。总的来说，总收入随着价格上涨而上涨，随着价格下跌而下跌。图 5.5 给出了一种不具有弹性的产品(价格弹性＝0.312 5)的需求曲线。

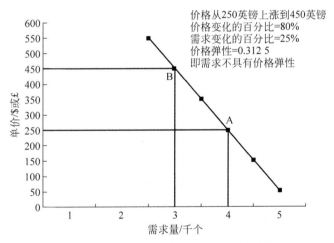

价格从250英镑上涨到450英镑
价格变化的百分比=80%
需求变化的百分比=25%
价格弹性=0.312 5
即需求不具有价格弹性

图 5.5　不具有弹性的产品的需求价格弹性

价格弹性系数接近 1 时，称为单位弹性或单一弹性。在弹性限制下，产品会有以下变化：

（1）完全弹性(价格弹性系数不是无限的)，在如图 5.4 所示的需求曲线图中显示为一条水平线，价格的任何增长都会导致需求(和产品收入)降为零。

（2）完全无弹性(价格弹性系数为零)，在如图 5.5 所示的需求曲线图上显示为一条垂直线，价格的变化不会对产品的需求量产生影响。

价格弹性系数为 1 时，产品的需求为单位弹性（或单一弹性）。

对最受欢迎的产品打折是在线零售商和传统零售商用来招徕顾客、促进销售的另一种定价方法。例如，在线书商可能会决定对每一类中最畅销的 25 种书提供 50％的折扣（不求盈利），而对不太受欢迎的书则提供较小的折扣以赚取利润。

贝克等（Baker et al.，2000）建议公司使用以下三个因素来帮助进行产品定价。

（1）精度。每种产品都有一个价格无差别区间，在该区间，价格变化对销量的影响很小甚至没有影响。贝克等指出，名牌美容产品的价格区间范围是 17％，工业零部件的价格区间范围是 10％，而某些金融产品的价格区间范围还不到 10％。他们认为，在现实中通过调查来计算价格差异的成本非常高，而在网上开展调查的效率更高。

（2）适应性。这仅仅是指通过在线定价可以更快地对市场需求作出反应。对于票务、汽车和时装等很多产品领域，可以根据需求动态调整价格。Tickets.com 根据需求调整演唱会票价，使每场演唱会的收入提高了 45％。

（3）细分。针对不同的顾客群体进行不同的定价。尽管细分在 B2B 市场上已被广泛采用，但尚未用于 B2C 市场，因为企业在销售时并不掌握顾客信息。细分定价的一个例子是，汽车制造商改变促销定价，不再给每个购买者提供销售折扣或现金返还，而是只提供给那些不获得这些好处就不会买车的人。另一个例子是，一个可以区分长期顾客和临时顾客的公司，因为临时顾客是由于需求无法在其他地方得到满足才向公司购买产品的，所以可以向临时顾客收取比长期顾客高出 20％的价格。

面对这种价格下行压力，营销人员有哪些选择呢？我们将从观察传统的定价方法及互联网对它们的影响开始分析。比克顿等（Bickerton et al.，2000）确定了一系列可用于定价的选项：

（1）成本加成定价法。在生产成本的基础上增加利润。如前所述，在互联网时代，加成可能正在减少。

（2）目标利润定价法。这是一种更为复杂的定价方法，要考虑不同销量和单位价格下与收入相关的固定成本和可变成本。利用这种方法可以计算出不同组合的盈亏平衡点。对于通过电子商务方式实现的销售，可变的销售成本（每笔交易的成本）很低。这意味着一旦达到盈亏平衡点，每次销售都有很大的利润空间。根据该模型，B2B 交易通常会根据所售商品的数量使用差别定价。需要注意，针对不同消费者的差别定价不能公之于众。有家公司因为网站出现错误，使不同顾客的不同价格被公开给所有人看，导致了灾难性的后果。

（3）基于竞争的定价法。这种方法在网上很常见。Kelkoo 等针对 B2C 消费品比价引擎的出现加剧了价格竞争。企业需要制定在线定价策略，既要富有弹性以适应市场竞争，又要保证企业在渠道中实现盈利。这种方法可用于最畅销的产品。

（4）市场导向定价法。这里考虑的是构成市场的消费者对价格变化的反应，即"需求弹性"。可以采用溢价定价和渗透定价两种方法。溢价定价（或撇脂定价）包括设定比竞争对手更高的价格，以显示产品作为高质量产品的定位。渗透定价是指制定低于竞争对手的价格，以刺激需求或增加渗透，常被网络公司用来获取顾客。这种方法的缺点是如果顾客对价格敏感,则必须维持低价,否则顾客可能会转向竞争对手。网上银行已经遇到过类似的情况,一些储户定期转移资金来降低透支成本。或者,如果顾客关心的是服务质量等其他方面,则或许有必要创造较大的价格差异,以鼓励顾客更换供应商。

尽管有很多研究证据表明互联网对价格产生了下行影响,但这种影响在未来或许不会如此普遍。随着互联网成为一种更加主流的购物渠道,消费者将更加关注服务质量而不是价格。

### 5.3.3  新的定价方法

事实证明,互联网具有创造新的定价选择的技术能力。图 5.6 总结了在网络环境下可以有效使用的各种定价机制。虽然其中很多机制在互联网出现之前就已经存在,也不是什么新东西,但互联网使一些机制更容易应用。特别是使用者的数量使传统拍卖或称**正向拍卖**(forward auctions)(B2C)和**反向拍卖**(reverse auctions)(B2B)得到了更广泛的应用。

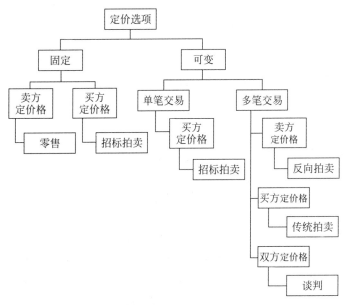

图 5.6  各种定价机制

**要约**(offer)是交易者在一定条件下给出的承诺,如最低价格。**投标**(bid)是交易者在一定条件下以特定价格买入的承诺。在密封投标的情形下,供应商在规定的时间内提交投标书,以回应某个网站上发布的招标邀请书(RFP)。在公开投标的情形下,供应商按顺序对一系列产品或子组投标,可以查看竞争对手的投标并实时进行回应。每一组产品使用顺延的结束时间("软结束"),即在结束时间的最后一分钟内的任何出价都会使结束时间自动延长几分钟,以便其他投标人作出回应。

**价格测试和动态定价**

互联网给**动态定价**(dynamic pricing)提供了新的机会,例如,新顾客所购买的前三种商品将自动享有折扣。差别定价时必须非常小心,因为如果给新顾客很大的折扣,老顾客会不高兴。亚马逊曾尝试过这样的折扣方案，但效果很不理想并最终叫停了该方案，因为很多顾客发现自己的朋友或同事比自己支付的价格低得多。如果亚马逊采取的是明确的介绍性推广，这个问题可能就不会出现。

贝耶等（Baye et al., 2007）指出，欧洲电子产品在线零售商 Pixmania 利用价格试验了解顾客对价格的敏感程度。他们发现，Pixmania 曾在 14 周的时间里对掌上电脑（PDA）的价格进行了 11 次调整，从最低的 268 英镑到最高的 283 英镑，这是 Pixmania 所做的一系列旨在了解顾客的价格敏感度的小实验的一部分。但事实证明，这一战略无法持续下去，也无法实现盈利。2013 年，该品牌被德国的 Mutares 收购后几乎消失在人们的视野中。

**运输费用**

根据路易斯等（Lewis et al., 2006）的研究，运输费用对转化率和盈利能力都有显著影响。他们发现，当顾客购买的商品数量超过一定水平时，商家通常会免费送货。但他们也注意到，如果这个数量水平设定得不恰当，可能会导致盈利能力下降。他们建议针对不同的细分市场设定不同的运费标准。运费还可以根据货物交付时间的不同而变化。

在运费方面进行创新的另一种方法是成为会员来换取免费的快递运输，这正是亚马逊 Prime 计划的基础。

## 5.3.4 替代性定价结构或政策

在互联网上可能有不同类型的定价，特别是对于可下载的数字产品。传统上，软件和音乐销售的是连续使用权。互联网提供了新的选择，如按次付费、按月固定费用租赁、租赁安排及与其他产品的捆绑销售。使用应用程序服务提供商（ASPs）提供的网站流量监控等服务时，也可以采用批量定价的新方法。

更多的在线定价选项包括：基本价格；折扣；附加产品及额外的产品和服务；抵押和担保；退款政策；订单取消条款。

作为对定价部分的总结，我们再来看一下贝耶等（2007）的研究，其中有很多创新在线定价方法的有趣的例子。他们建议网上零售商在评估网上定价时应该问以下问题：

（1）在一个时间点上有多少个竞争对手？他们建议，当竞争对手的数量下降时，产品在成本基础上的加价应该增加；当竞争对手的数量增加时，产品在成本基础上的加价应该减少。他们还建议，由于在线竞争对手的识别不同于传统的线下竞争对手，因此应将关键的在线竞争对手包括在内。

（2）目前位于产品生命周期中的什么位置？应该随着生命周期的推进减少产品的加价，或者在引入产品的新版本时减少加价。

（3）产品的价格敏感性或弹性是什么？他们建议不断试验，了解产品价格敏感性的变化。

（4）价格设定在什么水平？基于产品层面的价格测试，最优的加价因子应该应用于产品层面，而不是类别或企业层面。他们还注意到，在类别或产品层面，付费搜索引擎和聚合网站的转化率、点击率，以及点击率的变化都要求对定价进行微观管理。

（5）竞争对手在监控我的价格吗？如果竞争对手在监控，就要让定价显得不可预测；

如果竞争对手没有监控,那么就要利用"盲点"。

（6）我们被夹在中间了吗？位于中间的定价点并不是最优的,特别是如果价格可以设定为市场最低价格时。

# 5.4　渠道

营销组合中的**渠道变量**(place variable)是指如何将产品传递给顾客。线下渠道的目标通常是最大限度地扩大产品的分销范围,同时使库存、运输和存储成本最小化。在在线环境中,由于可以方便地从一个网站导航到另一个网站,渠道的范围就不那么清晰了,而且渠道与推广和合作关系也具有相关性。以手机零售商为例,零售商为了接触到潜在受众来销售和分销产品,除了自己的网站,还要考虑在第三方网站上进行推广。成功的零售商是那些在目标受众使用的第三方网站上最大限度地展示自己或提高知名度的零售商。这些第三方网站包括搜索引擎、评价手机的门户网站和产品比较网站。当考虑在第三方网站上的表现时,可以思考图 5.2 中引用的长尾概念(Anderson,2004)。在互联网上,只有包括门户网站谷歌和雅虎等在内的少数网站非常流行(被称为头部,理论上其访问者数量可能占访问者总数量的 80%),而大多数网站单个看起来并不流行,但整体来看则很重要。类似地,在一个网站类别(如汽车网站)中有一些非常流行的网站及大量的小众网站。这些小众网站的数量很大,而且在接触小众目标用户(尾部)方面更有效。在考虑渠道和推广时,应同时瞄准头部和尾部,以最大限度地接触目标,并吸引高质量的消费者访问目标网站。

数字技术对本节所讨论的营销组合中的渠道的主要影响包括:购买渠道(见表 5.1);新的渠道结构;渠道冲突;虚拟组织。

| 表 5.1　虚拟市场的不同渠道 | |
| --- | --- |
| 购买渠道 | 网站的例子 |
| A. 卖方控制型 | 供应商网站,即销售产品或服务的企业的主页,如 www. dell. com、www. uber. com |
| B. 卖方导向型 | 由分销商和代理商等第三方控制的中间商,如代理主要航空公司的 Opodo (www. opodo. com)和为第三方提供销售产品的平台的亚马逊 |
| C. 中立型 | • 不受买方所在行业控制的中介机构<br>• 比较网站,如能源行业的 uSwitch (www. uswitch. com) |
| D. 买方导向型 | • mySupermarket(www. mysupermarket. com)<br>• 由买方控制的中介机构,如汽车制造商的 Covisint 网络<br>• 针对消费者的折扣网站,如优惠券网站(www. myvouchercodes. com)、返利网站 Quidco (www. quidco. com) |
| E. 买方控制型 | 在企业自己的网站上发布采购公告或反向拍卖,如 www. maistro. com,可以让企业发布市场营销及其他领域的项目招标 |

## 5.4.1　购买渠道

把渠道概念与互联网联系起来似乎有些奇怪,但由于它是一个跨越地理边界的全球虚拟环境，与渠道、物流、销售及其他交易发生的时间点相关的问题对数字营销人员来说很重要。例如，在销售实物产品时，存在与履行（当地、区域和国际）有关的成本和时间问题，以及信任、文化和当地网络支持等问题。然而，对于数字产品的销售者来说，没有实际的履约限制。例如，苹果的 iTunes 在全球范围内的服务已经被证明是成功的。阅读微型案例研究 5.2，了解更多关于数字对实体店零售商交易的影响。

## 微型案例研究 5.2 网上购物的赢家和输家

20 世纪 90 年代初，人们开始认真尝试网上交易，当时具有创新意识的公司针对互联网带来的机遇和挑战，开发了复杂的网站，让顾客在家中即可享受服务（Rayport and Sviokla，1994）。当时，很多学者开始质疑这项激动人心的新技术会对未来几年零售业的形态和行为产生影响的程度，即虚拟世界是否会改变零售的原则，且最终取代现有零售格式或作为当前的营销实践的自然补充。马龙等（Malone et al.，1987）提出了一个问题：制造商是否可以直接瞄准消费者，并在这样做的同时将零售商这个"中间人"从等式中剔除。其他学者不仅对互联网可能对零售业产生的影响提出了质疑，还给出了相当具体的预测。事实上，大多数学者对发展速度和消费者的采用持乐观态度。下面的两句话可以很好地反映人们的普遍想法："到 2005 年，它（互联网）将占据英国零售市场 8%～30% 的份额"（Pavitt，1997）；而且，在类似的时间框架内，"商业街的店铺估计会因为网购而损失20% 的业务"（Angelides，1997）。

到了 21 世纪 10 年代中期，我们可以回答当时提出的一些问题，并评估早期的预测是否准确。尽管零售商对互联网的采用可能没有最初设想的那么快，但对营销学者和实践者来说，关键问题不再是经营实体店的零售商是否应该采用在线渠道，而是应该何时采用在线渠道。

这项研究表明，在过去的 20 年中，英国商业区的知名零售品牌的数量显著下降，而且很多品牌的消亡可以归因于其采用互联网作为零售渠道的方法。在研究开始时，近 70% 的企业根本没有接触网络也没有注册域名。图 5.7 显示了 1997—2013 年商业区大零售商数量的减少。消失的品牌包括 Blockbusters（录像带租赁）、Barratts（鞋类）、Comet（白色家电、电器）、MFI（低成本家具）和 Woolworths（音乐、娱乐、糖果）。

然而，这项研究的结果显示，截至 2013 年，所有剩下的零售商要么拥有某种形式的在线业务，要么注册了域名，62% 的零售商拥有支持电子商务的活跃网站。

埃文斯和伍斯特（Evans and Wurster，1999）认为，"导航优势"有三个方面是实现在线竞争优势的关键。这三个方面都与营销组合的渠道元素有关。

（1）范围。埃文斯和伍斯特说："简单来说，范围是指一家企业能接触多少顾客，并向其提供多少产品。"范围可以通过从单一网站转向具有大量不同中介的代理得到扩大。艾伦和弗杰梅斯塔德（Allen and Fjermestad，2001）认为，由于搜索引擎营销，利基供应商可以很容易地到达更广阔的市场（见第 8 章）。埃文斯和伍斯特还指出，扩大公司可以提供的产品和服务的范围，能够吸引更多的消费者。

（2）丰富性。丰富性是指信息的深度或细节，既包括有关消费者的信息，也包括提供给消费者的信息。提供给消费者的信息与产品信息的丰富性及如何将其个性化以满足个人需求有关。

（3）从属关系。从属关系是指销售机构代表的是消费者还是供应商的利益，并强调了形成正确合作伙伴关系的重要性，尤其是对零售商。埃文斯和伍斯特认为，成功的在线零售商会奖励那些为其提供有关竞争产品的最丰富的信息的顾客。他们认为这样做有利于顾客。

### 同步发布

传统上，**同步发布**（syndication）是指将文章或书籍摘要刊登在报纸、杂志等其他出版物上。在网络背景下，与渠道和伙伴关系相关的实践需要审查网络内容所有者，因为通过信息流、插件或数据交换在第三方网站上重新出版内容提要可能会带来额外的收入，或者是增加在合作伙伴网站上的曝光率，进而增加网站的知名度或访问量。例如，利用亚马逊的作者中心服务，作者们可以基于自己博客的 RSS 提要（见第 1 章）在亚马逊的网站上发布博客，从而提高人们对其博客的认知。

但同步发布对其他公司，尤其是零售商也有影响，因为将产品目录上的信息同步发布到第三方聚合网站上可以扩大其影响力。零售商可以考虑在谷歌购物上展示产品列表广告（PLAs），以提高知名度（见图 5.7）。

图 5.7　谷歌购物

由于将产品数据与一系列聚合网站整合起来需要花费大量时间调整格式，所以 Channel Advisor 等公司开始提供在一系列聚合网站上上传数据并跟踪结果的服务。

### 支付机制——购买渠道

传统上，零售商通过与在线安全支付提供商（如 Worldpay）合作为消费者提供网购服务。实际上,购买交易是在不同的地点进行的,顾客需要确保支付过程是安全和无缝连接的。零售商通常提供的支付机制是,购买者通过与其已经建立了支付关系的支付提供商(如 PayPal)付款。这种方法有助于确保隐私和安全,增加购买的便利性和用户的选择,所以这些选择也必须被审查。现在完成活动 5.4,进一步了解购买渠道的影响。

### 活动 5.4　网上购物渠道

**目的**：探索实体渠道与虚拟渠道之间的联系。

**活动**：假设你打算买一辆二手车。列出你可能会经历的各个阶段,从考虑你要买的车,到寻找购车的渠道,再到最后选定你要买的车。

在这一过程中,请尝试确定你何时将使用网络(虚拟环境),何时你又会处于实体环境中(如拜访当地的汽车经销商)。

#### 本土化

提供一个本地的网站,无论是否有特定语言版本和额外的文化适应,均被称为**本土化**(localisation)。一个网站可能需要为来自多个国家的顾客提供服务,这些顾客具有：不同的产品需求;语言差异;文化适应。

### 数字营销洞察 5.5　数字小镇(Digital Town)：本土化搜索和协作交易

数字小镇提供了一种思考网络、网购及通过提供本地搜索推送所在城镇的企业和服务提供商的链接与当地城镇互动的新方式。这种基于网络的创新平台建立在区块链技术上,使市民能够使用数字钱包购物。该公司拥有一个由 22 000 个域名组成的网络,而且正在建一个全球平台,旨在使全球的城市都能开发自己的网络。

数字小镇的创新之处在于,它正在与城镇中心管理团队、商会及可以购买城镇平台股份的当地居民合作开发数字房地产。该公司的目标是为在线购物者提供一个亚马逊和 booking.com 等全球数字平台以外的选择。数字小镇的目标是在企业和消费者之间建立直接的联系,降低企业将产品和服务推向市场的成本。

访问 https://nashville.city,体验数字小镇的概念。

资料来源：Based on Wood(2017).

## 5.4.2　新的渠道结构

互联网带来的新的渠道结构已在第 2 章和第 4 章中详细介绍过了。企业需要制定战略应对的主要现象包括：

(1) 去中介化。数字营销人员应该问自己这样一个问题：有没有直销的选择？但他们也应该意识到直销可能会导致渠道冲突。

(2) 再中介化。应当评估萨卡尔等(Sarkar et al.,1996)所描述的通过再中介创建的新的中介机构,考察其是否有利于合作关系的开展。例如,Kelkoo 就是根据其网站推荐的每次点击或销售收取佣金的。

（3）反中介化。反中介化是指更好地利用在线中介的战略选择，如与独立中介合作、购买或创建独立中介。例如，几家欧洲航空公司联合组建了 Opodo，在提供打折机票方面与 Lastminute.com 和 eBookers 等独立公司抗衡。

在考虑渠道结构时，应牢记其可能对实体分销渠道产生影响。例如，杂货零售商必须确定最佳策略是让顾客自提货物而不是送货上门。可选方案包括到店自提和在提货点自提。事实证明，前者更具成本效益。

## 5.4.3　渠道冲突

互联网渠道的引入带来的一个重大威胁是，尽管去中介化给企业提供了直接销售产品并提高产品盈利能力的机会，但它也可能危及与现有合作伙伴的分销安排。弗雷泽（Frazier，1999）指出，需要妥善解决这种渠道冲突。弗雷泽认为，在某些情况下，互联网只能作为传播渠道使用，特别是当制造商提供独家或高度选择性的分销方式时。举例来说，一家制造价值数千英镑的昂贵手表的公司过去不愿采取直销方式，而是通过批发商再经由零售商来销售手表。如果该公司的批发商在手表分销供应链中实力强大，则会反对其直接销售手表给消费者。批发商甚至可能拒绝再做该公司的分销商，或威胁只经销该公司并未开拓线上渠道的竞争对手的手表。此外，直销可能有损产品的品牌或改变其价格定位。

更进一步的渠道冲突涉及其他利益相关者，包括销售代理和顾客。销售代理可能会将互联网视为对其生计的直接威胁。在雅芳化妆品和大英百科全书等一些案例中，已经证明事实就是如此，其销售代理模式部分或完全被互联网取代。雅芳化妆品建立了在线业务，并制定了一个新的三年战略，要在其新的伦敦总部重建在线业务（BBC，2016）。对于很多 B2B 购买，销售代理仍然是联系顾客并鼓励其作出购买决定的重要方法。对销售人员进行培训后，可以将互联网作为销售支持和顾客教育的工具。如果仅能在网上买到便宜的商品，则那些不使用在线渠道的顾客也可能会产生负面情绪。不过比起其他类型的渠道冲突，这种情况并不严重。

在评估渠道冲突时，有必要考虑互联网可以采取的不同渠道形式：单一的传播渠道；面向中间商的分销渠道；面向顾客的直销渠道；前三种渠道的任意组合。

为了避免渠道冲突，必须使用适当的渠道组合。例如，弗雷泽（1999）指出，当产品的价格在全球市场上差异很大时，使用互联网作为直销渠道可能是不明智的。在手表制造商的例子中，仅将互联网作为沟通渠道可能是最佳选择。

当然，数字渠道战略取决于现有的市场安排。如果一个新的地区性市场并没有代理商或分销商，则不太可能出现渠道冲突，因为可以选择仅通过互联网分销或指定新的代理商来支持互联网销售，或者将两种方法结合起来。中小企业往往会尝试利用互联网销售产品，而不是指定代理商，但这种战略只适用于需要有限的售前和售后支持的零售产品。对于工程设备等价值较高的产品，则需要专业的销售人员来支持销售和提供售后服务，因此必须指定代理商。

在现有的地区性市场上，企业大多已经有了代理商和分销商组成的分销体系，情况也就比较复杂，存在渠道冲突的威胁。库马尔（Kumar，1999）描述了安排现有的经销商时可采用的战略：

（1）无网上销售。公司及其经销商都不通过互联网进行销售。当一家公司或其经销商感到买家的数量还没有达到保证在线销售能力的投资的盈亏平衡点时，可采取这一方案。

（2）仅由经销商进行网上销售。销售多家公司产品的经销商可能能有足够的总需求（通过为其他公司销售产品），从而使开展在线销售的费用有足够的回报。

（3）制造商只能通过互联网进行销售。制造商如果已经有了现成的经销商，则不太可能选择这种方式，因为经销商可能会停止通过传统渠道销售其产品从而造成销售额的降低。

（4）全部通过网上销售。这种选择可以说是互联网销售的未来。如果制造商不采取积极措施控制网上销售，也可能会导致这种结果。

公司每年都需要对战略进行评估，并根据需要对销售渠道进行调整。考虑到电子商务的快速变化，制订五年计划并不现实。库马尔（1999）指出，历史已经证明，大多数公司倾向于长期使用现有的分销网络。这样做的原因是，经销商在渠道中可能很强大，公司为了保住销售额而不想疏远它们。

## 5.4.4　虚拟组织

本杰明和威根德（Benjamin and Wigand，1995）指出：现代组织的边界越来越难以界定，引入互联网等电子网络的深层影响是将产品的生产和分销外包给第三方变得更加容易。这可能导致组织内部的界限变得模糊。员工可以在任何时区工作，顾客可以从任何地点购买定制产品。组织内部没有严格的界限或等级制度，这将使公司变得更加敏感和灵活，并具有更强的市场导向性。

克劳特等（Kraut et al.，1998）指出**虚拟组织**（virtual organisation）具有以下特征：流程超越了单一形式的边界，不受单一组织层级的控制；生产流程是灵活的，不同的参与方在不同的时间参与；参与单一产品生产的各方通常在地理位置上是分散的；鉴于这种分散性，协调工作严重依赖电信和数据网络。

所有的公司都倾向于拥有一些虚拟组织的元素。这些特征增加的过程被称为**虚拟化**（virtualisation）。马龙等（1987）认为，电子网络的存在往往会导致组织虚拟化，因为这样便于以更低的成本有效地进行商业交易的管理和协调。

虚拟化趋势对营销战略家有何启示？最初，外包似乎与市场导向没有直接关联。然而，有一个例子显示了相关性。迈克尔·戴尔（1998）指出，戴尔公司并不认为外包是摆脱了一个不会增加价值的过程，而是将其视为一种"协调活动，为顾客创造最大价值"的方式。戴尔公司通过改变与供应商和分销商的合作方式，在6天内按照顾客的具体要求生产出了一台计算机，从而改善了顾客服务。这种垂直整合是通过创建一个契约式垂直营销系统来实现的，在该系统中，渠道的成员保持独立性，但通过共同遵守合同来协同工作。

因此，组织虚拟化要求企业找到为寻求外包外部流程的顾客提供新的服务和产品的机会。这样做也会让公司有机会将一些以前由公司内部进行的营销活动外包出去。例如，评估网站影响的营销调研如今可以由外部公司在虚拟环境中进行，而不必再让员工组织焦点小组讨论。

在更实际的层面上,电子化的伙伴关系可以通过标准化的数据交换接口提供本章提及的整个营销组合,其中包括:通过付费的搜索网络(如 Google Ads)投放广告;通过比价搜索引擎(如 Kelkoo 或谷歌购物)的信息流推广服务;通过附属网络(如 CJ Affiliate)或广告网络(如谷歌 AdSense 出版商计划)的推广服务;通过在线网络技能市场(如 Guru 和 Upwork)获取短期数字营销工作所需的专业知识;使用安全支付系统服务,如 PayPal;通过在线网络分析服务(如 Google Analytics)分析网络的表现。

## 5.5　促销

营销组合中的**促销变量**(promotion variable)是指如何用营销传播向顾客及其他利益相关者宣传有关企业及其产品的信息。互联网和数字营销技术的重要性不容置疑,对营销传播计划也有很重要的影响,因此我们将在第 8 章和第 9 章详细介绍数字促销。本章的目的是简要介绍促销的核心要素。

约伯和埃利斯·查德威克(2016)的研究结论是:"良好的沟通是成功的市场导向型公司及其品牌的命脉。但是建立良好的沟通并不容易。"数字技术正在改变个人和企业的沟通方式、沟通渠道及接触点的数量。现代企业正在开发整合度更高的方法来使用传播工具,以最大限度地将信息传递给目标受众。表 5.2 列出了查菲和史密斯(2012)总结的企业可以用于交流的促销组合的主要要素及其在线等价要素。

| 表 5.2　促销组合的主要要素 | |
|---|---|
| 传播工具 | 在线实施 |
| 广告 | 互动展示广告、按点击付费搜索广告、社交网络中的定向广告 |
| 销售 | 虚拟销售人员、网站推销、辅助销售(包括即时聊天)和联盟营销 |
| 销售促进 | 优惠券等激励、奖励、在线忠诚顾客奖励计划 |
| 公共关系 | 在线公关和影响者外展、博客、电子快讯、时事通信、社交网络、链接和病毒式宣传 |
| 赞助 | 对在线活动、网站或服务的赞助 |
| 直邮 | 使用电子快讯和选择加入的群发邮件来发送电子邮件 |
| 展览 | 网络研讨会、虚拟展览和白皮书分发 |
| 推销 | 零售网站上的促销广告、个性化推荐和电子邮件提醒 |
| 包装 | 在线展示虚拟旅行、真实包装 |
| 口碑 | 社交营销、病毒营销、联盟营销、给朋友发送电子邮件、链接 |

可以看出营销组合中的促销要素通常是传播战略的一部分,包括目标市场的选择、定位及不同传播工具的整合。互联网提供了一种新的营销传播渠道,让顾客了解产品的好处,并帮助他们作出购买决定。下面列出了几种使用互联网来改变营销组合中的促销要素的方法。

(1)考察使用传播组合中每一种要素的新方法,如广告、促销、公关和直销。

(2)评估如何在购买过程的不同阶段使用互联网。

(3) 使用促销工具协助不同阶段的顾客关系管理,从获取顾客到维持顾客。在网络环境中,还包括获得网站的初始访问者,并通过一系列传播技术促使其重复访问:在传统媒体宣传活动中揭示为什么某个网站值得访问,如在线服务、特有的在线优惠价;直接发送电子邮件提醒网站的活动,如新的报价;定期更新的内容,包括促销优惠、帮助顾客完成工作或提醒他们访问网站。

营销计划中的促销要素还包括关于投资在线推广或在线传播组合的如下三个重要决策:

(1) 除了网站的创建和维护,还需要在网站推广方面投资。由于网站的创建、维护和推广通常都有固定的预算,所以网络营销计划应详细说明每一项预算,以确保网站的推广不会出现资金不足的情况。

(2) 相较于线下推广,线上推广技术的投入必须在这些技巧之间取得平衡。通常情况下,线下推广的投资往往会超过线上推广的投资。对于现有的公司来说,印刷品等传统媒体将被用于为网站做广告,而印刷品和电视也将被网络公司广泛用于为其网站带来流量。

(3) 投资于不同的在线推广技术。例如,相较于在线公关,应该为横幅广告支付多少费用? 需要为搜索引擎注册支付多少费用?

#  5.6 人员、过程和有形展示

营销组合中的人员、过程和有形展示要素是密切相关的,通常被归为"服务要素"。这些要素很重要,因为感知到的服务水平将影响顾客的忠诚度及其推荐服务的可能性。由于这些内容与线上顾客体验密切相关,我们还将在第 7 章探讨网站效果及顾客电子邮件回应的问题,包括 WEBQUAL 及 E-SERVQUAL 等评估服务成效的架构。

瑞波特等(Rayport et al.,2005)总结了改善在线服务提供质量的一些关键问题。他们指出,高级管理层和管理人员都需要参与对提供服务的技术和人员的结合程度的评价。我们针对每一类型都附加了一些典型的应用实例。

(1) 替换。配置技术而不是人员(或相反的情况),例如:网站上的常见问题解答;网站内搜索引擎;针对用户问题由虚拟人物给出答案,如宜家的"问安娜"功能;自动电子邮件回复或一系列"欢迎"电子邮件,指导顾客如何使用服务;使用视频在线演示产品。

(2) 互补。同时配置技术与人员,例如:客服电话,网站上提供的解答问题的客服热线;在线聊天设施,用户在网站上发送文本信息进行聊天;员工使用 Wi-Fi 支持的手持设备办理快捷租车的还车业务。

(3) 取代。外包或"离岸"的技术或人员,例如:某快餐连锁店在远程呼叫中心集中处理免下车订单;前面提到的在线聊天或客服电话都可以通过外包来降低成本。

注意,这个观点并未强调在线营销组合中服务要素的另一个重要方面,即一些顾客在论坛上回答其他顾客的问题,通过反馈和协作的参与方式来改善服务。

接下来我们将更详细地介绍营销组合中服务要素的各个具体组成部分。

### 5.6.1 人员

营销组合中的**人员变量**(people variable)涉及企业的员工如何在销售过程中与顾客及其他利益相关者互动,以及如何与他们进行售前和售后沟通。

查菲和史密斯(2012)提出了与瑞波特等(2005)类似的观点:在网络上,营销组合中的人员要素主要关注如何改变员工参与交易的方式,或是借助回复电子邮件或在线聊天查询等新角色,或是被自动化在线服务所取代。

尽管上述顾客服务形式的选择很简单,但要想有效地实现却并不容易。例如,如果常见问题解答(FAQ)没有给出足够的相关答案或是没有及时进行电话回复,则会让顾客感到不满,他们将不再使用该服务甚至可能在购物比较引擎中通过评论将这一经历告诉其他人。为了管理服务和质量,企业必须针对如图 5.8 所示的五个阶段制订计划。

**阶段 1:顾客定义支持查询**

公司应考虑顾客在网站找到联系方式和发出支持请求的难易程度。最好的做法显然是能找到电子邮件支持选项。通常,在网站上查找联系方式和支持信息是很困难的。网站上的标准术语是"联系我们""支持"或"提问"。应该为顾客提供在网站相关栏目勾选查询选项并提交的便利,或者在网站上提供电子邮件地址,如 products@company.com 或 returns@company.com,或是采取发放目录等线下沟通形式。在这一阶段,应考虑提供常见问题解答或自动诊断工具,以减少入站查询的数量。爱普生提供在线工具来诊断打印机的问题并提出解决方案。

最后,网站应该确定对服务质量水平的期望值。例如,告知顾客"您的查询将在 24 小时内得到答复"。

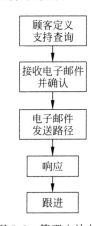

图 5.8 管理入站电子邮件的阶段

**虚拟人物**(avatar)越来越多地被用来减少询问的需求,如宜家网站上的"问安娜"。霍兹沃思等(Holzwarth et al. ,2006)研究发现使用虚拟人物做销售代理会让人们对零售商更满意,对产品的态度更积极,购买意愿更高。他们基于购买决策的复杂性,调查了"有吸引力"和"专家"顾问的使用情况。

**阶段 2:接收电子邮件并确认**

最好的做法是自动确认消息。这通常是由**自动应答**(autoresponder)软件提供的。很多自动应答软件只是提供一个简单的确认,更复杂的回复则应再次向顾客保证回复的时间或指出其他信息源。

**阶段 3:电子邮件发送路径**

最好的做法是自动发送或工作流。如果已经通过阶段 1 描述的方法确定了查询类型,那么将电子邮件发送给正确的人会更容易。也可以使用模式识别来确认查询类型。

**阶段 4:响应**

最好的做法是针对不同类型的查询使用预先准备好的模板。然后,客服中心的员工可以根据需求对其进行定制和个性化设置。使用阶段 2 中提到的软件,可以重新自动选择正确的模板类型。

**阶段5：跟进**

最好的做法是，如果员工的初次回复并不成功，则应在电子邮件中提议回电话或进行实时聊天。事实上，为了避免"电子邮件踢皮球"的问题，公司可以主动给顾客打电话，以提高解决问题的效率，并最终解决问题。最后，电子邮件跟进可能成为对外联系、市场营销及就补充产品或报价提供建议的机会。

## 5.6.2　过程

营销组合中的**过程变量**(process variable)是指公司为实现所有营销功能而使用的方法和步骤，如新产品开发、促销、销售和顾客服务。上一章介绍的为适应在线营销而进行的组织调整和渠道结构重组就是过程的一部分。

顾客接触战略是在提供高质量的顾客服务(强调顾客选择)和最小化顾客联系成本之间的折中。推动战略实施和衡量有效性的典型运营目标包括：

(1) 最大限度地减少每封电子邮件的平均回复时间，并缩短从最慢到最快的回复时间范围——这应该是所宣传的服务质量水平的基础；

(2) 最大限度地减少解决时间，如联系的次数和解决问题所需的时间；

(3) 最大限度地提高顾客对回复的满意度；

(4) 最大限度地减少员工每次回复电子邮件的时间和成本。

将网站和电子邮件支持集成到现有客服中心运营中的顾客联系战略通常包括以下选项：

(1) 顾客首选渠道。公司采用顾客主导的方法。顾客可以使用他们首选的渠道进行咨询，无论是电话回访、电子邮件还是在线聊天。很少有人试图影响顾客，以了解其偏好哪个渠道。请注意，虽然这种方法可能会带来很高的顾客满意度，但通常并非成本效益最佳的方法，因为电话支持的成本通常高于顾客在网络上的自助服务或电子邮件查询。

(2) 公司首选渠道。公司设法影响顾客与公司联系时所使用的媒介。例如，易捷航空鼓励顾客使用在线渠道，而不是通过语音联系呼叫中心进行订票和获得顾客服务。顾客仍然可以选择，但公司会利用网站来影响渠道的选择。

通过实时聊天提供顾客服务和辅助销售越来越受欢迎。例如，移动电话公司 EE 将"Liveperson"用于顾客服务和辅助销售，见微型案例研究 5.3。

### 微型案例研究 5.3　EE 在线顾客服务

作为一家合资企业，EE(原名 Everything Everywhere)整合了 Orange 和 T-Mobile 的英国业务，成为英国最大的移动电话公司。

EE 拥有 11 000 多名面向顾客的员工，负责服务和销售，他们都是移动设备和操作系统方面的专家。在一年的时间里，公司通过线上和线下渠道与顾客进行了约 8 600 万次对话。

EE 希望能够赢得所有渠道中服务最佳的评价，并将 LiveChat 视为在网站上建立与事务查询和一般查询相关的高水平顾客满意度的重要的新方法。

LivePerson 提供的数字参与解决方案通过与网站访问者建立有意义的实时连接，支持在线销售运营和顾客升级运营。利用 LiveChat 直接与顾客接触,EE 得以提高转化率、增加销量和改善在线体验。LivePerson 还提供预测建模和分析,使 EE 能够通过消费者行为分析发现可能需要帮助其作出购买决策的顾客。这是通过跟踪个人在访问网站时的活动实现的。例如,在页面上停留时间过长或触发多条错误消息等行为可能说明需要对其予以帮助。此时,可以主动发送聊天邀请。通过在顾客最需要帮助的时候提供帮助,EE 成功地提高了销售额及顾客满意度,增强了消费者对 EE 品牌的认知。同样重要的是,每一次互动都是独一无二的,确保消费者获得个性化的相关体验。

2013 年,当这项服务推出时,通过聊天进行的实时互动带来了 3 万份销售合同,每小时每位销售代理成交 0.5 次。这一速度大约是电话销售代理签单速度的两倍,是实体店销售代理的 10 倍。通常自助服务的顾客转化率在 1% 左右,而在实时销售互动下,转化率提高了 5 倍。升级团队的转化率始终超过 40%,顾客满意度(CSAT)超过 80%。聊天频道最重要的 CSAT 得分目前为 83%。通过将呼叫中心的直接联系转移到聊天代理的在线渠道上,EE 正在强化其专注于服务的数字品牌的形象。在销售渠道中实时参与的成功也促进了创新。通过谷歌搜索 EE 的顾客可以选择直接在搜索引擎中跳转到聊天代理处,类似的直接链接是跳转到选定的附属网站和比价网站。

2018 年,LivePerson 和 IBM Watson 联手推出了一款由智能技术驱动的机器人,使消费者能够给各知名品牌发信息,并收到与人工客服无缝集成的智能客服的回复。新系统可以帮助呼叫者绕开与真正的客服通话之前要通过的层层自动化系统的关卡。

资料来源: LivePerson 顾客成功案例。

### 5.6.3 有形展示

营销组合中的**有形展示变量**(physical evidence variable)是指产品的有形表达,以及购买和使用的方式。在网上,"有形展示"是指顾客通过网站形成对公司的体验,包括网站的易用性或导航性、可用性和表现等。这些问题将在第 7 章进一步讨论。

## 案例研究 5 Spotify 流媒体开发新的收入模式

Spotify 是一项流媒体音乐服务,最初于 2006 年在瑞典开发,2008 年推出。Spotify 公司是位于伦敦的母公司,而位于斯德哥尔摩的 Spotify AB 则负责研发。在撰写本文时,Spotify 在申请股票上市时的估值超过 230 亿美元。它拥有超过 1.59 亿用户和 7 100 万付费用户,收入超过 50 亿美元(Young,2018)。

**背景**

Spotify 不是第一家在线音乐服务商,但它在营销方式、技术和订阅选项方面的创新使其成为音乐订阅市场的领导者。Napster 推出了首个广泛使用的服务——"免费"点对点(P2P)音乐共享频道。这种创新的音乐共享方式让各大唱片公司纷纷诉诸法院,Napster 最终被迫关闭。但这并不是 Napster 共享数字音乐的终结,因为 Napster 品牌先后被 Roxio、百思买等收购,最终归入 Rhapsody 音乐服务旗下,在美国的业务被关闭后直接在欧洲与 Spotify 展开竞争。如今看来 Napster 的重要性也许是向全世界展示了共享数字音乐的可能。图5.9显示了音乐行业流媒体业务收入的增长。Spotify已经成长为一个重要的全球品牌，并通过专注于提供更加个性化的音乐播放列表来推动市场增长，如Spotify. me 和 mytimecapsule(Guditch,2017)。

### 收入模式和价值主张

Spotify采用免费模式，大多数用户通过应用程序或网络浏览器将音乐缓存到手机或计算机中。免费用户在曲目间要收听广告，这是Spotify收入模式的一部分。免费用户每听5~6首歌就要听一段广告，每小时大约要听3分钟的广告。Spotify的高级用户每月支付固定的会员费即可获得附加功能（见图5.9），包括离线收听和免广告。

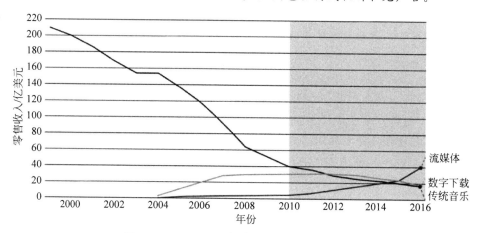

图5.9　1999—2016年美国音乐产业零售收入

资料来源：https://www. recode. net/2018/2/28/17064460/spotify-ipo-charts-music-streaming-daniel-ek

维基百科上的Spotify词条记录了Spotify的成长：

2011年11月，Spotify的付费用户超过250万。Spotify与脸书的Open Graph合作，允许人们与朋友分享自己正在收听的曲目，这发展了50万付费用户。该服务2011年也在美国推出。

2012年8月，Spotify有400万付费用户，每月的会员费收入不低于2 000万欧元。

2013年3月，Spotify在全球范围内的付费用户已增至600万，活跃用户总数达2 400万。

2014年5月，Spotify的付费用户增至1 000万，免费用户达3 000万。

2015年1月，Spotify的付费用户增至1 500万，免费用户达4 500万。

截至2018年1月，Spotify的目录中有3 000万首歌曲，每月有1.4亿活跃用户，付费用户超过7 000万。

Spotify的收入中约70%用来向拥有音乐版权的艺人和公司支付版税。艺人们曾质疑Spotify提供的报酬过低，因此泰勒·斯威夫特（Taylor Swift）等知名艺人从该平台撤出了部分或全部音乐。然而，3年后，泰勒·斯威夫特的全部作品在Spotify上架。对于其他很多不太知名的艺人来说，Spotify提供了通过推荐和播放列表接触新观众的方式。Spotify的目标是通过让乐迷放弃收入微薄的格式（如非法下载服务），转而采用付费流媒体格式。

### 价值主张

除了核心音乐收听服务外,Spotify 还开发了其他功能来增加服务价值,这也为通过整合营销传播提高网站知名度提供了机会。Spotify 声称,其用户参与度很高,多平台用户平均每天使用该服务的时间为 146 分钟。2013—2014 年,使用手机收听的用户比例增加了两倍,不过,超过 50% 的曲目仍然是缓存到计算机中的。2017 年,Spotify 推出了 Rise 计划及新的颁奖典礼,旨在鼓励新艺人,宣传优秀人才。

### 广告

Spotify 开发了一系列创新的广告形式来增加收入,这些广告主要面向免费用户。Spotify 用数据驱动分析帮助确定其广告支出和目标市场,通过用户数据洞察来识别用户行为,然后针对广告、内容和信息提出促销工具和媒体使用方面的建议。例如,"2018 年目标"活动就利用 Spotify 用户的习惯制订了幽默的新年计划和个人目标,并将其展示在广告牌上。这个活动非常成功,因为它触动了音乐爱好者的心灵(Nudd,2017)。

Spotify 上的一个名为"美国自驾游"的广告活动是为宝马 320i 的发布而策划的。用户可以通过 Spotify 上的一个品牌应用程序从五种标志性的美国公路旅行中选择一种。根据他们的选择,会生成一个自定义播放列表,其中包括来自所选路线沿线地区的歌曲和艺术家。在等待播放列表生成时会播放一段宝马汽车的视频,最后的播放列表可以通过社交媒体分享。这次活动产生了超过 14 000 个播放列表。

### 竞争

Spotify 面临来自 Apple Music 等在线音乐服务的竞争,而考虑到这是一个不断发展的市场,显然还会出现其他竞争对手。例如,谷歌推出了 Google Play Music,苹果在 2014 年收购了 Beats 订阅服务。亚马逊如今也在向其会员提供 Prime Music 订阅服务。

### 市场营销

Spotify 采取了一种较为温和的方式,依靠口碑、公关和合作营销,而不是投入巨资做广告。

Spotify 在美国的发布利用私人"Beta"邀请来制造轰动,由那些拥有访问权限的用户在社交媒体上分享他们对 Spotify 的使用(及好评)。

这项音乐流媒体服务于 2008 年 10 月上线,其免费服务仅供受邀用户享受——这项服务在公开发布前处于最后开发阶段时就已到位。

"仅限受邀用户"元素是该平台崛起的重要组成部分,它不仅有助于管理 Spotify 的增长,而且为该服务创造了病毒式的元素,每个用户都可以邀请 5 名好友。

Spotify 利用与网络发行者的联合营销和合作,通过在其他网站上嵌入不同格式的小插件来增加自己的影响力。为了扩大受众的层次,不再局限于传统的年轻受众,Spotify 在广告宣传上投入了更多的资金。2013 年,Spotify 推出了一个多平台的广告活动,在 NBC 的《美国之声》首播期间投放了 30 秒的广告。在《杰·雷诺今夜脱口秀》和《吉米·法伦深夜秀》节目中播出了 60 秒的广告。

2014 年,Spotify 在英国和美国推出了一则"音乐带你回来"的广告。它以三个视频为中心,通过 Spotify、脸书、短信等媒介展示了三个不同人物的故事,其目的是展示 Spotify 如何通过与社交媒体的整合将人们聚集在一起。Spotify 最终没有做 30 秒的电视广告，而是制作了 75～90 秒的视频。

**问题**

通过评估 Spotify 使用营销组合中不同元素的方法，评价它是如何与传统音乐和在线音乐提供商竞争的。

---

## 小结

1. 评估互联网带来的改变营销组合的机会是评估当前和未来的数字营销战略的一个有用的框架。

2. 产品。应认真审视通过新的基于信息的服务和延伸产品来改变核心产品的机会。

3. 品牌。品牌是数字市场中的一个重要概念，但除此之外，需要仔细考虑线下的每一个既定的品牌要素（如领域、价值、资产、遗产）与网络世界的关系。此外，在线品牌的背景也是一个重要的考虑因素。

4. 价格。互联网导致价格透明化和商品化，从而导致价格下降。动态定价提供了测试价格或为不同的细分市场提供差别定价或响应需求变化的能力。拍卖等新的定价模式已经出现。

5. 渠道。渠道是指在互联网上的购买渠道和渠道结构。

6. 促销。第 8 章将更详细地讨论营销组合的这一要素。

7. 人员、过程和有形展示。在第 6 章和第 7 章，我们将更详细地讨论这几个方面的顾客关系管理和服务交付。

---

## 练习

**自我评估练习**

1. 从互联网带来的 7P 要素的变化中选择两个重要的变化并给出解释。

2. 在数字环境中，什么类型的产品最能适应核心产品和延伸产品的变化？

3. 解释互联网对价格的影响。

4. 互联网对渠道的影响是什么？

5. 解释数字渠道如何改变了公司利用营销组合让自己的品牌与众不同的方式。

**讨论题**

1. 讨论"作为年度计划一部分的营销组合在互联网时代已不再是一个令人信服的概念"这一观点。

2. 批判性地评价数字化对你选择的行业部门的营销组合的影响。

3. 讨论互联网对公司定价政策的潜在影响。

4. 讨论营销组合中的渠道要素为实体零售商和数字零售商提供的机会。

**测试题**

1. 解释数字渠道在领先品牌推出新产品时为其提供的机会。

2. 举例说明动态定价在互联网上的两个应用。

3. 互联网是如何影响企业核心产品和扩展(增强)产品的选择的?

4. 简要总结互联网对营销组合中每个要素的影响:①产品;②价格;③渠道;④促销。

5. 讨论互联网对实体商业街的影响程度。

6. 组织可以如何利用互联网改变其促销组合?

## 参考文献

Aaker, D. and Joachimsthaler, E. (2000)*Brand Leadership*, Free Press, New York.

Amazon Studios (2015) Amazon pilot season, http://studios. amazon. com/. Allan, S. (2012) Consumer behaviour and today's publishers: why advertisers love the Affiliate Channel, *Content Marketing*, 10 August, http://marketingland. com/consumer-behaviour-and-todays-publishers-why-advertisers-love-the-affiliate-channel-18048 (accessed May 2018).

Allen, E. and Fjermestad, J. (2001) E-commerce marketing strategies: a framework and case analysis, *Logistics Information Management*, 14(1-2), 14-23.

Anderson, C. (2004) The long tail, *Wired*, 12 October, www. wired. com/wired/archive/12. 10/tail. html (accessed May 2018).

Angelides, M. C. (1997) Implementing the internet for business: a global marketing opportunity, *International Journal of Information Management*, 17(6), 405-419.

Baker, W., Marn, M. and Zawada, C. (2000) Price smarter on the Net, *Harvard Business Review*, (February), 2-7.

Barnes, B. (2017) Disney makes $52. 4 billion deal for 21st Century Fox in big bet on streaming, *The New York Times*, 14 December, https://www. nytimes. com/2017/12/14/business/dealbook/disney-fox-deal. html (accessed May 2018).

Baye, M., Gatti, J., Kattuman, P. and Morgan, J. (2007) Dashboard for online pricing, *The California Management Review*, 50(1), 202-216.

BBC. com (2016) Avon to move headquarters to the UK http://www. bbc. com/news/business-35808678 (accessed May 2018). Benjamin, R. and Wigand, R. (1995) Electronic markets and virtual value-chains on the information superhighway, *Sloan Management Review*, (Winter), 62-72.

Berry, L. (2008) Relationship marketing perspectives 1983 and 2000, *Journal of Relationship Marketing*, 1(1), 59-77.

Bickerton, P., Bickerton, M. and Pardesi, U. (2000)*CyberMarketing*, 2nd ed, Butterworth-Heinemann, Oxford.

Booms, B. and Bitner, M. (1981) Marketing strategies and organisation structures for service firms, in J. Donnelly and W. George (eds)*Marketing of Services*, American Marketing Association, New York.

Brand Name Generator (2015) http://business-name-generators. com/generator. php? gen = brand-name-generator (accessed May 2018).

Bravo, R., Iversen, N. and Pina, J. (2011) Expansion strategies for online brands going offline, *Marketing Intelligence and Planning*, 29(2), 195-213.

Brown, D. (2014) 8 ways to develop a successful online brand for your small business, *Huffington Post*, 17 September, www. huffingtonpost. com/david-brown/8-ways-to-developa-succe＿b＿5832280. html (accessed May 2018).

Brynjolfsson, E., Smith, D. and Hu, Y. (2003) Consumer surplus in the digital economy: estimating the value of increased product variety at online booksellers, *Management Science*, 49(11), 1, 580-596.

Brynjolfsson, E., Hu, Y. and Smith M. (2010)*The longer tail: the changing shape of amazon's sales distribution curve*, sloan school of management, revised 19 June 2014, https://papers. ssrn. com/sol3/cf_dev/AbsByAuth. cfm?

per_id＝25688 (accessed May 2018).

Burt, S. (2010) Retailing in Europe: 20 years on, International Review of Retail, *Distribution and Consumer Research*, 20(1), 9-27.

Chaffey, D. and Smith, P. R. (2012) *E-marketing Excellence: Planning and Optimising Your Digital Marketing*, 4th ed, Butterworth-Heinemann, Oxford.

CNN Travel (2017) Airline pricing secrets: how carriers come up with fares, 17 June, https:// edition. cnn. com/travel/article/airline-pricing-secrets/index. html (accessed May 2018).

Davis, S. M. (1997) *Future Perfect*.

Delgado, E. and Hernandez, M. (2008) Building online brands through brand alliances in Internet, *European Journal of Marketing*, 42(9-10), 954-976.

DiMiao, P. (2017) How can hotels adapt to 88% drop in the number of sites a traveller visits before booking?, Fuel, 21st February, http://www. fueltravel. com/blog/hotels-can-adaptdramatic-88-drop-number-sites-traveler-visits-booking/ (accessed May 2018).

Dunning, A. (2017) The UK is named the world's third largest online grocery market, Neilsen Brandbank, 4 May, https://www. brandbank. com/blog/uk-third-largest-online-grocery-market/ (accessed May 2018).

Evans, P. and Wurster, T. S. (1999) Getting real about virtual commerce, *Harvard Business Review*, (November), 84-94.

Flores, L. (2004) 10 facts about the value of brand websites, *AdMap* (February), 26-28, www. imediaconnection. com/content/wp/admap. pdf.

Forbes (2017) Rebecca minkoff launches 'connected' bags that provide access to Fashion Week show, Rachel Arthur, 1st February, https://www. forbes. com/sites/rachelarthur/2017/02/01/rebecca-minkoff-launches-connected-bags-for-access-to-fashion-weekshow/♯425cb3ac5a14 (accessed May 2018).

Frazier, G. (1999) Organising and managing channels of distribution, *Journal of the Academy of Marketing Science*, 27(2), 222-240.

Ghosh, S. (1998) Making business sense of the Internet, *Harvard Business Review*, (March–April), 127-135.

Gladwell, M. (2000) *The Tipping Point: How Little Things can Make a Big Difference*, Little, Brown, New York.

Grandos, N. , Gupta, A. and Kaufmann, R. (2012) Online and offline demand and price elasticities: evidence from the air travel industry, *Information Systems Research*, March.

Gudicht, P. (2017) 3 strategies that will transform your marketing, *Forbes*, 7 December, https:// www. forbes. com/sites/paulinaguditch/2017/12/07/3-strategies-that-will-transformyour-marketing-from-spotifys-global-vp-of-growth/2/♯13c313034f7d (accessed May 2018).

Guo, X. , Ling, L. , Yang, C. , Li, Z. and Liang, L. (2013) Optimal pricing strategy based on market segmentation for service, *International Journal of Hospitality Management*, 35, 274-281, doi: http://dx. doi. org/10. 1016/j. ijhm. 2013. 07. 001 (accessed May 2018).

Holzwarth, M. , Janiszewski, C. and Neumann, M. (2006) The influence of avatars on online consumer shopping behaviour, *Journal of Marketing*, 70(October), 19-36.

Interbrand (2014) Best global brands, http://www. bestglobalbrands. com/2014/ranking/ (accessed May 2018).

Jobber, D. and Ellis-Chadwick, F. (2016) *Principles and Practices of Marketing*, 8th ed, McGraw-Hill, Maidenhead.

Johnson, E. , Moe, W. , Fader, P. , Bellman, S. and Lohse, G. (2004) On the depth and dynamics of online search behaviour, *Management Science*, 50(3), 299-308.

Kamail, N. and Loker, S. (2002) Mass customisation: on-line consumer involvement in product design, *Journals of Computer-Mediated Communication*, 7(4).

Koukova, N. , Kannan, P. and Ratchford, B. (2008) Product form bundling: implications for marketing digital products, *Journal of Retailing*, 84(2), 181-194.

Kraut, R. , Chan, A. , Butler, B. and Hong, A. (1998) Coordination and virtualisation: the role of electronic networks and personal relationships, *Journal of Computer Mediated Communications*, 3(4).

Kumar, N. (1999) Internet distribution strategies: dilemmas for the incumbent, *Financial Times*, Special issue on mastering information management, no. 7. Electronic Commerce. Lautenborn, R. (1990) New marketing litany: 4Ps passes; C-words take over, Advertising Age, 1 October, 26.

Levine, R. (2014) How the internet has all but destroyed the market for films, music and newspapers, *The Guardian*, 14 August, www. theguardian. com/media/2011/aug/14/robertlevine-digital-free-ride (accessed May 2018).

Lewis, M., Singh, V. and Fay, S. (2006) An empirical study of the impact of nonlinear shipping and handling fees on purchase incidence and expenditure decisions, *Marketing Science*, 25(1), 51-64.

Ling, L., Guo, X. and Yang, C. (2014) Opening the online marketplace: an examination of hotel pricing and travel agency on-line distribution of rooms, *Tourism Management*, 45, 234-243.

Lu, Y. Gupta, A., Ketter, W. and van Heck, E. (2016) Exploring bidder heterogeneity in multichannel sequential B2B auctions, *MIS Quarterly*, 40, 645-662.

Magretta, J. (1998) The power of virtual integration: an interview with Michael Dell, *Harvard Business Review*, (March-April), 72-84.

Malone, T., Yates, J. and Benjamin, R. (1987) Electronic markets and electronic hierarchies: effects of information technology on market structure and corporate strategies, *Communications of the ACM*, 30(6), 484-497.

Marsden, P. (2004) Tipping point marketing: a primer, *Brand Strategy* (April).

McCarthy, J. (1960) *Basic Marketing: A Managerial Approach*, Richard D. Irwin, Homewood, IL.

Morgan-Thomas, A. and Veloutsou, C. (2013) Beyond technology acceptance: brand relationships and online brand experience, *Journal of Business Research*, 66(1), 21-27.

Moody, O. (2017) Trump's 'fake news' tirades make print media cool again, *The Times*, 23 October, https://www.thetimes.co.uk/article/trump-s-fake-news-tirades-make-print-mediacool-again-ffl03m2fp (accessed May 2018).

Newitz, A. (2013) A mysterious law that predicts the size of the world's biggest-cities, 9 December, http://io9.com/the-mysterious-law-that-governs-the-size-of-yourcity-1479244159 (accessed May 2018).

Nudd, T. (2017), How Spotify makes its data-driven outdoor ads and why they work so well, *AdWeek*, 1 December, http://www.adweek.com/creativity/how-spotify-makes-its-datadriven-outdoor-ads-and-why-they-work-so-well/ (accessed May 2018).

Pavitt, D. (1997) Retailing and the super highway: the future of the electronic home shopping industry, *International Journal of Retail & Distribution Management*, 25(1), 38-43.

PC World (2015) www.pcworld.co.uk/gbuk/price-promise-875-theme.html? intcmp＝nav～pricepromise～service (accessed May 2018).

Pine, B. J. (1993) *Mass Customisation: The New Frontier in Business Competition*, Harvard Business School Press, Boston, MA.

Quelch, J. and Klein, L. (1996) The Internet and international marketing, *Sloan Management Review*, (Spring), 61-75.

Rayport, J., Jaworski, B. and Kyung, E. (2005) Best face forward: improving companies' service interfaces with customers, *Journal of Interactive Marketing*, 19(4), 67-80.

Reid, A. (2014) Guardian sees most monthly web-only UK readers, *The Guardian*, 28 August, www.journalism.co.uk/news/report-guardian-maintains-lead-with-most-monthlyweb-only-uk-readers/s2/a562273/ (accessed May 2018).

Ries, A. and Ries, L. (2000) *The 11 Immutable Laws of Internet Branding*, HarperCollins Business, London.

Sarkar, M., Butler, B. and Steinfield, C. (1996) Intermediaries and cybermediaries: a continuing role for mediating players in the electronic marketplace, *Journal of Computer Mediated Communication*, 1(3).

Sawhney, M., Verona, G. and Prandelli, E. (2005) Collaborating to create: the Internet as a platform for customer engagement in product innovation, *Journal of Interactive-Marketing*, 19(4), 4-17.

Shaw, L. (2017) Netflix goes after the movie business with a big-budget Will Smith film, *Bloomberg Pursuits*, 20 December.

Singh, A., Agrariya, K. and Deepali, I. (2011) What really defines relationship marketing? A review of definitions and general and sector-specific defining constructs, *Journal of Relationship Marketing*, 10(4), 203-237.

Spotify (2018) https://artists.spotify.com/blog/spotify-now-displays-songwriter-credits (accessed May 2018).

Sweney, M. (2017) Shaken it off! Taylor Swift ends Spotify spat, *The Guardian*, 9 June, https://www.theguardian.com/music/2017/jun/09/shaken-it-off-taylor-swift-ends-spotifyspat (accessed May 2018).

Valette-Florence, P., Guizana, H. and Merunka, D. (2011) The impact of brand personality and sales promotions on brand equity, *Journal of Business Research*, 64(1), 24-28.

Vitevitch, M. and Donoso, A. (2011) Phonotactic probability of brand names: I'd buy that! *Psychological Research*, 76 (1 November), 693-698.

Wikipedia, (2018) Spotify, https://en.wikipedia.org/wiki/Spotify (accessed May 2018).

Wood, C. (2017) DigitalTown's 'operating system for cities' aims to prop up local economies, 11 October, https://

statescoop. com//digitaltowns-operating-system-for-cities-aims-toprops-up-local-economies（accessed May 2018）.

Xing，X.，Yang，S. and Tang，F.（2006）A comparison of time-varying online price and price dispersion between multichannel and dot. com DVD retailers，*Journal of Interactive Marketing*，20(2)，3-20.

Young，A.（2018）Spotify officially files to go public，IPO values company at ＄23 billion，28 February，https：//consequenceofsound. net/2018/02/spotify-officially-files-to-go-public/（accessed May 2018）.

Wingfield，N.（2018）Inside Amazon Go，a store of the future，*The New York Times*，21 January，https：//www. nytimes. com/2018/01/21/technology/inside-amazon-go-a-store-ofthe-future. html（accessed May 2018）.

## 网址链接

- Chris Anderson 有一个博客网站 The Long Tail(www. thelongtail. com)，为他于 2006 年由纽约 Hyperion 出版社出版的同名书籍提供支持。
- ClickZ（www. clickz. com）。一本关于在线营销传播的优秀文集，主要聚焦美国。与本章相关的章节是品牌营销。
- The Culturally Customized Website（www. theculturallycustomizedwebsite. com）。提供作者同名著作的相关资源的网站。
- Gladwell. com（http://gladwell. typepad. com/）。作者成立的 *Tipping Point* 及其他书籍摘录的网站。
- Paul Marsden's Viralculture site（www. viralculture. com）。与 *Tipping Point* 及关联营销相关的文章。

第 **6** 章

# 利用数字平台开展关系营销

**学习目标**

读完本章后,你应该能够:

- 评估通过社交媒体、移动推送通知和电子邮件营销促进企业与消费者的沟通,利用数字平台进行顾客关系管理的相关替代方法
- 评估利用数字技术和营销自动化的数据驱动营销、人工智能和大数据提供更多互动的潜力
- 评估如何整合社交和移动互动,以提高社会化顾客关系管理的能力

**营销人员要回答的问题**

- 如何使用营销自动化提高顾客忠诚度和服务,从而在顾客生命周期中增加顾客的价值和满意度?
- 如何使用移动、社交和信息应用程序提高受众的参与度和忠诚度,并通过营销协同整合这些应用程序。
- 如何在营销中经济高效地应用人工智能和个性化?

 ## 6.1 引言

与顾客建立长期关系对于任何可持续的商业活动都至关重要。数字营销的出现意味着消费者可以更容易地比较和替换服务提供商。不过,对用户的深入了解和新的个性化信息渠道为建立关系、鼓励忠诚度和降低**流失率**(churn rates)提供了新的机会。不能成功地建立关系来获得回头客和销售额是导致很多初创在线公司失败的原因,这些公司丧失了获取顾客的大笔开支。赖克哈尔德和谢夫特(Reichheld and Schefter,2000)的研究表明,获得在线顾客的成本非常高(比传统商业模式高 20%~30%),因此初创企业可能至少在 2~3 年内无法盈利。研究还显示,只要多留住 5% 的顾客,在线公司的利润就可以提高 25%~95%。

在过去 30 年或更长的时间里,关系营销、直销和数据库营销结合在一起,实现了**顾客关系管理**(customer relationship management,CRM)。最近,**营销自动化技术**(marketing automation technology）已被广泛应用于企业，用于制定规则，在公司网站上安排更相关的电子邮件和个性化通信。营销自动化是一项强大的数字化技术，可以为顾客提供更相关、更贴切的信息，因为其相关性，顾客可以得到更好的回应和更高的价值。营销自动化可以支持如图 1.1 中所示的跨生命周期的不同接触点。对于大企业与潜在顾客和顾客的沟通信息的管理如今通常被称为**营销协同**（marketing orchestration），作为"永远在线"的沟通方式的一部分，用于传递相关信息，正如数字营销洞察 6.1 中关于营销协同目标所说明的。

随着媒体碎片化的增加，以及社交网络等高关注度媒体的发展，吸引顾客参与的难度越来越大，因此开发一种结构化的、自动化的方法来跨生命周期与顾客进行沟通的需求变得更加迫切。戴夫·查菲强调了建立和完善一个整合的多渠道接触或联系策略的重要性，该策略通过展示广告、社交媒体、电子邮件、网络推荐和促销等媒体，为消费者提供定制的沟通（见数字营销洞察 6.1）。

## 数字营销洞察 6.1　营销协同的目标

在之前的版本中，我们使用了戴夫·查菲创造的名称"正确接触"（right touching）来总结企业需要如何管理顾客沟通，这一版则对其进行了更新，来解释使用营销自动化实现营销传播协同的目的。最初，自动化是通过基于规则的方法实现的，如"在三周内向新顾客发送三封欢迎邮件，其中包含不同的重复购买优惠"。如今，人工智能可以被用来在正确的时间传递正确的信息，这不是使用规则而是基于从历史反应模式的学习。

营销协同的目标可以定义为：跨越某个顾客生命周期，为企业的潜在顾客和细分市场顾客量身定制多渠道传播策略……提供正确的信息，具有正确的价值主张（产品、服务或体验），在正确的时间和背景下使用正确的语气、正确的频率和间隔、正确的媒体/沟通渠道，在双方之间进行正确的价值平衡。

每一次与顾客进行互动或作出沟通回应之后，都应该通过正确组合的渠道（网络、电子邮件、电话、直邮）进行一系列相关的沟通，以引出回应或进一步的对话。这是就**情境营销**（contextual marketing），其目的是根据顾客所进行的搜索、他们所浏览的内容类型或最近购买的产品，传递符合顾客所关注的当前情境的相关信息。

应制定联系政策来管理和控制沟通，使其处于可接受的水平。沟通方式应说明：

（1）频率——例如，至少每季度一次，最多每月一次。

（2）间隔——例如，必须至少有一个星期或一个月的沟通间隔。

（3）内容和报价——我们可能想要限制或实现一定数量的抽奖或信息主导的报价。

（4）连接——线上沟通与线下沟通之间的连接。

（5）控制策略——确保沟通准则得到遵守的机制。例如，确保对品牌信息进行检查、测试和优化，并根据顾客隐私声明以适当的频率与顾客联系。

营销自动化这一术语目前用来描述被称为**一对一营销**（one-to-one marketing）的一种密切相关的方法。然而，考虑到在个人层面管理关系的成本，很多公司用营销自动化针对细分市场或顾客群而不是个人定制沟通方式。

## 本章的结构

在本章的开始,我们将介绍社交媒体在吸引跨越顾客生命周期的受众方面的力量。然后,我们将探讨让顾客参与的难度,并介绍如何用顾客关系管理来鼓励顾客参与。我们将举例说明大数据、人工智能和机器学习等新技术是如何被用于提高顾客参与的。接下来,我们将更详细地解释如何使用许可营销和数据分析来创建更有的放矢的沟通。在本章的最后,我们将展示如何使用先进的技术来评估和增加顾客价值,以及设计数字技术和数字数据来辅助顾客关系管理的**电子顾客关系管理**(electronic customer relationship management,e-CRM)是如何制定战略和计划的。

网络与电子邮件、移动和社交媒体的交互性似乎为开发顾客关系提供了一个理想的环境,数据库为存储关系相关信息和通过网络或电子邮件传递个性化的顾客信息提供了基础。当数字营销还处于初级阶段时,这种顾客关系管理的在线方法被称为电子顾客关系管理,但现在它被简称为顾客关系管理,因为很多沟通都是电子的。

本章将介绍的顾客关系管理范围内的数字营销活动包括:

(1) 利用网站和社交网络发展顾客,从获取潜在顾客到转化为线上或线下销售,利用电子邮件和基于网络的内容鼓励购买;

(2) 管理顾客概要信息和电子邮件列表质量(覆盖电子邮件地址并整合来自其他数据库的顾客概要信息,以实现目标定位);

(3) 通过移动、电子邮件和社交网络管理顾客联系方式,以支持追加销售和交叉销售;

(4) 进行数据挖掘以提高目标定位能力;

(5) 提供在线个性化或大规模定制设施,自动推荐好产品;

(6) 提供在线顾客服务设施(如常见问题解答、电话回访和聊天支持);

(7) 管理在线服务质量,以确保首次购买的顾客体验良好,鼓励他们再次购买;

(8) 管理多渠道顾客体验,因为顾客在购买过程和顾客生命周期中使用不同的媒体。

## 基本数字技能:关系营销

雇主需要的数字营销技能是评估参与度,并开发创新方法来提高受众参与度和忠诚度。具体技能包括:

(1) 使用 RFM 等方法评估多渠道受众参与度和价值;

(2) 通过登录页面增加订阅者并对其进行分析;

(3) 了解基于电子邮件的顾客关系管理(CRM)方法和基于应用程序的个性化审计方法;

(4) 开发创造性的方法,通过社交媒体吸引受众。

通过展示自己的兴趣和经验来提高就业能力的实用想法包括:

(1) 使用免费电子邮件管理工具(如 Mailchimp)群发电子邮件;

(2) 通过在博客上试用 Google Optimize 中的免费个性化服务,了解个性化的工作原理。

使用 Smart Insights 技能评估工具（http://bit.ly/smartdigiskills），在整个 RACE 计划框架内审计你的数字营销技能。

# 6.2　利用社交媒体提高顾客忠诚度和改进宣传

社交媒体营销在顾客生命周期中有很多应用，但可以说，在被用于发展现有关系和鼓励宣传以打造品牌知名度和受欢迎程度时，它是最有效的。这种宣传不仅面对顾客，还可能涉及意见领袖、合作伙伴和员工。

本节探讨针对顾客忠诚度、公关和宣传的**有机社交媒体营销**（organic social media marketing）策略和实践。第9章将探讨社交媒体，重点关注付费社交媒体传播。

Altimeter 的分析师布莱恩·索利斯（Brian Solis）注意到了社交媒体对于品牌的潜力。他说：品牌要么是对话的一部分，要么不是对话的一部分，因此它们要么是决策周期的一部分，要么就不在相关顾客的内心和行动中（Solis，2011）。

## 6.2.1　什么是社交媒体营销以及为什么它很重要

大多数消费者和企业都将社交媒体理解为主要的社交网络，如脸书、领英、推特及其他在每个国家拥有最活跃用户的社交网络。社交媒体还有其他方面的应用，包括顾客社区及鼓励用户生成内容（UGC），如公司与产品的评价和排名。

社交媒体营销是基于利用消费者对消费者（C2C）的互动，通过**社交媒体的放大效应**（social media amplification）提高品牌的知名度，同时尽量减少负面提及。

CIPR 社交媒体小组（CIPR，2011）很好地描述了社交媒体：社交媒体是一个常用的术语，是指基于互联网与移动网络的渠道和工具，允许用户相互交流，分享意见和内容。顾名思义，社交媒体包括建立社区或网站，鼓励互动进而提升参与度。

这一定义表明，这些社交媒体渠道最重要的特点是，它们鼓励潜在顾客和现有顾客进行互动并创建 UGC。

简言之，社交媒体是鼓励受众参与、互动和分享的数字媒体。为了回顾社交媒体的力量，完成活动6.1。

### 活动6.1　哪些社会互动发生在社交网络之外

与其他学生讨论，确定在主要的社交网络之外，哪些类型的社交互动发生在网上。考虑不同类型的媒体网站和平台（如电脑端和移动端），以及不同的讨论、评价和排名格式。还要考虑如何将这些功能与主要社交网络上的社交分享整合在一起。对于每种类型的社交互动，评估公司需要及能够控制它们的程度。

### 什么是社会化顾客关系管理

鉴于社交媒体在顾客沟通方面的潜力，一个新的营销术语——**社会化顾客关系管理**

（social CRM）应运而生，用来描述社交媒体与顾客关系管理的整合。如图 6.1 所示，顾客关系管理与社会化顾客关系管理的范围跨越了很多业务流程。

图 6.1 展示的每个领域的范围如下。

（1）营销。通过社交倾听工具对顾客对话进行监控、分析和回应。

（2）销售。了解潜在顾客讨论你与竞争对手提供的产品和服务的选择的场所，并决定最佳的参与方式，通过对话影响销售并产生潜在顾客。这种技术被称为**社交销售**（social selling）。

（3）服务和支持。顾客通过你和中间网站提供的论坛实现自助。

（4）创新。利用对话促进新产品开发或增强在线服务是社会化顾客关系管理最令人兴奋的形式之一。

（5）合作。这是企业内部通过内部网及其他软件工具进行的电子商务合作，以鼓励支持业务流程的各种形式的合作。

（6）顾客体验。使用社会化顾客关系管理来增强顾客体验并增加品牌价值。

值得一提的是，当社交网络迅速普及时，社交网络与顾客关系管理系统之间的深度整合并没有在实践中实现。这是因为隐私问题且社交网络想要保留控制权，这就需要营销人员进行广告支出，以便与订阅者沟通。正如 Inside CRM（2017）给出的解释：主流社交平台通过改变 API 和限制访问，在很大程度上限制了社会化顾客关系管理。

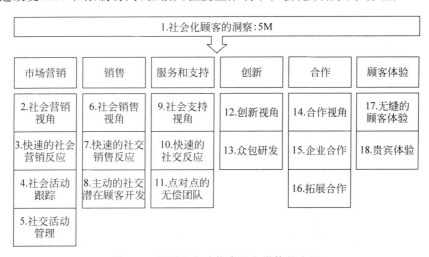

图 6.1　不同业务功能中社交媒体的应用

资料来源：Altimeter（2010）.

## 6.2.2　有哪些主要的社交媒体平台

实际上，社交媒体网站和搜索引擎一样，是互联网上最受欢迎的网站之一。Smart Insights（2015）创建了一个"社交媒体营销雷达"（见图 6.2），总结了各种选项，帮助你与同事或机构讨论在不同类别中哪些网站值得关注。温伯格（Weinberg，2010）也对社交媒体网站进行了类似的分类。被认为更重要、需要更多资源的网站或服务应定位在中心。

主要的社交平台类型如下。

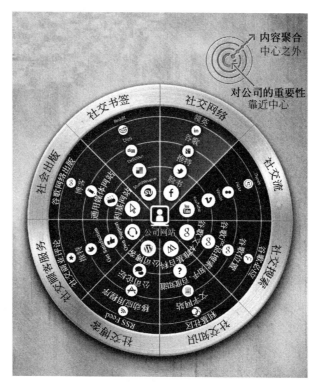

图 6.2　社交媒体营销雷达

资料来源：Smart Insights(2015).

（1）社交网络。在大多数国家，人们通过社交网络进行互动的主要社交平台是面向消费者的脸书、Ins 和 Snapchat，面向商务人士的领英，以及同时面向二者的推特。

（2）社会出版和新闻。几乎所有的报纸和杂志，无论是面向大众的还是小众的，现在都有一个在线平台，可以通过文章、博客或社区的评论参与进来。

（3）博客中的社交评论。公司博客可以作为社交媒体策略的中心，可以利用其他人的博客，无论是公司的还是个人的，或者是通过博客推广。

（4）社交利基社区。这些是独立于主要网络的社区和论坛。

（5）社交顾客服务。Get Satisfaction 等服务，以及公司自己的顾客支持论坛，在回应顾客投诉方面正变得越来越重要，特别是在某些行业，如移动电话和网络供应商。

（6）社交知识。这些是参考社交网络，如 Yahoo! Answers，Quora 和维基百科。它们展示了企业如何通过解决顾客的问题来吸引顾客，并巧妙地展示了产品是如何帮助他人的。

（7）社交书签。Delicious(www. del. icio. us. com)等书签网站的重要性相对较低。

（8）社交流。富媒体和流媒体网站，包括照片（如 Pinterest）、视频和播客。

（9）社交搜索。Google＋的搜索引擎中加入了更多的社交功能，如通过 Google＋对网站进行投票。

（10）社交商务。社交商务主要涉及零售和旅游行业，包括对产品的评价和排名，以及优惠券的分享。

由于所有的社交网络都可以通过智能手机应用访问,所以我们并没有将移动平台和应用程序分开来讨论——事实上,社交媒体的统计数据显示,这些应用程序占了消费者的大部分上网时间。根据 Smart Insights(2017)的数据,大约 90% 的移动媒体时间都花在了应用程序上。

## 6.2.3 社交媒体活动管理

社交媒体策略将定义社交媒体如何支持营销目标。我们建议回顾下面五项活动,以确定社交媒体如何支持每项活动的目标和策略:①倾听和管理声誉;②通过社交媒体进行品牌转型;③利用社交媒体获取新顾客;④增加对现有顾客的销售;⑤通过社交媒体营销改善顾客服务。

所有的活动都应该持续进行。为了支持它们,需要合适的内容和传播策略,我们将在本章后面介绍。

**活动 1:倾听和管理声誉**

要发展一种社交媒体倾听方法,你需要了解每个人使用社交媒体的情况。

(1)你的受众:他们是谁,他们如何参与,他们在说什么和分享什么;

(2)你的活动:通过官方社交媒体渠道和网站上的互动,以及通过员工的提及;

(3)你的竞争对手:你需要将直接和间接竞争对手的活动与你的活动进行比较;

(4)在线出版商及其他关键中介:它们是一种间接竞争对手,也是重要的影响者。

Hootsuite.com 等社交媒体服务可以用来监控分享、品牌提及和竞争对手的活动。

但是倾听只是倾听,所以你还需要找到一种社交媒体管理方法来跟进积极或消极的提及。

**活动 2:通过社交媒体进行品牌转型**

要充分利用如图 6.2 所示的功能,企业需要对品牌、公司结构及公司中每个人的沟通方式进行重大调整。实现这种调整的一些关键领域包括:

(1)设定社交媒体活动的范围。了解社交媒体与你的商业活动的交集。它不只是你在脸书、推特或领英上的账号,而是贯穿你所有的顾客营销活动。

(2)评估社交媒体的使用能力和优先级。社交媒体营销对大多数公司来说并不新鲜,这些公司已经在使用社交媒体了,但它们并未最大限度地使用。以未来想要达到的状况为基准衡量现在的状况是未来成功的关键。

(3)治理:定义谁对社交媒体负责。我们已经看到,利用社交媒体需要大公司中很多人的参与。所以你需要决定谁做什么,以及不同的团队如何合作。

(4)回顾你的品牌个性并设定愿景。社交媒体和内容营销给了你很多机会来让你的品牌更吸引人,这需要深思熟虑。可能还需要重新审视你的品牌的整体个性。

**活动 3:利用社交媒体获取新顾客**

对大多数营销人员来说,社交媒体营销的终极吸引力在于通过接触新的潜在顾客并将他们转化为顾客来增加销量。实际上,对于大多数企业来说,社交媒体营销在服务现有顾客方面可能是最重要的,但是你会根据你的认知来设定优先级。

**活动 4：增加对现有顾客的销售**

应用社交媒体来增加对现有顾客的销售，重点是开发顾客沟通策略，鼓励在你的网站上进行更多的社交互动、更多的社交分享，以获得放大效应。

**活动 5：通过社交媒体营销改善顾客服务**

提升顾客服务水平或"社交顾客关怀"并不是本章的重点，因为我们关注的是通过接触或转化更多的受众而直接增加销售的沟通。

如果你希望了解更多关于如何通过社交媒体提供顾客服务的信息，我们建议你阅读 Foviance 咨询师盖伊·斯蒂芬斯（Guy Stephens）的建议（Smart Insights，2010）。他谈到了具体的顾客服务活动应该如何管理，包括：通过社交倾听找出需要服务的顾客；为顾客解答或解决问题；改进产品和服务；管理公司自己的服务论坛或其他服务平台。

盖伊的愿景是在顾客需求的背景下提供"随时随地"的顾客服务，正如百思买（Best Buy）的约翰·伯尼尔（John Bernier）在谈到其推特服务时所说（John Bernier，引自 Smart Insights，2010）：要能回答来自任何渠道的问题，这样顾客就不必找我们，而我们却能找到他们。我们不希望有人无法在脸书上直接问问题，我们希望他们想在哪里提问就在哪里提问。

 # 6.3　顾客参与的挑战

考虑到快速增长的在线**媒体碎片化**（media fragmentation），以及在选择激增的情况下保持顾客与品牌互动的挑战，弗雷斯特（Forrester，2007）认为**顾客参与**（customer engagement）是"市场营销的一个新的关键指标"。顾客参与有时用来指短期内在单一接触点上吸引顾客，如某人是否在网站上停留了很长一段时间或是否通过电子邮件进行交互。事实上，顾客参与是指一个品牌持续地获得顾客关注的长期能力。

使顾客参与的商业目标是通过与顾客的互动来最大化顾客价值，从而建立更有助于盈利的关系。

移动信息服务公司 Urban Airship（2017）提供了一个关于顾客参与提醒信息的挑战和需求的例子。该公司研究了推送通知对新移动应用用户的影响。他们发现，在第一次打开应用程序的 90 天内，95％的未收到任何推送通知的自愿加入用户都会流失，也就是说，他们会删除或停止使用该应用程序。相比没有收到推送通知的用户，首次打开应用程序后的 90 天内收到推送通知的用户的保留率要高出近 3 倍（190％）。

图 6.3 给出了使用营销自动化的各种消息传递平台与顾客互动的众多选项。最里面的圆圈显示了通过移动通信平台 Urban Airship 可以获得的互动，最外层的圆圈显示了其他平台上的互动。整合如此多的活动需要进行规划。仅仅拥有技术是不够的，还需要设计、创建和优化参与信息。

弗雷斯特（2007）开发了一个框架来衡量顾客生命周期中的在线参与度，他并未局限于品牌自己的网站，还包括出版商网站或社交网络。弗雷斯特认为，线上和线下参与度的衡量分为下面四个部分：

（1）参与。弗雷斯特认为，在线顾客参与包括网站访问量、浏览的时间及页面。

图 6.3  不同的消费者信息传递选项(Urban Airship,2017)

（2）互动。博客收到的评论、书面评论和在线评论的数量/频率，以及在顾客服务中表达的评论。（我们可以添加产品购买的最近交易时间、频率和类别，以及正在进行的电子邮件营销计划，如本章后面所述，所有这些都很重要。）

（3）亲密度。这是对第三方网站的情绪跟踪，包括博客和评论，以及在客服电话中表达的意见。

（4）影响力。这是通过推荐可能性、品牌亲和力和转发给朋友的内容等指标进行的宣传。

## 6.3.1  使用顾客关系管理促进顾客参与的好处

利用数字平台进行关系营销涉及对顾客数据库与网站和信息的整合，使关系具有针对性和个性化。营销可以通过以下方式得到改进：

（1）目标定位更具成本效益。传统的目标定位（如直邮）通常是基于根据标准编制的邮件列表，这意味着并非所有收到邮件的人都是目标顾客。例如，希望获得新的富有顾客的公司可能使用邮政编码来定位具有特定人口统计特征的地区，但是在邮政区域内，人口是多样化的。目标针对性差的结果将是低回复率，甚至可能不到1％。

（2）许可营销。又称**集客营销**（inbound marketing），其优势是联系人列表是经过选择或预筛的。公司仅需与那些访问过网站，填写了姓名和地址来表达对产品的兴趣的人建立关系。

（3）市场营销信息（可能还有产品）的大规模定制。这个过程将在后面描述。科技使我们能够以比直邮低得多的成本发送定制的电子邮件，也可以为更小的顾客群体（微细分市场）提供定制的网页。

（4）增加的信息深度和广度（改善了关系的本质）。数字媒体可以通过内容营销向顾客提供更多的信息。例如，可以设置特殊页面向顾客群体提供特定信息。关系的性质是可以改变的，因为可以更频繁地与顾客联系。与顾客联系的频率可以由顾客决定，他们可以根据需要随时访问自己的个性化页面,公司也可以通过电子邮件与他们联系。

（5）更深层次的顾客理解及更相关的沟通可以通过感知并响应的方式实现。**感知并响应沟通**(sense-and-respond communications)的例子包括：查询在线待购的产品及在购买这些产品之前发生的搜索行为；关于网站或产品的在线反馈表格,在顾客要求免费信息时请其填写；通过表格或电子邮件对在线顾客进行问卷调查；关于产品类别、兴趣及对竞争对手的看法的在线问卷调查；新产品开发评估——询问顾客对新产品的看法。

（6）降低成本。通过电子邮件或顾客浏览的网页与顾客沟通比邮寄信件的成本低,更重要的或许是,信息只需要发送给那些感兴趣的顾客,从而可以减少邮件发送量。一旦顾客接受了个性化的产品服务,大部分顾客定位和沟通活动就可以自动实现。

（7）开展会员计划。会员计划通常用于鼓励顾客扩展和顾客维系。你一定很熟悉零售商、航空公司与连锁酒店的会员卡和贵宾卡。这些通常用于电子顾客关系管理,详情如下：首次登记使用网上服务或初次登记可获得初始积分；奖励更多积分,鼓励第二次或第三次网上购物；额外加分以鼓励重新启动网上服务。

（8）游戏化的机会。**游戏化**(gamification)是指将基于游戏的思维应用到一个品牌、企业或组织中,以吸引和培养忠诚度。研究表明,玩游戏本身会刺激人类大脑（释放多巴胺）,游戏机制可以引入市场营销,尤其是移动市场营销。游戏化应用于数字营销的一些关键特征包括：参与的创意理念；鼓励游戏的机制（徽章、积分、排行榜、级别和互动）；通过奖励甚至惩罚来改变游戏的动力；以游戏币来提供激励,可以是金钱、地位、做好事的需要、快乐和影响力。

微型案例研究6.1展示了品牌如何利用游戏化来接触和吸引智能手机用户。

## 微型案例研究6.1　雀巢利用游戏化吸引智能手机用户

雀巢等品牌多年来成功地利用了电视和传统媒体。但随着消费者行为的改变,很难再接触到那些不看有线电视的人。

雀巢英国公司的媒体沟通主管史蒂夫·波拉克(Steve Pollack)解释了将游戏化作为一种新技术来吸引用户的优势：在游戏中播放视频广告的最大好处是我们可以吸引玩家观看广告。我们给他们一个很好的价值交换：他们观看广告,我们给他们游戏中的角色以能力的提升或额外的生命。

在这场游戏化活动中,雀巢与 King Games 合作,后者拥有超过 200 个游戏相关网站,以及谷歌的 Doubleclick 广告网络。

在 King Games 上播出的所有广告都是由用户发起的。这意味着玩家可以选择并参与广告,以实现价值交换,如奖励（额外的生命）、游戏币等。

King Games 相信,让用户选择是否观看广告及何时观看广告,总体上可以营造一种更积极的体验,提高广告商的回报。King Games 商业发展副总裁本·福克斯(Ben Fox)表示,那些真正以这种形式观看广告的玩家玩游戏的时间更长,也更开心。

雀巢在 King Games 上做的这次广告的效果包括使用安卓手机的游戏玩家 3% 的点击率和 99.5% 的浏览率（这意味着最终访问雀巢网站的参与者比例非常高）。

### 6.3.2　顾客关系管理的营销应用

顾客关系管理系统支持以下营销应用程序：

（1）销售队伍自动化（SFA）。销售人员可以通过工具安排和记录顾客访问，对顾客进行管理。

（2）顾客服务管理。客服人员通过使用内部网访问数据库，获取有关顾客、产品及以前的询问记录等信息，对顾客的信息请求作出回应。如果顾客可以选择**网络自助服务**（web self-service），即通过网络界面访问支持数据，则效率更高，而且可以带给顾客更多的便利。

（3）管理销售流程。可以通过电子商务网站或者在 B2B 环境下记录销售过程，为销售人员提供支持。

（4）顾客沟通管理。管理跨渠道沟通，包括直邮、电子邮件、手机短信、个性化网络信息和社交网络。

（5）分析。通过数据仓库等技术和数据挖掘等方法分析顾客的特征、购买行为和活动，从而优化营销组合。

### 6.3.3　顾客关系管理技术与数据管理

数据库技术是使用这些顾客关系管理应用程序的核心。通常情况下，员工可以通过内部网访问数据库，顾客或合作伙伴可以通过外部网访问数据库，从而为整个顾客关系管理系统提供了一个接口。电子邮件用于管理顾客关系管理系统的很多入站、出站和内部通信。工作流程系统通常用于自动化顾客关系管理流程。例如，工作流程系统可以提醒销售人员与顾客沟通，也可以用于管理服务交付。顾客关系管理的顾客数据库中通常保存下面三种主要的顾客数据：

（1）个人资料数据。包括联系方式和顾客特征，如年龄和性别（B2C）、业务规模、行业部门和个人在购买决策中的角色（B2B）。

（2）交易数据。每笔采购交易的记录，包括购买的具体产品、数量、类别、地点、日期和时间、购买渠道。

（3）联系数据。记录哪些顾客已成为目标顾客及其回应（出站沟通）。还包括网站访问记录、顾客服务和支持查询、销售人员互动等入站沟通。

（2）和（3）中提供的行为数据有助于锁定顾客，从而更好地满足顾客需求。例如，最初只是使用简单的自动化方法群发培养顾客的电子邮件；如今，对复杂数据集的分析和应用人工智能使我们可以实现更有的放矢的一对一通信。

### 6.3.4　用大数据和人工智能支持"数据驱动"营销

大数据用于描述利用企业捕获的大量数据的分析技术和系统。大数据的营销应用利用企业与受众互动时收集的各类数据。大数据对市场营销的两大贡献是：

（1）通过分析大量复杂的相互关联的数据集，确定趋势和模式等，这些数据集可以为未来的战略和战术提供信息；

（2）确定成功因素，通过改进信息传递使沟通更具针对性，如选择最佳时机、副本或报价。

美国零售商塔吉特（Target）提供了一个可以从大数据中获得信息的例子。利用关于女性购物习惯的数据，塔吉特可以推断出一名女性购物者购买大量无味乳液、棉球、保健品和毛巾可能意味着她已经怀孕，甚至离预产期很近。当然，这种方法也有风险。在一个案例中，一名十几岁的女孩在告诉家人自己怀孕了之前，就收到了塔吉特推销"婴儿床和围嘴"的邮件。

**营销大数据**（big data for marketing）的机遇和挑战通常从技术角度使用如图6.4所示的三个维度或向量进行描述：

（1）数据量是指可用于与网站和社交媒体进行在线互动的数据的增加。

（2）数据的速度显示了营销人员如何访问实时数据，如对网站和移动网站上的交互及社交媒体交互进行实时分析。

（3）数据的多样性显示了新型的非结构化数据（包括社交媒体交互）如何发挥潜力。这也暗示了集成不同数据源以获得更多顾客信息的潜力。

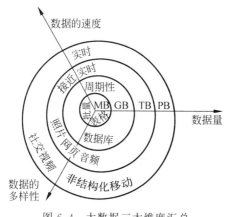

图 6.4　大数据三大维度汇总
资料来源：Soubra（2012）.

对于能够接触到潜在的新型数据的营销人员来说，关键问题是：我们如何利用这些数据？通过集成来自不同系统和来源的新型数据，我们显然可以选择挖掘关于企业如何与顾客交互的新数据，从而鼓励购买。最终，大数据在营销中的主要应用是使用本章前面讨论的营销自动化技术来提高沟通的相关性。预测模型等技术被用于向顾客发送更有的放矢的电子邮件或个性化的弹出广告。

自大数据概念首次推出以来，新的**人工智能**（artificial intelligence，AI）和**机器学习**（machine learning）技术已经发展起来，帮助营销人员分析和应用这些信息。

## 6.3.5　人工智能营销

图6.5列出了围绕第1章介绍的 Smart Insights RACE 顾客生命周期构建的在市场营销中应用人工智能的大量机会。

### 1. AI 生成内容

对于某些类型的内容，AI内容自然语言生成（NLG）编写程序能够从数据集中挑选元素并构建一篇"仿真"文章。来自 Automated Insights 的一款名为"WordSmith"的人工智能写作程序已在多个领域得到应用：

（1）美联社每季度会撰写近4 000篇公司盈利方面的文章，比人工写作量高出12倍。

（2）处理器供应商 NVIDIA 使用 NLG 和 Tableau 的可视化分析来优化内部报告。

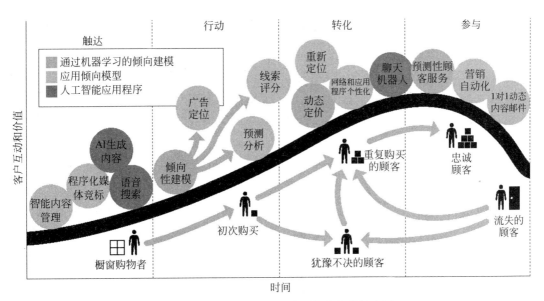

图 6.5　人工智能在顾客生命周期中的营销应用

（3）Vivint 智能家居生成了数千个本地化网页，提高搜索引擎优化效果，并带来了 5 倍的销量增长。

（4）GreatCall 每周使用自然语言生成超过 5 万则个性化叙事。

（5）Bodybuilding.com 每周生成超过 10 万次的锻炼总结来帮助用户实现健身目标。

另一个可以被电子邮件营销人员使用的基于市场营销的人工智能应用是 Phrasee。它使用人工智能技术生成和优化有效的邮件主题。通过使用大量有关电子邮件主题行效果方面的数据，与人工撰写的邮件相比，这些邮件被打开和点击的概率更高。

**2．智能内容管理**

以 AI 为动力的内容管理可以通过展示与访问者相关的内容来更好地吸引他们。这种技术在很多网站的"买了 X 的顾客也买了 Y"部分最常见，但也可以广泛应用于博客内容及个性化网站信息和服务。想想网飞不停地推荐你感兴趣的节目的推荐系统。

**3．语音搜索和会话用户界面**

在亚马逊首次推出其 Alexa 家电后，脸书、谷歌、亚马逊和苹果等主要在线平台都开发了语音搜索设备或个人助理。随着搜索查询变得越来越具有会话性，营销人员需要确保使用自然语言回答人们在搜索时提出的问题。

**4．程序化媒体竞标**

程序化媒体竞标可以使用机器学习算法生成的倾向模型，更有效地将广告投放给最相关的顾客。

**5．倾向性建模**

倾向性建模是机器学习项目的目标。机器学习算法提供了大量的历史数据，它使用这些数据来创建一个倾向模型，能够（在理论上）对现实世界作出准确的预测。微型案例研究 6.2 给出了一个例子。

## 微型案例研究 6.2　从顾客关系管理中排除猜测：Guess 如何进行预测分析

Guess 顾客关系管理营销总监维多利亚·格雷厄姆（Victoria Graham，2014）在接受采访时描述了 Guess 通过预测分析获得的不同机会。第一个机会是组合多个顾客和事务数据源。格雷厄姆说：我们所有的分析都基于过去的购买行为。我们不是数据学家，我们的办公室里没有博士，因此任何预测分析——如谁可能在未来购买，以及顾客在未来可能购买什么——都不是我们能够捕捉到的。

Guess 首先通过两个维度识别和理解顾客来应用预测分析：基于购买的顾客和高价值顾客。这些信息随后被应用于预测吸引和留住顾客的活动对未来购买的影响。Guess 的电子邮件战略也因此发生了变化。3 年前，Guess 一周会给顾客发三四封电子邮件。

格雷厄姆说：我们是在群发，我们的电子邮件日历是由商家团队推动的：如果有新产品发布，或者有大的促销活动，如所有毛衣打折 40% 促销，就会群发电子邮件。我们现在正在改变这一点。我们已经意识到一个事实，那就是经常跟顾客联系很可能会让他们不快。谈到如何让我们的电子邮件个性化，我们有两个选择。一个选择是减少电子邮件。如果今天的邮件是关于牛仔服的，而你喜欢配饰，那么你就不会收到今天的邮件。但是减少发送电子邮件数量的想法令我们感到不安。另一个选择是，如果我们每天都要给每个人发电子邮件，那就让我们用一种有意义的、与他们相关的方式与他们交谈。

在一个测试中，他们区分了喜欢配饰和不喜欢配饰的顾客，并比较了收到有关配饰的邮件的喜欢配饰的顾客（A 组）和收到大众化邮件（B 组）的喜欢配饰的顾客。结果发现，A 组的点击通过率（CTR）和转化率远远超过 B 组。

另一种分析方法是确定高价值顾客，以优化顾客获取。格雷厄姆认为，这打破了很多假设，如假设顶级顾客都居住在大城市的市中心，他们喜欢牛仔服等核心产品，但也喜欢配饰。然而事实并非如此，正如格雷厄姆所解释的：我们发现顶级顾客更可能居住在郊区。亚利桑那州拥有大量的高终身价值顾客。这些顾客最初购买的大多是针织衫、毛衣或牛仔服。

请注意，技术不一定需要昂贵的推荐引擎，除非是非常大的网站。

### 6. 预测分析

预测分析可以应用于许多不同的领域，如预测某个消费者转化的可能性，在哪个价格下某个消费者有可能转化，或者哪个顾客最有可能重复购买。之所以称其为预测分析，是因为它使用分析数据来预测消费者的行为。不过必须牢记，预测分析的好坏取决于提供给它的数据，所以如果数据中有错误或高度随机，它将无法作出准确的预测。

### 7. 打分

通过机器学习产生的预测模型可用于为基于特定标准的潜在顾客打分，从而让销售团队可以确定某个潜在顾客的"热度"有多高，是否值得在他身上投入时间。这在具有咨询式销售流程的 B2B 业务中尤为重要，在这种业务中，每次销售都需要销售团队花费相当多的时间。通过联系可能性最高的潜在顾客，销售团队可以节省时间，将精力集中在最有效的地方。对购买倾向的洞察也可用于选定销售目标和确定折扣。

**8．广告定位**

机器学习算法可以通过大量的历史数据确定哪些广告面向哪些人及在购买过程中的哪个阶段表现最好。凭借这些数据,公司可以在最合适的时间让消费者看到内容与其最息息相关的广告。与使用传统的广告投放方法相比,你可以利用机器学习不断优化成千上万的变量来确定最佳的广告内容,实现最优的广告投放。

**9．动态定价**

所有的营销人员都知道促销可以提高产品销量。折扣的促销作用很强大,但会让你损失利润。如果销量是原来的两倍,利润率却少了 2/3,那么你的利润就比促销前少了。

**10．网络和应用程序个性化**

预测顾客在顾客旅程中所处的阶段,有助于在应用程序或网页上为其提供最相关的内容。如果消费者还不熟悉网站,则应进行网站导引并提供让其产生兴趣的内容;而如果消费者已经多次访问网站并显然对产品产生了兴趣,则应更多地展示产品优点方面的内容。

**11．聊天机器人**

聊天机器人能够模仿人类的智力,回答消费者的查询并完成订单。你可能认为聊天机器人开发起来非常困难,只有预算庞大的大品牌才能做到。但实际上,使用开放的聊天机器人开发平台,在没有庞大的开发团队的情况下,创建自己的聊天机器人并不很难。

**12．重新定位**

与广告定位一样,机器学习可以根据历史数据确定哪些内容最有可能将顾客带回网站。建立一个准确的预测模型,可以预测什么样的内容最能吸引不同类型的顾客,还可以用机器学习来优化重新定位广告,提升其效果。

**13．预测性顾客服务**

所有类型的入站查询都可以归纳为一系列问题,或反馈相关支持文章或发给客服人员。这种基于规则的顾客服务已用于语音呼叫。凭借人工智能,可以提出更多自然语言问题,并将其引导至最相关的文章或人。

**预测分析**(predictive analytics)可以用来计算哪些顾客最有可能取消订阅,方法是评估哪些特征在取消订阅的顾客中最常见。接下来就可以联系这些顾客,为其提供优惠、激励或帮助来防止他们流失。

**14．营销自动化和动态内容电子邮件**

营销自动化技术通常涉及一系列规则,这些规则通过电子邮件、智能手机通知或网络个性化触发与顾客的交互。营销自动化的采用受到建立和优化这些规则所需时间的限制。机器学习可以分析顾客交互数据,并确定何时是最有效的联系时间、主题行中的哪些词最有效等。

 # 6.4　顾客生命周期管理战略

本节我们将回顾基于顾客在生命周期中的位置以及在**顾客生命周期**(customer lifecycle)的每个阶段使用"感知并响应"沟通来建立顾客忠诚度的经典方法。这些方法可以被任何规模的企业使用，而一些更先进的大数据和人工智能方法目前往往被更大的企业所使用。

要计划这些沟通方式，需要使用如图 6.6 所示的典型的顾客生命周期的高级视图来考虑吸引顾客参与的业务目标。

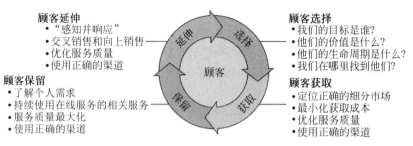

**顾客延伸**
- "感知并响应"
- 交叉销售和向上销售
- 优化服务质量
- 使用正确的渠道

**顾客保留**
- 了解个人需求
- 持续使用在线服务的相关服务
- 服务质量最大化
- 使用正确的渠道

**顾客选择**
- 我们的目标是谁？
- 他们的价值是什么？
- 他们的生命周期是什么？
- 我们在哪里找到他们？

**顾客获取**
- 定位正确的细分市场
- 最小化获取成本
- 优化服务质量
- 使用正确的渠道

图 6.6　顾客关系管理的四大经典营销活动

（1）**顾客选择**（customer selection）是指确定公司目标顾客的类型。这意味着将顾客划分为不同的群体，以便在获取、保留和延伸阶段确定目标顾客。本章回顾了根据价值和顾客在公司的生命周期划分顾客的不同方法。

（2）**顾客获取**（customer acquisition）是指与新顾客建立关系的营销活动，同时尽量降低获取成本，瞄准高价值顾客。服务质量及为不同顾客选择正确的渠道在整个生命周期中都至关重要。对于在线业务，获取顾客可能需要一步转化，如某个新访客登录网站，并在第一次访问时购买。通常，当访问者是再次登录网站时，转化为销售需要一个较长的、多步骤的过程。为了促进转化，顾客生命周期营销应通过询问联系方式（如电子邮件地址、手机号码或社交媒体联系人）来建立初始关系。这属于许可营销方法，我们将在下一节解释。对于在线 SaaS（软件即服务）初创公司来说，还有一个额外的**激活**（activation）步骤，这意味着注册在线品牌的人将采取进一步的行动，如尝试该服务。

（3）**顾客保留**（customer retention）是指企业为保持现有顾客而采取的营销活动，即鼓励他们再次购买或续签服务合同。根据他们的个人需求及在顾客生命周期中的具体位置（如购买的数量和价值）来确定相关产品是这一阶段的关键任务。

（4）**顾客延伸**（customer extension）是指增加顾客从企业购买的产品种类的深度或范围。这通常被称为"顾客开发"。

下面一系列顾客扩展技术对在线零售商尤为重要。

（1）重复销售。向现有顾客销售类似产品，在某些 B2B 环境中尤其重要，顾客会进行重复购买或修订后重复购买。

（2）交叉销售。销售额外的产品，可能与最初的购买密切相关。

（3）向上销售。交叉销售的一个子集，只不过是销售更昂贵的产品。

（4）重新激活。对于已经有一段时间没有购买或已经流失的顾客，可以鼓励他们再次购买。

（5）推荐。通过现有顾客的推荐来增加销售额。

你可以看到这个框架区分了顾客保留和顾客延伸。顾客保留包括通过选择相关的顾客来留住最有价值的顾客,了解他们购买的忠诚度因素,然后制定鼓励提高忠诚度和巩固关系的策略。顾客延伸是指开发顾客,尝试更广泛的产品,将最具成长性的顾客转变为最有价值的顾客。

派佩斯和罗杰斯(Peppers and Rogers,1997)建议采用以下步骤来实现这些目标,并将其称为 5I。

(1) 识别。为了与顾客进行对话,尽可能详细地了解顾客的特征。

(2) 个性化。个性化是针对每个顾客量身定制营销策略,在确定顾客需求的基础上为其提供利益。对每个顾客付出的努力必须与顾客为企业创造的价值相一致。

(3) 交流互动。持续对话,了解顾客的需求和顾客的战略价值。

(4) 整合。顾客关系与顾客信息的整合必须延伸到企业的各个部门,以利用不同系统集成的数据。

(5) 诚信。因为所有的关系都是建立在信任之上的,所以最重要的是不要失去顾客的信任。了解顾客的信息不应被视为侵入性的,应保护顾客的隐私。

## 6.4.1　许可营销

**许可营销**(permission marketing)是一个重要的概念,是在顾客生命周期管理中应用线上顾客关系管理的基础。许可营销这一术语是由赛斯·高汀(Seth Godin,1999)提出的,可以用下面三个(或四个)词来概括其特点:许可营销是……预期的、相关的、个人的[和及时的]。

高汀(1999)指出,过去的研究显示我们每天都会受到 500 条营销信息的骚扰,而随着网络和数字电视的出现,这一数字已经增加到每天 3 000 多条! 从营销组织的角度来看,这会导致信息的有效性被削弱——谁能确保企业的沟通可以脱颖而出? 高汀将传统的方法称为**干扰营销**(interruption marketing)。许可营销是指在与顾客建立关系之前寻求顾客的许可,并提供一些东西作为交换。传统的交换是基于信息或娱乐的,如 B2B 网站可以提供一份免费的报告,以换取潜在顾客分享其电子邮件地址,进而通过这些电子邮件地址与潜在顾客联系。你可以看到很多零售商网站使用的是许可营销方式,通过为其发送首次购物优惠码的激励让首次访问网站的人留下电子邮件地址。

在实际电子商务操作中,如果顾客在网站表单上勾选了表示同意接收公司进一步信息的方框,则可以认为该顾客愿意公司与其联系。正如第 3 章曾经介绍过的,这在大多数国家都是一项法律要求。这种方法被称为**选择加入**(opt-in)。相比顾客必须明确表示不同意接收进一步的信息的**选择退出**(opt-out),选择加入更受顾客的欢迎。

赛斯·高汀也强调了激励在许可营销中的重要性,把获得和保留顾客的过程比作约会。把顾客关系建立比作社会行为并不是什么新鲜事,正如奥马利和泰南(O'Malley and Tynan,2001)所说,至少从 20 世纪 80 年代起,人们就开始用婚姻比喻顾客关系建立。他们还做了一项消费者研究报告,指出虽然婚姻可能与商业关系类似,但对 B2C 关系却不适用。

高汀(1999)认为,与顾客"约会"涉及:

(1) 为潜在顾客提供激励;

（2）利用潜在顾客的偏好信息，向其介绍产品或服务；

（3）加强激励，保证潜在顾客维系对营销活动的许可；

（4）提供额外的奖励以获得潜在顾客更多的许可；

（5）随着时间的推移，利用许可改变潜在顾客的行为来增加利润。

在实践中，需要新形式的"干扰"。为了吸引潜在顾客访问网站或关注企业的社交媒体，还需要关注将在第 9 章中描述的搜索营销、社交媒体和使用展示广告的再营销等集客营销技术。

图 6.7 给出了一个基于许可的在线关系构建的通用、有效流程，以支持顾客生命周期不同阶段的参与。

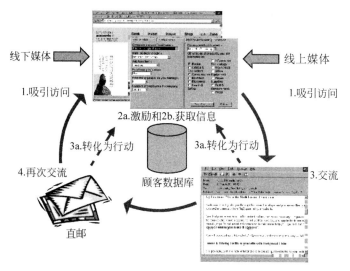

图 6.7　一种基于许可的在线关系构建的有效流程

**第 1 阶段：吸引新的和现有的顾客访问网站**。将在第 9 章描述的数字入站沟通和线下沟通渠道，如搜索引擎、社交媒体营销和直邮，用于吸引访问者访问网站、脸书等，如允许选择加入的应用程序。

**第 2a 阶段：激励访问者采取行动**。需要考虑的两种关键激励类型是**潜在顾客线索生成激励**（lead generation offers）和**销售激励**（sales generation offers）。

营销人员可以设计的优惠类型包括信息价值、娱乐价值、货币价值及信息使用权限（如仅在外部网上提供的）。数字营销的优势在于可以使用 AB 或多元测试（见第 10 章）为不同的受众提供不同的服务，并对服务进行改进。

显眼的行动号召或弹出窗口可以让访问者注意到，从而提高转化率。例如，图 6.8 中显示的弹出窗口将潜在顾客转化率提高了 40%。很多网络用户都很反感弹出窗口，但对网站所有者来说，它们确实增加了潜在顾客的数量，因此弹出窗口的数量正在增加，而且可能还会进一步增加。

**第 2b 阶段：获取顾客信息以维持关系**。捕获配置文件信息通常通过在线表单实现，如图 6.8 所示，顾客必须完成填写才能获得产品或服务。合理设计这些表格非常重要。重要的因素包括：

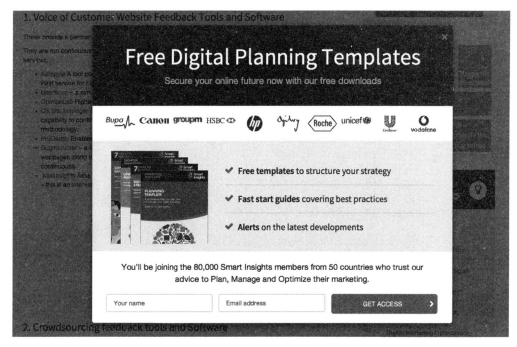

图 6.8　SmartInsights.com 网站上的弹出窗口示例

- 品牌化,让顾客放心;
- 关键的个人资料字段,用于获取最重要的信息以对顾客进行细分,方便将来进行沟通,如邮政编码和首选活动(不要问太多问题);
- 必填字段,标出必须填写的字段;
- 隐私,"我们不会共享"有助于消除顾客对其详细信息被泄露的担心,如果需要的话,可以提供完整的隐私保护声明;
- "长话短说"(KISS)是一个很流行的美国短语;
- "对我有什么好处?"(WIFM)用来解释捕获顾客数据的原因,即顾客可以获得什么好处;
- 验证,尽可能检查电子邮件、邮政编码等数据,以确保准确。

除了在线数据捕获外,使用所有顾客接触点来捕获信息并保持更新也是很重要的,因为这会影响准确定位顾客的能力。图 6.9 提供了一个很好的方法来评价捕获电子邮件地址及其他概要信息的各种途径。

除了联系信息外,要收集的另一类重要信息是**顾客概况**(customer profiling),以便针对这类信息为其提供相关内容和优惠。例如,B2B 公司的 RS 组件会询问:行业部门;采购影响力;感兴趣的产品种类;管理的人员数量;公司员工总数。

一旦收集到数据,就应该添加这些数据,以便更好地了解顾客的需求和行为。这里的风险是,如果数据输入不同的系统,不准确的数据可能会导致出现数据质量问题。应采取管理措施来创建准确的**统一顾客视角**(single customer view)。这是顾客关系管理系统的一个重大风险，因为数据可以在线下收集，也可以在不同的在线系统（如网站、交易型电子商务或社交媒体及单独的电子邮件系统）中收集。

**第 3 阶段：利用在线沟通进行交流**。为了建立公司和顾客之间的关系，可以采用很多数字传播方法，如图 6.9 所示。

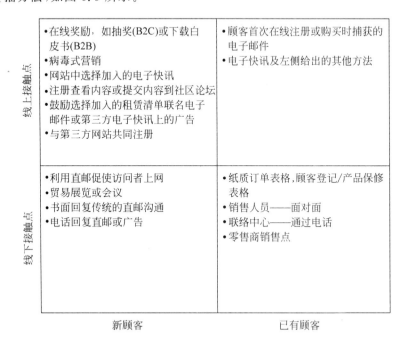

图 6.9　用于收集和更新顾客电子邮件及其他概要信息的顾客接触点矩阵

**第 4 阶段**。**使用线下沟通进行交流**。直邮或电话联系可能仍然是成本效益很高的沟通方式，因为这些方式也可以量身定做，与电子邮件相比可能有更多的"切入点"。直邮活动的目的可能是在网络响应活动中通过在线竞争、网络研讨会和促销等手段提高网站的流量。

第 3 阶段和第 4 阶段的更深入的目标是提高顾客信息的质量。尤其是电子邮件可能会被退回，此时需要使用图 6.9 中提到的线下接触点查找最新的电子邮件地址。

随着社交媒体营销的出现，许可营销的概念已经被应用到社交网络中，选择加入包括在脸书上"喜欢"一个品牌，或者在推特或领英上关注一家公司。在脸书上，公司可以鼓励顾客"喜欢"或交换电子邮件地址。当然，与社交媒体渠道相比，电子邮件的一大优势是它可以针对个人量身定做。

查菲（2004）在撰写 *What's New in Marketing* 时，将高汀的原则扩展到顾客关系管理中，提出了电子许可营销原则。这些原则也可以用来审查电子邮件营销及其他类型的信息发送。

原则 1：考虑有选择地选择加入的沟通方式。换言之，让顾客可以根据其偏好选择沟通方式，以增强沟通的效果。有些顾客可能不喜欢每周都会收到电子快讯，他们可能只想接收新产品发布方面的信息。记住，选择加入是很多国家的法律要求。让顾客通过勾选框选择的几个关键沟通首选项是：内容（新闻、产品、优惠、活动）；频率（每周、每月、每季度或根据需要）；渠道（电子邮件、社交网络、直邮、电话或短信）。

原则 2：创建"通用顾客档案"。需要一种结构化的方法来获取顾客数据，否则会丢失一些数据。例如，某家公用事业公司收集了 8 万个电子邮件地址，但却忘了询问用来定位顾客位置的邮政编码。这个问题可以通过通用顾客档案予以解决，该档案囊括了所有与营销人员相关的数据库字段的定义，以便其了解并针对顾客提供相关的产品。可以根据数据质量将顾客档案分为不同的级别（1 级是联系人详细信息和关键配置文件字段，2 级是顾客偏好，3 级包括所有的购买记录和回应行为）。

原则 3：提供一系列选择加入的奖励措施。很多网站现在都有"免费赢取"的激励措施来鼓励访问者选择加入，但这种激励措施通常是针对所有访问者的。一揽子激励措施或针对不同受众的激励措施可以产生更高的许可量，特别是在 B2B 网站上。

原则 4：别让选择退出太容易。营销人员通常让顾客可以轻易地取消订阅。尽管在很多国家，根据隐私法的规定提供某种形式的选择退出是一项法律要求，而且这么做有助于提高电子邮件的发送率，但仅单击一下即可取消订阅过于容易了。亚马逊等精明的许可营销者使用"我的个人资料"或"选择性选择退出"的概念。它们不提供取消订阅的选项，而是提供一个链接到"沟通首选项"或"顾客中心"的网络表单，以更新包含减少沟通频率的选项的配置文件，而不是让顾客彻底取消订阅。

原则 5：少问多看（或"理解并回应"）。通过监控点击来更好地了解顾客需求并触发后续沟通，可以减少提出打断性问题的需求。具体包括：监控对不同类型内容或产品的点击率；监控通过电子邮件沟通的顾客的参与程度；对未打开电子邮件的人进行后续提醒。

原则 6：创建对外联系战略。在线许可营销人员需要计划线上和线下沟通及提供产品或服务的数量、频率和类型。这是一种联系或接触的策略，对于由几名营销人员专门负责电子邮件沟通的大公司来说尤为重要。我们将在下一节更深入地介绍沟通策略。

萨伊和索斯韦尔（Say and Southwell，2006）举了一个基于许可的活动的例子，是关于一种新的交互式银行服务推广的。活动目标和结果（列在括号内）包括：从顾客那里获取5 000 个手机号码（占计划的 200%）；获得 3 000 个电子邮件地址（占计划的 176%）；提高对新服务的认识（31 000 名顾客观看演示）；1 000 个新的注册用户（占计划总数的 576%）。

制定接触策略，明确沟通的触发、目标、信息和时间间隔，是进行顾客沟通的最重要技能。图 6.10 显示了电子邮件营销自动化顾问凯斯·佩伊（Kath Pay）对不同沟通策略的建议，他绘制的这幅图展示了零售商通过电子邮件与受众沟通的机会。

现在让我们更详细地审视顾客生命周期中不同阶段的沟通策略示例。零售商的采购活动包括通过覆盖（弹出式广告）或其他提示来捕获电子邮件，然后用后续的欢迎电子邮件来鼓励订阅。表 6.1 给出了一个欢迎联系策略的示例。

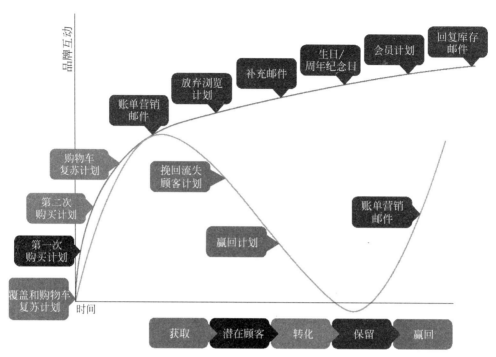

图 6.10 零售商的生命周期电子邮件营销消息选项

资料来源：Kath Pay, Holistic Email Marketing (2016) What is lifecycle marketing?, https://www. holisticemailmarketing. com/blog/what-is-lifecycle-marketing/(accessed 30 July 2018).

| | 表 6.1　欢迎联系策略示例 | | | |
|---|---|---|---|---|
| | 消息类型 | 间隔/触发条件 | 要求的结果 | 信息/序列的媒介 |
| 1 | 欢迎信息 | 访客立即注册网站会员 | 鼓励试用网站服务<br>提高对商业和信息提供范围的认识 | 电子邮件,交易后页面 |
| 2 | 参与信息 | 1个月内不活跃(如访问次数少于3次) | 鼓励使用论坛(良好的会员资格)<br>突出显示顶部内容 | 电子邮件,主页,网站侧边栏 |
| 3 | 初始交叉销售信息 | 1个月内活跃 | 鼓励会员制<br>要求反馈 | 电子邮件 |
| 4 | 转化 | 浏览内容后2天 | 为试用会员或正式会员提供各种服务 | 电话或电子邮件 |

　　请注意,根据用户的知识,可以通过**动态内容电子邮件**(dynamic content email)提供定制化服务。也可以在电子快讯中添加动态内容,以增加参与度。所添加的动态内容可以包括实时信息,如零售商可以在电子快讯中列出天气信息或库存水平。

　　微型案例研究 6.3 给出了一个沟通策略的例子：零售商发现顾客浏览了产品并将其添加到购物车中后却并未购买,于是通过发送电子邮件(或推送通知)促使其完成购买。

## 微型案例研究 6.3　WHSmith 使用行为邮件鼓励顾客参与

行为电子邮件营销或再营销是一种经典的"感知并响应"电子顾客关系管理方法。本例中,针对加入购物车却不付款的情况采取传统的发送跟进电子邮件的方式,但测试了三种沟通方式,结果如下:

(1) 通用品牌的跟进电子邮件:10%的转化率。

(2) 带有 5%折扣的优惠码的个性化再营销电子邮件,时限为 72 小时:100%的转化率。

(3) 带有 5%折扣的优惠码的个性化再营销电子邮件,时限为 48 小时,200%的转化率。

VE interactive 针对点击了再营销邮件并进行了购买却并没有使用优惠码的顾客进行了一项调查,结果发现:

* 这些顾客仍然将再营销邮件视为促销,作为其返回 WHSmith 网站的激励手段;
* 到期提醒促使他们再次访问网站,不过他们并没有利用 5%折扣的优惠码。

资料来源:VE Interactive Case Study published on SmartInsights:www. smartinsights. com/email-marketing-ecrm-alerts/email-remarketing-anexample-of-how-to-test/(accessed January 2015).

另一种需要实现自动化沟通的是"情绪化"的退订者,他们是电子邮件订阅列表中的不活跃成员,也是顾客电子邮件营销计划管理中的一个难题。

虽然退订率通常很低(例如,每发送一封电子邮件,退订率不到 0.1%),但仍有超过50%的人在情感上退订,即他们虽然实际上没有退订,但很少打开电子邮件,这表明电子邮件并非有效的沟通渠道。

为了避免这种情况并保持联络,应确保沟通战略经过计划和实施后可以传递相关的信息。图 6.10 中的流失顾客"赢回"沟通策略显示了可以如何解决这些问题。可采取的其他一些步骤包括:

(1) 在更细的级别上衡量电子邮件回应的活动水平,例如,与订阅者首次注册时相比,在不同时间点打开浏览、点击、购买的比率或其他操作。还可以审查对于采取不同行动的不同部门类型的回复率,以了解电子快讯对他们的吸引力。

(2) 测试不同的频率。如果顾客在情感上退订,那么降低频率可能是合适的,此时顾客接收的电子邮件会产生更大的影响。还可以调查列表成员的偏好,这可能是再次激活活动的一部分。

(3) 开发自动化的顾客生命周期电子邮件,作为沟通策略的一部分,这些电子邮件是相关的,并根据订户的兴趣进行定制。生命周期电子邮件包括欢迎邮件沟通策略、重新激活邮件策略及其他服务消息,如顾客反馈调查。

(4) 确保用于定制消息的字段是最有可能相关的字段。这些往往并不是性别等明显的字段,而是与最近消费的内容或产品相关的背景信息。

(5) 利用线下沟通方式,如对列表中表现出相应偏好的会员通过直邮和电话方式进行沟通。

## 6.4.2 个性化和大规模定制

越来越多的公司通过应用数字技术收集大量个人数据，然后利用这些数据开发个性化的传播信息，目的是使内容看起来更符合个人利益。图 6.11 所示的不同目标变量可用于传递更有的放矢的、与情境相关的个性化电子邮件或网络消息。然而，并不是所有的人都会给出积极的回应；事实上，由于担心个人数据的安全性及有被操纵的感觉，一些人对采用这种方法的品牌给出了消极的回应（Tucker，2014）。这让网络营销人员陷入两难境地：是否应该加强隐私控制，因为这样做会减少使广告信息个性化的机会，从而降低个性化沟通的效果。塔克（Tucker，2014）利用脸书广告活动调查了"加强隐私控制如何影响广告绩效"的问题。塔克（2014）发现，当人们被赋予对隐私设置的更多控制权时，他们更有可能对个性化沟通作出积极回应。因此，为了从个人信息的使用中获得最大利益，广告商应该考虑让个人对其信息的使用方式有更多的控制权，如通过**顾客偏好中心**（customer preferences centre）定制其通过电子邮件收到的内容。

基于简介信息、行为或预测分析的建议通常称为**个性化选择**（personalisation），有时称为**大规模定制**（mass customisation）。个性化选择的一个例子是，亚马逊根据顾客所选产品向其推荐类似的产品，或者给对某一主题感兴趣的顾客发送载有相关信息的电子邮件。

**协同过滤**（collaborative filtering）是一种实现个性化的方法，通过将网站访问者与数据库中的顾客进行比较，向他们推荐内容或产品。一个数据库包含的关于单个顾客的信息越多，其建议就越有效。这项技术最著名的应用实例是亚马逊网站，其数据库显示，购买 X 书的顾客也购买了 Y 和 Z 两本书。这是一种更为复杂的机器学习或人工智能驱动的技术，而不是基于规则的简单的个性化设置。

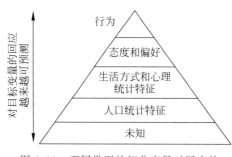

图 6.11 不同类型的细分变量对回应的
预测程度

**顾客身份管理**

基于许可的营销和营销信息的自动化在消费者隐私法方面可能存在问题（如第 3 章所述，需要谨慎管理以确保保护顾客数据，这样做会产生更好的质量目标）。**顾客身份和访问管理**（customer identity and access management，CIAM）的概念是这一要求的一个要素。Forrester（2017）列举了 CIAM 服务的下列好处：

（1）通过社交登录简化新顾客获取和注册流程。允许顾客使用来自公认的社交身份提供商（如脸书、谷歌或领英）的"使用个人身份登录"（BYOI），并在网站上预先注册。

（2）满足全球隐私要求。拥有数百万顾客的跨国品牌必须满足全球不同地区和国家对隐私要求的规定。

（3）提供以用户为中心的偏好管理功能。更新沟通偏好或选择退出偏好。

（4）与其他系统集成和给出业绩报告。CIAM 可以与 CRM 系统集成，但不能取代其消息传递功能。

### 6.4.3　利用数字媒体提高顾客忠诚度和价值

顾客关系管理(CRM)等关系营销方法的最终商业目标是通过增加与顾客的接触提高**顾客忠诚度**(customer loyalty),从而通过宣传增加对这些顾客的销售和间接销售。了解有助于提高不同顾客群体的参与度和忠诚度的不同杠杆,应该是制定顾客保留和增长战略的起点。

当消费者对某件商品感到满意时,他们会通过社交媒体进行口碑宣传;但如果消费者对某个品牌感到失望,他们也可能通过社交媒体对其进行批评。社会化顾客关系管理活动包括鼓励在线宣传和减少负面信息。普雷西等(Presi et al.,2014)探讨了如何根据其动机对通过在社交媒体中发布原创内容来分享其负面服务体验的顾客进行细分。他们发现,利他主义、复仇和经济动机是用户在获得负面服务体验后发布原创内容的强大驱动力。

### 6.4.4　确定顾客看重什么

考虑顾客与品牌之间不同形式的在线互动,这些互动可以决定顾客的满意度并影响其忠诚度。图 6.12 显示了何时、采取何种方法使用数字媒体进行在线保留营销,我们的最终目标是顾客忠诚度(见图的右侧)。图左侧的因素是有助于传递忠诚的两大类主要驱动力。第一类忠诚是**情感忠诚**(emotional loyalty),即通过有利的感知、意见和建议(包括社交分享)来证明对品牌的忠诚。图中顶部的成功因素都与在线服务的顾客体验有关。这些因素往往对情感忠诚的影响最大,在决定顾客满意度方面也非常重要。

第二类忠诚是**行为忠诚**(behavioural loyalty)。这类忠诚与重复销售、重复访问网站、社交互动和对营销活动的反应有关。为了实现重复销售,企业通过电子邮件、社交媒体、个性化网站或传统媒体努力提供相关的营销传播。

图 6.12 给出了典型的忠诚度驱动因素,但顾客研究对于了解特定因素如何影响忠诚度及满意度如何影响忠诚度至关重要。

### 6.4.5　满意度与忠诚度的关系

虽然满意度与忠诚度有时可以互换使用,但我们已经看到它们并不一定对应。**顾客满意度**(customer satisfaction)是指顾客对产品和服务质量的满意程度。随着顾客对产品和(或)服务的满意度提高,其行为和情感忠诚度也可能会增加(见表 6.2 和微型案例研究 6.4)。

然而,正如我们所看到的,一些满意度很高的顾客并未表现出行为忠诚,相反,在行为上表现出忠诚的顾客可能因为对产品并不满意也存在流失的风险。这意味着不仅要衡量对在线服务的满意度,而且要衡量忠诚度。通过这种方式,我们可以识别出有可能选择替代品的顾客和处于无所谓区域的顾客。这是一个重要的顾客类别,虽然他们可能有很高的满意度,但却不一定是忠诚的。

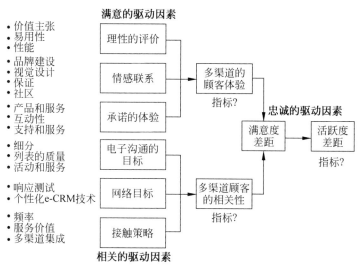

图 6.12 影响顾客满意度和忠诚度的因素

## 微型案例研究6.4 汽车制造商如何利用基于忠诚度的细分市场

综合分析顾客满意度(S)、忠诚度(L)、价值(V)和潜力(P)的方法是基于价值的顾客细分法。这种建模方法通常被汽车制造商及其他一些正在评估提高其顾客细分市场未来价值的策略的公司所采用。该方法包括创建一个细分模型，结合每个顾客的当前价值和满意度的真实数据，根据当前满意度、回购忠诚度、当前价值和未来潜力四个变量对每个顾客进行评分。

表 6.2 基于忠诚度的汽车制造商细分

| SLVP 得分 | 顾客的特点 | 细分策略 |
|---|---|---|
| 满意度和忠诚度适中<br>当前和未来的潜在价值适中 | 拥有平均忠诚度的车主，每3~4年更换一次汽车，而且倾向于购买同一品牌的汽车 | 不是关键的影响部分，但应鼓励其订阅电子快讯，并在推出新产品时向其发送有针对性的信息 |
| 满意度高,忠诚度适中<br>未来的潜在价值低 | 较为满意的车主，但倾向于购买二手车，而且在汽车行驶了很多的里程后才会更换 | 通过电子快讯与其联系，并对其进行引导，让其意识到购买新产品的好处 |
| 满意度和忠诚度低<br>当前和未来的潜在价值高 | 不满意的豪车车主，存在购买其他品牌汽车的风险 | 关键的目标细分市场，需要与其联系，了解其担心的问题并对其保证汽车的质量和性能 |

## 6.4.6 测量数字媒体中顾客的声音

在线顾客声音(online voice of customer，VoC)可用来在线评估顾客的情绪。我们所回顾的满意度等级是 VoC 测量的一个例子。我们将在第 7 章和第 10 章探讨的另一种方法是意向满意度调查,将顾客访问网站的原因与他们完成任务的成功率及满意度进行比较。这是改善在线顾客体验的关键技术。

**净推荐值**(net promoter score,NPS)是衡量 VoC 宣传效果的一个重要指标,是由赖克霍德(Reichhold,2006)首次提出的。"终极问题"是"你会推荐我们吗?"。其目标是找出使净推荐值最高的方法。赖克霍德介绍了 NPS 的主要流程:

(1) 将顾客系统地分为推荐者、被动接受者或贬低者。如果你愿意,也可以称他们为忠诚的拥护者、酒肉朋友和对手。

(2) 创建闭环流程,使合适的员工能够直接调查导致顾客进入这些类别的根本原因。

(3) 将创造更多的推荐者和减少批评者作为首要任务,以便企业的员工可以根据从这些根本原因调查中得出的结论采取行动。

实际上,消费者经常会被问到:"你会向朋友或同事推荐某品牌/公司吗?"答案用 0(不太可能)到 10(极有可能)来测量。两端是推荐者(9~10)和批评者(0~6),中间部分(7~8)是被动接受者。

因此,赖克霍德认为,在调查尽可能多的顾客(使其具有代表性)并表明你在倾听之后,就可以逆向研究与品牌互动的体验中哪些方面会产生推荐者或批评者。

## 6.4.7　通过价值和参与度区分顾客

关系营销的核心方法是将有限的资源和营销活动集中在最有价值的顾客身上。在企业的在线顾客群中,顾客在使用在线服务和购买产品方面有不同的层次。银行就是一个很好的例子。有些顾客可能一周使用一次在线账户,有些顾客很少使用,还有一些则根本不使用。图 6.13 说明了这种情况下顾客的不同活动参与度。

顾客关系管理策略的关键是找出识别顾客所处活动层次的方法,然后制定通过更频繁的使用来提高活动层次的策略。在线杂志可以通过这种方式对顾客进行细分,这也是基于回头客。即使是没有交易服务的企业,只要是使用电子邮件营销,同样可以使用类似的概念,因为一些顾客会定期阅读电子邮件并与企业互动,而其他顾客则不会。

这种方法的目标及相应的对策可以设置为:

(1) 通过推广在线服务来吸引网站访问者,增加每月和每年的新用户数(为现有银行顾客和新银行顾客制定不同的目标)。

(2) 提高活跃用户的百分比(使用适当的阈值,对于不同的企业,可以是 7 天、30 天或 90 天)。使用电子邮件、个性化网站消息、直邮和电话等直接联系方式,与新用户、休眠用户和非活跃用户进行交流,增加活跃用户的百分比。

(3) 减少休眠用户(曾经是新用户或活跃用户)在规定的时间段(如 3 个月)内未使用服务或未进行回应的百分比。

(4) 降低非活跃用户(或无法激活用户)的百分比。这些人注册了网上银行等服务,并有了用户名,但并没有使用该服务。

由此可见,应针对这些目标制定相应的策略。另一个关键指标实际上也是电子商务网站的关键保留指标,是重复业务。阿戈沃等(2001)强调了保留指标的重要性。他们提到的影响盈利能力的主要保留指标包括下面几个。

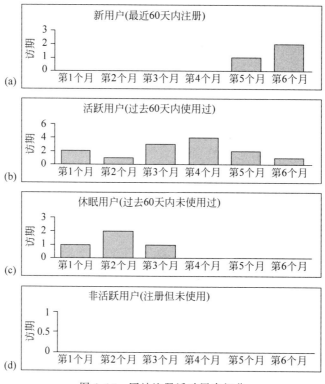

图 6.13　网站注册活动层次细分

（1）重复顾客基数：重复购买的顾客所占的比例。

（2）每位重复顾客的交易数量：表明顾客关系的发展阶段（另一个类似的指标是购买的产品类别的数量）。

（3）重复购买顾客每笔交易的收入：终身价值的替代值，因为它给出了平均订单价值。

## 6.4.8　终身价值模型

认识到**终身价值**（lifetime value，LTV）的价值是顾客关系管理理论和实践的关键。

数字技术使营销人员在识别和瞄准有价值的顾客方面变得更加成熟。库玛等（Kumar et al.，2007）指出：通过应用统计模型，不仅可以预测每位顾客将来何时可能购买，还可以预测他将购买什么产品及通过哪种渠道购买。管理者可以利用这些数据来估计每位顾客的潜在终身价值，并确定是否联系、何时及如何联系，以最大限度地实现（甚至增加）该顾客的价值。

虽然这一术语经常被使用，但要计算终身价值却并不容易，因此很多企业并不计算该值。库玛等（2007）解释了终身价值的计算方法。终身价值是指一位顾客或一组顾客在与企业的整个关系中为企业提供的总的净收益。建模的基础是估算一段时间内与每位顾客相关的收入和成本，然后用折现率计算当前货币条件下的净现值。

计算终身价值的复杂程度各不相同,如图 6.14 所示。方案 1 是终身价值的一种实用的计算方法或近似替代法,但真正的终身价值是顾客在个别层面上的未来价值。

细分市场层面的终身价值模型(方案 4)在市场营销中至关重要,因为它回答了以下问题:我能为获得新顾客投资多少?

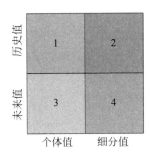

图 6.14 终身价值(LTV)的不同计算方法

如果在线营销人员试图从短期的角度回答这个问题(通常是这样的),即根据电子商务网站上的单笔销售利润来判断,则存在下面两个问题:

(1)他们过于关注短期投资回报率(ROI),因此可能没有足够的投资来发展业务。

(2)他们假设每位新顾客的价值完全相同,忽略了不同类型顾客在忠诚度和盈利能力方面的差异。

终身价值分析使营销人员能够:计划和衡量对"顾客获取计划"的投资;识别和比较关键目标细分市场;衡量各种顾客保留策略的效果;建立企业顾客群的真实价值;制定产品和服务决策;确定引入新的电子顾客关系管理技术的价值。

图 6.15 给出了一个应用终身价值为不同顾客群制定顾客关系管理策略的实例。根据顾客的当前价值和未来价值,可以将其价值类型分为青铜、白银、黄金和铂金四种。不同的顾客群(顾客圈)根据其当前价值和用终身价值表示的未来价值予以识别。每个顾客群都有根据其人口统计信息建立的顾客档案,可用于顾客筛选。针对四个不同价值类型的顾客群有不同策略。一些青铜顾客(如 A 组和 B 组)实际上不具备发展潜力,而且通常是无利可图的,因此针对他们的策略是降低沟通成本,即使他们流失也是可以接受的。另一些青铜顾客(如 C 组)可能有发展潜力,因此针对这些顾客的策略是拓展,以增加他们的购买次数。针对白银顾客和黄金顾客的策略是扩展优惠,尽管他们的增长潜力相对较小。铂金顾客是最好的顾客,因此了解他们的沟通偏好非常重要,除非有证据表明他们可能会流失,否则不要过度联系。

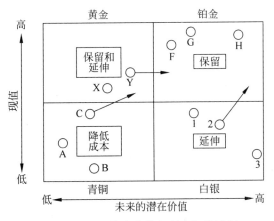

图 6.15 基于终身价值的顾客细分计划

活动 6.2 给出了关于终身价值的另一个应用及其计算方法。

## 活动6.2　慈善机构使用终身价值模型评估新顾客关系管理系统的回报

一家慈善机构正在考虑实施一种新的电子邮件营销系统，以增加捐助者的捐款。该慈善机构的主要作用是作为一个救济机构，旨在通过提供援助，特别是向最贫困的地区提供援助来减贫。目前，它唯一的电子邮件活动是每月有20万名用户收到电子快讯，希望根据以前的顾客行为，采用更有针对性的方法来增加捐款。电子邮件系统将与捐赠者数据库集成，其中包含顾客资料和以往捐款的信息。

该公司正在考虑三种解决方案，第一年的成本在5万至10万英镑之间。在慈善机构中，所有此类投资都采用终身价值模型进行评估。表6.3是一个终身价值模型，显示了使用当前系统和营销活动产生的顾客价值。

| 表6.3　当前系统的顾客终身价值模型 | | | | 单位：英镑 | |
| --- | --- | --- | --- | --- | --- |
| 项　　目 | 第1年 | 第2年 | 第3年 | 第4年 | 第5年 |
| A. 捐赠者 | 100 000 | 50 000 | 27 500 | 16 500 | 10 725 |
| B. 保留率/% | 50 | 55 | 60 | 65 | 70 |
| C. 每年的捐赠额 | 100 | 120 | 140 | 160 | 180 |
| D. 捐赠总额 | 10 000 000 | 6 000 000 | 3 850 000 | 2 640 000 | 1 930 500 |
| E. 净利润（20%的利润率） | 2 000 000 | 1 200 000 | 770 000 | 528 000 | 386 100 |
| F. 贴现率 | 1 | 0.86 | 0.739 6 | 10.636 | 0.547 |
| G. 净现值贡献 | 2 000 000.0 | 1 032 000.0 | 569 492.0 | 335 808.0 | 211 196.7 |
| H. 累计净现值贡献 | 2 000 000.0 | 3 032 000.0 | 3 601 492.0 | 3 937 300.0 | 4 148 496.7 |
| I. 终身价值的净现值 | 20.0 | 30.3 | 36.0 | 39.4 | 41.5 |

A. 捐赠者：最初捐赠者的数量。根据保留率（B行）该值将逐年减少。

B. 保留率：在终身价值模型中，该值通常会逐年增加，因为忠诚的顾客更有可能保持忠诚。

C. 每年的捐赠额：慈善机构发现，在这类顾客群体中，每年的平均捐赠额都在增加。

D. 捐赠总额：将A行和C行的对应值相乘得到。

E. 净利润（20%的利润率）：终身价值模型是建立在这组顾客贡献的利润（D行的值乘以0.2）的基础上的。

F. 贴现率：由于在某一时间点持有的货币价值会因通货膨胀而下降，因此用贴现率计算以当前价值衡量的未来收益的价值。

G. 净现值贡献：考虑了贴现因素后的盈利能力，以给出未来年份的净现值。是用E行的值乘以F行的值计算得出的。

H. 累计净现值贡献：将每年上一年的净现值加总。

I. 终身价值的净现值：用H行的值除以第一年的初始捐赠者的人数计算出的每位顾客的价值。

根据改进目标的初步测试，估计新系统的使用将使保留率从第一年的50%提高到

51％，今后每年增加 5％，预计第一年的捐赠额将从每年 100 英镑增加到 120 英镑，每年增加 20 英镑。

**问题**

基于当前系统下捐赠者的终身价值示例，计算新系统的终身价值。

库玛等（2007）指出，顾客创造价值的能力分为终身购买价值（CLV）和顾客推荐价值（CRV）。这个概念与本章前面提到的净推荐值密切相关。他们强调说，CLV 和 CRV 之间没有明确的相关性。例如，他们的研究发现，CLV 最高的顾客却并非 CRV 最高的。因此，他们建议根据这两个属性对顾客进行细分，然后制定策略。对于他们研究的一家公司，他们将顾客分为四组，确定了顾客价值矩阵，将某年的平均 CRV 绘制在 $x$ 轴上，将一年后的平均 CLV 绘制在 $y$ 轴上，从而得出下面的细分市场：

- 冠军（右上方）：21％的顾客，CLV＝370 美元，CRV＝590 美元
- 守财奴（左下方）：21％的顾客，CLV＝130 美元，CRV＝64 美元
- 富裕阶层（左上方）：29％的顾客，CLV＝1 219 美元，CRV＝49 美元
- 拥护者（右下方）：29％的顾客，CLV＝180 美元，CRV＝670 美元

可以看到，对于每个细分市场，使用不同的策略来鼓励推荐或购买是有价值的。例如，使守财奴转为富裕阶层或拥护者，使拥护者和富裕阶层转为冠军。

对顾客数据的深入分析通常是由 Argos、Littlewoods Index 等目录零售商使用顾客**订单缺口分析**或**最近交易时间-频率-货币价值（RFM）分析（recency-frequency-monetary value analysis）**等技术完成的。

顾客订单采购缺口分析旨在增加顾客的购买量。Eurooffice（2017）认为，它涉及识别采购模式，并在顾客数据库和顾客细分市场中比较品类组合、多重购买、收入和平均订单规模模式，所有这些都是为了发现新的机会。通过订单缺口分析，零售商可以建立联系和销售策略，确定与顾客沟通的正确时间——在适当的时间传递相关信息、报价、定价和承诺。顾客订单采购缺口分析还可用于确定顾客何时面临流失风险，如顾客是否有可能从多家零售商购物，或顾客是否正在改变其购买行为。

RFM 分析是一种在零售业之外鲜为人知的技术，但顾客关系管理为将其应用于一系列技术提供了巨大的潜力，因为我们不仅可以使用它来分析购买历史记录和定位出站沟通，还可以使用它来访问或记录日志、网站或在线服务的频率以及对电子邮件的响应率。

我们接下来将概述在开展在线营销时如何应用 RFM 方法。我们还将研究延迟和最低回报率这两个相关的概念。

**最近交易时间**

这是顾客最近的行动，如购买、访问网站、登录账户、回复电子邮件。诺沃（Novo，2003）在强调最近交易时间的重要性时说：最近交易时间，即顾客完成某项操作（购买、登录、下载等）后经过的天数，是顾客重复某项操作的最有力的预测指标。最近交易时间是顾客在第一次购买了产品后不久就会收到另一份产品目录的原因。

最近交易时间分析的在线应用包括：随时关注并识别脆弱的顾客，并对顾客进行评分，以便优先针对响应速度更快的顾客以节省成本。

### 频率

频率是指在顾客每一次购买、访问网站、回复电子邮件等操作期间的时间间隔，如每年购买 5 次、每月访问 5 次、每周登录 5 次、每月打开 5 次电子邮件、每年点击 5 次电子邮件。该分析的在线应用是与最近交易时间相结合的。

### 货币价值

顾客消费的货币价值可以用不同的方式来衡量，如平均订单价值为 50 英镑，年采购总值为 5 000 英镑。一般来说，货币价值较高的顾客往往具有较高的忠诚度和未来价值潜力，因为他们曾经购买过更多的产品。一个应用实例是，如果这些顾客的 RF 分数表明他们在积极购买，则将其排除在特殊促销活动之外。频率通常代表每年的货币价值，因为购买的产品越多，总的货币价值就越高。最终可以通过使用最近交易时间和频率来简化分析。货币价值同样可能影响高价值初始购买分析的准确性。

微型案例研究 6.5 介绍了慈善机构 PDSA 如何应用 RFM 分析来更好地理解捐赠模式。

## 微型案例研究6.5　慈善机构 PDSA 使用 RFM 分析改进对成员的理解

本案例的背景由罗宾·普劳斯（Robin Prouse）提供，他是专攻营销分析软件的 Apteco 公司的培训经理。因为工作的关系，他很了解很多企业在理解顾客数据方面的困难，并曾与 PDSA 合作过。

PDSA 是英国一流的慈善机构，为无力支付兽医费用的人的生病和受伤的宠物提供免费治疗。PDSA 完全由公众资助，在英国拥有 47 家宠物医院、分支机构，还与 348 家私人兽医诊所有合作关系。PDSA 在英国还经营着 180 家慈善商店，但其主要收入来源是直销和建立关系的项目，包括遗赠、自愿捐款和交易活动。

PDSA 使用 Discoverer 软件进行详细的营销分析、支持者分析、数据库细分和预测建模。直销与遗产团队还广泛使用 Discoverer 的级联模块进行活动规划和管理。

PDSA 拥有一个庞大的数据库，记录了近 600 万支持者的交易和促销历史。该数据库被用于报告支持者的终身价值、模式和趋势，以及识别交叉销售和向上销售机会。结合第三方地理人口数据，Discoverer 还被用于构建复杂的遗产倾向模型、捐赠者概况和渠道损耗分析。

随着 PDSA 通过网站（www.pdsa.org.uk）及专门的电子邮件营销活动提高了在线影响力，Discoverer 被越来越多地用于对捐赠者的电子邮件地址进行监控和分类。这让营销人员能够将网络信息与交易及运营系统中包含的信息进行整合，也就是将线下终身价值、人口统计特征、产品倾向模型与线上营销许可和点击分析进行整合。

### 延迟

延迟（latency）是一个与频率密切相关的强大的概念，是顾客生命周期中顾客行为之间的平均间隔时间，如顾客访问网站、第二次和第三次购买及点击电子邮件之间的平均时间。延迟的在线应用包括设置触发器，提醒企业关注顾客的非正常行为，如兴趣增加或更不感兴趣，然后使用电子的或传统的沟通方式来管理这种行为。例如，如果一个顾客购买间隔较长的 B2B 或 B2C 网站发现某个顾客的延迟减少,则可以通过电子邮件或网站调查这一额外购买的原因(该顾客的最近交易时间可能会缩短,频率可能也会增加)。然后可以根据顾客的需求通过电子邮件、电话或直邮向其提供相应的信息。

为了衡量顾客参与度,Monetate(2017)在研究中回顾了所掌握的英国和美国的零售商的顾客数据,评估顾客在设定的时间段内开始新会话的频率,特别是会话次数和顾客完成购买所需的天数。对于首次购买的顾客,从第一次访问网站到购买的基线延迟平均为 25 天,完成一次购买需要 3.5 次会话。对于第二次购买的回头客来说,平均需要 32 天的时间进行转化,比第一次购买的平均时间多了一周。顾客平均需要 27 天才能完成交易。研究零售业及其他行业的延迟的实际意义在于,企业可以将延迟与时间长度相比较,与电子邮件自动触发的时间长度相比较,以鼓励顾客采取后续行动,如购买。可以通过询问顾客在此期间发多少电子邮件合适,来调整电子邮件的数量和频率。还可以更改网站推荐次佳产品或次佳内容,以鼓励重复购买的个性化时间表。

**最低回报率**

诺沃(Novo,2003)认为,**最低回报率**(hurdle rate)是指(某个细分市场或名单上的)顾客群中完成某项行动的顾客所占的百分比。这是一个有用的概念,因为它可以用来比较不同群体的参与度,或设定目标,以提高顾客对在线渠道的参与度,例如:20%的顾客在过去 6 个月访问过网站;5%的顾客今年购买了 3 次或更多;今年有 60%的注册用户登录过系统;今年有 30%的人看过电子邮件。

**将顾客分为不同的 RFM 类别**

在上面的例子中,RFM 分析中的每一个因素的排序都是任意的,以便在每个组中放置数量大致相等的顾客。这种方法也很有用,因为营销人员可以根据对顾客的了解设置价值阈值。

RFM 分析涉及下面两种顾客分组技术。

(1) RFM 统计分析。这种方法是按照 20%的比例在每个 RFM 类别中分入相同数量的顾客(对于较大的数据库,也可以使用 10%的比例),如图 6.16 所示。图中还给出了更有效地使用联络渠道的一个 RFM 应用。低成本的数字沟通方式可用于与更频繁使用在线服务的顾客沟通,而更昂贵的线下沟通可用于那些更喜欢传统渠道的顾客。

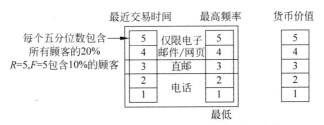

图 6.16　RFM 分析

(2) 任意划分顾客数据库。这种方法也很有用,因为营销人员可以根据对顾客的了解设置价值阈值。

例如,RFM 分析可以根据顾客与电子商务网站的交互方式来确定使用电子邮件的顾客。可按如下方式为每位顾客分配值。

最近交易时间:1(超过 12 个月);2(过去 12 个月内);3(过去 6 个月内);4(过去 3 个月内);5(过去 1 个月内)。

频率:1(每 6 个多月);2(每 6 个月);3(每 3 个月);4(每 2 个月);5(每月)。

货币价值:1(少于 10 英镑);2(10~50 英镑);3(50~100 英镑);4(100~200 英镑);5(超过 200 英镑)。

这种分析的简化版本更具可操作性,如某个剧院的直销使用了下面九个类别:

来过一次剧院的观众来剧院的时间:6~12 个月前;12~36 个月前;超过 36 个月前。

来过两次剧院的观众来剧院的时间:6~12 个月前;12~36 个月前;超过 36 个月前。

来剧院次数超过两次的观众来剧院的时间:当前订户(在当前演出季购买了超过 2 场演出的门票);在上一演出季购买了超过 2 场演出的门票;在上一演出季之前购买了超过 2 场演出的门票。

根据这种方式为在线公司绘制顾客数量与最近交易时间和频率的关系图,可以非常直观地反映交易的进展是否正常,以及需要鼓励进行重复购买的顾客群。

## 6.4.9　产品推荐和倾向建模

**倾向建模**(propensity modelling)是一种评估顾客特征和行为的方法,特别是针对顾客之前购买的产品或服务,为其推荐其他合适的产品。不过,倾向建模最出名的作用是向老顾客推荐"次优产品"。如今更多的是使用机器学习或人工智能来评估倾向而不是使用更严格的 RFM 任务。尽管如此,我们还是保留了 RFM 的概念和示例,因为它是评估顾客行为和价值的有用技术。

与之相关的一种赢得顾客的方法是通过租用直邮或电子邮件列表或在类似位置刊登在线广告,瞄准具有类似特征的潜在顾客。

范达因等(van Duyne et al.,2003)提出了下列建议:

(1) 创建自动产品关系(如次优产品)。一种技术含量较低的方法是,对于每一种产品,将其与以前购买的产品组合在一起,然后按购买次数对各种产品进行排名,以找出它们之间的关系。

(2) 关闭并尽量减少销售相关产品的实体店。在向上销售和交叉销售中为次优产品留一些展示空间。如果可以让其成为当前产品的一部分,则这种方法可能更有效。

(3) 使用熟悉的"触发词"。也就是说,使用与其他网站(如亚马逊)类似的用语。这类用语包括相关产品、你的推荐、相似的、购买了……的顾客、三大相关产品等。

(4) 就相关产品发表评论。

(5) 为顾客快速购买相关产品提供便利。

(6) 在顾客结账时向其推销相关产品。而且在交易后的页面上,如在某个产品被添加到购物车或结账购买之后向其推销。

## 案例研究 6 戴尔通过社交媒体策略更加贴近顾客

戴尔是一家知名的技术公司,提供台式计算机、存储器、服务器和网络产品、移动产品、软件和外围设备,并为大企业提供管理 IT 基础设施的服务。

### 戴尔的商业战略

戴尔的愿景是"通过提供卓越的价值、高质量的相关技术、定制的系统、优质的服务和支持、易于购买和使用的差异化产品与服务,努力提供最好的顾客体验"。

该战略的核心要素在戴尔的营销传播中有明显的反映:

- 我们为顾客简化信息技术。提供价格合理的、高质量的个人计算机、服务器、存储器和服务是戴尔的传统。我们致力于让全球数百万的顾客负担得起信息技术。由于我们与顾客的直接关系(或亲密关系),我们可以简化顾客应用和维护信息技术的方式,并为企业和家庭提供量身定制的硬件、服务和软件解决方案。

- 我们为顾客提供选择。顾客可以通过电话、信息亭和网站从戴尔购买系统和服务,在整个产品线中浏览、配置、了解价格和在线订购系统,并跟踪处于制造和运输流程的订单。我们最近发起了一项零售倡议,还计划增加新的分销渠道,通过全球零售合作伙伴和增值分销商来拓展该倡议,以吸引更多的消费者和小企业。

- 顾客可以购买定制产品和服务。过去,我们富有弹性的按订单生产流程使我们能够平均每五天周转一次库存,这不仅降低了库存水平,而且迅速将最新技术带给了我们的顾客。市场和我们的竞争对手已经发生了改变,我们正在探索利用原始设计制造商和新的分销策略,以更好地满足顾客需求和缩短产品周期。我们的目标是引进最新技术,进而更快地将节省的组件成本快速地传递给我们全球范围内更广泛的顾客群。

- 我们致力于在业务的各个领域做到环保。我们在戴尔产品生命周期的每一个阶段都考虑了环保问题,从开发、设计节能产品,到减少生产和运营足迹,再到顾客使用和产品回收。

### 戴尔的销售和营销

戴尔通过专门的销售人员、电话销售和在线销售,直接向顾客销售产品和服务。其顾客群包括大企业、政府部门、医疗保健和教育机构,以及中小企业和个人消费者。

戴尔强调其直销模式在提供直接和持续的顾客反馈方面的重要性,从而可以针对特定顾客群开发并完善产品和营销计划。

在提交给美国证券交易委员会的文件中,戴尔强调了自己如何倾听顾客的意见,开发出令其信任和重视的相关创新技术与服务。使用 Web 2.0 属性的证据是,在戴尔网站上一个名为"戴尔 IdeaStorm"的互动栏目,顾客可以针对当前和未来的戴尔产品、服务和运营提供建议。文件中提到:"这种持续不断的沟通流程,是我们的直销模式所独有的,这也使我们能够快速评估顾客满意度,并瞄准新产品或现有的产品。"

对于大企业和机构顾客,戴尔在全球拥有一支现场销售队伍。由现场系统工程师和顾问等组成的专门的顾客团队,与顾客建立了长期合作关系,为大客户提供服务,并专门为其开发解决方案。戴尔还针对联邦、州和地方政府及医疗保健和教育市场实施特定的销售和营销计划。

**戴尔 Premier**

对于大型的机构客户，戴尔专门开发了 Premier 网站，这是一个安全的、可实现定制采购的支持网站或外联网，目的是在 IT 产品所有权的所有阶段为机构客户节省时间和资金。戴尔 Premier 的主要优点包括：

- 易于订购：定制的在线商店确保顾客以优惠的价格得到产品。
- 易于跟踪：查看实时订单状态，以及在线发票和采购历史记录等详细信息。
- 易于控制：自定义访问组定义用户在 Premier 中可以看到和执行的操作。

**营销传播**

戴尔主要通过在电视、互联网及各种印刷媒体上做广告，以及邮寄宣传品、产品目录等直销出版物，向小企业和消费者推销其产品和服务。在某些地方，戴尔还在购物中心内经营商店或信息亭，让消费者可以亲自查看其产品，然后在戴尔专家的协助下完成在线购买。

**戴尔的在线沟通**

顾客网站的管理已交给 Econsultancy（2008）。戴尔的订单销售分为三个阶段：

- 通过访问网站来衡量营销沟通的执行情况；
- 通过考虑百分比指标来衡量网站营销效果（从网站访问量到电子商店访问量）；
- 通过转化率来衡量网站营销效果（从电子商店访问量到电子收据）。

文件解释了戴尔如何根据一系列考虑因素和转化驱动因素来了解顾客并采取行动。戴尔考虑的因素包括：在线广告的质量；通过网站的路径质量；销售/优惠。戴尔的转化驱动因素包括：配置程序的易用性；决策支持工具的可用性；整个路径中信息的一致性。

戴尔将斥资对网站进行战略改进。其提到的例子包括新的营销方法，如顾客评级和评价、视频、主要的"路径"，或通过决策支持工具创建的顾客旅程更改以"帮我选择"。还有用来向每位顾客传递正确信息的大量战术方案，包括定制化、个性化、房地产优化和信息平衡。

对网站访问者的更多策略性说服是基于价格变动/优化市场价格和产品功能的组合。需要管理各种不同的优惠。由每周或每两周的促销"结束日期"推动的战术促销包括免费送货、现金折扣、免费升级（如额外内存）、免费配件、金融优惠和服务升级。

文件还介绍了在欧洲各地的促销组合是如何变化以回应不同地区购买心理的差异的。他总结了顾客之间的主要差异：英国人是价格至上；瑞士人看重价格以外的附加价值；德国人追求高端产品的组合；意大利人认为设计很重要；丹麦人觉得便宜就好；挪威人认为附加价值是关键；法国人想要的是专为法国量身定制。

**戴尔使用数字媒体渠道**

戴尔在欧洲使用的主要数字媒体渠道有下面几种：

- 利用谷歌广告（Google Ads）等付费搜索程序，通过与搜索到的短语相关的限时优惠来提升价值。例如，在谷歌搜索栏键入"最便宜的戴尔"会弹出一则广告："戴尔笔记本电脑打折促销，低至 329 英镑，最多可节省 300 英镑。马上在线购买吧！"

- 展示广告。例如,技术网站上的广告对企业市场来说尤为重要。
- 联盟营销。使戴尔的联盟伙伴能够以"戴尔笔记本电脑"等条款竞标,并针对游戏机所有者等利基受众,来保护戴尔品牌。
- 电子邮件营销。用于与现有顾客保持联系的电子快讯,可在其硬件需要更新时推送有针对性的产品和服务。

### 戴尔如何使用社交媒体营销

戴尔社交媒体和声誉团队(SMART)主管科里·爱德华(Cory Edwards)介绍了戴尔的社交媒体营销方法。他强调了高级管理人员对该工作的支持的重要性。戴尔首席执行官迈克尔·戴尔就是一个例证,他经常强调社交媒体营销对戴尔的重要性。爱德华(2011)引用了迈克尔·戴尔的话:与顾客和利益相关者进行坦诚、直接的对话是我们是谁、我们一直要成为谁的一部分。社交网络扩大了我们倾听和学习,并将自己投入双向对话中的机会,使我们能够成为一家更好的公司,为依赖我们的顾客提供更好的产品和服务。

爱德华将其简化为:"如果内容为王,那么倾听就是女王。"

鉴于社交媒体倾听的重要性,戴尔成立了社交媒体监听指挥中心。该中心有 6 个监视器来监控戴尔最有影响力的顾客在说什么,以及与戴尔相关的热门话题和戴尔的市场表现,包括对戴尔的话语权份额和情感评价。该中心每天监控用 11 种语言写的大约 25 000 篇帖子。

戴尔制定了社交媒体管理工作流程,用来评估顾客意见的潜在重要性,并确定哪些值得跟踪。该中心与戴尔的推特团队密切合作,后者负责联系在推特上抱怨戴尔的人,每周约联系 1 000 名顾客。爱德华指出,该团队有 30% 的概率将对戴尔不满的顾客转变为积极参与戴尔社交媒体互动的人。

作为顾客服务的一部分,戴尔还创建了一个在线影响者关系项目。该项目旨在识别业务部门、地区或主题领域的意见领袖。意见领袖是通过对话跟踪程序确定的,该程序是戴尔社交媒体监听工具 Radian 6 的一部分。戴尔为意见领袖提供他们可以审查或分享的内容和产品。戴尔已经超越了虚拟关系,推出了戴尔顾客咨询小组(CAP)。爱德华将其描述为"咆哮者和狂欢者的盛会"。受邀者的优先顺序取决于其社交媒体的覆盖范围及其与戴尔的亲密度。

在顾客咨询小组开展活动时,戴尔不仅听取意见,还就如何解决问题提供反馈。例如,戴尔听说有很多漏接的电话和不必要的转接后,就介绍了其推出的跨网站 ePhone CRM 软件,该软件可以提高报告能力,以更好地跟踪电信问题并排列合并,以消除某些不必要的转接。

我们所描述的声誉管理只是社交媒体营销活动的一部分,如果我们根据 RACE 框架回顾这些活动,则可以看到戴尔在顾客的整个生命周期中参与了社交媒体营销活动。

- 接触。利用研究、网络和广告,或者与受众相关的社交前哨、社区和博客与顾客及潜在顾客进行接触和互动。
- (内部)行动。包括确定目标,然后找出鼓励顾客进行互动并激励其参与的工具。戴尔在很多财务和非财务措施方面都有明确的目标,其考虑的措施包括通过付费搜索和支持节省运营成本以及通过衡量净推荐值提高顾客忠诚度。

顾客在与戴尔互动时，其体验会通过自己的及粉丝们的社交网络分享出去，这种病毒式传播效果有助于吸引新的顾客。

- 转化。戴尔试图利用最初的互动，将其转化为真正的潜在顾客价值或销售价值。实际上，戴尔有一个直销店通过推特进行销售。它还可以通过 Groupon 等社交媒体或交易网站发放促销优惠券，以鼓励购买。

- 吸引顾客参与。社交媒体面临的一大挑战是如何吸引顾客参与。对于戴尔来说，参与发生在多个平台上，尤其是在社区论坛中，这是用户对用户的支持帖子，主题囊括服务支持、预购和发烧友讨论等。戴尔的社区论坛有数以百万计的会员，每周都有数以万计的讨论和可接受的解决方案。为 IT 企业、小企业、教育和投资者等 B2B 顾客提供支持的还有 Direct2Dell 网络，专门鼓励有影响力的嘉宾加入讨论。戴尔用来吸引顾客参与的另一个手段是 IdeaStorm。IdeaStorm 是通过社交媒体集思广益的最佳范例之一，它鼓励顾客提出创意，进行反馈、创新和对话。由此产生了数以万计的创意，与此有关的评论大约有 10 万条，而且通过脸书的一个应用程序产生了病毒式传播的效果。虽然只有几百个创意被付诸实施，但戴尔通过向顾客反馈哪些想法有效、哪些想法不起作用，形成了一种良性循环。

资料来源：2011 年美国证券交易委员会文件管理（2008）；戴尔的案例研究；在线营销大师课程，于英国皇家建筑师学会，2008 年 11 月。爱德华（2011）；科里·爱德华总监的演讲稿：利用社交媒体解决企业声誉问题，社交媒体和声誉团队（SMART），2011 年 2 月，见 www.slide share.net/KerryatDell/dell-social-media-nma-event-london-v2-feb-2011 或 www.slideshare.net/KerryatDell/dells-social-media-journeyeconsultancy-masterclasses-november-2009；http://content.dell.com/us/en/corp/our-story-company-timeline.aspx.

**问题**

描述戴尔在网站设计和推广中为不同类型的在线顾客提供相关优惠的方法。

## 小结

1. 顾客关系管理支持"感知并响应"沟通，即根据存储在顾客档案中的公开或推断的顾客偏好，发送个性化的电子邮件或网站消息。

2. 顾客关系管理还涉及管理在线服务，提供旨在提高品牌忠诚度的顾客服务。

3. 支持 e-CRM 的许可营销的经典模式如下：

第 1 阶段：吸引顾客访问公司网站、合作伙伴的微网站或在脸书等社交网站上的主页。

第 2a 阶段：激励访客填写信息以获取其联系方式和个人资料。

第 2b 阶段：获取顾客信息以维持关系和建立顾客档案。

第 3 阶段：利用在线沟通进行交流，以达到让其重复访问网站的目的。

第 4 阶段。使用电子邮件、社交媒体信息，或者在经济实惠的情况下，使用直邮或电话联系，根据顾客的个人资料与其进行交流。

4. 个性化技术使定制的电子邮件（或直邮）可以发送给每个人（或相关的团体），定制的网页内容可以使用推送技术展示或传播。与基于规则的方法相比,机器学习和人工智能越来越多地被用于传递更有的放矢的信息。

5. 顾客关系管理还包括通过净推荐值(NPS)等技术审查顾客宣传情况,以及开发鼓励顾客宣传的项目。

6. 利用社交网络建设在线社区,特别是脸书主页、领英群组或与公司网站链接的独立社区,是社交顾客关系管理的关键组成部分。

7. 开发一个独立的顾客社区可以带来额外的好处,因为这个社区更符合公司的目标和顾客的品牌体验。

8. 通过顾客终身价值和 RFM 价值分析来管理顾客价值,是针对能够为公司带来最大未来价值的顾客进行目标营销的一项核心技术。

## 练习

### 自我评估练习

1. 为什么数字平台很适合用来开展关系营销?

2. 解释数字营销背景下的"个性化"。

3. 什么是顾客分析?

4. 利用人工智能完善营销传播有哪些选择?

5. 在使用数字沟通方式进行一对一营销时,如何解决顾客所担心的个人隐私问题?

6. 选取一个电子商务部门,如零售、旅游或金融服务,来解释为什么不同类型的自动联系策略很重要。

7. 解释 RFM 分析在不同类型的网络中的概念和应用。

8. 解释生命周期分析的概念和应用。

### 讨论题

1. 解释影响多渠道顾客沟通战略制定的因素。

2. 解释顾客终身价值分析如何应用于改善顾客生命周期的各个方面。

3. 探索将人工智能与大数据应用于市场营销的选择、成功因素和障碍。

4. 探讨利用数字媒体开展关系营销的法律和伦理约束。

### 测试题

1. 定义并解释顾客关系管理的范围和应用。

2. 解释并评估人工智能的六个应用在顾客生命周期不同阶段进行支持沟通的相关性。

3. 企业可以如何评估其顾客关系管理能力?

4. 解释创建虚拟社区对企业的好处,以及如何将这些社区用作关系营销的一部分。

5. 企业在开展一对一营销时,可以采取哪三项措施来确保顾客的个人隐私不被侵犯?

6. 解释可以如何利用数字媒体支持顾客推荐,以及可以如何积极地管理顾客推荐。

7. 什么是数字沟通战略?哪些成功因素会使沟通战略更有效?

8. 说明个性化互动网络会议及为个人顾客增加价值探索的机会和方法。

Agrawal，V.，Arjona，V. and Lemmens，R. (2001) E-performance：the path to rational exuberance，*McKinsey Quarterly*，1，31-43.

Altimeter(2010)Social CRM：the new rules of relationship management，*White paper* published April 2010，editor Charlene Li.

Chaffey，D. (2004) E-permission marketing，Chartered Institute of Marketing，*What's New in Marketing*，e-newsletter，Issue 25，www. wnim. com .

CIPR(2011) Social media marketing best practice guide，May 2011 edition，created by the CIPR Social Media Panel. Available from：https://www. cipr. co. uk/content/ policy-resources/policy/social-media(accessed May 2018).

Court，D.，Elzinga，D.，Mulder，S. and Vetvik，O. J. (2009) The consumer decision journey，*McKinsey Quarterly* (June).

Custora(2014)Taking the guesswork out of marketing—how Guess uses predictive analytics，blog post by Netta Kivilis on the Custora blog，10 December.

Doubleclick(2017)Nestlé achieves brand goals in mobile app environment，https://www . doubleclickbygoogle. com/ articles/nestle-achieves-goals-mobile-app/ (accessed May 2018).

Econsultancy(2008)Managing digital channels：integrating digital marketing into your organisation(190-page report)，Dave Chaffey.

Edwards，C. (2011) Tackling corporate reputation with social media，presentation by Cory Edwards，director of social media and reputation team(SMART)February 2011，www. slideshare. net/KerryatDell/dell-social-media-nma-event-london-v2-feb-2011. See also：www. slideshare. net/KerryatDell/dells-social-media-journey-econsultancymasterclasses-november-2009 ；http://content. dell. com/us/en/corp/our-story-company-timeline. aspx (accessed May 2018).

Euroffice(2017) Dealer support feature：gap analysis，12 January，http://eo-group. co. uk/ news-media/press-releases/dealer-support-feature-gap-analysis/ (accessed May 2018).

Forrester (2007) Marketing's new key metric：engagement，marketers must measure involvement，interaction，intimacy，and influence，*Forrester Analyst Report*，Brian Haven，8 August.

Forrester (2017) The Forrester Wave：customer identity and access management，Q2 2017，15 June，by Merritt Maxim with Stephanie Balaouras， Andras Cser， Salvatore Schiano， Peggy Dostie， https://reprints. forrester. com/ \#/assets/2/776/RES136462/reports (accessed May 2018).

Godin，S. (1999)*Permission Marketing*，Simon and Schuster，New York.

Inside CRM(2017) Four ways social CRM is evolving，Peter Kowalke，1 November，http://it. toolbox. com/blogs/ insidecrm/four-ways-social-crm-is-evolving-78879 (accessed May 2018).

Kumar，V.，Petersen，J. and Leone，R. (2007) How valuable is word of mouth?，*Harvard Business Review*，85(10)，139-146.

Monetate (2017) *Monetate Ecommerce Quarterly Report*， Q2， 2017， https://www. monetate. com/resources/ benchmarks-research (accessed May 2018).

Negroponte，N. (1995)*Being Digital*，Hodder and Stoughton，London.

Novo，J. (2003) Drilling down：turning customer data into profits with a spreadsheet，www. jimnovo. com.

O'Malley，L. and Tynan，C. (2001) Reframing relationship marketing for consumer markets，*Interactive Marketing*，2(3)，240-246.

Peppers，D. and Rogers，M. (1997)*Enterprise One-to-One：Tools for Building Unbreakable Customer Relationships in the Interactive Age*，Piatkus，London.

Presi，C.，Saridakis，C. and Hartmans，S. (2014) User-generated content behaviour of the dissatisfied service customer，*European Journal of Marketing*，48(9-10).

Reichheld，F. (2006) *The Ultimate Question：Driving Good Profits and True Growth*，Harvard Business School Publishing，Boston.

Reichheld，F. and Schefter，P. (2000) E-loyalty，your secret weapon，*Harvard Business Review* (July-August)，

105-113.

Rayport,J. F. and Sviokla,J. J. (1995) Exploiting the virtual value chain,*Harvard Business Review*,75(6),75.

Say, P. and Southwell, J. (2006) Case study: Beep-beep-beep-beep, that'll be the bank then-driving sales through mobile marketing,*Journal of Direct*,*Data and Digital Marketing Practice*,7(3),262-265.

Smart Insights (2010) Using social media and online channels to deliver customer service,interview with Guy Stephens, 5 October at：www. smartinsights. com/customer-relationship-management/customer-service-and-support/online-customer-service/ (accessed May 2018).

Smart Insights (2015) The social media marketing radar,blog article by Dan Bosomworth,9 January,https://www. smartinsights. com/social-media-marketing/social-media-strategy/social-media-marketing-radar/ (accessed May 2018).

Smart Insights (2017) Mobile marketing statistics,blog post by Dave Chaffey,1 March,https://www. smartinsights. com/mobile-marketing/mobile-marketing-analytics/mobile-marketing-statistics/ (accessed May 2018).

Solis,B. (2011)*End of Business as Usual*：*Rewire the Way You Work to Succeed in the Consumer Revolution*,Wiley, New York.

Soubra,D. (2012) The 3Vs that define Big Data,blog post,5 July 2012,www. datascience central. com/forum/topics/the-3vs-that-define-big-data/(accessed May 2018).

Tucker,C. (2014) Social networks,personalised advertising and privacy controls,*Journal of Marketing Research*,51 (5),546-562.

Urban Airship (2017) How push notifications impact mobile app retention rates,research report,https://www. urbanairship. com/lp/how-push-notifications-impact-mobile-appretention-rates (accessed May 2018).

Van Duyne,D.,Landay,J. and Hong,J. (2003)*The Design of Sites*：*Patterns*,*Principles*,*and Processes for Crafting a Customer-Centred Web Experience*,Addison-Wesley,Reading,MA.

Weinberg,T. (2010)*The New Community Rules*：*Marketing on the Social Web*,Wiley,Hoboken,NJ.

## 网址链接

- ClickZ（www. clickz. com）。一本关于在线营销传播的优秀文集,主要聚焦美国的营销实践。
- CRM Today（www. crm2day. com）。一个包含部署 CRM 技术相关文章的门户网站。
- Database Marketing Institute（www. dbmarketing. com）。包含最佳实践的文集。
- Dataversity（www. dataversity. net）。关于大数据文章的聚合网站。
- Infoworld（www. infoworld. com/category/big-data/）。有关大数据最新发展的网站。
- Jim Novo（www. jimnovo. com）。一家美国咨询公司的网站,有很多关于在线分析和定位顾客的技术细节。
- MyCustomer（www. mycustomer. com）。包含顾客关系管理的原理和技术的文章。
- Net Promoter Score blog（http://netpromoter. typepad. com/fred_reichheld）。讨论实施 NPS 的可行性的多作者的博客和论坛。
- Peppers and Rogers One-to-One Marketing Website（www. 1to1. com）。一个包含大量关于关系营销技术和工具的信息的网站。

# 第3篇

# 数字营销：实施与实践

第 7 章　传递数字化顾客体验

第 8 章　数字媒体活动策划

第 9 章　利用数字媒体渠道进行营销传播

第 10 章　数字渠道绩效的评估与改进

**数字营销：战略、实施与实践（第 7 版）**

Digital Marketing: Strategy,Implementation and Practice

# 传递数字化顾客体验

**学习目标**

读完本章后，你应该能够：

- 了解有助于通过网站、移动应用或相关实体店、虚拟（或增强）现实等方式提供有效数字体验的因素。
- 描述创建有效的网站、移动应用或社交媒体并优化其效果所需的不同技术。
- 评估不同服务质量及线上忠诚度框架的优缺点。

**营销人员要回答的问题**

- 创造或再造有效的移动端和电脑端体验涉及哪些活动？
- 在线服务质量、网站和应用程序设计中有哪些关键因素有助于实现顾客获取与保留？
- 可以使用哪些技术来确定访客的需求及其是否得到了满足？
- 如何整合不同形式的在线展示？

 ## 7.1 引言

过去，管理一个品牌的**数字化顾客体验**（digital customer experience）相对简单，企业只需要在实体店销售产品的同时建一个网站并利用电子邮件发送资讯。如今，情况则要复杂得多，营销人员要竭尽所能地通过数字接触点的组合来影响使用不同设备浏览自有媒体、付费媒体和免费媒体的消费者。品牌的数字体验中面向顾客的接触点包括电脑端或移动端优化的网站、移动应用程序、社交媒体上的公司页面、电子邮件、连接设备和物联网（IoT），本章我们将逐一介绍。对于多渠道零售商来说，数字化体验还包括在店内提供包含增强现实（AR）在内的数字设备。

如今，社交媒体上的公司主页具有很强的视觉性和互动性，如脸书或推特（文本更新、视频和图片帖子以及潜在顾客开发卡）、领英（公司页面和群组）、YouTube（品牌视频频道），以及 Ins 和 Pinterest（图像）。尽管领英可能仅限于职业领域，但大多数公司希望在上述七个社交网站上都有一席之地。如微型案例研究 7.1 所示，即使在线下渠道，数字设备也被用来补充因渠道限制而缺失的数字体验。英国零售企业 Debenhams 分享了其过去两年发展移动业务的情况。Debenhams 的移动营销经理萨拉·贝利(Sarah Bailie)在一次营销会议上说："对于所有希望创造体验式购物和目的地购物体验的多渠道零售商来说，在店内整合线上与线下渠道是当务之急。Debenhams 最有价值的顾客都是通过多种渠道与我们建立联系。"

## 微型案例研究 7.1：CloudTags 将店内数字体验与物联网相结合

CloudTags 与多家零售商合作，使用移动设备和 NFC(近场通信)技术创造了创新性的全渠道体验。哈维尼克斯百货(Harvey Nichols)和在线家具零售商 MADE 等在店内放置平板电脑供顾客使用。顾客只需输入自己的电子邮件地址即可创建顾客资料，然后通过点击店内的 NFC 图标与实体产品进行互动，获得图像、视频和推荐等丰富、深入的产品信息。顾客还可以利用一个单独的工具，将产品的详细信息发送到自己的邮箱。

如果顾客在店内得到员工的帮助，并且回家后在线上完成了购买，商店可以跟踪并将这笔线上订单分配给相应的员工，从而让销售人员的工作得到认可。

**结果**

哈维尼克斯百货发现，16％的购物者参与了店内数字化购买体验，18％的人在收到邮件后会采取进一步行动。MADE 在其诺丁山(Notting Hill)展厅也使用了这一技术：21％的消费者将其在店内看中的产品资料发送到收件箱；41％的人继续在网上浏览产品；在整个试验过程中，平均订单金额增加了 15％。

这个例子说明，现如今消费者是十分乐意与使用数字技术的公司进行互动的。购买的便利性、良好的顾客体验和更强的参与性不再只是有吸引力的附加功能，而是正在成为消费者购买过程中的常规期望。

### 7.1.1　创造有效的数字体验

考虑到用于查找品牌和服务的数字设备的普及，提高创建和维护这些有效在线品牌形象的能力是数字营销的重要一环。在引言中，我们介绍了可在品牌及其受众间进行交互的各种类型的数字设备。对于大多数企业而言，交互仍然发生在电脑端、(适配)手机端的网站和移动应用程序上，这也是本章将重点关注的内容。

"有效"意味着它必须为受众提供具有相关性的、令人满意的数字顾客体验。在本章的最后，我们将介绍 WEBQUAL、E-SERVQUAL 等框架，以评估可应用于数字通信的服务质量的各种要素。

"有效"也意味着它必须对品牌具有支持和增加价值的作用。**转化率优化**(conversion rate optimization, CRO)正越来越多地被企业用来提高在线展示的商业贡献。

本章我们将探讨企业在创造和维持顾客高满意度的在线体验过程中，可以采取的实际行动和产生影响的各种因素。曾担任过 John Lewis Direct 市场主管和 Charles Tyrwhitt 营销总监的艾莉森·兰开斯特(Alison Lancaster)认为需要进行以顾客为中心的在线展示。她说：一个好的网站应该总是以用户为出发点。要了解顾客是谁，他们怎样运用渠道来购物，并了解各种类别的市场是如何运作的。这包括了解你的竞争对手是谁以及他们如何在网上运作。你需要不断进行研究、反馈和可行性测试，以持续监控和提升在线顾客体验。顾客想要的是简单方便的订购过程。他们想要一个可以快速下载且具有良好结构的、易于浏览的网站。

你会发现，由于需要考虑很多实际的问题，因此创建有效的在线体验是一项巨大的挑战。图 7.1 是基于切尔纳顿（de Chernatony，2001）的一个图表创建的。切尔纳顿认为，要实现品牌承诺的在线体验，就必须传递理性价值、情感价值和基于这两种价值的承诺体验。影响在线顾客体验的因素包含在图 7.1 的金字塔中（不同的成功因素反映的是当前的最佳实践，这一点与切尔纳顿的图表有所区别）。图 7.1 还强调了在线服务质量的重要性，我们将在本章末尾对此进行更多探讨。克里斯托杜利德斯等（Christodoulides et al.，2006）也证实了一系列在线品牌资产指标对在线零售和服务公司的重要性。这一分析是在品牌资产的五个维度上进行的。下面列出的问题提供了一个很好的框架，可用于评估和测量不同类型网站的品牌体验质量。

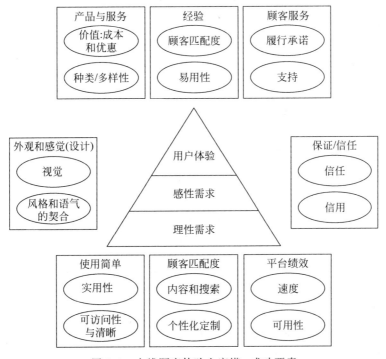

图 7.1　在线顾客体验金字塔：成功要素

**1. 情感连接**

Q1：我认为自己与[X]网站的顾客类型相关。

Q2：我认为[X]网站真的关心我。

Q3：我认为[X]网站真的了解我。

**2．在线体验**

Q4：[X]网站提供了便于操作且清晰的搜索路径。

Q5：在浏览[X]网站时，我从不会感到迷茫。

Q6：我能够随时获得我想要的信息。

**3．反应灵敏的服务性质**

Q7：[X]网站愿意且随时准备好回应顾客需求。

Q8：[X]网站为访问者提供了与[X]网站交流并反馈信息的机会。

**4．信任**

Q9：我相信[X]网站能保证我个人信息的安全。

Q10：与[X]网站交易时，我认为是安全的。

**5．履行**

Q11：我得到了我在[X]网站上订购的产品。

Q12：在[X]网站上订购的产品在其承诺的时间内完成交付。

WEBQUAL 是一个类似的电子商务网站框架，涵盖易用性、信息收集便利性、交易便利性和娱乐价值四个方面的 14 个维度(Loiacono et al.，2000，2007)。

这些有效的在线品牌体验元素在今天有何不同？差异可能包括支持与其他顾客的互动，也包括对内容或产品的评级、对不同数字设备的支持以及与其他线上和线下渠道的整合。近年来在**顾客体验管理**(customer experience management，CXM)的背景下评估企业数字化能力的相关研究比较有限。克劳斯(Klaus，2014)指出，"仍然需要提出理论和概念，并进行实证研究，以确定哪些数字化顾客体验战略和实践对企业绩效具有最积极的影响。"他确定了企业进行顾客体验管理的三个层次：维护者、改变者和先驱者。他认为先驱者具有"影响企业各个领域的顾客体验管理战略的模型，并制定相应的业务流程和实践指南以确保其有效实施。改变者只承认顾客体验管理面临的广泛挑战，而先驱者则对功能和顾客接触点进行整合，以确保顾客体验的一致性"。

图 7.1 包含很多与交易型电子零售网站相关的因素(如价格和促销)，这些因素共同构成了**网络销售**(web merchandising)。不过你也会发现很多理性价值和感性价值对任何网站都很重要。其中一些相关术语，如"实用性"和"易达性"(通过有效的网站设计实现)，你可能还不熟悉，我们将在本章后面进行解释。

在图 7.1 中，所有因素都与网站的使用有关，但是在线顾客体验不仅限于此，因此有效的设计是基于针对不同受众和不同场景的整个**顾客旅程**(customer journey)的整合，以实现最佳结果。在线展示的设计还包括以下内容：

- 通过搜索引擎轻松定位网站(参见第 8 章)；
- 合作伙伴在其他网站上提供的服务；
- 对外沟通的质量(如电子时讯)；
- 站内顾客电子邮件交流的质量；
- 作为多渠道营销的一部分，与线下沟通和接触点(如店内和电话)的整合。

## 基本数字技能：数字体验和网站

　　虽然很多人都有社交媒体账户,但并非所有人都会另外花时间开通博客。通过开通博客并偶尔更新,你可以感受到管理数字体验的挑战。

　　我们建议你培养下列技能：
- 解释网站的目的和主张；
- 鼓励不同类型的受众与网站进行互动,如推荐内容、社交分享或数据采集；
- 使用分析工具了解访客访问网站的路径和互动。

　　通过展示你的兴趣和经验来提高就业能力(市场竞争力)的实用方法包括：
- 使用 Wordpress.com 或 Tumblr.com 等低成本平台创建博客,并撰写你感兴趣的营销话题或爱好；
- 在博客中使用不同的主题,以查看级联样式表的工作方式；
- 在博客中使用(创建)分析功能,如 Google Analytics,以了解受众与网站的互动。

　　请使用 http://bit.ly/smartdigiskills 上的 Smart Insights 技能评估工具在整个 RACE 计划框架中审核你的数字营销技术。

### 7.1.2　本章的结构

　　在本章的开始,我们将考虑在展示中需要传递的理性价值和感性价值。之后我们将研究管理一个项目所涉及的过程和阶段,以便更好地改善用户体验。我们在网站设计这一部分的研究还结合了针对在线用户购买行为的探讨,因为只有在与顾客行为、需求和愿望相一致的情况下,才能提供适当的体验。然后,我们将继续评估在线服务质量的传递情况,包括支撑着理性价值的网站自身的速度和可用性等,也包括作为承诺体验核心的实现和支持。

## 7.2　网站规划、应用程序设计与重新设计项目

　　尽管社交媒体在不断发展,但公司网站仍然是在线交流的核心,公司必须保证用户能通过台式电脑(电脑端)、智能手机(手机端)和平板设备对公司网站进行有效访问。为了确保良好的体验,需要通过合理的过程来设计、构建和更新在线体验。过去在创建网站时,在没有充分进行前期规划的情况下,盲目地开始创意设计和内容创作是常见的错误。如今在创建网站的过程中仍存在这种情况,只不过不太常见,更为常见的是网站的重新设计和重新推出,以及持续的转化率优化。

　　设计与优化过程需要分析企业和使用者对于网站的需求(参见图 7.1),然后根据这些需求选出最佳的网站设计方案。如果没有结构性的计划和认真的网站设计,昂贵且复杂的返工不可避免,因为最初的网站设计很可能无法满足终端顾客的需求或公司的商业需要。完成活动 7.1 并思考：在使用无法满足你需求的网站时,你会遇到哪些问题。

## 活动 7.1  没有规划地进行网站或应用程序设计会出现什么错误？

**目标**：如果没有仔细规划在线展示的设计，要向顾客、合作伙伴和员工指出潜在问题。

**活动**：列出在线零售商的顾客因网站或应用程序设计不当可能面临的问题清单。根据你在网站上遇到的与网站设计的规划和实施相关的问题进行回答。

你的回答决定了新的网站设计要求，包括：内容相关、可接受的性能，信息正确地呈现在浏览器上，可在搜索引擎中查找(搜索引擎优化)。

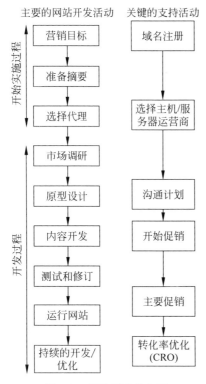

图 7.2  网站开发的步骤

图 7.2 中总结的网站开发过程是理想化的，因为出于效率方面的考虑，很多活动是同时进行的。图 7.3 则基于一个典型的网站项目方案，介绍了这些任务之间的关系及所需的时间。我们将在本章后面解释一些专业的网站设计术语，并说明网站开发与应用程序开发的区别。

作为数字体验规划过程的一部分，需要安排的主要开发任务如下：

(1) 开发前的任务。新的网站或应用程序的开发前任务包括域名注册及选择网站的托管公司。还包括准备一份简报，列出网站的目的和目标。如果打算将网站开发工作外包，还需要将简报提供给竞标代理机构并关注其出价。

(2) 发现、分析和设计。这属于研究阶段，涉及对网站的详细分析和设计，其中包括明确目标、进行市场调查以识别受众、典型的顾客角色、用户旅程及其需求，定义不同内容类型的信息架构，对不同功能进行原型设计和视觉设计。

(3) 内容创建、编码或开发和测试。开发网站创建原型，包括内容管理系统、数据库整合、可用性和性能测试。

(4) 发布、启动网站和改进。这个阶段相对较短。应用程序或网站更新版本的发布，通常使用**软投放**(soft launch)。虽然网站进行了更新，但是网站所有者在确定网站稳定之前，不会广泛传播新的版本。谷歌等网站的所有者在新版本广泛传播或使用前只对少部分用户开放测试版本，以评估测试版本新功能和新特征的影响。

(5) 运行前的推广和沟通。搜索引擎注册和优化对于新网站来说最为重要。尽管搜索引擎可以为新网站建立索引，但却不能为新网站提供与其他网站相同程度的可见性(有时被称为谷歌沙盒效应)，直到新网站完成有效性测试及可以通过链接其他网站证明自己的可信性。利用公关公司发通稿宣传是网站运行前的一种营销手段。

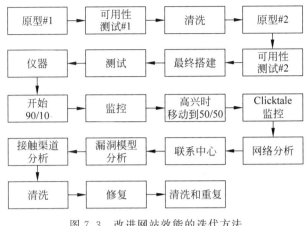

图 7.3　改进网站效能的迭代方法

资料来源：Sullivan(2011).

（6）持续的推广计划。整个项目的进度表中也应该考虑网站发布后的推广，包括在策划系统性的折扣促销方案时把市场竞争因素纳入其中。现在很多企业都考虑把搜索引擎优化和点击付费营销作为一个持续的过程，通常会雇用第三方来协助完成。

（7）持续的开发。过去，网站布局和版式的重新设计往往会有几年的间隔。虽然网站上与产品、服务和促销相关的内容会一直保持更新状态，但是网站的页面模板是不变的。正如我们在本章开头所描述的，转化率优化（CRO）的采用率越来越高，这意味着在使用敏捷开发流程进行更新时，(1)~(5)步是重复的。

重要的是要认识到，图 7.2 是对真实情境优化方法的简化。实际上，用敏捷开发流程和原型设计方法进行设计迭代是必需的。接下来，工作版本完工后，就应该通过用户测试进行检验，且应用第 10 章中介绍的包含 AB/多变量测试法的 CRO 进行实时测试。

## 7.2.1　谁应该参与数字体验项目？

网站的成功取决于参与网站开发的人员及其在团队中的表现。团队成员的概况如下：

（1）网站发起人。通常是高级管理人员，他们从预算中拨付费用支持系统的运行。他们清楚地知道系统的战略价值，并且希望网站可以成功运行，以便达到他们设定的业务目标。

（2）网站所有者。"所有权"通常由营销经理或电子商务经理（见数字营销洞察 7.1）负责。在大企业中，他们可能全职负责监督公司网站的运营；而在小企业里，则只是其职责的一部分。例如，在英国零售家电品牌 AO.com 等大公司，有一个独立的团队负责电脑端、移动端和平板电脑平台，其团队成员具有所有这些渠道所需要的技能。

### 数字营销洞察 7.1　提高网站的有效性

图 7.3 展示了沙利文（Sullivan,2011）建议的提高网站有效性的迭代方法。克雷格·沙利文（Craig Sullivan）曾经是为 Autoglass 等当地品牌提供维修服务的 Belron 挡风玻璃

维修服务公司的电子商务经理，现在则是一名独立顾问。他解释了用户体验的重要性，以及市场营销人员在试图优化顾客体验时所面临的线上和线下挑战。

请点击 https://www.youtube.com/watch? v＝N1VJVz2JBXY，听听沙利文是怎么说的。

（3）项目经理。主要负责网站项目的计划和协调，其任务是确保项目在规定的时间和预算内完成，以及网站能给公司和顾客带来计划中的好处。

（4）网站设计师。定义网站的外观和基调，包括通过层叠样式表（CSS）进行样式设计、布局及将公司的品牌价值传递到网站上。

（5）内容开发人员。为网站编写副本，并将其转化为适合网站的形式。在大中型企业中，这一角色可能被分成两部分，由负责撰写文案的市场营销人员与负责将文案转换为构成网页的图形和 HTML 文档，并为交互式内容编写程序的技术人员共同担任。

（6）网站管理员。这是一个技术角色。网站管理员有责任保证网站的质量，即保证网站达到适当的可行性和速度，并把网页与企业的数据库进行连接。在小企业中，网站管理员可能还要负责图形设计和内容开发。

（7）数字经验分析师或 CRO 专家。熟悉如何通过数字分析确定网站是否有效，以及如何运行转化率优化实验（详见第 10 章）。

（8）利益相关者。网站对企业其他成员的影响不应被低估。内部员工可能需要参考网站上的信息或使用其服务。

网站发起人和所有者将在企业内部工作，不过很多企业会将其他工作外包，因为全职员工无法胜任这些角色。活动 7.2 总结了外包的各种选择。

## 活动 7.2　数字营销活动外包的各种选择

**目的：**强调数字营销外包的可行性，并了解如何选择供应商。

**活动：**一家 B2C 公司正试图决定应该将哪些数字营销活动外包。选择一个你认为能最好地提供表 7.1 中列出的服务的供应商，并证明你的决定是正确的。

**表 7.1　不同数字营销活动的外包选择**

| 数字营销功能 | 传统营销代理 | 数字营销代理 | 传统 IT 供应商 | 管理咨询商 |
|---|---|---|---|---|
| 1. 战略 | | | | |
| 2. 设计 | | | | |
| 3. 内容与服务开发 | | | | |
| 4. 线上推广 | | | | |
| 5. 线下推广 | | | | |
| 6. 基础建设 | | | | |

不同类型的供应商都招募专业人员提供"一站式服务"和"全方位服务代理"，其区别变得越来越小，但不能否认它们在特定领域都趋于最强。企业需要决定是在每个领域都

与同类中的佼佼者合作,还是折中选择最有可能在不同营销活动中实现整合的一站式服务——可以是新媒体代理机构,也可以是拥有新媒体部门的传统营销代理机构。你认为哪种方法最好?

通过观察外包实践,我们发现存在下面两种相互冲突的模式。

(1) 由外转内。企业在开始使用新的数字营销技术时,通常会将一些由于内部专业知识不足而无法很好完成的活动外包出去。然后随着数字营销对业务的贡献越来越大,企业开始通过提高内部技术支持来管理这一领域。采用由外转内方法的初衷可能是希望降低外包成本、减少因为供应商提供低质量服务对企业的影响或者集中资源以实现内部(战略)核心竞争力的提升。

(2) 由内转外。企业一开始会通过招聘数字媒体专家(新媒体运营人员),利用 IT 部门和市场营销部门中现有的资源来开展数字营销。但是在运营过程中企业可能会发现,在开发满足顾客需求的网站和建立网站引流机制方面仍然存在一些问题。此时它们可能会寻求外包来解决这些问题。

这两种方法并不是相互排斥的,由外转内的方法可能被用于一些商务功能的开发(如内容开发)和搜索引擎优化(SEO),而由内转外的方法可能被用于网站推广等其他功能。

## 7.2.2　原型设计

**原型**(prototypes)是整个网站或网站一部分的试用版,通过迭代过程逐渐完善,使之更接近最终版本。最初的原型或模型可能只是纸面原型、故事板、**线框图**(wireframe)或屏幕布局。可以将这些扩展到包括一些关键静态页面的视觉效果设计。最后,在开发了网页代码后,可运行的原型便产生了。设计机构或开发团队及委托开发的营销人员会对原型进行审查和评论,然后根据各方提出的建议与反馈对网站进行进一步优化。根据原型设计可以形成一个更有效的最终网站,相比需要更长时间才能确定需求的传统方法,其开发速度更快。

原型的每次迭代通常会经过下列阶段(如图 7.4 所示):

(1) 发现或分析。了解网站用户和业务开展对网站的需求,这些需求受到业务(交易)和市场营销策略的影响(以及来自之前原型的评论输入)。

(2) 设计。定义网站的具体特征,以满足前期分析过程中确定的用户需求和业务需求。

(3) 开发。网页的创建和网站动态内容的开发。

(4) 测试和审查。进行结构化检查,确保网站的各方面都能满足最初设定的需求,而且可以正常运行。

## 7.2.3　敏捷软件开发

如今,原型设计的概念已经扩展到开发网站功能或软件应用程序的整个生命周期,这被称为**敏捷软件开发**(agile software development)。敏捷软件开发的目标是比传统开发方法更频繁地创建稳定的发布版本,也就是说,新功能将通过每月几个版本的发布来引入,而不是每隔几周、几个月甚至几年发布一次更重要的版本。敏捷开发的另一个特别之

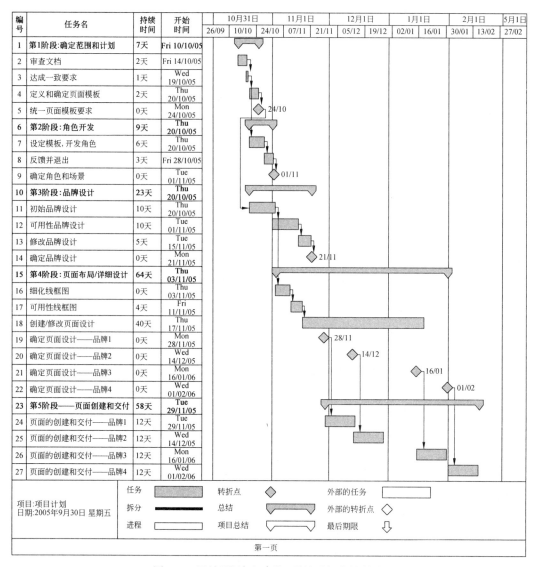

图 7.4　网站"设计和建设"项目时间表的例子

处在于它强调面对面的交流来定义需求，而不是通过详细的需求规格说明书。

　　Scrum 是一种支持敏捷软件开发的方法。Scrum 涉及利益相关者，包括项目经理、产品所有者（代表利益相关者，如业务所有者和顾客）和开发团队。

　　Scrum 是以 15～30 天的集中任务冲刺为基础的，在这段时间内，团队可以创建一定数量的潜在可发布软件。每一次任务冲刺的潜在功能是在冲刺策划会议上从产品待办事项列表（一组按优先级排序的高级需求）中商定的。产品负责人将需求填入产品待办事项列表中，然后技术团队判断在即将到来的任务冲刺中可以完成多少。冲刺策划会议是一个不断重复的过程。scrum 一词的原义是橄榄球比赛中的并列争球，这里用来指冲刺期间每天的项目会议状态。（http://en.softhouse.se/varaerbjudanden/verksamhetsutveckling 上有对这一过程的描述。）

快速开发方法(包括动态系统开发方法和极限编程)的支持者在 2001 年订立的《敏捷宣言》(http://agilemanifesto.org/)中包含了敏捷开发的原则。《敏捷宣言》有助于更好地阐释与传统方法形成对比的敏捷编程原理。宣言如下:我们通过自己做和帮助别人做来发现开发软件的更好方法。通过这项工作,我们认识到:个体和交互胜过过程和工具;软件的有效性胜过文档的完备性;顾客协作胜过合同谈判;应对变化胜过遵循计划。也就是说,虽然后者也有价值,但是我们更看重前者。

与敏捷方法密切相关的是使用 DevOps 方法进行重组。维基百科(2015)解释了其背后的原因:DevOps 方法的具体目标是跨越整个交付渠道,包括改进部署频率,这可以更快地推出新版本的网站、降低新版本的失败率、缩短修复之间的交付周期,以及在新版本崩溃或当前系统由于其他原因被禁用的情况下更快地恢复。使用 DevOps 方法,简单流程变得越来越具有可编程性和动态性,该方法旨在最大限度地提高操作过程的可预测性、效率、安全性和可维护性。

## 数字营销洞察7.2　交付成功的因素

政府服务手册(www.gov.uk/service-manual)描述了使用包括 Discovery、Beta、Alpha 和 Live 阶段的敏捷方法开发在线服务的过程。英国政府的数字服务通过四个主要阶段和一个报废阶段来获取它想要上线或重新推出的每项新服务。手册中描述的这些阶段与商业项目使用敏捷方法的各阶段所用的术语是类似的。

(1) Discovery(4~8 周)。Discovery 阶段提供了对用户需求的高层次理解,定义了可能需要的 KPI 和初始原型的范围。

(2) Alpha(6~8 周)。Alpha 阶段涉及探索用户挑战的解决方案。将会有更多的开发人员和设计师参与其中,并将帮助你构建和测试满足你的需求的原型及可能的解决方案。

(3) Beta。Beta 阶段的目标是构建一个可以正常运行的原型,该原型已经通过用户测试,并且可能涉及私有和公共 Beta。

(4) Live。政府服务手册解释说:"服务上线后,工作不会停止。你将不断改进服务,对新的需求和要求作出反应,并满足开发过程中设定的目标。"

在一篇文章(O'Neill,2014 年)中,一位项目经理解释了交付的成功因素,并确定了有效的项目的 18 条标准(www.gov.uk/service-manual/digital-by-default),其中大多也适用于商业项目。

### 增长黑客

最近,**增长黑客**(growth hacking)的概念已经发展成通过使用敏捷方法来支持企业盈利增长的一种方式。安德鲁·陈(Andrew Chen,2012)是一名创业者,也是很多初创公司的顾问和投资者。他在文章 *Is the Growth Hacker the New VP Marketing* 中描述了增长黑客:增长黑客是营销人员和程序员的混合体,他们关注的是"如何为我的产品赢得顾客"这个传统问题,然后用 AB 测试、登录页面、病毒因子、电子邮件的送达和开放通信协定(Open Graph)来回答。除此之外,他们还将直接营销的原则分层,重点是定量测量、通过电子表格进行场景建模及大量数据库查询。

这段话表明，很多功能，如通过转化率优化（CRO）来关注测试和学习并不是什么新鲜事。这段话还说明了如何实现业务转型的思维方式的转变。增长黑客的另一个关键特征是应用技术通过鼓励用户分享其经验来实现病毒式增长。在被微软收购之前，Hotmail 的用户从 0 增长到 1 200 万，这是增长黑客最喜欢的轶事。Hotmail 如此快的分享速度得益于其电子邮件签名："PS I love you。在 Hotmail 获取免费电子邮件、签名。"如今，鼓励通过社交登录和社交共享进行分享的方式已成为增长黑客所追求的一种方法。施兰兹（Schranz，2012）称，这些技术帮助领英将用户从 1 300 万增长到 1.75 亿。施兰兹解释说，领英的增长团队首先建立了一个简单的框架来衡量和改进，让每个人更容易理解关注的是什么及其重要性：

（1）获得：让人们关注你的产品。

（2）激活：提供良好的初始体验。

（3）参与：让员工参与，创造价值。

（4）病毒式：让人们推荐你的产品。

现有企业正在采用一些增长黑客的原理，以期通过数字渠道提高销量。例如，英国卫报登广告招聘一位"增长黑客主管"，并将该职位的职责描述为：卫报致力于"数字优先"的战略。为了支持这一战略，我们正在寻找一名增长黑客主管来管理一个虚拟的、跨职能的团队，该团队专注于卫报新闻传媒集团（GNM）的增长黑客计划。该职位的职责是寻找创新的方法来加速采用、使用和保留，以扩大卫报数字产品组合的受众面。

 # 7.3　启动数字体验项目

在分析、设计和创建网站之前，所有的主要项目都将有一个初始阶段。在该阶段，要对网站的目的和目标进行审查，以评估是否值得投资网站，并决定投资金额。**网站项目的启动**（initiation of the website project）为该项目提供了一个框架，可确保：管理层和员工对项目的全力以赴；目标明确；审查成本和收益，以便对投资进行适当的调整；项目将遵循结构化的路径，并明确了项目管理、分析、升级和维护等方面的职责；实施阶段不会忽略项目的重要方面，如测试和推广。

## 7.3.1　域名选择和注册

如果一个项目或活动涉及一个新的网站，而不是简单的升级，则需要注册一个新的域名，即通常所说的网址或统一（或通用）资源定位符（URL）。

选择域名是一个相对简单的决定，因为营销人员都了解一些基本术语。企业通常具有位于不同地址域上的多种数字服务，尤其是针对不同地区具有不同域的公司。域名是指网络服务器的地址，通常选择与企业相同的名称，而扩展名将表明其类型。

扩展名通常称为通用顶级域（gTLD）。常见的通用顶级域包括：.com 代表国际性或美国的公司（如 www.travelocity.com）；.org 代表非营利组织（如 www.greenpeace.org）；.net 代表网络提供商（如 www.demon.net）。

还有一些特定的国家代码顶级域名(ccTLDs),例如:. co. uk 代表总部设在英国的公司(如 www. thomascook. co. uk); . au、. ca、. de、. es、. fi、. fr、. it、. nl 等代表其他国家的公司; . ac. uk 代表英国的大学或其他高等教育机构(如 www. cranfield. ac. uk); . org. uk 代表针对单一国家的组织(如 www. mencap. org. uk)。

网址的"filename. html"部分是指一个单独的网页,如 products. html 代表有关公司产品的网页。

重要的是,公司应定义一个 URL 策略,帮助顾客或合作伙伴在线下沟通(如广告或宣传册)中找到网站中包含特定产品或活动的相关部分。

## 7.3.2　统一资源定位符

网址的技术名称是**统一(或通用)资源定位符[uniform (or universal) resource locator, URL]**。可以将 URL 看作一种标准的寻址方法,类似于邮政编码,可以使查找域名或该域名上的文档变得很简单。

大企业,特别是那些有很多网站的企业,有必要制定 URL 策略,这样就有一个统一的方式来标记在线服务和资源。

域名是通过托管公司或域代理使用域名服务注册的,例如:

- InterNIC(www. internic. net)。注册. com、. org 和. net 域名。
- Nomine(www. nominet. org. uk)。注册. co 和. uk 域名。所有国家特别域名,如. fr(法国)或. de(德国),都拥有自己的域名注册机构。

注册域名时应遵循以下原则:

(1) 活动微型网站可能会阻碍可检索性并带来维护方面的问题。如果专门为广告活动创建一个新网站,可能会引起一些问题。因为尽管谷歌的机器人会快速对其进行抓取,但如果没有其他网站的反向链接,其排名可能不会很高,可见性也会很差。因此,将访问者输入的域名定向到现有网站上的一个活动文件夹中通常更为可行。

(2) 企业应注册多个 ccTLDs 以保护自己的声誉。如第 3 章所述,"域名持有人"可能希望购买本应属于该品牌的域名扩展或 ccTLDs,如. org. uk 或在其他国家的同等域名。

(3) 新成立的初创公司应考虑公司和域名是否有助于搜索引擎优化。现有品牌在网站上使用的是其公司或品牌名称,而新公司的域名中如果包含搜索者将要搜索的关键词,则效果更好。正如第 3 章提到的,由于这个原因,公司可能会花很多钱注册一个域名,如 cruises. com。

## 7.3.3　选择托管服务提供商

给网站选择合适的托管服务提供商是一个重要的决定,因为其提供的服务质量将直接影响企业为顾客提供的服务质量。Rackspace 等专业的托管服务提供商面向大多数大中小型的企业。托管内容的服务质量主要取决于两个因素:网站的性能和可用性。

## 7.3.4　网站性能优化

网站所有者需要认识到页面下载性能对于一个网站的成功是至关重要的,即使有些用户有宽带连接,而且网站有较好的**带宽**(bandwidth)支持。

随着智能手机的普及,网站性能变得越来越重要,因为智能手机通常比台式机拥有更低的带宽连接。谷歌(2017b)的研究表明,用户对可接受下载时间的平均感知值为 2 秒,而欧洲网站的平均值为 8 秒左右。

值得注意的是,用于传输数据协议的创新也有助于提升网站性能。HTTP/2 是万维网用来在网络浏览器和服务器之间传输数据的 HTTP 网络协议的主要修订版。大多数网站都在使用安全的"HTTPS"协议(在浏览器栏中用挂锁符号表示)。谷歌鼓励网站使用 https,因为这样更安全,在对网站进行排名时,它会优先选择使用安全的"https://"网站。

微型案例研究 7.2 中 Metro Bank 的例子表明,通过重新设计网站来提高性能和可用性,可以显著提高顾客满意度。如今,90%的用户在不到两秒的时间内就可以加载页面。

## 微型案例研究 7.2 Metro Bank 通过提升网站响应速度改善数字顾客体验

Metro Bank 于 2010 年夏天首次营业,这是 100 多年来英国第一家在商业街开业的银行。作为英国银行业领先的挑战者,Metro Bank 以其能为全国顾客提供最好、最便利的服务而自豪。

因此,Metro Bank 希望对其面向公众的网站 MetroBankonline.co.uk 进行改造,使其可以准确反映银行的服务、品牌特色和形象。它还希望确保网站在所有设备上都能完全响应,并且对所有内容编辑器都易于更新和管理。修改后的网站还必须在 5 个月内完成交付。

Metro Bank 的技术部门 Netcel 与德勤数字公司及一些第三方专家合作。德勤数字公司提供进一步的艺术指导和模板设计。Netcel 在最新版本的 Episerver 的基础上,利用其专业知识,建立了修改后的网站。它创建了所有前端页面模板,包括页眉、页脚和导航。新的用户界面经过了严格测试。

凭借各方协作、敏捷的处理过程,Netcel 在短短 5 个月内就完成了这个高度复杂的项目,最终让新的网站在规定时间启动。

自重新发布以来,Netcel 一直致力于后续版本的开发,包括新的要求及对现有功能的优化,如抵押贷款计算器工具。

根据 Metro Bank 的说法,在独立的"数字信心"测试中,公众对新网站的反应是"绝对积极的",Metro Bank 的评分从 4.5 上升到 7.5。

特里比斯(Trilibis,2014)对 150 多个表现优异的移动响应网站的研究发现,在这些网站中只有 21%的网站在不到 4 秒的时间内就在智能手机上完成了加载,32%的网站需要 8~48 秒才能完成加载。特里比斯调查了导致响应网站页面加载速度缓慢的原因,发现图像大小是影响速度的主要因素。

另一种策略是应用 Akamai 和 Cloudflare 等**内容分发网络**(content distribution networks,CDNs),了解从服务器发送内容时存在的潜在技术问题。

谷歌显然非常重视网站管理这一领域。它希望用户能够快速访问相关内容,并表示如果一个网站的速度特别慢,其排名将会受到影响。为了帮助网站所有者,谷歌提供了如图 7.5 所示的工具来显示相关性能。

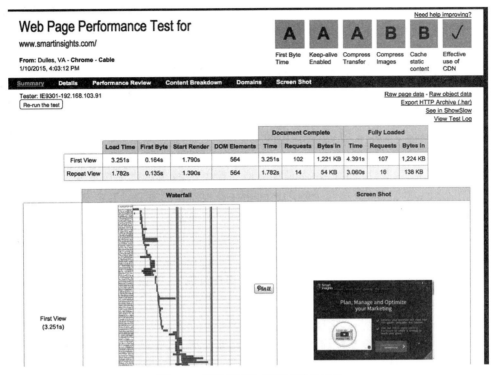

图 7.5 网站页面性能测试服务结果

下载时间的长短取决于很多因素,其中一些因素是无法控制的,但托管公司连接到互联网的带宽以及网络服务器硬件和内容管理平台的性能是关键。网页用千字节度量的页面字节量(取决于图像与动画的数量和复杂程度)也会影响下载速度。

企业在选择托管服务提供商时要考虑的另一个因素是,服务器是专供一家公司使用还是几家公司共用。专用的服务器显然是最好的,但价格自然也会高很多。

## 7.3.5 网站的可用性

一个网站的可用性是指用户访问网站的容易程度。理论上,这个数值应该是 100%。但有时由于技术原因,如服务器硬件故障或软件升级,这个数值可能会大大低于 100%。

网站的配置还需要能够处理在某些时间(如在大促期间)增加的负载。西维苏姆(SciVisum,2005)建议公司做到:

(1)定义网站上每个访问者的高峰访问量需求。例如,网站应该能同时支持每秒大约 10 次结账、30 次添加到购物车、5 次注册、2 次查看订单状态。

(2)服务水平协议。需要就每个交易阶段商定更详细的技术要求。主页传递时间和服务器正常运行时间需要更为详细地予以说明。

(3)建立一个监测程序,对商定的行程进行全天候的测量和报告。

网站还需要在将页面呈现给用户的速度方面作出响应，因为如果页面加载时间较长，访问者不太可能停留在网站上，从而无法将其转化为销量。因此，评估下载速度和优化页面设计是很有用的，这样就不会花费太长的时间来渲染。如图 7.5 所示的网站页面性能测试服务可以用来检查页面服务过程的不同阶段需要多长时间，以及如何改进。

# 7.4　定义网站或应用程序需求

**发现或分析阶段**（discovery or analysis phase）包括使用不同的营销研究技术来找出企业和受众的需求，无论是网站、移动网站、应用程序还是公司的社交页面，这些需求都可以用来推动网站的设计和内容。

这些绝不是"一次性"的练习，而是很可能在原型的每次迭代中被重复运用。虽然分析和设计是独立的活动，但这两个阶段之间往往有相当大的重叠。在分析中，我们试图回答以下关于"谁、什么、为什么、如何、何时、在哪里"的问题：

（1）谁是网站或应用程序的主要受众（参见第 2 章中的人物角色说明）？

（2）他们为什么要使用这个网站或应用程序（是什么吸引了他们）？

（3）网站或应用程序的内容应该是什么？将提供哪些服务（价值主张）？

（4）如何组织内容（信息架构）？

（5）如何进行导航（可查找性）？

（6）希望体验传递的主要营销结果是什么，如注册、潜在顾客和销售，以及我们将如何增加这些结果（说服和 CRO）？

（7）在何种环境下，即何时、何地、在何种设备上获得这种体验（在家里、在工作中还是在移动设备上）？

为了帮助回答这些问题，网站设计师通常使用**以用户为中心的设计**（user-centred design），这种方法会运用一系列技术来确保网站满足用户的需求。这通常涉及用于网站设计或顾客角色的人类学研究。

"ISO 9241-210 人机交互的人体工程学：交互式系统的以人为中心的设计标准"中定义了一种结构化的以用户为中心的设计方法。它将以人为本的设计描述为：一种系统设计和开发的方法，旨在通过关注系统的使用及应用人体工程学、可用性知识和技术，使交互系统发挥更大的作用。

接下来，我们将探讨在线展示的关键需求——商业需求和用户需求，它们包括可用性、易达性和信息需要。

## 7.4.1　业务需求

以用户为中心的设计存在的风险是实现营销结果的业务需求可能被边缘化。**市场导向的网站设计**（marketing-led site design）是由营销目标和策略决定的。一种常见的方法是将设计建立在实现成功数字营销的绩效驱动因素（参见第 4 章）和本章开头提到的忠诚度驱动因素的基础上。网站的设计受下列性能的影响。

（1）顾客获取：在线价值主张必须是明确的。必须制定诸如第 6 章所述的对顾客获取和许可营销的适当激励措施。

（2）顾客转化：网站必须吸引首次访问者。为了获取和留住顾客而采取的行动必须突出，并清楚地说明好处。顾客获取和保留服务的行动要求必须尽可能简单，以避免在此过程中出现摩擦。

（3）顾客保留：必须提供适当的激励措施、内容和顾客服务信息，以鼓励重复访问和开展业务（见第 6 章）。

（4）服务质量：受网站导航、性能、可用性、对需求的响应的影响。

（5）品牌建设：必须清楚地解释品牌的折扣，而且顾客能够与品牌互动。

市场导向的网站设计也被称为**说服营销**（persuasion marketing）。布莱恩·艾森伯格（Bryan Eisenberg）是说服营销及其他设计原则（如可用性和可访问性）的早期倡导者。他表示，这种对营销结果的关注是必需的。在线框图和故事板阶段，我们会对访问者看到的每个页面提出三个关键问题：①需要采取什么行动？②谁需要采取行动？③我们如何说服访问者采取我们所期望的行动？

福格（Fogg，2009）开发了一个模型来说明劝导型设计。福格的行为模型指出，一个人要想执行目标行为就必须：①有足够的动机；②有能力执行该行为；③被激发执行该行为。这三个因素必须同时具备，否则目标行为将不会发生。

在回顾以用户为中心的设计过程之前，认真阅读微型案例研究 7.3，它展示了一家公司是如何开发一个融合了市场主导和以用户为中心设计的网站的。

## 微型案例研究 7.3　Optimax

Optimax 是英国最大的激光眼科治疗公司之一。第一家 Optimax 诊所于 1991 年开业，目前在英国有 22 家诊所。其增长得到了网站和数字媒体的支持，因为在线内容是消费者决策过程也是公司发展潜在顾客的关键。

图 7.6 显示了 Optimax 如何在其主页上整合说服、可用性和可访问性来满足业务需求。

下面列举了 Optimax 用来帮助其实现目标的一些设计元素：

（1）轮播图（页面的中间上方）。用来传递关键的品牌信息，并通过形象定位品牌，以吸引不同年龄层的顾客。

（2）凸显顾客旅程（轮播图下方按钮）。"治疗费用""诊所位置"和"治疗适合你吗？"的"行动召唤"按钮有助于突出基于调查结果得出的顾客普遍关注的问题，让访问者在"购买之路"上轻松找到问题的答案。

（3）激励响应形式（右上）。这种"潜在顾客生成形式"采用多种激励措施，并且具有突出的地位，因此公司可以利用电子邮件和电话沟通来培养顾客对产品的兴趣。

（4）介绍性文本（在屏幕截图下方）。这有助于向用户显示相关性，传达关键品牌信息，并用于搜索引擎优化，以针对关键短语"激光眼科手术"和"激光视力矫正治疗"。

（5）对关键业务目标的明确行动召唤。同样位于屏幕顶部的突出位置，这些很可能被设置为 Google Analytics 的转化目标。综合使用图像和文本，以避免横幅盲区。这些也都突出了网站的在线价值主张。

图7.6　Optimax网站界面

（6）常见问题的回答（中间部分）。解决问题的要点通常隐藏在常见问题（FAQ）中，不过Optimax在主页上突出了它们。主要关注点也要在主导航中突出显示。

（7）醒目的电话应答（右上）。这对于高价值、复杂的产品至关重要，因为通过电话渠道的转化率往往更高。一个独特的网络数字可用于追踪在线影响。

（8）社会认同。展示来自现有顾客的推荐语。

## 7.4.2　可用性需求

**可用性**（usability）这一概念可用于分析和设计一系列产品，反映产品的易用性。英国标准（BSI）/ISO标准（1999）指出"交互式系统的以人为本的设计过程"将可用性定义为：在特定的使用环境中，特定用户使用产品以达到特定目标的有效、高效和满意的程度。

你会发现这一概念很容易被运用到网站设计中，网站访问者通常有明确的目标（如找到特定的信息），或者完成一个行动（如预订航班或查看账户余额）。

雅各布·尼尔森（Jakob Nielsen）在其经典著作《网站可用性设计》（*Designing Web Usability*，2000）中将可用性描述为：网站设计的一种工程学方法，可确保网站的用户界面是可学习、可记忆、无错误、有效且能使用户满意的。它结合了测试和评估，以确保在尽可能短的时间内最佳地使用导航和链接访问信息。它是与信息架构伴生的过程。

实际上，可用性涉及两个关键的项目活动。用于识别之前设计问题的**专家审查**（expert review）通常发生在一个重新设计的项目开始之前。**可用性测试**（usability testing)包括：

（1）识别网站的代表性用户（见表 7.2）和典型任务；

（2）要求他们执行特定的任务，如找到一件产品或完成一份订单；

（3）观察他们在做什么及他们是如何完成的。

网站要想取得成功，需要完成下列用户任务和活动。

（1）有效性。ISO 9241-210 将有效性定义为"用户实现指定目标所需的准确性和完整性"。数字体验可用性专家可以评估任务完成情况。例如，网站 30% 的访问者能够找到电话号码或其他信息。

（2）高效性。ISO 9241-210 将效率定义为"与用户实现目标的准确性和完整性相关的资源消耗"。数字体验可用性专家还会测量完成一项任务需要多长时间，或者需要点击多少次。

雅各布·尼尔森在"可用性 101"（www．useit．com/alertbox/20030825）中解释了可用性的必要性。他认为：对于网站而言，可用性是生存的必要条件。如果一个网站很难使用，顾客就会流失；如果主页不能清楚地说明公司提供什么、用户可以在网站上做什么，顾客同样会流失；如果用户迷失在一个网站中，那么顾客也会流失；如果一个网站的信息难以阅读，或者不能回答用户的关键问题，顾客还会流失。你注意到这些问题了吗？

基于这些原因，尼尔森认为设计项目预算的 10% 应该花在可用性上，然而这方面的实际支出通常要少得多。

有些专家还将可用性扩展到在焦点小组中以便测试网站的视觉效果或品牌设计，评估消费者对网站和品牌的感知度。通常，可选择的视觉设计可以用来识别哪个是最合适的。

其他网站设计研究活动包括使用人物角色和基于场景的设计（如第 2 章所述）。

### 7.4.3　网站可访问性需求

**网站可访问性**（web accessibility）是网站的另一个核心必备条件。它允许网站的所有用户参与互动，无论他们是否有残疾，或是使用什么样的浏览器或平台访问该网站。设计一个无障碍网站可以帮助的主要受众是视障人士。移动设备的普及也使网站可访问性的重要性日益突出。

下面这段话说明了易访问性对于使用屏幕阅读器读取网站导航选项和内容的视障用户的重要性：对我来说，上网是生活的全部；它是我的音响设备，它是我的收入来源，它是我的超市，它是我的电话，它是我的生活方式。（Lynn Holdsworth，屏幕阅读器用户、网站开发人员和程序员）

请记住，正如我们在第 3 章中解释的那样，很多国家现在都有特定的**可访问性法规**（accessibility legislation）。网站所有者需要遵守这些法规。这些法规通常包含在残疾和反歧视法案中。在英国，相关法案是 1995 年制定的《残疾与歧视法案》（Disability and Discrimination Act，DDA）。最近关于 DDA 的修订规定，公司在招聘和雇用人员、提供服务或教育时歧视残疾人是违法的。提供服务是网站设计所需遵循的法律规定的一部分。提供无障碍网站是 1999 年颁布的《残疾与歧视法案》第二部分的要求，并于 2002 年由法律所明确规定。

创建无障碍网站的指南由不同国家的政府和慈善机构等非政府组织制定。互联网标准组织（如万维网联盟）一直在积极地通过"网站无障碍倡议"（www.w3.org/WAI）推广网站可访问性指南。指南指出了以下一些常见的可访问性问题：没有替代文本的图片；缺少图像地图热点的可选文本；使用容易被误解的网页结构性要素；未经许可的音频或未描述的视频；缺少用户无法访问框架或脚本的备用信息；线性化后很难解释的表；色彩对比度差的网站。

万维网联盟提供了有关使用 HTML 进行网站设计和编码的无障碍合规性的完整清单。

## 7.4.4 个性化需求

当潜在顾客和顾客使用商业网站和应用程序时，我们可以利用技术了解很多有关其行为、喜好和特征的信息。这既包括基于行为的隐式数据，也包括通过分析表单、调查和测验或通过链接到第三方数据源收集的显式数据。**个性化**（personalisation）的目的是通过定制的建议提供更多相关的体验，以提高销售转化或顾客与品牌的互动。

尽管我们中的很多人都曾通过零售产品推荐（如亚马逊的推荐）体验过个性化，但该定义显示了个性化与所有类型企业的相关性。不进行在线销售的 B2B 公司可以利用个性化推荐相关内容，以维持潜在顾客对业务的兴趣，从而促进销售。

数字个性化提供商 Monetate（2017）建议，对于交易型电子商务业务来说，个性化的机会基于三种主要类型的隐含数据，这些数据可以在分析中捕获：

（1）语境。例如，初次访问或回访、设备类型、位置、时间和引荐来源。

（2）行为。例如，浏览过的内容，特别是浏览过的产品及购物车中未结账的物品。

（3）历史。过去的购买、参与会员计划和电子邮件互动（也包括行为）。

我们建议添加第四个，尽管并非所有个性化系统都可以与其他数据源（如个人资料信息）整合：

（4）轮廓特征。明确公开的数据，捕获的是有关细节的信息，如性别、年龄或公司数据，或者从第三方数据推断出的个人信息，这些第三方数据来自与居住地相关的类似受众。

正如我们在第 4 章中所解释的那样，现在大多数地区的法律要求是根据数据保护和隐私法披露将如何使用个人数据进行个性化。Monetate（2017）在个性化金字塔（见图 7.7）中区分了对于企业评估其能力非常有用的三种个性化级别，如下所述。

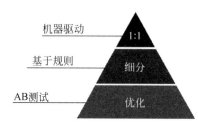

图 7.7　个性化金字塔网站
资料来源：Monetate.

（1）使用 AB 测试进行优化。该技术用作转化率优化的一部分，用于识别哪些页面元素和变体形式对提高转化率很重要。它并不是典型的基于数据收集的个性化服务，而是涉及为某些用户组提供不同的内容，并与控制组进行比较。

（2）使用基于规则的目标细分。根据以上四种类型的数据，在个性化系统中设置规则，为不同的受众群体提供不同的内容。例如，可以针对初次来访者和重复访问者提供不同的信息,或者向刚刚完成购买的人推荐"最佳产品"。

(3)1∶1个性化。该方法超越了预定义的规则,可以使用机器学习或预测分析功能,根据所有已知的配置文件信息及与其具有类似特征的人过去是如何响应的,将最相关的信息提供给个人。

## 微型案例研究7.4 零售品牌如何开展个性化项目以提高参与度

服装零售公司杰克威尔(Jack Wills)利用个性化服务提高新顾客和回头客的转化率。杰克威尔的数字总经理马克·赖特(Mark Wright)解释了个性化对杰克威尔的重要性:作为英国领先的服装品牌,对我们来说,在顾客需要的时候为其提供他们想要的东西是非常重要的,我们的在线渠道让我们有更多的机会为用户提供个性化体验。

赖特刚入职时,杰克威尔对待每一位顾客的方式都是一样的,除了性别之外,顾客群体之间没有真正的区别。

他解释说:"我们不知道他们的购物目标,也不知道如何通过网站购物体验来帮助他们。或者说,我们不知道怎么把这些联系起来,进而以一种更好的方式向他们展示我们的一系列产品。"赖特的愿望是让那些购买熟悉的核心产品(如杰克威尔的连帽套头衫)的回头客能够更快、更轻松地访问网站。他说:"我想进行一项适当的测试,了解我们的心态,了解我们如何突破界限,了解顾客行为。这才是个性化的真正意义所在,就是我们如何才能激发顾客的兴趣。"

杰克威尔执行个性化项目后得到的结果是:转化率提高了12%;将商品加入购物车增加了8%;减少了从购物车中移除商品的可能。

使用面向消费者的品牌个性化软件Monetate,杰克威尔不仅提高了转化率,还减少了顾客将商品从购物车中移除的比例。Monetate的个性化服务用于其英国、欧洲和美国的所有网站上。

通过使用个性化设置,向在线商店的新顾客展示包括"畅销产品"的产品类别页面,而在同一页面上向老顾客展示"新品上线"。这是因为大量测试证明老顾客对于新产品更感兴趣。

为此,杰克威尔在网站上为新顾客放置cookie,而将再次来访者划分为男性或女性,并设定了特定的性别登录页面。

通过为细分的顾客群体提供个性化的体验,新顾客转化率增加了12%,"加入购物车"也增加了8%。帮助增加用户体验的另一个功能是添加了富有吸引力的左侧导航过滤器,当用户向下滚动页面时,这些过滤器保持可见。这鼓励用户进行互动与搜索各种产品,直到找到自己喜欢的衣服,而不是完全放弃页面。这增加了转化次数,使转化率提升了10%,并减少了用户放弃购买购物车中商品的概率。

杰克威尔提供个性化服务的下一个步骤集中在提高移动用户参与度的搜索过滤器上,在移动设备上搜索网站变得越来越流行。据报道,用户在移动设备上的花费通常比在台式电脑上多12%。

资料来源:Monetate(2016)and Essential Retail(2017).

### 7.4.5 本土化和文化定制

1/3、1/5，还是 1/7？你知道全球人口中有多少人以英语为主要语言吗？实际上，是 1/7，这意味着全世界有 60 亿人不以英语为母语。仅这个简单的事实就显示了翻译服务的潜力。

网站设计中以顾客为中心的另一个方面体现在是否包含针对特定国家的特定内容。这被称为**本土化**(localisation)。

一个网站可能需要支持来自多个国家的顾客：不同的产品需求；语言差异；文化差异(该方法也被称为文化适应)。

本土化可以解决以上所有问题。不同国家的产品可能是相似的，本土化可以让网站满足不同国家的要求。然而，为了发挥网站的作用，往往需要针对产品和品牌信息的更多、更准确的翻译，因为不同的国家可能需要不同的推广概念。需要注意的是，每家公司都会根据市场规模预先选择不同的国家，而这种优先级又决定着本土化的工作量。

辛格和佩雷拉(Singh and Pereira，2005)提供了一个评估本土化水平的框架：

(1) 标准化网站(非本土化)。服务于所有顾客(国内和国际)的网站。

(2) 半本土化网站。为所有顾客提供服务的网站，但国际顾客可以获得有关外国子公司的联系信息。很多网站都属于这一类。

(3) 本土化网站。为特定国家设计的、为国际顾客提供当地语言版本的网站。

(4) 高度本土化的网站。为特定国家设计并提供当地语言。此外，还包括时间、日期、邮政编码、货币格式等方面的其他本土化工作。戴尔就是高度本土化的一个很好的例子。

(5) 文化定制网站。网站完全融入目标顾客群的文化中。一旦瞄准一个特定的国家，就会根据该国目前的主流文化设计多种网站(内容)。杜蕾斯的网站是一个很好的文化定制网站的例子。

从世界各地非英语母语者的需求来看，提高翻译水平的必要性是显而易见的。与此同时，企业正不断以更多的系统、更多的语言和更快的开发周期创造更多的内容。

对管理者来说，决定本土化的程度是一个艰巨的挑战，因为尽管本土化偏好很重要，但通常很难平衡本土化的成本与本土化可能带来的增长率或转化率。

不同的国际市场在规模和产品收入方面会有所不同，因此"一刀切"的翻译模式对大多数企业来说并不划算。相反，本土化战略涉及优先考虑翻译什么类型的内容，以及使用什么翻译方法来获得最经济有效的业务结果。

以下是针对不同的内容类型，企业可以考虑的五种核心翻译技术。

(1) 创译。创意文案与传统翻译的结合。翻译人员仍然是将信息从一种语言转化为另一种语言，但他们可以更自由地修改细节。因此，最终产品通常看起来更像是一种创造性的解释，而不是其源内容的完全复制。

(2) 专业的翻译。这是大多数人在考虑翻译一个商业网站时首先想到的方式。顾客将源内容发送给翻译公司或自由翻译人员，而专业的翻译人员则尽全力对内容作出最准确的翻译。在很多情况下，企业还会安排编辑和校对人员来审查译者的工作。这种注重质量的工作流程通常被称为 TEP(翻译—编辑—校对),它已经成为优先考虑精确的沟通而非翻译费用和速度的顾客的默认选择。

(3)机器翻译。计算机永远无法完全复制人类语言表达的微妙之处,但也在慢慢发展进步。统计模型、基于规则的系统和神经网络正在产生大量的人工智能,顾客可以在无须任何人工干预的情况下,利用它们生成可靠的语言翻译。其他任何一种翻译类型的速度都无法与这种自动化方法的速度相媲美。机器翻译(MT)虽然可以节省大量成本开支,但其翻译质量却比不上专业翻译人员的翻译质量。

(4)机器翻译后编辑。机器翻译引擎取代了人工翻译,但由审稿人负责将机器翻译的输出成果提升到更高、更可接受的质量标准。

(5)自适应性机器翻译。自适应性机器翻译引擎研究翻译人员和编辑人员的语言决策,不断学习,以在下一次翻译输出中使用更准确、更合适的术语。因此,分配给机器翻译引擎的每一个新的翻译请求都是在熟练程度逐步提高的情况下完成的。

图 7.8 和表 7.2 总结了这些翻译选项如何在资源有限的基础上形成一个连续体。

Multilingual(2008)发表的一项调查显示,本土化的重要性日益凸显。88%的跨国公司管理者指出本土化是关键问题,其中 76%的人说本土化对于国际顾客满意度特别重要。然而,这些受访者中有超过一半的人也承认,他们仅将总预算的 1%～5%用于本土化。

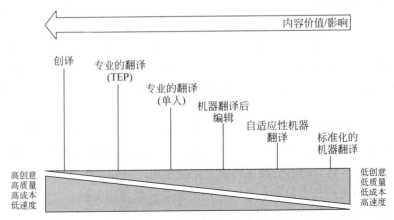

图 7.8　翻译类型的连续体

| 表 7.2　可扩展翻译的驱动因素和挑战 | |
| --- | --- |
| 机会:可扩展的翻译驱动程序 | 可扩展翻译的挑战 |
| 缩短上市时间,为新市场和新产品提供更多的销售时间 | 优先考虑翻译(这个步骤)以获得最大的影响力 |
| 通过更具说服力和合规的本土化信息,提高转化率 | 节省成本和效率 |
| 通过自然搜索和内容营销创造需求 | 保持精度并最大限度地减少复制和粘贴错误 |
| 全球智能手机使用率上升 | 衡量和报告翻译效率 |
| 自动化的工作流程减少了本土化管理的时间 | 快速而充分地更新内容 |

尼蒂什（Nitish，2006）等针对德国、印度和中国，发布了本土化在不同文化中的重要性的阐释，从内容和文化价值（如集体主义、个人主义、避免不确定性和男权主义）方面对本土化网站进行了评估。调查显示，如果没有文化适应性，信心和点击量将会下降，从而导致购买意愿降低。

本土化要考虑的另一个方面是搜索引擎优化，因为对于本地版本的搜索引擎来说，拥有本地语言版本的网站将在搜索引擎结果页面的显著位置列出。为了帮助企业管理这些内容本土化问题，已经成立了很多处理这方面问题的专业公司。例如，WebCertain 开设了一个论坛，提供本土化方面的建议。

## 7.4.6 评估竞争对手的网站

使用标杆分析法评估竞争对手的网站对于定位自己的网站并高效地跟踪现有的网站，与对手进行竞争是至关重要的。基于这项活动的重要性，第 2 章和第 4 章描述了对网站进行衡量评价的标准。

标杆分析不应只基于网站的明显和有形的特点，如易用性和设计的影响，还应包括定义企业在行业中的营销绩效和针对网络营销的下列标准。

（1）财务绩效（可以从"关于我们"、投资者关系和企业公告的电子副本获得）。这类信息也可以从金融信息等中介网站或彭博社等针对主要上市公司的股票交易网站获取。

（2）转化效率。网站与平均转化率的公布结果的比较（如 SmartInsights.com）。

（3）市场绩效。市场占有率、销售趋势，以及通过网络实现的值得关注的销售比例。这些信息可能无法直接从网站中获得，需要使用其他在线资源。例如，欧洲航空的新进入者易捷航空通过网络完成了超过 2/3 的销售额，竞争者应对这一情况作出反应，迅速调整策略。

（4）商业和盈利模式（见第 5 章）。在这些方面与其他市场竞争者存在差异吗？

（5）市场定位。第 5 章介绍了市场营销组合的要素，包括产品、定价和地点。

（6）营销沟通技巧。网站的顾客价值主张清楚吗？网站是否支持不熟悉公司的顾客及老顾客的购买决策的所有阶段？是每月还是定期开展特别促销？竞争对手是如何推广其网站的？竞争对手如何充分利用中介网站来推广和提供服务？

（7）提供的服务：除了宣传工具外，还有什么服务？是否可以在线购买？网络对顾客的支持达到了什么程度？可以提供多少技术信息？

（8）服务的实施。这些都是本章描述的网站设计的具体特征，如美观、易用性、个性化、导航、可用性和速度。

对公司网站的一项调查表明，对于大多数公司而言，网站包含的信息类型是十分相似的。很多评论者指出，有些网站漏掉了对公司不熟悉的人可能想知道的基本信息，例如：

- 你是谁？"关于我们"如今是标准的菜单选项。
- 你在做什么？顾客可以获得什么样的产品或服务？
- 你在哪里做？产品和服务是国际性的吗？
- 是什么让你与众不同？我为什么要使用你的网站或服务而不是你的竞争对手的

网站或服务？这涉及传递第 4 章介绍的在线价值主张（OVP）。

## 7.4.7　设计信息架构

罗森菲尔德和莫维尔（Rosenfeld and Morville，2002）强调了**信息架构**（information architecture）对于有效网站设计的重要性。他们说：必须认识到，每一个信息系统，无论是书还是内部网，都有一个信息架构。"好的设计"是关键，因为大多数网站根本没有预先设计好的信息架构，它们都很难进一步发展。设计决策反映了设计者的个人偏见，空间不会随着时间推移而扩展，技术会驱动设计。

罗森菲尔德和莫维尔（2002）在其编写的书中给出了信息架构的替代定义。他们认为：

（1）信息架构是信息系统内组织、标签和导航计划的结合；

（2）信息空间的结构设计有利于任务的完成和对内容的直观访问；

（3）信息架构是一门构建网站和公司内部网并对其进行分类的艺术和科学，能帮助我们发现并管理信息；

（4）信息架构是一个新兴的学科和实践共同体，专注于将设计和体系架构的原则引入数字环境中。

在实践中，信息架构的创建包括制订对信息进行逻辑性组合的计划，包括绘制通常被称为**网站地图**（sitemap）的网站框架。完备的信息架构对于网站可用性非常重要，因为它决定了导航选项和**可检索性**（findability）（Morville，2005）。微型案例研究 7.5 展示了如何提高可检索性，特别是通过优化搜索引擎为网站所有者带来最大收益。

### 微型案例研究 7.5　　汤姆森旅游公司通过分析和用户反馈提高了可检索性

这则基于电子商务主管桑德拉·莱昂哈德（Sandra Leonhard）所做演讲的关于汤姆森旅游公司的案例研究突出了网站搜索的重要性。

汤姆森旅游公司在计算网站可用性带来的改进时，使用的两个主要指标是：浏览且预订％＝预订数量/独立用户量；搜索且预订％＝预订数量/独立搜索量。

以下是作为项目优化搜索一部分的可用性测试和顾客反馈。顾客往往很坦率。从测试中获得的直接反馈的下列示例可用于改善网站上的消息传递，提高网站的可用性。

（1）你的搜索和预订可以基于某些日期和详细信息的选择。最好设一个地区性机场的下拉列表。

（2）如果你能输入与你出发机场相关的目的地，搜索效果会更好。

（3）在搜索中，我无法选择任何目的地。

（4）这是我第三次试了，但仍然没有显示任何结果！没用的网站！

（5）搜索设备仅限于手册。我想搜索一个日期范围内的假期，但是我必须给出目的地——为什么不能针对任意目的地进行查询（我只想买到价格最便宜的机票）呢？

（6）我发现在该网站上搜索假期相关信息得到的结果令人沮丧，因为网站的搜索方式非常具体。我总是收到"对不起，我们不能……"这样的信息，所以我干脆在另一个网站订票了。

基础分析和优化项目都显示了网站的改进空间。虽然这些问题现在已经得到了解决，我们还是给出了这个例子，是因为还有很多网站仍没有在这方面进行优化。

精心规划的信息架构对于包含大量产品或支持文档的互动式电子商务网站、多媒体网站和关系构建网站等大型网站来说必不可少。信息架构对小型网站和品牌网站则不那么重要，但即便如此，这些原则仍然适用，可以让网站更容易被搜索到且便于使用。信息架构对搜索引擎优化也很重要，因为它决定了用户可能搜索到的不同类型的内容如何被标记和分组。

构建信息架构的好处包括：

（1）一个确定的信息架构和分级可以支持用户和组织目标，如它是可用性的一个重要部分。

（2）有助于增加网站的"流量"。网站上的内容安排应该与用户可以在哪里找到内容的思维模式相适应。

（3）搜索引擎优化。通过结构化的方式组织和标注信息，可以在搜索结果中获得更高的排名。

（4）适用于整合线下传播。线下传播（如广告或直邮）能够链接到产品或登录页面，用来帮助完成直接响应，有时也称为"网站响应"。将在第 8 章介绍的良好的 URL 策略可以帮助实现这一点。

（5）可以对相关内容进行分组，以衡量网站作为设计的一部分的有效性，后续的内容还将对此进行说明。

## 7.4.8 卡片分类

卡片分类是一种用户可以积极参与信息架构开发过程的方式。卡片分类是一种有效的方式，因为网站通常是从设计者而不是信息用户的角度设计的，从而导致标签、主题分组和类别对用户而言并不直观。**卡片分类或网站分类**（card sorting or web classification）应该对网站对象（如文档）进行分类，以便完成信息任务或实现用户设置的信息目标。

罗伯逊（Robertson，2003）介绍了一种卡片分类方法，在使用该技术来辅助对网络分类系统进行建模时，可以识别以下问题：

（1）用户是否希望查看按主题、任务、业务、顾客分组或信息类型分组等不同方式进行分类的信息？

（2）要放在主菜单上的最重要的项目是什么？

（3）应该有多少个菜单项，它们应该达到何种深度？

（4）在整个组织中，用户的需求有何相似或不同之处？

选定的用户或代表组将收到写有文档类型、组织关键词和概念、文档标题、文件的描述、导航标签等内容的索引卡，具体内容取决于卡分类过程的目的。

然后，可能会要求用户组：将相关的卡片组合在一起；选择能恰当反映给定主题或区域的卡片；按照层次结构组织卡片，从高层术语（广义术语）到低层术语。

最后，分析师必须拿走卡片，然后将结果绘制在电子表格中，以找出最受欢迎的术语、描述和关系。如果使用两个或多个不同的组,则应对结果进行比较并分析产生差异的原因。

### 7.4.9　蓝图

罗森菲尔德和莫维尔(2002)认为,**蓝图**(blueprint)展示页面与其他内容组件的关系,并可用于描述组织、导航和标签系统。

蓝图常常被视为"网站地图"或"网站结构图"。蓝图与这些术语有很多相同点,但不同的是,蓝图可以作为设计工具清晰地显示信息分组和网页链接,而不只是支持网站导航的一个网页。

图 7.9 是一个玩具制造商的网站架构图,展示了网站内容的分组和任务实施的过程。

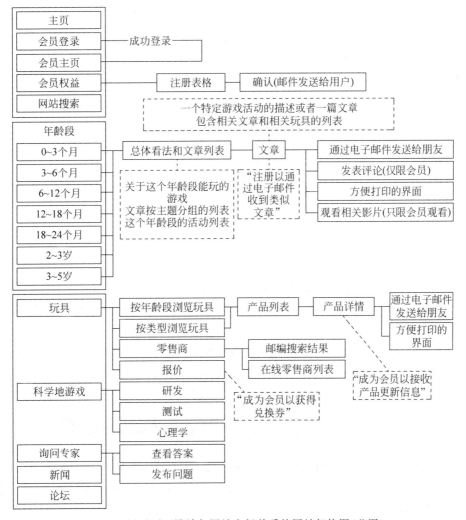

图 7.9　展示页面设计与网站之间关系的网站架构图(蓝图)

## 7.4.10　线框图

**线框图**（wireframes）是与蓝图相关的一种技术，网页设计师用它来展示网页的最终布局。如图 7.10 所示，它之所以被称为线框图，是因为它只包括页面的轮廓，不同内容或空白导航区域的内容是用"线"隔开的。

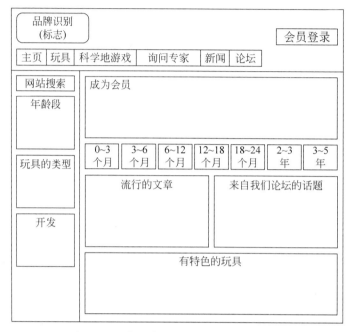

图 7.10　某儿童玩具网站的线框图示例

沃特克（Wodtke，2002）将线框图（又称为"示意图"）描述为：单个网页的基本轮廓，用来显示网页的要素、各要素之间的关系及重要性。

所有类型的相似页面组都可以创建一个线框图，并在创建信息架构的蓝图（网站地图）阶段对其进行标识。

线框图随后转化成实际的**网站设计页面模板**（site design page templates），该模板通常使用标准化的**层叠样式表**（cascading style sheets，CSS）创建，可以在网站的不同部分应用标准的外观。活动 7.3 展示了 CSS 的强大功能。

### 活动 7.3　使用 CSS 将网站内容与设计分开

登录 CSS ZenGarden 的网站（www.csszengarden.com），它展示了如何使用 CSS 将内容与其呈现方式分开。你可以选择不同的设计，查看新设计如何在应用不同的样式时发生根本性的变化。

标准组织 W3C 给出的层叠样式表定义是：为网页文件设定风格（如字体、颜色、字距）的一个简单机制。

使用 CSS,可以在整个网站或网站的一部分应用不同的样式元素。常用的样式元素包括：版式；背景颜色和图片；边界和页边空白。

例如,CSS 可以使用下面的语法在网站的正文副本上实施标准样式：

```
body {
        margin: 0;
        padding: 0;
        colour: #666666;
        background-colour: #f3f3f3;
        font-family: Arial,'Trebuchet MS',Verdana;
        font-size: 70%;
        background-repeat: repeat-x;
        background-position: top ;
        }
```

CSS 的优点包括：

(1) 带宽。在初始页面加载之后,页面加载速度会加快。因为样式定义只需要作为一个单独的文件加载一次,而不必为每个页面加载一次。

(2) 更有效的开发。通过达成一致的网站样式,并在 CSS 上将其作为页面模板的一部分,网站设计的效率将更高。

(3) 减少升级和维护时间。表示标记存储在与内容分开的一个地方,从而可以加快网站的升级速度,缩小错误范围。

(4) 增强互操作性。遵守 W3C 的建议,它有助于支持多个浏览器。

(5) 提高可访问性。用户使用浏览器及其他可访问性支持工具可以更容易地设置网站的外观或声音。该网站更有可能在个人数字助理(PDA)和智能手机等访问平台上呈现。

## 7.4.11　登录页面

对于寻求最大转化率的网站所有者来说,为不同形式的**登录页面**(landing page)决定页面模板的设计是特别重要的。因为很多首次访问者并不会访问主页,而是通过搜索引擎或其他网站的链接进入网站的更深层。查菲和史密斯(2012)认为,提高登录页面转化率必须考虑以下典型目标及相应问题。

目标 1：产生响应(在线引导或销售和线下回复)。页面是否有醒目的行动号召,如在上半版页面上方突出的按钮,并以文字和图片的形式重复显示？

目标 2：吸引不同类型的受众(降低跳出率、增加价值事件、提高回报率)。页面上是否有醒目的标题和副标题,以显示访问者到达了正确的位置？页面上有追踪痕迹的触发消息、推荐或图片以吸引不同的顾客吗？例如,戴尔的网站上有吸引消费者和不同类型的企业的链接。包含要填写的表单字段的登录页面通常比传统的点击更为有效,因为它会让忠实的访问者开始在网站上的旅程。

目标 3：传达关键的品牌信息(增加品牌熟悉度和受欢迎度)。页面是否清楚地说明了你是谁、你是做什么的、你在哪里运营,以及你的与众不同之处？你的在线价值主张吸引人吗？你是否使用顾客评价或排名来展现独立的可信度？可以用位于屏幕上方或左右两侧的工具栏的网站运营信息来帮助回答上述问题。

目标4：回答访问者的问题（降低跳出率、提高转化率）。不同的顾客希望了解不同的信息。你识别人物角色（见第4章）了吗？你在试图回答他们的问题吗？你是否使用FAQ或发信息问"您是新顾客吗"？

目标5：展示产品范围（交叉销售）。你有相关或畅销产品推荐吗？是否通过导航展示了全部的产品？

目标6：通过搜索引擎优化（SEO）吸引访问者。与竞争对手相比，你的检索项排名如何？你的导航、副本和页面模板是否通过页面优化显示了与搜索引擎的相关性？

蓝图展示了当线框图聚焦个人页面时，网站内容是如何相关和被导航的。有了线框图，导航焦点就变成了它将被放置在页面上的位置。线框图有助于网站开发代理与客户讨论网站的布局方式，因为不会被颜色、样式或消息传递等创意计划活动分散注意力。

审查线框图的过程有时被称为**分镜头脚本设计**（storyboarding），尽管这个术语通常用于说明创意而不是正式的设计方法。早期的设计是画在一大张纸上的，或者用绘图工具制作实物模型。

在线框图阶段并不看重颜色或图形的使用。颜色或图形将与品牌或营销团队及图形设计师一起开发，并在线框图阶段之后整合到网站中。

根据查菲和伍德（2010）的研究，线框图的目标是：持续整合网页上可用的组件（如导航、搜索框）；对关键部件进行排序和分组；开发出能使用户关注核心信息和内容的设计；正确使用留白来组织页面；开发易于被其他网页设计人员再次使用的网页结构。

线框图或模板的常见特性包括：

（1）导航栏在左边或右边，在顶部或底部；

（2）页眉区域和页脚区域；

（3）容器、插槽或门户组件，这些是内容区域，如放在屏幕上方框中的文章或文章列表，插槽通常是被从内容管理系统中动态填充的；

（4）网页上的容器可用于总结在线价值主张、显示促销、推荐相关产品、刊登专题新闻和广告等。

#  7.5 设计用户体验

一旦分析确定了网站的信息需求，就可以开始设计网站了。**设计阶段**（design phase）对网站的成败至关重要，因为它将决定用户对网站的体验质量。如果用户得到了优质的体验，他们将会重复访问（浏览）网站；反之，他们将会选择离开。优质的体验是由很多因素决定的，如查找信息的便利性（网站的架构、菜单选择和搜索设施），还会受一些无形因素的影响，如网站的图形设计和布局。

正如本章开头所提到的，设计不只是纸上谈兵，还需要将其融入建模过程中。应与委托人和顾客共同对设计进行预测试，以确保其合理性。顾客回访网站的主要原因是网站高质量的内容，而内容会直接影响转化率，所以通过分析来确定内容的正确性是很重要的。但是网站的质量不只是由文本内容决定的，通过网站设计来完成高质量的内容十分重要，而且有必要充分考虑影响内容质量的因素。奈杰尔·贝文（Nigel Bevan，1999a）说：网站只有满足了目标顾客的需求，才能满足网站所有者的需求。网站开发应该以用户为中心，根据用户需求进行评估，然后不断优化设计。

如何实现这种以顾客为导向或以用户为中心的内容？**以用户为中心的设计**（user-centred design）从理解用户群体的性质和差异化开始。根据贝文（1999a）的理论，无论是电脑端还是移动端的网站、应用程序、公司的社交网络页面，数字体验需要考虑的关键问题包括：

（1）重要的用户是谁？

（2）他们访问网站的目的是什么？

（3）他们访问网站的频率如何？

（4）他们有什么经验和专业知识？

（5）他们来自哪些国家？他们能读懂你的语言吗？

（6）他们在寻找什么类型的信息？

（7）他们将如何使用这些信息：在屏幕上阅读、打印还是下载？

（8）他们会使用什么类型的浏览器？他们的通信链接有多快？

（9）他们会使用多大的屏幕或窗口？有多少种颜色？

罗森菲尔德和莫维尔（2002）提出了以用户为中心的网站设计的四个阶段：①识别不同的用户；②按照重要性排序；③列出用户最需要的三类信息；④请不同用户类型的代表写下他们自己的愿望清单。

我们在第 2 章指出，顾客角色和场景分析是了解不同顾客的一项功能强大的技术，可以用来提供信息和测试网站设计。网站设计还会考虑上述列表中没有包含的其他因素，如设备使用情况、位置和使用环境以及与其他在线服务（包括社交媒体）的整合。

## 7.5.1　评估设计

根据贝文（1999b）的观点，网站实用性的有效设计测试取决于以下三个方面。

（1）效果：用户能否正确、完整地完成任务？

（2）效率：任务能否在可接受的时间内完成？

（3）满意度：用户对交互是否满意？

## 7.5.2　网站设计的要素

用户和营销人员的需求一旦确定，即可将注意力转向人机界面的设计。尼尔森（Nielsen，2000）根据三个主要方面对网站的实用性进行了阐释，具体如下：

（1）网站设计与结构：网站的整体架构。

（2）页面设计：单个页面的布局。

（3）内容设计：单个页面上的文字和图形内容的设计。

品牌建设和信息传递也是说服营销的一个关键部分，正如前面章节所提到的。

### 网站设计和架构

设计师为网站创建的架构会由于受众和网站目标的需求而有很大的不同，但是我们可以从总体上了解网站设计和架构的常见方法及其对消费者的影响。这些通常被称为网站设计的最佳实践原则，本节我们将总结一些主要影响因素。当然，这种经验法则或"启发式"规则也有例外，但是适用于一种网站类型的设计方法通常也适用于另一种网站，特别是当大多数网站具有共同特征时。

罗森和普林顿（2004）（基于一组学生的问卷）评估了影响消费者的设计因素。他们认为一些基本因素可以决定电子商务网站的有效性，并将这些因素归类如下。

（1）条理性：设计简单，易于阅读，使用了类别（用于浏览产品或主题），没有信息过载，适当的字体、字号，简明的外观。

（2）复杂性：不同类型的文本。

（3）易读性：在每个后续页面上使用"迷你主页"，在每个页面上使用相同的菜单和网站地图。

可以看出罗森和普林顿很看重设计的简单性。针对网站设计因素研究的另一个例子也支持这一观点。福格等（Fogg et al.，2003）要求学生认真观察网站，并根据网站设计评估不同供应商的可信度。他们认为以下因素最为重要：

| | | | |
|---|---|---|---|
| 外观设计 | 46.1% | 编写基调 | 9.0% |
| 信息设计/架构 | 28.5% | 网站发起人的身份 | 8.8% |
| 信息焦点 | 25.1% | 网站的功能 | 8.6% |
| 公司动机 | 15.5% | 顾客服务 | 6.4% |
| 信息的实用性 | 14.8% | 以前的网站体验 | 4.6% |
| 信息的准确性 | 14.3% | 信息清晰度 | 3.7% |
| 知名度和名誉 | 14.1% | 测试的绩效 | 3.6% |
| 广告 | 13.8% | 可读性 | 3.6% |
| 信息偏差 | 11.6% | 联系 | 3.4% |

但是，这种归纳可能会对所使用的方法产生误导。报告的行为（如通过问卷或焦点小组）可能与实际观察到的行为有很大的不同。领先的电子零售网站（如 Amazon.com 和 eBay.com）及很多多媒体网站的屏幕上通常有大量可用的信息和导航选择，因为网站设计师从测试替代设计中了解到，消费者很容易找到与他们相关的内容，更多的链接选择意味着用户不需要一层层地点击即可找到所需的信息。在进行实际的产品搜索时，有关产品的深入信息和产品评价有助于作出产品决策，这也是在线渠道所能提供的好处之一。尽管福格等（2003）提出的因素中设计外观排在第一位，但你可以看到，其他很多因素都是基于信息质量的。

接下来我们将探讨设计师在设计网站的风格、组织和导航体系时所考虑的一些因素。

### 网站风格

有效的网站设计都会通过使用颜色、图像、排版和布局来传达网站风格。而网站风格应该支持产品的定位方式或品牌。

### 网站的个性化

可以将风格元素组合在一起来形成网站的个性化。我们可以用描述人的词汇来描述网站的个性化,如"正式的"或"有趣的"。这种个性化必须与目标受众的需求相一致。商业顾客通常需要详细的信息,而且喜欢信息密集的样式,如思科网站(www.cisco.com)的样式。消费者网站通常有更多的图片。设计师在将其创意设计传递给开发者之前,还需要考虑用户体验的限制,如屏幕分辨率和颜色深度、浏览器使用情况和下载速度。

### 视觉设计

尽管有了现代的浏览器和宽带接入,网站的平面设计仍然是一个挑战,因为设计师受下列因素的严重限制。

- 下载图片的速度:设计师仍然需要考虑页面下载速度,就像我们在本章前面的内容中描述的那样。
- 屏幕分辨率:智能手机、平板电脑和台式电脑的分辨率范围都有所不同,必须针对不同的屏幕分辨率进行设计。
- 屏幕上的颜色数:网站浏览器上可以使用调色板。
- 使用的网站浏览器类型:不同的浏览器(如 Google Chrome, Microsoft IE 和 Apple Safari)及不同版本的浏览器(如 IE8.0 或 9.0)在显示图片或文本时可能有细微的差异,或者可能支持不同的插件。
- 不同的终端设备:随着手机和平板电脑的日益普及,需要使用**自适应网页设计**(adaptive web design)等技术为这些网站的用户提供支持。

由于这些限制,网站的设计始终需要在最先进的硬件平台上、依靠最快的网络连接的视觉吸引力和富有现代感的外观,以及适应其他较陈旧的系统的外观之间进行折中。这常被称为"最低公分母问题"。设计师必须基于较慢的链接速度和低屏幕分辨率的旧版浏览器进行设计。

## 7.5.3　移动设计要求和技术

我们在第 2 章阐述了了解移动设备(如智能手机和平板电脑)的应用水平的重要性。对于社交网站和新闻网站等很多类型的网站来说,移动用户的比例近几年来一直高于50%。设计能够在桌面设备和移动设备上有效运行的网站,是所有企业都需要考虑的。eBay 的前设计师卢克·罗布洛夫斯基(Luke Wroblewski)很好地总结了移动网站设计面临的众多选择和挑战,参见数字营销洞察 7.3。

### 数字营销洞察 7.3　手机网站与应用程序的选择

尽管网站开发和 CSS 等框架取得了进展,但随着智能手机和平板电脑等新平台的出现,针对不同平台开发的挑战也越来越大。关键技术选项包括:手机版网站(全网站);网站移动版(链接到传统页面的最受欢迎的页面);独立移动应用;支持具体设备格式和屏幕大小;支持具体移动操作系统和移动浏览器版本(如安卓、iOS 和塞班系统等)。

只有规模很大的企业才能为所有这些目标平台和设备设计出符合成本效益的产品,因此企业需要权衡成本和收益,并谨慎选择。智能手机和平板电脑的屏幕分辨率不断提高,让这一决定变得更加复杂。

eBay 的前设计师卢克·罗布洛夫斯基如今是初创公司 BagCheck 的首席设计师,他很好地总结了这一挑战(2011)。他说:随着移动设备在全球范围内的迅速普及,有更多的方法被用来应对创造跨多平台的良好网络体验的挑战。但是对于某个具体的项目,哪种方法才最适合呢? 对我们来说,网站性能和开发速度是至关重要的。所以我们做的很多决定都是为了尽可能提高网站性能和开发速度。我们既关注性能,也秉承"够用就好"的原则。这意味着,我们并不打算向实际上并不需要的设备(和人)发送信息。我们愿意做优化。使用双模板系统,我们在源顺序、媒体、URL 结构和应用程序设计上有了更多的优化。

接下来,我们将回顾瑟纳和查菲(Thurner and Chaffey,2013)提出的手机网站开发的五个常见方案:①简单的移动网站(不同的内容);②屏幕抓取(相同的内容);③响应式设计(相同的内容,不同的移动样式);④HTML5、增强型网页应用(PWA)和移动页面加速(AMP)(相同的内容,不同的移动样式);⑤自适应设计(内容可能不同,不同移动设备上的样式也不同)。

这些方案并不是互斥的。例如,HTML5 网站通常也可以提供自适应设计和响应式设计。

**移动网站设计选项①：简单的移动网站**

创建一个移动网站的最快方法是在拥有不同的设计、架构、托管和内容的域名(http://m.company.com)上创建一个完全独立的移动网站。该方案适合只想创建一个简单的移动网站而不打算经常更新的小企业。不过必须指出,对大多数公司来说该方案并不是可行的长期选择,原因包括:对内容的更新必须在每个网站上重复;管理不同的网站往往需要不同的工具和资源;未来对样式的更新也必须重复进行;可能无法为用户提供一致的品牌体验。

**移动网站设计选项②：屏幕抓取**

虽然这不是我们推荐的最佳方案,但 ASOS 和 John Lewis 等很多知名零售品牌都选择了临时的"屏幕抓取"方法,将现有的网络内容放入基本移动网站模板,而不是选择后端集成。屏幕抓取方法的优点是可以快速推出移动网站,而且避免了电脑端与移动端开发人员之间的潜在冲突。

与能够提供长效解决方案的全面整合方案相比,屏幕抓取有着下列不可忽视的缺点:

(1) 屏幕抓取将导致管理网站的时间和成本增加,因为只能在移动网站上手动更新后端内容管理系统(CMS),而无法自动更新。

(2) 对"屏幕抓取"网站的评价显示,这些网站的标准化程度令人担忧,缺乏品牌在电脑端网站上所要求的差异化。

**移动网站设计选项③：响应式设计**

要为使用多个设备的消费者及时提供正确格式的内容,这是一个巨大的挑战,因为大多数设备的外形和操作系统各不相同。**响应式网页设计**(responsive web design,RWD)能自动覆盖与移动用户档案匹配的相关内容——允许消费者访问社交媒体订阅、会员优惠及其他由消费者的偏好触发的数据订阅,以最大限度地提高参与度并优化销售转化率。

2010 年最早提出的响应式设计概念被网站开发人员用作设计网站样式的原则,即使用 CSS 和图片缩放等现代网站开发方法来更改展示布局,以方便使用各种移动设备的用户。内容构件将根据屏幕分辨率进行移动和缩放,如图 7.11 所示。

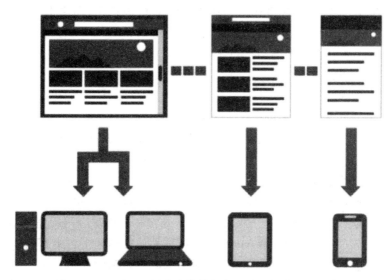

图 7.11　显示了不同内容构件的布局更新的响应式设计

响应式设计这种移动网站构建方法越来越受欢迎,因为它支持可以适应不同分辨率的单一版本的网站和内容。响应式设计曾被称为流体设计,因为布局随着分辨率的改变而"流动"。与此形成鲜明对比的是,使用智能手机浏览无响应网站时经常遇到文本太小、难以选中按钮和导航、需要放大页面才能选中下一页等问题。

从技术上讲,响应式设计使用层叠样式表,特别是一种被称为**媒体查询**(media queries)的方法,来指定页面如何基于设备类型和分辨率进行布局,可参阅奈特(Knight, 2011)的技术方法介绍。这将为使用多种设备的用户提供更好的体验,但是存在诸如断点之类的局限性,可能不支持不常见的设备,而且无法"向上反馈"的网站(如高分辨率显示)可能得不到很好的支持。响应式设计的缺点包括实现和测试技术更复杂,这导致更高的成本和要加载更大的代码库(尤其是样式表),从而可能会增加页面加载时间。尽管如此,很多新网站和重新设计的网站使用的都是响应式设计。响应式设计的缺点可以通过自适应设计来克服,但要付出一定的成本。

**移动网站设计选项④:HTML5、增强型网页应用和移动页面加速**

HTML5 模糊了网站与应用程序之间的界限,给应用程序商店的优势地位和现金流造成了巨大的威胁。以前零售、包装商品、旅游、金融服务和出版等行业的大多数公司都热衷于采用移动技术,而现在其重点则转向使用 HTML5 网络应用程序,以便一次性开发并瞄准所有的移动平台。与为 iOS、安卓、Windows Phone 和黑莓创建不同的原生应用程序相比,这种做法的成本效益更高、工作强度更低。

HTML5 网络应用程序允许开发人员和发布者规避苹果与谷歌收取的应用程序下载

费用的 30％佣金及应用程序内销售的产品和订阅的 30％佣金。基于 HTML5 的网站不必负担这两种成本。

从技术角度来看，HTML5 应用程序存在一些原生应用程序所没有的问题。HTML5 应用程序通常比原生应用程序响应慢，而且支持一系列应用程序的成本更高。金融时报的 FT.com 只在 iOS 平台上使用 HTML5 应用程序，在安卓和 Windows 平台上仍然使用原生应用程序。

金融时报的罗布·格里姆肖（Rob Grimshaw）2013 年在接受《卫报》采访时说："转向 HTML5 并不只是因为与苹果的争端，而是为了确保金融时报能够在不同设备和平台上快速扩张。网页应用程序的起源来自对移动策略更广泛的思考，尤其是应如何应对大量不同平台的开发。开发过程中至少需要合理地涵盖五个原生（手机）移动平台，而网页应用程序而是能快速解决这一问题的方案。由于苹果在订阅方面的不合理做法，我们才加快了速度。"

### 增强型网页应用程序

**增强型网页应用程序**（progressive web apps，PWA）是一个相对较新的创新，得到了谷歌的支持。谷歌（2017a）解释了 PWA 的优点，并将其与移动应用程序进行了对比：不难理解为什么领先品牌会接受 PWA。它们意识到无论在哪种平台上都需要为用户提供最佳的移动体验。PWA 通过使用网页提供应用级体验来消除摩擦。消费者不需要在应用商店中查找并安装应用程序，而只需在浏览器（包括 Chrome 和 Safari）上导航到该网站即可。PWA 技术的重点是更快、更可靠地加载（甚至脱机工作）和使用更少的数据。

2015 年首次推出的 PWA 常用于印度等互联网连接状况不佳的国家。谷歌（2017a）强调了快速下载速度的重要性，指出如果一个网站加载时间超过 3 秒，53％的移动访问会被放弃。印度旅行预订网站 MakeMyTrip 推出了 PWA，可以为所有印度智能手机用户提供有效且可靠的移动预订体验，而不受时间、位置或网络可用性的影响。该公司的整体转化率提高了 3 倍，购物人数增加了 160％。全球最大的 B2B 在线交易平台阿里巴巴将移动网站升级为 PWA 后，转化率上升了 76％，互动率提高了 4 倍。美妆品牌兰蔻（Lancôme）的用户会话时长增加了 53％，跳出率也下降了整整 10％。

### 移动页面加速

谷歌于 2016 年 8 月宣布，加载速度更快的页面格式将出现在所有搜索结果而不仅是新闻结果中。**移动页面加速技术**（accelerated mobile pages，AMP）提高了页面的加载速度，是因为样式较少而且直接从谷歌的服务器而不是代理商的服务器加载。谷歌搜索的副总裁戴维·贝斯布里斯（David Besbris）也是 AMP 项目的负责人。他说："在两年内，我们看到这个项目从刚启动时的几个伙伴发展到超过 2 500 万个网站域名，已经发布了超过 40 亿个 AMP 的页面。而且不仅用 AMP 构建的页面数量增加了，其速度也变快了。从谷歌搜索加载 AMP 页面所需的平均时间不到半秒。"（AMP，2017）

AMP 通常可以用内容管理系统中可用的插件和扩展来实现。例如，WordPress 有用于实现这些功能的插件。标准中提供了不同的交互选项，如与 PWA 密切相关的电子邮件注册。

**移动网站设计选项⑤：自适应设计**

**自适应移动网页设计**（adaptive mobile web design）是一种混合方法,结合了基于不同客户端和服务器的逻辑,可在优先设备上提供最佳性能和最佳体验,而没有响应式设计的速度限制。表 7.3 中将该方法与响应式设计进行了对比。可以看到,通过只提供特定移动设备所需的代码和样式,这种方法可以产生更快的体验。因为开发时间可能更长、成本可能更高,因此该方法最适合大企业。

| 表 7.3 　各种移动网站优化方案的优缺点汇总 | | | |
|---|---|---|---|
| 方　　案 | 方　　法 | 优　　点 | 缺　　点 |
| 响应式网页设计（RWD） | CSS 媒体查询为获得最佳设备分辨率而修改展示内容 | 单一模板为所有设备提供速度和成本效益 | 页面较大；使用分辨率较高的设备时体验较差 |
| 客户端自适应 | 用户设备上的 Javascript 会根据设备分辨率加载不同的模板 | 不需要完全重建 CSS,只需将资源加载到客户端；可针对不同设备提供定制化体验 | 需要维护附加代码 |
| 服务器自适应 | 基于设备检测的动态样式服务 | 移动页面是所有方法中最小的 | 必须维护多个模板 |

## 7.5.4　移动应用开发和个性化需求

与针对移动设备优化网站的方法不同,必须单独考虑移动应用程序以创建更多个性化的体验。尽管大多数人都认为通过移动浏览器访问网站是必不可少的,但尚不清楚专用的**移动应用程序**（mobile app）是否对除大型组织以外的所有组织都是必不可少的,特别是在响应式网页设计和自适应网页设计不断发展的情况下。

创建移动应用程序的论据是有说服力的,因为对于很多 B2C 网站来说,在大多数国家,移动网站的访问者多于电脑端的访问者。此外,消费者在使用手机时 90% 以上的时间都花在了应用程序上。不过,这些时间通常花在查看社交媒体、电子邮件或新闻等活动上,而不是使用购物和品牌应用程序。

然而,这并不意味着每个企业都应该搞一个应用程序,因为有一个移动响应网站可能就足够了,正如数字营销洞察 7.3 所讨论的那样。

对于没有现成网站或用户基础的初创企业来说,新业务可能大多集中在移动应用程序上,并不需要桌面应用程序。一些行业,如金融服务业,非常适合创建以移动应用程序为中心的体验,这有助于降低创建和维护平台的成本。

**移动应用程序设计与开发之间的差异**

应用程序开发的阶段顺序类似于本章开头介绍的网站设计阶段。但是,需要考虑下面一些重要差异:

（1）使用环境有所不同,因为经常要"随时随地"访问移动应用程序,所以人们的期望是可以快速打开移动应用程序。

（2）需要为两个主要的替代设备操作系统创建单独的版本，这两种操作系统都有自己的商店（Android OS 的 Google Play 和 Apple iOS 的 Apple App Store）。

（3）每个操作系统都有标准的设计元素，如用于表单域和按钮的设计元素，这意味着界面内的创造力可能会降低。

（4）移动操作系统的更新速度往往比电脑端操作系统的更新频率高，这意味着需要进行更多的更新，而且应用程序制造商会收到每个版本的评论，从而带来了更多与时俱进的挑战。

所有这些结合在一起通常可以为移动应用程序提供更简单、更实用的设计。

以个性化为特征的移动应用程序也具有个性化网站的许多功能。个性化的移动应用程序网站的好处是，可以根据移动用户的位置和行为为其开发特定功能。基本的响应式网页设计方法则通常做不到这一点。可以使用能够链接到顾客记录的后端集成来构建与每个用户的个人资料相匹配的定制网站。

### 7.5.5 物联网、VR 和 AR 体验如何与 M2M 交互集成

**物联网**（Internet of Things，IoT）加上**机器对机器**（machine-to-machine，M2M）的交互作用，有望将互联网的连接性带入我们生活的方方面面。这些系统将使我们的设备和房屋更智能、更高效。越来越多的产品将基于物联网。例如，物联网提供商 EVRYTHING 与标签提供商 Avery Dennison 之间的一项协议将在 36 个月内把至少 100 亿种服装和鞋类产品推向市场，成为可用于网络的 ♯ BornDigital 实体产品（EVRYTHING，2017）。有关品牌示例，请参见微型案例研究 7.6。

---

#### 微型案例研究 7.6  帝亚吉欧巴西分公司通过基于物联网的威士忌传递个性化信息

---

帝亚吉欧（Diageo）巴西分公司决定将 10 万瓶酒联网，以便在父亲节当天，这些酒可以用来向父亲们发送个性化的一对一数字视频信息。赠送威士忌的人可以自己设定个性化的内容。

帝亚吉欧的威士忌酒在父亲节前的销售额增长了 72%，该活动的成本得到了 5 倍的回报。这也让该品牌树立了创新的形象，并将其威士忌塑造为最完美的父亲节礼物，在未来几年仍将有所回报。该活动还赢得了国际广告协会的最高奖项。

资料来源：http://thedigitals.storystream.it/the-digitals-2013/items/67934/evrythng-for-diageo.

---

思科（Cisco，2017）解释了物联网和 M2M 的重要性：智能终端用户设备和 M2M 连接的显著增长是物联网增长的一个明显标志，物联网正在将人、过程、数据和事物聚集在一起，使网络连接更具相关性和价值。

思科预测，全球 M2M 连接将从 2016 年的 7.8 亿增长到 2021 年的 33 亿，复合年增长率为 34%，即增长 4 倍。波特和赫珀尔曼（Porter and Heppelmann，2015）解释说，从家用电器到工业设备的所有连接产品都共享三个核心要素：物理组件（如机械和电气部件）；智能组件（传感器、微处理器、数据存储、控件、软件、嵌入式操作系统和数字用户界

面);连接组件(端口、天线、协议,以及使产品与产品云之间进行通信的网络,这些云运行在远程服务器上并包含产品的外部操作系统)。连同其基础架构,这些要素为连接的产品提供了新的产品功能。首先,产品可以监视并报告其自身的状况和环境,使管理者深入了解其性能和使用情况;其次,用户可以控制和自定义远程互联网产品;最后,优化算法可以极大地提高产品性能、利用率和正常运行时间,以及产品在更广泛的系统中与相关产品协同工作的效果。

关联产品的营销应用如何? 通常用以下方式讨论这些问题:

(1)产品即媒体。某些带屏幕的联网产品可以用来做广告,如果个性化则它们会更有价值。设备不一定需要屏幕,因为产品包中具有物联网功能的标签可用于连接信息、娱乐和产品。

(2)产品即服务。"智能家居"控制产品就是这样的例子。这些服务通常通过移动或桌面应用程序进行管理,从而有可能通过及时的通知而不是以前的月度账单系统,使受众保持参与。

(3)产品即连接的生态系统。针对家居产品,市场上有越来越多的流行智能家庭物联网云,如 Homeki、Nest、SmartThings 和 Wink。新的家居产品必须支持与这些物联网云及与其集成的其他产品的互操作。

## 7.5.6　虚拟现实与增强现实

与这些趋势密切相关的是可穿戴设备,包括智能手表、**虚拟现实**(virtual reality,VR)及**支持增强现实**(augmented reality,AR)的设备。有关示例,请参见微型案例研究 7.7。

### 微型案例研究 7.7　维珍假日是如何使用虚拟现实的?

当脸书推出 Oculus Rift 及其他消费者虚拟现实(VR)头戴式显示器时,维珍假日(Virgin Holidays)将创新技术应用到其部分旅行商店中的尝试已进行了一年多。你可以在 https://www.youtube.com/watch?v=K9Pu0f27k1Q 上看到这一活动的简介。

维珍假日的营销经理苏纳·范卡彭(Sunna van Kampen)想探索虚拟现实可以如何通过为等待办理业务的顾客提供维珍假日目的地的虚拟之旅来增强店内消费体验。

为了拍摄度假体验,他们使用了一个由多台 GoPro 相机组成的 360 度平台。这些设备被用来拍摄墨西哥玛雅里维埃拉的短途旅行,包括 Xel-Ha 公园里的海豚、在图鲁姆废墟和悬崖上的行走,以及在马洛马的酒店和海滩的观光。这些都是以第一视角拍摄的,因此可以从各个角度捕捉体验,让顾客有身临其境的感觉和视觉。环境声音也被记录下来,以创造一个真实的感官体验——旅行假期将是什么样子的。

为了以相对较低的成本测试这种体验,VR 是通过谷歌 Cardboard 实现的。谷歌 Cardboard 是当时英国最大的虚拟现实测试平台。这项技术被命名为"维珍现实",与维珍体验一致。

**结果**

总的来说,这种体验是成功的,顾客在商店里待的时间更长,也更全面地促进了里维埃拉玛雅度假酒店的销售。苏纳·范卡彭认为这个虚拟现实项目会持续下去。

在成功的尝试之后，这一概念得到了扩展，五家技术增强的概念商店在英国各地（布鲁沃特、湖畔、布里斯托尔、纽卡斯尔和利兹）开业。未来，维珍假日将推出的 VR 项目包括体验在岛屿酒吧停下来喝一杯、在配有迪士尼主题魔镜的儿童区游玩、坐在维珍大西洋头等舱的座椅上啜饮香槟的感觉。

## 7.5.7　网站导航方案

网站是否易于使用，在很大程度上取决于**网站导航方案**（site navigation scheme）的设计。霍夫曼和诺瓦克（Hoffman and Novak，1997）及其后的很多学者（如 Rettie，2001；Smith and Sivakumar，2004）的研究都强调了**流**（flow）的概念在实现网站可用性方面的重要性。芝加哥大学心理学教授米哈里·契克森米哈（Mihaly Csikszentmihalyi）首次提出了流的概念。在《心流：最佳体验心理学》一书中，他解释说，人们处于流动状态时会感到最高兴，这种状态下，所有行为都掌握在自己手中且是合一的。在在线营销环境下，"流"从本质上描述了用户在点击网站的一个个页面时，轻松找到所需信息或体验的过程，不过其中还包括其他交互作用，如填写屏幕表格。瑞蒂（Rettie，2001）提出，导航的质量是流动性的先决条件之一，尽管其他因素也很重要。导航的质量包括快速下载、替代版本、表单自动完成、进行交互的机会、创建选择的导航、可预测的导航、用于控制和根据网络体验对内容进行分段。

网站的导航质量表现在下面三个重要方面。

（1）一致性。如果在查看网站的不同部分时为用户提供一致的用户界面，则该网站将更易于浏览。例如，如果网站的支持菜单选项位于屏幕左侧，那么用户在浏览网站的新闻栏时，菜单选项也应位于左侧。

（2）简洁性。如果选项数量有限，则网站更易于浏览。通常建议使用两个或三个级别的菜单。例如，将主菜单选项设在屏幕左侧，而在屏幕底部设置网站每一部分的具体菜单选项（这种形式的菜单通常称为"嵌套型菜单"）。

（3）背景。背景是使用"路标"告知用户他们在网站内的位置，换句话说，就是让用户知道他们没有"迷失"在网站中。为了解决这个问题，网站设计者应使用特定的文字或颜色为用户显示他们当前正在浏览网站的哪一部分。可以通过使用 JavaScript "滚动"来显示点击的前后关系，当用户将鼠标置于菜单选项上时，菜单选项的颜色会改变，而选中菜单选项时菜单的颜色也会改变。很多网站还有显示整个网站的布局和内容的网站地图选项，以便用户可以了解网站的结构。精心设计的网站可以让用户几乎不需要参考网站地图。

尼尔森（Nielsen，2000）指出，很多评论网站的人仍然忘记了有相当多的用户不会访问主页而是可能从另一个网站链接过来的，或者是看了印刷品广告或电视广告后直接访问特定的页面。他将这一过程称为**深层链接**（deep linking），网站设计者应确保为访问这些页面的用户提供准确的导航和定位。

除了考虑网站内的深层链接外，还必须考虑用于菜单的空间。尼尔森（1999）指出，一些网站在导航栏上投入了太多空间，以至于可供内容使用的空间极为有限。尼尔森建议导航系统的设计者应考虑网站用户想知道的以下信息：

（1）我在哪里？用户需要知道自己在网站上的位置。这可以通过突出显示当前位置和清楚的页面标题来指示，也就是背景。保持不同页面上菜单位置的一致性有利于提高辨识度。用户还需要知道自己在网络中的位置。这可以由徽标表示，该徽标通常位于网站的顶部或左上角。

（2）我曾去过哪里？这很难在网站上标出，但是对于购买产品等任务导向型活动，可以向用户显示他们正处于购买的第几个阶段。

（3）我将要去哪里？这是主要的导航系统，为以后的操作提供了选项。

要回答这些问题，需要清晰简洁的标签。最好采用广泛使用的标准，如首页、主页、搜索、查找、浏览、常见问题、帮助和关于我们。由于导航系统可能无法使用户迅速找到他们想要的信息，因此网站设计师必须提供替代方案。这些替代方法包括搜索、高级搜索、浏览和网站地图。可参考 Whatis.com 网站了解这些功能。

**菜单选项**

设计和创建菜单以支持导航提供了多个选项。现代网站通常首选结合使用基于文本的菜单、图形按钮或图像来满足可访问性、说服力、搜索引擎优化和可用性的要求。然而，某些网站仍然仅基于 Flash 或图像的菜单而建立，从而使网站的业务效率低下。如今大多数大型零售网站都使用超大型菜单，其中包含用于交流的大量产品和促销信息。

**页面设计**

页面设计包括为每个页面设计一个适当的布局，以满足可发现性和可用性的目标。特定页面布局的主要构成要素有标题、导航和内容。诸如版权信息之类的标准内容可以置于页脚。通用页面模板是为具有相似特征的页面创建的，如首页、类别页、产品页、搜索结果页和零售网站的结账页。使用通用模板可以更有效地实现改进。

页面设计涉及如下问题：

（1）页面要素。我们必须考虑内容与其他所有要素（如页眉、页脚和导航）在页面中所占的比例。还需要考虑各种要素在页面中的位置。主菜单通常位于顶部或左侧。将菜单置于顶部可以为下面的内容提供更多空间。

（2）调整大小。良好的页面布局设计应允许用户更改文本大小或调整显示器的分辨率。

（3）一致性。除需要更多空间的地方（如论坛或产品演示），网站所有区域的页面布局都应该是相似的。可以通过层叠样式表来执行颜色和版式标准。

（4）打印。布局应允许打印或提供其他打印格式。

**内容设计和审计**

很明显，引人入胜的顾客体验需要特别的、有吸引力的内容及精心策划的**内容营销策略**（content marketing strategy）。今天，我们所说的内容既包括构成网页的静态内容，也包括激发交互的动态富媒体内容。视频、播客、用户生成的内容和交互式产品选择器也应该被视为内容，这些内容也应该被改进。

创建这样的资源需要内容策略，因为以不同的形式向位于不同地点的不同访问平台传递不同类型的大量内容是一项艰巨的任务。

在第1章，我们介绍了内容营销在现代营销中的重要性，提出了内容营销策略中需要规划和管理的某些要素：定义内容参与价值的目标；内容格式和媒体；内容分布；内容参与和内容管理平台。霍尔沃森和拉赫(Halvorson and Rach，2012)描述了这些活动在网站内容管理方面的重要性。可以看到，管理高质量内容的创建和分发是更广泛的顾客参与策略的一部分，该策略着眼于在整个顾客生命周期中传递有效的内容。因此，它是顾客关系管理战略发展的一个组成部分。这也是一个重要的营销活动，会影响转换优化、社会媒体参与和搜索引擎优化。如今，内容营销策略受到越来越多的关注，因为它在很大程度上推动了数字营销。HubSpot(Moz，2012)的基兰·弗拉纳根(Kieran Flanagan)等内容营销人员开始谈论漏斗(ToFu，MoFu and BoFu)内容的"上、中、下"，建议对内容进行研究和审计，以了解其在吸引受众方面的效果。

实施内容营销策略需要企业改变思维方式(Pulizzi and Barrett，2010)，像发行人那样思考，投资比竞争对手更好的高质量内容。这就要求：

(1) 高质量、有吸引力的内容——内容仍然为王；

(2) 创造高质量内容的优秀作家——既可以是内部人员也可以是外部的自由撰稿人；

(3) 用于安排和交付内容的编辑日程及适当的程序；

(4) 为该过程提供便利的投资软件工具；

(5) 对顾客研究进行投资，了解不同顾客会被什么内容吸引，以帮助实现业务目标；

(6) 认真追踪哪些内容对顾客有吸引力并有助于搜索引擎优化，哪些内容是无效的。

普利兹和巴雷特(Pulizz and Barrett，2010)建议创建以 BEST 原则为基础的内容营销路线图。BEST 代表：

- 行为(Behaviour)。你与顾客交流的每件事都有目的吗？你希望他们在内容的交互作用下做什么？
- 必要性(Essential)。为你的最佳潜在顾客提供信息，帮助他们在工作或生活中取得成功。
- 战略性(Strategic)。内容营销战略必须是整体商业战略的组成部分。
- 目标明确(Targeted)。必须精确定位内容，使其与顾客真正相关。不同形式的内容需要通过不同的社交平台传递。

营销人员可以用来提高内容效果的三种特定技术是针对不同受众角色的内容映射(参见第2章)、内容审计和在线文案。

**内容审计**。企业在决定其数字资产的内容改进的优先级之前，需要利用**内容审计**(content audit)来评估需要改进的内容及原因。霍尔沃森和拉赫(2012)指出，审计有定量审计和定性评估两种基本类型。他们引用信息架构专家克里斯蒂娜·沃特克(Christina Wodtke)的话：定量审计是问"那里有什么？"，而定性评估是问"有什么好处？"。"内容有用吗？"这个问题可以通过网站分析及问卷调查和访谈来回答。例如，来自内容分析的度量(如收入或每次访问的目标价值，页面价值或到达页面的潜在顾客或销售的转化率)应用作内容审核的一部分。

**在线文案**。如你所料，有效的数字媒体文案写作与传统文案完全不同。20世纪90

年代中期以来,尼尔森•诺曼集团(Nielsen Norman Group)的雅各布•尼尔森(Jakob Nielsen)一直在研究人们的在线阅读方式。他指出,平均而言,用户在一次访问中最多花 28%的时间阅读网页上的文字,更多的人是花 20%的时间阅读(Nielsen,2008)。这说明了通过标题获得文章可扫描性的重要性。随着智能手机的普及,对可扫描性的需求也在增加。彼德特等(Biedert et al.,2012)发现,智能手机上存在三种阅读模式(全屏、逐行和逐块),而可扫描性和可略读性对于支持这几种模式都很重要。

**可扫描性和可略读性**。可扫描性是使用书写和格式设置技术来弥补大多数人不会完全阅读网络内容这一事实。这些技术有助于为在线读者提供浏览页面的概述。可略读性使用的是较短的复制和格式设置技术,使阅读器通过扫描找到上下文后,更容易阅读文本。我们在网站上看到的其他常见错误是,假设访问者对公司及其产品和服务非常了解,使用有关产品、服务或部门的内部术语,或使用难以理解的缩写。在线文案撰稿人还需要考虑阅读屏幕内容的用户。解决顾客因所使用的浏览器而受限制的方法包括:

(1) 书写(表述)尽量简明扼要;

(2) 模块化或最多将文本分成 5~6 行,从而使用户可以扫描而不是细读网页上的信息;

(3) 使用字号较大的标题文本列表,以提高可扫描性;

(4) 除非在显示冗长的信息(如报告)时很容易在一页上阅读,否则绝对不要在一页上包含过多的内容;

(5) 使用超链接减小页面大小或通过链接到页面下半部分或链接到另一个页面来帮助实现复制流程。

霍法克(Hofacker,2000)描述了用户访问网站时处理信息的五个阶段。这些信息可以应用于页面设计和内容设计,以提高可用性并帮助公司将信息传递给消费者。表 7.4 中概述的五个阶段中的每个阶段都是一个障碍,因为如果网站设计或内容难以被顾客处理,则顾客将无法进入下一阶段。考虑这些阶段有助于解决这些难题。

**表 7.4 霍法克总结的信息处理五个阶段的特征**

| 阶 段 | 描 述 | 应 用 |
| --- | --- | --- |
| 1. 暴露 | 内容需要显示足够长的时间才能被处理 | 标题广告的内容在屏幕上显示的时长可能不足以处理和认知信息 |
| 2. 注意 | 用户的眼睛被标题和内容,而并非网页上的图表和移动项所吸引(Nielsen,2000) | 强调标题对于吸引用户注意是至关重要的,有证据表明用户不会注意标题广告,用户都患有"标题近视症" |
| 3. 理解和感知 | 用户对于内容的解释 | 使用统一标准和修辞手法,并且采取简单的形式更便于理解 |
| 4. 产生和接受 | 给出的信息(文案)为用户所接受吗 | 文案应当拥有可靠的来源,并在必要时给出对立的论点 |
| 5. 记忆 | 描述传统广告中信息被记忆的程度 | 一种不同寻常的风格或高度的互动可以让点击流和用户满意度更容易被记起 |

# 7.6  管理和测试内容

提供内容管理方法的详细信息是不切实际的，因为营销人员不需要深入了解开发技术，这些通常交由专家去做。营销人员需要知道的是，自己所使用的工具和开发方法会影响顾客体验。在选择供应商时，他们可以提出问题，以解决活动 7.1 中描述的对顾客体验的限制。他们还可以进行测试，以确保系统已成功构建。选择正确的**内容管理系统**（content management system，CMS）不仅对于提供良好的用户体验很重要，对于有效地发布内容的方法也很重要，因为该功能可供整个公司的人员使用。CMS 有两种主要形式，它们都是作为网络服务提供的，而且可以通过网络浏览器访问。企业 CMS 可用于复杂的大型网站（及其他公司文档），也可用于标准的页面创建和编辑功能。编辑工具通过工作流系统提供版本控制和文档审阅，当新文档准备就绪等待编辑时就会通知审阅者。传统上，用于小企业的 CMS 不具备工作流或多作者功能，但提供很多其他功能来创建内容。不过，小企业越来越多地使用 WordPress 和 Movable Type 等具有企业功能的博客平台来管理整个网站。

## 7.6.1  选择内容管理系统的标准

专业的内容管理系统应提供以下功能：

（1）简易创作系统。可以通过类似于文字处理器的 WYSIWYG（所见即所得）功能来编辑新文档和现有文档，能轻松地嵌入图片并支持搜索引擎优化所需的一系列标记。

（2）搜索引擎机器人爬网程序。必须存储和链接内容，以便搜索引擎爬网程序可以对其进行索引。有时，在没有太多参数的情况下，需要将 URL 重写为搜索引擎能够识别的格式。谷歌网站管理员页面（www.google.com/webmasters）描述了这些要求。

（3）搜索引擎优化友好的标记。设计机构创建的某些定制内容管理系统无法轻松编辑关键字段，如< title >,< h1 >和< meta name = 'description'content = 'page description'>。

（4）不同的页面模板。内容结构（子组件、模板等）、网页结构和网站结构的设计与维护。应该可以为不同的网站部分或页面类别创建不同的布局和设计。

（5）链接管理。通过更改内容和消除无效链接来维护内部与外部链接。

（6）输入和联合。外源性内容的加载（分散），以及各种来源的内容的聚集和传播。

（7）版本控制。管理页面、页面元素或整个网站的版本的发布是最重要的工作。通常，发布的是最新版本，但是应该将以前的版本存档，并且应该可以回滚到以前的版本。

（8）安全和访问控制。可以将不同的权限分配给用户的不同角色，而且某些内容在登录状态下才能全面获得。在这些情况下，CMS 维护一个用户列表。

（9）使用插件和小部件。可以通过嵌入窗口小部件（如指向社交网络或第三方应用程序的链接）进行混搭。但是内容管理系统可能不容易支持在主要内容或侧边栏中的嵌入。

（10）发布工作流。网站内容需要经过发布过程才能将其从管理环境移至实时交付环境。该过程可能涉及诸如编辑授权和实时构建复合文档（个性化和选择性分发）之类的任务。

（11）跟踪和监控。用户日志和统计分析可以提供性能指标，根据需求调整内容并防止滥用。还应该可以快速向 Google Analytics 等网页分析工具的页面模板中添加标签。

（12）导航和可视化。使用颜色、纹理、3D 渲染甚至虚拟现实直观、清晰且富有吸引力地呈现内容的性质和位置。应该可以更改页面模板中包含内容的导航和容器。

（13）测试新方法的灵活性。应该能使用 AB 测试和多变量测试等技术测试替代设计和消息传递方法。

### 7.6.2　测试体验

负责网站的营销经理需要对网站**开发**（development）和**测试**（testing）有基本的了解。我们与系统的典型用户讨论了可用性测试的重要性。简言之，其他必要的测试步骤包括：测试内容是否在不同类型和版本的网络浏览器上正确显示；测试插件；测试所有互动设施及与企业数据库的集成；测试拼写和语法；测试是否符合企业形象标准；测试以确保所有内部链接及与外部网站的链接均有效。

测试通常在单独的测试网络服务器（或目录）或测试环境上进行，而对测试版本或原型版本的访问仅限于开发团队。完成测试后，即可将网站发布到主流网络服务器或真实环境中。

发布后，可以通过审查网络分析以及使用 AB 测试和多变量测试工具对不同的页面布局、消息传递和要约进行测试，对网站效率进行持续改进。

## 7.7　网上零售

推销对于在线零售网站所有者，就像对实体零售商店所有者一样，也是一项重要的活动。二者的目标是相似的，都是使每位顾客的销售潜力最大化。在线上，指的就是向网站访问者展示相关产品和促销活动，以提高网站性能的转化率和平均订单价值等关键指标。可以看到，这些方法中的大部分都与**可发现性**（findability）概念相关。最常用的一些方法如下。

（1）通过同义词扩大导航范围。通过使用可能适用于同一产品的一系列术语，网站访问者可以更轻松地找到要搜索的产品。

（2）应用分面导航或搜索方法。搜索结果页在线上销售中非常重要，因为如果相关产品和优惠位于列表顶部，则转化率将会更高。**分面导航**（faceted navigation）使网站用户可以通过选择不同的产品属性来"向下钻取"以轻松选择相关产品（见图 7.12）。

（3）突出展示最畅销的产品。突出展示最强大的产品线是一种常见的做法，零售商展示的是"十佳"或"二十佳"产品。

（4）使用捆绑销售。买一送一是在网上展示互补产品的一种经典零售方法。例如，亚马逊将两本相关书籍打折销售。产品页或结账页上也会展示相关产品，不过对这些产品的关注可能会降低转化率。

（5）使用顾客排名和评价。评价对销售有很大的影响。在线排名率服务提供商

图 7.12　Euroffice.com 的分面导航

Bazaarvoice 的研究表明，其客户 CompUSA 利用评价使转化率提高了 60%、订单价值提高了 50%、每位访问者的浏览量增加了 82%。

微型案例研究 7.8 显示了另一个示例：使用产品可视化系统，这些系统使网络用户可以放大并旋转产品。

## 微型案例研究 7.8　figleaves.com 通过揭示顾客反馈来提高转化率

figleaves.com 是一家总部位于英国的在线内衣零售商，由丹尼尔·纳巴罗（Daniel Nabarro）于 1998 年创立，2010 年被 N Brown 集团收购。figleaves.com 对其在线价值主张的解释如下。

（1）figleaves.com 是全球最大的品牌贴身衣物在线销售商，为男女顾客提供品牌内衣、泳装、运动服、睡衣和丝袜。（核心主张和受众）

（2）尽管有很多选择，但要找到你想要的东西并不容易。你可以按品牌、尺码、价格、颜色、款式或场合购买；或者，如果你确切地知道要找什么，则点击一次即可找到它。（可检索性）

（3）如果产品不合适或不符合你的期望，你可以很容易地退货。这就是我们众所周知的"无忧"退货政策。如果你在英国，我们甚至会负担退货邮资。（退货政策）

（4）更重要的是，你在家就能结账，可以避免在灯光刺眼的更衣室里排队的尴尬。（线上服务特有的渠道优势）

（5）内衣对男士和女士都是很好的礼物。如果你是为你所爱的人买礼物，我们可以将礼物装在漂亮的礼品盒里，并附上个性化的留言。或者，你也可以送一张礼券，让收礼者自己选择他们想要的产品。（赠送）

（6）我们知道你希望快速交货——库存产品通常在 24 小时内发货（交付）。

Bazaarvoice 的研究显示了使用顾客评价的价值：

（1）总体而言，有评价的产品的转化率比没有评价的产品高 12.5％。

（2）有 201 条评价的产品的转化率比没有评价的产品高 83.85％。请注意，得到最多评价的产品往往是最畅销的，因此通常转化率也更高。

（3）分析同类产品上线前后的转化率，有评价的同类产品整体转化率高 35.27％。

（4）没有评价的产品的转化不会受到负面影响。

（5）与没有评价的产品相比，有评价的产品仅浏览却未结账的比率是前者的 1/4。

（6）对于没有评价的产品，仅浏览却未结账的总体比率比预期高 32.6％。

（7）上线后，带有评价的产品的仅浏览却未结账的比率显著下降。

（8）没有评价的产品没有显著减少。

韦瑟斯和麦金克（Weathers and Makienko，2006）还根据对 Bizrate.com 点评网站的用户研究，调查了推销对网店成功率的影响。他们发现，产品的可检索性及订购选项尤其重要。

# 7.8　网站推广或"流量建设"

推广网站以吸引访问者是网站开发策略的一个重要部分。在网站设计过程中必须考虑的一个重要问题是搜索引擎优化及用户不是到达主页而是到达网站内部的登录页面的体验。

# 7.9　服务质量对线上忠诚度的影响

可以参考现有的确定服务质量水平的市场框架来评估电子商务中的服务质量。最常用的是基于"服务质量差距"的概念。服务质量差距是指顾客的预期服务水平（源于以前的经验和口口相传）与其实际感知到的实际服务水平之间的差距。我们可以应用帕拉苏拉曼等（Parasuraman et al.，1985）提出的服务质量要素来判断企业的服务质量。请注意，关于这种 SERVQUAL 评估框架在确定服务质量方面的有效性一直存在激烈的争论，可参见克罗宁和泰勒（Cronin and Taylor，1992）的文章。尽管如此，将服务质量的这些维度应用于网络上的顾客服务仍然具有启发性（参见 Chaffey and Edgar，2000；Kolesar and Galbraith，2000；Zeithaml et al.，2002；Trocchia and Janda，2003；Valvi et al.，2012）：

(1) 有形性——设施和通信的外观;

(2) 可靠性——可靠、准确地提供服务的能力;

(3) 响应性——愿意帮助顾客并提供及时服务;

(4) 保证性——员工的知识、礼貌及表达信任和信心的能力;

(5) 同理心——提供关怀及个性化的关注。

通常会针对电子商务的这些维度讨论电子商务忠诚度的影响,如审查服务质量是否足以带来重复购买。例如,沃尔维等(Valvi et al.,2012)指出,还需要评估其他非服务性因素(如感知价值)对重复购买的影响。他们审查了不少于 62 项调查在线忠诚度的工具或框架,提出了一个新的通用概念框架。该框架根据购买行为将购买过程中导致在线忠诚度的先行因素分为购买前因素和购买后因素。

除了应用这些学术框架外,企业还可以基于美国顾客满意度指数方法来使用基准测试服务,如 ForeSee,该方法根据期望值与实际服务之间的差距评估满意度得分。第 6 章讨论过的净推荐值(NPS)是评估电子商务中忠诚度的最常用的方法和技术。

还应该记住,在线交易服务选择的服务水平取决于服务成本、产品价值和增加转化渠道的可能性之间的关系。图 7.13 展示了一家银行的典型情况。通常,服务成本会增加到图表的右上角,通过更广泛的对话进行转化的能力及从销售中产生的价值也会增加。该图显示了一般模式,但选项通常并不互斥。例如,电话联系可能适用于所有阶段,但对最复杂的产品最为有效。下面列举了一些提供服务的方法:

(1) 直通式交易程序。对于储蓄账户等相对简单的产品,交易通常无须员工干预即可完成。

(2) 回拨。如果有不清楚的地方,顾客可以拨打银行的客服电话。

(3) 在线聊天。客服人员与顾客之间的在线讨论。如果分析显示顾客难以决定,则可以主动激活在线聊天。

(4) 共同浏览。共享屏幕以帮助顾客完成申请流程。

(5) 电话。这种方法通常成本最高,但转化率也最高。

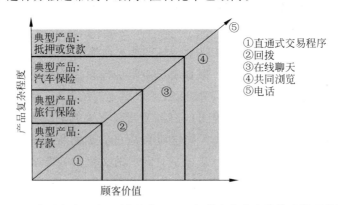

图 7.13 产品复杂程度、顾客价值和用于提供服务的在线体验类型的差异

评估在线服务质量的两个最重要的框架是 WEBQUAL 和 E-SERVQUAL。

WEBQUAL(Loiacono et al.,2000,2007)涉及 14 个维度。其存在的问题是它与功能设计问题而不是服务问题联系太过紧密。其他限制可能包括内容或产品的等级、信任因素、对不同数字设备的支持或与其他线上和线下渠道的集成。例如,格林和皮尔森(Green and Pearson,2011)的维度包含了信任因素和感知风险。WEBQUAL 包括下列维度:

(1) 信息质量——关注所提供信息的准确性、时效性和适当性。

(2) 功能是否与任务相适应——用户认为网站满足其需求的程度。

(3) 量身定制的通信——可以量身定制通信以满足用户的需求。

(4) 信任——安全通信、遵守信息隐私。

(5) 响应时间——发出请求或与网站交互后得到回复的时间。

(6) 易于理解——易于阅读和理解。

(7) 直观的操作——易于操作和导航。

(8) 视觉吸引力——网站的美观。

(9) 创新性——网站的创造力和独特性。

(10) 情感吸引力——使用网站的情感效果和参与强度。

(11) 一致的图像——网站不会因为与企业通过其他媒体投射的图像不兼容而让用户感到不和谐。

(12) 在线完整性——允许所有或大多数必要的交易在线完成(如在网站购买)。

(13) 相对优势——等于或优于与企业互动的其他方式。

(14) 顾客服务——当答复需要多次交互时,对顾客询问、评价和反馈的答复。

E-SERVQUAL(Zeithaml et al.,2002)包括 7 个维度。前 4 个被归为核心服务模块,后 3 个被归为恢复模块,因为它们仅在线上顾客有疑问或问题时才相关:

(1) 效率。顾客访问网站、搜索信息或按要求进行交易的能力。

(2) 履行。涉及服务承诺的准确性,包括产品的库存充足和在承诺的时间内交付产品。

(3) 可靠性。与网站的技术功能(包括可用性和性能)相关。

(4) 隐私。与确保不共享购物行为数据及确保信用卡信息安全相关。

(5) 响应能力。电子零售商根据要求向顾客提供适当的支持信息的能力。

(6) 赔偿。涉及退货时的退款、运费及处置成本。

(7) 联系。顾客与在线服务代理商在线交流的能力。

WEBQUAL 和 E-SERVQUAL 都是有用的框架,虽然对于它们忽略了可访问性、可检索性、多渠道集成、顾客评价和排名的重要性还存在争议,但它们仍然可以用于评估在线服务质量。

在线营销人员应评估顾客在每个领域的期望,并确定顾客期望与当前交付的产品之间的**在线服务质量差距**(online service-quality gap)。

接下来,我们将研究如何应用在线服务质量的五个决定因素。

### 7.9.1 有形性

可以说，有形维度受到基于网站结构与图形设计的易用性和视觉吸引力的影响。

### 7.9.2 可靠性和响应能力

可靠性维度取决于网站的可用性，也就是说，用户能否轻松地链接和访问网站。很多企业无法实现 100% 的可用性。如果潜在顾客恰好在网站不可用时访问网站，则企业可能会永远失去这些顾客。

电子邮件和社交媒体回复的可靠性仍然是一个关键问题。Superoffice（2017）分析了全球 500 家规模不同的公司的顾客服务质量。他们发现：41% 的公司未响应顾客服务要求；90% 的公司不承认已收到电子邮件；99% 的公司没有跟进顾客；在第一次答复时，只有 11% 的公司答复了其提出的两个问题。

处理顾客服务请求的平均响应时间为 15 小时。

### 7.9.3 保证

在电子邮件或社交媒体回复的情况下，保证可以用来反映响应的质量。

### 7.9.4 多渠道传播偏好

阿普顿（Upton，2008）对 1 000 名 18 岁以上的英国消费者进行了调查，以确定顾客服务和沟通对在线业务的作用和重要性。尽管电子邮件作为一种沟通工具越来越受欢迎，但仍有 53% 的受访者更喜欢通过电话与企业沟通，特别是在进行服务查询时，48% 的受访者更偏好电子邮件、16% 的受访者更偏好传统邮件。然而，当被问及他们的经历时，30% 的英国消费者表示很难在网站上找到联系方式。

令人惊讶的是，有 53% 的消费者认为，等待 3 分钟即可接通客服电话是令人满意的。消费者尤其反感打电话给客服时听到的是自动应答。正如阿普顿所说，用自动语音服务代替熟练的操作员在短期内可能会省钱，但从长期看，企业面临品牌受损和销量下降的风险。此外，顾客认为通过电子邮件联系企业时，在 24 小时内收到回复是可以接受的。

他总结说：研究表明，在这个多元化传播的时代，消费者不再专注于任何特定的传播方式。即使零售商只在线上交易，他们也会选择最方便、最合适的渠道。因此，品牌需要在客服中心整合电话、电子邮件、语音邮件、网络聊天和短信等沟通渠道，与消费者进行沟通，并满足他们对服务的期望。客服人员还需要实时访问与顾客的所有交互资料，包括通话和电子邮件的文本记录、收发信件的扫描副本，以及通话录音、评价和结果，以确保客服人员充分了解顾客与品牌的现有关系。重要的是，这些信息可以进一步用于定制未来与顾客的所有联系，从而提供更高级别的服务来提升顾客满意度。通过使用顾客首选的沟通渠道，可以满足顾客的期望，从而最大限度地留住顾客和宣传品牌。

电子商务网站还要确保顾客信息的隐私和安全性。遵守英国互联网购物安全（ISIS）或 TrustArc 原则的公司比不遵守的公司更可信。

查菲和史密斯（2012）指出，电子商务网站要实现保证可采取下列措施：提供清晰有效的隐私声明；在所有本地市场上遵守隐私和消费者保护指南；优先考虑顾客数据的安全性；与独立的认证机构合作；强调所有沟通中服务质量的卓越性。

### 7.9.5　同理心

尽管人们认为同理心需要人与人之间的接触才会发生，但在一定程度上通过电子邮件和网络通信也可以实现。

提供个性化的工具也表明网站运用了同理心，但是关于创建动态网页以满足顾客的信息需求及其对网页价值的看法等问题仍需进一步研究。

对于希望在电子商务环境中应用 SERVQUAL 等框架的管理人员，管理流程可分为下面三个阶段：

（1）了解顾客期望。必须了解顾客对特定市场部门中电子商务环境的期望。SERVQUAL 框架可与其他网站的市场研究和基准测试一起使用，以了解需求，如响应能力和同理心。情境分析还可以用于明确顾客对网站服务的期望。

（2）设定并传达服务承诺。明确了顾客的期望，即可使用营销传播来告知顾客服务水平。这可以通过顾客服务保证或承诺来实现。承诺不足比承诺过多要好。承诺 3 天却在 2 天内将书送到的图书零售商，比承诺 1 天却用了 2 天才将书送到的图书零售商更能赢得顾客的忠诚。聪明的公司可能还会解释如果其承诺没有兑现会如何，比如顾客是否会得到赔偿。服务承诺还必须在内部传达，并与培训相结合，以确保服务质量。

（3）兑现服务承诺。最后，承诺必须通过在线服务来实现，而这离不开员工的支持和硬件设施的保障。否则，在线信誉将受损，顾客可能永远流失。

表 7.5 和表 7.6 总结了在线消费者对每项服务质量要素的主要关注内容。表 7.5 给出了 SERVQUAL 的主要情境因素，表 7.6 给出了提供出色的顾客服务的电子商务网站的必要条件。

| 表 7.5　在线服务质量的影响因素 | | | |
| --- | --- | --- | --- |
| 有形性 | 可靠性 | 响应性 | 保证和同理心 |
| 易于使用 | 实用性 | 下载速度 | 与电话中心联系 |
| 内容质量 | 可靠性 | 电子邮件回复 | 个性化 |
| 价格 | 电子邮件回复 | 反馈 | 隐私 |
| | | 履行 | 安全性 |

| 表 7.6　在线服务质量要求 |
| --- |
| **电子邮件回复要求：** |
| • 使用自动回复确认查询已受理 |
| • 明确回复时间和责任人 |
| • 发送个性化的邮件 |
| • 促销电子邮件必须提供选择加入和选择退出选项，以换取顾客信息 |
| • 准确回复入站邮件，记录顾客首选的回复类型（电子邮件或电话） |
| • 布局要清晰，包括个人信息和隐私声明 |

**网站要求：**

- 实现公司对网站性能和可用性的目标
- 支持顾客首选渠道(电子邮件、电话、面对面或邮寄信件)
- 清晰的联系点，包括 mailto(指定的链接，用于发送电子邮件或引导至表单)
- 为顾客提供个性化选择
- 帮助用户回答特定问题的工具，如常见问题或交互式数据库
- 测试网站的可用性和效率的链接、HTML、插件和浏览器，以最大限度地提高可访问性
- 图形和网站设计，以实现易用性和相关的内容与视觉吸引力

## 7.9.6 服务质量、顾客满意度与忠诚度之间的关系

正如我们在第 6 章中讨论的那样，企业不仅要了解是什么决定了服务质量和顾客满意度，而且要了解影响忠诚度或重复购买的因素。

里格比等(Rigby et al.，2000)评估了零售业、服装业和消费类电子产品零售中的重复购买驱动因素，发现忠诚度的关键驱动因素与戴尔的相似，包括正确交付订单，但其他因素(如价格、易用性和顾客支持)更为重要。

### 案例研究 7 优化 i-to-i.com 的在线顾客体验

本案例是关于一家专业的旅游教育公司的在线 TEFL(英语作为外语的教学)课程。该公司的网站集合了我们在本章中描述过的很多特征，融合了可访问性、可用性和说服性。本案例考虑了跨市场为不同受众提供有效设计的挑战。

**i-to-i 的背景**

i-to-i 是一家跨国公司，在英国、美国、爱尔兰和澳大利亚设有办事处。大约 4 万人在旅行时选择了 i-to-i。该公司在五大洲开展了 500 个项目，还培训了 18 万名 TEFL 教师。

**i-to-i 的历史**

i-to-i 的创始人迪尔德丽·邦兹(Deirdre Bounds)在一次离职期间受到启发而创建了这家公司。在那次离职期间，她在日本、中国和希腊教英语，在悉尼开背包客巴士。该公司最初开设的是 TEFL 课程，后来又组织了志愿者项目。自 2003 年起，公司一直为 i-to-i 基金会提供资金。该基金会是一个注册的慈善机构，致力于为 i-to-i 大家庭中最贫困的社区和生态项目提供资金。

**规划**

网站上给出的 i-to-i 英语教学提案的主要特点如下。

- 国际认证：i-to-i 获得 ODLQC 的外部认证，以确保其课程受到严格监控，始终符合最高的行业标准。
- 世界级的声誉：i-to-i 在全球有四个办事处，拥有超过 12 年的 TEFL 教学经验。
- 合作伙伴关系：i-to-i 是 STA Travel、Opodo 和 Lonely Planet 首选的 TEFL 课程专业提供商。

- 完善的学生支持：学生们会收到关于如何在国外求职的建议，以及关于当前工作机会的建议。
- 经验丰富的教师：i-to-i 的所有教师都有至少 3 年的海外教学经验。

这一规划得到了"i-to-i TEFL 承诺"的支持：

- 我们将比任何同等和更便宜的课程的效果至少好 150%。
- 如果你在听了 7 天的课后并不满意，我们会全额退款。
- 我们的经验、高学术标准和课程质量意味着 i-to-i TEFL 证书被全球数千所语言学校认可。
- i-to-i 还可以帮助学生在国外找到担任 TEFL 教师的工作。

### 顾客细分

i-to-i 主要按地理区域进行细分：英国；北美；欧洲；澳大利亚和新西兰；世界其他地区。

每个地理区域都有不同的手册。在可选的基础上，还会收集关于潜在顾客的年龄和地位的信息，虽然这些信息并不是用于目标电子邮件。职业状况类别包括：学生；员工；自由职业者；离职；失业；退休。

### 竞争对手

英国和澳大利亚的在线 TEFL 课程的主要竞争对手包括 www.cactustefl.com、www.teflonline.com 和 www.eslbase.com。在美国，同时在英国及其他国家也开展业务的竞争对手是 www.teflcorp.com。

### 媒体组合

i-to-i 综合使用下列数字媒体渠道来提高访问量、潜在顾客数量和销量：按点击付费（PPG）；利用脸书、Ins、推特和 i-to-i 自己的旅行者社区开展社交媒体营销；自然搜索；联盟营销；展示广告；电子邮件营销。

i-to-i 最成功的活动是在脸书上推出"讲故事者"系列，（通常使用视频和博客日记）展示旅行者的经历。

### 顾客体验和转化过程

网站上有帮助访问者决定是否购买课程的详细内容（包括模块大纲和视频）。例如，使用特定的登录页实现访问者从付费搜索或附加搜索中的转化。

设计中融入了大量的互动设备，用于发展潜在顾客，如宣传册、TEFL 试听者测验、电子邮件指南和赢得免费听课机会等促销活动。顾客可以在索取宣传册（邮寄或下载）、要求回电话或在线聊天等方式中作出选择。

接下来会发送一系列欢迎邮件。会对结果进行监控，但不会主动跟进电子邮件。由于线索的价值相对较低，所以不会打电话进行跟进，但会鼓励网站的访问者打电话咨询或要求回复，这通常会带来较高的转化率。

### 市场挑战

i-to-i 所面临的主要市场挑战如下。

- 在各地竞争激烈的市场中提高其存在感和转化率。
- i-to-i 在其主要市场英国有良好的曝光率，但因为是在高度竞争的混乱市场上运营,主要通过价格实现差异化(产品相似)。

- 研究表明,美国存在良好的机会,但由于按点击付费广告的成本较高且自然搜索的排名有利于美国企业,曝光率相对有限。

- 世界其他地区(除英国、美国、爱尔兰、欧洲、澳大利亚和新西兰以外)的销量正在增长,可被视为一个不断增长的市场。i-to-i 打算渗透这些市场,但要考虑成本,而不会分散对主要市场的注意力。

- 通过接触和教育那些考虑加入 TEFL 的人来增加需求,这些人不了解 TEFL 课程及其带来的机会。例如,很多人会去其他国家的酒吧或农场等处寻找临时工作,而并不知道 TEFL。

**问题**

1. 选择一个 i-to-i 在最接近你居住的地区开展业务的国家。基于年龄和产品需求设定一个任务角色,然后确定这个角色的主要顾客旅程和内容需求。这个角色会遵循网站中的哪些路线?

2. 评价 i-to-i 网站上用来吸引潜在顾客的各种方法。

3. 根据你对 i-to-i 网站的使用,指出其需要改进的关键领域。

## 小结

1. 有效的顾客体验取决于很多因素,包括网站设计的视觉元素,以及针对说服、可用性、可接受性和绩效的设计。

2. 为了避免设计无效的情况下需要大规模的返工,认真规划和实施网站设计至关重要。

3. 分析、设计和实施应该以满足业务和用户需求的可用性测试为基础,形成一个迭代的、原型化的应用程序。

4. 在开发大型网站项目前,应进行可行性研究。可行性研究需要评估:

(1) 项目的成本和收益;

(2) 实现项目管理和员工承诺的难度;

(3) 支持项目的域名的可用性;

(4) 一个成功项目所需的职责和阶段。

5. 应该慎重选择网站的主机,因为它将决定网站的服务质量。

6. 网站用户需求分析的选项包括:

(1) 与市场营销人员交流;

(2) 向企业发放问卷;

(3) 可用性和可访问性测试;

(4) 与关键顾客进行沟通;

(5) 焦点小组;

(6) 评估竞争对手的网站。

7. 开发网站的设计要求包括：

（1）网站的信息架构或结构,采用网站地图、蓝图和线框图等技术；

（2）点击流,受导航和菜单选项控制；

（3）平面设计和品牌标识；

（4）内容策略；

（5）特定国家的本土化；

（6）在线表格和电子邮件信息的服务质量。

## 练习

**自我评估练习**

1. 解释与网站创建相关的术语原型设计。

2. 在创建网页的过程中,管理者应该承担哪些责任？

3. 注册域名时需要考虑哪些因素？

4. 列出决定网站流量的因素。

5. 哪些要求对于建立有效的网站是重要的？

6. 列出评估网上服务质量的选项。

7. 在制定内容策略时应该考虑哪些问题？

8. 决定网站性能的因素有哪些？

**讨论题**

1. 讨论在网站上评估用户需求的各种方法的相对效果。

2. 选择三个网站,比较其设计效果。请描述设计特征,如导航、结构和图形。

3. 解释如何通过原型设计法整合网站的战略、分析、设计和实施。说明原型设计法的优缺点。

4. 在设计网站的互动服务时,设计者应该采取哪些步骤为顾客提供优质的服务？

**测试题**

1. 什么是网站原型设计？列举该方法的三个优点。

2. 在一个在线项目的启动阶段应该确定哪些要求？

3. 选择网站设计公司时应考虑哪些因素？

4. 如何利用顾客分析来开发更有效的在线服务？

5. 列举在线服务的四个特征,并简要解释这些特征将如何决定用户是否推荐该服务。

6. 依赖技术平台的网站服务设计有哪些限制条件？

## 参考文献

Accelerated Mobile Project(2017) AMP：two years of user-first webpages, blog article by Daid Besbris,19 October, https://www.ampproject.org/latest/blog/amp-two-years-of-userfirst-webpages/(accessed May 2018).

Bevan, N. (1999a) Usability issues in website design, *Proceedings of the 6th Interactive Publishing Conference*, November.

Bevan, N. (1999b) Common industry format usability tests, *Proceedings of UPA' 98*, Usability Professionals Association, Scottsdale, Arizona, 29 June-2 July 1999.

Biedert, R., Dengel, A., Buscher, G. and Vartan. A. (2012) Reading and estimating gaze on smart phones, in *Proceedings of the Symposium on Eye Tracking Research and Applications* (ETRA' 12), Stephen N. Spencer (Ed.), ACM, New York, NY, USA, 385-388.

BSI(1999) BSc 13407 Human-centred design processes for interactive systems, British Standards Institute.

Chaffey, D. (2017) *Essential guide to effective translation: best practices for global content localisation to grow your international markets*, Whitepaper published with Smartling.

Chaffey, D. and Edgar, M. (2000) Measuring online service quality, *Journal of Targeting, Analysis and Measurement for Marketing*, 8(4), 363-378.

Chaffey, D. and Smith, P. R. (2012) *E-marketing Excellence: Planning and Optimising Your Digital Marketing-at the Heart of E-Business*, 4th ed, Butterworth-Heinemann, Oxford.

Chaffey, D. and Wood, S. (2010) *Business Information Management*, 2nd ed, Financial Times/Prentice Hall, Harlow.

Christodoulides, G., de Chernatony, L., Furrer, O., Shiu, E. and Temi, A. (2006) Conceptualising and measuring the equity of online brands, *Journal of Marketing Management*, 22(7-8), 799-825.

Chen, A. (2012) *Is the growth hacker the new VP marketing*, blog post by Andrew Chen, 27 April 2012.

Cisco(2017) Cisco Visual Networking Index: global mobile data traffic forecast update, 2016-2021, *Whitepaper*, 28 March, https://www.cisco.com/c/en/us/solutions/collateral/service-provider/visual-networking-index-vni/mobile-white-paper-c11-520862.html(accessed May 2018).

Cronin, J. and Taylor, S. (1992) Measuring service quality: a re-examination and extension, *Journal of Marketing*, 56, 55-63.

Csikszentmihalyi, M. (1990) *Flow: The Psychology of Optimal Experience*, Harper and Row, New York.

de Chernatony, L. (2001) Succeeding with brands on the Internet, *Journal of Brand Management*, 8(3), 186-195.

Episerver(2017) *Case study: Metro Bank transform digital customer experience with a revamped*, responsive website, http://www.episerver.com/solutions/our-customers/by-industry/metro-bank/(accessed May 2018).

Essential Retail(2017) *Interview: Jack Wills on personalisation and AB testing*, Caroline Baldwin, 30 June.

EVRYTHING(2017) *the big switch-on: 10 billion apparel products 'born digital'*, Niall Murphy, 17 April, https://evrythng.com/big-switch-10-billion-apparel-industry-products-born-digital-digital-identities/(accessed May 2018).

Fogg, B. (2009) In *Proceedings of the 4th International Conference on Persuasive Technology*, 1-7, www.behaviormodel.org.

Fogg, B., Soohoo, C., Danielson, D., Marable, L., Stanford, J. and Tauber, E(2003) How do people evaluate a website's credibility?, *A Consumer WebWatch research report*, prepared by Stanford Persuasive Technology Lab.

Green, D. T. and Pearson, M. J. (2011) Integrating website usability with the electronic commerce acceptance model, *Behaviour and Information Technology*, 30(2), 181-199.

Google(2017a) Why a progressive-web app might be right for you, Jason Spero, July 2017 https://www.thinkwithgoogle.com/marketing-resources/experience-design/progressiveweb-apps-benefit-brands/(accessed May 2018).

Google(2017b) European Mobile speed rankings are in: how does your site compare?, Marcin Karnowski, Sep 2017.

Halvorson, K. and Rach, M. (2012) *Content Strategy for the Web*, 2nd Ed., New Riders, Berkeley, CA.

Hofacker, C. (2000) *Internet Marketing*, Wiley, New York.

Hoffman, D. L. and Novak, T. P. (1997) A new marketing paradigm for electronic commerce, *The Information Society*, special issue on electronic commerce, 13, 43-54.

Market Wired(2011) Press release, August 2, 2011 iPerceptions' 4Q Suite helps improve Thomas Cook Netherlands website-performance and content, http://www.marketwired.com/press-release/iperceptions-4q-suite-helps-improve-thomas-cook-netherlands-websiteperformance-content-tsx-v-ipe-1544666.htm(accessed May 2018).

Kolesar, M. and Galbraith, R. (2000) A services-marketing perspective on e-retailing, *Internet Research: Electronic Networking Applications and Policy*, 10(5), 424-438.

Klaus, P. (2014) Towards practical relevance: delivering superior firm performance through digital customer experience strategies, *Journal of Direct, Data and Digital Marketing Practice*, 15(4), 306-316.

Klaus, P. and Maklan, S. (2012) EXQ: a multiple-item scale for assessing service experience, *Journal of Service Management*, 23(1), 5-33.

Knight, K. (2011). Responsive web design: what it is and how to use it, *Smashing Magazine* blog post, 12 January 2011, http://coding. smashingmagazine. com/2011/01/12/guidelines-for-responsive-web-design/(accessed May 2018).

Loiacono, E., Watson, R. and Goodhue, D. (2000) WEBQUAL: a measure of website quality, in K. Evans and L. Scheer (eds), *Marketing Theory and Applications*, American Marketing Association, Chicago, Vol. 13, 432-439.

Loiacono, E. T., Watson, R. T. and Goodhue, D. L. (2007) WebQual: an instrument for consumer evaluation of web sites, *International Journal of Electronic Commerce*, 11(3), 51-87.

Monetate(2016) Case study: Personalisation drives new customer conversion 12% of Jack Wills, http://info. monetate. com/rs/092-TQN-434/images/Jack-Wills-Case-Study. pdf(accessed May 2018).

Monetate (2017) *The Essential Guide to Personalization*, http://info. monetate. com/ebook-essential-guide-personalization. html(accessed May 2018).

Morville, P. (2005)*Ambient Findability, What We Find Changes Who We Become*, O'Reilly Media, Sebastopol, CA.

Moz(2012) The SEO path to becoming a great funnel owner, By Kieran Flanagan, 24 October, https://moz. com/blog/the-seo-path-to-becoming-a-great-funnel-owner(accessed May 2018).

*Multilingual* (2008) Localising a localizer's website: the challenge, *Multilingual* (January/February), 30-33.

Nielsen, J. (1999) Details in study methodology can give misleading results, Jakob Nielsen's Alertbox, 21 February, www. useit. com/alertbox/990221. html(accessed May 2018).

Nielsen, J. (2000)*Designing Web Usability*, New Riders Publishing, Berkeley, CA.

Nielsen, J. (2008) *How little do users read?*, 6 May, https://www. nngroup. com/articles/how-little-do-users-read/(accessed May 2018).

Nitish, S., Fassott, G., Zhao, H. and Boughton, P. (2006) A cross-cultural analysis of German, Chinese and Indian consumers' perception of website adaptation, *Journal of Consumer Behaviour*, 5, 56-68.

O'Neill, M. (2014) 5 *lessons learnt: getting services-live, blog post*, 24 November 2014, https://digitaltransformation. blog. gov. uk/2014/11/24/5-lessons-learnt-getting-serviceslive/(accessed May 2018).

Parasuraman, A., Zeithaml, V. and Berry, L. (1985) A conceptual model of service quality and its implications for future research, *Journal of Marketing*, 49(Fall), 48.

Porter, M. and Heppelmann, J. (2015)How smart, connected products are transforming companies, *Harvard Business Review Blog*, October 2015, https://hbr. org/2015/10/how-smart-connected-products-are-transforming-companies (accessed May 2018).

Pulizzi, J. and Barrett, T. (2010)*Get Content. Get Customers*, McGraw-Hill, Columbus, OH.

Rettie, R. (2001) An exploration of flow during Internet use, *Internet Research*, 11(2), 103-113.

Rigby, D., Bavega, S., Rastoi, S., Zook, C. and Hancock, S. (2000) The value of customer loyalty and how you can capture it, Bain and Company/Mainspring Whitepaper, 17 March, www. mainspring. com.

Robertson, J. (2003) *Information design using card sorting*, Step Two, www. steptwo. com. au/papers/cardsorting/index. html(accessed May 2018).

Rosen, D. and Purinton, E. (2004) Website design: viewing the Web as a cognitive landscape, *Journal of Business Research*, 57(7), 787-794.

Rosenfeld, L. and Morville, P. (2002) *Information Architecture for the World Wide Web*, 2nd edn, O'Reilly, Sebastopol, CA.

Schranz, T. (2012)*Growth Hackers Conference: lessons learnt, blog post*, 1 November 2012 by Thomas Schranz published at www. blossom. io/blog.

SciVisum(2005) Internet campaign effectiveness study, press release, July, www. scivisum. co. uk.

Singh, N. and Pereira, A. (2005) *The Culturally Customised Website, Customising Websites for the Global Marketplace*, Butterworth-Heinemann, Oxford.

Smith, D. and Sivakumar, K. (2004) Flow and Internet shopping behaviour: a conceptual model and research propositions, *Journal of Business Research*, 57(10), 1,199-208.

Superoffice(2017) 2017 Customer Service Benchmark Report, available from: https://www. superoffice. com/

resources/guides/customer-service-benchmark-report/（accessed May 2018）.

Sullivan（2011）Web design process infographic，SmartInsights blog post，6 September，www. smartinsights. com.

Thurner，R. and Chaffey，D. （2013）*Winning with Mobile*：*Creating a Strategy for Mobile Marketing*，*Mobile Commerce and Mobile CRM*，Smart Insights.

Trilibis（2014）Trilibis web performance survey finds 69 per cent of responsive design websites fail to deliver acceptable load times on mobile devices，press release，21 April.

Trocchia，P. and Janda，S. （2003）How do consumers evaluate Internet retail service quality?，*Journal of Services Marketing*，17(3).

Upton，N. （2008）Online customer service，*What's New in Marketing*，e-newsletter，66，February 2008，www. wnim. com.

Valvi，A. and Fragkos，K. C. （2012）Critical review of the e-loyalty literature：a purchasecentred framework，*Electron Commer Res*，September 2012，12(3)，331-378.

Weathers，D. and Makienko，I. （2006）Assessing the relationships between e-tail success and product and website factors，*Journal of Interactive Marketing*，2，41-54.

Wikipedia（2015）DevOps，http：//en. wikipedia. org/wiki/DevOps（accessed May 2018）.

Wodtke，C. （2002）*Information Architecture*：*Blueprints for the Web*，New Riders，Indianapolis.

Wroblewski，L. （2011）*Why separate mobile and desktop web pages?*，blog post，1 September，www. lukew. com/ff/ entry. asp? 1390（accessed May 2018）.

Zalando Annual Report（2016）https：//annual-report. zalando. com/2016/annual-report/（accessed May 2018）.

Zeithaml，V. ，Parasuraman，A. and Malhotra，A. （2002）Service quality delivery through websites：a critical review of extant knowledge，*Academy of Marketing Science*，30(4)，368.

## 网址链接

**零售电子商务有效性汇编**

- Monetate Ecommerce Quarterly（www. monetate. com/research/）
- IMRG（http：//imrg. org）

**信息架构**

- Boxes and Arrows（boxesandarrows. com）。大量最佳实践文章及有关 IA 主题的讨论，如受控词汇表。
- Peter Morville（www. semanticstudios. com/writing）。经典的《信息架构》一书的作者的博客。深入浅出的最佳实践文章。
- Louis Rosenfeld site（www. louisrosenfeld. com）。Rosenfeld 是经典书籍《信息架构》的另一位作者。
- Jesse James Garrett（http：//jjg. net/ia）。设计专家 JJG 关于 IA 的文章。
- Step Two（www. steptwo. com. au）。这家设计公司的网站上有介绍性的概要，以及详细介绍信息架构和可用性的其他方面的文章。

**可用性**

- Interaction Design Foundation（www. interaction－design. org）。最大、最权威的开源 UX 设计资源库。
- Usability. gov（www. usability. gov）。一个综合性的美国门户网站，涵盖可用性的各个方面，从规划和分析到设计，再到测试和改进。
- Nielsen Norman Group（www. nngroup. com）。提供可用性方面的咨询服务的知名企业，网站上有关于最佳实践的高质量文章和视频，通常是基于用户研究得出的。
- UIE（www. uie. com/articles）。Jared Spool 及其同事的用户界面工程文章对最佳实践做了完美的总结。
- Government Service Manual（www. gov. uk/service－manual）。描述经由 Discovery、Beta、Alpha 和 Live 阶段开发在线服务的过程。
- Webby Awards（www. webbyawards. com）。最佳实践——网络界的全球奥斯卡奖。

**技术与网页标准开发**

- Accessibility standards（www. w3. org/WAI）。来自万维网联盟（W3C）的指南和资源。
- A List Apart（www. alistapart. com）。探索网页内容的设计、开发和意义，特别关注网页标准和最佳实践。
- The World Wide Web Consortium（www. w3. org）。在定义网页标准方面表现突出的全球标准组织。
- Web of Things（www. webofthings. org）。由开发人员、研究人员和设计师组成的社区，探讨物理网络的未来。

# 数字媒体活动策划

**学习目标**

读完本章后,你应该能够:

- 评估数字媒体与传统媒体在传播特征方面的差异
- 识别管理数字活动的主要成功因素
- 了解线上与线下沟通整合的重要性
- 将推广技巧与衡量网站有效性的方法联系起来

**营销人员要回答的问题**

- 数字媒体的特征与传统媒体有何不同?
- 策划在线营销活动时需要考虑哪些因素?
- 如何选择最优的线上和线下沟通技术?

 # 8.1 引言

正如第 7 章所讨论的,一家已经开发出有效在线客户体验的公司,在数字营销方面也只是取得了部分成功。在互联网高速发展的今天,一个常见的说法是:"有了梧桐树,凤凰自然来。"然而不幸的是,这句话却不适用于网站、移动应用程序或社交媒体网站等其他在线形式。伯松等(Berthon et al.,1998)将在线交流与商品展销会进行了类比。有效的促销和可实现的展台可视化是吸引众多的展销会参观者并鼓励他们进行交流互动所必需的手段。同样,网络营销人员如果想在目标受众中获得高质量的访问者,以获得新的在线顾客,就必须选择适当的线上和线下营销沟通方法。

数字媒体的应用规划既包括有助于实现推出新产品、促销或鼓励潜在顾客参加活动等具体目标的短期战略,也包括**长期持续的或"永远在线"的数字传播活动**(continuous or 'always-on' digital communications activities)。这些活动通过最优的传播方式促使访问者访问网站,完成网站的主要目标,如产品销售(零售商)、潜在客户开发(B2B 公司),以及品牌、订阅或广告收入(在线出版商或消费者品牌)。

查非和史密斯(2017)提到了流量建设时机的相关性。他们说:一些营销人员认为流量建设是一个持续的过程，而另一些人则认为流量建设是一项具体的活动，如推出新网站或作出重大的改进。有些方法往往持续应用效果最好，有些方法则只在短期有效。

微型案例研究8.1探讨了通过持续关注改善结果而获得的好处。这是上一章介绍的增长黑客方法的一个例子，它将传播的改进与经验结合在一起。

## 微型案例研究8.1 专注于"永远在线"的市场营销和增长黑客

企业可以通过搜索引擎和社交媒体挖掘对内容的持续需求，以增加受众。增长黑客仍然是一种相对较新的技术，涉及快速营销实验，旨在提高数字渠道中顾客活动的增长率。本案例中的企业是新闻媒体英国地铁报（Metro）。英国地铁报网站（Metro.co.uk）开发主管戴夫·詹森（Dave Jensen）2014年在一次发布会上称希望在一年内将访问量从900万增加到2 500万。他用了"10种增长黑客"来促进访问量的增长。其中一些"黑客"与技术和主机（托管）有关，如采用响应式设计、改进网站性能及通过谷歌改进网站索引，将搜索推荐从每月200万次增加到1 000万次。其他变化包括开放平台以提供更多博客文章等用户生成的内容。社交媒体优化也是提高访问量的一个因素。通过脸书鼓励分享，使网页点击量在一年内从17.3万次增加到56.2万次。

在总结访问量增长背后的过程时，戴夫·詹森说：离开精益的思维方式和构建、衡量、学习、迭代的方法，上述任何一项都不可能实现。

## 本章的结构

首先回顾在成功的在线竞争的例子中得到充分体现的数字媒体的特征。然后，考察不同传播方式在实践中的应用，必须将其视为计划"永远在线"通信或是管理数字竞争及传统媒体整合的一部分。本章的内容及要回答的主要问题如下。

（1）目标设定与追踪：在线活动应该设定哪些具体目标？衡量成功的标准是什么？什么样的反应机制最有效？

（2）活动洞察：哪些有关顾客和竞争对手行为的数据有利于我们制定决策？

（3）市场细分和定位：如何定位和接触不同的受众？

（4）产品、服务和信息开发：如何具体说明我们的产品、服务和关键信息？

（5）编制预算并选择数字媒体组合：应该如何编制预算并投资不同形式的数字媒体？

（6）整合媒体时间总表或计划：应该如何规划包含不同线上和线下传播浪潮的媒体时间表？

第9章将基于上述内容介绍主要**数字媒体渠道**（digital media channel）的成功因素，如联盟营销、搜索引擎营销和社交媒体营销，这些因素构成了数字营销活动的策略。当第三方网站的访问者通过数字媒体渠道被引导到一个网站时，该第三方网站被称为来源网站或**参考网站**（referrer or referring site）。

## 基本数字技能：数字媒体活动策划

我们将在第9章介绍管理付费媒体、自有媒体和免费媒体渠道的实用技能，这些技能很受企业欢迎。不过，制订综合计划来协调这些活动则更为迫切。常见的实用技能包括：

（1）为机构或内部团队编写简报，简要说明活动的目的和目标受众。

（2）洞察和分析。现今的活动必须是数据驱动的，因此有必要了解信息来源和衡量活动有效性。

（3）活动整合策略。整合后的活动更有效，因此了解如何实现这一点是很有必要的。

通过展示兴趣和经验来提高就业能力的实用建议包括：点评品牌活动，并在博客上记录成功因素；使用 Google Analytics 演示账户了解完整的引荐来源组合；完成免费的在线 Google Ads 或 Analytics 培训。

请使用 Smart Insights 技能评估工具（http：// bit. ly/smartdigiskills）在整个 RACE 计划框架内审核数字营销技能。

# 8.2　数字媒体的特征

通过了解数字媒体的主要互动特征，我们可以在利用这些媒体的同时防范其弱点。本节我们将描述传统媒体与数字媒体在媒体特征方面的九个重要差异。值得一提的是，第 1 章介绍的 6I 提供了一个有助于评估传统媒体与新媒体的差异的可供选择的框架。

## 8.2.1　从"推"到"拉"

传统媒体，如出版印刷、电视和广播（无线电台）都是**推式媒体**（push media）：信息主要是单向的（从公司到顾客），除非内置直接响应元素。相对地，内容营销、搜索引擎营销和社交媒体营销等很多数字营销活动涉及**拉式媒体**（pull media）和**集客营销**（inbound marketing）。在专业的营销方式中，这种强大的新营销方法通常被称为集客营销（Shah 和 Halligan，2009 年）。集客营销的效果很显著，可以减少广告浪费。它包括将内容营销和搜索引擎营销应用于具有积极的主动性和自选性的有明确需求的目标顾客。这也是一个弱点，因为与传统的传播方式相比，营销人员可能没有那么强的掌控力。在传统的传播方式中，信息被推送给特定的受众，可以帮助其产生意识和需求。集客营销的支持者认为，内容营销、社交媒体营销和搜索引擎营销确实能够产生需求。这意味着，通过在线互动的刺激对网络或传统广告、直邮、实物提醒或口碑提升仍有重大影响。电子邮件营销的推式媒体在集客营销中仍然很重要：网站和社交媒体主页的目的应该包括获取顾客的电子邮件地址，从而可以通过电子邮件将相关的信息及时推送给消费者。

## 8.2.2　交互性对话

**交互性**（interactivity）对话是网络和数字媒体的另一个重要特征，它提供了与顾客进行双向和多维互动的机会。数字媒体的这一显著特征在早期被认为是互联网和数字渠道的一个显著优势（Peters，1998；Deighton，1996），也是与顾客建立长期关系的一种手段，后来被戈丁（Godin，1999）定义为许可营销。

沃尔姆斯利（Walmsley，2007）认为，数字媒体的主要影响并不是像最初预期的那样找到连接品牌与消费者的新途径，而是使消费者相互联系。这一方向上意想不到的转变催生了新的交流模式。

## 8.2.3 从"一对多"到"一对几"和"一对一"

传统媒体的推送交流方式是一对多的(一家公司面对很多顾客)，通常是相同的信息传递给不同的细分市场，而往往针对性不强。数字媒体"一对几"的交流模式使利基市场、微型市场的细分变得更具实际意义，数字营销者可以通过**大规模定制**(mass-customisation)和**个性化**(personalisation)营销，向不同的受众提供不同的网站内容或电子邮件，即向不同的细分市场推送不同的营销信息。

图8.1阐述了大规模定制作为组织(O)通过单步骤沟通向消费者(C)传递消息(M)的互动机会。很明显，这是对于传统的大规模营销而言的(a)，将单一的信息(M1)传达给所有的顾客($C_1 \sim C_5$)。

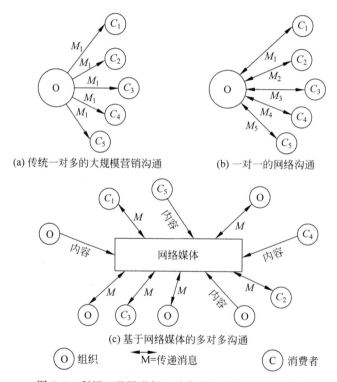

(a) 传统一对多的大规模营销沟通　　　(b) 一对一的网络沟通

(c) 基于网络媒体的多对多沟通

Ⓞ 组织　　　M=传递消息　　　Ⓒ 消费者

图8.1　利用互联网进行一对多和一对一沟通的区别

霍夫曼和诺瓦克(Hoffman and Novak,1997)认为，这种变化意义重大，足以代表一种新的营销模式，或一种新的营销范式，如图8.1(c)所示。他们认为，包括网站在内的互联网设施代表了一种以计算机为中介的环境，其中的交互作用不是信息的发送方和接收方之间的交互，而是与媒体本身的交互。他们对未来的愿景在社交网络、博客和专业社区中被明显地表现出来：消费者能够与媒体互动，企业能够提供媒体环境，而且在彻底背离传统营销环境的情况下，消费者可以向媒体提供以商业为导向的内容。

## 8.2.4　从"一对多"到"多对多"沟通

数字媒体也能实现多对多沟通。霍夫曼和诺瓦克(1996)指出,新媒体是多对多的媒体,消费者可以通过网站、独立社区、个人网站和博客与其他消费者沟通。可以看到,多对多沟通失去了对在线公关产生的影响的掌控,这需要对信息来源进行监控,但同时也提供了接触名人以扩大影响的机会。

## 8.2.5　从"被动"到"主动"

数字媒体也是热切的媒体。它们是交互式的前向媒体,消费者想要获得掌控、体验及对其需求的响应。最初的印象和鼓励访问者互动的策略是十分重要的。如果网站的访问者没有立即找到所需的内容,无论是因为设计的缺陷还是网速慢,他们都会离开,可能永远不会回来。

## 8.2.6　媒介改变了标准营销传播方式(如广告)的性质

除了提供一对一营销的机会外,互联网还可以广泛地用于一对多广告。网站或社交媒体网站与广告具有相似的功能(它可以告知、说服和提醒消费者有关公司产品的信息,但它与传统广告的付费方式不同)。伯松等(1996)认为网站是广告和直销的结合体,因为它也可以用来吸引访问者进行对话。在传统大众媒体上投放广告的约束(如为时间或空间付费)变得不再那么重要。在线营销,尤其是搜索引擎营销,减少了传统广告中因为广告被忽略或与受众无关而造成的浪费。在按点击付费(PPC)广告中,可以根据用户的需求来控制广告的显示,并且仅在点击表示感兴趣的情况下才产生费用。联盟营销也是一种**按绩效付费的传播**(pay-for-performance communications)技术,只有在有回应的情况下才会产生费用。

彼得斯(Peters,1998)认为,通过新媒体与通过传统媒体进行的传播有如下四个方面的区别:

(1) 传播方式发生了即时、同步的转变,信息通过在线客服进行传递。不同步的沟通也同时存在,如通过发送和接收邮件造成的信息传递延迟。

(2) 沟通如果是通过标准的网页传送,社交性、温暖性、个人的和积极性的感知就会降低,但可以通过个性化来增强。

(3) 消费者对沟通有更多的掌控权。

(4) 用户控制内容,如通过个性化设施或发布自己的用户生成内容。

这些想法在今天仍然非常重要,是数字传播的基础。

霍夫曼和诺瓦克(1996)还指出,数字传播中的主要关系并不直接存在于发送者和接收者之间,而是存在于基础的网络环境中。施拉姆(Schramm,1955)的经典沟通模型仍然有助于理解网络营销传播的有效性。

图 8.2 显示了应用于互联网的模型。模型中的四个元素是影响数字营销有效性的因素。

(1) 编码。网站内容或电子邮件的设计和开发,目标是传递公司的信息,并依赖于目

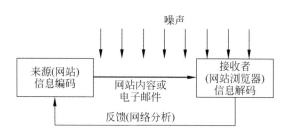

图 8.2　施拉姆(1955)应用于互联网的沟通模型

标受众的理解。

（2）噪声。外部环境会影响信息质量。在互联网环境中，它会延长下载时间、使用户无法使用插件或因屏幕上信息过多而感到困惑。

（3）解码。对信息进行解释的过程，依赖于接受者的认知能力，而认知能力在一定程度上受使用互联网的时间长短的影响。

（4）反馈。通过在线表单和网络分析对上网行为进行监测。

## 8.2.7　沟通中介增加

对比传统的广告和公关与付费的、自有的和免费的数字媒体，可以发现，通过媒体和名人等大量途径接触在线受众的渠道正在不断增加。传统的广播渠道、报纸和平面刊物已经转移到线上，除此之外，还有大量通过社交网络分享信息的纯线上出版商、博客作者和个人。长尾理论也适用于任何领域的网站。目前仅有少数几个关键网站，但其他很多网站也可以用来接触顾客。在线营销人员需要从顾客访问的众多网站中选择最合适的网站，从而为自己的网站带来流量。

## 8.2.8　整合

虽然数字媒体与传统媒体相比具有明显的特征，但这并不意味着我们的传播就应该完全集中在数字媒体上。我们应该根据传统媒体与数字媒体的优势进行重组和整合。

## 8.2.9　活动沟通的时机还包含"永远在线"和实时营销组件

前面我们描述了通过付费媒体、自有媒体和免费媒体开展"始终在线"（或持续）传播活动的必要性，以挖掘消费者通过搜索引擎、出版商网站和社交媒体来研究新产品的意图。与此同时，仍需要对传统的"爆发式"营销活动进行投资，以推广新产品、开展季节性促销、提高品牌参与度和需求（潜在顾客）。微型案例研究 8.2 展示了现代营销活动如何将线下体验式营销与数字激活相结合。

### 微型案例研究8.2　依云利用实时社交媒体在纽约、伦敦和巴黎造势

2014 年 8 月，依云以"依云瓶装水服务"为标签，启动了为期 3 天的实时本地营销活动。在纽约，它的目标受众是一天中气温最高时城市公园（如布莱恩公园和麦迪逊广场公园）里的消费者。《广告周刊》(*AdWeek*，2014)解释了如何参与该计划：消费者必须使用

标签向依云发送一条信息,描述自己当前的位置。随后,依云的社区经理、社交媒体代理团队 Epiphany 及爱德曼公关公司(Edelman)的员工对这些推文作出回应,并在 5～7 分钟内召集一批品牌大使,为每位参与者送去一瓶水。依云还购买了针对邻近地区的推广推文,以增强实时效果。

在曼哈顿的活动结束一周后,作为依云赞助美国网球公开赛的一部分,这项活动转到了纽约皇后区的比利·简·金国家网球中心。

在活动开始之前,8 月 15 日依云通过社交媒体发布了活动,到 8 月 21 日为止,每天能吸引 147 名粉丝。新粉丝的数量比 7 月同期增长了 11 倍。依云在推特上大约有 1.92 万粉丝。

依云公司还声称,8 月 15—21 日,该品牌每天被提及的次数是竞争对手的 3.5 倍。推特上的参与度超过 CPG 品牌基准 80%。总体上,推特上产生了 280 万印象和 7.5 万人次参与。

---

营销活动和传播的时机的另一个变化是从远景规划营销活动改为一种更灵活、更动态的方法,即**实时营销**(和公关)[**real-time marketing(and PR)**]。

实时意味着新闻在几分钟而不是几天内发布;意味着创意渗透,然后突然、不可预测地像病毒一样传播给全球受众;意味着企业根据顾客反馈或市场事件,迅速开发(或改进)产品或服务;意味着企业看到机会并第一个采取行动。参见数字营销洞察 8.1。

## 数字营销洞察 8.1　"♯打开你的世界"分享个人的观点

喜力的"♯打开你的世界"活动在开始的 8 天内获得了 300 万的点击量,在第一个月内获得了超过 5 万次的分享,并成为一个热门话题标签。该活动将脸书作为平台,并与人类图书馆(Human Library)合作。喜力营销经理尼克·卡斯比(Nic Casby)表示公司通过"同理心、宽容及人与人之间简单的交谈"来弘扬人类理想(Mortimer,2017)。

这个以标志性和创造性的广告活动而闻名的啤酒品牌尝试探讨社会问题,并将完全陌生的具有独特政治见解的个人(而非演员)召集在一起,目的是证明意见分歧的人们有可能找到共同点,希望是通过一起喝杯啤酒。

---

这种实验性的广告宣传方式可能存在风险,百事可乐曾经尝试让抗议者和警察一起喝罐饮料却失败了(Hunt,2017;Mortimer,2017)。品牌可以主动创造自己的病毒式新闻、**文化基因**(memes)或故事,主动利用新闻劫持等方式进行实时营销。

表 8.1 总结了传统媒体与数字媒体的一些主要区别。注意,10～12 在两种媒体类型中表现相似。

| 表 8.1　传统媒体与数字媒体的特征差异总结 | | |
|---|---|---|
| | 传统媒体 | 数字媒体 |
| 1 | 强调推送(如电视、平面广告、直邮) | 强调拉动:与语境的关联(搜索引擎营销) |
| 2 | 单向交流 | 通过用户生成内容(UGC)进行对话、互动和三方对话 |

续表

| | 传统媒体 | 数字媒体 |
|---|---|---|
| 3 | 目标成本受到媒体限制 | 通过搜索引擎营销和小众网站媒体投放实现微目标和个性化 |
| 4 | 消费者之间的互动受到限制 | 通过社区和社交网络参与 |
| 5 | 静态的活动：媒体公司一旦计划了活动,后期很难进行调整 | 动态的活动：可以测试不同的创意和目标,然后在活动中根据效果进行调整 |
| 6 | 突击式广告在短期内使广告影响最大化 | 持续的"始终在线"活动需要在线媒体永远实时在线(如搜索引擎营销、社交媒体和门户网站) |
| 7 | 媒体购买机会有限,浪费程度高 | 无限制的付费媒体购买机会,包括按绩效付费选项,以及自有媒体和免费媒体 |
| 8 | 详细的反应测量通常仅限于定性研究 | 通过网络分析和广告跟踪系统,在微观水平具有潜在的可测量性 |
| 9 | 预测试 | 在活动期间仍然可以测试和改进 |
| 10 | 通过媒体最大限度地与受众交流 | 媒体所有者仍然很重要,但是通过网站、非媒体所有的个人博客和社交网络也可以进行交流 |
| 11 | 整合传播至关重要 | 整合传播至关重要 |
| 12 | 不便宜、迅速、简单 | 不便宜、迅速、简单 |

接下来,我们将推荐一系列可用于采取结构化的方法规划综合活动或在线顾客获取计划的步骤。我们的重点是关注数字媒体与其他媒体整合后将如何管理。

# 8.3　步骤1：互动营销传播目标的设定和跟踪

数字营销人员针对不同的时间周期制定传播目标：

(1)年度营销传播目标。例如,可以用一整年的时间衡量新访客的获得或获得合格的潜在用户的可能性,因为这是通过搜索引擎及其他活动建立访客群的持续活动。设定年度预算有助于实现这些目标。

(2)具体的传播目标。在线广告和病毒营销等支持产品发布的数字营销活动。具体目标包括吸引新访客、将访客转换为顾客并鼓励其重复购买。广告活动目标应基于传统的营销目标,有特定的目标受众,并有可归因于特定广告活动的可衡量的结果。

我们在本节中介绍的措施可以同时应用于短期和长期。

## 8.3.1　衡量数字活动的术语

有一系列令人困惑的术语,用于设定目标和跟踪数字营销活动的有效性,因此我们先解释在营销活动计划和在线营销报告的模型中将遇到的主要衡量指标。在设定目标和进行跟踪时,我们要超越网站吸引的访客数量指标,而使用 VQVC 的全部指标,即访客的数量、质量、价值和成本。

图 8.3 显示了目标设定和跟踪数字媒体活动的从最简单到最复杂的措施。

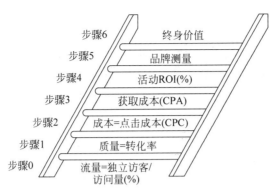

图 8.3　用于设定活动目标或评估活动成功程度的衡量标准,从下到上逐渐复杂化

**0.　流量指标包括点击、访客会话、独立访客**

流量通常是通过网站的点击率或访问量来衡量的,如**访客会话**(visitor session)或是**独立访客**(unique visitor)。相对于使用页面访问量或点击率来衡量效率,独立访客这一指标更可靠,因为它代表了与个人交流的机会,但正如我们将在第 10 章中解释的那样,精确计算"独立访客"在技术上并不容易实现。一个更复杂的指标是覆盖率(%)或在线受众份额。只有使用受众数据工具(如 www. comscore. com 或 www. hitwise. com)才能衡量该指标。

例如,一家在线银行每月有 100 万名独立访客。

**1.　质量指标包括行动转化率和跳出率**

流量指标并不能说明访问网站的用户是参与其中还是直接离开,所以我们还需要质量指标。转化率是最常用的质量指标,它显示了在特定的时间段内不同来源的访问者有多大比例转化为特定的网络营销结果,如潜在顾客线索、销售或订阅。

例如,10% 的访问者会实现转化,如登录账户,或要求产品报价。

转化率可以用两种方式表示:访客层面,即**访问或会话转化率**(visitor session conversion rate);独立访客层面,即**访客转化率**(visitor conversion rate)。

埃里克·彼得森(Eric Petersen,2004)解释说:你(计算转化率时)使用的分母将取决于你是在试图理解人们在访问期间的行为,还是在试图理解访问者的行为。如果你对顾客(和整个购买过程)感兴趣,就使用独立访客,如果你对行为感兴趣(在一次访问中),则使用访客。

例如,访问转化率＝10 转化事件/1 000 访问＝1%。

对于电子零售商来说,就是订单转化率:

订单转化率＝10 销售/1 000 访问＝1%

访客转化率＝10 转化事件/800 访问＝1.25%

也可以称为购买转化率,或浏览到购买的比率,而对于旅游公司来说,则可以称为"看后下订单":

购买转化率＝10 销售/800 独立访客＝1.25%

在活动期间进行相关测量的指标是**跳出率**(bounce rate),它表示网页或网站的相关访问者在访问单个网页后即行退出的比例，通常以百分比表示（到达后即离开，因为没有发现感兴趣的内容）。

关注跳出率或参与率有助于提高目标网页的有效性和网页链接的质量。使用跳出率而不是转化率的好处是，网页的跳出率变化范围更大（通常为 20%～80%，而转化率则低于 10%），使单个引荐来源网址、关键词及目标网页转化中存在的问题更加容易被识别出来。跳出率计算如下：

$$跳出率\% = 100 \times 网页（网站）单页访问/所有网页（网站）$$
$$参与率\% = (100\% - 跳出率\%)$$

**2. 媒体成本指标测量包括每次点击成本和每千人成本**

访问者获取成本通常以特定数字媒体渠道（如按点击付费的搜索引擎营销）的**每次点击成本**（cost-per-click，CPC）来衡量，因为有许多访问者来自线下广告从而很难对整个网站进行估算。

例如，2 英镑 CPC（谷歌 AdWords 500 次点击需花费 1 000 英镑）。

**每千人成本**（cost-per-thousand，CPM）通常用来说明购买展示广告空间的价格，如 10 英镑 CPM 是指向 1 000 名访问者（专门的访客会话）展示广告的费用是 10 英镑。也可以针对其他媒体渠道计算有效的 CPM，如按点击付费广告，从而将二者进行比较。

**3. 获取成本衡量标准包括每行动成本或获取成本**

如果一项数字营销活动虽然满足获取网站访问者和顾客的目标，但成本太高，则也不能取得成功。使用不同的数字媒体渠道实现特定的目标及推动访问者访问网站并转化为交易时，必须有具体的目标和准确的成本。这就是**每行动成本**（cost-per-acquisition，CPA）。典型的成本目标包括：每行动成本——访客；每行动成本——潜在顾客；每行动成本——销售（最典型的 CPA 形式，也称为 CPS）。

为了控制成本，管理者必须确定一个目标**可承受的每行动成本**（allowable cost-per-acquisition）。例如，30 英镑用于产生业务顾客线索，50 英镑用于完成信用卡注册。获取访问者的成本与转化为结果的成本结合在一起就构成了获取（顾客）的成本。

例如，CPA 20 英镑（CPC 2 英镑，转化率 10%，1/10 的访问者转化为销售）。

**4. 投资回报率（ROI）或价值衡量**

投资回报率用于评估营销活动或投资的盈利能力。不同形式的投资回报率取决于盈利性计算的不同形式。这里我们假设它基于销售价值，或盈利性基于每次点击成本和转化率。

$$ROI = 在线产生的盈利/在线广告的费用$$

另一个不考虑盈利能力的相关指标是广告支出回报率（ROAS），其计算方法为

$$ROAS = 在线产生的所有收入/在线广告的总支出$$

**5. 品牌测量**

品牌测量通常与交互式广告或赞助最相关，相当于线下广告指标，即品牌知名度（提示和无提示）、广告回忆、品牌熟悉度、品牌喜好度和购买意愿。

**6. 基于生命周期价值的 ROI 度量**

获得顾客的价值不仅基于最初的购买，还基于与顾客相关的生命周期价值（和成本）。

这需要更复杂的模型,而在线零售商和在线金融服务提供商最常使用这些模型。

例如,一家银行使用网络现值模型衡量保险期超过 10 年的保险产品的价值,但主要关注 5 年的结果,其考虑的因素包括获得成本、留存率、索赔和费用。

该指标是很有价值的,因为它提供了在 5 年内获得回报所必需的一个现实的可接受销售成本。例如,银行的营销人员会非常认真地跟踪该指标,了解不同谷歌 AdWords 关键词的投资回报率,然后选择关键词和竞价策略。

图 8.4 展示了一个保险产品的在线广告活动案例,其中包含了本节所涵盖的很多核心数量、质量和成本测量指标。在发出报价请求时,可能存在潜在的机会或潜在的顾客。虽然获取成本很高,但并没有考虑线上广告和线下活动的协同效果,即没有考虑消费者受到了广告的影响却并未立即点击的情况。

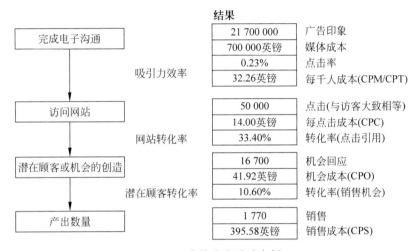

图 8.4  在线广告活动案例

## 8.3.2  数字营销度量示例

一个互动营销传播计划包括如下五种主要目标。

(1) 建立顾客访问目标。使用**线上网站推广**(online site promotion)和**线下网站推广**(offline site promotion)的目标,以可接受的成本推动网站或其他社交网站的高质量访问者或流量转化为所需的结果(销售、潜在顾客线索、同意接收新闻稿、社交互动)。

以下是一些增加流量的 SMART 目标,可以用访客、访问量或销售来表示:一年内达到 10 万独立访客或 20 万次访客会话;实现 2 万笔在线销售,订单每笔价值 50 英镑,获取成本 10 英镑;将现有顾客基数的 30% 转化为在线服务的活跃用户(用户每 90 天至少完成一次交易);在目标市场内占到 10% 的市场搜索份额。

(2) 转化或互动目标。利用在线交流向访问者传递有效的信息,影响其认知或实现必要的营销效果。在线信息传递将基于公司产品或服务的传统营销传播目标。例如:鼓励试用,iTunes 和 Spotify 实现 10% 的新独立访客转化(注册或下载音乐服务);在内部建立许可列表(通过数据获取活动,使电子邮件数据库每年新增 1 万个新地址);鼓励内容参与(将 20% 的新独立访客转化到产品信息领域);说服顾客购买(转化 5% 的新独立访客）；促使进一步购买（6 个月内将 30％ 的首次购买用户转化为重复购买用户）。

为了估计实际转化的数量，我们建议创建如图 8.5 所示的基础转化模型。以 B2B 服务公司（如咨询公司）的活动目标为例，其最终目标是通过网站与传统媒体的结合实现 1 000 名新增顾客，并将潜在顾客需求转化为行动。为了实现这一业务目标，营销人员需要对转化水平作出假设，在每个阶段都需要将潜在顾客转化为顾客。这个模型给出了 1 000 名新顾客及基于不同转化率的不同成功关键因素的核心目标。

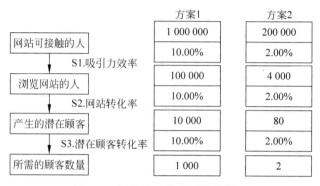

图 8.5　网络沟通的基础转化模型

如果没有可供在线销售的产品，如豪华汽车制造商或提供白皮书下载的高价值 B2B 服务，那么如何计算 ROI 就不那么清楚了。

为了从线下销售活动中获得最多的价值并优化其有效性，有必要为不同的产出设定价值或比分。例如，对于汽车制造商，价值指定为宣传册需求（5 分或 20 英镑）、示范驾驶请求（20 分或 100 英镑），以及访问网站了解产品特性信息（1 分或 1 英镑）。这种方法称为价值事件评分。

通过了解在线宣传册需求或示范驾驶请求转化为销售的平均百分比，以及网站顾客的平均订单价值，即可估算出在线活动的价值。这只是一个估计，但它可以通过有可能产生用户需求结果的展示网站链接、广告素材、PPC 关键词和网页活动，来实现营销活动的优化。

（3）第三方网站的覆盖范围和品牌目标。在第三方网站（如在线新闻和杂志网站、门户网站和社交网络）上吸引、影响和与潜在顾客互动；在活动期间目标用户达到 50 万人；培养产品意识和品牌信任度。通过测量品牌意识、品牌信任度，使用 ScanmarQED 等在线品牌跟踪服务来衡量消费者的购买意向。

（4）多渠道营销目标。整合所有的传播方法，通过支持**混合模式购买**（mixed-mode buying）帮助实现营销目标。混合模式购买目标的例子包括：通过网站访客，实现了电话中心销售收入的 20％；作为线下广告的响应，实现了 20％ 的在线销售；每位活跃网站访客在店内的平均花费从 3 英镑增加到 4 英镑；通过提供在线客服，将联系中心的电话查询减少了 15％。

（5）长期品牌参与目标。在线营销的最大挑战之一是任何渠道的营销/销售都要维持长期互动，从而带来额外的销售。这些都是通过生命周期价值、忠诚度和顾客互动来衡量的。

顾客参与交流显示了获取和维护最新顾客的详细信息（如电子邮件地址和手机号码）的重要性。

### 8.3.3　活动响应机制

数字媒体增加了响应机制的选择。审查响应机制很重要，因为过于狭窄可能会限制响应，而过于宽泛和不专心可能无法提供正确的响应类型。营销人员需要在广告创意和消息传递中强调最有助于广告活动整体成功的响应类型或顾客旅程。管理者应为整个活动确定响应机制的策略，以确保所有活动都使用正确的方法。

响应机制自然会因产品类型而有所差异。快速消费品类的品牌并不是一定需要将访问者吸引到自己的网站上。在第三方网站上进行广告宣传和创建交互式微型网站，有可能更有效地吸引受众，因为与目标品牌网站相比，受众更有可能将时间花在在线媒体的网站上。

### 8.3.4　在线响应机制

应在数字媒体活动计划中指定所需的响应机制，而且每个模型的响应数量应该是一定的。图 8.6 显示了在线媒体的反馈机制。从展示广告、按点击付费广告或租用电子邮件通信等媒体展示的创意来看，有下面五个主要选项。

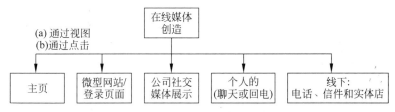

图 8.6　在线媒体的反馈机制

**1. 主页**

在大多数情况下，如果访问者从**媒体网站**（media site）进入**目标网站**（destination website）的主页，那么在网络媒体上的投资就会被浪费。一般来说，主页可以吸引很多受众，但因为提供的选择太多，往往无法有效地将在线创意信息转化为进一步的行动。

**2. 微型网站/登录页面**

一个有针对性的**登录页面**（landing page）或特别创建的微型网站可以更有效地引导访问者采取下一步行动，从而获得在线活动投资的回报。图 8.7 给出了一个登录页面的示例，其中展示了一系列线下营销所忽略的响应机制。URL 策略使线下创意中的网页更容易被标记。不同类型的搜索引擎也可以将不同类型的内容放在网站上。你可以访问 BBC 网站（www.bbc.co.uk），看看网址细节在你从一个板块移动到另一个板块时是如何变化的，如从新闻版到体育版。网站上的单个目标网页可以被标记，如 www.company.com/products/insurance/car-insurance。另一个例子是，网站所有者必须决定如何引用不同地区的内容，其形式可以是 http://< country-name >.< company-name >.com，或者更普遍的：http://www.< companyname.com >.com/< country-name >。

图 8.7　B2B 登录页可选响应机制示例

活动 URL 或 CURL 这种方式如今更加适用了,它比标准的公司网址更令人难忘,并与活动概念相融合。例如,一家保险公司使用 CURLwww. quotemehappy. com 网站,代表令人难忘的活动元素。同样令人难忘的是 www. subservientchicken. com——汉堡王10 年前做了一次病毒营销,并在 2015 年以"Chick enRedemption"的标签重新焕发活力。鼓励印刷媒体、电视和视频广告的受众通过网站与品牌互动的另一种方法是在广告中鼓励受众进行谷歌搜索。这么做还有一个好处：当搜索者单击自然排名或付费排名列表时,可以对其进行跟踪。标签是社交网络上可采用的另一种响应机制。

**3. 公司社交媒体展示**

在脸书、Ins、领英和推特等社交网络中,直接将广告链接到某个社交帖子或公司页面是一种常见的做法。这些广告也可以链接到另一个网站。这两种选择都是可行的。在社交网络之外的媒体网站上投放的广告很少会链接到社交网络上,因为在网站的登录页面可以更好地控制信息传播和回应。

**4. 个人的(聊天或回电)**

在这种情况下,创意或登录页面鼓励活动参与者直接与人工操作员"交谈"。这种方法通常被称为**回叫服务**(call-back service)、集成网络和电话。按钮或超链接鼓励在线操作员回电话或在线聊天。这种方法的优势是更能吸引顾客,而且通常转化率更高,因为顾客的问题与不满更有可能得到回应和解决,而且个人参与更有可能给人留下良好的印象。聊天机器人等自动化解决方案正越来越多地被用作提供顾客支持和顾客关系发展的机制。但是必须注意确保自动化解决方案的使用能够提供所需的价值。请参见数字营销洞察 8.2。

## 数字营销洞察8.2　聊天机器人帮你做饭

微软与烹饪专家赫斯顿·布卢门撒尔(Heston Blumenthal)正在合作开发能提供烹饪技巧、故事和食谱的 Skype 机器人。这种机器人每月更新一次当季菜单,用户可通过 Skype 获取。布卢门撒尔将这种机器人称为 Heston. bot,用它来让人们深入了解自己的思维过程、烹饪方法并尝试根据自己的食谱亲手烹饪。该机器人使用人工智能技术构建,展示了机器人在多功能性方面的潜力，已经达到了可以与用户交互和向用户学习的程度。

资料来源：Woollaston，2017.

### 5. 线下：电话、信件和实体店

部分活动在网上进行并不意味着线下的回应应该被排除在外。线下响应机制不应被丢弃，除非其成本管理不合理（这种情况很少发生）。

**多渠道整合的线下响应目标**

电视广告、平面广告或直邮广告等线下媒体活动也需要正确的响应机制。基于许可的**网络响应模型**（web response model）是目前在直销中经常使用的一种模式。例如，这个过程始终贯穿直邮和线下广告。网站成为直接响应机制，因此称为网络反馈。理想情况下，这种方法将针对不同细分市场的目标顾客。例如，一家荷兰银行设计了一项活动，根据年龄和收入划分了六个细分市场。最初的信件是通过邮寄方式寄送的，信中提供了个人识别码（PIN），用户在访问网站时必须输入该识别码。PIN 有两个好处：追踪人们对活动的反应；为消费者提供个性化的信息。用户输入个人识别码后，会看到一个"个人页面"，上面有为其量身定制的优惠信息。

## 数字营销洞察 8.3　标签里有什么？

现如今，任何大型营销活动缺少了标签都是不完整的，但这是从什么时候开始的呢？以下给出时间线：

2007 年 8 月，hashtag（话题标签）首次被提议在推特上使用；

2009 年 7 月，推特正式启用了 hashtag，将所有以#打头的推文链接到一个列表；

2011 年 1 月，Ins 增加了标签支持；

2011 年 10 月，Google＋开始自动链接帖子中的所有标签；

2013 年 1 月，一半的超级杯广告都包含一个标签；

2013 年 6 月，脸书开始支持 hashtag 的使用；

2013 年 10 月，名人使用推特做广告，英国广告标准管理局和美国联邦贸易委员会规定，通过名人的推特页面制作的广告应包含标签"#ad"或其他标明是广告的标志。

自 2013 年以来，我们已经看到#标签在将社交媒体概念与活动（如报价或常规内容）联系起来方面发挥的作用。从"冰桶挑战"到"推文转发量"竞赛，世界各地的推特用户都通过数字渠道发表观点并进行分享。此外，社交媒体已经从根本上改变了传播格局，并超越了传统媒体（广播、电视）吸引受众的能力（Moe 等，2016）。哪些是你最喜欢或最难忘的标签？了解标签的一个好方法是在推特上搜索一个品牌。

# 8.4　步骤 2：活动洞察

研究目标受众及他们如何在市场中选择产品和服务是营销策划的核心。当一家公司（客户）与一家广告代理机构合作时，客户公司的营销人员将把最初的客户洞察纳入简报中,作为代理商完成**客户洞察过程**（client discovery process）的一部分。这将为广告代理机构的工作人员提供有关受众和市场的宝贵信息。

广告代理机构或内部团队开始进行广告宣传后会访问和分析更详细的广告宣传信息。大型广告代理机构会安排数据策划师或客户交流策划师来评估所有可利用的外部数据源（如市场、受众、客户档案等内部数据及过去活动的结果总结）,用最有效的渠道促进产品销售,协助客户进行战略开发和活动执行。这些数据将用于宣传活动的目标定位和媒体选择。

例如,一份简报可能会指定快速消费品行业客户开展一项在线促销活动,其目的是通过鼓励在线注册来刺激产品试用并（将在线注册）添加到潜在顾客数据库中。活动的策略是以每日抽奖为基础的。数据规划师使用从以前的类似活动中收集的所有交易数据与社会人口统计数据相关联,然后将这些数据与交易信息结合起来。

有大量的顾客洞察信息可供数字营销活动使用,但不同行业的信息不尽相同。因此,重要的是在概述或预计划阶段列出所有可能的信息来源,然后评估信息的价值,因为有些信息是免费的,有些信息是付费的。

在这个阶段的活动中可访问的与在线竞争者和目标受众行为相关的顾客洞察类型第三方联合研究源包括以下内容:

（1）网站受众群体的覆盖面和组成。不同的网站如何细分受众（年龄、性别或社会经济群体）？这些数据可从 ComScore 和 Hitwise 等在线受众面板数据提供商处获得。

（2）在线购买行为和偏好。例如,ComScore、Nielsen 和 Jumpshot 等受众固定样本服务可以分析顾客旅程,以确定顾客在电脑端或手机端通过零售商或直接与制造商品牌进行交流时的浏览和购买偏好。

（3）顾客媒体消费。针对不同的目标人群,可以通过 Hitwise 等资源访问不同的线上媒体和线下媒体。

（4）顾客搜索行为。不同搜索短语的比例和重要性可用于信息通知。

（5）竞争对手的活动。当前的广告活动及之前的季度活动信息,在英国可以从 www.ebiquity.com 上获得。

（6）竞争对手的表现。可以提供竞争对手网站的受众规模（覆盖面）和构成方面的信息,而 Hitwise 等服务可以展示在相关网站和搜索关键词已知的情况下,哪些营销技术（如搜索引擎营销或联盟营销）可以成功地吸引访问者访问竞争对手的网站。

大数据被广泛地用于提供市场情报,以洞察消费者和竞争对手的行为。例如,Ebiquity 是一家独立的市场分析公司,可以帮助企业节省广告和促销费用,提高市场营销人员的投资回报率（https://www.ebiquity.com/en/about-us/clients-results-case studies）。

# 8.5 步骤3：市场细分和定位

活动目标策略定义了活动沟通需要接触的目标受众或人群类型。它是关于在网上定义、选择和接触特定受众的概念。目标定位方法因市场、活动和电子通信工具的不同而不同。用来定义在线活动要素的关键问题包括:有关顾客或潜在顾客的洞察质量,有助于目标定位；确定变量或参数范围，如受众特征、价值、需求和行为；确定将影响响应的目标属性或变量；主要的电子通信工具的特定定位方法，如在线广告、搜索引擎营销和电子邮件营销。

　　用来获取和保留活动的定位方式显然将取决于已建立的市场细分及对顾客的了解。从活动的角度来看，表8.2展示了可以在数字活动规划中用来确定目标市场的一些主要变量。

| 表8.2　针对数字营销活动的一系列确定目标市场和细分的方法 ||
| --- | --- |
| 目标变量 | 在线确定目标市场属性的例子 |
| 1. 与公司的关系 | 新联系人（未购买过的潜在顾客）、新顾客、老顾客、已流失顾客 |
| 2. 人口细分 | B2B：年龄、性别、社会群体、地理位置<br>B2C：公司规模、行业管理、决策单位（个人）成员 |
| 3. 心理或态度细分 | 购买时对风险和价值的态度，如早期采用者、品牌忠诚者或价格敏感者 |
| 4. 价值 | 对当前价值、历史价值和未来价值的评估 |
| 5. 生命周期阶段 | 在生命周期中所处的阶段，与价值和行为相关，即初始注册时间、购买的产品数量、购买的类别 |
| 6. 行为 | 在搜索引擎中输入搜索词；与网站或邮件中的内容进行交互；回应不同类型的优惠（推广或产品类别）；对不同渠道活动的响应能力（渠道偏好）；产品类别的购买记录，包括近因、频率和货币价值 |

　　接下来，让我们更加深入地了解每个变量。

　　(1) 与公司的关系。活动的目标人群通常是新联系人或现有联系人。但请记住，有些沟通方式（如电子快讯和电子邮件活动）可以同时兼顾这两种目标人群。营销人员必须考虑，要实现最高的成本效益，是对新顾客、老顾客和已流失顾客进行单独的沟通，还是针对这些群体使用相同的沟通方式发送不同的内容。访问者从线上活动和线下活动中点击网站时，应为其提供能够识别关系的副本，或再次提供一系列内容来识别每种关系。访问Microstrategy的网站，学习其注册页面是如何建立关系的。

　　(2) 人口细分。通常是基于年龄、性别或社会群体的细分。在线人口统计特征通常被用作网站购买展示广告或租用电子邮件列表的基础。人口统计特征也可用来限制或聚集功能付费搜索广告的展示对象。

　　(3) 心理或态度细分。包括购买时对风险和价值的态度，如早期采用者、品牌忠诚者或价格敏感者。目标市场消费者的态度并不能用来直接定位，因为基于人口细分来购买媒体是更容易、更有效的。受众的心理特征仍然是活动计划的重要组成部分，有助于获取特定的信息。可以借助网站收集态度信息并将其添加到顾客档案中。例如，富国银行（Wells Fargo）要求投资者选择：优先投资的类型（个股或共同基金）；属于哪种类型的投资者（积极成长型还是谨慎保守型）。

　　(4) 价值。价值较高的顾客（较高的平均订单价值和较高的生命周期价值）通常需要对不同的订单提供单独的沟通。有时，数字渠道并非适用于这些顾客的最佳途径，顾客关系经理希望与最有价值的顾客直接接触，而将数字渠道用于与价值较低的顾客进行更具成本效益的沟通。还需要考虑减少向这些受众发送电子邮件的频率。

(5) 生命周期阶段。当顾客按照特定顺序购买或使用某项服务(如网购或网上银行)时,有必要了解其所处的生命周期阶段。如第 6 章所述,可以为这些受众开发自动化的、事件触发的电子邮件营销。例如,在线银行 First Direct 使用基于电子邮件和直邮通信的为期 6 个月的欢迎策略。对于其他活动,顾客的状态可用于确定目标市场。例如,未购买也未使用过服务、购买过一次、购买 5 次以上且处于活跃状态、购买 5 次以上但不处于活跃状态等。

(6) 行为。行为定位是数字市场提供的重大机遇之一。它通过后续链接、阅读内容、使用在线服务或购买产品来评估顾客过去的行为,并根据其过去行为表现出的行为倾向等提供更相关的信息。

行为定位的在线选择可以通过旅游公司 Lasrminute.com 的案例予以说明:①按点击付费的搜索引擎营销使根据潜在顾客搜索信息时输入的关键词类型进行定位成为可能。输入"纽约酒店"后就会看到一些度假目的地的相关广告。②展示广告使行为定位成为可能,因为可以用 cookie 跟踪网站上或处于网站之间的访问者并显示相关广告。如果用户访问报纸网站的旅游栏目,则可以在其访问此网站或其他网站上的其他内容时推送关于 Lasrminute.com 的广告。③电子邮件营销可以根据用户点击的链接所显示的偏好来确定目标。例如,如果用户点击了北美度假的链接,则可以发送与该产品或促销相关的电子邮件。也可以使用更复杂的 RFM(最近性、频率和货币价值)分析。

在考虑使用哪些变量时,活动策划人必须记住,选出的用于确定目标的变量应该是最有可能影响活动响应水平的变量。过程中可能会使用多变量来确定目标市场,但是针对附加变量的增量效益是不值得耗费成本和努力的。

在数字媒体宣传活动中,有很多用于定位的选项,我们将在下一章详细探讨,例如:①使用搜索引擎营销进行定位。在人们寻找产品、信息或体验时通过意图或关键词类型进行定位。②使用展示广告进行定位。与使用传统出版物的目标定位一样,可以通过不同网站的受众构成来确定目标。③使用社交媒体定位。每个主要的社交媒体平台都提供了细化定位的机会,图 8.8 给出的是脸书的定位。同样,领英可以按位置、公司类型和规模、角色、资历和群组成员身份来锁定领英成员。④使用会员营销进行定位。这将结合使用搜索引擎营销、展示广告和社交媒体等技术。

图 8.8 展示了与内容营销相关的工具,旨在帮助营销人员查看不同类型的付费媒体、自有媒体和免费媒体对推广或分发其内容的有效性。它的目的是通过对付费媒体成本和营销团队成员成本所衡量的媒体投入水平进行比较,来评估在产生网站访问量、销售线索或销售方面现有和潜在的不同数字媒体的使用情况。

内容营销矩阵使用了类似的"差距分析"方法(见图 8.9),以比较当前用于宣传内容的媒体使用与现有的内容投资。

步骤 1:了解当前使用的内容分发媒体。

步骤 2:评估与竞争对手或行业使用的内容分发技术的促销差距。

步骤 3:选择内容推广的新方法并确定其优先级。

内容营销矩阵中显示的四种媒体类型是:

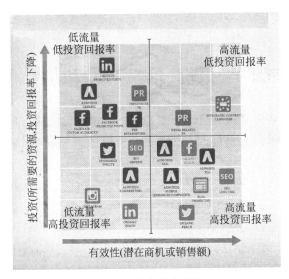

图 8.8 内容分布矩阵

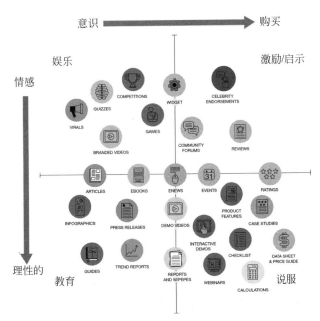

图 8.9 内容营销矩阵

资料来源：SmartInsights.com.

（1）性价比低的媒体（低流量，高成本）。目标应该是通过重新分配预算或提高效率来降低成本。

（2）缓慢且稳健的媒体（低流量，低成本）。最不需要改变的媒体，但需要确保不会被这些媒体分散注意力。其目的是使成本最低，并评估技术改进的潜力。

（3）高成本的流量媒体（高成本，高流量）。应致力于降低成本和提高效率。

（4）明星媒体（高流量，低成本）。目的是增加更多的焦点，以进一步扩大规模。公司将其与分析潜在顾客报告系统结合使用，以确定哪些媒体推动了交易量，以及它们的成本效益如何。

# 8.6 步骤4：报价、信息开发和创意

很多数字营销活动将直接响应作为主要目标。正确定义的报价对于实现这些响应目标至关重要。但是也可能是品牌目标、传达营销活动背后的"大创意"或概念或是品牌定位。

在在线环境中，信息传递的时间很短，而且网页上的内容设计和布局将会直接影响信息传递的有效性。Lui等（2011）发现浏览网页的人会屏蔽某些类型的内容：他们对视频信息的反应大于对文字的反应，如果使用了旁白，受众倾向于将目光放在视频而不是文字上。眼动追踪研究（监测网站访问者的注视）还表明，年龄、认知能力和性别会影响平均注视或停留时间。整个网页的平均注视或停留时间可能在10秒钟左右，但是很多人会立即离开网站，而且目光在网页标题或广告等网页元素上停留的时间也很短，所以简洁有力的信息呈现是非常重要的。

对于数字（媒体）创意设计师而言，这意味着应该在不同形式的数字媒体之间清晰地传递主要信息，但其位置的设定根据数字媒体的传递方式和类型而有所不同。

（1）付费搜索：包含在广告的标题内。

（2）自然搜索：位于题目标签和元标签内。

（3）电子邮件营销：位于有图片支持的主题栏、标题或副标题内。

（4）展示广告：位于开放的框架并且可能在所有框架内重复出现。

主要信息应根据上下文提供相关性，因此在付费搜索中，主要信息应与用户输入的搜索词一致，并清楚地突出其价值主张。为了成功地传递报价和信息，营销人员还需要确保创意和文案有助于实现信息处理的五个阶段：曝光、注意、理解和感知、让步和接受、保留。此外，还必须考虑，虽然看一条消息的时间很短，但每天花费在数字内容上的累积时间可能相当多，这增加了查看消息的机会。根据IAB（2017）的研究，英国成年人平均每天上网超过3个小时，通过手机消费的数字内容低于50%。用于接收内容的设备在设计数字信息时也应有所考虑。

最后，还必须考虑提议的目标，如吸引注意力、培养兴趣或激发行动。这可能涉及初次报价和信息，以及用二次报价和信息来刺激欲望与行动的创意性需要：通过提供更多有关产品或产品优点的证据来安抚潜在顾客；说服怀疑者并鼓励他们点击；可以吸引不同类型的人接受初次报价；应该有明确的行动号召。

第1章介绍了内容营销在数字营销传播中日益增长的作用。我们认为内容营销应该是所有品牌数字营销的核心，因为内容推动了我们用来与受众沟通的所有主要的数字营销手段。搜索引擎营销、社交媒体、转化率优化和电子邮件营销都需要内容来帮助品牌提高知名度、吸引受众、发展潜在顾客和促进销售。在营销活动中，内容是吸引受众和产生需求的重要手段，无论是作为B2B营销活动一部分的教育内容，还是作为消费者营销活

动一部分的视频内容。唯一削弱内容作用的情况是,营销活动提供的主要是降价、折扣或促销。

考虑到内容营销的重要性,很多企业都希望制定一个内容营销战略,作为数字营销活动或永远在线活动的一部分。与所有战略一样,这涉及对当前方法的审查、设定特定目标,以及制定策略来创建和共享内容。为了回顾内容如何最好地支持数字营销,戴夫·查菲与 Smart Insights 的丹·波森沃思(Dan Bosomworth,2014)共同开发了内容营销矩阵。活动 8.1 解释了如何使用这些信息来识别正确的内容类型。

## 活动 8.1　使用内容营销矩阵审核和提高内容有效性

我们建议将内容营销矩阵(见图 8.9)作为一项关键技术来审查不同内容格式的当前使用情况,并确定可能对企业有用的新的内容类型。

该矩阵的结构可以帮助你根据受众如何发现有价值的内容及企业要实现的目标,思考不同内容的维度。

活动:完成如图 8.9 所示的流程,审查企业使用各类内容来支持营销的情况:

(1) 通过在网格上绘制不同的内容类型,检查企业当前内容的使用情况。

(2) 针对两三个竞争对手(直接的或间接的)重复上述检查,再次在网格上绘图。

(3) 对未来可能的内容类型进行头脑风暴。

(4) 定义内容投资的标准(如产生接触、帮助转化、维护现有顾客)。

(5) 使用第(4)步中的标准,优先选择两三类内容在内容营销活动中进行试验。

# 8.7　步骤 5:预算和数字媒体组合的选择

数字营销活动计划需要对在线推广或在线传播组合的投资作出下面三个重要决定:

(1) 数字媒体相对于传统媒体的投资水平。

(2) 数字媒体传播工具的投资组合。

(3) 数字资产的投资水平。

## 8.7.1　数字媒体相对于传统媒体的投资水平

我们需要根据不同媒体的优缺点,在线上与线下通信技术之间取得平衡(见图 8.10)。库尔特和斯塔吉斯(Coulter and Starkis,2005)制定了一个影响投资决策的媒体特征框架,目前仍被频繁使用(见活动 8.2)。线下媒体通常在吸引注意力、激发注意力和获得可信度方面更具优势。由于个性化、互动性和口碑的支持,线上媒体的参与度往往优于线下媒体。对于可以在网上购买的产品,报价通常也可以满足在线产品的购买需求。然而,通过线上媒体可以接触到的人数是有限的(搜索特定条目的人数受到限制),在竞争市场中,成本不一定总是较低的。

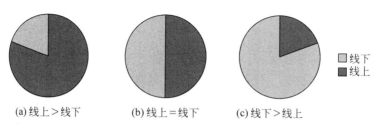

图 8.10　线上与线下沟通组合的选择

## 活动8.2　选择媒体的框架

库尔特和斯塔吉斯(2005)确定了选择媒体时需要考虑的各种因素。对于每个因素领域(如时间、质量)，建议在选择数字媒体时必须清楚地知道每个因素应如何应用，以及需要重点考虑哪些因素。

**质量**

(1) 吸引注意力的能力(注意力)：特定媒体上的广告，由于该媒体的性质而"吸引顾客注意力"的能力。

(2) 刺激情绪(刺激)：特定媒体上的广告传递情感内容和引发情感反应的能力。

(3) 信息内容和细节(内容)：特定媒体上的广告传递大量信息和产品描述的能力。

(4) 信誉/声望/形象(信誉)：特定媒体通过关联为产品提供声望的能力(因为该产品在媒体上进行了广告宣传)。

(5) 杂乱：由于存在大量竞争性产品或信息，特定媒体上的广告(产品)很难"脱颖而出"。

**时间**

(1) 短制作周期：在相对较短的时间内，广告在特定媒体上制作和投放的程度。

(2) 长曝光时间：受众一段时间内在特定媒体上检测广告信息的程度。

**灵活性**

(1) 吸引多种感官(吸引)：特定媒体上的广告能通过视觉、听觉、味觉、触觉和嗅觉进行沟通的程度。

(2) 个性化：特定媒体上的广告信息可以被定制的程度(特定的个人或群体)。

(3) 交互性：顾客对特定媒体上的广告所传递信息的回应程度。

**覆盖范围**

(1) 选择性：特定媒体上的广告能够针对特定人群的程度。

(2) 传播受众(传阅率)：特定媒体上的广告被原信息接收者以外的人看到的程度。

(3) 重复曝光(频率)：特定媒体上的单个广告被特定的人在多个场合看到的程度。

(4) 平均媒体覆盖率(范围)：特定媒体上的广告接触到相对广泛的受众的程度。

**成本**

(1) 制作/生产成本(制作成本)：为特定媒体开发或制作广告的相对成本。

(2) 平均媒体投放成本(投放成本)：针对特定媒体的平均每千次投放成本。

这些特征的相对重要性及对不同数字媒体的投资取决于产品和活动类型（无论是直接响应导向还是品牌导向），以及预算规模。

### 计量经济模型

计量经济学或**计量经济模型**（econometric modelling）是一种用来了解不同媒体在影响消费者，并最终产生销售和利润方面的贡献的成熟方法。也可以将其用于针对未来的活动制订预测性计划。该方法在综合营销活动中越来越多地被用来评估适当的媒体组合。

它的主要优势之一是能够分离一系列的影响（如线下媒体或线上媒体使用、价格、促销等其他变量），并量化这些变量的单独影响。下面举一个饮料品牌销售的例子。

$$销售额 = 100 + 2.5 \times 已方的电视广告收视率（TVR）- 1.4 \times 已方的价格 +$$
$$1.6 \times 竞争对手的价格 + 1.0 \times 配送费 - 0.8 \times 温度 - 1.2 \times$$
$$竞争对手的电视广告收视率$$

这些关系通常使用多重线性回归模型来确定，其中单一因变量（通常是销量）是一个或多个解释变量或自变量（如价格、温度、促销水平）的函数。

计量经济模型是从历史时间序列数据发展而来的，该数据记录了依赖于不同变量（包括季节变量）的波动，但最重要的是媒体支出水平和媒体组合的变化。在计量经济学中，销售波动是用一系列波动因素来表达的。

## 8.7.2  数字媒体传播工具的投资组合

在选择用于营销活动或长期投资的数字媒体组合时，营销人员需要确定最合适的组合。他们可能会根据在之前的营销活动中积累的知识及顾问（如经验丰富的同事或数字机构合作伙伴）的建议做决定。

数字媒体为结构化评估提供了机会，包括各种媒体影响感知、推动响应的能力、响应成本和响应质量等因素。响应者是否更有可能转向最终行动，如实现销售？可能的生命周期价值是多少？例如，一些数字媒体渠道附属机构更有可能吸引终身价值较低的顾客，而这些顾客更有可能更换供应商。

隶属于 Zenithoptimedia 的媒体规划和购买机构 ZedMedia 总结了媒体组合通常如何根据预算进行调整（见图 8.11）。

图 8.11 中展示了对于有预算限制和投资约束的直接响应（营销）活动，那些具有较低购买成本（如联盟营销和付费搜索）的媒体应是投资的主要关注点。如果有更多的预算，与购买更多的关键词相比，投资更多的展示广告来提高消费者对于品牌的认知可能效果更好。

在注重提高知名度的品牌宣传活动中，Zed Media（现称 Zenith Media）的建议发生了逆转，他们建议即使在较低的预算下，也应该在展示广告上进行更多的投资。

决定不同通信技术的最佳支出是一种迭代方法，因为应当对过去的结果进行相应的分析和调整。营销人员可以分析不同渠道的促销预算的比例，然后将其与使用原始渠道的顾客的购买贡献进行比较。这种类型的分析最初由霍夫曼和诺瓦克（Hoffman and

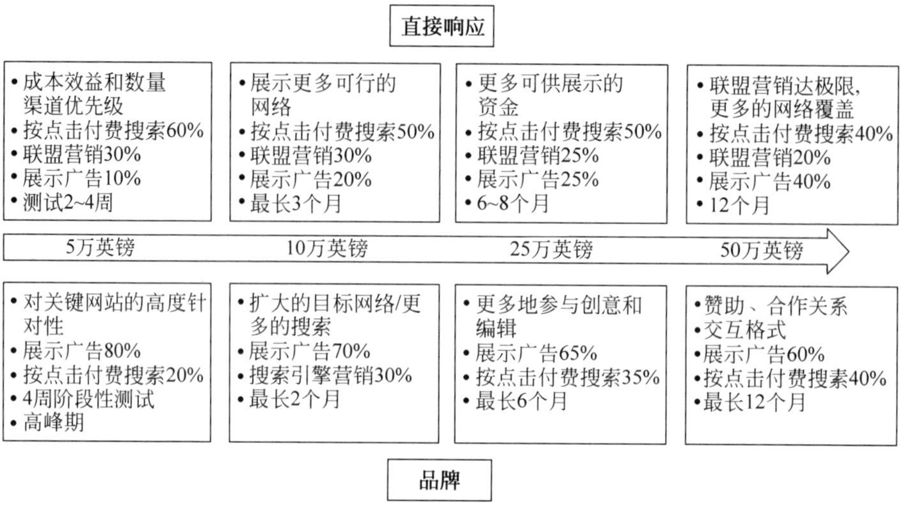

直接响应

| | | | |
|---|---|---|---|
| • 成本效益和数量渠道优先级<br>• 按点击付费搜索60%<br>• 联盟营销30%<br>• 展示广告10%<br>• 测试2~4周 | • 展示更多可行的网络<br>• 按点击付费搜索50%<br>• 联盟营销30%<br>• 展示广告20%<br>• 最长3个月 | • 更多可供展示的资金<br>• 按点击付费搜索50%<br>• 联盟营销25%<br>• 展示广告25%<br>• 6~8个月 | • 联盟营销达极限，更多的网络覆盖<br>• 按点击付费搜索40%<br>• 联盟营销20%<br>• 展示广告40%<br>• 12个月 |

5万英镑　　　　10万英镑　　　　25万英镑　　　　50万英镑 ➤

| | | | |
|---|---|---|---|
| • 对关键网站的高度针对性<br>• 展示广告80%<br>• 按点击付费搜索20%<br>• 4周阶段性测试<br>• 高峰期 | • 扩大的目标网络/更多的搜索<br>• 展示广告70%<br>• 搜索引擎营销30%<br>• 最长2个月 | • 更多地参与创意和编辑<br>• 展示广告65%<br>• 按点击付费搜索35%<br>• 最长6个月 | • 赞助、合作关系<br>• 交互格式<br>• 展示广告60%<br>• 按点击付费搜索40%<br>• 最长12个月 |

品牌

图 8.11　用于直接品牌响应活动的数字媒体投资组合建议

资料来源：Zenith Media（www.zenithmedia.com）.

Novak，2000）提出，需要两种不同的市场调研，如表 8.3 所示。首先，可以使用顾客标签（tagging），用特定编码的 URL 或 cookie 来监控通过不同的在线技术（如搜索引擎广告、联盟广告或横幅广告）访问某个网站的顾客数量，然后追踪其购买花费。数字营销洞察 8.4 给出了 Google Analytics 系统的更多应用细节。

表 8.3　B2C 公司不同形式营销传播（线上和线下）的相对效果

| 媒　　体 | 预算/% | 贡献/% | 效果 |
|---|---|---|---|
| 印刷品（线下） | 20 | 10 | 0.5 |
| 电视（线下） | 25 | 10 | 0.25 |
| 广播（线下） | 10 | 5 | 0.5 |
| 公共关系（线下） | 5 | 15 | 3 |
| 口碑（线下） | 0 | 25 | 无穷 |
| 横幅广告（线上） | 20 | 20 | 1 |
| 联盟营销（线上） | 20 | 10 | 0.5 |
| 链接（线上） | 0 | 3 | 无穷 |
| 搜索引擎注册（线上） | 0 | 2 | 无穷 |

## 数字营销洞察 8.4　Google Analytics 中的广告活动跟踪

定义一组标准的在线营销源代码对于确定不同推荐源（如广告活动或电子邮件活动）的价值至关重要。

很多公司跟踪广告是因为谷歌启用了自动集成功能，但这些公司可能无法跟踪其他代码或没有定义标准注释，并将其添加到涉及媒体展示位置的所有链接中。

Google Analytics 为广告活动使用了五个标准维度,该维度需要合并到每个广告展示位置的 URL 查询字符串中,如下所示：http://www.domain.com/landing_page.php? utm_campaign＝spring-sale&utm_medium＝banner&utm_source＝＜mediasitename＞.com。

Google Analytics 中的广告活动报告可用来比较不同活动及所在媒体的价值。

五个维度中每个维度的含义是：

(1) utm_campaign(必需)。营销活动的名称,如春季活动。

(2) utm_medium(必需)。媒体渠道(电子邮件、横幅广告、每次点击成本等)。

(3) utm_source(必需)。与谁一起发布消息,如合作伙伴网站。

(4) utm_content(可选)。广告的版本(用于 AB 测试)或广告中的版本。可以使用该变量标识同一广告的两个版本。

(5) utm_term(可选)。购买的搜索词(如果链接涉及关键词)。

很多电子邮件和社交媒体营销工具都是自动设置的,但是也可以手动设置,请搜索"Google URL builder",了解如何创建这些链接。

### 数字归因模型及其对数字媒体渠道销售的影响

**数字归因**(digital attribution)模型提供了评估数字媒体渠道效率的方法(Sahlin, 2017)。营销人员应设法了解顾客旅程及旅程中使用的多种渠道。很少有顾客直接去某个网站购物,或者只执行一次搜索就下单购买。相反,他们通常会执行多次搜索,比较多个不同类型的网站,最终才会确定在哪个网站购买。这种消费者行为如图 8.12 所示。例如,有意购买汽车的人可能会通过不同的数字传播渠道多次访问某个网站。个人行为数据的增加意味着更大的可测量性,最终数字广告支出将更加有效。高希和托德里-阿达莫普洛斯(Ghose and Todri-Adamopoulos,2016)的研究显示,基于对大众消费者数据集的分析,"展示广告本身即可增加用户搜索品牌和相应产品的倾向"。他们的研究还揭示了展示广告增加了购物者直接搜索所需产品和服务的可能性(访问特定网站)。在多渠道交易环境中,重要的是要了解渠道的效率和成本效益,以最大化数字营销策略的有效性。

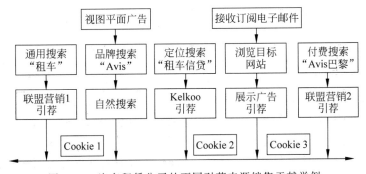

图 8.12　汽车租赁公司的不同引荐来源销售贡献举例

对消费者在购物前受不同网络媒体的影响进行归因的一种常见方法是李(Lee, 2010)提出的**数字媒体渠道归因的最后点击方法**(last-click method of digital media channel)。图 8.13 给出了一个使用社交媒体营销工具评估最终点击效果的例子。它表明,企业在不同的社交网络上共享内容时,可以查看产生了多少点击和潜在顾客转化。在本例中,脸书的效率最高。

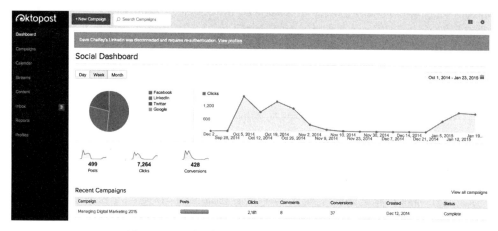

图 8.13　不同引荐来源对社交媒体活动贡献示例

然而,李解释说,这可能会让人对哪些营销渠道是有效的产生误解。在对航空公司网站访问者的分析中,他指出,尽管链接到网站的总体模式看起来相似,但仍存在一些主要差异。如图 8.14 所示,在查看所有来源的贡献时,电子邮件营销、非品牌企业的搜索引擎优化和品牌术语的按点击付费搜索更为重要。

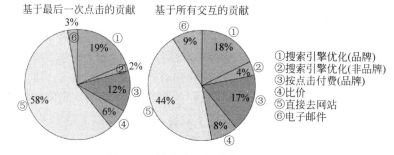

图 8.14　航空公司推荐来源组合示例

资料来源：Lee,2010.

参考图 8.12,可以看到这样做的好处是,我们并未将销售归功于多个联盟营销,而是将其归功于联盟营销 2,这一过程被称为**数字媒体重复数据删除**（digital media de-duplication）。但其缺点是简化了之前的影响或**数字媒体"辅助"**（digital media 'assists'）的现实性,而且忽略了之前其他网站顾客触点影响的链接,如自然搜索或展示广告。

因此,为了最准确地解释不同媒体的贡献,在线营销人员需要使用标签和分析工具来尝试最好地了解哪些渠道影响销售,并赋予相应的权重。例如,一种更复杂的方法是根据不同的模型链接衡量对销售响应的权重,仅考虑联盟营销。联盟营销 1 可能带来了销售额的 30%,联盟营销 2 可能带来了销售额的 70%。这种方法很有用,因为它体现了展示广告的价值。一种常见的现象是展示广告通过在稍晚的某个时间点引起关注并刺激销售而间接影响销售。这些效果有时被称为浏览后效果或展示后效果。

如果广告代理机构使用不同的跟踪工具并分别在不同的媒体渠道上进行报告,则这些分配方法将是不可行的。例如,广告代理机构就展示广告、搜索代理公司就按点击付费、移动广告联盟经理就联盟营销进行报告。相反,使用统一的跟踪系统非常重要,该系统通常在所有媒体渠道上使用通用标签,而且提供了考虑所有媒体的通用统一跟踪解决方案(如 DoubleClick 和一些较大的媒体机构)。

对于在数字媒体上投入巨资来了解顾客旅程和媒体贡献的公司,进一步完善追踪系统是值得的。要执行的有用分析如图 8.15 所示。这个匿名的案例说明了展示广告的重要性,如不同的渠道如何相互支持。

| 渠道 | 序列 | 转化率/% | 渠道分配/% |
|---|---|---|---|
| 2 | DS | 34.01 | 74.75 |
|  | SD | 20.98 |  |
|  | XS | 8.35 |  |
|  | SX | 7.33 |  |
|  | DX | 2.24 |  |
|  | XD | 1.83 |  |
| 3 | DDS | 7.74 | 18.53 |
|  | SDS | 5.30 |  |
|  | SXS | 3.05 |  |
|  | DXD | 1.02 |  |
|  | DXS | 0.81 |  |
|  | XSX | 0.41 |  |
|  | SDX | 0.20 |  |
| 4 | SDSD | 1.63 | 4.48 |
|  | DSDS | 1.43 |  |
|  | DXDX | 0.41 |  |
|  | DSDX | 0.20 |  |
|  | DSXD | 0.20 |  |
|  | DXDS | 0.20 |  |
|  | DXSD | 0.20 |  |
|  | SDSX | 0.20 |  |
| 5 | DSDSD | 1.02 | 1.43 |
|  | SDSDS | 0.41 |  |
| 6 | DSDSDS | 0.20 | 0.61 |
|  | SDSDSD | 0.20 |  |
|  | SDSDXS | 0.20 |  |
| 7 | DSDSDSD | 0.20 | 0.20 |

图 8.15　涉及两个或更多数字媒体渠道的转化时访问网站的顺序示例

(渠道代码:D=展示,S=搜索,X=聚合)

根据弗洛雷斯和埃尔特维特(Flores and Eltvedt,2005)的研究,实现和衡量重复访问是很重要的,因为平均而言,消费者访问网站超过一次之后,购买意愿会出现两位数的增长。

对于某些促销技术,在第三方网站上标记链接是不现实的。这些将被归类为未归因的引荐来源。对于口碑推荐,则必须通过传统的市场调研技术(如问卷调查或在销售点询问)来估算针对这些顾客的消费额。与传统媒体相比,使用标签可以更好地了解促销技术的效果,但由于其复杂性,需要对员工时间和定位软件进行大量投资。标签的使用还取决于 cookie 的删除率。

要查看如何为数字广告活动创建预算,请完成活动 8.3。

## 活动 8.3　创建数字活动预算

**目的**：阐明由内部或数字营销机构创建的预算类型,详见图 8.16。

| 输入 | 总预算 | 10 000英镑 |
| --- | --- | --- |
| 参数 | 平均订单价值 | 50英镑 |
| 表格 | 毛利率 | 30.0% |

深色单元格=输入变量——对变量进行"假设分析"

浅色单元格=输出变量(计算得出——不能改写)

| | | 广告 | | 搜索 | | 合伙人 | |
| --- | --- | --- | --- | --- | --- | --- | --- |
| | | 广告购买<br>(CPM) | 广告网络<br>(CPM) | 付费搜索<br>(CPC) | 自然搜索 | 子公司<br>(CPA) | 聚合 |
| 媒体成本 | 计划/创意/管理成本 | 0 | 0 | 0 | 0 | 0 | 0 |
| | CPM/英镑 | 10.0 | 10.0 | 4.0 | 0.4 | 10.0 | 20.0 |
| | CPC/英镑 | 5.0 | 5.0 | 0.20 | 0.20 | 5.0 | 10.0 |
| | 媒体成本/英镑 | 10 000 | 10 000 | 30 000 | 10 000 | 10 000 | 10 000 |
| | 媒体和计划总成本/英镑 | 10 000 | 10 000 | 30 000 | 10 000 | 10 000 | 10 000 |
| | 预算率/% | 10 | 10 | 30 | 10 | 10 | 10 |
| 媒体印象及响应 | 印象或名称 | 1 000 000 | 1 000 000 | 7 500 000 | 25 000 000 | 1 000 000 | 500 000 |
| | CTR/% | 0.2 | 0.2 | 2.0 | 0.2 | 0.2 | 0.2 |
| | 点击或网站访问量 | 2 000 | 2 000 | 150 000 | 50 000 | 2 000 | 1 000 |
| 转化为机会<br>(潜在顾客) | 机会转化率/% | 100.0 | 100.0 | 100.0 | 100.0 | 100.0 | 100.0 |
| | 机会数量 | 2 000 | 2 000 | 150 000 | 50 000 | 2 000 | 1 000 |
| | 机会成本/英镑 | 5.0 | 5.0 | 0.2 | 0.2 | 5.0 | 10.0 |
| 转化为销售 | 销售转化率/% | 100.0 | 100.0 | 100.0 | 100.0 | 50.0 | 100.0 |
| | 销量 | 2 000 | 2 000 | 150 000 | 50 000 | 1 000 | 1 000 |
| | 销售率/% | 1.0 | 1.0 | 72.7 | 24.2 | 0.5 | 0.5 |
| | 每销售成本(CPA)/英镑 | 5.0 | 5.0 | 0.2 | 0.2 | 10.0 | 10.0 |
| 收入 | 总收入/英镑 | 100 000 | 100 000 | 7 500 000 | 2 500 000 | 50 000 | 50 000 |
| 成本 | 货物销售成本/英镑 | 70 000 | 70 000 | 5 250 000 | 1 750 000 | 35 000 | 35 000 |
| | 媒体成本/英镑 | 10 000 | 10 000 | 30 000 | 10 000 | 10 000 | 10 000 |
| | 总成本/英镑 | 80 000 | 80 000 | 5 280 000 | 1 760 000 | 45 000 | 45 000 |
| 盈利能力 | 利润/英镑 | 20 000 | 20 000 | 2 220 000 | 740 000 | 5 000 | 5 000 |
| | 投资回报率/% | 25.0 | 25.0 | 42.0 | 42.0 | 11.1 | 11.1 |

图 8.16　数字活动预算的电子表格模板

资料来源：www.smartinsights.com/conversion-model-spreadsheets.

活动：从 http://blog. davechaffey. com/spreadsheet 下载电子表格，了解不同计算方式之间的关系。试着改变媒体成本(深色单元格)和不同的点击率(深色单元格)，它们的典型值显示在有竞争力的零售产品中。查看公式，了解计算是如何进行的。

可以如何使该模型更准确(如何进一步细分每个数字媒体渠道)？

### 8.7.3　数字资产的投资水平

**数字资产**(digital asset)是支持活动的创意，包括：展示广告或联盟营销创意，如横幅广告和摩天大楼广告；微型网站；电子邮件模板；视频、广播及其他交互式媒体，如 Flash 动画、游戏或屏保，这些都是微型网站的构成因素。

与传统媒体一样，在广告创意上的支出与为执行广告而购买的媒体空间之间也存在取舍关系。如果在媒体上的支出过高，就有导致执行质量和数字资产数量过低的风险。

## 8.8　步骤 6：整体媒体时间表及计划整合

与其他传播媒体一样，数字媒体作为**整合营销**(integrated marketing)方法的一部分时能发挥最大的效用。数字时代的整合营销与传统的整合营销传播(IMC)的定义相差甚远，它试图协调广播与印刷媒体渠道，最终通过数字媒体传递清晰一致的信息来实现传播目标(Kotler et al. ,2001)。

为了到达目标市场应对数字媒体活动进行整合，使个人消费信息内容可以跨多平台(如移动、网络、社交媒体及三个平台的组合)，还应考虑付费媒体(如线下广告、直销)、免费媒体(自然搜索、内容营销、公关)和自有媒体(社交媒体、特定网站、电子邮件营销)(Allen,2017)。

通过专注于每个媒体渠道的特征，并确定其与信息相关的优势、劣势和传播潜力，可以简化整合五花八门的数字渠道这一复杂的难题。

例如，推特的覆盖面很广，很适合"简短、机智和精练的信息"，而提高社会地位和生活水平的内容在 Ins 上效果最好(Allen,2017)。

媒体选择、策划和实施的出发点是要有明确的活动目标：对于直接响应活动，最重要的目标是响应程度、质量和成本；对于以提升知名度和打造品牌为主要目的的广告活动，品牌指标至关重要。

皮克顿和布罗德里克(Pickton and Broderick,2001)识别了媒体执行中的六项活动：目标受众选择、媒体目标、媒体选择、媒体调度、媒体购买和媒体评估。数字营销洞察 8.5 提供了另一个视角。

### 数字营销洞察 8.5　活动整合的不同形式

IPA(2011)的报告显示了活动整合的各种形式的流行程度。IPA 分析了时间跨度为 7 年(2004—2010 年)的超过 250 份 IPA 有效性获奖案例研究，涉及 Hovis、O2、Virgin Atlantic、HSBC、E4 Skins、Johnnie Walker 等公司。

这份报告定义了如下四种整合形式。

(1) 没有整合。活动使用单一渠道或虽然使用多个渠道却并未对这些渠道进行整合。分析表明,没有明显整合或使用单一渠道的营销活动可以降低价格敏感性,但难以提升市场份额。

(2) 广告导向的整合。各渠道围绕一个共同的创意进行匹配。传统的以广告活动为主导的整合在提升市场份额和争取顾客方面更有效。

(3) 以品牌理念为导向的"协调"整合。共享同一个品牌概念或需求陈述平台,通常围绕企业的核心品牌价值构建。对营销活动的分析表明,以品牌理念为导向的营销活动在留住顾客、保住市场份额和获取利润方面非常有效。

(4) 参与导向的"协调"整合。旨在创造共同的对话或交流,是近年来出现的,部分由数字媒体驱动。报告中提到,以参与为导向的活动在硬性销售指标上表现不佳,但在奖励现有顾客和维持品牌知名度方面表现出色。因为相对较新,所以在总体中只占很小一部分。

研究发现,多渠道营销活动比单渠道营销活动更能提高效率:78%的三渠道营销显示出了更出色的商业效应。而在只有一个渠道的营销中,这一比例为67%。然而,在超出三个渠道时,回报率又会出现递减。虽然差异并不显著,但考虑其他指标时,多渠道表现更加出色。

在线媒体一个特别重要的方面是,在广告活动期间可以进行调整和评估,以便确定最佳的广告位置和创意,并优化和完善正在进行的媒体计划。

图 8.17 显示了如何围绕特定事件制订营销传播计划(SE 表示搜索引擎;C1 和 C2 分别表示活动 1 和活动 2)。本例中选择的是启动新版本的网站,其他可选择的还有新产品发布或重要的研讨会。该计划有助于为顾客提供持续的信息。它还可以确保在此期间使用不同的媒体吸引最多的顾客。

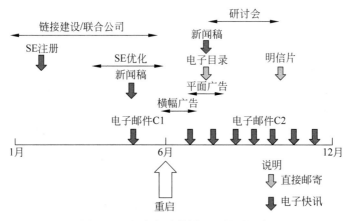

图 8.17　整合各种传播工具的时间表

最后,在创建活动时,需要回答以下五个关于整合的问题:

1. 一致的品牌和信息。整个活动的品牌和信息是否足够相似(连贯)?

2. 通过活动改变优惠、信息和创意的多样性。在整个活动中,优惠和信息是否有足够的差异？在不同的媒介和活动阶段,它可以改善优惠、信息和创意的结果。这可能与上一条准则冲突,但二者可以兼容,因为:不同的报价和优惠会吸引不同的人,达到不同的效果;如果活动中的每个沟通(过程)都是相同的,那么未来的活动波动将不明显;在活动期间升级或改进优惠可以获得更好的响应。

3. 频率(数量)和沟通间隔。你是让受众充分地还是过多地了解了你的信息？这是一个很难权衡的问题。在我们看来,一些营销人员经常因为担心沟通过度而导致沟通不足。

对于在线媒体购买,还要考虑频率和覆盖范围。对任何媒体来说,频率的增加通常可以提高品牌意识,不过直接响应在达到峰值后通常很快就会消退。

如果已经定义了接触策略,即在一个时间段内最多和最少的沟通次数,以及它们的间隔,那么还应该检查计划是否合适,以确保不会影响营销活动的顺利进行。

4. 沟通的顺序。可以选择以下方案:线上优先;线下优先;线上线下同时进行。

下面是线上线下不能同时进行的一些情况:

(1) 始于直邮或电子邮件的事件促进活动;

(2) 数字通信作为一种应急手段,以免线下响应量不够多;

(3) 促销活动从线上开始(通过电子邮件通知)以吸引忠实顾客;

(4) 先在线发布一个不同寻常的广告(活动),以引起轰动;

(5) 首先在线上发布新闻稿,以便由特定的倡导者传播;

(6) 在线启动一个限时限量的活动或限时优惠,这样能确保收到响应的时间点。

5. 优化时机。沟通是否在最佳时间传递和接收？对于在线展示广告、按点击付费搜索和电子邮件营销,消息在一天中的特定时间、一周中的几天或每月的特定时间可以发挥最佳效果。

## 案例研究 8　数字时代的巨人——脸书

这个案例是关于社交网站脸书的。在开始运营的最初两年,脸书拥有 600 万用户,到 2009 年用户数已达 3.6 亿(Facebook,2018),如今每月的活跃用户超过 20 亿,占全球人口的 40%(Noyes,2018)。

本案例研究的目的是分析促使脸书成为能够影响全球媒体的在线广告主导者的一些因素。脸书拥有海量的个人数据,甚至可能比你自己更清楚你最好的朋友是谁。除了分析脸书的成功因素外,我们还会探讨它成为全球最成功的数字品牌之一后面临的一系列风险和问题。

**使命——大局**

2004 年,马克·扎克伯格(Mark Zuckerberg)推出了一个名为 thefacebook 的网站,用来展示学生的照片和基本信息。后来在美国迅速发展,并通过大学和高中进入国际市场。但直到 2006 年,脸书才开始将其覆盖范围扩大到拥有电子邮件地址的 13 岁及以上的所有人。随着会员基数的增长,网站的功能也在不断增多,用户可以分享照片和扩大个人社交网络。

2015年，这家社交媒体巨头处于鼎盛时期，其使命不再只是从功能上改变以迎合用户，而是更多地关注用户的社交："我们想给你分享的力量，让世界变得更开放、更紧密。"2017年，脸书更加专注"让世界走到一起；同时，通过动态新闻推送和建立'有意义的社区'，使平台能够鼓励受众产生更多的联系，让每个人都有机会用声音、文字分享不同的观点和意见，以解决主要的社会问题，如贫困、气候变化、恐怖主义。"（扎克伯格，2017）

### 价值主张

消费者。2004年2月脸书推出时，用户只能在网站上做三件事：①用自己的图片和信息创建个人资料；②浏览他人的个人简介；③添加好友。这些仍然是其功能的核心，并转化为核心消费者利益（如脸书所述）：

（1）与朋友建立联系并分享。与我们预期的一样，保持联系是其核心特性，但也要注意其他价值主张元素的情感基础。

（2）发现并学习。脸书会提及他们感兴趣的公众人物和组织——可以通过脸书的公司页面访问。

（3）表达自己。这是基本的需要。脸书的关键功能可以做到这一点，包括时间轴、新闻源、照片和视频，以及通过电子邮件、聊天和文本发送信息。

（4）随时随地保持联系。人们可以通过网站、移动网站、智能手机应用程序等访问脸书。

营销人员与企业。自2012年5月18日首次公开募股（IPO）以来，脸书一直在努力将其用户货币化。脸书的IPO是互联网公司中规模最大的，最高市值超过1 040亿美元。脸书对自己的商业提议描述如下：营销人员可以根据人们选择与我们分享的信息（如年龄、位置、性别或兴趣）与脸书上超过10亿的每月活跃用户互动。这为营销人员提供了一种独特的覆盖范围、相关性、社会背景和参与度的结合（信息），从而可以提高广告的价值。

企业或非营利组织（如www.facebook.com/joinred）都可以创建自己的脸书页面（目前是免费的）。脸书用户可以通过成为粉丝、在公司墙上留言、上传照片及加入讨论组等方式表达支持。用户成为粉丝后，可以选择同意接收该企业或组织的最新动态更新。

为了鼓励企业做广告，脸书使用了一种被称为EdgeRank Checker的算法，该算法可以确定出现在用户首页新状态提示中的企业状态更新的百分比，以及一套测试和优化企业创意内容的绩效指标。

### 收入模式

脸书有一个基于广告的有针对性的收入模式，这与其竞争对手谷歌稍有不同，后者采用的是基于关键词搜索的模式。脸书的做法是利用个人数据（匿名）向广告商提供潜在顾客名单。脸书广告的特点包括：

（1）按年龄、性别、地点、兴趣等确定目标受众；

（2）每次点击成本（CPC）或千人成本（CPM）等其他支付模式；

（3）"值得信赖的推荐"或"社交广告"——如果用户的朋友最近与某公司的脸书页面或公司网站有互动，也可以向该用户展示广告。

脸书Ads上线后，脸书的博客发表评论，阐述了广告收入与用户体验之间的微妙关系。评论指出，下面这些是不会改变的：脸书将永远保持干净和整洁；脸书永远不会出售你的任何信息；你将永远掌控你的信息和脸书体验；你将不会看到比以前更多的广告。

发生了改变的是：你可以在脸书上与产品、企业、乐队、名人等互动；广告变得更加有的放矢，会是你更感兴趣的内容。

脸书广告为企业提供了在购买过程中的每个阶段吸引潜在买家的机会。脸书的数字广告收入持续增长，其全球扩张和收购战略也为这一收入来源做出了贡献。

### 脸书的战略

脸书在提交给美国证券交易委员会(SEC)的文件中描述了其战略的关键要素：

(1) 扩大全球社区。脸书将巴西、印度、墨西哥和日本等特定的市场称为"渗透性相对较低的大型市场"。因此，为了扩大影响力，脸书寻找潜在的收购对象，并在 2012 年收购了 Ins，后者已作为一个独立的品牌发展起来，通过分享图片为这两个平台提供了更大的影响力。2014 年购买移动信息服务应用程序 What's App，使脸书获得了位于世界各地的数百万活跃用户(Olson，2014)。

(2) 开发社交产品以提供最具吸引力的用户体验。与许多成功的互联网企业提交给 SEC 的文件一样，它们对用户体验有着明确的承诺。脸书的做法是基于 Facebook Insights：为了提供最引人注目的用户体验，我们继续专注开发与优化我们的社交渠道的产品和技术，通过实时分析和整合大量信息为用户提供最有用的内容。

Smart Insights(2012)引用了当时的脸书工程技术总监安德鲁·博斯沃思(Andrew Bosworth)的话：每天，我们要在脸书上进行数百次测试，其中大部分都是随机抽取样本进行测试。例如，上周你可能看到了一个保存新闻提要故事的小测试。其他产品可能需要对网络效应进行适当的测试，因此在这种情况下，我们面向一个特定市场(如整个国家)的所有人推出。

(3) 移动产品。脸书正在试图让这些内容更吸引人、更容易获得。2014 年 4 月，脸书平均每月的移动服务用户超过 10 亿。2012 年 8 月对照片分享应用 Ins 的收购就是这一战略的一部分。

(4) 脸书平台。脸书注意到开发人员通过使用脸书平台构建的应用程序和网站开发一个开放系统的重要性，包括 API(应用程序编程接口)及帮助与其他服务(如网站)整合的社交插件。脸书平台于 2007 年推出，到 2008 年 1 月，脸书平台上已经有了 18 000 多个应用程序，每天新增 140 个应用程序。超过 95% 的脸书用户至少使用过一个建立在脸书平台上的应用程序。

(5) 改善广告产品。对于脸书来说，IPO 是一个至关重要的目标，但必须与战略的其他要素相平衡，尤其是开发社交产品这一要素。脸书指出："我们的广告战略的核心是相信广告产品是社交的、相关的，并且与脸书上的其他内容很好地整合在一起，可以改善用户体验，同时提供诱人的回报。"

(6) 构建可扩展的基础设施。脸书描述了在软件和硬件基础设施方面的投资，这些投资有助于实现其"为我们在世界各地的每一位用户提供独一无二的个性化体验"的目标。脸书解释说，其技术投资集中在分析和开发领域，包括内容优化和交付、图形查询、媒体存储和服务、大规模数据管理和软件性能。

（7）使用 AI 来控制内容。脸书平台上的虚假新闻和内容的合法性已经成为一个严重的问题。为了解决这一问题，并保持发帖的有效性，实现建立有意义社区的最新使命，脸书正在探索如何利用 AI 来区别于"关于恐怖主义的新闻报道和实际的恐怖主义宣传"。脸书希望能够快速删除对社会价值观有害的内容（Solon，2017）。

### 风险因素

尽管看起来像脸书这样大的公司有竞争对手似乎很奇怪，但它确实有新的全球竞争对手和本地竞争对手。在全球范围内，脸书的竞争性市场挑战部分来自其业务市场，它需要在新兴市场发展业务。但许多广告商并不以美国为基地，在中国、印度及南美洲等新兴市场上，脸书并没有占据主导地位（MacBride，2017）。

在美国本土，领英正在争夺 B2B 的流量，虽然其规模比脸书小得多，却拥有强大的企业客户群。推特和谷歌也是脸书的竞争对手。这些公司的竞争激烈程度取决于该公司最大化吸引受众的能力。

脸书表示："信任是我们业务的基石。"它现在投入大量资源，通过开发和实施旨在保护用户隐私、促进安全环境并确保用户数据可靠性的项目来建立用户信任。从某种程度上说，脸书从早期的错误中吸取了教训。扎克伯格正在寻求将重心重新放在社区联系上。2018 年，脸书对新闻推送算法的改变，已将关注焦点从商业推广转向社交和个人交流。风险是可能会影响商务推广业务。

脸书列出了其他一些关键风险因素：用户越来越多地参与其他社交媒体平台、产品和活动；用户觉得自己的脸书体验在广告频率、显著性和规模方面有所下降，这有损于用户的核心利益；用户采用新技术，脸书可能无法获得推荐或以其他方式使用。

2018 年，脸书的策略及暴露出来的风险导致其可信赖的地位受到严重质疑。扎克伯格被美国国会传唤去回答有关假新闻增多等问题。公司行为的全球曝光严重影响了公司业务，并凸显了"脸书在市场和公众认知中的地位的脆弱性"（Lapowsky，2018）。这种情况的发生是由于个人数据的处理方式，公司被指控允许不恰当地使用这些私人数据获取潜在的政治利益。这种情况影响了脸书的估值和消费者的信任，但更重要的是，这可能导致对个人数据实施更严格的监管。

### 脸书的未来

马克·扎克伯格正在寻找脸书的未来发展方向，并希望利用 AR（增强现实）等新技术开发新的应用程序。Messenger 是脸书的第二大产品，它似乎是从微信获得的灵感，引入了聊天机器人及其他功能，以带来更多的"乐趣"和流量。

很多公司在慢慢远离脸书平台，如 Vice、Mashable and Buzzfeed，因为它们从 Pintrest 和 Ins 获得越来越多的推荐（Chaykowski，2018）。过去两年，脸书的商业推荐一直在减少，让谷歌等竞争对手找到了突破的机会。目前，脸书还面临不当使用个人数据的信任问题。

问题：

1. 作为脸书等社交网络的投资者，你会使用哪些财务及客户相关指标来评估和衡量脸书当前的商业成功与未来的增长潜力？

2. 完成主要基于损害社交网络未来成长潜力的主要商业风险评估对脸书进行分析。

3. 假设你是脸书的营销总监。根据你对上一题的回答,提出未来 18 个月的营销策略。

## 小结

1. 互动传播的主要特点是推式和拉式媒体、用户提交的内容、个性化、灵活性、与消费者(对话)的互动性。

2. 数字营销传播计划的组成如下。

步骤 1:目标设定和跟踪。这些目标包括活动程度(独立访客和访问量)、质量(价值转化)、成本(包括每行动成本)和盈利能力。

步骤 2:活动洞察。活动计划需要提供的信息包括潜在的网站受众范围和构成、在线购买行为和偏好、顾客搜索行为和竞争对手活动。

步骤 3:细分和确定目标市场。关键的细分方法有公司关系、人口细分、心理或态度细分、价值、生命周期阶段和行为。

步骤 4:报价和信息开发。包括主要和次要报价鉴别。

步骤 5:预算和数字媒体组合选择。应基于转化模式,审视所有数字媒体渠道。

步骤 6:整体的媒体时间表和计划整合。整合的原则包括连贯性、一致性、连续性和互补性。

## 练习

**自我评估练习**

1. 涉及数字媒体营销渠道的营销活动比传统渠道或者基础活动更可取的原因是什么?

2. 相对于传统媒体,数字媒体的独有特征是什么?

3. 不同的数字媒体选择特定的在线受众的方法是什么?

4. 在营销活动中,公司应该如何决定数字媒体与传统媒体的投资比例?

5. 如何将不同类型的数字媒体渠道与传统媒体整合在一起?

6. 营销人员在为在线营销活动定义报价和信息时应该考虑哪些问题?

**讨论题**

1. 假设你刚开了一家独立的咖啡店。如何利用网站和社交媒体来增强顾客体验?

2. 选择一家公司,评估其传统传播、数字媒体渠道和网站整合的有效性。

3. 选择某个非营利组织最近开展的一项活动,参照其网站活动页面,阐述应该如何设定活动目标和评估活动的效果。

4. 在数字媒体营销中,公司应该如何确定数字媒体活动的间隔时间?选择两个数字媒体渠道作为例子来阐述你的观点。

**测试题**

1. 概述用来定义在线营销活动成功的标准的目标范围。
2. 讨论 B2B 公司通过社交媒体锁定受众的方法。
3. 为什么在线媒体和传统媒体的整合会使整个活动更有效？
4. 描述测试在线竞争报价有效性的各种选择。
5. 评估将手机"文本制胜"推广融入线下活动的潜在价值。

## 参考文献

Abram,C. (2006) 'Welcome to Fb,everyone',*The Facebook Blog*,26 September,retrieved 8 March 2008.

Adweek(2014) Evian's real-time marketing reaps big social stats:targets New Yorkers with Twitter-enabled service, Lauren Johnson, 5 September, www. adweek. com/news/technology/evians-real-time-marketing-reaps-big-social-stats-159898 (accessed May 2018).

Allen(2017)What is integrated marketing?,*Smart Marketing Insights*,22 June,https://www. smartinsights. com/traffic-building-strategy/integrated-marketing-communications/what-is-integrated-marketing/ (accessed May 2018).

BBC News(2012) Facebook buys Instagram photo sharing network for $1bn,http://www . bbc. co. uk/news/technology-17658264 (accessed May 2018).

Berthon,P. , Lane, N. , Pitt, L. and Watson, R. (1998) The World Wide Web as an industrial marketing communications tool:models for the identification and assessment of opportunities,*Journal of Marketing Management*,14,691-704.

Berthon,P. ,Pitt,L. and Watson,R. (1996) Resurfing W3:research perspectives on marketing communication and buyer behaviour on the World Wide Web,*International Journal of Advertising*,15,287-301.

Chaffey,D. and Smith,P. R. (2017)*Digital Marketing Excellence：Planning,Optimising and Integrating Digital Marketing*,5th ed,Taylor & Francis.

Chaykowski,K. (2018) Facebook's latest algorithm change:here are the news sites that stand to lose the most,*Forbes*,6 March,https://www. forbes. com/sites/kathleenchaykowski/.

Coulter,K. and Starkis, J. (2005) Development of a media selection model using the analytic network process,*International Journal of Advertising*,24(2),193-215.

Deighton,J. (1996) The future of interactive marketing,*Harvard Business Review*(November-December),151-162.

Facebook(2018) Newsroom:our mission. https://newsroom. fb. com/company-info/ (accessed Feb 2018).

Flores,L. and Eltvedt H. (2005) Beyond advertising - lesson about the power of brand new websites to build and expand brands,ESOMAR,Montreal,ESOMAR Online Conference,*Montreal*,June 2005.

Ghose,A. and Todri-Adamopoulos, V. (2016) Toward a digital attribution model:measuring the impact of display advertising on online consumer behavior,*MIS Quarterly*,40(4),889.

Godin,S. (1999)*Permission Marketing*,Simon and Schuster,New York.

Heath,A(2017) Facebook has a new mission statement 'to bring the world closer together',*Business Insider*,22 June,http://uk. businessinsider. com/new-facebook-mission-state-ment-2017-6 (accessed May 2018).

Hoffman,D. L. and Novak, T. P. (1996) Marketing in hypermedia computer-mediated environments:conceptual foundations,*Journal of Marketing*,60 (July),50-68.

Hoffman,D. L. and Novak, T. P. (1997) A new marketing paradigm for electronic commerce,*The Information Society*,special issue on electronic commerce,13 (January-March),43-54.

Hoffman,D. L. and Novak,T. P. (2000) How to acquire customers on the web,*Harvard Business Review*,(May-June),179-188.

Hunt,E. (2017) That Heineken ad:brewer tackles how to talk to your political opposite *The Guardian*,28 April,https://www. theguardian. com/media/2017/apr/28/that-heineken-addoes-it-land-with-the-audiences-other-beers-cannot-reach (accessed May 2018).

IAB(2017) Time spent online,https://www. iabuk. net/research/library/time-spent-online-juldec-2016 (accessed May

2018).

IPA(2011) Integration: how to get it right and deliver results, Summary of an Institute of Practitioners in Advertising members report, 21 June 2011.

IPA(2018) http://www. ipa. co. uk/about.

Kotler, P. , Armstrong, G. , Saunders, J. and Wong, V. (2001) *Principles of Marketing* , 3rd European ed, Financial Times/Prentice Hall, Harlow.

Lapowsky, I. (2018) Mark Zuckerberg answers to Congress for Facebook's troubles, *Wired* , 10 April, https://www. wired. com/story/mark-zuckerberg-congress-facebook-troubles/ (accessed May 2018).

Lee, G. (2010) Death of 'last click wins': media attribution and the expanding use of media data, *Journal of Direct*, *Data and Digital Marketing Practice* , 12(1), 16-26.

Liu, H. -C. , Lai, M. -L. , Chuang, H. -H. (2011) Using eye-tracking technology to investigate the redundant effect of multimedia web pages on viewers' cognitive processes, *Computers in Human Behaviour* , 27(6), 2, 410-417.

MacBride, E. , (2017) FaceBook's seven largest emerging market competitors, *Forbes* , 30 September, https://www. forbes. com/sites/elizabethmacbride/2017/09/30/facebooks-seven-emerging-markets-competitors/# 66dfd25977db (accessed May 2018).

Moe, H. , Poell, T. and van Dijck, J. (2016) Rearticulating audience engagement: social media and television, *Television & New Media* , 17(2), 99-107.

Mortimer, N. (2017) Heineken's social experiment aims to get consumers to 'focus on the things that unite us rather than divide us', *The Drum* , 20 April, https://www. thedrum. com/ latest (accessed May 2018).

Noyes, D, (2018) The top 20 valuable facebook statistics, https://zephoria. com/top-15-valuable-facebook-statistics/ (accessed Feb 2018).

Olson, P. (2014) Facebook closes $ 19 billion WhatsApp deal, *Forbes* , https://www. forbes. com/sites/parmyolson/ 2014/10/06/facebook-closes-19-billion-whatsapp-deal/# 36dddd765c66 (accessed May 2018).

Peters, L. (1998) The new interactive media: one-to-one but to whom?, *Marketing Intelligence and Planning* , 16(1), 22-30.

Petersen, E. (2004) *Web Measurement Hacks: Tips and Tools to Help Optimise your Online Business* , O'Reilly, Sebastapol, CA.

Phillips, S. (2007) A brief history of Facebook, *The Guardian* , 25 July, https://www. theguard-ian. com/technology/ 2007/jul/25/media. newmedia (accessed May 2018).

Pickton, A. and Broderick, D. (2001) *Integrated Marketing Communications* , Financial Times/Prentice Hall, Harlow.

Schramm, W. (1955) How communication works, in W. Schramm (ed.), *The Process and Effects of Mass Communications* , University of Illinois Press, Urbana, IL, 3-26.

Shah, D. and Halligan, B. (2009) *Inbound Marketing: Get Found Using Google* , *Social Media and Blogs* , John Wiley, Hoboken, NJ.

Shalin, P. (2017) Digital attribution or econometric modelling - what's the best way to connect cause to effect in digital marketing?, https://blog. ebiquity. com/2017/09/digital-attribution-or-econometric-modelling-whats-the-best-way-to-connect-cause-to-effect-in-digitalmarketing (accessed May 2018).

Smart Insights(2012) Ship early, ship often, *Blog post* , 4 September, Dave Chaffey.

Smart Insights (2014) https://www. smartinsights. com/content-management/content-marketing-strategy/the-content-marketing-matrix-new-infographic/ (accessed May 2018).

Solon, O. (2017) Mark Zuckerberg pens major Facebook manifesto on how to burst the bubble, *The Guardian* , 17 February, https://www. theguardian. com/technology/2017/feb/16/mark-zuckerberg-new-facebook-manifesto-letter (accessed May 2018).

VIP Wordpress(2014) 10 growth hacks that helped metro. co. uk achieve 27 million monthly visitors, article by Sara Rosso, posted on 11 March 2014.

Walmsley, A. (2007) New media: the age of the trialogue, *The Marketer* , (September), 12.

Woollaston, V. (2017), Heston Blumenthal launches Skype bot to help make you a better cook, *Wired* , 12 April, http://www. wired. co. uk/article/heston-blumenthal-bot-skype (accessed May 2018).

Zuckerberg, M. (2017 Bring the world closer together: Facebook, https://www. facebook. com/ zuck/posts/ 10154944663901634 (accessed May 2018).

## 网络链接

关于电子邮件营销和搜索引擎营销等特定数字媒体渠道的附加链接。

- ClickZ(www. clickz. com)。一本关于在线营销传播的优秀文集,主要聚焦美国的营销实践。
- iMediaConnection(www. imediaconnection. com)。报道在线广告的最佳实践的媒体网站。
- US Internet Advertising Bureau(www. iab. com/)。关于网络广告效果的研究。
- Marketing Sherpa(www. marketingsherpa. com)。包括电子邮件和在线广告在内的网络营销沟通的文章和链接。
- SmartInsights. com(www. smartinsights. com)。提供关于创建有效的营销活动的建议,包括客户洞察和属性建模。
- World Advertising Research Centre(www. warc. com)。涵盖线下媒体和线上媒体。主要是订阅服务,但也有一些免费资源。

## 第 **9** 章

# 利用数字媒体渠道进行营销传播

**学习目标**

读完本章后,你应该能够:

- 区分不同类型的数字媒体渠道
- 评估各种数字媒体渠道在营销传播方面的优缺点
- 评估不同类型的数字媒体用于不同目的的适用性

**营销人员要回答的问题**

- 针对不同类型的市场,我们应该选择哪些数字传播媒体?
- 使用数字媒体能使我们的活动更有效的成功因素是什么?

 ## 9.1　引言

为了吸引人们访问网站,数字营销经理使用多种**数字媒体渠道**(digital media channels),如联盟营销、电子邮件、社交和搜索引擎营销。他们还可以利用展示广告和插件向第三方网站的访问者传递品牌价值。广告、直邮和公关等传统的沟通方式在提高品牌知名度、受欢迎程度及增加企业网站的访问量方面仍然能够发挥重要的作用。

选择最具成本效益的数字传播技术并加以改进以吸引访客和新顾客已经成为线上业务和多渠道业务的主要营销活动。本章我们将介绍各种数字媒体方案的差异,并说明其优缺点,以及有效利用它们的必备要素。

本章将围绕表9.1中给出的六大数字媒体渠道展开。为了便于比较和评价,我们对每一类数字媒体渠道都按如下结构展开讨论:

(1)是什么?给出数字媒体渠道的描述。

(2)有哪些优缺点?说明渠道的优缺点。

(3)规划和管理的最佳实践。总结使用数字渠道开展活动时需要考虑的目标、衡量和创意等。这是对第8章中相关内容的扩展。

在阅读每一部分时,请注意比较不同数字媒体渠道的相对优势和劣势,以及消费者是如何从信任的角度作出选择的。

　　各种数字媒体渠道在吸引访问者方面的重要性因公司而异，但为了对这些渠道的重要性有个整体的了解，请阅读数字营销洞察9.1。你可以看到为什么搜索引擎营销是一个重要的渠道，这也是本章首先介绍这一渠道的原因。你还可以看到直接访问量与传统渠道、电子邮件营销和社交网络等其他渠道是密不可分的。此外，你还可以看到其他网站的链接也很重要。

| 表9.1　六大数字媒体渠道 | | |
|---|---|---|
| 数字媒体渠道 | 描　　述 | 不同的传播技术 |
| 搜索引擎营销（SEM） | 在谷歌、必应、YouTube 等主要的搜索引擎及特定国家的热门搜索引擎的结果页获得展示。还包括在第三方门户网站上投放广告，以提高知名度并进行再营销 | 自然列表中的搜索引擎优化（SEO）排名是基于页面优化和链接构建吸引点击量，而不是按点击付费；使用谷歌广告等的按点击付费广告赞助排名 |
| 在线公关 | 利用名人的影响力，在目标受众可能访问的第三方网站（如媒体网站、社交网络或博客）上，最大限度地宣传公司、品牌、产品或网站。还包括监测并在必要时对负面报道作出回应，并通过新闻中心或博客等网站进行公关 | 利用名人的影响力，共同创建内容和新闻稿，以获得正面评价，管理第三方网站的声誉，特别是论坛和社交网络；使用自有媒体，公司自己供稿、自己的博客；利用博主和名人影响力获得媒体的免费宣传 |
| 在线合作伙伴关系，包括联盟营销和联合营销 | 建立并管理长期的合作关系，在第三方网站上或通过电子邮件推广在线服务；合作方式包括联合营销、链接建设、联盟营销或绩效营销、比价网站、在线赞助和联合品牌等 | 交易型电子商务网站的佣金制联盟营销；建立长期的合作伙伴关系，如赞助、建立链接或联合社论 |
| 互动展示广告 | 使用门户网站与社交网站上的展示广告和视频广告，提高品牌知名度及目标网站的点击率 | 程序化广告；购买某些网站的广告位；利用广告网络；基于行为的重新定位或再营销 |
| 选择性加入电子邮件营销 | 给已同意接收企业电子邮件的潜在顾客或顾客发送电子邮件；可以购买 Solus 电子邮件服务，由发布者代表品牌发送电子邮件，或者在电子快讯中介绍品牌；也可以建立自己的顾客名单，包含顾客或潜在顾客的详细信息，直接发邮件鼓励其购买 | 通过租借、联合品牌活动、电子快讯等方式获取消费者的电子邮件活动；保留并扩大用户群，如建立电子快讯和顾客电子邮件数据列表；事件触发式电子邮件顾客生命周期活动自动营销 |
| 社交媒体营销，包括病毒营销和在线口碑营销 | 自发的社交媒体营销是在线口碑，与品牌相关的令人信服的内容可以通过电子化方式被转发、讨论，也可以在线下讨论以提高知名度，在某些情况下还能够促进消费者的回应；付费社交广告是一种用于提高知名度或重新定位以实现转化目标的付费广告 | 在社交网络上通过公司页面或做广告展示品牌形象；制造"热点"或引人注目的互动内容；促进病毒式信息传播；使用社交广告；利用顾客进行宣传；插件营销 |

## 数字营销洞察9.1 你的推荐者组合是否平衡?

确定最合适的数字媒体渠道组合的方法之一是比较数字分析服务中数字网站推荐者的组合。图9.1显示了Google Analytics跟踪的网站的推荐者或流量来源的平均组合。

以下是对饼图中各术语的总结:

(1) 搜索引擎流量。包括自然搜索和付费搜索广告。

(2) 推荐流量。从其他网站直接链接到网站带来的流量。其中可能包括社交媒体网站,不过谷歌和其他分析服务现在将社交流量单独列出。

(3) 直接流量。直接流量是由网址输入、书签或电子邮件中添加的特定链接带来的。如今,直接流量还包括非浏览器流量,即访问者点击移动应用程序后跳转到网站所产生的流量。

(4) 其他流量。包括链接到谷歌账户的谷歌 Ads 及联盟广告、展示广告和附有营销活动标签的电子邮件等活动。

图9.1 网站来自各种访问来源的平均流量百分比

数据来源:Smart Insights (2011).

注:Adobe 公司 2017 年公布了 500 家美国大型零售客户的类似数据,显示了搜索营销和电子邮件营销的重要性。然而,令人惊讶的是,社交广告和展示广告的投放量相对较少:自然搜索 41%;付费搜索 27%;电子邮件营销 25%;社交媒体 3%;展示广告 3%。需要注意的是,这一分析不包括直接流量和关联企业。

## 基本数字技能:数字媒体

企业在数字营销领域所追求的很多实用技能都涉及本章介绍的技术。其中包括:

(1) 搜索引擎优化。执行差距分析、内容审核和反向链接分析,以确定自然搜索流量,然后通过内容创建和名人的影响力来实现。

(2) 付费搜索。成为 Google Ads 的专业会员。

通过展示你的兴趣和经验来提高就业能力的实用做法包括:

(1) 创建博客并设置 Google Analytics 跟踪。你可以使用 Google Analytics 演示账户来了解完整的推荐者组合。

(2) 完成免费的在线 Google Ads 或 Analytics 培训。

(3) 了解最受欢迎的搜索营销工具的用途,包括 Google Search Console、SEM Rush、Moz 和 AHREF。

(4) 在脸书、推特或领英上关注不同的营销名人,了解他们分享的内容及他们如何与公司和其他名人互动。

(5) 创建以市场营销为重点的博客、推特或领英个人主页,并分享你在课程中学到的内容及你关注的名人。专注于你最感兴趣的营销领域。

请使用 http://bit.ly/smartdigiskills 上的 Smart Insights 技能评估工具,在整个 RACE 计划框架下评估你的数字营销技能。

# 9.2　搜索引擎营销

如图 9.1 所示,**搜索引擎营销**(search engine marketing,SEM)是为网站创造优质访问者的关键技术。我们在寻找新产品、新服务或新娱乐时,都会自然而然地想到搜索引擎。常用的搜索引擎包括谷歌、必应、谷歌旗下的 YouTube(按搜索量计算,YouTube 在很多国家是第二大搜索引擎),以及其他地区性搜索引擎。对于我们熟悉的品牌,我们也会借助搜索引擎,通过在谷歌中搜索品牌、将品牌名称附加到产品上或输入网址快速导航到该品牌的网站,这就是所谓的**导航或品牌搜索**(navigational or brand search)。鉴于在人们挑选产品或定位品牌的过程中与其接触的重要性,搜索引擎营销已成为数字营销中竞争激烈的领域。

有两种差异明显的主要的搜索引擎营销方式,我们将分别予以研究,不过在实践中应该综合使用这两种方式。

(1)**搜索引擎优化**(search engine optimisation,SEO)是指提高公司及其产品在**自然列表**(natural or organic listings)中的排名,尽量出现在搜索引擎用户输入的一系列关键词或短语组合的**搜索引擎结果页面**(search engine results pages,SERP)的首页上,如图 9.2 所示。可以看到与搜索引擎结果页面顶部的四个广告相比,首页显示的自然搜索结果的数量有限。搜索者输入关键词后,搜索引擎会根据关键词包含的文本及其他因素(如页面链接)显示出与搜索相关的页面,而且该页面还包含其他可能会吸引搜索者的工具。谷歌将这些工具称为**通用搜索**(universal search)或混合搜索。请完成活动 9.1 来详细了解这些功能。

## 活动 9.1　搜索引擎结果页特征的变化

搜索引擎营销工具服务商 Moz 定期发布名为 MozCast 的研究成果,即搜索引擎结果页中最常见的查询的各类功能的热度。

**活动**:访问 MozCast 并查看最新的搜索引擎结果页面(SERPs)功能,了解它们之间的区别。在你所选择的行业中完成不同的导航、大众和特定产品搜索,看看你能发现多少种功能。是否有些公司比其他公司更善于吸引眼球?

(2)**付费搜索**(**按点击付费**)**营销**[paid search(pay-per-click)marketing,PPC]类似于传统的广告,搜索引擎的用户输入关键词后,就会显示带有公司页面链接的文字广告。付费广告通常被称为"赞助商链接",显示在自然列表的上方或右侧,如图 9.2 所示。尽管很多搜索者更倾向于点击自然列表,但也有一些搜索者会点击付费列表(通常占所有点击量的1/3~1/2),这给谷歌等搜索引擎公司带来了很高的利润。精心设计的付费搜索活动可以给这些公司带来大量的业务。我们将在付费搜索营销一节看到,第三方网站上显示的按点击付费广告也有机会创造知名度和回应。

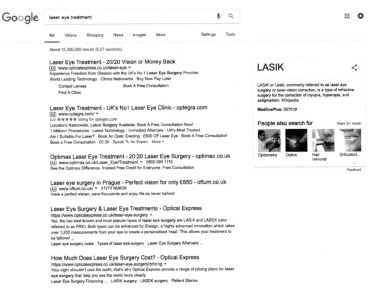

图 9.2　谷歌搜索引擎结果页面的自然列表和付费列表

如图 9.3 所示,在搜索引擎结果页面上排名靠前可以给公司带来更多的访问量,因为点击率更高,这说明了有效搜索引擎营销的重要性。需要注意的是,不同位置的点击率会因关键词类型(如品牌名称或通用关键词)而有很大差异,图 9.3 是基于 250 家 B2C 和 B2B 公司的 1 万个关键词得出的。

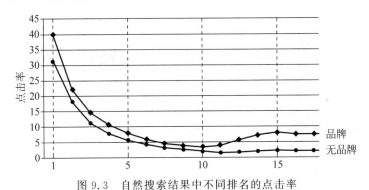

图 9.3　自然搜索结果中不同排名的点击率

资料来源:Advanced Web Ranking (2018).

## 9.2.1　什么是搜索引擎优化

为了提高在自然列表中的排名,营销人员需要了解搜索引擎通过网页爬虫或机器人来爬取在搜索引擎注册的网页,最终汇总成网页索引的过程。图 9.4 显示了用于创建自然列表的技术涉及以下主要过程:

(1)爬取。爬网的目的是识别相关的页面以建立索引,并查看它们是否有更新。爬取是由**机器人**(bots)或称**网页爬虫**(spiders)完成的。爬取过程将获得网页信息,并将检索的网页地址记录下来,供后续分析和索引使用。

虽然机器人和网页爬虫给人的感觉是似乎有某个实体确实访问了这些网站,但它们实际上只是在搜索引擎服务器上运行的脚本程序,请求页面上的链接并创建包含一系列网址的页面索引。这是一个递归过程,因此页面上的每一个链接都可以找到其他需要爬取的链接。

（2）索引。创建一个索引,使搜索引擎能够快速找到包含搜索者查询的最相关页面。搜索引擎"倒置"索引以生成包含特定单词的文档的查找表,而不是在每个页面中搜索关键词。营销人员可以使用谷歌的搜索控制台（Search Console）（以前的网站管理员工具）来了解哪些页面被编入索引,并获得关于潜在重复内容的建议。

索引信息包括存储在文档中的阶段,以及描述页面特征的其他信息,如文档标题、元描述、页面排名、信任或权限、垃圾网页评级等。对于文档中的关键词,还可以加入更多属性,如语义标记（HTML 中用< h1 >,< h2 >标题表示）、在**链接锚文本**(link anchor text)中的出现率、接近度、频率或密度、在文档中的位置等。链接锚文本包含的"指向"页面的词在很大程度上决定了搜索排名。

（3）排名或得分。索引过程已经生成了对查询中包含关键词的所有页面的查找,但这些页面还没有按照相关性进行排序。对输入的搜索查询进行实时排序,以评估要在搜索引擎结果页面中返回的最相关文档集。首先,将从特定数据中心运行时的版本的索引中检索相关文档,然后基于对多个排名因子的解析计算每个文档在搜索引擎结果页的排名。

（4）查询请求及提交结果。搜索引擎以受众熟悉的界面接受搜索者的查询。利用其IP 地址确定搜索者的位置,并将其查询请求传递到相关的数据中心进行处理。然后,根据具体的查询内容实时进行排名,返回相关文档的排序列表,显示在搜索引擎结果页上。

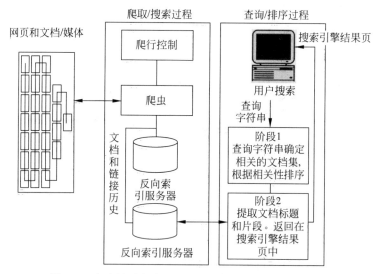

图 9.4　在自然列表中生成搜索引擎列表所涉及的阶段

### 搜索引擎排名因素

谷歌表示,它在搜索排名算法中使用了 200 多种因素或信号,其中既包括有助于提升排名的正面因素,也包括用于从索引中移除搜索引擎垃圾网页（搜索引擎优化公司使用不道德的方法,如自动创建链接来误导谷歌算法)的负面因素或过滤器。搜索引擎优化对排名因素的重要性存在很大争议,因为影响因素如此之多,很难证明其作用。感兴趣的读者可以阅读费欧雷拉(Fiorelli,2014)的文章 *The Myth of Google's 200 Ranking Factors*。

在所有的主流搜索引擎中获得好的排名离不开下面两个重要因素。

(1) 网页内容与关键词的匹配。要优化的主要因素是关键词密度、关键词格式、锚文本中的关键词及包括页面标题标记的文档元数据。针对这一因素的搜索引擎优化过程称为**页面优化**(on-page optimisation)。

(2) 网页链接。**入站或反向链接**(inbound or backlinks)。每当有另一个页面或网站链接到目标网页时,谷歌都会给目标网页加一分。因此,与其他网站有更多外部链接的网页和网站将获得更高的排名。链接的质量也很重要,与关键词相关的链接中,来自信誉良好的网站的链接更有价值。内部链接也以类似的方式进行评估。针对这个因素改善网页质量的搜索引擎优化流程称为**外部链接构建**(external link building)和**内部链接架构**(internal link architecture)。为了减少垃圾网页的影响,搜索引擎引入了**无跟随标记**(nofollow tags),这意味着添加到博客和社交媒体博客评论中的链接影响有限。

营销人员都已经意识到,获得高质量反向链接的最佳的可扩展方式是内容营销,即开发高质量的内容,然后通过推广过程与合作网站共同开展营销。有人认为搜索引擎优化已经变得不那么重要了,但现实是仍然离不开技术搜索引擎优化,以确保网页被索引、进行内容开发及与其他网站合作。

随着通过社交媒体分享链接的重要性日益增加,搜索引擎将网页及整个网站被社交媒体提及的次数也列为排名因素(Smart Insights,2010)。例如,必应公司的一位代表提到推特时说:我们会考虑一个链接被推送或转发的频率,以及分享该链接的推特用户的权威性。

但是,谷歌的搜索工程师从未正式承认使用社交信号。尽管分析表明,社交分享的数量与排名较高的文章之间存在相关性,但这并不表示存在因果关系,可能还有其他已知的排名因素在起作用。例如,拥有更多社交分享的网页往往会存在更长时间,有更高的用户参与度,并且更有可能吸引来自其他网站的自然链接。当然,出于很多原因,创建鼓励社交分享的文章是有好处的,大多数媒体网站和博客都会使用醒目的插件来显示分享数量,鼓励人们进一步分享。

从上面的内容可以看出,如果公司可以让名人通过社交网络推荐自己的内容、产品或服务,则可以通过名人的**社交图谱**(social graph)和网页排名提升两个途径吸引更多的顾客。

## 9.2.2　搜索引擎优化的优缺点

**搜索引擎优化的优点**

搜索引擎优化的优点主要包括:

(1) 重要的流量驱动力。如图 9.1 所示,企业如果成功实施了搜索引擎营销,则可以吸引大量访问者访问公司网站。

(2) 高度的针对性。用户正在搜索特定的产品或服务,因此通常有很高的购买意向,他们是合格的访客。

（3）潜在的低成本访客。广告展示或点击是不会产生媒体费用的。成本仅来自优化过程，在优化过程中，需要付费给代理商以改善在搜索结果中的排名。

（4）动态。搜索引擎机器人每天都会抓取热门网站的首页，因此新的网页内容会迅速被热门网页收录。

**搜索引擎优化的缺点**

尽管搜索引擎优化的定位精准、成本较低，但它也有很多缺点：

（1）缺乏可预测性。与其他媒体相比，搜索引擎优化的投资回报率是不确定的，很难预测特定投资的结果，而且竞争非常激烈。

（2）见效时间长。搜索引擎优化的结果可能需要数月才能实现，尤其是对于新网站。

（3）复杂性和动态性。搜索引擎考虑了数百个因素，但相对权重并未公布，因此营销行为与结果之间没有直接关联。"这更像是一门艺术，而不是一门科学。"此外，排名因素随着时间的推移而变化。

（4）需要持续投资。需要投资来继续开发新内容和产生新的链接。

（5）与其他媒体渠道相比，提高认知度的表现不佳。搜索者必须熟悉某个品牌或服务才能找到它。然而，它为不太知名的品牌提供了"超水平发挥"的机会，可以通过点击率提高知名度。

基于上述原因，对付费搜索的投资可能也是值得的。

## 9.2.3　规划和管理搜索引擎优化的最佳实践

本节我们将介绍涵盖不同的搜索引擎排名因素的提高搜索引擎优化结果(SEO)的六种常用方法。我们之所以详细描述这些方法，是因为它们属于最具成本效益的数字营销技术。我们需要了解搜索引擎优化是一门技术学科，而且所使用的技术会随着时间的推移而改变。出于这个原因，搜索引擎优化通常被外包给专业的搜索引擎机构，尽管有些公司认为由内部专家进行搜索引擎优化更具优势，因为内部专家更能理解公司的顾客和市场。你将看到，本节推荐的一些页面优化技术相对简单，重要的是掌控品牌和方案信息。因此，需要对公司内部的内容编辑和审稿人员进行培训，让其了解这些因素，并在文案写作中灵活运用。

**1. 搜索引擎提交**

新网站在启动时，其页面需要被抓取，才能被搜索引擎索引收录，从而有机会获得知名度。虽然可以在搜索引擎上注册，不过大多数公司甚至是初创公司都会被自动收录到搜索索引中，因为搜索引擎机器人会从其他网站上的链接跟踪到网站。据说谷歌会将处于评估中的新网站放入谷歌沙盒中。不过谷歌的搜索工程师对此予以否认，并解释说沙盒效应是由新网站在其他网站上的链接有限，暂时查找不到历史和声誉而自然产生的。无论如何，在创建初创公司或为活动创建单独的未链接微型网站时，都应记住这些缺陷，因为你可能需要依靠付费搜索才能让网站显示在搜索引擎结果页上。

**2. 索引包含**

尽管搜索引擎机器人可以访问网站的首页，但它不一定会爬取所有网页，也不必按照

PageRank 或相关性为这些网页分配相同的权重。因此,考虑到上述审查网页的流程,搜索引擎优化机构会检查有多少网页包含在各大搜索引擎的索引中,这就是**索引包含**(index inclusion)。

未获得完整的索引包含的原因可能有:

(1) 技术原因导致搜索引擎机器人无法抓取所有的网页,如使用了对搜索引擎优化不友好的内容管理系统和复杂的 URL。

(2) 被标识为网络垃圾或不太重要或被认为是**重复内容**(duplicate content)的网页,这些网页被包含在谷歌称为补充索引的地方,而这个索引的排名并不高。出现这种情况时最好使用规范的元标签,告诉搜索引擎哪个是主页。对于网站中包含多个语言版本的跨国公司,要让每个语言的用户都能很容易地搜索到公司网页确实有很大的难度,此时可以借助 HREFLANG 代码标记等专业技术,告诉谷歌每个网页的目标国家和语言。

公司可以通过以下方式检查索引包含情况:

(1) 利用网络分析的推荐者信息,找出网站的访问者来自哪些搜索引擎,以及最受欢迎的登录页面。

(2) 检查网站上已被成功索引的网页数量,如在谷歌中输入"inurl:www.smartinsights.com"或"site:www.smartinsights.com",会看到谷歌索引的戴夫网站(Dave's site)的所有网页,而且在搜索引擎页面的右上角还给出了总数。

(3) 使用谷歌曾被称为网站管理员工具的搜索控制台。这是网站所有者可以注册使用的一项免费服务,可以用来了解网页索引和潜在的网页垃圾问题,如数字营销洞察 9.2 所描述的惩罚。

## 数字营销洞察 9.2　搜索引擎优化使用的都是 Pandas 和 Penguins 算法吗?

谷歌对算法进行了很多次重大更新。可访问 moz.com/google-algorithm-change 了解最新变化。2003 年的 Florida 和 2005 年的 Jagger 等较早的更新,标志着谷歌主动打击网络垃圾的开始。在 Florida 的条目中,Moz 公司解释说:很多网站因此排名下滑严重,企业主们非常愤怒。Florida 算法敲响了 20 世纪 90 年代末关键词填充等低端搜索引擎优化策略的丧钟,使游戏变得更加有趣。

每年都有数百个小的变化,搜索引擎优化专家必须评估这些变化的重要性,并分析其对网站的影响,这也是在搜索引擎优化领域工作的人员如此众多的原因之一。

最近,Panda 和 Penguin 算法更新产生了很大的影响,使很多网站的访问量骤减,一些纯线上企业或小企业的业务甚至可能受到致命的打击。海恩斯(Haynes,2012)的《水管工乔的故事》对此做了描述。

Panda 算法涉及谷歌从 2011 年开始的一系列至今仍然有效的主要算法更新,旨在降低质量低下、没什么内容的网站的可见性。有人说,这是对从其他网站复制内容的网站的惩罚。

Penguin 算法是谷歌在 2012 年 4 月至 2014 年秋季进行的另一系列主要算法更新,旨在降低参与激进链接构建的网站的可见性。谷歌将其描述为"针对网页垃圾的一次重要的算法变革"。这一变化将降低我们认为违反谷歌现有质量准则的网站排名。应避免下列可能导致惩罚的手段：

（1）链接配置文件中包含太多具有完全匹配锚文本的链接，即来自多个网站的相同关键词组合；

（2）在入站和出站链接中填充关键词；

（3）在精确匹配域(EMD)中使用关键词，其中域名针对特定短语；

（4）依赖谷歌对违反其准则进行惩罚的劣质网页。

谷歌还开发了很多专业更新，如 2014 年管理本地搜索引擎优化的 Pigeon(与某个地区的服务相关的搜索结果)和 2014 年的 Pirate(针对提供视频和软件下载的网站)。除了旨在打击垃圾网页的更新，还有与基础结构相关的算法更新，如引出了**知识图谱**(knowledge graph)这一概念的 Caffeine 和 Hummingbird。

### 3. 关键词分析

搜索引擎营销成功的标志是实现**关键词组**(keyphrase)的相关性，因为这正是搜索引擎所追求的——将输入搜索框中的关键词组匹配到最相关的目标内容页面。请注意，我们说的是关键词组而不是关键词，因为当用户键入的关键词组与页面上的短语之间存在词组匹配时，谷歌等搜索引擎会赋予更高的相关性。

识别用户在搜索产品时可能键入的关键词组的主要来源包括营销知识、竞争对手的网站、到达你网站的访问者的关键词组(来自网站分析)、内部网站搜索工具和关键词分析工具(如 Google Keyword Planner)。完成关键词组分析后，我们需要理解用户输入的不同限定符。下面举例说明汽车保险的常见限定词类型：

- 比较/品质：汽车保险比较；
- 形容词(价格/产品限定词)：便宜的汽车保险、女性汽车保险；
- 预期用途：高里程汽车保险；
- 产品类型：假日汽车保险；
- 供应商：丘吉尔汽车保险；
- 地点：英国汽车保险；
- 行为请求：购买汽车保险。

根据谷歌 Keyword Planner 的数据，在 2015 年的一个月里，在英国完成的搜索中，与汽车保险相关的最受欢迎的确切短语是：车险(450 000)、车险报价(161 000)、经典车险(151 000)、廉价车险(145 000)、比较车险(109 660)、临时车险(47 000)、年轻司机车险(9 000)。

这些数据表明，要想获得较高的搜索排名，应当考虑使用"车险报价"这类通用的关键词，针对需求的产品和服务，如"临时"或"年轻司机保险"也很值得考虑。

### 4. 网页优化

虽然每个搜索引擎都有自己的算法，而且很多权重因子会随着时间的推移而变化，但幸运的是，在衡量输入的搜索词与网页内容之间的匹配度方面，算法的思路是相通的。

（1）搜索词在正文中出现的频率

菲奥雷拉(Fiorelli,2014)认为，关键词在网页文本中出现的次数是决定关键词位置的一个因素，但其重要性比不上最初开发搜索引擎时。复制可以增加一个单词或短语的使用次数(更专业的说法是关键词密度),从而在一定程度上提高其在搜索引擎中的排名。但是请注意,搜索引擎会检查某个短语是否重复了很多次(如"廉价航班……廉价航班……廉价航班……廉价航班……廉价航班……廉价航班……廉价航班……"或关键词使用与背景相同的颜色被遮掩起来)。一旦搜索引擎认定某个关键词组的密度太高,或发生了"关键词填充"或"搜索引擎垃圾",则不会将其列在搜索引擎结果页。如今,其他排名因素,如其他网页或其他网站指向网页的反向链接的锚文本,以及网页正文、标题和标题中同义词的自然出现更为重要。用户行为信号也很重要,因此谷歌偏爱那些与访问者互动时间更长的网页。与其他网页相比,这些网页停留的时间更长或跳出率更低。

谷歌(2018)的网站管理员指南中有这样一段文字:在进行网页排名时,谷歌不仅考虑关键词在网页上出现的次数,而是会全面检查网页内容(以及链接到它的网页的内容),以判断网页是否与搜索请求相匹配。

谷歌考虑的其他因素包括:频率(不得过多,即应当低于 $2\%\sim4\%$ );在网页标题中出现的次数,在 HTML 代码中标记为 $<$ title $>$ , $<$ h1 $>$ , $<$ h2 $>$ ;在超链接的锚文本中出现的次数;文本标记,如加粗;关键词组与文档开头的接近程度及各关键词之间的差距;与其他相关网站的链接;替代图像文本;文档元数据。

(2) 替代图像文本

图形图像可以有与之相关的隐藏文本,这些文本不被用户看到(除非关闭图形图像或让鼠标在图像上滚动),但会被搜索引擎看到和索引,是一个次要的排名因素,特别是在图像链接到其他网页时。例如,可以使用 ALT 标签属性将有关公司名称和产品的文本分配给公司徽标,如 $<$ img src $=$ "car-insurance $-$ photo. png" alt $=$ "Car insurance" $>$ 。

(3) 文档元数据

元是指关于网页属性的信息。文档的三种最重要的元数据是文档标题标签、文档描述元标签和文档关键词元标签。这些对于网站上的每一个网页来说都必须是唯一的,否则搜索引擎可能会判断内容是重复的,从而会降低这些网页的权重。

① 文档标题标签。文档标题标签( $<$ title $>$ tag)可以说是最重要的元数据类型,因为每个搜索引擎都对其中包含的关键词组进行了重要的加权,而且它是搜索引擎结果页上唤起行动的超链接。如果标题标签包含功能强大且相关的文本,网页将获得更多的点击量。搜索引擎还将评估与点击次数较少的其他网页的相对相关性。

② 描述元标签。元标签是 HTML $<$ head $>$ 部分中网页的属性,可由内容所有者设置。它不会直接影响排名,但其中的信息通常会显示在搜索引擎结果页中。如果缺少这部分内容或写得太短,搜索引擎会从正文中摘录相关的"片段"。最好的做法是尽量完善这部分内容,从而表明网页的唯一性,以免被搜索引擎认定为重复网页。因此,网页创建者应认真完善,使网页在搜索引擎列表中有较强的点击吸引力。本例中,可以这样写:

```
< meta name = "description" content = "Direct Line offers you great value car insurance by
cutting out the middleman and passing the savings directly on to you. To find out if you could
save, why not get a car insurance quote? Breakdown Cover Insurance also available. ">
```

要了解你的元标题与元标签是否相关、是否唯一,可以使用谷歌上的搜索前缀"site":关键词组语法,搜索之后将返回你的网站上有关特定主题的所有网页。例如:

< digital marketing strategy site: smartinsights.com >

要查看网站的元标签，点击浏览器菜单栏的"工具"—"查看源代码"即可。

③ 关键词元标签。关键词元标签是根据关键词来总结文档的内容。现在还能听到一些无良的搜索引擎从业者对潜在顾客说"我们会优化你的元标签"。而其实关键词元标签作为排名因素相对来说并不重要（谷歌从未将它作为一个重要的排名因素），虽然这些关键词对内部搜索引擎可能很重要。例如：

< meta name = "keywords" content = "Car insurance, Home insurance, Travel insurance, Direct line, Breakdown cover, Mortgages personal loans, Pet insurance, Annual holiday insurance, Car loans, UK mortgages, Life insurance, Critical illness cover">

④ 语义标记。为了更好地管理网页上不同数据之间的相互关系，W3C 引入了被 Schema. org 称为**微格式**（microformats）的特定的 HTML 标记。它可以用来增强网页上信息的语义或意义，以便搜索引擎能够更好地理解和管理这些信息。如 Smart Insights（2014）所述，这在某些市场上尤为重要，这些市场在搜索结果中更加突出企业：产品的名称和地址，如产品的质量和服务的详细信息；产品细节，如价格、尺寸；对文章、产品或服务质量的评价和排名。

**5. 外部链接**

增加其他网站的外部链接对凭借网页优化已不足以脱颖而出的竞争市场上的搜索引擎优化至关重要，尽管它不太容易控制，而且经常被忽视。谷歌的创始人意识到，与目标网页链接的其他网页的数量和质量有助于判断目标网页的相关性，尤其是与网页上的关键词组相结合时（Brin 和 Page，1998）。尽管自那以后，谷歌的算法不断升级和完善，但外部链接的数量和质量仍然被认为是一个重要的排名因素。其他搜索引擎的情况也是类似的。如上所述，通过社交媒体分享的链接如今也被用作排名因素。

一般来说，高质量网站的链接越多，其排名就越高。PageRank 算法是谷歌用来提供相关结果的一个因素，它对来自其他网站的每一个链接都记分。然而，并非所有链接的得分都相同，来自排名较高的网页的链接以及链接锚文本或相邻文本包含与关键词组相关的文本，将被赋予更大的权重。谷歌还将某些网站列为特定搜索下的权威网站或中心网站。对于汽车保险等竞争激烈的关键词组，在决定排名时，外部链接的数量和质量远比关键词组密度重要。

如果内容有用，就会生成自然链接，因此在竞争激烈的市场上需要一种积极主动的链接构建方法。查菲和史密斯（2017）建议采取下列步骤来加强外部联系。

（1）识别并添加热门的内容和服务。创建更有价值的基础内容并显示在导航中，或者将其分组到"有用的资源"或"资源中心"等网页中，可以吸引更多的人访问网站，或者促使他们不仅链接到主页，而是直接链接到已经创建的有用工具。

（2）确定潜在的合作伙伴网站。下列选项有助于找到合作伙伴网站：链接目录（目前通常价值不大）；传统媒体网站；小众在线媒体网站；行业协会；制造商、供应商及其他商业伙伴；新闻发布网站（目前通常价值不大）；顾客和合作伙伴的博客；社交网络。明确你可以链接的网站的类型是很有帮助的。

注：本章后面关于在线公关的内容对建立链接和名人推广的方法有更多的指导。

（3）与合作伙伴网站建立联系。常见的做法是：

第 1 步——开发相关内容、产品或服务从而将链接作为内容营销的一部分。

第 2 步——发送电子邮件请求链接（打电话与公司内部人员讨论往往效果最好）。

第 3 步——跟进链接。

第 4 步——设置链接。

谷歌建议，由于内容的价值，网站所有者应该重视与内容的自然链接，并批评了很多营销人员觉得效果不错的主动建立链接的方法。例如，谷歌警告说，不应该使用"访客博客"，即一个作者为另一个网站创建一篇文章，再链接回自己的网站。这是一种常见的有效手段，本质上是一种公关形式，因此营销人员坚持这种做法并不奇怪。但是，谷歌设置了诸如 Penguin 算法之类的过滤器，以减少明显来自其他网站的链接的影响，这些链接显然已被用来与系统"博弈"。因此，如果一个链接构建者使用相同的锚文本从不同的网站创建了很多指向该网站的相同链接，如"汽车保险报价"，那么谷歌会将其视为该网站的不自然的"反向链接配置文件"。谷歌已经推出了一些工具来"消除"链接建设造成的损害，如谷歌 Search Console 中的 Disavow 链接工具。

鉴于入站或反向链接的质量和数量是决定搜索引擎优化成败的重要因素，企业内部或代理机构的专家很有必要使用数字营销洞察 9.3 中介绍的工具来审查自己的方法是否合规。

外部链接建设的很多原则也适用于网站内部的链接。最重要的原则是在超链接的锚文本中加入搜索者使用的关键词，以指向相关内容。同样重要的是如何增加你想获得好排名的网页的内部链接数量。具有大量相互链接的网状结构的效果优于简单的层次结构。

## 数字营销的洞察 9.3　评价网站链接

可以在谷歌中使用 link：site 搜索语法，看看谷歌是如何评价目标网页的链接的，如 link：www. smart insights. com。但是请注意，你看到的结果中还包括内部链接，所以并不全面。显示链接的更好的选择是 Moz 网站开放站点浏览器工具（www. opensiteexplorer. com）或 Majestic（www. majestic. com），它有一个免费的反向链接历史工具来显示链接的增长。请注意，对于排名竞争力，更重要的是独特链接域的增长。对于其他网站上的新链接或新报道，谷歌自己的提醒器（www. google. com/alerts）以及 www. talkwalker. com/alerts 都是不错的工具。其他免费服务，如 BuzzSumo（www. buzzsumo. com）、Sharedcount. com 和 Google Search Console 也提供这方面的信息。

### 6. 移动设备搜索引擎优化

由于智能手机的使用量大幅增加，谷歌采取了很多措施以确保搜索引擎用户在移动设备上拥有良好的体验。以下是营销人员必须了解的一些关键举措，如果不重视，很可能让网站失去可见性或错过机会：

（1）网页下载速度。谷歌评估页面下载速度、发布基准，并可能对速度特别慢的网站进行惩罚。

（2）移动渲染。谷歌为开发人员提供了测试工具，以确保所有网站都能在智能手机、平板电脑及台式机上使用。谷歌推荐了第 7 章中介绍的移动响应设计方法，不遵循移动设计标准的网页可能会失去可见性。

（3）弹出式窗口和插播式广告。在页面加载时，一些网站上会显示弹出窗口和插播式广告。例如，零售商和出版商会鼓励网站访问者注册电子快讯。谷歌已经提示网站所有者不要在智能手机上使用这些做法，否则展示这些广告的网站可能会受到惩罚。

（4）移动页面加速（AMP）。2016 年 8 月，谷歌宣布这些加载速度更快的页面格式是由谷歌的服务器而非公司的服务器提供的，它们会出现在所有搜索结果中，而不仅仅是新闻结果中。因此，这些格式使所有企业都变得更加相关，而不仅仅是最初最相关的出版商。谷歌搜索业务副总裁兼 AMP 项目负责人戴夫·贝斯布里斯（David Besbris）2017 年说：两年来，我们见证了该项目从几个发起伙伴发展到超过 2 500 万个网站域名，发布了超过 40 亿个 AMP 页面。不仅使用 AMP 建立的网页数量增加了，它们的速度也提高了。从谷歌搜索加载 AMP 页面所需的时间平均不到半秒。

贝斯布里斯将半秒的数字与基准统计数据进行对比，如果页面加载时间超过 3 秒，53％的移动网站访问会被放弃。另一种与之相关的技术是渐进式网络应用（PWA），它可以与 AMP 一起使用，旨在快速提供内容服务，而不需要从应用商店下载本地移动应用程序。

## 9.2.4　付费搜索营销

尽管搜索引擎优化已经被证明是一种热门的数字营销形式，但付费搜索营销仍然有自己的用武之地，因为它可以根据出价金额和广告的相关性对搜索结果列表的排名进行控制。

每个主流的搜索引擎都有自己的付费广告，如谷歌广告（www.ads.google.com）和微软必应（https://advertise.bingads.microsoft.com）。

**什么是付费搜索营销**

我们在搜索引擎营销的介绍部分解释了付费搜索营销或赞助链接的原理。虽然我们说过，在搜索引擎中支付广告费用的主要模式是按点击付费营销，但我们将其称为付费搜索营销，因为在内容网络上，有越来越多的其他支付方式可供选择。零售商面临的另一种付费搜索选项是**产品列表广告**（product listing ads，PLA）。这是一种显示产品图片和价格的广告，你在搜索零售产品时会看到。根据默克尔（Merkle，2017）的数据，这些广告占付费搜索广告支出的 50％以上。

付费搜索营销是**可投标媒体**（biddable media）的一个例子，企业必须与其他企业竞争才能让广告登在醒目的位置。请注意，正如我们将在质量得分部分看到的那样，出价金额并不是影响广告是否能够出现在醒目位置的唯一因素，因为广告的相关性也很重要。

**付费搜索内容网络**

付费列表也可以通过搜索引擎的**显示网络**（display network），如谷歌广告联盟

(Google AdSense)和雅虎进行内容匹配。这些**情境广告**(contextual ads)会根据页面内容自动显示。它们可以在 CPC(每次点击成本)或 CPM(千人成本)的基础上付费,不仅包括文本广告,还可以选择图片展示广告或视频广告。谷歌约有 1/3 的收入来自内容广告,因此内容广告的支出是相当大的。

**付费搜索排名的决定因素**

在早期的按点击付费项目中,赞助商列表的相对排名仅取决于每个关键词的最高竞价点击成本。因此,这是一种纯粹的拍卖,每次点击的成本取决于市场竞争程度与收入或利润之间的平衡,收入或利润则取决于销售转化率和顾客的保留率。表 9.2 给出了英国各产品部门的每次点击成本示例,从中可以看出谷歌广告的实力。

与很多网友可能认为的相反,准备支付最多点击费用的公司并不一定能够获得最高的排名。搜索引擎在对赞助链接进行排名时,也会考虑广告依附于其位置的相对点击率(位置越低点击率自然越低)。所以那些看起来不相关的广告,因为点击的人少,其排名就会往下掉,甚至可能从列表中消失。分析点击率(CTR)来确定排名是**质量得分**(quality score)的一部分,这个概念最初是由谷歌提出的,如今也被微软必应和雅虎搜索网络所采用。

| 表 9.2　英国广告活动中各关键词的每次点击成本示例 | |
| --- | --- |
| 类　　别 | 每次点击成本/英镑 |
| 宽带 | 10.35 |
| 汽车保险 | 9.66 |
| 数字营销机构 | 8.79 |
| 巴巴多斯岛度假 | 1.79 |
| 激光近视手术 | 30.91 |
| 营销自动化 | 32.33 |

资料来源:Suggested position 1 bids from the Google Keyword Planner in 2018.

**谷歌质量得分**

了解质量得分是成功进行付费搜索营销的关键。在构造账户并与代理商一起撰写文案或查看绩效时,应考虑其影响。谷歌之所以开发质量得分,是因为它了解通过赞助商链接提供相关性对于用户体验和公司利润至关重要。谷歌广告帮助系统指出:当我们展示的广告与用户的需求尽可能匹配时,广告系统会让每个人从中受益,这里的每个人包括广告商、用户、出版商和谷歌。我们将之称为"相关性"。我们通过一种简单的方式来衡量相关性。通常,广告的质量得分越高,它与所关联的关键词的相关性就越高。当你的广告具有较高的相关性时,它们往往会获得更多的点击次数,在广告评级中排名较高,并为你带来最大的成功。

谷歌质量得分的汇总公式为

质量得分=(关键词点击率,广告文本相关性,关键词相关性,登录页面相关性,速度及其他评估相关性的方法)

因此,通过更有针对性的创意文案获得更高的点击率会得到回报,登录页面的相关性也是如此(谷歌现在依靠广告机器人检查相关性)。广告文字的相关性也可以奖励更相关的广告,这是对标题和描述与搜索字词匹配的评估。最后,关键词相关性是触发关键词与输入的搜索词的匹配。

或许你曾对自然列表上方的付费广告数量为什么是0~4个感到疑惑,答案就是除了出价外还要考虑质量得分。网站只有在关键词上得到足够高的质量分数才能获得最高的排名,而不是像很多人认为的那样,仅靠花钱就能登上榜首。

## 9.2.5 付费搜索营销的优缺点

对处于竞争市场上的企业来说,付费搜索列表或赞助链接对于在搜索引擎中获得较好的排名非常重要,因为目标关键词的自然列表的第一页竞争非常激烈。

因此,很多有付费搜索项目的公司可能会从付费搜索中获得比搜索引擎优化更多的访问量,尽管对于在搜索引擎优化领域处于领先地位的公司来说并非如此。

**付费搜索营销的优点**

(1) 广告客户不需要为显示的广告付费。正如我们在第8章开始时所解释的,付费搜索的损耗比传统广告要低得多。只有当用户点击了广告并且被引导到广告客户的网站时,才会产生成本。因此,这是一个按点击付费的模式。不过,近年来付费搜索营销出现了越来越多的付费模式。谷歌在谷歌显示网络(Google Display Network,GDN)上还提供了(网站目标定位)千人成本选项,谷歌显示网络的业务是在与页面内容相关的第三方网站上显示与上下文相关的广告。

(2) 按点击付费广告(PPC)具有很强的针对性。只有当搜索引擎的用户键入特定短语(或因受到发布者页面上的相关内容触发,广告出现在内容网络上)时,才会显示带有指向目标网页的链接的相关广告。因此与其他媒体相比,浪费是有限的。YouTube用户也可以通过谷歌"推广视频"的PPC选项成为营销对象。对特定关键词或阅读相关内容作出响应的用户具有较高的意图或兴趣,因此往往是高质量的销售线索。

(3) 容易核算。通过正确的跟踪系统,可以计算出每个关键词的投资回报率。

(4) 可预测。与搜索引擎优化相比,付费搜索营销的排名和结果通常是稳定且可预测的。

(5) 技术上比搜索引擎优化简单。付费搜索的具体名次是根据出价金额和质量得分确定的,而搜索引擎优化则需要长期且技术复杂的页面优化、网站重构和链接建设工作。

(6) 再营销。谷歌提供了一个再营销选项,当用户点击了付费搜索广告或访问了网站上的特定页面后,谷歌可以通过用户电脑中的cookies在内容网络上显示相应的广告来提醒用户。这些可以有效地提高将广告转化为销售线索或销售额的比率。

(7) 通过匹配寻找潜在顾客。通过上传相似的受众,谷歌可以为在个人资料和行为方面存在共同点的人提供类似的广告。

(8) 速度。按点击付费(PPC)列表发布很快,通常仅需要几天(编辑审核)。搜索引擎优化结果可能需要数周或数月才能实现。此外,网站经过搜索引擎优化的修订后,自然排名最初会下降,因为网站需要被搜索引擎重新索引。

(9) 品牌。测试表明,即使用户不点击广告,按点击付费(PPC)广告也会产生品牌效应,这对产品发布或重大活动都有促进作用。

**付费搜索营销的缺点**

(1) 竞争激烈且价格高昂。由于按点击付费已经很流行,一些公司可能会卷入竞价战,从而将竞价推高到不可接受的水平。诸如"汽车保险"等关键词每次点击的价格甚至超过了 10 英镑。

(2) 不划算。对于预算较低或能创造终身价值的产品并不多的公司来说,参与付费搜索营销的竞争可能并不划算。

(3) 需要专业知识。按点击付费(PPC)广告需要了解各种广告网络的配置、出价选项和报告功能。可以对内部人员进行培训,但是他们还需要及时了解付费搜索服务的变化。

(4) 耗时。为了保持 PPC 的竞争力,可能需要每天甚至每小时监控投标,这可能需要花费大量时间。所需的工具和最佳做法经常变化,因此很难与时俱进。

(5) 不相关性。赞助列表只是搜索引擎营销组合的一部分。很多搜索用户从不点击这些链接,因为他们不信任广告商,而这些人正是广告商的营销对象。

## 9.2.6　规划和管理付费搜索营销的最佳实践

与其他任何媒体一样,对于按点击付费(PPC)广告,媒体购买者会仔细评估广告成本与他们认为将从普通顾客那里获得的初始购买价值或终身价值之间的关系。除了考虑每次点击的成本,还需要考虑访问者到达网站时的转化率。显然,广告可以有效地产生点击率或流量,但不一定能达到网站要求的结果,如产生销售线索或在线销售额。这可能是因为缺乏激励性的行动号召,或者访问者的资料根本就是错误的。这意味着如果根据特定的关键词有针对性地创建微型网站或登录页面,可以促使访问者进行查询或完成交易,因而更具成本效益。在设计网站结构时应考虑这些因素,这样一来,当用户点击"汽车保险"广告时会跳转到网站的汽车保险页面,而不是主页。

表 9.3 显示了通用关键词(如汽车保险)和特定关键词(如女性汽车保险)在每次点击成本方面的差异,以及不同转化率对总的每行动成本(CPA)的影响。该表还显示了竞争类别中按点击付费搜索的成本,以及为什么公司将努力最大化其质量分数以降低成本。

$$每行动成本 = \frac{100}{转化率\%} \times 每次点击成本$$

| | | 表 9.3　每次点击成本(CPC)和每行动成本(CPA)数据示例 | | | |
|---|---|---|---|---|---|
| 关键词 | 日均点击量 | 平均每次点击成本/欧元 | 日均成本/欧元 | 每行动成本@25%的转化率/欧元 | 每行动成本@10%的转化率/欧元 |
| 汽车保险 | 1 323 | 15.6 | 20 640 | 62 | 158 |
| 便宜的汽车保险 | 199 | 14.6 | 2 905 | 58 | 146 |
| 女性汽车保险 | 4 | 11.6 | 46 | 46 | 116 |

给定成本的范围，在 PPC 搜索引擎广告中可以采取两种策略。如果预算允许，可以采用优质优价策略，与在热门关键词上出价最高的对手竞争。采取这一策略的前提是当用户访问网站后存在一个可接受的转化率。另一种低成本策略是降低出价或对成本较低、不那么受欢迎的关键词进行竞价。这一策略产生的流量较少，因此有必要设计大量的关键词来与热门关键词相抗衡。

**按点击付费的优化**

理想情况下，每个付费搜索广告的关键词都需要单独管理，以确保出价（每次点击的费用）保持竞争力，使广告显示在搜索结果页面的顶部。经验丰富的付费搜索广告的营销人员会扩大关键词的范围，将访问量低的词组也包括在内。由于每个广告客户通常会管理数千个关键词来增加网站的点击率，手动竞价很快就变得不切实际。

一些搜索引擎有自己的竞价管理工具，但如果广告客户采用不同的按点击付费方案，那么就有必要使用一个工具来管理所有的竞价方案。此外，这也有利于进行业绩比较。Kenshoo 和 WordStream 等竞价管理软件可以用来管理多个按点击付费广告网络上的关键词，还可以用来优化搜索引擎广告的成本。应定期审核当前的每次点击成本，并根据不同的策略和投资回报率（ROI）限制降低或提高出价，以维持你想要的排名，并设置相应的上限，使广告客户所支付的费用不会超过其所预缴的保证金。

虽然按点击付费营销最初并不像搜索引擎优化那样复杂，但现实中需要考虑很多问题。

**1. 确定目标**

（1）搜索广告网络策略。你使用的是上面提到的哪个搜索网络？在不同的国家使用的是哪种？

（2）内容网络策略。你如何看待内容网络？你是选择禁用、创建单独的活动、使用工具栏收藏特定网站、开发不同的创意，还是使用谷歌的网站定位服务？

（3）活动结构策略。活动结构对于确保相关的广告素材能被特定关键词的搜索触发是很重要的。广告组（AdGroup）是否足够小，可以传递与输入的关键词相关的消息？要了解可能的目标类型，我们在这里举两个例子。图 9.5(a) 展示了一个在线服装零售商的活动结构。该零售商按产品类型监控支出和预算，相应地在全国范围内组织并开展活动。与每个产品相关的关键词将触发每个广告组中定义的广告。而图 9.5(b) 则展示了一家连锁餐厅的活动结构。该餐厅按渠道监控支出和预算，相应地组织营销活动并定位本地市场。

（4）关键词匹配策略。如何综合使用广泛匹配、否定匹配、词组匹配和精确匹配来定位广告素材？

（5）搜索词目标策略。针对不同类型的关键词，如品牌、通用、特定产品和不同限定词（便宜的、比较等）的策略是什么？

**2. 预算和投标管理**

（1）预算策略。是否将每次点击成本（CPC）的最高预算设在了合适的水平上以实现理想的投资回报率？每天的预算是否足以支持全天候投放广告（始终在线）？是否应该使

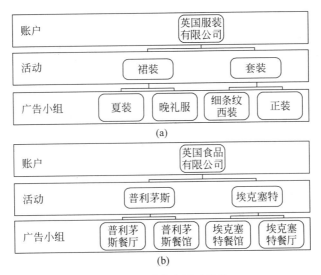

图 9.5　谷歌广告活动结构：

（a）服装零售商；（b）连锁餐厅

用谷歌可以实现优化转化等功能的机器学习出价管理工具？

（2）列表排名策略。想获得不同关键词下的哪些位置？

（3）竞价策略。对于目标关键词和活动，要取得最好的营销效果，每次点击成本最高应设在什么水平？

（4）时段策略。是每周 7 天每天 24 小时地连续投放广告，还是针对某些日子和时间（如上班时间）？

（5）竞价调整。该工具可以简化广告的复杂性，在不同时间将不同类型的移动设备定位到不同的位置。如果企业发现在移动设备上投放广告的回报率不高，可以利用该工具降低出价。

（6）竞价管理工具策略。是否使用自动投标工具？使用哪一种？

（7）虚假点击应对策略。营销人员每当听到按点击付费广告营销的原理时，都会问："我们可以一直点击竞争对手的付费广告链接让其破产吗？"答案是不可能。按点击付费广告网络会检测到同一台计算机（IP 地址）上的多次点击并将其过滤掉。

**3．创意测试和活动优化**

（1）广告创意和文本策略。如何使用构成广告标题、描述和创意的 60 个以内的字来提升点击率（必要时减少不合格访问者的点击）？备选文本是否经过测试？如何测试广告的效果？

（2）目标网页或登录页策略。如何改进登录页？

（3）活动审查与优化策略。审查和提高成功率的工作流程是什么样的？使用哪些报告？多久审查一次？通过谁？使用哪些测试？后续行动是什么？

（4）专业、创新的付费搜索技术。包括广告扩展、本地广告、国际广告和按次付费。

**4. 通信整合**

（1）搜索引擎优化(SEO)整合策略。如何将搜索引擎优化与付费搜索进行整合以最大限度地提高投资回报率？

（2）营销活动整合策略。在线下活动中，预算和创意有什么改变？

# 9.3　在线公关和影响者关系管理

## 9.3.1　什么是在线公关

数字媒体已经成为**公共关系**(public relations,PR)中非常重要的元素，互联网影响了公共关系实践(Ye 和 Ki,2012)。更多的资金被分配到在线公关项目上，尤其是通过企业和社交博客，其对品牌战略的贡献也显著增加(Bush,2010)。在线公关与各种规模的企业都有关系，因为提高声誉、信任和知名度非常重要。它也具有一定的成本效益，因此对小企业和初创企业很有吸引力，这些企业可以通过在线公关和内容营销(如果有效地加以利用)产生巨大影响。

在线公关活动与本章描述的其他很多沟通方法的改进结果密切相关，尤其是搜索引擎优化(链接创建)、合作伙伴关系营销和社交媒体营销。在线公关活动也与内容营销密切相关，因为内容营销的核心活动是"内容发布"，这可能涉及与影响者合作展示已开发的内容。

不过我们还是先了解一下传统的公共关系。特许公共关系协会对公共关系的定义是：公共关系是关于声誉的——你所做的、你所说的及别人对你的评价的结果。公共关系是一门关注声誉的学科，其目的是赢得理解和支持，影响舆论和行为。它是有计划的、持续的努力，以建立和维持组织与公众(组织的目标受众包括潜在的客户和利益相关者)之间的善意和相互理解。

从实际营销传播和流量建设的角度来看，主要的公关活动是与不同类型的**线上影响者**(online influencers)或**关键意见领袖**(key opinion leaders,KOLs)建立媒体关系或管理影响者外展，而这些可用于接触和影响潜在客户。虽然网站是促进投资者关系和企业社会责任(CSR)的重要工具，但这并非我们的主要关注点。

**在线公关**(online public relations,e-PR)或数字公关利用了互联网和社交网络的网络效应。请记住，互联网是"互联网络"的缩写。其他网站对品牌或网站的提及，对于塑造用户的观点和吸引他们访问你的网站是很有效的。在线公关的主要元素是最大限度地在目标受众可能访问的第三方网站上对某个组织、品牌、产品或网站进行正面描述。此外，正如我们在搜索引擎优化部分所指出的，其他网站到你的网站的链接越多，你的网站在搜索引擎的自然列表中的排名就越高。**在线影响者外展**(online influencer outreach)是一项重要的活动，可以找出在网上有强大追随者的公司或个人，让其影响他们的受众，并尽可能减少负面评论。例如，通过**在线声誉管理**(online reputation management)监控并影响博客和社交网络中的对话，也是在线公关的一部分。

如今，在线公关和影响者外展通常作为**影响者关系管理**(influencer relationship

management,IRM)的一个连续的、全年的过程进行管理。我们认为这种变化的原因有两个。首先,用于识别影响者并与其交流的新兴软件服务类别已经发展起来。服务提供商将该类别标记为影响者关系管理(IRM),因为它可以展示其产品的价值。其次,有远见的公司正在以更有条理、更连续的方式利用影响者外展,以适应"始终在线"的集客营销或内容营销策略。

**在线公关与传统公关的区别**

研究人员认为,数字媒体倾向于增强利益相关者的实力,并提高组织收集信息、监测公众意见及就关键问题与公众进行直接对话的能力(McAllister and Taylor,2007)。兰切赫德等(Ranchhod et al.,2002)指出了在线公关与传统公关的四个主要区别,这些区别仍然是当今在线公关的基础。

(1) 受众与组织直接联系。传统公关方式下,公关人员通过新闻专线发布新闻稿,由媒体采编并发布。兰切赫德等认为:沟通渠道是单向的。新闻机构发布信息,受众则消费信息。即使将该过程看作双向的交流,新闻机构有着通过广泛的渠道向受众发送信息的资源,而受众反馈的渠道却少得可怜。

(2) 受众的成员之间相互联系。通过发表博客、社交概况、电子资讯,或参与他人的评论或讨论,信息可以在人与人之间、群体与群体之间迅速传播。消费者也会就自己的需求与品牌进行对话,从而有助于塑造品牌认知和购买意向。兰切赫德等认为:如今,任何公司的活动都可能被放在网上讨论,而无论该公司是否知情。在这种新的环境下,每个人都是传播者,而新闻机构只是网络的一部分。

(3) 受众可以获得其他信息。在过去,传播者往往能够作出普通受众难以质疑的声明,而互联网让人们可以快速比较各种观点。兰切赫德等认为:在互联网上获取多种信息来源只需几分钟。任何言论都可以在几个小时内被感兴趣的人剖析、分析、讨论和质疑。在互联互通的世界里,并不存在信息真空。

(4) 受众会主动获取信息。这就是如今人们常说的集客营销。以前的渠道很有限,主要是电视和报纸。如今信息的来源和渠道很多,这意味着信息很难被看到。兰切赫德等认为:就在几年前,电视的频道还很有限,人们还主要通过信件和电话互相交流。那时,公关人员很容易让自己的信息脱颖而出。

对于营销人员或公关专家来说,在线公关与传统公关的主要区别在于:

(1) 不容易控制。与传统媒体相比,品牌可以在多个网络平台(如博客和论坛)上讨论。传统媒体的渠道则少得多,而且信息要经过记者和其他编辑人员的过滤。

(2) 有更多的选择来创建信息。公司可以有自己的网站、新闻中心、新闻源和博客,能够在一定程度上绕过其他媒体。很多公司都已经成立了社交媒体新闻编辑室。

(3) 需要更快的响应。人们常说"坏事传千里"。这一点在网络时代表现得更为明显,当很多人对品牌的行为持批评态度时,很快就会形成一场"社交媒体风暴",因此需要组建快速响应的危机沟通团队。一些品牌创建了社交媒体指挥中心,作为基于**社交媒体倾听**(social media listening)的**社交媒体治理**(social media governance)流程的一部分。要进一步了解社交媒体治理的相关示例,请访问 www.socialmediagovernance.com。

（4）可以主动开展实时活动。企业可以利用公众对突发新闻的兴趣来获得关注。这种做法也被称为新闻劫持。

（5）更易于监控。由于谷歌和在线声誉管理工具可以监测很多网页，所以人们在网上讨论某个品牌时，更容易对其进行监控。

## 9.3.2　在线公关的优缺点

**在线公关的优点**

主动开展的旨在围绕一项活动取得轰动效应，或在第三方网站上获得好评和链接的在线公关的优点表现在以下几个方面。

（1）覆盖面。在线公关在直接接触利基受众方面称得上是一种成本相对较低的方法，如果品牌能够引起出版商的兴趣，也可以接触到大量的受众。对于新的网络品牌和初创公司来说，情况往往如此。例如，Dollar Shave 俱乐部凭借其创始人幽默、自嘲的视频让人们对其订阅服务有了初步认识。如果在线公关策划的网络宣传活动获得成功，那么电视、印刷品和广播等传统媒体也会推波助澜。

（2）成本。在线公关的成本是开发在线公关计划、概念和内容的机构或内部人员的费用。由于没有媒体投放成本，在线公关具有成本优势。

（3）可信度。独立于公司的个人所做的评论被认为是更真实的，因此有助于提高对零售商等在线供应商的信任。你可以看到，个人给出的推荐特别重要，似乎比提供评论和意见的内容网站更值得信赖(当然，内容网站仍然拥有很多忠实的网络用户)。

（4）搜索引擎优化。互联网可以生成网站的反向链接，而这有利于在搜索引擎优化方面做得好的网站，通常是报纸或杂志等大网站，这些网站有很好的链接资产。

（5）品牌提升和保护。令人愉快的故事可以提高品牌在目标受众中的声誉，而影响者的放大效应可以帮助品牌获得新的受众。但是，由于负面的媒体报道可能会损害品牌的声誉，所以对大多数品牌来说，监控和应对这些问题是必要的。

**在线公关的缺点**

在线公关的主要缺点是，它不像在线广告技术(如按点击付费营销或展示广告)那样是一个受控制的学科，即对于给定的支出，所产生的回报是已知的。换句话说，在线公关可能是一项高风险投资。

很多营销人员还担心公司网站上的博客或论坛可能会招致负面评论。不过，也有人持相反的意见，认为在公司网站上出现负面评论总比在第三方网站上出现负面评论强，因为可控性更高。例如，戴尔和本田等品牌鼓励网友对其品牌进行评论，这表明他们正在倾听客户评论，从中获得有价值的意见，为新产品开发提供思路。

## 9.3.3　在线公关与影响者关系管理（IRM）的最佳实践

本节我们将回顾不同类型的在线公关活动和技术，以改善这些活动的效果。纳莱提卡(Onalytica,2017)创建了一个有用的框架(见表9.4)，帮助你在最高层次上衡量影响者

表 9.4　评估影响者关系管理计划(IRM)的措施

| 项目 | 输入（活动） | 输出（激活） | | 效（倡导） | | 果 | 行动 |
|---|---|---|---|---|---|---|---|
| 项目 | 被邀请到你的影响者项目的影响者数量 | 接受你的项目邀请的影响者数量 | 项目影响者 | 与竞争对手相比,目标顾客谈论你的品牌、子品牌或该产品的帖子数量 | 品牌关注度 | 品牌知名度 | 与竞争对手相比,影响力更大的社媒发表关于你的品牌、子品牌或该产品的有影响的帖子的数量 |
| 社会化影响者外展 | 针对目标影响者的线下和社交宣传帖子的数量 | 参加你的活动的影响者的数量（线下/线上） | 活动影响者出席 | 与竞争对手相比,目标影响者关于你的品牌或产品的关键主题、产品/解决方案类别或声誉驱动因素的帖子数量 | 品牌联想 | 品牌认知 | 广泛的影响者社区/媒体围绕品牌、产品、政策或声誉问题的话语或语言的变化 |
| 活动邀请 | 组织的活动数量（线下/线上）,邀请新的影响者参加 | 与竞争对手相比,与你的品牌、倡导者或传播者（线下/线上）接触的影响者数量 | 品牌影响者参与 | 与目标影响者合作,就关键话题或主题创作的内容数量 | 影响者生成内容 | 销售线索 | 通过影响者引荐流量（唯一内容 URL）的网站流量/下载量/订阅量/用户采用量 |
| 员工倡导招聘 | 为打动影响者而招募的内部主题专家、倡导者或传播者的人数 | 你所发展的影响者关系的数量 | 影响者 | 与竞争对手相比,影响者对你的品牌、子品牌或该产品的好评或推荐帖子数量 | 品牌偏好 | 销售收入 | 影响者推荐网站流量/网站总流量的百分比,乘以用于该项目收入或通过仅一优惠券代码/登录页面的销量 |
| 认同 | 参与 | | 影响者传递途径 | 倡导 | | | |

计划。该框架实际上是一个影响者管道，管道的顶部在左边，而联系和吸引影响者的具体活动则在右边衡量。在项目层面，将一些被邀请的影响者与已经接受邀请且活跃的影响者及他们所分享的内容进行比较。这可以通过社交媒体的更新来衡量，或者在理想情况下，通过其网站上的 B2B 文章和博客文章进行衡量。IRM 计划的活动还可以通过影响者在线上和真实世界的参与来表示。如果一个企业有多个部门和受众，需要不同的专业影响者，那么你可能需要为各部门提供不同的度量。这一点在员工倡导者招聘所在行有所提及，公司中不同的主题专家将招聘不同的影响者。作为如何单独管理和衡量不同影响者的一个例子，Smart Insights 使用 IRM 工具 Buzzstream 为每个数字营销活动（如数字战略、搜索引擎优化、电子邮件营销、电子商务等）标记影响者列表。通过影响者的活动及其影响程度对其进行标记。可以在 Bitly 等服务中为每个影响者定制缩短的链接，这些链接可以与不同的谷歌分析活动跟踪参数一起使用。

**细分影响者**

影响者有很多类型和规模，有些人可能比其他人更有影响力。通过定义影响标准并对类似的影响者进行分组，企业可以分配管理资源的优先级。纳莱提卡（2017）将影响者划分为以下几种类型：

（1）日常影响者。典型的网络和社交媒体用户，他们不认为自己是有影响力的人，但却可以影响朋友和同事。

（2）品牌倡导者。对你的品牌非常满意的顾客，他们倾向于传播积极的口碑、内容和推荐，而你不需要为此付费。

（3）微影响者。他们往往拥有相对较低的影响力，但具有高度的相关性，享有较高的参与度，可以在博客等社交媒体上创造高质量的内容。

例子 A：莎伦，21 岁，时尚系学生。在 Ins 上有 2 000 名粉丝。她喜欢自己的相机，能创作出很棒的内容。但她更喜欢能够与品牌合作创作内容并在这个过程中赚钱。例子 B：迈克，30 岁，在推特上有 1 万名粉丝。他对身边的事物充满热情，创作了大量的博客，在社交媒体上有很高的参与度，并且与行业专家及其他有影响力的人关系密切。

（4）专业影响者。这些人有足够的影响力和潜在影响，他们是拿报酬的，或者说他们的内容支持其商业或个人目标。他们通常会被同行的影响者称为某些主题或产品类别的权威。

例子 A：戴夫，40 岁，金融科技专家，在推特上有 6 万名粉丝。他写过一本书，在北美、欧洲和亚洲的活动中发表过演讲，并为金融业的品牌提供咨询，帮助其实现创新。例子 B：克莱尔，45 岁，育儿和家居类博主，在 Ins 和推特上有 8 万名粉丝，其博客的年浏览量达 150 万次。她在全球育儿论坛和社区中享有盛誉，专注于婴幼儿健康和福利及产品推广。

（5）宏观影响者。这类影响者在个性和内容上都更加成熟，其名气很大，已经有经纪人或经纪公司为其服务。

例子：2012 年以来，乔开始制作视频游戏。过去几年，他一直在与品牌合作，拥有 20 万订户，并有经纪公司与其签约。

（6）名人影响者。同样有经纪人或经纪公司代理，消费者喜欢寻求名人的指导和启发。请他们代言通常价格不菲,要为这类有影响力的人支付额外费用,而且他们的参与度明显低于粉丝较少的影响者。

例子:金·卡戴珊(Kim Kardashian)。

**评估影响力**。评估不同影响者的相对价值并不容易。常用的方法是从影响力的大小入手,例如,推特粉丝的数量,但用这个指标评估可能并不准确。一些推特用户曾通过"自动关注"机器人迅速增加粉丝数量。你可以使用 Follower wonk 之类的免费工具来查看这种现象,排在最前面的用户关注了数十万用户,他们显然不会是手动完成操作的。

纳莱提卡(2017)提出的评估影响者人气的 4R 框架并不是从影响力入手,而是从其他因素入手:

(1)高相关性。影响者专注于讨论受众感兴趣且与产品或服务相关的主题。

(2)高共鸣。影响者是在给受众创造一种影响,而不是有一群他们根本无法吸引的受众。

(3)高参考。有助于识别思想领袖或会议演讲者,他们被其他影响者视为权威。这能够突出网络的有效性,因为他们可以与其他人共享内容。

(4)高影响力。影响者的受众规模及其受欢迎程度。

**创建有效的内容以支持影响者外展**

说到底,尤其是在 B2B 营销中使用影响者时,为其创建、讨论和共享定义正确的内容类型是事关成败的。做到了这一点,影响者对品牌的热情会更为高涨,而且如果内容是高质量的,影响者们更有可能分享内容和产品推荐。

**博客和写博客**。博客为公司提供了一种有效的方法,可以定期发布文章、图片和视频,以吸引潜在顾客、顾客和影响者。来自其他网站的反馈和链接跟踪评论有时也会被合并进来,但由于搜索引擎优化,垃圾网页已经不那么常见,而且它们通常对自然搜索影响不大,因为谷歌等搜索引擎会忽略它们。

借助很多免费的服务(如 www. wordpress. com 和 www. blogger. com),任何人都可以写博客。博客这种形式使网站上的内容能够以不同的方式传递。例如,Smart Insights 的博客里有很多与数字营销相关的内容,可以通过多种方式访问:

(1)按主题(按类别或主题浏览)。例如,社交媒体营销类别。

(2)按标签(更详细的主题——每篇文章都有几个标签,以帮助它们出现在搜索结果中)。例如,B2B 或案例研究。

(3)按作者(根据内部或外部专栏作家的分类)。访客发布是访客作者和博客增加影响力的有效方法。

(4)按时间(按上述各种方法排序的帖子都是按日期倒序排列的)。

通过精心设计网站的结构及遵循搜索引擎优化的最佳实践,即使是像 Smart Insights 这样的利基营销博客,每个季度也能吸引数百万访问者,其中大部分(75%)是通过自然访问吸引的。

虽然有些人预测,随着社交网络内容的发布,博客的吸引力将下降,但在很多商业和消费领域,博客仍然很重要,因为它们能够更深入地探讨人们感兴趣的话题,而且很多有影响力的人都有自己的博客。

播客（podcast）与博客有类似之处，它们可以由个人或组织创建，以音频或视频的形式发布观点。视频分享网站包括 YouTube、VideoEgg 和 Daily Motion。分享专业 B2B 市场上重要内容的另一种方式是利用幻灯片分享网站，如 Scribd 和 SlideShare. net。

**简易信息聚合。** 简易信息聚合（really simple syndication，RSS）与博客密切相关，订阅者可以使用诸如 Feedly 之类的 RSS 阅读器接收博客、新闻及其他任何类型的内容。尽管通常只限于商务人士和新闻工作者使用，但 RSS 提供了以与电子邮件完全不同的方式在一个信息流中接收多个新闻源的方法，因此不会被认定为垃圾邮件，也不会被垃圾邮件过滤器拦截。与社交媒体不同的是，所有的更新都会显示，而不是部分显示。如今很多记者都订阅了 RSS 源，并通过 Feedly 等阅读器访问。营销人员也可以采用同样的方法来审查竞争对手。

从以往的经验来看，要想在网上影响记者，可以：建立新闻发布区或网站上的社交媒体编辑部；创建关于新闻的电子邮件提醒、社交媒体或 RSS 更新，供记者及其他第三方注册；向在线新闻订阅源提交新闻报道或新闻稿。订阅源的例子包括公共关系新闻网（www. prnewswire. com）、新闻信箱（www. pressbox. co. uk）、公共关系网（www. prweb. com）和商业新闻网（www. businesswire. com）。新闻稿也可以针对搜索引擎优化（SEO）撰写，因为它们会链接回网站。

然而，越来越多的记者开始通过博客和订阅源而不是传统的新闻稿来寻找新闻线索。因此，鉴于新闻稿的影响有限，通过影响者关系管理（IRM）吸引有影响力的人显得更加重要。《卫报》的撰稿人查尔斯·亚瑟（Charles Arthur）在一篇题为"为什么我不再阅读公关邮件来获取新闻线索"的文章中写道：我不打算读那些明显是新闻稿的东西，因为它们很可能令人生厌或毫无价值。我宁愿去我的聚合器，因为我根据自己的兴趣精心挑选了订阅源。我更关注我的联合订阅源，因为它们是我选择的资源，而不是我从公关公司那里收到的电子邮件。

**Mashup 混搭技术。** Mashup 原本是流行音乐特别是 hip-hop 中使用的术语，特指通过混合两个或多个现有的片段来制作一首新歌，这里指在一个网站或小窗口部件中整合其他网站的内容或功能，为网络用户带来一种特别的体验。在实践中，Mashup 混搭技术提供了一种基于 XML 的通用标准（如 RSS 或 API）来共享网站内容的方法。例如，一些博客中有显示其来自脸书和推特的最新更新的小插件。

# 9.4 包括联盟营销在内的在线合作伙伴关系

我们在第 5 章曾经提到，合作关系是当今营销组合的重要组成部分。本章也曾提及，与合作伙伴网站合作进行影响者外展是内容营销、搜索引擎优化和在线公关的关键部分。必须投入资源来管理你的在线合作伙伴。很多大公司都有专门的员工负责管理合作伙伴关系。然而小公司却往往会忽略合作伙伴关系管理，而这会错失机会。有三种关键的在线合作关系需要管理：联合营销和影响者外展（在上一节介绍过）；联盟营销；在线赞助。本节将介绍的交易型电子商务网站最重要的合作营销形式是联盟营销。我们在第 5 章解释过，联合营销涉及不同企业之间达成的正式或非正式的合作协议，以相互促进，通常基于共享内容(以及潜在的促销活动),主要是面向社交媒体、博客和电子邮件营销等自有媒体渠道的受众。联盟营销也被称为"对应协议",其优势是成本低,因为主要的成本就是工作人员开发联合活动和分享内容所付出的时间。

### 9.4.1　联盟营销

联盟营销的价值让营销人员和机构产生了分歧,争论围绕联盟营销在创造增量销售方面的价值展开。毋庸置疑,联盟营销可以在成本可控的情况下带来更多的销量,问题在于知名品牌总会有很高的销量。例如,亚马逊开展了一个联盟计划,但有人会说它的品牌是如此知名,有如此庞大的顾客群,开不开展联盟营销它的销量都不会低。尽管如此,亚马逊的联盟营销计划已经运行十多年了,而且虽然它下调了佣金,却仍然没有放弃该计划,通常是用来推广新产品,如音乐下载。

**什么是联盟营销**

**联盟营销**(affiliate marketing)是营销传播的最终形式,因为它是按营销效果付费,是一种佣金模式的营销,商家只有在产品销售出去或获得销售线索时才付费。将其与传统广告或直邮营销相比,你会发现后者是多么浪费。它还能推动多个行业的业务量增长,很多银行、旅游公司和在线零售商 10% 以上的销售额都来自运营良好的联盟营销计划。但联盟营销却并不适用于商业产品或低价消费品,因为这些产品的利润率太低,很难招募到足够的联盟公司。联盟营销越来越多地被称为**绩效营销**(performance marketing,PM)。绩效营销协会(PMA)将绩效营销描述为一种综合术语,是指在线营销和广告计划,其中在完成特定操作(如销售、销售线索或点击)后向广告商(也称为"零售商"或"商人")和营销公司(也称为"联盟公司"或"发布者")付款。

从这个定义可以看出,绩效营销与联盟营销相仿,但它的范围扩大到包括付费媒体,如按点击付费广告(包括展示广告、编程广告和谷歌广告)。这反映了在一些大公司中,由负责所有这些类型的付费媒体的人员来组织付费媒体的方式。

图 9.6 总结了联盟营销的过程。从图中可以看出,当访问者通过联盟网站(可能是在线出版商或聚合器)点击进入商家网站时,这名潜在顾客将被通过放置在访问者个人电脑上的 cookie 跟踪。如果潜在顾客在某个商定的时间(通常为 1 天、7 天、30 天、60 天或 90 天)内完成了交易,就会确认联盟营销的销售额,商家将(按销售百分比或固定金额)支付这笔销售的佣金。

图 9.6　联盟营销模式(跟踪软件和费用支付可以通过独立的联盟网络经理进行管理)

数字营销人员需要谨慎地挑选联盟营销的形式,并非所有的联盟营销形式都是可取的。下面列出了一些可供考虑的联盟营销形式。

(1) 聚合器。主要的比较网站包括 Kelkoo、uSwitch 和 Moneysupermarket。这些并不是严格意义上的联盟,因为有些网站(如 Kelkoo 和 Shopzilla)是按点击成本收费的,但 USwitch 和 Moneysupermarket 也有 CPA 模式。谷歌产品列表广告(前身是 Froogle,现在是谷歌广告的一部分)采用的是 CPC 模式。

(2) 评论网站。例如,CNet 软件或硬件评论,或者 Reevoo 等初创公司或评论中心,这些都是基于链接到商家的每次点击成本或每行动成本收取费用的。

(3) 奖励网站。这些网站的佣金是在奖励网站和访问者之间进行分成,如 GreasyPalm 和 QuidCo。

(4) 优惠券网站。MyVoucherCodes 或 Hot UK Deals 就是典型的例子。如果你用巨大的优惠吸引第一次购物的人,就应该能带来业务,即使很多人原本想搜索的是知名品牌。

(5) 超级博客。马丁·路易斯(Martin Lewis)的 MoneySavingExpert.com 在他不懈的宣传下并凭借出色的内容成为热门网站。虽然该网站上不做广告,但却是他推荐的很多网站的联盟者。

(6) 其他形式。剩下的几种形式虽然不像上述几种形式能够带来巨额的联盟营销业绩,但汇总起来却很可观。你可以通过 Commission Junction 或 Tradedoubler 等联盟网络与其合作。它们通常比较擅长搜索引擎优化(SEO)或按点击付费广告(PPC)。

## 9.4.2 联盟营销的优缺点

**联盟营销的优点**

联盟营销的很多优点都与搜索引擎营销密切相关,因为联盟机构通常擅长部署搜索引擎优化或按点击付费,以获得搜索引擎结果页的可见性。联盟营销的主要优点包括:

(1) 搜索引擎结果页的可见性。在搜索引擎结果页的付费列表和自然列表中获得更多的可见性(增加了搜索共享页面)。

(2) 接触不同的受众。可以使用不同的联盟营销平台覆盖不同的受众、产品类别和关键词。

(3) 针对市场变化迅速作出反应。当搜索引擎优化的算法或按点击付费广告的竞价方式发生变化时,联盟机构可能比内部或代理团队反应更迅速。它们也很擅长发现你的搜索策略中的薄弱之处。例如,在推广新产品或使用你未曾考虑过的关键词组变体时,联盟营销的效率更高。

(4) 瞄准搜索引擎页面中的通用短语。联盟营销让你可以通过通用短语(如服装)吸引顾客。在联盟机构的自然列表排名较高的情况下,这样做的成本相对较低。

(5) 增加搜索引擎页面的覆盖范围。联盟营销可以增强品牌或活动的效果,因为关联广告和链接也将显示在第三方网站上。

(6) 提高品牌知名度。在公司的知名度不高时,可以用来提升品牌或新产品的知名度。

（7）分散风险。开展联盟营销可以降低因搜索引擎营销管理或其他数字营销方案造成的暂时性或根本性问题而导致的风险。

（8）按业绩付费。联盟营销的成本可以得到很好的控制。

**联盟营销的缺点**

联盟营销也有很多缺点,这是因为你的联盟者是为了赚钱才合作的。因此,他们中的一些人可能会使用不道德的手段来增加收入。联盟营销的缺点包括:

（1）增量利润或销售额可能有限。你可能会为本来就可以实现的业务而付费。

（2）联盟者可能会利用你的品牌价值。联盟者可能会用你的品牌名称的各种变体（如戴尔、戴尔电脑或戴尔笔记本电脑）进行竞价或在自然列表中获得一席之地来利用你的品牌价值。这一点很多企业都已经意识到了,重要的是如何预防这种情况的发生。很多联盟营销计划不包括品牌竞价,但是联盟者也有可能抢占竞争对手的自然列表资源。

（3）可能损害品牌声誉。你的广告可能会出现在与你的品牌形象不符的网站上,如赌博或色情网站。或者创意可能已经过时,甚至可能变得不合法。

（4）项目管理费。如果使用联盟网络来管理你的活动,它们可能会提取高达 30% 的佣金作为额外的"网络覆盖"费用。

（5）项目管理时间。联盟营销的基础是要建立和维护良好的关系。要做到这一点,仅依靠代理是不够的,公司内部的营销人员需要与顶级联盟者进行沟通。

## 9.4.3　规划和管理联盟营销的最佳实践

本节将介绍如何利用联盟网络改善联盟营销的效果,以及联盟营销的主要控制措施,即佣金、cookie 的有效期和创意。重要的是,在联盟协议中明确定义这些参数,以减少滥用的可能性。

**联盟网络**

为了管理寻找联盟者、更新产品信息、跟踪点击和支付佣金的过程,很多公司使用联盟网络或联盟管理者,如美国/欧洲网络 Commission Junction、Link Share 或 Trade Doubler（主要在欧洲）。联盟网络会从每笔销售中抽成,很多商家也会尝试与首选联盟商建立一种独立的关系,即通常所说的超级联盟。

由于很多重要的联盟者是多个联盟计划的成员,因此商家没有必要加入两个以上的联盟网络。还需要注意的是,与多个联盟者合作并不会带来多倍的销售额,因为这将会使商家无利可图。

**佣金**

在联盟营销中,佣金比例既要足以激励联盟者优先推广商家的产品,又要让商家能盈利。联盟者或广告发行商自然会极为关注**每次点击收入**（earnings per click,EPC）。这一指标衡量的是每次点击带来的平均收益,通常以 100 次点击为单位。

EPC 是联盟营销中的一个重要衡量标准,因为联盟者通常会根据不同商家的佣金水平和销售转化率来比较各个商家,然后推广那些 EPC 最高的商家的产品。

商家根据产品在产品组合中的认知度或他们认为需要推广产品的程度来设置佣金比例。如果产品的推广方案很出色,商户也会提高佣金比例,因为让联盟者知道其 EPC 有可能增加，会促使其大力推广。不太知名的产品或新推出的产品的佣金比例通常要高一些。例如，Tesco.com 旗下各产品的佣金比例如下。

（1）e-diets 的佣金：销售 1～9 次为 12 英镑，销售 61 次以上为 20 英镑；

（2）葡萄酒的最低级别为 2%，而销售额超过 2 500 英镑的黄金级别为 3%；

（3）杂货和公用事业——首次购买仅收取 5 英镑的固定费用。

**cookie 的有效期**

联盟者的每次点击收入（EPC）还取决于 cookie 的有效期。这个有效期是由双方商定的，从访问者点击联盟者链接到确认销售完成的时间，通常为 7 天、30 天或 90 天。较长的 cookie 有效期将带来更高的 EPC。帕拉斯科夫（Prussakov，2011a）认为，60～90 天是在决策周期较长的竞争市场中激励联盟者的最佳时间。商家一般不希望为同一笔交易向多个联盟者支付佣金。通常的做法是向最后一个联盟者支付佣金，或者是由第一个联盟者和最后一个联盟者平分佣金。要解决这一问题，就需要一个良好的追踪系统。帕拉斯科夫（2011b）认为，绝大多数购买是在短短几天内完成的，因此将有效期设置得长一些会带来很好的激励效果，而对盈利能力的影响却并不大。

**创意与链接**

管理联盟者推广商家产品的广告创意是一项挑战，因为创意需要根据不同的推广活动及时调整，否则可能会产生误导，甚至是不合法的。这就需要联盟经理进行监督。现在很多商家都会向联属网络提供实时的产品信息源，以便及时更新促销活动和产品价格。

如果联盟者在商家可能认为与其品牌不相称的内容（如赌博网站）上展示创意，商家就会面临品牌受损的风险。这一点需要在联盟协议中明确规定，在开展营销活动时，联盟者需要对网站进行仔细审查，并且应该监控每个联盟者使用的其他网站。

品牌或商标滥用的另一种形式是，联盟者对商家的品牌名称进行竞标，从而即使潜在顾客已经知道该商家，自己仍然可以获得这笔交易的佣金。这一限制也应在联盟协议中规定，并认真进行监控。

## 9.4.4　在线赞助

在线赞助并非易事。尽管这是个有效的选择，但它并不只是对现实世界中赞助行为的虚拟映射。即使你的预算并不多，也有很多在线赞助机会可供选择。

瑞恩和怀特曼（Ryan and Whiteman，2000）将在线赞助定义为：将一个品牌与相关内容或背景联系起来，目的是提高品牌的知名度和增强品牌的吸引力。其形式明显不同于横幅广告、按钮或其他标准化的广告单元。

对于广告客户来说，在线赞助的好处是将自己的名称与网站访问者已经熟悉的在线品牌相关联。因此，对于他们熟悉的出版商网站的用户来说，赞助建立在现有的关系和信任之上。

长期付费赞助另一个网站（尤其是门户网站）或网站的某个栏目，是发展永久性链接的另一种方式。**联合品牌**（co-branding）是一种成本较低的赞助方式，可以利用不同公司之间的协同效应。需要注意的是，赞助不一定要直接将访问者引向品牌网站，如果在媒体所有者的微型网站上进行互动，效果可能更好。

WebTrends 提供了一个很好的 B2B 在线赞助的例子,它赞助了 ClickZ. com 的客户信息频道。WebTrends 将这种赞助与每月不同的广告结合起来,通过详细的白皮书和行业专家的“Take 10”在线视频演示,为电子营销人员提供了解不同主题的机会,如搜索营销、留存率和转化营销。注册用户可以下载这些资料。这些广告的目的是鼓励潜在顾客订阅 WebTrendsWebResults 电子报,并在注册时评估其购买意向,以便区域分销商开展后续电话营销。WebTrends 在一年的赞助期内取得了以下成果:WebResults 电子报订阅人数达 10 万;“Take 10”在线视频演示 18 000 次;13 500 人参加了研讨会。

**联合品牌和互惠协议**

网站或电子邮件的联合品牌与在线赞助密切相关,**互惠协议**(contra-deals)通常发生在两个品牌之间存在互补性而无竞争关系的情况下。例如,一个在线出版商可以为注册用户提供订阅另一家公司的新闻快讯的机会,即联合注册。联合品牌营销可以是一种经济高效的在线营销形式,但是必须使用在线合作伙伴经理等特定资源来协调合作伙伴之间的关系。这通常是联盟经理的职责。

# 9.5　互动展示广告

## 9.5.1　什么是展示广告

**展示广告**(display advertising)俗称横幅广告,是指广告客户付费在第三方网站(如广告发布商或社交网络)上投放的广告。这个过程通常涉及在广告页面所在服务器之外的服务器上进行**广告投放**(ad serving)(广告可以在目标网站上以类似的方式投放)。广告投放使用一个专门的软件,可能是在 Doubleclick(如今归谷歌所有)等独立的服务器上运行。2008 年,谷歌推出了免费的广告管理服务(www. google. com/admanager),帮助网站所有者销售、安排时间、优化收入、投放广告并衡量直销与网络广告带来的销量。

广告是投放在多个网站上的,目的是吸引提高**目标网站**(destination site)的流量,或者将微型网站或嵌套的广告内容吸引到媒体所有者的网站或目标网站上。展示广告的目标页面通常被设计为专门创建的直接响应页面,以鼓励进一步的行动。例如,好奇(Huggies)纸尿裤在某育儿网站上发布了一则广告,引导家长点击链接来获取关于好奇纸尿裤的详细信息,并鼓励他们加入会员。

**购买广告位**

购买广告位时,要么是在一个特定的网站上购买,如时代周刊或纽约时报,要么是在几个网站上购买,也就是所谓的广告网络。展示广告的广告位通常是按时段出售的,购买后可以将广告投放到:整个网站;网站的某个栏目;根据关键词进入搜索引擎结果页。

传统上,最常见的支付方式是根据访问网页的每千次展示费用(CPM)或网页展示的顾客数量。每千次展示费用一般为 10～30 英镑。如果能达成一致,对广告商有利的其他选项是按点击付费或按行动付费,如在目标网站实现的购买。最初媒体所有者能够控制收费率,并且大多数时候会使用按展示次数付费的模式,但随着广告库存闲置量的增加,**基于结果付费**(results-based payment)方式日渐流行,尤其是在广告网络中。

### 程序化广告购买

正如美国互动广告局（IAB）创建的广告购买生态系统（见图9.7）所示，购买和管理展示广告的选项现在要复杂得多。在线广告的一个重大变化是使用基于**需求方平台**（demand side platforms，DSP）的新的**程序化广告购买**（programmatic ad buying）技术。该技术使用的是一种称为**实时竞价**（real-time bidding，RTB）的方法。程序化广告现在占了大公司在线展示广告的大部分。传统上，展示广告是根据不同广告发布者的访问者的人口统计特征或特定的内容向目标受众投放的。展示量是以千为单位从那些被认为是合适的网站购买的。通过程序化，可以根据已知的关于个人的广泛信息，特别是他们以前互动过的内容，向这些人投放广告。当有人访问发布者网站时，各家公司可以就页面加载期间展示的广告（大约持续0.1秒）竞价。这样做的目的是通过使用技术在拍卖中自动对最具成本效益的广告库存进行投标。由于人们在浏览网站时会被追踪，所以可以根据其浏览的内容、购买的产品和个人资料信息来确定目标。如第3章所述，对个人的这种了解是基于cookies和数字指纹，它们充当了将个人与其他网站上的信息联系起来的标识符。这其中涉及隐私问题，这也是广告拦截器增加的原因之一。要详细了解程序化广告的原理，可以观看实时广告学院的教学视频（http://rtacademy.com/）。

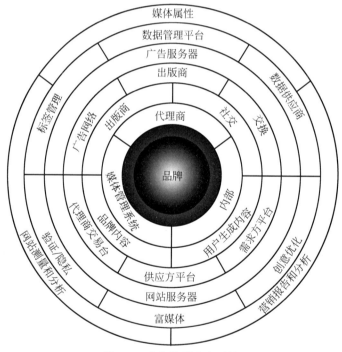

图9.7　广告购买生态系统

资料来源：IAB（https://www.adweek.com/digital/iab-unbullets-own-ad-tech-org-chart-147533/）。

## 9.5.2　展示广告的优缺点

罗宾逊等（Robinson et al.，2007）指出，在线展示广告的两个主要目标是：①作为一种营销传播形式,用于提高品牌知名度;②作为一种直接响应媒介,专注于产生响应。卡尔泰列里(Cartellieri,1997)提到了更广泛的在线活动目标,包括:

(1)传播内容。这是展示广告的经典用途,点击广告后会进入一个目标网站,了解更详细的信息。如今,广告经常嵌入视频或白皮书,直接在广告中传递内容。

(2)促成交易。如果链接是引向旅游网站或在线书店等商家的,那么展示广告可能会直接促成交易,这里也寻求直接响应。

(3)打造形象。与公司品牌一致的广告有助于提升品牌的认知度。

(4)征求回应。广告可以用来识别新的销售线索,或作为双向交流的开始。在这些情况下,交互式广告可以鼓励用户键入电子邮件地址或其他信息。

(5)有助于留住顾客。展示广告可用作公司及其服务的提醒,并可以链接到在线促销活动,如抽奖。

上述目标并不是相互排斥的,精心设计的广告活动可以实现不止一个目标。

**展示广告的优点**

(1)提高知名度。广告使企业能够在消费者和商业人士访问发布者网站和社交网络时接触并影响他们。展示广告的视觉形象可以产生对品牌、产品或需求的认知。在第 8 章的结尾,我们解释了**跨媒体优化研究**(cross-media optimisation studies,XMOS)是如何证明展示广告对于接触那些不再依赖传统媒体的受众的作用的。随着脸书和 Ins 的发展,其广告项目也开展起来,脸书已成为最大的媒体公司之一。2017 年 11 月,脸书的季度广告收入超过 100 亿美元。

(2)直接响应。展示广告可以通过点击率产生即时的直接响应,促进零售产品的销售。

(3)访客召回。除了提高最初的认知度,广告还可以提醒已经与品牌有过互动的人采取购买行动。用于访客召回的广告可以通过谷歌显示网络投放,该网络覆盖了很多广告发布者网站,也可以在脸书、领英和推特等社交网络上投放。

(4)较小的广告客户也可以做广告。以前,在线广告仅限于较大的广告客户。但现在,小企业也可以利用谷歌广告中的谷歌显示网络选项或社交网络(如脸书、推特或领英)上的广告项目,花几美元投放小规模、高针对性的广告。小企业如今还可以使用 ADroll(www.ADroll.com)等自助工具投放访客召回广告,以提高转化率。

(5)间接响应。你可以从后面有关展示广告的缺点部分看到其点击率太低以至于看起来很不值当。但是,展示广告的间接响应不应被低估。间接响应是指广告的浏览者稍后才访问网站、搜索品牌信息等。欧洲在线出版商协会(OPA,2010)的研究显示,在协会会员的网站上,有 1/3 接触过展示广告的人对广告品牌进行了搜索,而 42% 的人访问了广告品牌的网站。请注意,这些结果只是针对知名品牌的。

(6)媒体乘数效应或光晕效应。品牌不断在网上做广告,尤其是结合其他媒体一起做广告,可以提高品牌知名度,最终达到促使消费者购买的目的。此外,从业者报告说,购买在线广告会产生**媒体乘数效应或光晕效应**(media-multiplier or halo effect),这有助于提高其他网络媒体的响应率。例如,如果用户浏览了展示广告,那么他对品牌的认知度和信任度可能有所提高,而这可能会增加他们对付费搜索广告的响应,进而提高其转化率。

MAD(2007)的旅游市场调研询问了受访者在看到吸引他们的在线广告后会怎么做。一定会点击一下吗？事实上，受访者的回复汇总如下：搜索与广告相关的通用术语（31％）；直接访问广告客户的网站（29％）；搜索广告客户的名称（26％）；点击横幅广告（26％）；去逛逛实体店（4％）。当然，该报告给出的是受访者报告的行为，而不是实际的行为，但值得注意的是，看过横幅广告后利用搜索引擎的人数是直接点击横幅广告的人数的两倍多。这项研究的结论是，付费搜索营销需要配合横幅广告进行优化，依靠横幅广告提升搜索的参与度，确保在搜索结果中获得较高的排名。例如，以塞浦路斯度假为特色的品牌的横幅广告会促使用户去搜索塞浦路斯度假套餐，而不是品牌的名称。

亚伯拉罕(Abraham,2008)也证明了在线广告可以刺激线下销售。其研究显示，一家营业额为 150 亿美元的零售商，在开展针对整个公司进行宣传的付费搜索和展示广告活动的 3 个月里，与对照组相比，线上销售额增长了 40％，线下销售额增长了 50％。由于该零售商实体店的销售额基数高于网店，其从线下获得的收益远比百分比显示的多。

（7）实现品牌互动。很多现代展示广告由两部分组成：吸引用户的视觉广告；促使用户与品牌互动的视觉内容或应用程序。这让广告客户可以计算互动率，以评估受众与品牌广告互动的程度。

（8）目标定位准确。广告客户可以选择合适的网站或网站内的栏目来吸引受众（如专业的在线汽车杂志或评论网站，或者在线报纸、电视频道网站内的汽车栏目）。也可以通过跟踪用户的个人资料来定位受众，向其提供个性化的广告或向网站用户注册的电子邮箱发送广告。行为学中的访客召回选项在广告网络中用于根据用户消费过的内容向其投放相关主题的广告。这种广告实际上可以在网站内部有效地跟踪浏览者。例如，如果某人访问了网站的汽车栏目，那么在他浏览网站的其他栏目时，就会看到与汽车相关的广告。访客召回也可以在广告网络中进行，甚至可以是具有时间连续性的，即某人对相关广告的浏览次数越多，推送这类广告的次数就越多。搜索中的访客召回选项是在访客搜索特定关键词（如某个汽车品牌）之后推送相关广告。对用户的追踪是利用 cookie 实现的。

（9）成本较低。与传统媒体相比，在线媒体的成本更低。不过在金融服务等目标明确、竞争激烈的市场中情况往往并非如此，在这些市场中，媒体买家购买的溢价库存有限。程序化广告和广告网络为广告客户提供了在整个网络中投放广告的选项，以覆盖特定的人群（如具有特定兴趣的 18～25 岁女性），而且比在特定的网站上做广告的费用更低，因为你不能指定广告具体投放在哪个网站（因此有时也被称为广告网络盲投）。较低的千人成本（CPM）是可以实现的，在某些情况下，也可以使用按每次点击成本（CPC）或每行动成本（CPA）付费。网站所有者之所以愿意使用广告网络，是因为可以充分利用空置的广告位来赚取佣金。

（10）广告活动可以动态更新。传统媒体必须提前数周或数月购买广告位，而在线广告则更灵活，可以迅速投放广告，并在营销活动中随时调整。有经验的在线广告客户通过随时调整目标来保持灵活性。实践中最好的做法是开始时定位要宽，然后收窄，最后聚焦。ING Direct 营销副总裁尤里·皮尔斯(Jurie Pieterse)2003 年接受 iMediaConnection 的采访时强调了修改创意的能力的重要性：我们学到的另一个教训是创意的重要性。关键是要投资开发各种创意并执行，以测试它们的最佳性能，并不断推陈出新。我们还意识到并不存在所谓的顶级创意,针对不同的广告发行商应采用不同的创意。

(11) 效果可以衡量。正如我们接下来要讨论的,衡量广告的覆盖范围、互动性及响应是很容易的,但是要衡量品牌影响力则比较困难。

**展示广告的缺点**

(1) 点击率相对较低。在谈到展示广告时,很多网络用户表示他们会忽略广告,因为觉得广告打扰了自己。已发布的点击率数据也支持了这一点,大多数广告的点击率仅为 0.1% ～ 0.2%,不过视频广告等富媒体形式的点击率较高。这种现象在从业者中被称为"广告盲区"。1995 年,热线杂志(Hotwired)上投放了第一个 468×68 像素的横幅广告,"点击这里!"的行动呼吁产生了 25% 的点击率。从那时起,点击率(CTR)急剧下降,很多消费者患上了横幅广告近视症,他们会忽略网站上任何看起来像广告的东西。但请记住,数字营销人员不能仅因为点击率低就放弃展示广告,因为它能够产生认知度,而且具有媒体乘数效应。还应该记住,**原生广告**(native advertising)和插件营销等新的广告形式的使用,意味着还有其他获得切入点的方式。

(2) 成本相对较高或效率较低。低响应率加上相对较高的成本,使在线广告成为一种低效的广告媒体。

(3) 可能有损品牌声誉。如果品牌的广告与赌博、色情或种族主义等内容放在一起,那么它们在消费者心目中的形象可能会受到损害。当广告被投放到众多网站上供数万用户浏览时,很难防范这类问题,尤其是使用广告网络时。

## 9.5.3　规划和管理展示广告活动的最佳实践

本节我们将介绍如何使用测量、目标定位和广告创意来提高展示广告活动的效果。

**展示效果的测量**

用于衡量横幅广告的效果的术语有很多种。广告每被浏览一次,就称为完成了一次**广告曝光**(ad impressions)或**页面浏览**(page impression)。因为有些人可能不止看一次广告,营销人员还很关注**覆盖面**(reach),即浏览广告的人数,这个数字显然低于广告曝光的次数。与其他媒体一样,广告费用通常基于每千次展示费用(CPM)。但是,按点击付费搜索广告和按每行动成本达成的广告联盟协议的流行意味着也可以选择这些支付方式。

与其他数字媒体一样,广告的直接响应是通过点击率来衡量的。**互动率**(interaction rate,IR)是展示广告所特有的一种测量形式。互动首先是吸引网站访问者根据提示点击广告,然后加载另一个 Flash 动画,该动画通常是以大字号呈现的品牌信息、保险报价等响应形式或是获取用户信息或邀请其玩游戏或投票。互动率可以用来评估展示广告的效果。如果目标定位准确,广告方式和创意出色,互动率通常比点击率高出 10 倍。

由于广告费是基于网站的浏览量,因此需要准确地计算浏览量。为此,需要独立的**网站审计人员**(website auditors)。英国的主要审计机构是电子流通审计局(www. abc. org. uk)。

关于广告的曝光次数达到多少才有效,可谓众说纷纭。诺瓦克和霍夫曼(Novak and Hoffman,1997)认为,利用传统媒体做的广告,至少要曝光三次才能给人留下足够的印象。利用新媒体做的广告，由于人们浏览电脑屏幕时精力更为集中，要实现较好的效果所需的曝光次数相对较少。给人留下深刻印象的专业术语是**有效频次**(effective frequency)。

用户点击广告后，通常会得到进一步的信息，浏览这些信息会产生营销效果。通常情况下，用户会被引导到网站中与广告相关的部分。用户点击广告就会被视为**点击量**(click-through)。广告服务系统还可以根据用户的 cookies 测量**浏览量**(view-through)，即用户浏览广告后在一定的时间内(如 30 天)再次访问网站。该指标提高了整体响应率，但用户也可能是因为其他原因而访问网站的。

### 互动广告格式

除了以前常用的 468×60 滚动式 GIF 横幅广告外，媒体所有者还提供网络用户更有可能注意到的更大、更丰富的格式。研究表明，动画广告、多媒体广告、大尺寸的矩形广告(多用途单元，MPU)和巨幅广告可以带来更好的消息关联度和产品认知度。其他在线广告术语包括**插播广告**(interstitials，在另一个页面出现之前插播的广告)和更为常见的覆盖住内容的**覆盖式广告**(overlays，以前通常被称为超级插播广告或覆盖广告)。当然，还有弹出窗口式广告，但由于其侵扰性，现在用得比较少了。很多用户安装插件或软件阻止弹出窗口，因此这是在线广告商与用户间的拉锯战。在线广告商将会继续采用响应性更高的多媒体形式。

### 互动广告定位选择

我们注意到，如今大多数展示广告都是程序化的，采取实时竞价的方式使广告可以针对最适合活动目标的个人。传统的展示广告定位方法是根据以下标准投放广告。

(1) 在特定类型的网站(或网站的某一栏目)上做广告。网站(或栏目)拥有特定类型的用户和内容。因此，生产面向年轻女性的汽车的制造商可以在年轻女性喜爱的发布商网站上投放广告；金融服务提供商可以在网站的财经栏目做广告来吸引可能对其产品感兴趣的人。为了吸引大量的普通受众，广告客户可以在大型门户网站(如 MSN)的主页上做广告。这类网站的主页每天有数百万的访问者(有时候广告客户能够垄断所有的广告资源，也就是所谓的"路障")。

(2) 根据注册用户的个人资料进行定位。商业软件提供商可以在英国金融时报的网站上刊登广告，目标受众是该报读者中的财务总监或 IT 经理。

(3) 在一天或一周的特定时间段做广告。

(4) 根据用户的行为定位。**行为广告定位**(behavioral ad targeting)是根据用户在网站上的操作推断其个性特征，有针对性地动态投放与其兴趣相匹配的内容、消息或广告。对用户个性特征的推断是通过匿名跟踪网站用户在访问网站时浏览的页面得出的。同时也会考虑用户的地理位置、浏览器类型和操作系统等。例如，金融时报(FT. com)使用 Revenue Science 的软件，可以根据 8 个细分(商业教育、机构投资者、信息技术、奢侈品消费者、管理、个人财务状况、旅行和私募股权)推测用户的个性特征。定位过程如图 9.8 所示。首先，广告投放系统会检测用户是否为目标受众(媒体优化)，然后进行创意优化，根据用户所属类型向其展示最适宜的广告。

2010 年，行为定向以"再营销"的形式出现在谷歌的广告平台上，得到更多广告客户的青睐。

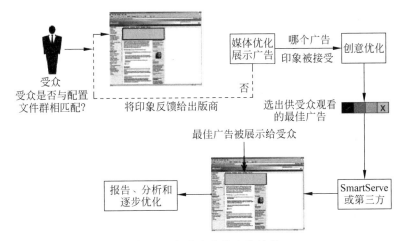

图 9.8　行为广告的定位过程

**广告创意**

任何一种形式的广告都有某些技巧可以提升广告效果。罗宾逊等(2007)研究了增加横幅广告点击率的因素。他们(及他们引用的前人研究)找出的主要因素包括：横幅广告的尺寸；信息的长度；促销手段；动画；行动短语(通常称为行动号召)；公司品牌(标志)。

他们对在网上发布广告的营销人员进行访谈时收集的各种传闻证据表明，以下因素也很重要，值得考虑：

(1) 需要适当的激励措施。带有奖品或折扣等优惠的横幅广告有可能将点击率提高 10%。

(2) 创意设计需要经过广泛的测试。广告的各种设计方案需要在目标受众的代表性人群中进行测试。传闻证据表明，不同的广告设计会极大地影响点击率，正如受众能否记起一则电视广告在很大程度上取决于广告的概念和设计一样。

(3) 需要慎重考虑广告投放的位置和时间。前面我们已经讨论过广告的投放位置，但应记住，受众的数量和组成在一天(周)中的不同时间段会有所不同。

可以访问 DoubleClick(www. richmedia gallery.com/)等广告服务公司的广告画廊，或 Digital Buzz Blog(www. digitalbuzzblog.com)等广告点评网站来欣赏不同风格的广告创意。

#  9.6　许可式电子邮件营销和移动通信

我们将电子邮件营销与移动通信结合在一起，因为这两种媒体都是"推送媒体"，在与潜在顾客和顾客沟通方面有着广泛的应用。我们在第 6 章也探讨了这些技巧，因为它们对于建立和培养关系及营销自动化是至关重要的。本节对电子邮件营销的讨论更侧重开发潜在顾客。

### 9.6.1　什么是电子邮件营销

在设计电子邮件营销传播计划时,营销人员需要针对下面两种活动制订计划。

(1) **推式电子邮件营销**(outbound email marketing)。通过发送电子邮件进行直销,鼓励消费者试用和购买,并作为顾客关系管理对话的一个组成部分。

(2) **集客电子邮件营销**(inbound email marketing)。管理来自顾客的电子邮件,如服务咨询等。第3章和第5章已经讨论过这一营销方式,本章不再赘述。

推式电子邮件营销传播的应用过程可以大致分为顾客获取和顾客保留。DMA(2017)的报告显示,英国的营销人员认为电子邮件最适合顾客保留(31%),接下来依次是转化(24%)、品牌推广(21%)、开发潜在顾客(14%)和重新激活(8%)。该报告还显示,受访者的平均回报率是每花费1英镑即可获得30英镑的收入,这反映了电子邮件营销的成本效益。

### 9.6.2　开发潜在顾客的许可式电子邮件选项

在获得网站的新访客和新顾客方面,主要有三种电子邮件营销方式可供选择。从收件人的角度来看,这三种方式是:

(1) 冷电子邮件促销。在这种方式下,收件人会收到促销邮件是因为其邮件地址包含在公司购买的电子邮件列表中。根据隐私法,电子邮件列表租用如今已经不合法,因为公司并未取得收件人的许可。取而代之的是使用联合品牌电子邮件。

(2) 联合品牌电子邮件。在这种方式下,收件人收到的电子邮件来自其同意接收广告邮件的与其有密切关系的公司,如出版商或零售商。数字营销洞察9.4举例说明了电子邮件营销可以与展示广告相结合来提高产品的认知度。

(3) 第三方电子快讯。在这种方式下,公司在第三方电子快讯中宣传自己。宣传的形式可能是链接到目标网站的广告、赞助或公关(社论)。由于很多电子快讯在网站上也有永久版本,因此这些广告投放可以作为互动广告购买的一部分。由于电子快讯的接收者通常只看一眼标题,有时间的情况下才会阅读正文,因此电子快讯的费用通常比较低。后文将讨论的病毒营销也把电子邮件作为传递信息的工具。

---

**数字营销洞察9.4　西雅特(SEAT)整合电子邮件与展示广告来提升产品认知度**

这项研究分析了电子邮件营销与展示广告的广告效果,观察了超过1 000名消费者对西雅特的Ibiza ST车促销活动的反应。它采用了经典的比较静态分析方法,即针对不同的受访者采用不同的媒体组合:通过电子邮件接触;通过展示广告接触;通过上述两个渠道接触。

该研究的主要结论显示了营销渠道的协同效应:

(1) 与单纯的展示广告相比,展示广告与电子邮件结合使用使广告被记起的概率提高了13%。

（2）电子邮件使购买倾向增加了 47%，可以说是提高转化率的理想选择。

（3）可以根据消费能力来定位。利用电子邮件可以精确地定位目标群体。

（4）电子邮件使广告传播速度比展示广告快 3 倍。

## 9.6.3　潜在顾客转化和顾客保留的许可式电子邮件选项（内部列表）

电子邮件是使用最广泛的潜在顾客转化和顾客保留工具，它使用一个潜在顾客和顾客的**许可式内部列表**（opt-in house list）。列表中的潜在顾客和顾客允许企业联系他们。例如，Lastminute.com 建立的内部列表中的欧洲消费者人数超过 1 000 万。成功的电子邮件营销人员在应用电子邮件时会采取战略方法，制定联系或接触战略，规划电子邮件沟通的频率和内容。针对内部列表开展的电子邮件营销包括下列方法：

（1）旨在转化的电子邮件。用户访问网站，虽然没有购买，但通过注册、提供电子邮件地址的方式表达了对产品或服务的兴趣，可以自动发送电子邮件说服收件人试用服务或购买产品。零售商用于跟进的"已放弃的购物车"电子邮件旨在鼓励已经将商品添加到购物车中却尚未购买的消费者完成购买。

（2）定期发送的电子快讯。每周、每月或每季度，定期针对不同的受众和细分市场发送不同的广告内容，通常用于向消费者提供最新产品或促销活动信息，或向商业客户提供市场动态。

（3）内部列表促销活动。定期发送电子邮件，鼓励用户试用服务或新推出的产品，促使老顾客再次购买产品或激活很长时间没有购买产品或使用服务的用户。

（4）事件触发或行为电子邮件和系列邮件。第 6 章介绍的营销自动化服务可以群发电子邮件，发送间隔由营销人员决定。示例包括欢迎新顾客或新会员系列邮件、呵护新顾客系列邮件或会员变得不太活跃时的重新激活系列邮件。

## 9.6.4　电子邮件营销的优缺点

### 电子邮件营销的优点

从第 6 章的讨论中可以知道，基于权限的电子邮件是与在线顾客建立关系的有效工具。尽管垃圾邮件不断增加，电子邮件仍然可以得到较高的回复率，特别是发给内部列表（用于顾客保留的电子邮件营销）中的电子邮件。许可式电子邮件营销提供了推送消息的一种可控的方式，有助于获得响应。

由于这些优点，在很多国家，电子邮件营销的数量超过了直邮营销的数量。不过，没有人认为直邮营销会立即消失，因为它通常能比电子邮件营销产生更大的影响，而且二者结合起来效果最好。

电子邮件营销的主要优点包括：

（1）实现成本相对较低。电子邮件的实际成本大大低于直邮。

（2）直接响应的媒体鼓励立即采取行动。电子邮件营销鼓励点击进入一个可以立即获得回报的网站，这增加了立即作出冲动反应的可能性。因此，它是吸引现有顾客重返网站（这是一种推送媒体）的最好方法之一。

（3）活动部署速度快。与传统媒体相比，制作创意的提前期和整个活动的周期往往更短。

（4）易于个性化。与传统媒体相比，个性化电子邮件更容易、成本更低，与网站广告相比也是如此。

（5）易于测试。测试各种电子邮件创意和消息传递渠道相对容易且经济高效。

（6）整合。通过将电子邮件营销与其他可个性化的直接媒体（如直邮、手机短信或个性化网页）相结合，随着不同媒体对信息的强化，可以提高活动的响应率。

**电子邮件营销的缺点**

营销人员在开展营销活动时，需要对电子邮件营销的一些缺点进行管理，尽量实现最佳实践。电子邮件营销的缺点包括：

（1）可送达性差。很难通过不同的互联网服务提供商（ISP）、公司防火墙和网络邮件系统的阻挡将邮件成功送达收件人。

（2）呈现性差。邮件内容能否正常显示取决于各个电子邮件阅读系统的收件箱设置。

（3）电子邮件回复衰减。电子邮件收件人在第一次订阅电子邮件时回复最快，但很难让他们保持这样的积极态度。

（4）沟通偏好差异大。收件人对电子邮件的内容和频率有不同的偏好，这些都会影响参与度和响应率。这些因素都必须通过沟通首选项进行管理。

（5）资源占用大。尽管电子邮件可以更好地进行目标定位、实现个性化和更频繁的沟通，但要实现这些目标，需要更多的人力资源和技术支持。

## 9.6.5　规划和管理电子邮件营销的最佳实践

本节将讨论如何利用衡量、定位和创意来改善电子邮件营销的效果。

**电子邮件服务提供商**

很多公司通过**电子邮件服务提供商**（email service providers，ESP）或营销自动化服务来管理电子邮件营销。电子邮件服务提供了一种基于网络的服务，营销人员可以使用这种服务管理电子邮件活动，而不必求助于代理机构。使用该软件无须购买要在服务器上托管的软件即可订阅使用，根据在另一家公司的服务器上发送和储存的电子邮件数量收费。ESP 管理着三项关键的功能：托管电子邮件订阅和登录页面的管理表格；电子邮件的发布工具；包括潜在顾客或顾客资料的数据库。

**衡量电子邮件营销的效果**

电子邮件营销的关键衡量指标包括：

（1）送达率（这里用未退回率来表示）。如果电子邮件地址无效或被垃圾邮件过滤器阻挡了，电子邮件将被退回。

（2）打开率。这里是通过图片下载来衡量 HTML 信息。该指标衡量的是有多少收件人打开了邮件。但这个指标并不准确，因为有些收件人的电子邮件阅读器中有预览窗格，即使邮件没有阅读就被删除，也会加载邮件，而且有些电子邮件阅读器（如 Outlook

Express)默认屏蔽图片(这导致打开率逐渐下降)。对于某些类型的电子邮件地址(如Hotmail.com),打开率与送达率面临的问题是一样的。

(3)点击次数或点击率。该指标衡量的是点击电子邮件中的链接的人数(严格来说是独立点击次数,而不是总点击次数)。

此外,最重要的是衡量营销效果或价值事件,如电子邮件收件人点击进入网站时实现的销售和销售线索。零售商用来比较电子邮件活动效果的其他指标包括每封或每千封电子邮件的收入/利润及平均订单价值(AOV)。

### 电子邮件营销的成功因素

有效的电子邮件营销与有效的直邮营销有很多共同之处。查菲(2006)使用助记符CRITICAL 作为问题清单来提高电子邮件营销的响应率。CRITICAL 的各个字母依次代表:

(1)创意(Creative)。评估电子邮件的设计,包括布局、颜色、图片及内容。

(2)相关性(Relevance)。电子邮件的提议和创意是否符合收件人的需求?这取决于列表质量和目标变量。

(3)激励(Incentive)。收件人的 WIFM(What's in it for me)法则,即对我有什么好处。收件人点击邮件中的链接能获得什么好处?例如,B2C 品牌广告通常用抽奖作为激励。

(4)目标和时机(Targeting and timing)。目标与相关性有关。是给名单中的所有潜在顾客或顾客发送一样的信息,还是针对列表中的不同人群发送具有定制的创意、激励和内容的电子邮件?时机是指收件人收到电子邮件的时间:几点、星期几、具体是哪一天,甚至是哪一年?接收时间是否与某个特定事件有关?具体的接收时间还需要考虑与其他营销传播工具的整合。

(5)整合(Integration)。电子邮件营销是整合营销传播的一部分吗?要问的问题包括:创意和文案是否与品牌的形象一致?所传递的信息能否加强其他渠道的广告效果?电子邮件营销的时间安排是否与线下传播配合得当?

(6)对话(Conversation)。这是为了提醒我们,不能仅将电子邮件视为一种传播媒介,应该抓住机会鼓励回应,如通过社交媒体。

(7)电子邮件的属性(Attributes)。评估信息的特征,如标题、发件人、收件人、收件日期和时间、格式(HTML 或文本)。根据电子邮件阅读器的功能,决定发送可以显示HTML 的邮件还是纯文本的 Multipart、MIME 消息。具体选择 HTML 或纯文本信息时还要考虑收件人的偏好。

(8)登录页面(Landing page)(或微型网站)。收件人点击电子邮件中的链接后所到达的页面。收件人点击链接后,通常会看到一个在线表格,邀请其完善资料。设计页面时使表格易于完成可以显著提高营销的效果。

为了激励潜在顾客填写包括电子邮件地址在内的在线表格,需要提供相关的奖励,如免费信息或折扣。随着时间的推移,用户的电子邮件地址和资料都可能发生变化,导致邮件的退回率上升、回复率下降,因此需要精心维护电子邮件列表。

**电子邮件营销管理中的实际问题**

电子邮件营销人员或其代理机构面临的两个实际困难是**可交付性**（deliverability）和**可显示性**（renderability）。

电子邮件营销人员必须确保自己所发送的电子邮件能够送达，因为互联网服务供应商和电子邮件公司在竭尽全力阻挡垃圾邮件。如果被接收系统判定为垃圾邮件，那么经过用户许可发送的电子邮件也可能会被退回或被放入垃圾邮件箱甚至直接被删除。

Hotmail 和雅虎 Mail 等基于网页的电子邮件提供商引入了身份认证技术，即 Sender ID 和 Domain Keys。电子邮件营销人员必须利用这些技术声明自己的身份，而不能像很多垃圾邮件发送者那样隐瞒自己的地址。电子邮件提供商还会利用 SenderScore 等服务基于发件人收到的投诉数量和发送的电子邮件质量来评估其声誉。

电子邮件营销人员还应注意不要在电子邮件中使用可能被认定为垃圾邮件的关键词。例如，Spam Assassin 等电子邮件过滤器判定垃圾邮件的规则包括：SUB_FREE_OFFER（主题以"免费"开头）；SUBJECT_DRUG_GAP_VIA（主题包含"伟哥"的各种缩写）；TO_ADDRESS_EQ_REAL（收件人的姓名与邮件地址相同）；HTML_IMAGE_RATIO_04（正文：HTML 格式的邮件中文字太少、图片太多）；HTML_FONT_BIG（正文：HTML 格式的邮件中标签的字号太大）。

虽然在邮件的主题中包含"免费"一词可能会惹麻烦，但这只是垃圾邮件的特征之一，如果发件人的信誉良好，那么还是可以使用这个关键词的。

可显示性是指电子邮件在不同的电子邮件阅读器中能否正常显示。为了减少垃圾邮件的困扰，邮件阅读器通常会禁止显示图片，因为垃圾邮件是根据图片是否被下载来判断电子邮件地址是否有效的。因此，电子邮件营销中，图片加文字的邮件比只含图片的邮件效果更好。在不同的阅读器中邮件的格式可能也会有所不同，因此在设计电子邮件时必须测试电子邮件在常见电子邮件阅读器（如 Hotmail 和雅虎 Mail）中的显示效果。

电子邮件营销人员面临的另一个困难是获得列表中用户的持续参与。常用的方法包括：

（1）开发一个问候程序，在前 3～6 个月内自动向用户发送介绍品牌、产品及提供有针对性的优惠的电子邮件。

（2）当用户的响应逐渐变少时，发送优惠信息来重新激活他们。

（3）根据行为（响应性）和年龄对列表中的成员进行细分，并区别对待——减少沟通频率或增加线下沟通。

（4）使用其他媒体跟踪邮件被退回的情况，以尽量解决可交付性下降的问题。

（5）实践证明，在获得用户许可的 6～9 个月内发送电子邮件，用户的活跃度最高。

**列表管理**

正如第 6 章提到的，电子邮件营销人员需要努力提高电子邮件地址列表的质量。DMA（2008）指出，受访者认为数据的收集与选取是决定营销成败的关键。创意和内容也很重要，而时间的影响最小，对电子邮件营销成败的影响仅占 10%。报告还指出，绝大多数受访者都会利用网站的自然流量来收集电子邮件地址，通过线下销售活动收集的占 40%，通过电话推销收集的占 31%。

### 9.6.6　手机短信和推送通知

由于电子邮件营销的投资金额和活动水平远高于手机短信,因此我们在本节主要介绍电子邮件营销,因为相对于在移动设备上接收可能被视为侵入性的短信,人们似乎更愿意接收基于许可的电子邮件。此外,电子邮件还可以传递更复杂的视觉信息。然而,当移动应用程序是与消费者互动的主要平台时,通过移动设备推送通知可能比电子邮件更吸引人,尤其是对于那些以智能手机为主要设备的受众。

# 9.7　社交媒体和病毒营销

**社交媒体营销**(social media marketing)是数字营销的一个重要类别,包括鼓励顾客在公司的网站、脸书或推特等社交网站或专业出版商网站、博客和论坛上进行交流。它可以作为一种传统的广播媒体应用,例如,公司可以使用脸书或推特向关注它们的顾客或合作伙伴发送消息。然而,要充分利用社交媒体的优势,就必须开始参与顾客对话。对话涉及产品、促销或客服,旨在更多地了解顾客并提供支持,从而改进品牌的感知方式。

本章我们回顾了开展病毒营销的可能性,正如活动 9.2 中的例子所介绍的那样。

## 活动 9.2　脸书病毒式宣传活动的基本要素

由于脸书拥有超过 20 亿的用户,因此对于不同类型的组织来说,通过脸书开展病毒营销是很有潜力的。考虑下面来自不同行业的三个例子。

**慈善机构——MQ:是时候做一个关于精神疾病的活动了**

MQ 的这项通过研究改善心理健康的活动将重点放在年轻人及更广泛人群中的精神疾病上。这项活动具有很大的影响力,它基于各种"是时候改变现实了"的信息,通过展示这是一种被忽视的疾病来鼓励分享:这种影响了 23% 的人口的疾病却只得到了不足 6% 的医疗研究经费,或者 40% 的人认为精神疾病是生活"不可避免的"的一部分。这项活动不仅依靠简单的视觉和信息效果,而且与来自独立乐队的富有冲击力的视频和评论融为一体(https://www.facebook.com/mqmentalhealth/posts/1656421141101326)。

**品牌——肯德基清爽汉堡**

这场主要为脸书创建的视频活动的影响是巨大的。一位虚构的饮食博主 Figgy Popleton-Rice 专门发布健康食品视频,宣称自己"爱死了羽衣甘蓝"。在视频中,她津津乐道地介绍着"清爽汉堡"食谱:生花椰菜、碎冰块、羽衣甘蓝和水煮鸡肉,与肯德基在英国销售的不太健康的新奥尔良鸡腿堡一起粉碎。超过 1 600 万的浏览量显示了病毒视频的力量。品牌病毒并不总能很好地与产品链接在一起,但这次成功了(https://www.facebook.com/KFC.uk/videos/10154301066572647/)。

**零售商——AO.com 鸡尾酒运动**

AO.com 是一家总部位于英国的在线零售商,主要销售白色家电及其他家电设备。AO 通过一些简单的技巧,比如让观众参与进来,无论是数洗碗机里的橡皮鸭子,还是数冰箱冷藏室里有多少瓶啤酒,或者是数洗衣机里能装多少件衣服,都能获得极高的参与度。AO. com 鸡尾酒运动是在万圣节期间开展的，并与其 AO 生活博客很好地结合在一起。由于较为前卫，该视频得到广泛分享。视频中充斥着让人头皮发麻的击打声及各种怪异的声音，因此不适合神经脆弱的人观赏（https：//www. facebook. com/AOLetsGo/videos/10155894120989292/）。

**问题：**

1. 这三个活动有哪些共同的成功因素？

2. 讨论当前有相似成功因素或使用其他成功因素的活动。

3. 在计划和执行这些类型的活动时，应该考虑的不同组织的风险是什么？

## 9.7.1　病毒营销

社交媒体营销与病毒营销密切相关，因为社交媒体自然涉及"社交媒体放大"，即内容共享。病毒营销是一种利用互联网的网络效应的特殊方法，可以像病毒一样迅速地将营销信息传播给无数的人。它实际上是一种在线的口碑传播形式，有时也称为"口碑营销"。在计划整合营销传播活动时，可以通过传统媒体评论或在电视、广播、印刷品上做广告来扩大在线传播效果。微型案例研究 9.1 探讨了病毒营销技术。

### 微型案例研究 9.1　研究揭示哪些情绪会让内容"走红"

如今很多营销人员都在寻求病毒式内容，都会谈到想要形成病毒式传播。学术界对情感类型的研究揭示了要打造成功的病毒营销活动需要利用的情感内容的类型。例如，宾夕法尼亚大学的两位营销学教授乔纳·伯杰（Jonah Berger）和凯瑟琳·米尔克曼（Katherine L. Milkman）在 2012 年发表的文章《是什么让内容成为病毒？》中描述了他们是如何使用网络爬虫来分析纽约时报新闻网站上三个月的文章的。他们对近 7 000 篇文章的结果进行梳理，发现情绪的激发是某个活动能否引起病毒式传播的最大决定因素。那些激发、引起愤怒或令人敬畏的情绪的文章，都更有可能跻身网站上"最受欢迎的邮件列表"。虽然负面的文章实际上比正面的文章引起的邮件回复略多，但这两种情绪分组都取决于所表达的情绪引起的唤醒强度。换句话说，那些真正积极或真正消极的文章比那些不那么积极或不那么消极的文章更有可能收到电子邮件回复。

新兴媒体与传播学副教授罗赞娜·瓜达尼奥（Rosanna E. Guadagno）2013 年主持的一项研究也得出了类似的结论。该研究分析了引发 YouTube 视频病毒式传播的因素，得出结论，视频激起参与者情绪（无论是积极的还是消极的）后，被分享的可能性更大。该研究还发现，那些导致人们情绪高涨的视频更有可能被分享。在这方面，参与者对视频的看法是正面的还是负面的并不重要；重要的是，他们对这些内容都有一种强烈的情感依恋。

Fractl 公司的凯尔西·利伯特（Kelsey Libert）和克里斯·滕斯基（Kristin Tynski）2013 年发表在《哈佛商业评论》上的文章探讨了使营销活动获得病毒式传播的情感。为了了解在内容中使用的最佳情感驱动因素，他们回顾了社交分享网站 Reddit. com 上投票选出的 imgur. com 年度前 100 张图片中的 30 张。然后，他们调查了 60 名观众，了解每张图片激活了他们的哪些情绪，并利用罗伯特·普拉切克（Robert Plutchik）的情感轮进行分类。他们发现,某些情绪在高度病毒化的内容中很常见,而其他情绪则不太常见。符合普拉切克情感轮中惊喜和期待部分的情绪占了绝大多数。

**口碑营销**(word-of-mouth marketing)是一个与病毒营销密切相关的既定概念,但范围更广。口碑营销协会(WOMMA)解释了利用口碑的方法:口碑可以被鼓励和促进。企业可以通过努力让人们更快乐,应该倾听消费者的意见,让他们更愿意向亲朋好友介绍企业的产品或服务,从而让有影响力的人知道产品或服务的好品质。

口碑营销协会还解释说,所有的口碑营销技巧都是基于顾客满意、双向对话和透明沟通等概念的。基本要素包括:让人们了解你的产品和服务;找出最有可能分享看法的人;提供方便分享信息的工具;研究如何、在何处和何时分享意见;倾听和回应支持者、批评者和中立者。

口碑营销协会明确了促进口碑传播的各种方法。与线上营销关系最密切的是:

(1) 蜂鸣营销。利用高调的娱乐或新闻让人们谈论你的品牌。

(2) 病毒营销。创建旨在以指数增长的速度传递的娱乐信息或提示消息,通常以电子方式或通过电子邮件传递。

(3) 社区营销。建立或支持有可能分享对品牌的兴趣的社区(如用户组、粉丝俱乐部和论坛);提供工具、内容和信息来支持这些社区。

(4) 影响者营销。找出愿意谈论产品并有能力影响他人意见的关键社区和意见领袖。

(5) 创建会话。有趣的或可笑的广告、电子邮件、流行语、娱乐或促销活动,旨在开启口碑活动。

(6) 品牌博客。以开放、透明的交流精神,创建博客并参与博客圈;分享博客社区中有可能谈论的有价值的信息。

(7) 推荐计划。创建工具,让满意的顾客可以把产品推荐给自己的朋友。

人们认为,积极的口碑营销可以增加购买意向。例如,马斯登等(Marsden et al.,2005)发现,汇丰银行、本田和 O2 等拥有较多支持者的品牌,如果通过净推荐值(NPS)(见第 6 章)来衡量往往会更成功。他们推荐了以下八种鼓励口碑的方法,其中大部分可以通过网络来实现:

(1) 实施和优化推荐计划。奖励推荐新顾客的顾客,同时也奖励被推荐的顾客。

(2) 建立品牌形象大使计划。招募品牌粉丝作为形象大使,这些人通过与联系人分享产品获得独家商品和优惠。

(3) 采用体验式营销。这是尝试和广告的结合,是免费样品的变形。与向目标市场上的人随机提供免费样品不同,体验式营销是有选择地和排他地选取可以引导消费者的体验者,最佳时点是在新产品或新服务普及之前。

(4) 采用因果营销。将品牌与代表公益事业的品牌价值联系起来(如耐克反对体育竞技比赛中的种族歧视的运动)。

(5) 测量净推荐值(NPS)。在所有的品牌接触点都要检查你的 NPS,找出你做得对的地方,以及还有哪些地方需要改进。

（6）启动影响者外展计划。与 10% 的人接触，由他们告诉另外 90% 的人尝试购买什么可以享受特别优惠。

（7）利用授权参与的力量。倡导——让你的主要客户、顾客或消费者通过 VIP 投票和民意测验来主导你的创新和营销。

（8）将创新重点放在做值得讨论的事情上。开展一些能够提供超出预期的体验的创新。

在网络环境下，口碑营销很重要，因为有很大的潜力促进电子口碑。在线营销人员应该了解口碑是如何产生和传播的，因为 Forrester（2007）等的研究表明，消费者会信赖来自朋友、家人甚至其他在线消费者的建议，将其视为选择产品和供应商的主要影响因素。

**与社交网络相关的病毒营销**

迪伊等（Dee et al.，2007）注意到社交网络在影响对品牌、产品和供应商的看法方面的重要性。他们的研究显示，在讨论的产品类型上，不同的性别和年龄有很大差异，但对餐馆、电脑、电影和汽车的推荐在所有性别组和年龄段中都很受欢迎。

## 9.7.2 社交媒体和病毒营销的优缺点

正如本章前面所述，病毒营销的优缺点与在线公关活动类似。不过，病毒营销的投资风险更高，因为很难预测一种特定的病毒媒介能否成功。

**社交媒体和病毒营销的优点**

社交媒体和病毒营销的主要优点是，有效的病毒媒介能够以一种具有成本效益的方式接触到大量的受众。我们也看到了消费者对同龄人、朋友和家人的意见的重视，因而这些人的意见具有很强的影响力。库马尔等（Kumar et al.，2007）通过几个案例研究讨论了顾客推荐的潜在价值。在社交网络中，主要的影响者有助于更广泛地传播信息。

大量的消费者和商人使用社交媒体，使其成为一个有效的接触渠道，在社交媒体上做广告的效果也很好。脸书赞助的广告已经成为一个重要的广告投资渠道，因为它们可以提供不同的格式（如视频），也可以用于网站访问后的重新定位。

在脸书内部，通过定义受众群来实现重新定位。你可以重新定位现有联系人（通过上传潜在顾客或顾客的文档）和网站流量。可以通过基于兴趣的定位和具有相似性的受众群找到新的潜在顾客，在这些广告中，向与现有潜在顾客和顾客具有相似性的人展示脸书广告。

**社交媒体和病毒营销的缺点**

病毒营销的主要缺点是，这是一种高风险的营销传播技术，因为它需要在病毒媒介和播种方面进行大量的初始投资。然而，没有人能够保证活动会像病毒一样扩散，在这种情况下，投资将被浪费。

对于社交网络中的营销，当受众只想与联系人进行社交而不想与品牌互动时，要吸引他们是很困难的。此外，也很难找到合适的内容类型来吸引受众，并让其愿意与联系人分享。向关键的影响者播种有助于内容的扩散，但播种是一项耗时的专业活动。

当然，积极的病毒营销可以迅速传播，对一家公司的负面情绪也可以迅速传播，正如我们在在线声誉管理一节中讨论的。

与谷歌广告一样,脸书广告是基于每次点击成本进行竞价,因此要吸引目标受众可能要付出很高的成本。

如今社交媒体已经成为我们生活的一部分,我们也听了太多关于它对市场营销的好处的"炒作",自然也该对其影响进行评估和批评。数字营销洞察 9.5 中给出了有关社交媒体优缺点的一些强有力的观点。

## 数字营销洞察 9.5　社交媒体"主要是在浪费时间"和"幼稚妄想"?

以下是社交媒体受到批评的三个例子,你可以说这是一种"反弹"。

首先,点击 www.youtube.com/watch? v＝S2NUayn2vP0,观看营销与品牌学副教授、《营销周刊》的专栏作家马克·里特森(Mark Ritson)的演讲视频。他承认"社交媒体是一个了不起的工具",但指出它"主要是在浪费时间",并表示营销人员的关注点是错误的。

由于媒体的炒作,营销人员过于强调社交媒体,而忘记了传统广告和营销的强大威力。

尼古拉·斯旺金(Nicola Swankie,2014)等营销人员和公关专业人士认为有必要代表社交媒体从业者对里特森的视频作出回应。斯旺金在一篇长文中提醒里特森:社交媒体给了我们新的力量,这是任何营销人员都必须考虑的,因为它永远改变了营销,让我们能够掌控个性化和选择我们看到的媒体,它给了我们发言权。

斯旺金认为,出色的营销应该吸引人,而不应该是人们不想关注的事情:社交媒体是最诚实的媒体,因此懒惰、不引人注意的营销会无所遁形。这不是忽视社交的理由,思考如何使我们的营销更具吸引力和相关性,应该是我们所有人面临的挑战。

再介绍一个受人尊敬的营销人员批评社交媒体营销的案例。被描述为"一名传统的广告人"的鲍勃·霍夫曼(Bob Hoffman)是 Ad Contrarian 的出版人。他在欧洲广告周上发表了一段意味深长的讲话(可以点击 www.youtube.com/watch? v＝EyTn_DgfcFE观看视频):人们希望在网上与品牌接触,并与朋友分享,而他们的朋友会通过社交媒体渠道与其他朋友分享,这种理论最终被证明是一种幼稚的幻想。

当然,这些只是一些不怎么使用社交媒体的营销从业者的观点。你可以说,那些正在积极开展数字营销的人的意见更有说服力。我们对 Smart Insights 的读者进行调研后发现,社交媒体营销通常被正面评价为具有成本效益,仅排在搜索引擎营销和电子邮件营销后面(Smart Insights,2015)。但要想在一个企业或整个行业中得到确切的证明,则必须进行分析。

Smart Insights(2015)报道的来自 SimilarWeb 的基准数据,反映了不同行业的流量来源,表明在英国和美国的零售业,与搜索引擎营销、直销和来自其他网站的推荐相比,社交媒体营销确实微不足道(不到 5% 的网站访问量)。用最后点击的方法来评估社交媒体对销售的影响可能会产生误导,因为社交媒体更新通常可能会产生最初的认知,而转化却发生在搜索或直接访问后的后续访问中。

如果我们回顾一下社交媒体归因分析,零售商也有类似的模式,社交媒体的影响较弱,落后于其他主要的数字营销渠道。Smart Insights(2014)中一篇题为"脸书和推特对销售几乎毫无作用?"的博客文章总结了这一分析。

### 9.7.3 规划和管理病毒营销的最佳实践

DMC(www.dmc.co.uk)的病毒营销专家贾斯汀·柯比(Justin Kirby,2003)认为要确保病毒营销活动的效果,需要做好下面三件事:

(1)创意材料——病毒媒介。包括创意信息或提议以及如何传播(文本、图片、视频)。

(2)播种。识别开始传播病毒的网站、博客或发送电子邮件的人。播种也可以通过向内部列表成员或租借列表中的成员发送电子邮件来完成。

(3)跟踪。为了监测广告效果,需要评估开发病毒媒介和播种的成本回报。

尽管我们谈论的是"可共享的社交对象"而不是"病毒媒介",是"影响者覆盖范围"而不是"播种",但这些因素与在线公关活动也是相关的。

# 9.8  线下推广技巧

网站所有者都明白线下传播在吸引网站访问者方面的重要性,他们发现在电视、印刷品或广播等线下广告上的投资水平越高,网站的直接访问者数量就越多(见图9.1)。由于很多人都会同时使用电视、智能手机和平板电脑等设备,因此多屏广告的效果更好。在电视上看到一个广告后,人们可以很容易地通过移动设备搜索相关品牌或类别。可以通过网络分析来跟踪电视广告的影响,包括包含品牌、活动名称或网址的搜索的增加,或者在地址栏中输入网站 URL 的直接访问者的增加。费赖德(Freid,2017)指出,电视广告播出后,成熟品牌的搜索访问量会上升 20%~30%。他还解释了电视广告对社交媒体的影响:电视广告并非都是针对社交媒体的,但在某些情况下,电视广告的创意可以是鼓舞人心的、有趣的或是能激发让目标受众产生共鸣的其他情绪。

研究表明,线下广告投资与网站访问量之间存在明显的相关性。例如,Hitwise (2006)在一项针对包括英国天空广播公司(BSkyB)、Orange 和 AA 在内的品牌的研究中发现,当同时投资于线下与线上媒体时,对品牌关键词和网址的搜索会增加。例如,当英国天空广播公司的媒体活动包括线上和线下广告(2005 年 9—11 月)时,线上活动的效果最为明显,对其品牌的搜索增加了 20%,对 Sky URL 的搜索增加了一倍多。2006 年 3 月只开展线下营销而没有整合线上营销时,两种搜索量的提升均不明显。该研究还表明需要进行大量的线下投资,如英国天空广播公司的线上支出约占 20%,印刷品、电视和广播仍然是其重要的支出(见图9.9)。

格雷厄姆和哈夫莱纳(Graham and Havlena,2007)也对广告与搜索之间的联系进行了调查,并研究了广告在产生口碑方面的作用。他们发现"强有力的证据表明,广告确实能刺激广告品牌网站访问量的增加,这是消费者对品牌的兴趣和参与度的一个指标"。

在讨论流量建设的方法时,搜索引擎营销和横幅广告等在线网站推广技术往往占据突出地位。但我们先从利用线下传播来吸引网站访客开始,因为它是产生网站流量最有

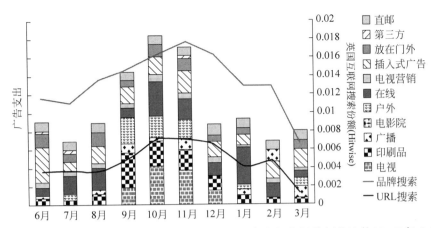

图 9.9　英国天空广播公司在英国互联网搜索中的平均支出与市场份额的比较(2005 年 6 月 5 日至 2006 年 3 月 6 日)

资料来源：Hitwise UK Media Impact Report，September 2006.

效的技术之一，而且线下媒体的特点是，它们往往具有更高的影响力和更多的创意，这有助于解释线上的价值主张。**线下推广**(offline promotion)是指利用电视、广播、印刷品等传统媒体做广告和开展公关活动，吸引用户访问网上资源。

　　尽管有很多新的在线传播工具可供选择，使用线下媒体的传统传播，如电视、印刷品、直邮及如图 9.9 中所示的其他媒体，仍然是大多数企业在营销传播方面的重要投资形式。即使是那些在网上进行大量业务交易的机构，也会继续在线下传播中投入巨资。以旅游业为例，无论是 BA、Thomson 和 easyJet 等旅游供应商还是 Expedia 和 Opodo 等中介机构，其在线上的销售比例虽然都在日益增长，却仍然要依靠线下传播吸引用户到网上进行交易。

　　在评估关于推荐访问者的网络分析数据时，对于大多数不仅限于在线业务的公司，我们发现超过一半的访问者被标记为"无推荐人"。这意味着，他们通过在地址栏中键入网址直接访问网站，这是对通过现实世界的交流而产生的品牌认知度的回应(其他用户可能已经将该网站添加了书签或是通过搜索引擎访问网站)。

## 9.8.1　利用线下传播支持电子商务的优缺点

　　要想发挥线下传播的效果，必须做好下面四件关键的事情。

　　(1) 扩大覆盖范围：因为几乎所有消费者都会使用报纸、电视和邮局。

　　(2) 提升品牌知名度：利用视觉效果提高品牌知名度。

　　(3) 加强情感联系：通过画面和声音与品牌建立联系。

　　(4) 说明品牌的在线价值主张。

　　另一个好处是，对于任何一个特定的目标，通过不同媒体接受的整合营销传播都能更有效地实现该目标。我们在本章前面介绍 4C(连贯性、一致性、连续性和互补性)时，提到了整合营销传播的这种累积强化效应。与很多线上传播工具相比，利用线下传播鼓励线上渠道使用的缺点是显而易见的。一般来说，线下传播的缺点包括以下几个方面。

（1）成本更高。搜索引擎优化、按点击付费营销或联盟营销等在线传播的投资回报率更高。

（2）浪费更多。"我花在广告上的钱有一半被浪费了，问题是，我不知道是哪一半。"这句话对线下营销也许是正确的，但对于采用正确跟踪流程的在线营销却并不适用。

（3）针对性较差。通过行为、位置、时间、搜索关键词、网站和网页内容来确定目标很容易在线实现，通常比大多数线下媒体(除了直销)更有针对性。

（4）问责性较差。在线跟踪响应很容易，线下跟踪响应则代价高昂且容易出错。

（5）信息含量较低。支持决策的详细信息只能以成本效益较高的方式在线提供。

（6）个性化程度较低。虽然直邮可以个性化，但在线营销的个性化程度更高。

（7）互动体验较差。大多数线下交流都是单向的，只要有好的创意，在线交流很容易实现。

## 9.8.2　在线展示的附带广告和特定广告

线下广告可以分为两种类型：**附带的线下广告**(incidental offline advertising)和**特定的线下广告**(specific offline advertising)。如果广告的主要目的是推广特定的产品或促销活动，而且如果观众需要，网站可以作为辅助信息来源，那么网址就是附带的线下广告。传统企业在线下媒体上对网站的宣传多是附带性的——只是通过在广告底部加入网址来强调网站的存在。特定的线下广告是指广告的目的是解释网站的主张以引导消费者访问网站，提高网站的流量。广告将突出显示网站上提供的优惠或服务，如促销或在线客服。很多广告都会标注"访问我们的网站吧"，但更好的做法是给出一个更具体的标语，描述网站的整体主张("详细的信息和产品指南，以帮助您选择最适合您的产品")或针对活动的具体内容("我们将给您提供在线即时报价，显示您在我们这里节省了多少钱")。完成活动9.3以获得更多的例子。

### 活动9.3　选择最佳的数字媒体频道混合技术

针对下面的情况提出线上(和线下)推广技术的最佳组合。

- 品牌知名度高的成熟 B2C 品牌。
- 刚成立的互联网公司。
- 以出口为目标的小企业。
- 常见的 B2C 产品，如家庭保险。
- 专业的 B2B 产品。

**线下响应机制**

我们在第8章活动响应机制一节中讨论的网络响应、网址策略等各种响应机制必须用于使响应最大化，因为这有助于引导潜在顾客访问网站上最合适的内容。不同的网址对于衡量线下媒体活动的响应也很有用，因为我们可以衡量有多少访问者是直接输入域名访问网站的。

### 9.8.3　公共关系

如果在线服务或在线活动发生重大变化,或者在线讨论病毒性活动,公共关系可以成为提高网站流量的重要工具。我们在本章前面已经详细介绍了在线公关和影响者关系管理的好处。很多报纸都有定期的专题报道,列出有趣的娱乐或休闲网站或特定主题的指南,如网上银行或购物网站。行业杂志也会提供相关网站的信息。

詹金斯(Jenkins,1995)指出,公共关系的一个关键目标是将消极局面转变为积极局面。他认为公共关系的转移过程是:从无知到了解;从冷漠到感兴趣;从偏见到接受;从敌意到同情。

### 9.8.4　直销

直销是增加网站访问量的有效方法。如前所述,可以使用网页响应模型,其中网站是实现响应的手段,同时使用直邮活动来推动响应。很多目录公司会继续使用传统的直邮方式邮寄部分产品,通过更全面的产品和激励措施(如竞赛或针对特定网络的产品)促使收件人访问网站。

### 9.8.5　其他实物提醒

由于我们都把更多的时间花在现实世界而不是虚拟世界中,所以解释消费者为什么要访问网站的实物提醒意义重大。消费者手中和桌面上的东西将起到提醒其访问网站的作用,并弥补网络作为拉动媒介的缺陷。在 B2B 的背景下,办公室里的实物提醒可能更为重要。通过直销传递的通常包括小册子、目录、名片、销售网点材料、笔、明信片、杂志插页和外网密码卡片。

### 9.8.6　口碑营销

值得注意的是,正如我们在介绍病毒营销和口碑营销的一节所述,口碑在推广网站,特别是消费者网站(在这些网站中,互联网目前还是一个新鲜事物)方面发挥着重要作用。国际舆论研究公司(ORCI,1991)在美国消费者中进行的一项研究发现,典型的互联网消费者会向另外 12 个人讲述自己的网购经历。而普通的美国消费者只会向另外 8.6 个人介绍自己最喜欢的电影,向另外 6.1 个人介绍自己最喜欢的餐馆。这意味着,如果在线体验良好,顾客会告诉 12 个人,而如果体验不好,他们会告诉 24 个人,因此口碑也可能带来负面效应。帕里(Parry,1998)认为,对于欧洲消费者来说,通过朋友、亲戚和同事的口口相传是其发现网站的最重要的方法,重要性排在搜索引擎或其他网站的目录或链接前面。

## 小结

1. 在线推广技术包括:

(1) 搜索引擎营销——搜索引擎优化(SEO)和内容营销能够提升在自然列表中的排名,按点击付费广告则可以使公司出现在搜索引擎的赞助列表或展示网络上。

（2）在线公关——包括影响者外展、链接构建、博客和声誉管理等技术。

（3）在线合作伙伴关系——包括联盟营销（基于佣金的推荐）、联合品牌和赞助。

（4）在线广告——在发布商和社交网站上使用横幅广告、巨幅广告和视频等各种格式。程序化是展示广告投资的主要形式。重新定位是提醒人们与他们互动过的品牌的重要策略。

（5）电子邮件营销——包括联合品牌电子邮件、事件触发电子邮件和第三方电子快讯中的广告，以及发送给内部名单中的电子邮件地址的电子快讯和活动通知邮件。

（6）社交媒体营销——通过分享内容和开发通过在线口碑传播或病毒营销传播的创意概念，吸引不同社交网络和公司网站上的受众。

2. 线下推广包括推广网址，宣传网站的价值主张，并通过传统的印刷媒体或电视广告实现网络响应。

3. 互动的营销传播必须作为整合营销传播的一部分进行开发，以实现最大的成本效益。

4. 互动传播的主要特点是推拉媒体的结合使用、用户提交内容、个性化、灵活性，以及创造与消费者的互动性对话。

5. 互动传播的目标包括交易型网站的直销，但也间接支持品牌知名度、喜好度和购买意向。

6. 数字媒体引入的传播组合中的重要决策包括：

（1）媒体支出与数字资产和广告执行之间的平衡；

（2）传统沟通与线下沟通支出之间的平衡；

（3）持续的投资与基于活动的数字项目投资之间的平衡；

（4）对于不同互动沟通工具的投资的平衡。

表 9.5 总结了本章介绍的各种沟通工具的优缺点。

表 9.5　各种沟通工具在促进在线展示方面的优缺点总结

| 推广技术 | 主要优点 | 主要缺点 |
| --- | --- | --- |
| 搜索引擎优化（SEO） | 针对性强，成本低于按点击付费营销。如果有大量的搜索意图和有效的搜索引擎优化将会带来高流量。在搜索者看来这种方法是可信的 | 由于竞争激烈、复杂性和排名算法的变化，需要在内容营销方面持续投入大量资金。投资不一定能保证回报率和成交量所需的业绩前三名 |
| 按点击付费（PPC）营销 | 当受众搜索产品或解决方案时，可以有针对性地接触到他们；获取成本可控；可以扩大覆盖面，并利用展示网络进行再营销 | 在竞争激烈的行业成本相对较高，特别是当其他公司支付的费用比自然访问量低的时候 |
| 在线公关 | 成本相对较低，针对性强。可以通过创建反向链接协助搜索引擎优化 | 确定在线影响者和建立伙伴关系可能很耗时。需要投资于内容营销以鼓励分享 |

续表

| 推广技术 | 主要优点 | 主要缺点 |
|---|---|---|
| 联盟营销 | 绩效营销的付费方式是按结果付费(如5％的销量或潜在顾客来自推荐网站) | 只适用于有在线销售业务的企业。需向联盟网络支付设置成本和管理费。排名算法的变化减少了使用搜索的联盟网络的数量 |
| 在线赞助 | 与协同网站建立低成本的长期联合品牌安排时效果最佳 | 可能会提升品牌知名度,但不一定直接提高销量 |
| 互动广告 | 通过发布商和社交网络吸引受众,以提高知名度并鼓励点击(包括通过重新定位)。也可以通过媒体乘数效应在品牌塑造中发挥作用。基于内容的新的"本地广告"格式可能更有效 | 由于"广告盲区",回复率一直在下降 |
| 电子邮件营销 | 推送媒体,位于用户的收件箱中(与社交更新相比),不可忽略。可用于与网站的直接响应链接 | 要产生效果需要用户授权。由于无法购买潜在顾客列表,因此更适于与顾客交流而不是发展潜在顾客。会淹没在收件箱的电子邮件中而不引起注意。也可能被屏蔽而无法送达 |
| 社交媒体营销、病毒营销和口碑营销 | 凭借有效的病毒媒介,可以用相对较低的成本覆盖更大的传播范围。社交网络中的影响者可以发挥重要作用,可以利用老顾客进行宣传。付费广告选项或许是有效的 | 难以创造强大的病毒概念和控制目标。自然覆盖率的减少意味着需要向脸书付费才能接触到受众。由于信息是主动提供的,因此品牌也可能受损 |
| 传统的线下广告(电视、印刷品等) | 比大多数在线技术更广泛,有时更具成本效益。可能具有更高的创造力,带来更大的影响 | 有人认为,目标定位不像线上那么容易。发展潜在顾客的成本通常较高,但可能有更具成本效益的本地选项 |

## 练习

**自我评估练习**

1. 简要解释并举例说明主要的在线推广技术。
2. 解释展示广告和程序化广告的各种支付模式。
3. 管理成功的展示广告活动的重要因素有哪些?
4. 企业可以如何通过搜索引擎推广自己?
5. 说明社交媒体营销对提高知名度的价值。
6. 在线公关可以如何帮助推广新产品?
7. 可以如何对网站进行线下推广?

8. 说明下面列出的三种基于互联网的广告技术对某国际化学品制造商的相对重要性。

（1）展示广告；（2）付费搜索营销；（3）联盟营销

**讨论题**

1. 公司应如何评估本章讨论的数字媒体渠道的相关性和有效性？

2. 讨论媒体所有者和广告公司支付在线展示广告费用的不同模式的优点。

3. 解释影响公司产品和服务在搜索引擎（如谷歌）的结果页面中的排名的因素。

4. 比较程序化展示广告、付费搜索营销和联盟营销等各种展示广告方式的效果。

**测试题**

1. 给出三个数字媒体渠道的例子，并简要说明它们的传播优势。

2. 描述适合投放汽车制造商的在线展示广告的四种不同类型的网站。

3. 点击率是衡量展示广告有效性的一个指标。

（1）什么是点击率？

（2）决定展示广告点击率的重要因素有哪些？

（3）点击率是衡量展示广告效果的一个好标准吗？

4. 什么是联合品牌？说明联合品牌的作用。

5. 什么是元标签？元标签对于确保网站被搜索引擎抓取有多重要？

6. 列举三种可用于招揽顾客的电子邮件营销方式。

7. 简要评估某知名零售商的联盟营销的优缺点。

8. 可以使用哪些技术在线下媒体中推广网站？

## 参考文献

Abraham, M. (2008) The off-line impact of online ads, *Harvard Business Review*, 86(4), 28.

Adobe(2017) ADI Retail Industry Report, Q2 2017, https://www.slideshare.net/adobe/adi-retail-industry-report-q2-2017 (accessed May 2018).

Advanced Web Ranking(2018) CTR study, available from https://www.advancedwebranking.com/cloud/ctrstudy/ (accessed May 2018).

Berger, J. and Milkman, K. L. (2012) What makes online content viral? *Journal of Marketing Research*, 49(2), 192-205.

Besbris(2017) AMP: Two years of user-first webpages, 19 October, https://www.ampproject.org/latest/blog/amp-two-years-of-user-first-webpages (accessed May 2018).

Brin, S. and Page, L. (1998) The anatomy of a large-scale hypertextual web search engine, *Computer Networks and ISDN Systems*, 30(1-7), 107-117, www-db.stanford.edu/~backrub/google.html (accessed May 2018).

Bush, M. (2010) How social media is helping public-relations sector not just survive, but thrive, *Advertising Age*, 23 August, http://adage.com/article/news/social-media-helping-public-relations-sector-thrive/145507/ (accessed May 2018).

Cartellieri, C., Parsons, A., Rao, V. and Zeisser, M. (1997) The real impact of Internet advertising, *McKinsey Quarterly*, 3, 44-63.

Chaffey, D. (2006) *Total Email Marketing*, 2nd ed, Butterworth-Heinemann, Elsevier, Oxford.

Chaffey, D. and Smith, P. R. (2017) *Digital Marketing Excellence: Planning, Optimising and Integrating Digital Marketing*, 5th ed, Taylor & Francis, Abingdon, UK.

Dee,A.,Bassett,B. and Hoskins,J.(2007)Word-of-mouth research:principles and applications,*Journal of Advertising Research*,47(4),387-397.

DMA(2008) UK National Client Benchmarking Report,www. dma. org. uk.

DMA(2017) DMA Insight:marketer email tracking study,www. dma. org. uk.

eCircle(2011) Display versus email. The SEA T Ibiza campaign illustrating how to effectively allocate your online advertising budgets,research study,March.

Fiorelli,G.(2014) The myth of Google's 200 ranking factors,blog post,30 September,http://moz. com/blog/the-myth-of-googles-200-ranking-factors(accessed May 2018).

Forrester(2007) Consumer trends survey North America—leveraging user-generated content,January,Brian Haven.

Freid,J.(2017)Using search and social to support TV advertising,Search Engine Land,18 May,https://searchengineland. com/using-search-social-support-tv-advertising-274870(accessed May 2018).

Graham,J. and Havlena,W.(2007)Finding the 'missing link':advertising's impact on word of mouth,web searches,and site visits,*Journal of Advertising Research*,47(4),427-435.

Google Webmaster Guidelines(2018)Google Search Console Help,available from:https://support. google. com/webmasters/answer/35769? hl=en(accessed May 2018).

Guadagno,R. E.,Rempala,D. M.,Murphy,S. and Okdie,B. M.(2013)What makes a video go viral? An analysis of emotional contagion and Internet memes,*Computers in Human Behavior*,29(6),2,312-319.

Haynes,M.(2012)Are SEOs destroying small businesses? A Penguin story,1 October,http://moz. com/ugc/are-seos-destroying-small-businesses-a-penguin-story(accessed May 2018).

Hitwise(2006) UK media impact report,analyst Heather Hopkins,www. hitwise. com.

iMediaConnection(2003)Interview with ING Direct VP of Marketing,Jurie Pietersie,www. imediaconnection. com/content/1333. asp(accessed May 2018).

Jenkins,F.(1995)*Public Relations Techniques*,2nd ed,Butterworth-Heinemann,Oxford.

Kirby,J.(2003)Online viral marketing:next big thing or yesterday's fling? *New Media Knowledge*,www. newmediaknowledge. co. uk.

Kumar,V.,Petersen,J. and Leone,R.(2007)How valuable is word of mouth? *Harvard Business Review*,85(10),139-146.

Libert,K. and Tynski,K.(2013)Research:the emotions that make marketing campaigns go viral,24 October,*Harvard Business Review* blog,https://hbr. org/2013/10/research-the-emotions-that-make-marketing-campaigns-go-viral/(accessed May 2018).

MAD(2007)How online display advertising influences search volumes,4 June,MAD Network(*Marketing Week*),Centaur Communications.

Marsden,P.,Samson,A. and Upton,N.(2005)Advocacy drives growth,*Brand Strategy*,198(December 2005/January 2006).

McAllister,S. M. and Taylor,M.(2007). Community college websites as tools for fostering dialogue,*Public Relations Review*,33,230-232.

Merkle(2017)Merkle Digital Marketing Report,Q2,https://www. merkleinc. com/thought-leadership/digital-marketing-report(accessed May 2018).

Nielsen(2013) Under the influence:consumer trust in advertising,blog post,19 September 2013,www. nielsen. com/us/en/insights/news/2013/under-the-influence-consumer-trust-in-advertising. html(accessed May 2018).

Novak,T. and Hoffman,D.(1997)New metrics for new media:towards the development of web measurement standards,*World Wide Web Journal*,2(1),213-246.

Onalytica(2017)Definitive guide to influencer relationship management,report summarised in this blog post:http://www. onalytica. com/blog/posts/white-paper-the-definitive-practical-guide-to-influencer-relationship-management/(accessed May 2018).

OPA Europe(2010)The silent click:measuring the impact of online brand advertising in Europe,www. opa-europe. org/news/press-releases/265(accessed May 2018).

OR CI(1991)Word-of-mouth drives e-commerce,survey summary,May,Opinion Research Corporation International,www. orcinternational. com.

Parry,K.(1998)Europe gets wired,a survey of Internet use in Great Britain,France and Germany,research report

1998，KPMG Management Consulting，London.

Prussakov，E.(2011a) A practical guide to affiliate marketing：quick reference for affiliate managers and merchants，self-published.

Prussakov(2011b) Back to affiliate cookie duration (return days) question，blog post by Geno Prussakov，12 September，www. amnavigator. com/blog/2011Ö09Ö12/back-to-affiliate-cookie-duration-return-days-question/ (accessed May 2018).

Ranchhod，A.，Gurau，C. and Lace，J. (2002) Online messages：developing an integrated communications model for biotechnology companies，*Qualitative Market Research：An International Journal*，5(1)，6-18.

Robinson，H.，Wysocka，A. and Hand，C. (2007) Internet advertising effectiveness：the effect ofdesign on click-through rates for banner ads，*International Journal of Advertising*，26(4)，527-541.

Ryan，J. and Whiteman，N. (2000) Online advertising glossary：sponsorships，ClickZ Media Selling channel，15 May.

Smart Insights(2010) 'Official'：Facebook and Twitter DO influence natural search rankings，Chris Soames，December 2010.

Smart Insights(2011) How balanced is your traffic mix，blog post，Dave Chaffey，4 July，www. smartinsights. com/digital-marketing-strategy/customer-acquisition-strategy/how-balanced-is-your-traffic-mix/ (accessed May 2018).

Smart Insights (2014) 5 options for semantic markup to improve SEO，blog article by Yusuf Bhana，27 May，www. smartinsights. com/search-engine-optimisation-seo/blended-or-uni-versal-search/semantics-markup-future-seo/ (accessed May 2018).

Smart Insights(2015) Is this the social media backlash，blog post by Dave Chaffey，21 January，ww. smartinsights. com/social-media-marketing/social-media-strategy/social-media-backlash/ (accessed May 2018).

Swankie，N. (2014) 'Social media a waste of time'? No chance says Nicola Swankie，blog post，10 December，www. pria. com. au/priablog/social-media-a-waste-of-time-no-chance-says-nicola-swankie (accessed May 2014).

Ye，L. and Ki，E. -J. (2012) The status of online public relations research：an analysis of publishedarticles in 1992-2009，*Journal of Public Relations Research*，24，409-434.

## 相关网址链接

**与通用数字媒体频道相关的电子邮件快讯和门户网站**

**ClickZ Experts**(www. clickz. com/experts)。有关电子邮件营销、电子邮件营销优化和电子邮件营销案例研究的专栏。

**Econsultancy. com**(www. econsultancy. com)。提供各种电子通信工具的实践经验。

**Marketing Sherpa**(www. marketingsherpa. com)。关于在线营销传播的文章和链接，包括电子邮件和在线广告的例子。

**Smart Insights**(www. smartinsights. com)。本章所涉及的所有数字营销渠道的最佳实践和最新更新建议，由戴夫·查菲编辑。

**与电子邮件相关的咨询网站**

英国直销协会(www. dma. org. uk)。提供营销实践指南和基准。

电子邮件体验委员会(www. emailexperience. org)。一家美国机构，汇集了电子邮件营销的实用技巧。

**分支机构和聚合咨询网站**

AM Navigator(www. amnavigator. com/blog)。Geno Prussakov 关于管理联盟计划的建议。

绩效营销协会(https：//thepma. org/)。总部设在美国的联盟营销倡导组织。

PerformanceIN(http：//performancein)。专注联盟营销的在线杂志和活动公司。

**数字广告相关网站**

DoubleClick(www. google. com/doubleclick/insights/research. html)。谷歌旗下的广告服务和效果追踪提供商，开展关于消费者行为和优化广告效果的研究。

美国互联网广告局(www. iab. net)。关于展示广告效果的最广泛的研究。在英国的网址是 www. iabuk. net。

世界广告研究中心(www. warc. com)。主要是订阅服务，但也有一些免费资源。

实时广告学院(http：//rtacademy. com/)。详细解释编程原理的免费视频教程。

**搜索引擎相关网站**

**谷歌搜索控制台**（www.google.com/webmasters）。为网站所有者验证的网站提供了一套有用的工具,包括不同位置、不同短语的索引包含、链接和排名。

**Moz**（www.moz.com）。以前专注于搜索引擎优化,但现在扩展到内容营销及其他集客营销技术。全球最受搜索引擎优化专家欢迎的网站。包括开放网站、浏览器工具和用于查看反向链接的 Chrome 扩展。

**搜索引擎平台**（www.searchengineland.com）。一个博客网站,涵盖搜索引擎营销的最新发展。其姊妹网站 Marketing Land（www.marketingland.com）使用范围更广。

**Webmasterworld**（www.webmasterworld.com）。从业者常用的关于搜索引擎营销实践的论坛。

**病毒营销/口碑研究网站**

**全球之声**（www.mashable.com）。关注与社交网络相关的发展和统计数据的网站。

**口碑营销协会**（www.womma.org）。面向美国的口碑营销专家社区。

# 数字渠道绩效的评估与改进

**学习目标**

读完本章后,你应该能够:

- 了解用于衡量与提高数字营销绩效的术语和工具
- 制定适当的流程来收集数字营销绩效的衡量标准
- 确定管理数字活动和内容时所需采取的步骤

**营销人员要回答的问题**

- 如何衡量和提高数字营销的绩效?
- 需要投入多少资源来管理与改进相关的网站和移动应用?

 **10.1 引言**

掌握了成功的数字营销方法的公司似乎有着共同的特点:重视并投入资源来监控在线营销的成败,采取措施不断提高数字渠道的绩效。这也是亚马逊发展壮大的基石,本章的案例研究介绍了该公司的度量文化。

定义适当的衡量和改进方法的重要性在于,**网络或数字分析**(web or digital analytics)已经发展成为描述这一关键数字营销活动的术语。该领域的供应商、顾问和研究人员组建了一个数字分析协会(www. digitalanalyticsassociation. org)来管理最佳实践。他们对网络分析的定义是:为了理解和优化网络使用而对互联网数据进行的测量、收集、分析和报告。

可以看出,这是一个笼统的定义。你觉得该定义可以如何改进?我们认为它还可以参考多渠道使用情况优化和测量的商业目标。

为了成功地找到一种改善互联网营销效果的衡量方法,我们假设有四个主要的组织先决条件。如图 10.1 所示,这些先决条件被分解为网站分析流程的质量,包括定义正确的改进措施、购买正确的工具以及管理流程(如采用可供员工审核结果的流程,然后相应地修改其营销活动)。

本章分为两部分:第一部分是关于绩效管理的,将回顾通过评估适当的措施、工具和正确的流程来提高绩效的方法,如图 10.1 所示;第二部分将回顾维护在线状态所涉及的一些问题,并介绍用于改进不同公司网络状态的工具和过程。

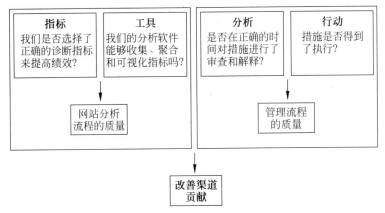

图 10.1　评估流程、指标和工具以提高组织内数字营销贡献的关键问题

## 基本数字技能:评估数字营销效果

由于数字营销具有数据驱动的巨大潜力,雇主正在寻找具有数据分析技能的人才,因此拥有评估和改进数字营销绩效的分析技能的人才供不应求。我们建议你开发以下技能:

(1) 使用相关指标分析数字营销的有效性,特别是针对数字媒体、网站顾客旅程和内容有效性;

(2) 了解如何使用数字营销分析系统(如谷歌分析和 Adobe 分析)和数据可视化工具(如 Google Data Studio、Tableau 或开源统计分析工具 R);

(3) 了解如何进行可以提高现场效率的 AB 测试等结构化实验;

(4) 了解如何使用不同类型的营销技术来衡量和提高顾客参与度。

通过展示你的兴趣和经历来提高就业能力的实用想法包括:

(1) 访问谷歌分析演示账户,了解谷歌分析的结构;

(2) 展示你使用谷歌分析或 AB 测试来提高营销效率的能力;

(3) 证明你了解数字营销看板上所需的基本措施。

(4) 建立并维护一个博客,作为你知道如何使用网络托管的内容管理系统(如 Wordpress.com)的例证。在此博客上运行谷歌分析。

可使用 Smart Insights 技能评估工具(http://bit.ly/smartdigiskills),审核你在 RACE 规划框架内的数字营销技能。

# 10.2　数字渠道的绩效管理

绩效管理对于商业活动任何一个方面的提升都是至关重要的。据报道,惠普公司首席信息官鲍勃·龙比亚（Bob Napier）早在 20 世纪 60 年代就说过："你无法管理自己无法衡量的东西。"商业运营研究人员将旨在监控与改善组织绩效的流程和系统称为**绩效管理系统**（performance management systems），并以**绩效测量系统**（performance measurement systems）研究为基础。

今天，几乎所有的组织都有某种形式的在线形象，但是图 10.1 中强调的问题并没有得到充分的回答。因此，一个良好的起点是了解当前的改进过程及改进过程中的组织障碍。

本节我们将通过研究数字营销衡量系统的三个关键要素来回顾绩效管理的方法。首先是改进的过程；其次是指定相关**数字营销指标**（digital marketing metrics）的衡量框架；最后是对收集、分析、传播及采取行动的工具和技术的适用性进行评估。我们将逐一介绍建立和实施绩效管理系统的三个阶段。

## 10.2.1 阶段 1：创建绩效管理系统

安迪·尼利（Andy Neely）及他在克兰菲尔德管理学院商业绩效中心的同事们使用的绩效衡量的定义给出了绩效管理的本质（Neely 等，2002）：绩效衡量是通过获取、整理、排序、分析、解释和传递适当的数据来量化之前行动的效率和有效性的过程。

绩效管理将这一定义扩展到为了提升业务绩效和回报而进行分析和实施变革的过程。在线营销人员可以使用谷歌分析或 Adobe 分析等数字分析工具，将很多业务绩效管理方法应用于数字营销。虽然大多数企业已经在网站上建立了这些服务，特别是免费版的谷歌分析，但仍然需要一个过程来利用数据和工具进行绩效管理。从定义中可以看出，绩效主要是通过流程**有效性**（effectiveness）和**效率**（efficiency）的信息来衡量的，这一点在第 4 章的目标设定一节中已经介绍过，那时我们就强调了同时包括有效性和效率的衡量的重要性。

如果我们检查一个没有结构化绩效管理过程的组织，就会发现结构化绩效管理过程对于组织而言是不可或缺的。这包括：措施与战略目标之间缺乏联系甚至没有目标；未收集关键数据；数据不准确；未传递或分析数据；没有纠正措施。亚当斯（Adams）等于 2000 年开展的研究中的受访者也表示，改进衡量系统的很多障碍源于缺乏有效的过程。障碍可分为以下几类：

（1）高级管理人员短视，没有将绩效衡量视为优先事项，没有理解或是设定了错误的目标，如降低成本而不是提高绩效。

（2）不清楚交付和改进测量系统的责任。

（3）资源问题。缺少时间（可能意味着员工缺乏积极性）、必要的技术和集成系统。

（4）数据问题。数据过载或质量差，用于基准测试的数据有限。

数字分析协会（2017）针对分析专家的调查报告显示，最受欢迎的分析功能包括：报告和看板可视化（82%）；以往绩效分析（80%）；优化网站功能和转化（67%）；优化活动绩效（67%）；AB 测试和多变量测试（52%）。

可以看到分析师参与了数字体验与活动的报告和优化，未来业绩的预测指标相对较低（35%）。分析师报告的分析挑战通常与数据集成和准确性有关：数据访问/数据孤岛

(22%)；数据不完整(16％)；数据不准确(16％)；分析工具不足(10％)。

为了避免这些误区,需要一个协调、结构化的衡量过程。图 10.2 展示了衡量过程中的四个关键阶段。科特勒(1997)将这些定义为年度营销计划控制的关键点。第 1 阶段是目标设定,用于定义衡量系统的目标,通常将战略数字营销目标作为衡量系统的输入。衡量系统的目的是评估这些目标是否实现,并规定纠正性营销措施,以减少目标与实际关键绩效指标之间的差异。第 2 阶段是绩效衡量,包括收集数据以确定构成衡量框架的不同指标,这将在下一节讨论。第 3 阶段是绩效诊断,通过对结果的分析了解偏离目标的原因并选择营销解决方案以减少差异。在数字营销环境中,第 4 阶段是纠正措施,将解决方案作为内容、设计、营销传播和转化率优化(CRO)的更新来实施。在该阶段之后,会循环往复地重复各个阶段,只是目标可能会有修订。

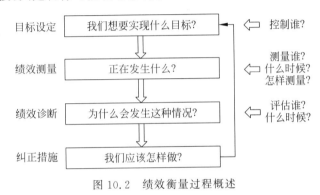

图 10.2 绩效衡量过程概述

## 10.2.2 阶段 2：定义绩效指标框架

为了测量数字营销的有效性,应该评估数字营销在不同层次上的贡献:

(1) 是否符合数字营销策略中定义的业务目标?

(2) 是否实现了营销目标计划?

(3) 是否实现了营销传播目标?

这些测量也可能与科特勒提出的不同层次的营销控制有关,包括战略控制(问题 1)、盈利能力控制(问题 1)、年度计划控制(问题 2)和效率控制(问题 3)。

效率测量更关注在最小化在线营销成本的同时最大化不同重点领域的回报,如吸引网站访问者、将访问者转化为购买者或实现重复交易。

查菲(2000)建议组织定义衡量框架或创建管理看板,以定义用于评估数字营销绩效的特定指标的分组。他认为合适的测量框架应符合下列标准:

(1) 包括宏观层面的有效性指标,评估战略目标是否实现,并指出数字营销对业务的贡献程度(收入贡献和投资回报)。

(2) 包括评估数字营销策略和实施效率的微观指标。这些措施通常被称为绩效驱动因素,因为实现这些措施的目标将有助于实现战略目标。数字营销绩效驱动因素有助于通过吸引更多的网站访客和增加对预期营销成果的转化来优化在线营销。这些都满足科特勒(1997)提出的营销效率控制。阿格拉沃尔等(2001)的研究采用宏观和微观指标相结合的方式,根据电子绩效记分卡中吸引力、转化率和保留率三个类别定义的指标对公司进行评估。

(3)根据亚当斯等(2000)的建议,评估数字营销对主要利益相关者(顾客、投资者、员工和合作伙伴)的满意度、忠诚度和贡献的影响。

(4)根据弗里德曼和富里(Friedman and Furey,1999)的建议,可以比较不同数字渠道与其他渠道的绩效。

该框架可用来与竞争对手或行业外的最佳实践进行对比来评估数字营销绩效。

在确定衡量指标时,通常的做法是应用广泛使用的 SMART 助记符,并且考虑业务衡量、营销衡量和具体的数字营销衡量三个层次。

图 10.3 展示的衡量框架可以应用于很多不同类型的公司。衡量的分组仍然很重要,虽然主要集中在网站或线上,但也应考虑与社交媒体互动的措施。在第 4 章,我们曾介绍过两个可用于创建绩效看板的替代框架(参见表 4.6 和表 4.9)。

### 渠道推广

这些指标可以评估网站、社交网站或移动网站访客(线上或线下)的数量、质量和价值,以及促使他们访问网站或线下媒体的原因是什么。可以应用网络分析来评估访客来自哪个推荐网站,以及当其试图查找产品信息时,在搜索引擎中输入了哪些关键词。对于社交媒体网站的访客通常不会提供类似的推荐网站信息。如果流量符合数量、质量、价值和成本的目标,推广就是成功的。质量将根据访客是否来自目标市场及是否对所提供的服务感兴趣(通过查看线上或线下转化率、跳出率和不同引荐来源的获取成本)来确定。

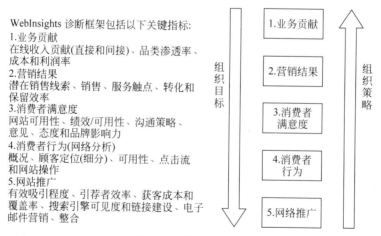

图 10.3 数字营销测量的五种诊断分类

**关键测量**。推荐组合。对于每一个推荐来源,如付费搜索或展示广告,都应计算:

(1)所有推荐或销售的百分比(以及对实现最终点击或辅助销售的影响);

(2)每行动成本(CPA)或每销售成本(CPS);

(3)对销售或其他产出的贡献。

### 渠道买方行为

一旦顾客被吸引到网站,我们就可以监控顾客访问的内容、访问的时间、停留的时长,及其与内容的互动是否会带来令人满意的营销结果,如新的销售线索或销售。如果访客在网站注册,就有可能为不同的细分市场建立行为档案。也可以根据访客来源和访问的内容创建细分市场。根据上次访问或登录时间设置的 cookies 来识别回头客也十分重要。第 6 章介绍了如何使用最低回报率来评估回访的活跃度,如 30% 的顾客在 90 天内再次访问网站使用在线服务。

**关键比率:**

(1) 不同页面的跳出率,即单页访问的比例。

(2) 主页浏览量/所有页面浏览量,如 20%=2 000/10 000。

(3) 黏性(stickiness):浏览页次/浏览人次,如 2=10 000/5 000。

(4) 重复:浏览人次/浏览人数,如 20%=1 000/5 000。

### 渠道满意度

顾客对在线体验的满意度对于实现预期的渠道成果至关重要。在线问卷、焦点小组和访谈等在线调查方法可用于评估顾客对网站内容和服务的意见,以及它是如何影响顾客对品牌的整体认知的。一些行业发布了基于美国顾客满意度指数方法的基准服务,如 Foresee(www.foreseeresults.com)。这些评估分数是基于预期服务与实际服务之间的差距。

**关键测量**。第 7 章介绍的顾客满意度指数,包括易用性、网站可用性和绩效,以及电子邮件响应。可以使用基准服务与其他网站的顾客满意度进行比较。

### 渠道成果

应该设定传统的营销目标,如销售数量、销售线索数量、**转化率**(conversion rates)、顾客获取和保留,然后与其他渠道进行比较。戴尔电脑记录了在线销售及在线浏览后通过电话确认的订单。这是通过监控网站上公布的专用电话号码的呼入实现的。主要营销成果包括:在网站上注册或订阅电子邮件快讯;要求提供更多的信息(如宣传册)或要求客服回电话;响应促销活动,如在线竞赛;受网站访问影响的线下(电话或实体店)销售;网站销售。

**关键测量**。渠道贡献(直接和间接)。评估渠道结果的一种广泛使用的方法是查看转化率,该指标可以表明获得特定结果的网站访问者的百分比。例如:

(1) 访客购买的转化率=2%(10 万名访客,其中 200 名购买)。

(2) 访客注册的转化率=5%(10 万名访客,其中 500 名注册)。

一个相关的概念是**流失率**(attrition rate),它描述了从登录页面到结账的转化流程中流失的访客数量。如图 10.4 所示,在设定的时间段内,只有一部分网站访客会点击产品信息页面,一小部分访客会将产品添加到购物车中,更小的一部分访客会真正购买。电子商务网站的一个重要特点是,从顾客将产品添加到购物车到购买之间存在较高的流失率。原因可能包括可用性问题、对安全的担心,或者顾客浏览产品时打算在线下或其他渠道购买。

### 渠道盈利能力

帮助企业盈利一直是电子商务的最终目标。为了评估这一点,领先的多渠道公司设定了一个在线贡献目标,即通过渠道实现一定比例的销售。对于一家无法在线销售产品的公司来说，评估贡献更为困难，但应该评估互联网在影响销售线索和购买方面的作用。贴现现金流技术被用于评估一段时间内的回报率。

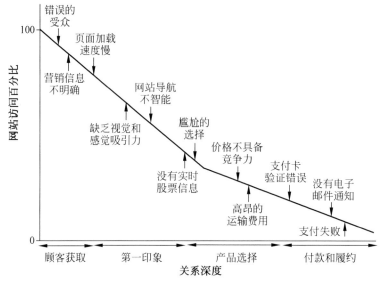

图 10.4　造成电子商务网站人员流失的潜在原因

　　**多渠道评估**。我们在本章介绍的框架是在单一渠道的背景下解释的，但渠道的贡献则以销售额百分比或盈利能力突出显示。正如威尔逊(Wilson,2008)所指出的，有必要评估不同渠道之间如何相互支持。威尔逊说：传统的指标已经与渠道保持一致，在一端衡量资源投入或潜在客户，在另一端衡量渠道产生的销售价值。对于那些一直在单一渠道运营的公司来说，这可能是相对有效的，但当企业向多渠道方式多样化发展时，这种方法就不再适用了。

　　他认为多渠道测量最重要的方面是测量渠道交叉效应。例如，"如果付费搜索活动对实体店、销售人员或呼叫中心产生的流量与对网站产生的流量一样，如何衡量这种影响?""如果直邮广告活动产生了网站访问量和直接响应，如何追踪研究其影响?"

　　图 10.5 展示了为评估和比较零售商的渠道绩效而开发的平衡记分卡式看板的示例。

| **结果(6)**<br>• 收入<br>• 多渠道贡献<br>• 多渠道销售提升<br>• 每个渠道的成本<br>• 消耗资产的程度<br>• 多渠道基础设施成本 | **顾客和利益相关者(5)**<br>• 总体顾客满意度<br>• 顾客流失倾向<br>• 顾客购买倾向<br>• 顾客增值感知<br>• 顾客体验的整合 |
|---|---|
| **核心流程(3)**<br>• 有效的多渠道使用<br>• 价格(相对于竞争对手/其他渠道)<br>• 综合顾客意见的质量 | **人员和知识(4)**<br>• 员工满意度<br>• 适当的"让品牌存活"行动<br>• 品牌多元化/延伸的意愿<br>• 有关目标顾客的知识 |

图 10.5　零售商的多渠道绩效记分卡示例

资料来源：Wilson(2008).

## 10.2.3　阶段 3：收集见解、运行流程和总结结果的工具与技术

企业需要选择最合适的工具来收集和报告符合要求的指标，如营销绩效报告、准确性、分析和可视化工具、与其他营销信息系统的集成（使用 XML 标准的导入、导出和集成）、易用性、配置（如创建自定义看板和电子邮件提醒）、支持质量、购买成本、配置和持续支持。

收集指标的技术包括收集网站访问者活动数据，如存储在网络分析系统（如谷歌分析和 Adobe 分析）及网站日志文件中的数据；收集关于结果的指标，如在线销售或电子邮件查询，以及传统的营销调研技术，如问卷和焦点小组，这些技术收集网站上的用户体验信息。我们首先描述收集网站访问者活动数据的方法，然后回顾更传统的市场调研技术。

**为企业选择营销技术**

自从网络产生以来，很多营销和数字营销技术服务已经被创造出来，它们为营销人员提供了关于营销有效性的见解，使他们能够运行营销操作过程，向受众传递更相关的信息。这些现在统称为营销技术。如今很多技术都是基于云端的软件即服务工具（SaaS），不需要在企业内部安装软件，而是通过浏览器来获取洞察和管理控制。例如，谷歌分析可以让企业衡量其网站效果，还可以通过谷歌优化（Google Optimize）进行测试和个性化体验。同样，用于编辑内容的内容管理系统现在可以通过浏览器访问，并包含对内容参与的洞察，以及个性化体验的选项。

正如斯科特·布林克尔（Scott Brinker，2017）指出的，企业可以使用的营销技术工具有数千种。这给希望利用这种洞察力，但只想从有限数量的工具中进行选择并集成数据的企业带来了挑战。对于数字营销的新人来说，很难理解哪些是最好的解决方案，以及在有了谷歌分析或 Adobe 分析等主要的网站分析系统之后是否值得再采取这些方案。完成活动 10.1，探索当今营销人员可以使用的各类洞察工具和运营营销技术。

### 活动 10.1　了解营销技术和数字洞察工具

**目的**：了解如何利用不同类型的洞察力来改进数字营销。

**活动**：

1. 查看如图 10.6 所示的数字营销工具轮和布林克尔创建的 5 000 种工具的分类信息图，了解可用的洞察工具范围。

2. 分组，各组选择不同的业务类型，如小企业、零售商、金融服务、旅游公司、B2B 服务和消费者品牌。

3. 对于你选择的企业，使用诸如 BuiltWith. com，SimilarTech 或 Chrome 扩展程序 Wapalyzer 之类的工具来查看已安装的营销技术。

在 http://bit.ly/smartdigital 上访问包含工具示例的完整信息图，就各种工具展开讨论，并根据各种工具对小企业的重要性进行分类，选择以下选项之一：A：必不可少；B：有利于优化；C：对于小企业而言价值较低。

例如，类别 2（数字分析）、类别 11（内容管理系统）和类别 29（电子邮件服务提供商）对所有企业都是必不可少的。

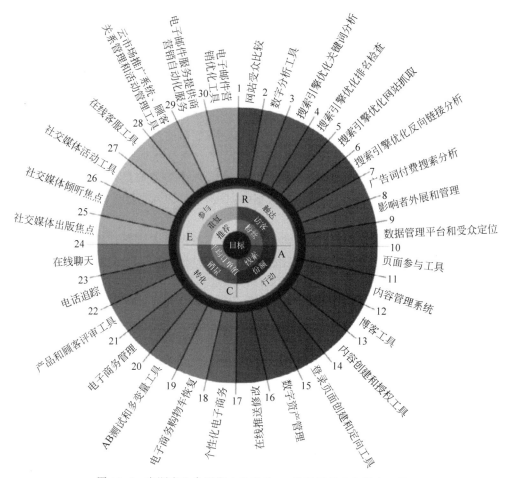

图 10.6　在顾客生命周期中构建的 30 类营销技术和洞察工具

资料来源：Smart Insights(2017).

**营销技术**(martech stack)的概念是从基于斯科特·布林克尔(Scott Brinker)的见解和 Smart Insights 工具轮的营销技术分类中发展起来的。企业一直将不同类型的业务信息技术应用程序组合用于财务、物流和营销等经营活动中，但传统上，它们由管理有限数量的企业资源规划系统（如 SAP）的信息技术团队控制。随着基于云计算的 SaaS 的发展，需要管理很多数字营销渠道（如搜索和社交媒体营销）的各个部门（尤其是营销部门）部署自己的解决方案变得更加容易。

随着企业部署了更多的营销科技服务，管理和整合这些服务的需求已经凸显。很多企业只是简单地选择某种营销技术来满足管理营销的即时操作需求。这可能会很快导致公司内部技术的扩散，从而导致这些潜在的"技术缺陷"，几乎所有技术缺陷都会导致缺乏集成。常见的问题包括：

(1) 没有针对营销技术的长期计划。为实现不同功能采用不同工具的随机方法，有时称为**随机技术行为**(Random Acts of Technology，RAT)。

（2）评估营销技术时不够严谨。选择最合适的技术需要时间，由在信息技术、软件选择和业务案例开发方面有经验的人进行结构化审查。如果没有足够的时间或技能做这件事，那么在没有充分验证对操作过程的解决方案的情况下，供应商声明的力度可能会影响决策。

（3）来自不同供应商的技术解决方案未实现整合。采用多种工具会形成数据孤岛，如果不手动导出流程，就无法从不同的应用程序中提取或组合数据。

（3）数据不一致。单一的顾客视图或"360 度顾客视图"是大多数企业的愿望，但现实往往是不同分析系统中的数据会报告不同的数值，所以不存在"单一版本的真相"。

（4）无法跨渠道跟踪顾客旅程。如今，顾客旅程比以往任何时候都更加复杂，随着数字营销渠道的激增，传统的线下渠道对大多数企业来说仍然很重要。当顾客在移动设备和桌面设备上消费内容时，还会出现跨设备的旅程。

（5）新的营销技术在培训和流程方面没有足够的更新。虽然基于云的 SaaS 的吸引力是可以通过相关 javascript 标记网站实现安装，但实际情况是涉及的内容远不止这些。以谷歌分析为例，根据我们的经验，很多人都在网站上运行谷歌分析，但却没有对它进行定制、培训，也没有对审查和报告流程进行修改，以获得最大的效益。

（6）营销技术的回报未被审查。我们曾经提到，采用的业务案例没有充分定义。而且这个循环不是封闭的，因此在采用后，营销技术在改善营销运作和结果方面的效果没有得到充分考虑。部署中经常会出现错误，这可能导致数据质量不准确，从而影响营销绩效。

### 收集网站访客活动数据

网站分析系统采集的**网站访客活动数据**（site-visitor activity data）记录了访问网站的人数，以及他们在网站上浏览不同内容时所选择的路径或点击流。

20 世纪 90 年代中期，在互联网营销的起步阶段，这些信息通常是用日志文件收集的。每当用户下载一条信息（一个点击），如页面或页面内的图片时，基于服务器的日志文件都会被添加到其中。大多数企业如今已不再使用日志文件，不过这些文件仍可能用于服务器负载和搜索机器人抓取的技术审查。

尽管点击次数被一些媒体评论员所使用，但它并不是衡量网站效果的有效指标，因为如果一个页面包含 10 个图片再加上文本，则记录为 11 次点击。**页面印象或页面浏览量**（page impressions or page views）和**独立访客**（unique visitors）可以更好地衡量网站活动。ABC 电子等审计公司对网站进行审计，目的是向广告商证实访问某个网站的人数。这些公司将独立访客和页面印象作为主要衡量指标。

图 10.7 是根据真实的、有代表性的数据，使用不同的衡量标准来衡量一个网站一个月的访客量的例子。你可以看到点击率比页面浏览量和独立访客高得多，而且在"看到"信息的机会方面有很大的误导性。我们还可以从这些指标之间的比率中了解一些东西。

（1）每次访问的页面数（PPV）。每个访客在网站上浏览的平均页面数（表明访客对网站的参与度，因为访客在一个"黏性网站"上停留的时间越长，这个值就越高）。PPV 是一个比网站浏览时长更准确的黏性指标，因为网站浏览时长会导致错误解读那些虽然打开网页却在 30 分钟内都未进行操作的访客数据，导致数据偏高。

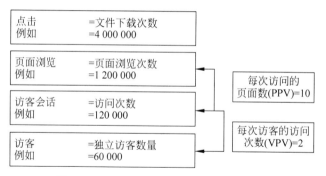

图 10.7　网站访问量的不同测量方法示例

（2）每位（独立）访客的访问次数（VPV）。访问网站的频率。读者会意识到，这个数值取决于收集数据的时期。这些数据是以一个月为单位报告的，在此期间，不会有很多回头客。因此，在一个季度或一年内呈现这些数据往往更为准确。

## 数字营销洞察　专注于衡量社交媒体营销

社交媒体营销有自己的一套专业衡量标准，可能看起来令人困惑，但最好是结合网站和公共关系测量来理解。这些显示了互动的数量、质量、情感和价值。Altimeter(2010)创建了一个有用的框架。如图 10.8 所示，该框架有助于在企业管理水平的背景下制定不同的社交媒体衡量标准。

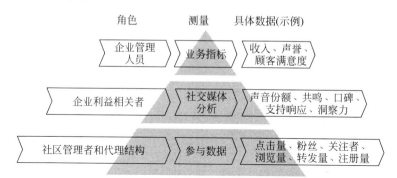

图 10.8　评估和管理社交媒体营销的不同测量框架

资料来源：Altimeter(2010).

可以看到有三个级别的关键绩效指标（KPI）：

（1）从业务层面衡量社交媒体的贡献。这些关键绩效指标包括通过社交媒体直接销售对收入的贡献。软指标包括声誉和顾客满意度（CSAT）。

（2）实现并影响关键绩效指标（KPI），以评估影响力、广告份额和情感。这些可以用来比较品牌的影响力。

（3）参与 KPI 来管理社交媒体。这些是最容易收集的指标，但也最没有价值，因为它们不能直接体现对业务价值的贡献。虽然很容易收集，但与社交网站交互的数据通常由不同社交网站的所有者和管理社交互动工具的所有者单独提供。

一类新的社会化分析工具已经被创造出来将这些数据整合在一起。图 10.9 显示了社交媒体管理工具 Hootsuite 的一个例子,用该工具可以把链接到自己网站主页的 URL 短链接分享到不同的社交媒体网站上。直接流量是指访问者直接点击社交媒体信息应用程序(如 Hootsuite 或 Tweetdeck)进入网站。

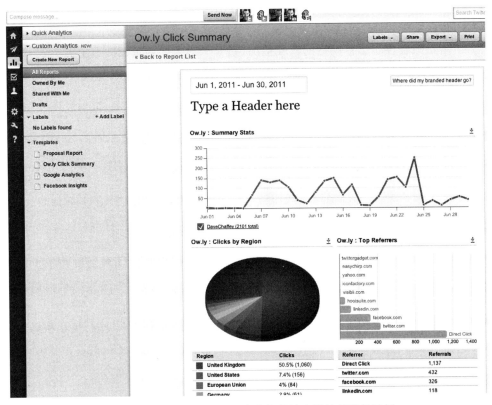

图 10.9　Hootsuite 应用程序中衡量社交媒体营销的示例

社交媒体的一个常见问题是,如何评估消费者在脸书或推特上关注某个品牌的价值。由于对社交媒体的跟踪无法显示个人在网络上的行为,因此很难确定具体的价值。相反,我们可以评估的是社交媒体网站访问者相对于其他渠道的相对购买率,使用的指标包括转化率和每位访问者的收入。

任何网络分析软件包都可以报告的详细了解顾客行为的其他信息包括:首页;进入和退出页面;路径或点击流分析,显示浏览页面的顺序;访问者来源国(实际上取决于其 ISP 的位置);使用的浏览器和操作系统;引用的 URL 和域名(访问者来自哪里)。

### 分析设计

网站的第一个版本"上线并运行"几个月后,员工开始提出诸如"有多少顾客访问我们的网站、我们的网站实现了多少销售额,以及我们如何改进网站以实现投资回报"等问题。这样做的结果是,绩效评估是一种经常被追溯到在线状态的东西。更可取的是,如果一种被称为**分析设计**(design for analysis,DFA)的技术在网站中设计应用,公司就可以更好地理解受众的类型及其决策点。例如,戴尔公司主页上的导航是根据顾客类型设计的。这是分析设计的一个简单示例,因为它能帮助戴尔估计网站上不同类型受众的比例,并给他们匹配具有较高相关性的内容。分析设计的其他例子包括:

(1) 将一个长页面或表格拆分成不同部分,使你可以知道人们对哪些部分感兴趣。

(2) 在一些印刷材料上用 URL(见第 8 章)推介首页;

(3) 根据受众类型或购买决策对内容进行分组,并在网络分析系统中设置相关内容组;

(4) 测量顾客旅程中不同点的流失情况,如 5 个购买周期页面的退出点。

(5) 链接网站的单个退出页面。

**基于 AB 测试和多变量测试的结构化测试**

网站所有者和营销人员在评估网站的效果时往往难以达成一致,确定最佳设计或创意替代方案的唯一方法是通过设计和试运行来评估最佳使用效果。时任亚马逊个性化主管的马特·朗德(Matt Round)在 2004 年的 e-metrics 峰会上表示,亚马逊的理念(在案例研究 9 中有进一步描述)是:数据胜过直觉。

AB 测试和多变量测试是两种测量技术,公司可以通过谷歌优化(Google Optimize)等免费服务获得。这些免费服务可用来评估网站的有效性,并改善效果。

**AB 测试**。AB 测试(AB testing)以最简单的形式表示测试页面或页面元素(如标题、图片或按钮)的两个不同版本。网站中的一些元素在访问者来回随机浏览两个页面时会交替出现,因此有时被称为实时拆分测试。这样做的目的是根据关键性能指标提高页面或网站的有效性,包括点击率、转化率和每次访问收入。在审查新变体的有效性时,需要了解统计学意义上的置信度,因为如果只是微小的变化或过早作出决定,成功指标的增加可能会产生误导。有专门的服务来运行 AB 测试,如 Optimizel、Convert 和 Unbounce。此外,企业还可以使用谷歌分析中提供的免费 Optimize AB 测试服务。这些服务都会对统计学意义提供建议,如在 95% 的置信水平下报告获胜者。

完成 AB 测试后,新的"挑战者"页面将与现有基线或**控制页面**(control page)进行比较。两个新的备选方案可以与一个控制页面进行比较,这就是所谓的基础知识(ABC)测试。可以通过改变来提高页面效率的各种页面元素如表 10.1 所示。

<table>
<tr><td colspan="3" align="center">**表 10.1　AB 测试示例**</td></tr>
<tr><td>测试</td><td>A(控制页面)</td><td>B(测试页面)</td></tr>
<tr><td>测试 1</td><td>初始页面</td><td>新标题、现有按钮、现有广告正文</td></tr>
<tr><td>测试 2</td><td>初始页面</td><td>现有标题、新按钮、现有广告正文</td></tr>
<tr><td>测试 3</td><td>初始页面</td><td>现有标题、现有按钮、新广告正文</td></tr>
</table>

AB 测试的一个例子是 Skype 在其主顶部导航栏上进行的一项实验。Skype 发现,将主菜单选项"拨打电话"改为"Skype 信贷",将"商店"改为"辅助程序",每次访问收入增加了 18.75%。当你有数以百万计的访客时,这很可观。这也说明了直接导航的重要性,以及简单描述可以提供的好处而不是具体的活动。

**多变量测试**。多变量测试是 AB 测试的一种更为复杂的形式,可以同时测试各页面元素的不同组合,从而保证选出最有效的设计元素组合来达到预期目标。微型案例研究 10.1 给出了多变量测试的一个例子。

## 微型案例研究 10.1　National Express 集团通过多变量测试提高转化率

　　National Express 是英国知名的运输品牌。其白色客车每天都往来运行在 1 000 个站点之间。National Express 集团在全球拥有 41 000 名员工,在西班牙、摩洛哥、北非、巴林和北美提供长途客车服务,并在英国和德国提供火车服务。

　　很大一部分订票业务是通过公司网站(www. nation alexpress. com)完成的。

　　集团使用 Oracle 的多变量测试工具 Maxymiser 做了一项实验来提高票价选择页面的转化率,这是订票的倒数第二步。分析小组设定了页面内容和行动要求的一些细微变化,目的是在不改变页面结构或 National Express 品牌标识的情况下,激发访客参与度,推动更高比例的访客成功完成订票。为了更有效地促使访客在订票时购买附加险,还建议对推销附加险的用语进行调整。

　　实验的结论是,多变量测试是确定最佳内容组合的最有效方法。Maxymiser 与客户共同开发的变体在所有的实时网站访客中进行了测试,并对每个组合的转化率进行了监测;尝试了 3 500 种可能的页面组合,在实时测试期间,将表现不佳的组合剔除,以在每个阶段最大限度地提高转化率。

　　在测试的最后阶段,达到统计有效性后,最佳元素组合结果显示页面的转化率提高了 14.11%,即到达注册流程的第四步,也是最后一步的访客增加了 14.11%,直接给 National Express 带来了收入(见图 10.10)。

| 内容组合 | Maxybox A | Maxybox B | Maxybox C | Maxybox D | Maxybox E | 转化率提升/% |
|---|---|---|---|---|---|---|
| 1 | 变体3 | 变体2 | 变体4 | 变体3 | 变体1 | 14.11 |
| 2 | 变体3 | 变体3 | 变体4 | 默认值 | 默认值 | 14.09 |
| 3 | 变体6 | 变体3 | 变体4 | 默认值 | 默认值 | 11.15 |
| 4 | 变体3 | 变体3 | 变体2 | 默认值 | 默认值 | 10.57 |
| 默认内容 | 变体3 | 变体2 | 默认值 | 默认值 | 默认值 | 0 |

按页面组合提高转化率:

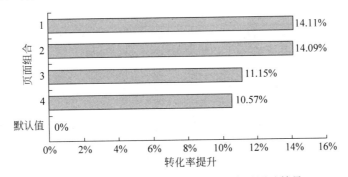

图 10.10　National Express 集团的多变量测试结果

**运行和管理结构化测试**

每个测试都应该有一个假设,例如:

如果我做"X",我想它会改善"Y"

改进通常与转化率有关,但我们也可以在页面上测量其他指标,如跳出率。所做的分析应该引导你找到网站顾客购买旅程中问题最多、范围最大的区域,以实现最大的改进。因此,运行结构化测试的过程包括识别最有可能产生改进的页面类型和页面元素。

**点击流分析和访客细分**

点击流分析是指为了确定网站的改进措施而对访客行为进行的详细分析。每种网络分析工具在报告和术语上都略有不同,但都能提供类似的报告,帮助公司评估访客行为、诊断问题和机会。10.2给出了戴夫·查菲在评估客户网站时提出的实际问题的类型。

表 10.2　分析师解释网络分析数据的总结

| 分析问题 | 典型的网络分析报告术语 | 用于提高绩效的诊断分析 |
|---|---|---|
| 网站在实现参与度和成果方面表现如何? | 转化目标(GA)<br>跳出率(GA)<br>页面/访问(GA) | 参与度和转化是否与行业中的其他网站一致?<br>来自不同推荐来源的最大参与率和转化率是多少? |
| 访客从哪里进入网站? | 最多进入页面<br>最多登录页面(GA) | 与其他页面类别和登录页面相比,主页有多重要?<br>页面的受欢迎程度能否反映产品的受欢迎程度?<br>对信息传递/转化路径的评估在这些页面上是否有效?<br>评估流量来源,特别是来自搜索引擎的关键词,并应用于其他地方。 |
| 访客(推荐人)的来源是什么? | 推荐人<br>流量来源<br>设置过滤器以筛选访客 | 数字媒体渠道是否都与公司相关?<br>搜索引擎的流量水平是否与品牌声誉一致?<br>哪些主要的链接伙伴能带来免费流量(可能需要更多)? |
| 最受欢迎的内容是什么? | 热门内容(GA) | 页面是否如预期那样受欢迎?<br>导航标签是否影响搜索?<br>哪些内容最有可能影响访客的行动?<br>哪些内容最受回头客的青睐? |
| 哪些是最受欢迎的检索方法? | 网站搜索(GA) | 不同形式的导航(如顶栏菜单、侧边栏菜单等)的受欢迎程度如何?<br>最流行的搜索是什么?<br>搜索往往从哪里开始?<br>访客们是否成功地找到了内容或完成了交易? |
| 访客从哪里离开网站? | 最多退出页面(GA) | 这些是否符合预期(主页、关于我们的页面、完成交易)?<br>是否存在导致访客离开的错误页面(如 404 未找到)? |

续表

| 分析问题 | 典型的网络分析报告术语 | 用于提高绩效的诊断分析 |
|---|---|---|
| 采用了哪些点击流？ | 路径分析<br>最多路径(GA) | 如何减少转化漏斗的流失？<br>前向路径分析表明什么是最有效的行动召唤？<br>反向路径分析对影响销售的页面能给出什么指示？ |

注：GA 代表使用最广泛的工具之一谷歌分析。

**路径分析**。聚合点击流在网络分析软件中通常分为正向路径或反向路径。这是一种高级的分析形式,但原理却很简单,你要从最流行的路径中学习。

从整个网站的聚合级别上看与最热门路径相关的报告,这种形式的点击流分析通常作用并不大。它通常强调预期的路径,而不会真正受其影响。最热门路径通常包括：主页→退出；主页→联系我们→退出；新闻页面→退出。

当分析师在单个页面的上下文中查看点击流时,点击流分析变得更具可操作性,这就是**正向路径分析**(forward path analysis)或**反向路径分析**(reverse path analysis)。

**站内搜索效率**。在许多网站上,站内搜索是点击流分析的另一个关键部分,因为这是查找内容的关键方法,尤其是在零售电子商务网站中,详细的搜索分析将带来回报。需要考虑的关键搜索指标包括：搜索次数；每个访客或搜索者的平均搜索次数；返回零结果的搜索百分比；从搜索结果中退出网站的百分比；点击返回搜索的百分比；返回的搜索结果转化为销售或其他结果的百分比；最流行的搜索词(单个关键词和关键词组)。

**访客细分**。细分是一种基本的营销方法,但在网络分析中,通常很难将顾客细分与网络行为联系起来,因为网络分析数据并没有与顾客或购买数据整合在一起。

然而,所有的分析系统都有能力进行不同形式但有价值的细分,可以创建特定的过滤器或配置文件来帮助了解某种类型的网站访客行为。细分的例子包括：

(1) 首次来访者或回头客。

(2) 来自不同链接的来访者,包括：战略搜索关键词、品牌关键词等；展示广告。

(3) 转化者或非转化者。

(4) 根据国家或地区划分地理区域(基于 IP 地址)。

(5) 访问的内容类型。是否某些细分市场更有可能转化？例如,在 2006 年伦敦广告展上,MyTravel 报告说,它将访问者分为：网站调戏者(仅浏览一两个页面)；网站浏览者(至少浏览两个页面)；看搜索结果的人；看报价的人；看付款详情的人；看预订确认详情的人。

**战略数据**

为高级管理人员设计的绩效管理系统将以计分卡或仪表盘的形式展示整体情况,反映数字渠道对企业在不同产品的销售、收入和盈利能力方面的贡献趋势。图 10.11 总结了绩效评估的运营、战术和战略选择。

**利用互联网和数字媒体进行市场营销调研**

**基于网络的市场营销调研**(Internet-based marketing research)有助于确定网站及相关沟通是如何影响顾客对公司及其产品和服务的感知的。不过,它还有更广泛的应用,可

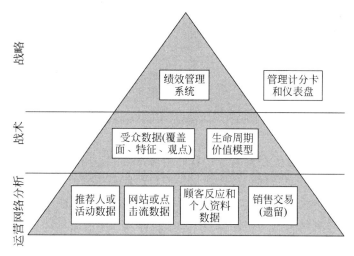

图 10.11　网络营销绩效管理系统中的各类数据

以获得顾客关于某个品牌及其未来发展的反馈。Smart Insights（2010）确定了五种在线反馈工具：

（1）网站反馈工具。每个页面上的提示为顾客提供一个长期的反馈机制。它们是连续运行的，可以实现连续的反馈，包括对页面内容以及产品和服务的评级。

（2）网站用户意向满意度调查。这些工具衡量用户希望在网站上做什么与他们实际实现了什么之间的差距。我们在第 7 章中给出了 4Q 的例子，涉及用于评估网站有效性的四个问题。

（3）众包产品意见软件。这些软件比网络反馈更广泛，使顾客能够评价潜在的新服务。这是戴尔在 IdeaStorm 中使用的方法。

（4）简单页面或概念反馈工具。这些工具同样是众包的一种形式，通过在线面板提供关于页面布局、信息传递或服务的反馈。

（5）通用在线调查工具。Zoomerang 和 Survey-Monkey 等工具可以帮助企业以较低的成本对顾客进行调研。

如表 10.3 所示，调研的方法包括访谈、问卷调查和焦点小组。每种方法都既可以在线上也可以在线下进行。现在我们将简要回顾不同研究技术的优缺点及一些最佳实践方法。

| 技　　术 | 优　　点 | 缺　　点 |
|---|---|---|
| 基于服务器日志文件的网站活动分析 | 直接记录顾客在网站上的行为，以及顾客的来源；低成本；为搜索引擎优化提供关于机器人爬虫的见解 | 没有考虑营销结果，如销售线索或销售额；没有直接记录渠道满意度；少计或多计；除非认真解读，不然会被误导；大多数网站分析工具现在都是基于浏览器的 |

表 10.3　不同在线指标收集和研究方法的比较

续表

| 技　　术 | 优　　势 | 缺　　点 |
|---|---|---|
| 基于浏览器的网站活动数据 | 比基于服务器的分析更准确；统计所有的用户，参考面板法 | 除了准确性外，与基于服务器的技术有类似的缺点；人口统计信息有限 |
| AB 测试和多变量测试 | 使用结构化的测试评估页面变量（如发消息和按钮）在提高网站的转化率方面的影响 | 通常需要标准网络分析包以外的工具或模块；内容管理系统或页面模板可能不支持 AB 测试/多变量测试 |
| 小组活动和人口统计数据 | 提供竞争对手的对比数据；提供具有代表性的人口特征分析；避免少计或多计 | 基于有限数据样本的推断，因而可能不具有代表性 |
| 结果数据，如查询、顾客电子邮件等 | 记录营销成果 | 当人工收集或在其他信息系统中收集时，很难将数据与其他数据收集方法进行整合 |
| 在线问卷（顾客随机参与：第 $n$ 个顾客或顾客活动后或通过电子邮件） | 可以记录顾客的满意度和概况；创建和分析成本相对较低 | 难以招募到能准确完成填写的受访者；样本偏差——完成问卷的往往是拥护者或不满的顾客 |
| 在线焦点小组同步记录 | 创建成本相对较低 | 难以实现调节和协调；没有像线下焦点小组那样的视觉暗示 |
| 神秘顾客，如招募顾客对网站进行评估 | 结构化测试可以给出详细的反馈；可以测试与电子邮件和电话等其他渠道的整合 | 成本相对较高；样本必须具有代表性 |

**问卷和调查**。马尔霍特拉（Malhotra，1999）认为，使用问卷进行互联网调查将日益流行，因为其成本通常比较低，受到的干扰较小，而且能针对特定人群。雷吉斯特等（Register et al.，2014）证实，互联网调查正迅速成为调查交付的首选模式，因为它们为研究人员提供了方便的设计选项，如"强制回答"（FA）几乎可以消除项目无回应错误。

然而，斯特恩等（Stern et al.，2014）对该技术的调查显示，互联网在响应率方面未能发挥作用，而且要获得有代表性的样本可能更难。问卷调查往往采取弹出式调查的形式。关键事项如下。

A. 鼓励参与。可采用的技巧包括：

（1）登录植入，常用的方法，第 100 位顾客会得到提示；

（2）连续，如"点击按钮完成调查"；

（3）在用户完成网站注册时，可以对其进行侧写；

（4）在销售或顾客支持等活动之后，可以询问顾客对服务的意见；

（5）奖励和促销（也可以在独立网站上执行）；

（6）通过电子邮件（通过电子邮件邀请用户访问网站填写调查表或回复电子邮件完成调查）。

B. 执行阶段。一个成功的问卷调查分为五个阶段：

（1）吸引（按钮、弹出窗口、电子邮件）；

（2）激励（提供与目标样本和用户相符的奖品或优惠）；

（3）打消顾虑（公司进行调查是为了了解用户的想法，时间不要太长，而且要保密）；

（4）设计和执行（简洁、相关、定位）；

（5）跟进（反馈）。

C．设计。格罗斯尼克尔和拉斯金（Grossnickle and Raskin, 2001）提出了以下构建问卷的方法：先问简单有趣的问题；就同一主题进行分组提问；从一般话题到具体话题；从较简单的行为问题到较难的态度问题；最后是简单问题，如人口统计学或其他无聊的问题。

在确定网络营销的有效性时，可以问的典型问题包括：

（1）谁在访问网站？例如，在购买决策中的角色是什么？在线体验？接入位置和速度？人口特征细分？

（2）他们为什么访问网站？多久访问一次？哪些信息或服务？他们找到了吗？采取行动了吗？（可以通过网站分析工具确定。）

（3）他们是怎么想的？总体意见是什么？满意度的关键领域？具体的喜好？未满足的预期是什么？

**焦点小组**。马尔霍特拉（1999）指出，在线焦点小组的优点是可以用来接触那些难以接触的群体，如医生、律师和专业人员。他还指出，该方法成本较低，能迅速地组织起来且在招募受访者时不受距离限制。传统的焦点小组可以把顾客集中在一个房间里对网站进行评估，这通常作为原型设计活动的一部分，在上线前进行。测试可以采取随机使用网站的形式，或者采取给用户赋予不同的场景这种更有效的方式。焦点小组相对来说成本较高且需要更多的时间，因为顾客需要与网站进行实际的互动，而不只是观看广告。组织现实世界的焦点小组的好处是，可以监控网站用户的反应；而在虚拟世界中，抓耳挠腮或拍打头部的行为是无法被监控的。

**神秘顾客**。现实世界的测量也很重要，因为互联网通道不是孤立存在的。它必须与现实世界中的顾客服务和成就共同发挥作用。电子数据研究公司（www. maruedr. com）是一家为英国主要零售商和旅游公司开展在线顾客服务调查的公司。该公司的克里斯·拉塞尔（Chris Russel）表示：我们仍然需要确保实体店的顾客服务支持能够真正支持实体店的前景。毫无疑问，一个电子商务网站必须是一个完整的顾客服务蓝图，它不能只是在线工作，而不支持线下。

电商神秘顾客（eMysteryShopper）调查不仅包括购物者对网站可用性的意见，还包括他们对与电子邮件和电话回复有关的服务质量及产品满意度的意见。神秘顾客测试如下领域：网站可用性；电子商务的实现；电子邮件和电话回复（时间、准确性）；对品牌的影响。

# 10.3 内容管理流程

作为在线营销持续改进流程的一部分，对公司的在线形象的改变有一个明确定义的过程是很重要的。如果页面总是一成不变，就会错失吸引顾客和潜在顾客与品牌互动的机会。随着搜索引擎和社交媒体网站在博客中发布实时数据,只有静态网站的公司正在错失向消费者展示自己的机会。静态网站还会错失使用我们在上一节中讨论的 AB 测试和多变量测试方法来提高转化率,从而让网站更有效地为企业创造价值的机会。

保持网站动态化的关键是要有明确的内容和基于定期更新的内容或社交中心的沟通战略,正如我们在前几章所提到的。所有为网站提供内容的员工都应该了解网站和内容的更新流程,而且其工作描述中要明确说明他们的职责。要了解这个过程,需要考虑发布页面所涉及的主要步骤。图 10.12 给出了维护工作的一个简单模型。假设用户的需求和网站的设计特征在网站最初创建时就已经确定了(如第 7 章所述)。这个模型只适用于对文案的少量更新,或许还包括产品或公司信息更新。维护过程中涉及下列工作:

(1)写作。这一阶段包括撰写营销文案,如有必要,还需设计文案和相关图片的布局。

(2)审查。在发布文档之前,有必要对广告文案进行独立审查,以检查是否存在错误。根据公司规模的不同,可能需要一个人或几个人审查内容质量的不同方面,如公司形象、旨在查找语法错误的文案编辑文本、营销文案、品牌和合法性。

(3)校对。这一阶段很简单,是上一阶段的延伸并包括必要的更新。

(4)发布(在测试环境中)。发布阶段包括将更正后的广告文案放在可以进一步检查的

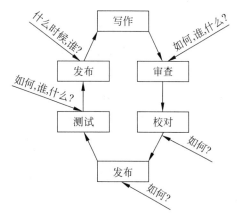

图 10.12　网页文件评估和更新流程

网页上。这需要在一个只能从公司内部查看的测试环境中进行。

(5)测试。在把完整的网页发布在万维网上之前,需要对技术问题进行最后的测试,如网页在不同的浏览器上能否成功加载。

(6)发布(在真实环境中)。材料经过审查和测试,并确认令人满意后,将被发布到主网站供顾客访问。

**内容多久应更新一次**

网站内容需要及时更新,才能符合管理层的期望。网络被视为一种动态的媒介,顾客会期望新的信息能立即发布到网站上。如果材料不准或"陈旧",顾客很可能不会返回网站。

一段时间后,网页上的信息自然会过时,需要更新或替换。重要的是,既要有一个用于发布未来内容的内容日历,又要有一个确定触发更新过程并引发如图 10.12 所示的循环的机制。需要更新的材料有几个方面。应制定触发程序,以便在促销传单或目录中更新价格或产品规格时,这些变化也会反映在网站上。如果缺少这种类型的程序,网站上就很容易出现错误。这听起来似乎显而易见,但现实情况是,负责网站更新的人往往还有很多其他工作,而网站更新的优先级可能比较低。

为了确保网站内容保持"新鲜",即与受众相关并有助于业务开展,有必要考虑不同类型的内容及其目的。例如,一个在线零售商的内容类型具体包括:

（1）产品信息。产品页面上的产品详细信息和更高级别的数据分组作为类别页面，包括对给定产品相对静态的产品描述和规格，以及更动态的产品定价和可用性信息。

（2）品牌内容（产品品牌）。由于不同的产品可能被组合在一起，因此可以获得关于单个品牌的内容。

（3）品牌内容（零售商品牌）。关于公司的内容，如其价值主张、信任度和历史。

（4）促销内容。这里的"促销"指的是有关销售和折扣的信息。

（5）支持内容，如有关订购和退货的信息。

（6）社区内容。用户生成的内容，可能位于社区栏目或与产品相关联的评价和排名。

（7）博客内容。旨在吸引顾客的内容及产品的定期更新内容，如展示服装零售商的最新流行趋势。这些内容也可能有助于搜索引擎优化。

现在考虑哪些因素会驱动不同类型内容的更新。对于与产品相关的信息，将是新产品和定价或可用性的变化。对于促销信息，将是季节性促销或与供应商商定的其他折扣。管理这些类型的内容是一个相对简单的过程，但是对于用来吸引读者的内容（如博客相关内容）则不太明确。例如，一家公司应该每月、每周还是每天发布一篇博客，抑或是每天发布若干篇博客？对于不同规模或类型的企业，并没有一个"经验法则"可以帮助回答这个问题。考虑到由内部员工或外部作者创建内容的成本，必须有明确的成本效益标准，以确定哪种更新频率最适宜，并确定所创建内容的质量。例如，博客的优点可能包括分享内容时通过社交媒体吸引的新访客或回头客，或搜索引擎优化带来的新访问量。这样的内容还可以通过展示产品的使用方法及其带来的好处来增加对产品的需求，从而提高转化率。

作为内容营销的一部分，现有企业必须更像发布商，**编辑日历**（editorial calendar）可以帮助确定不同内容类型的优先级和时间表。

# 10.4　顾客体验和网站维护责任

在小公司里网站维护比较简单，一个人更新网站就够了。虽然可能要做很多工作，但一个人足以确保整个网站的风格保持一致。而对于在不同国家有很多部门和办事处的大公司来说，网站的维护则非常复杂，除非有强大的控制力来建立一个大家都遵循相同标准的团队，才有可能制作一个高质量的网站。斯特恩（Sterne，2001）表示，成功维护的精髓是对网站不同方面的更新有明确的责任分工。需要考虑的问题是：谁负责流程？谁负责内容？谁负责格式？谁负责技术？

接下来，我们将更仔细地考虑这些问题，评估制作高质量网站所要达到的标准及所涉及的不同类型的责任。评估新网站的功能是一个战略问题，已在第 4 章讨论过了。

## 10.4.1　谁负责流程

首先要定义的领域之一应该是商定新网站的内容及更新网站的整个过程。但是由谁来商定这个过程呢？对于大公司来说，需要将所有相关方聚集在一起，如市场部和来自外部机构或 IT 部门的网站开发人员。在这些群体中，可能有许多人感兴趣，如营销经理、负责互联网或新媒体营销的人、负责线上广告的公关经理以及负责个人产品和服务促销的产品经理。所有这些人都应该对网站更新流程的决策方案献计献策。那么,网站更新流程是怎样的呢?该流程将规定网站管理各个方面的责任,并详细说明网站更新工作的步骤。图 10.12 概述了一个典型的更新流程。我们可以举一个具体的例子说明对明确流程的需求。假设某大企业计划推出一种新产品——要将宣传资料分发给顾客,已经安排好媒体,企业想把这种产品的信息添加到网站上。一名刚入职的大学毕业生负责将这些信息放到网站上。具体流程包括以下步骤:

(1) 毕业生在文字处理器上审阅宣传资料并改写文案,编辑适合网站的图片。这属于图 10.12 中的写作阶段。

(2) 产品和/或营销经理审查修改后的基于网站的文案。这属于图 10.12 中的审查阶段。

(3) 企业公关经理审查文案是否合适。这也属于图 10.12 中的审查阶段。

(4) 法律顾问审查文案。这也属于图 10.12 中的审查阶段。

(5) 文案修改和更正,然后根据需要重新审阅。这属于图 10.12 中的校对阶段。

(6) 将文本转换为网络格式后发布。这将由技术人员(如网站开发人员)完成。他将插入一个新的菜单选项,帮助用户导航到新产品。这个人将添加 HTML 格式,然后使用 FTP 将文件上传到测试网站。这属于图 10.12 中的第一个发布阶段。

(7) 毕业生将对网站上的新文案进行准确性审查,如果使用不同于标准网站模板的图形设计,则需要在不同的浏览器和屏幕分辨率上进行测试。这种类型的技术测试需要由网站管理员进行。新版本也可以放在网站上,由公关经理或法律顾问审查。这属于图 10.12 中的测试阶段。

(8) 一旦所有相关方都同意新的文案是合适的,测试网站上的页面就可以迁移到正式网站上供顾客浏览了。这属于图 10.12 中的第二个发布阶段。

要注意,在这种情况下,步骤(2)~步骤(4)对广告文案的审查发生在步骤(6)将广告文案实际放到测试网站上之前。这样做效率比较高,因为它节省了在广告文案获得批准之前技术人员或网站管理员更新网页的时间。另一种方法是由大学毕业生在步骤(1)写好文案,然后由网站管理员在各方审核之前发布。两种方法的效果差不多。

具有工作流功能的内容管理系统现在通常用于帮助实现对页面更新的审阅。页面的修订版可以自动通过电子邮件发送给所有审阅者,然后对通过电子邮件收到的反馈意见进行整理。

活动 10.2 展示了一个典型的网站更新流程并考虑了可能的改进。

## 活动 10.2　优化内容审查流程

**目的**:评估质量控制和效率如何在网络内容的修改中达到平衡。

**活动**:下面的摘录和图 10.13 指出了该公司遇到的一个更新问题。他们可以如何解决这个问题?

**问题描述**:从品牌经理确定需要更新产品广告文案的那一刻起,可以采取如下更新流程:品牌经理撰写广告文案(半天);一天后,网站经理检查广告文案;三天后市场经理检查广告文案;七天后法务部检查广告文案;两天后修改后的广告文案在测试网站上发布;两天后品牌经理检查测试网站;第二天,网站经理审查测试网站,然后进行更新和最

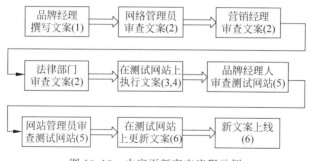

图 10.13　内容更新审查流程示例

终审查；两天后将广告文案添加到正式网站上。从发现要对网站进行一个小改动开始，整整过去了两周！

## 10.4.2　谁负责内容

对于需要定期更新内容的大中型网站，由一个人更新所有内容是不可能的。将网站不同部分的管理和开发责任分配给组织中拥有最佳技能和知识的人，是符合逻辑和实际的。例如，在大型金融服务公司中，负责某个产品区域的业务人员应负责更新提及其产品的广告文案，由同一个人更新银行账户、抵押贷款、旅行保险、健康保险和投资的文案。对于个人电脑供应商来说，需要由不同的**内容开发者**（content developers）提供产品信息、融资、交付信息和顾客服务设施。一旦将各方面的内容在组织内部分配下去，就需要制定确保网站具有统一的"感觉"与外观的指导方针和标准。这些指导方针的本质将在下面的章节中描述。

随着内容的实现作为一种战略资产不断增长，更高级职位被设立来管理内容的质量，如微型案例研究 10.2 所示。

### 微型案例研究 10.2　罗技公司任命一名内容战略家

电脑外设供应商罗技公司（Logitech）发布广告，招聘一名内容战略家。这家大公司有关内容战略家的工作描述向我们展示了内容策略的关键环节。其工作要求总结了合理的内容策略的精髓。

（1）高级管理人员必须了解内容战略的重要性，以投资公认的优质资源。

（2）内容必须具有卓越的质量才能发挥最大的作用。工作描述是："实用的、有吸引力的和有意义的。"

（3）涉及联合战略，不限于公司自己的网站。

（4）综合提升顾客体验、顾客参与度和搜索引擎优化。

（5）需要编辑一个日程来管理内容的创建。

（6）通过应用分析和顾客满意度的持续流程提高内容质量。

（7）整合文案、网络平台设计和实施、营销传播、公关和搜索引擎优化资源或团队。

（8）支持公司品牌的目标和本质。

**内容战略家的职责**

（1）开发和组织实用的、有吸引力的和有意义的内容。直接在罗技公司的网站上或通过分布式内容间接进行。

（2）为 logitech.com 创建用户流、信息层次结构、线框图和内容策略，以支持活动、产品推介和持续改进。

（3）确定 logitech.com 的内容需求，盘点现有内容，找出差距，评估其他材料的可能来源，并管理将内容投入生产的过程。

（4）创造性地寻找改善内容、顾客体验和搜索引擎优化性能表现的机会。

（5）管理 logitech.com 的编辑日程，主动保持内容的实用性并及时进行更新。

（6）利用分析工具、顾客和可用性测试以及业务需求，帮助改善网站的长期和短期体验与内容。

（7）与网络、写作、公关和移动通信团队合作，找出最有效的方式来支持网站上的活动和产品推介。

（8）领导项目，使我们的网站和组件与顾客及内部合作伙伴之间的沟通更直观和实用。

（9）用品牌架构和术语指导 logitech.com 上产品和活动的有效组织。

（10）推动内部产品内容管理系统（用全球产品数据库来匹配企业需求）的架构改进。

（11）不定期地编写或编辑内容，特别是元数据、标题、替代文本，并编辑常规内容来优化自然搜索。

**对内容战略家的要求**

（1）具有相关专业的四年大学学士学位，硕士学位优先。

（2）5～7 年信息架构工作经验，2～3 年综合网站工作经验。

（3）2～3 年直接负责动态、复杂或不断更新的网站的内容战略的经验。

（4）具有网站内容管理系统、组件内容管理系统（DITA 或其他）、创作系统（XML 或其他）的经验。

（5）具有较强的战略分析能力，能够清晰地表达信息需求。

（6）具有创造性和协作性，能抓住创意和沟通机会，而不是直接分析。

（7）内容策略方面的专业知识，包括在搜索引擎优化和关键词分析方面的丰富经验，以及规划灵活的方法，以保持内容的准确性和实效性。

（8）有效利用联合（内外）和用户生成的内容，以及与作家和设计师合作的成就。

（9）使用观点、在线时间、消费者反馈等定量指标以及支持品牌愿景和架构、消费者感知等定性指标进行衡量的能力。

（10）具有使用 Microsoft Visio 或类似软件进行可视化呈现和交流复杂信息的能力。

（11）在用户体验策略及测试的各个层面都有丰富的经验，能够根据消费者的见解和最佳实践快速采取行动。

（12）良好的职业道德，能够在压力下开展工作，按时完成，对复杂的多项任务能分清先后次序并通过分派按时完成任务。

（13）愿意学习并为强大的团队氛围贡献力量。

（14）对罗技的产品和发展潜力充满热情。

**其他信息**

罗技公司明白战略沟通及其内容的重要性，正在扩大负责这方面工作的团队。全球营销团队需要一位专家随时准备将自己的头脑、才华和创造力贡献给让罗技的内容在全球范围内更智能、更努力地发挥作用的事业中。对于信息架构/内容战略专业人员来说，这是一个每天将战略和卓越执行付诸实践的机会，并对罗技公司这个跨国企业的效率产生立竿见影的影响。

该职位直接向全球写作和品牌架构总监汇报，并与全球网络营销总监保持直接和持续的关系。

资料来源：Job description：Information Architect/Content Strategist for Logitech，posted 29 September 2010.

### 10.4.3 谁负责格式

格式是指网站设计和布局的各个方面，通常称为"外观"。关键目标是整个网站格式的一致性。对于一个大企业的网站，不同的员工负责网站的不同部分，因此存在网站的不同部分格式不一致的风险。为不同的页面或内容类型定义清晰的格式或**网站设计模板**（site design templates）意味着网站的质量和顾客体验会更好。

- 网站更易于使用。熟悉网站某个部分的用户能自信地使用网站的其他部分。
- 网站的设计元素相似。如果不同的部分看起来相似，用户会感觉很亲切。
- 企业形象和品牌将既符合现实世界的品牌，又在整个网站上是相似的。

为了达到这样的质量，有必要制定书面标准。如表10.4所示，可能包括不同的标准。所采用的标准将根据网站和企业的规模而有所不同。通常，拥有更多个人内容开发人员的大型网站需要更详细的标准。

**表 10.4 网 站 标 准**

| 标　　准 | 详 细 说 明 | 适 用 于 |
|---|---|---|
| 网站架构 | 详细说明网站的主要区域，如产品、客服、新闻稿、如何放置内容以及每个区域的负责人 | 内容开发人员 |
| 导航 | 例如，可以指定主菜单必须始终位于屏幕左侧，嵌套子菜单位于屏幕底部。主页按钮应该可以从屏幕左上角的每个屏幕访问。有关导航和网站设计的准则，请参见林特和霍尔顿（Lynch and Horton，1999） | 网站设计师/网站管理员通常通过网站模板来实现这些功能 |
| 文案风格和网页结构 | 通用准则，例如，提醒文案撰写者网页文案应该比普通文案和搜索引擎优化排名因素更简明扼要。在很多人对内容进行更新时，为了确保一致性，品牌语气指导至关重要。Mailchimp发布了针对不同渠道的语气指导指南（https://styleguide.mailchimp.com/voice-and-tone/）。在需要提供详细信息的地方，也许是在产品规格方面，应将其分解为可在屏幕上仔细阅读的部分。针对搜索引擎优化所用的关键词，也应编写广告文案和页面结构 | 个体内容开发人员 |

续表

| 标　　准 | 详细说明 | 适用于 |
|---|---|---|
| 测试标准 | 检查网站的功能；不同的浏览器类型和版本；插件；无效链接；图片下载速度；每个页面的拼写检查 | 网站设计人员/网站管理员 |
| 品牌识别 | 指定公司徽标的外观以及用于传达品牌信息设计的颜色和字体 | 网站设计人员/网站管理员和平面设计人员 |
| 流程 | 网页或更新现有网页。谁负责审核和更新？ | 全部 |
| 绩效 | 可用性和下载速度方面的数据 | 管理服务器的员工 |

### 10.4.4　谁负责技术

企业要想充分利用互联网的力量，必须重视用于发布网站的技术。除了技术之外，还需要管理很多标准。

除了系统集成问题外，还有一些详细的技术问题需要企业的技术人员负责。其中包括：网站服务器的可用性和性能；检查 HTML 的有效性并修复断开的链接；在测试和实时环境中管理不同版本的网页，以及内容管理。

### 10.4.5　内容管理系统

**内容管理系统**（content management systems，CMS）是指软件工具（通常是在服务器上运行的基于浏览器的软件）允许企业用户提供网络内容，而管理员则负责控制网站的格式、风格和审批过程。这些工具用于组织、管理、检索和归档网站整个生命周期中的信息内容。

内容管理系统提供以下便利。

（1）结构化写作：设计和维护内容结构（子组件、模板等）、网页结构和网站结构。

（2）链接管理：通过内容更改和消除死链接来维护内部和外部链接。

（3）搜索引擎可见性：搜索引擎内的内容必须存储和链接，使搜索引擎机器人能够将其编入索引中。这在第一代内容管理系统中是不可能的，但在较新的内容管理系统中则是标准配置。

（4）输入和联合：加载来自外部的内容，聚合和传播来自各种来源的内容。

（5）版本管理：控制发布网页、页面元素或整个网站的哪个版本的关键任务。通常，这将是最新版本，但是应该将以前的版本存档，并且应该可以退回到该网页、页面元素或整个网站之前的某个版本。

（6）安全性和访问控制：可以为不同角色的用户分配不同的权限，有些内容必须完整登录才能获得。在这些情况下，内容管理系统会维护一个用户列表。当企业需要在不同权限等级的内部网、外部网或互联网上使用同一个内容管理系统时，这一功能就很有用。

（7）发布工作流程：运往网站的内容需要经过一个发布流程，以便将其从管理环境转移到实时交付环境。这一过程可能涉及格式转换（如 PDF）、渲染成 HTML、编辑授权和实时构建综合文件(个性化和选择性发布)等任务。

（8）跟踪和监测：提供日志和使用统计分析，以提供性能指标，根据需求调整内容，防止误用。

（9）导航和可视化：用颜色、纹理、3D渲染甚至虚拟现实，提供直观、清晰和有吸引力的内容本质和位置表示。

从这个功能列表中可以看出，现代内容管理系统是复杂的，很多内容管理系统需要巨额投资。也可以使用一些不需要支付许可费的开源的内容管理系统，它们具有上面介绍的大部分功能。最流行的开源内容管理系统包括 WordPress、Drupal 和 Django。虽然这些主要起源于博客，但它们现在可以用来创建更复杂的网站。对于电子商务网站来说，Magento 是使用最广泛的开源系统。

**保持内容新鲜的举措**

人们常说，最新的内容是网站保持"黏性"的关键，但新鲜的内容不会偶然出现，所以企业必须考虑可以用来控制信息质量的方法。我们所看到的行之有效的常用方法包括：

（1）为网站各部分的特定内容类型分配责任；

（2）将制作的网页内容质量作为员工绩效评估的一部分；

（3）制定内容发布的目标时间表；

（4）确定触发新内容发布的事件，如新产品上市、价格调整或新闻发布；

（5）确定更新过程中的阶段和责任——谁指定、谁创建、谁审查、谁检查、谁发布；

（6）通过网站分析了解内容的使用情况或从网站用户那里获得反馈；

（7）审核和发布更新的内容。

## 案例研究9　学习亚马逊的度量文化

**背景**

为什么要对亚马逊进行案例分析？大家肯定都知道亚马逊，知道它是做什么的。但本案例是透过表面看本质来探讨亚马逊早期成功的一些"内部秘密"，而焦点则放在至今仍是其核心的顾客、测量和改进。

亚马逊成立于 1995 年。公司的名称反映了创始人兼首席执行官杰夫·贝索斯(Jeff Bezos)的愿景，即创造出像亚马逊河一样广阔的事业。事实证明，这一雄心壮志并非空想，因为短短 8 年后，亚马逊就突破了 50 亿美元的销售大关，而这是沃尔玛花了 20 年时间才实现的。2016 年亚马逊全年的营业额为 1 350 亿美元。

**愿景与战略**

亚马逊刚推出时，有一个明确而雄心勃勃的使命：我们致力于成为全球最以客户为中心的公司。我们拥有四大客户群：消费者、卖家、企业和内容创作者。

如今，亚马逊网络服务的企业用户代表了一种新型客户，亚马逊表示：我们仍秉承这一目标，但亚马逊的客户如今已遍布全球，并已成长为囊括数百万消费者、卖家、内容创作者、开发者和企业。每一个群体都有不同的需求，我们始终致力于满足这些需求，通过创造新的解决方案，使事情变得更简单、更快、更好、更具成本效益。

这种对客户的关注从一开始就存在：1997 年亚马逊提交给美国证券交易委员会的

文件中说,亚马逊将"痴迷于客户"。亚马逊在这方面的成功体现在其美国顾客满意度指数的评分一直很高。在最新的 2017 年年报中,杰夫·贝索斯解释了他所谓的"真正的痴迷于客户"(Amazon,2017):有很多种方法可以使一个企业成为中心。你可以专注于竞争对手,可专注于产品,可以专注于技术,可以专注于商业模式……但我认为,到目前为止,以客户为中心是最重要的。即使他们还不了解,客户也想要更好的东西,而你想要取悦客户的愿望也会驱使你替他们找到这些东西。

在提交给美国证券交易委员会的每一份文件中,亚马逊都会通过重申杰夫·贝索斯给股东的一封信中的话来解释亚马逊是如何使用分析方法来提高满意度和业务绩效的:我们将继续分析性地衡量我们的计划和投资的有效性,抛弃那些不能带来可接受回报的项目,并加大对那些最有效的项目的投资。我们将继续从我们的成功与失败中吸取经验和教训。

最近,这种方法被应用到一系列集中在硬件和新服务上的商业模式创新中:Kindle 电子阅读器、Fire 平板电脑、智能手机和电视、Echo(使用 Alexa 人工智能语音助手)、杂货配送、亚马逊时尚,以及向面向商业的亚马逊网络服务(AWS)扩展。Amazon Prime 是一个年度会员计划,包括免费送货,而且可以享受多样化的媒体服务,可以访问上千部电影和电视剧的无限即时流媒体。

其商业模式创新的最新例子是推出了无须结账的新型商店 Amazon Go。Amazon Go 以"只需走出去的购物体验"为特色,用户进入商店,拿上自己想要的产品就走,无须排队,无须结账。

杰夫·贝索斯承认,创新中难免有失败。在 2014 年接受《商业内幕》采访时,他说:我在亚马逊有数十亿美元的失败投资。是真金白银的数十亿美元的损失。你可能还记得 Pets.com 或 Kosmo.com。这就像在没有麻醉的情况下接受根管治疗。

当然,实现客户忠诚度和重复购买一直是亚马逊成功的关键。很多网络公司之所以失败,是因为它们得到了知名度却没有获得客户的忠诚。亚马逊同时实现了这两个目标。在提交给美国证券交易委员会的文件中,亚马逊着重说明了它是如何实现这一目标的:我们努力通过提供易用的功能、快速可靠的履行、及时的客户服务、丰富的内容和可信的交易环境来赢得重复购买。我们网站的主要功能包括编辑和客户评价;制造商产品信息;根据个人喜好定制的网页,如推荐和通知;1-Click 技术;安全支付系统;图片上传;在我们的网站和互联网上进行搜索;浏览;查看选定的内页和引文,我们提供"在书中寻找"和"在书中搜索"功能。我们的在线客户社区还创建了丰富的内容,包括产品评价、在线推荐列表、愿望清单、购买指南等。

事实上,正如许多在线零售商的做法一样,最受欢迎的产品价格最低,不太受欢迎的产品价格更高,从而为亚马逊带来更多的利润。免费送货优惠是用来鼓励增加购物额的,因为客户的购物额必须超过一定金额才能享受免费送货。免费送货的最低限额对盈利能力至关重要,亚马逊会根据竞争情况并配合促销进行调整。

亚马逊以多种方式表明其履约的能力和决心,包括提供最新库存信息、预计交货日期、快速交货选项,以及物流通知和更新功能。

### 竞争

在最新提交给美国证券交易委员会的文件中，亚马逊将其产品和服务的环境描述为"竞争激烈"。它认为其当前和潜在的主要竞争对手包括："①线上、线下和多渠道零售商、出版商、供应商、分销商、制造商，以及我们向消费者和企业销售的产品的生产商；②所有类型及所有实体、数字和交互式媒体的出版商、生产商和分销商分销渠道；③网络搜索引擎、比较购物网站、社交网络、门户网站及其他基于在线和应用程序的方式，直接或与其他零售商合作发现、使用或获取商品和服务；④提供电子商务服务的公司，包括网站开发、广告、履约、客户服务和付款处理；⑤为自己或第三方提供线上或线下的履约和物流服务的公司；⑥提供信息技术服务或产品的公司，包括内部或基于云的基础设施及其他服务；⑦设计、制造、营销，或销售消费电子产品、电信和电子设备的公司。"

亚马逊认为，其细分市场的主要竞争因素包括：选择性、价格、可用性、便利性、信息、发现、品牌识别、个性化服务、可访问性、客户服务、可靠性、履约速度、使用方便和适应不断变化的条件的能力，以及我们的客户在与我们的交易中及我们代表第三方卖家促成的交易中的整体体验和信任。

对于为企业和个人卖家提供的服务，还包括服务和工具的质量、为公司服务的第三方创造销售的能力及服务的执行速度等其他竞争因素。

### 从拍卖到市场

1999 年 3 月推出的亚马逊拍卖（"zShops"）在很大程度上是对 eBay 成功的回应。它们在主页、类别页面和单个产品页面上进行了大量推广。它们给出了一个例子来说明亚马逊将如何阻止不成功的举措。如今，通过"亚马逊市场"中的第三方卖家可以获得有竞争力的产品价格，这些产品被整合在标准产品列表中。提供这种拍卖设施的策略最初是出于与 eBay 竞争的需要，但现在这一策略已经被调整，亚马逊将其描述为低价方法的一部分。根据 2014 年对杰夫·贝索斯的采访（Business Insider，2014），亚马逊现在约有40％的产品是通过卖家销售的，从而使其能够扩大产品范围，提高库存供应。

尽管人们可能会认为亚马逊会因为让卖家以更低的价格销售产品而损失惨重，但事实上亚马逊在这些销售上获得了更大的利润，因为卖家每次销售都要支付佣金，而存储库存和向客户提供产品的成本由卖家承担。与 eBay 一样，亚马逊只是在促进买家和卖家之间的数据交换，而不需要分销实物产品。

### 营销

亚马逊并没有在年报中披露太多关于其营销方式的信息，但还是可以看出其对于在线营销渠道的重视。Amazon 2011 年提交给美国证券交易委员会的文件中指出："我们主要通过一些有针对性的在线营销渠道，如联合计划、赞助搜索、门户广告、电子邮件营销活动及其他计划，引导客户访问我们的网站。"其他举措可能还包括户外广告。在这一声明中，他们还强调了客户忠诚度的重要性。他们说："虽然与免费送货相关的成本不包括在营销费用中，但我们认为免费送货和亚马逊 Prime 是有效的全球营销工具，并打算无限期地继续提供这些服务。"

### 亚马逊的"度量文化"是如何开始的

贯穿亚马逊发展过程的一个主题是，在业务的所有方面，而不只是财务方面，都要使用一种可以度量的方法。马库斯(Marcus,2004)描述了公司 1997 年 1 月"新员工训练营"上的一个场景。亚马逊首席执行杰夫•贝索斯"看到了曙光",在对高级员工讲话时说,在亚马逊,我们将有一种衡量标准的文化。他接着解释了基于网络的业务如何给亚马逊提供了一个"了解人类行为的神奇窗口"。马库斯说:焦点小组的模糊近似,市场部门的传闻造假已经一去不复返了。像亚马逊这样的公司可以(并且确实在)记录访问者的所有举动,鼠标的最后点击和抖动。随着数据堆积成虚拟的堆、小丘和山脉,你可以得出关于消费者的各种各样的结论。从这个意义上说,亚马逊不仅是一家商店,而是一个巨大的事实宝库。我们所需要的只是插入正确的方程式。

随后,马库斯又在分组讨论中就亚马逊如何更好地采取措施来提高业绩发表了精彩的见解。马库斯就在贝索斯的小组中,他们集思广益地讨论了以客户为中心的衡量标准。马库斯于 2004 年总结了贝索斯领导下的对话。

杰夫说,首先,我们要弄清楚我们想在网站上衡量哪些东西。"例如,假设我们想要一个衡量客户满意度的指标。我们怎么计算呢?"

人们一阵沉默。然后有人试探着说:"每个客户在网站上花了多少时间?"

"不够具体,"杰夫说。

"每个客户每次在网站上的平均浏览时间,"有人说,"如果浏览时间长,说明他们很开心。"

"但我们如何考虑购买因素?"我(马库斯)问道,并为自己感到骄傲。"这是在衡量客户是否开心吗?"

"我认为我们需要考虑访问的频率",一位我不认识的黑发女子说,"很多人还在用网速很低的调制解调器上网。他们的四次短暂访问可能仅相当于使用宽带上网的人的一次访问。"

"说得好,"杰夫说,"而且不管怎么说,开心仅仅是开始。最终,我们应该衡量顾客的狂喜。"

有趣的是,亚马逊在上一年已经实现了 1 600 万美元的营业额之后,仍然在 1997 年进行了这场辩论。当然,与今天数十亿美元的营业额相比,1 600 万只是一个微不足道的数字。重要的是,这是亚马逊关注度量的开始。

### 应用机器学习和人工智能

AI 在亚马逊的一些应用非常抢眼,如 Amazon Echo 助手和 Amazon Go 便利店中利用机器视觉消除结账线的技术。在亚马逊 2018 年报中,他们描述了亚马逊在"幕后"对机器学习和人工智能的更多应用。

我们用机器学习所做的很多事情都是在表面之下进行的。机器学习驱动我们的算法,用于需求预测、产品搜索排名、产品和交易建议、产品销售安排、欺诈检测、翻译等。虽然不太明显,但机器学习的大部分影响将是这种类型的——悄然但有意义地改进核心操作。

### 从人工推荐到基于软件的推荐

亚马逊开发了内部工具来支持这种"度量文化"。马库斯于 2004 年描述了"创作者指标"工具如何向内容创作者展示其产品详情和产品复制的效果。对于每个内容编辑者(如马库斯），它都会检索最近发布的所有文档，包括文章、访谈、书目和功能。然后，对于每一个文档，它都给出了销售的转化率加上页面浏览量，添加（添加到购物篮中）和排斥（请求了内容，但是使用了返回按钮）。后来，马库斯等编辑审稿人的工作被边缘化了，因为亚马逊发现大多数访问者使用搜索工具而不是阅读社论，随着匹配技术的改进，他们对个性化推荐作出了回应（马库斯将早期推荐技术比作"和村里的白痴一起购物"）。

### 亚马逊的实验和测试

"度量文化"也导致了一种测试驱动的方法来改善亚马逊的绩效。时任亚马逊个性化主管的马特·朗德（Matt Round）在 E-metrics 的 2004 年会上发表的演讲中将这一理念描述为"数据胜过直觉"。他解释了亚马逊是如何决定将哪些内容和促销放在最重要的主页或分类页面的。他描述了每一位品类副总裁是如何希望成为中心的，以及每周五关于下周职位安排的会议是如何变得"太长、太吵、缺乏业绩数据"的。

但如今"自动化取代了直觉"，实时实验测试经常会被用来回答这些问题，因为消费者的实际行为是决定策略的最佳方式。

马库斯还指出，亚马逊有一种实验文化，其中 AB 测试是关键的组成部分。使用 AB 测试的例子包括新的主页设计、围绕页面移动的功能、不同的推荐算法和改变搜索相关性排名。这些涉及在几天或一周的有限时间内，对新的处理方法与先前的控制方法进行测试。系统将随机向访问者展示一个或多个处理方法，并测量一系列参数，如按类别（和总数）划分的销售单位和收入、会话时间和会话长度。如果所需指标在统计学上有显著改善，通常会推出新功能。但是，统计测试是一个挑战，因为分布不是正态分布（它们通常集中在零这个点，例如，没有购买）。还存在其他的挑战，因为每天都有多个 AB 测试在运行，AB 测试可能会重叠，从而产生冲突。还有一些长期的影响，其中一些功能在前两周是"出色"的，而相反的影响是，改变导航可能会暂时降低性能。亚马逊还发现，随着用户在线体验的增多，他们在网上的行为方式也发生了变化。这意味着亚马逊必须不断地测试和改进其功能。

### 技术

因此，亚马逊的技术基础设施必须随时支持这种实验文化，而这可能很难通过标准化的内容管理来实现。亚马逊通过在内部开发技术及这方面的大量投资获得了竞争优势，如果不对在线渠道给予足够的关注，其他组织可能无法获得这些技术。

正如亚马逊在 2005 年提交给美国证券交易委员会的文件中解释的那样：我们主要使用自己的专有技术及第三方授权的技术，我们已经实现了许多简化和改善客户的购物体验、使第三方能够在我们的平台上销售，并完善我们的履约和客户服务业务的功能和特性。我们目前的策略是通过创建和增强我们业务所特有的专业、专有软件，将我们的开发工作集中在持续创新上，并在可用和合适的情况下，授权或收购商业开发的技术用于其他应用。我们持续投资于多个技术领域，包括卖方平台 A9.com（我们专注于 www.A9.com 及其他亚马逊网站上的搜索技术的全资子公司）、网络服务及数字化举措。

朗德（2004）将技术方法描述为"分布式开发和部署"。诸如主页之类的页面有许多内容"豆荚"或"槽"，来调用网络服务功能。这使得更改这些窗格中的内容相对容易，甚至可以更改屏幕上窗格的位置。与很多网站不同，亚马逊使用可流动或可变的页面设计，这使其能够充分利用屏幕上的空间。

技术还支持更标准的电子零售设施。亚马逊 2005 年提交给美国证券交易委员会的文件中指出：我们使用一套应用程序来接收和验证客户订单，向供应商下单和跟踪订单，管理和分配客户订单的库存，并确保正确地将产品运送给客户。我们的交易处理系统处理数以百万计的物品、许多不同的状态查询、多个送货地址、礼品包装请求和多种装运方式。这些系统允许客户根据可用性选择是否接收单个或多个包裹，并跟踪每个订单的进度。这些应用程序还管理客户信用卡的接受、授权和收费过程。

### 数据驱动的自动化

朗德（2004）说，"数据是亚马逊的核心。"他列举了很多数据驱动自动化的例子，包括客户渠道偏好、管理内容对不同类型用户（如新书和畅销书）的显示方式、营销和推荐（展示相关产品和促销活动），以及通过付费搜索（自动生成广告和竞价）进行广告宣传。

付费搜索的自动搜索广告和竞价系统在亚马逊产生了很大的影响。赞助链接最初是由人完成的，但由于亚马逊的产品种类繁多，这种做法难以持续。自动程序生成关键词、编写广告创意、确定最佳登录页面、管理出价、衡量转化率及每个转化访客的利润、更新出价。

还有一个自动电子邮件管理和优化系统。以往用手工管理的活动日历存在不足，且计划和使用成本很高。新系统的优点包括：自动优化内容来改善客户体验；避免发送点击率低或退订率高的电子邮件；包括收件箱管理（避免每周发送多封电子邮件）；拥有涵盖新版本和推荐目录的不断增长的自动电子邮件程序库。

但是，如果促销很成功，库存却不足，也会造成很大的麻烦。

### 推荐

亚马逊的标志性功能是"购买 X 的客户也购买了 Y"。朗德（2004）描述了亚马逊是如何依赖获取及处理大量数据的。客户的每一笔支付、浏览的每一个网页和每一次搜索都会被记录下来。因此，现在有了两个新版本："购买 X 的客户也购买了……"和"搜索 X 的客户购买了……"。亚马逊还有一个代号"Goldbox"的交叉销售系统，它也是一种提高知名度的工具，同时购买新品类可以享受折扣。

他还描述了从噪声中筛选模式（灵敏性过滤）的技术所面临的挑战，以及服装和玩具的目录经常更改，因此推荐很快就会过时。不过，主要的挑战来自数以百万计的客户、数百万种产品和实时提出的建议所产生的海量数据。

### 合作战略

随着亚马逊的发展，其股价的上涨促成了它与不同行业的一系列公司的合作或是干脆收购了一些公司。马库斯描述了亚马逊是如何与 Drugstore.com（药房）、Living.com（家具）、Pets.com（宠物用品）、Wineshopper.com（葡萄酒）、HomeGrocer.com（杂货）、Sothebys.com（拍卖）和 Kozmo.com（城市门到门快递）合作的。在大多数情况下，亚马逊购买了这些合作伙伴的股权，以便分享它们的成功。它也会向合作伙伴收取在亚马逊网站上做广告的费用，这些广告旨在增加网站的流量。同样，亚马逊向出版商收取在亚马逊网站的醒目位置推销图书的费用，这最初引起了一片抗议声，但由于在传统书店和超市付钱租用最好的位置是常规做法，抗议声逐渐减弱。很多新成立的在线公司在 1999 年和

2000年破产倒闭,但亚马逊已经抓住了增长的潜力,并没有被这些合作伙伴拉下水,即使它拥有一些合作伙伴(如宠物网)50％的投资。

分析师有时会用"亚马逊化一个行业"来指代一家公司在图书零售等在线行业占据主导地位,其他公司很难获得市场份额的现象。除了开发、交流和提供强有力的建议,亚马逊还能够通过其伙伴关系安排及应用技术促进这些合作伙伴的产品推广和分销,巩固其在不同行业的实力。亚马逊零售平台使其他零售商能够通过"连锁商店"计划,使用亚马逊用户界面和基础设施在线销售产品。例如,英国最大的传统书店之一水石书店(Waterstones)发现与在线书店竞争的成本和风险都很高,因此最终与亚马逊达成了一项合作协议,由亚马逊在网上销售和配送其图书,而水石书店只需支付相应的佣金。同样,美国的大型图书零售商Borders也使用亚马逊的商户平台分销产品。这样的合作关系有助于亚马逊将触角延伸到其他供应商的客户群中。当然,还可以鼓励购买书籍等商品的客户购买服装或电子产品等其他品类的产品。

上面提到的另一种合作形式是亚马逊市场(Amazon Marketplace)。亚马逊的客户及其他零售商通过亚马逊市场可以在常规开展商品零售业务的同时销售新书、二手书及其他商品。类似的合作方式是亚马逊的"商家@"计划,它使第三方商家(通常比通过亚马逊市场销售的商家大)可以通过亚马逊销售产品。亚马逊通过收取固定费用或单位销售佣金赚钱。这种安排对客户的好处是,他们可以从众多的供应商那里获得更广泛的产品选择,最终汇总结账,方便快捷。

最后,亚马逊还通过其子公司计划加强了与小公司的合作关系。亚马逊网站于1996年7月启动了联合计划,目前仍在强劲发展。亚马逊并未采用它可以从销售中提取佣金的联盟网络,但由于其品牌的强大,它已开发了自己的加盟计划。亚马逊创建了基于绩效的分层激励措施,鼓励附属公司销售更多的亚马逊产品。

### 营销传播

亚马逊在提交给美国证券交易委员会的文件中指出,其传播策略的目标是:提高网站的客户访问量;提高对其产品和服务的认识;促进重复购买;开发增量产品和服务收入机会;加强和扩大亚马逊网站的品牌知名度。

亚马逊还相信,其最有效的营销传播是基于客户体验所进行的持续的改善措施。这就产生了口碑推广,不仅能有效吸引新客户,而且可以促使客户重复访问。

除此之外,马库斯还描述了亚马逊如何利用基于技术实现的个性化服务进入被贝索斯称为"困难的中间层"的难以触及的市场。贝索斯的观点是,要接触到10个人(可以通过打电话)或1 000万个购买最流行产品的人(在大型体育赛事期间做广告)很容易,但要接触介于二者之间的人则很难。搜索引擎和亚马逊网站上的搜索功能及产品推荐功能,意味着亚马逊可以将其产品与这些人的兴趣联系起来。

在线广告技术包括付费搜索营销、门户网站上的互动广告、电子邮件营销和搜索引擎优化。如前所述,这些都是尽可能自动化的。联盟计划在吸引访问者访问亚马逊方面也很重要。亚马逊提供了一系列链接到其网站的方法,以提高转化率。例如,附属公司可以使用直接指向产品页面的文本链接,还可以提供一系列具有不同内容的动态横幅,如有关互联网营销的书籍或搜索框。

亚马逊还与一些供应商及其他第三方采用合作广告安排,即所谓的"对等交易"。例如,2005 年的一则无线路由器平面广告中就印有一个特殊的亚马逊网页链接。亚马逊可能会在产品包装中加入 Figleaves.com 网站(内衣)或 Expedia(旅游)等非竞争性的在线公司的传单。作为回报,合作品牌发给客户的宣传册中也会夹带亚马逊的宣传单。

联营计划使独立网站可以通过亚马逊或第三方的配送服务向消费者提供数百万种产品,从而将消费者引导到亚马逊网站。当其引导的消费者完成购买后,亚马逊会向联营计划的数十万参与者支付佣金。此外,亚马逊在全球范围内提供每日免费送货选项,并推出了 Amazon.com Prime 会员计划,会员享受免费的两日内送货,如选择隔夜送货则可享受运费折扣。尽管营销费用中并不包括免费送货或促销优惠的费用,但亚马逊认为这些优惠都是有效的营销工具。

**问题**

1. 根据案例研究、你所在国家的亚马逊网站及你与亚马逊线下沟通的体验,评估亚马逊在传达核心主张和促销优惠方面的表现。

2. 根据案例研究,总结亚马逊的营销传播方式。

3. 说明亚马逊在利用技术获取竞争优势方面有何独特之处。

4. 从你的经验来看,亚马逊的"度量文化"与其他企业的文化有何不同?

## 小结

1. 有必要制定一个结构化的测量与改进机制来收集评估和提高数字营销效果的措施。接下来就可以采取行动调整网站策略或推广力度。测量机制包括三个阶段:定义测量过程;定义度量框架;选择用于数据收集、生成报告、优化和分析的工具。

2. 衡量互联网营销效果的指标可分为评估下面三个方面的指标。

(1) 经营绩效。衡量网站对企业整体经营的影响,并关注财务指标,如收入、利润的增长及企业知名度的提升。

(2) 营销效果。衡量通过互联网获得的潜在顾客数量和销售额,以及互联网对保留率及营销组合的其他方面(如品牌)的影响。

(3) 数字营销效果。评估网站的推广效果,主要是通过衡量网站的受欢迎程度及其在满足顾客需求方面的表现。

3. 以上提到的效果衡量数据主要采取线上和线下两种方式收集,也可结合使用。

4. 线上衡量数据主要是通过网站服务器日志文件或使用基于浏览器的技术获得的。它们可以反映网站的访问者数量、访问的页面及访问者的来源。这些数据还可以提供访问者按时间或国籍的细分。

5. 线下衡量是直接归因于网站的营销结果,如查询和销售。效果的其他衡量数据可以通过使用调查问卷、访谈和焦点小组等方法对顾客进行调查来获得。

6. 管理网站内容需要明确不同角色的职责。这些角色包括内容所有者和网站开发人员的角色,以及确保内容符合公司和法律规定的角色。

7. 要制作一个高质量的网站,需要在以下方面实施统一的标准:网站外观;品牌标识和语气;内容质量。

## 练习

**自我评估练习**

1. 为什么网站的管理控制需要标准? 标准控制的是网站的哪些方面?

2. 解释点击量与页面印象的区别。这些是如何衡量的?

3. 如何评估社交媒体营销的效果?

4. 为什么内容开发应该通过大型组织进行细分?

5. 描述用于评估和改进数字营销的各类措施。

6. 如何使用焦点小组和访谈来评估网站的有效性?

7. 解释有效性 AB 测试的原理。

8. 为什么需要整合线上和线下指标?

**讨论题**

1. 讨论"网站格式和更新流程的企业标准可能会扼杀网站的创造性发展,降低其对顾客的价值"这一说法。

2. "大多数公司收集有关数字营销活动的数据,但很少有公司从中获得有价值的东西。"讨论这种说法的可能原因。

3. 你被任命为某汽车制造商网站的经理,并被要求完善现有的在线测量和改进机制。详细解释你将采取哪些步骤来完善现有机制。

4. 某金融服务公司网站的第一个版本已经上线一年了。它最初是由两个人的团队开发的简单的说明性网站。该网站的第二个版本旨在包含更详细的信息,而且要包括来自 10 个产品类别的文案。你被要求定义一个控制网站更新的流程。写一份报告,详细说明更新的流程,并解释每项控制措施的原因。

**测试题**

1. 为什么需要用标准来控制网站的更新流程? 举三个例子说明网站需要控制的不同方面。

2. 解释以下关于衡量网站有效性的术语:①独立访客;②页面印象;③来源页。

3. 网站的衡量涉及顾客使用网站的关键事件的记录。简要解释五种不同类型的事件。

4. 描述并简要说明更新商业网站上现有文件所涉及的不同阶段的目的。

5. 概述评估社交媒体营销有效性的各类措施。

6. 给出三个理由解释为什么网站必须与公司现有的营销信息系统和数据库集成。

7. 你被任命为某个网站的经理,并被要求制定一个度量机制。简要说明你将采取哪些步骤来制定该机制。

8. 如果可以说服顾客用其姓名和电子邮件地址在网站上注册,应如何将这些信息用于网站测量的目的?

## 参考文献

Adams，C.，Kapashi，N.，Neely，A. and Marr，B.（2000）Managing with measures：measuring e-business performance，Accenture whitepaper，survey conducted in conjunction with Cranfield School of Management.

Agrawal，V.，Arjona，V. and Lemmens，R.（2001）E-performance：the path to rational exuberance，*McKinsey Quarterly*，1，31-43.

Altimeter（2010）Framework：the social media ROI pyramid，13 December，by Jeremiah Owyang，www.web-strategist.com/blog/2010/12/13/framework-the-social-media-roi-pyramid（accessed May 2018）.

Amazon（2017）Amazon 2016 full year report/SEC filing，Amazon Investor Relations site，published 12 December.

Brinker，S.（2017）Marketing technology landscape supergraphic（2017）：Martech 5，000，by Scott Brinker，10 May，http://chiefmartec com/2017/05/marketing-techniology-landscape-supergraphic2017/（accessed May 2018）.

Business Insider（2014）I asked Jeff Bezos the tough questions-no profits，the book controversies，the phone flop - and he showed why Amazon is such a huge success，interview by Henry Blodget，13 December，http://uk.businessinsider.com/amazons-jeff-bezos-the- business-insider-interview-2014-12（accessed May 2018）.

Chaffey，D.（2000）Achieving Internet marketing success，*The Marketing Review*，1(1)，35-60.

Digital Analytics Association（2017）State of digital analytics：research with TMM data，available from：https://content.tmmdata.com/analytics-survey-whitepaper.

Friedman，L. and Furey，T.（1999）*The Channel Advantage*，Butterworth-Heinemann，Oxford.

Grossnickle，J. and Raskin，O.（2001）*The Handbook of Online Marketing Research：Knowing your Customer Using the Net*，McGraw-Hill，New York.

Kotler，P.（1997）*Marketing Management-Analysis，Planning，Implementation and Control*，Prentice-Hall，Englewood Cliffs，NJ.

Lynch，P. and Horton，S.（1999）*Web Style Guide：Basic Design Principles for Creating Websites*，Yale University Press，New Haven，CT.

Malhotra，N.（1999）*Marketing Research：An Applied Orientation*，Prentice-Hall，Upper Saddle River，NJ.

Marcus，J.（2004）*Amazonia：Five Years at the Epicentre of the Dot-com Juggernaut*，The New Press，New York.

Neely，A.，Adams，C. and Kennerley，M.（2002）*The Performance Prism：The Scorecard for Measuring and Managing Business Success*，Financial Times/Prentice Hall，Harlow.

Register，C. A.，Albaum，G. and Smith，S. M.（2014）Topic sensitivity and Internet survey design：a cross-cultural/national study，*Journal of Marketing Theory and Practice*，22(1)，91-102.

Round，M.（2004）Presentation to E-metrics，London，May 2005，www.emetrics.org.

SEC（2005）United States Securities and Exchange Commission Submission Form 10-K from Amazon，for the fiscal year ended 31 December 2004.

SmartInsights（2010）Website feedback tools review，Dave Chaffey，http://bit.ly/smart feedback.

Smart Insights（2017）Essential digital marketing tools infographic，blog post by Robert Allen，8 May，https://www.smartinsights.com/digital-marketing-platforms/essential-digital-Marketing-tools-infographic/（accessed May 2018）.

Stern，M. J.，Bilgen，I. and Dillman，D. A.（2014）The state of survey methodology challenges，dilemmas，and new frontiers in the era of the tailored design，*Field Methods*，26(3)，284-301.

Sterne，J.（2001）*World Wide Web Marketing*，3rd ed，Wiley，New York.

Web Analytics Association（2011）Web Analytics Association Outlook：2011 Survey report，February，www.webanalyticsassociation.com.

Wilson，H.（2008）The Multichannel Challenge，Butterworth-Heinemann，Oxford，copy-right Elsevier.

## 网址链接

### 网页分析资源

- ABC（www.abc.org.uk）。英国发行审计局（Audit Bureau of Circulations）是英国杂志的标准机构。这是电子审计部分，提供英国组织的流量定义和示例。
- E-metrics（www.emetrics.org）。Jim Sterne 的网站有很多在线营销指标的资源。

- 营销实验(www. marketingexperiments. com)。总结提高网站营销效率的测试方法。
- Smart Insights 网络分析策略(www. smartinsights. com/managing-digital-marketing/web-analytics-strategy)。戴夫·查菲的网站的快速指南提供了学生需要的所有主要资源。
- 网络分析行业协会(www. webanalyticsassociation. com)。网站有关于网络分析这个主题的有用定义、文章和论坛。
- 网络分析解密(www. webanalyticsdemystified. com)。埃里克·彼得森(Eric Petersen)所撰写书籍的配套网站,提供丰富的内容。

**网络分析专业知识**

- Avinash Kaushik 的 Occam's Razor 博客(www. kaushik. net)。Avinash 是网络分析方面的专家,他的热门博客展示了如何利用网络分析来控制和提高电子营销投资的回报率。
- Cardinal Path 博客(www. cardinalpath. com/blog)。关于网络分析实践的讨论。
- 贾斯汀·库特罗尼(Justin Cutroni)(www. cutroni. com)。一个专业的网络分析博客,提供定制谷歌分析方法的指导。
- LunaMetrics(www. lunametrics. com)。最好的谷歌分析高级博客之一,提供实用的建议。

**社交媒体营销分析**

以下是两位社交媒体营销的主要评论员讨论如何衡量社交媒体营销回报的博客:

- 杰伊·贝尔(Jay Baer)(www. convinceandconvert. com)。
- 布莱恩·索利斯(Brian Solis)(www. briansolis. com)。

# 教师服务

感谢您选用清华大学出版社的教材！为了更好地服务教学，我们为授课教师提供本书的教学辅助资源，以及本学科重点教材信息。请您扫码获取。

**>> 教辅获取**

本书教辅资源，授课教师扫码获取

**>> 样书赠送**

**市场营销类**重点教材，教师扫码获取样书

 清华大学出版社

E-mail: tupfuwu@163.com
电话：010-83470332 / 83470142
地址：北京市海淀区双清路学研大厦 B 座 509

网址：http://www.tup.com.cn/
传真：8610-83470107
邮编：100084